Veröffentlichungen
der Vereinigung der Deutschen Staatsrechtslehrer
Heft 30

Wolfgang Martens und Peter Häberle

Grundrechte im Leistungsstaat

Otto Bachof und Winfried Brohm

Die Dogmatik des Verwaltungsrechts vor den Gegenwartsaufgaben der Verwaltung

Berichte und Diskussionen
auf der Tagung der Vereinigung der Deutschen Staatsrechtslehrer
in Regensburg vom 29. September bis 2. Oktober 1971

Berlin 1972

Walter de Gruyter · Berlin · New York

Redaktion: Dr. Burkhard Tiemann

Inhalt

Jahrestagung 1971

Vom 29. September bis 2. Oktober 1971 fand die Jahrestagung der Vereinigung der Deutschen Staatsrechtslehrer in Regensburg statt. Zu Beginn der Tagung begrüßte der Vorsitzende der Vereinigung, Herr Schneider (Heidelberg), die zahlreich anwesenden Mitglieder, als Gäste weitere Kollegen aus dem Fachbereich Rechtswissenschaft der Universität Regensburg sowie die Vertreter der Fachzeitschriften. Er dankte der Universität und dem Fachbereich für die Ausrichtung der Tagung. Vor allem hatte er Herrn Mayer (Regensburg), dessen Frau Gemahlin und seinen Mitarbeitern für die vortreffliche Vorbereitung und Betreuung der Tagung zu danken. Die Tagung fand in der geschichtsträchtigen Stadt Regensburg und ihrer jungen, modernen Universität einen kontrastreichen, ebenso einladenden wie anregenden Rahmen.

Am Abend des ersten Tages bewirtete der Rektor der Universität Regensburg die Teilnehmer und ihre Damen in der Mensa der Universität. Für den Abend des zweiten Tages hatte der Bayerische Ministerpräsident die Teilnehmer und ihre Damen zu einem Empfang in den Festsaal der Regierung der Oberpfalz geladen, wo sie dann in Vertretung des Ministerpräsidenten der Bayerische Staatsminister für Unterricht und Kultus, Professor Dr. Hans Maier, begrüßte. Am Abend des dritten Tages waren sie Gäste des Oberbürgermeisters in dem historischen Rathaus der Stadt Regensburg, in dem sich nicht nur Geschichte der Stadt, sondern auch so viel deutsche und europäische Geschichte vollzogen hatte. Am 2. Oktober führte ein Ausflug zu Denkmälern der Natur, der Geschichte und der Kunst in die reizvolle Umgebung Regensburgs.

In der Mitgliederversammlung wurde der seit der letzten Jahrestagung verstorbenen Mitglieder der Vereinigung, Peter Wittig und Wilfried Schaumann, gedacht. Beide Male hatte ein rascher Tod ein Gelehrtenleben voller Aktivität jäh abgebrochen. Zahlreiche neue Mitglieder wurden der Vereinigung vorgestellt. Der Vorsitzende nahm u. a. Anlaß, die Mitgliederversammlung über das rasche Anwachsen der Vereinigung zu unterrichten. Hatte die Zahl der Mitglieder 1950 noch 82 betragen, so hatte die Vereinigung zur Zeit der Mitgliederversammlung 216 Mitglieder. Mehr als in früheren Jahren hatte die Mitgliederversammlung Anlaß, sich mit aktuellen Fragen des Berufsstandes sowie der Forschung, vor allem aber der Lehre auf dem Gebiet des öffentlichen Rechts zu befassen. Zu der Problematik der Gestaltung und Verwirklichung der in den Ländern durch Änderungen der juristischen Prüfungsordnungen teils eingeführten, teils noch einzuführenden Wahlfachgruppen verabschiedete die Mitgliederversammlung am 1. Oktober eine Stellungnahme, die als „Regensburger Empfehlung“ mittlerweile in den Fachzeitschriften publiziert wurde. Veränderungen im Hochschulbereich gaben Anlaß, § 2 der Satzung der Vereinigung neu zu fassen.

Die nachstehend abgedruckten Referate wurden am 30. September und am 1. Oktober 1971 in der Universität Regensburg gehalten. An sie schlossen sich jeweils die Aussprachen an.

Erster Beratungsgegenstand:

Grundrechte im Leistungsstaat

1. Bericht von Professor Dr. Wolfgang *Martens*, Bochum

Inhalt

I. Problemanalyse

Schon die Eingrenzung des Berichtsfeldes setzt den Referenten in einige Verlegenheit; denn nicht einmal bei diesem Unternehmen kann er auf allseitige Zustimmung hoffen, weil der Ausdruck „Leistungsstaat" ebenso häufig wie uneinheitlich verwendet wird. Das beruht auf der dem Leistungsbegriff eigenen Unbestimmtheit und Vieldeutigkeit[1]), die sogar dazu geführt hat, auch die Aufrechterhaltung der öffentlichen Sicherheit und Ordnung den Leistungsaufgaben der Verwaltung zuzurechnen[2]). Dazu braucht hier jedoch nicht Stellung genommen zu werden. Das Thema intendiert die Einbeziehung der Gefahrenabwehr sicher nicht.

Da es sich bei der mit dem Phänomen der Leistungsstaatlichkeit bezeichneten Vorstellung nicht um einen Rechtsinhaltsbegriff[3]) handelt, ist die Bestimmung auch im übrigen nach Gesichtspunkten der Zweckmäßigkeit und problemorientierten Ergiebigkeit vorzunehmen[4]). Im Blick auf die Grundrechte bietet sich dafür eine Begrenzung auf diejenigen Aktivitäten des Staates und seiner Trabanten an, denen gegenüber jene Rechte sich in einer ganz spezifischen und zugleich prekären Doppelrolle befinden. Das ist dort der Fall, wo die Tätigkeit der öffentlichen Hand eine unmittelbare Förderung von Interessen einzelner, von Gruppen oder aller Mitglieder des Gemeinwesens durch Gewährung von Vorteilen in Gestalt von Sach-, Geld- und Dienstleistungen zum Inhalt hat[5]). Insoweit wird nämlich das ursprüngliche Postulat grundrechtlicher Sicherung der Freiheit vor dem Staat durch die Forderung nach grundrechtlicher Sicherung der Teilhabe durch den Staat ergänzt und teilweise sogar verdrängt[6]).

---

[1]) Vgl. *Hans J. Wolff*, Verwaltungsrecht III, 2. Aufl., 1967, § 137 II a).

[2]) *Erich Becker*, VVDStRL 14, 98 ff.; *Loschelder*, DVBl. 1957, 819 ff.

[3]) Vgl. dazu *Martens*, Öffentlich als Rechtsbegriff, 1969, S. 37 ff.

[4]) Übereinstimmend *Hans J. Wolff* (Anm. 1) § 137 II a).

[5]) Die Umschreibung entspricht der Bestimmung des Begriffs der Leistungsverwaltung durch *Hans J. Wolff* (Anm. 1 § 137 II c), III; ähnlich *Badura*, DÖV 1966, 629 ff.; *Rüfner*, Formen öffentlicher Verwaltung im Bereich der Wirtschaft, 1967, S. 133. Wesentlich umfassender (Leistungsstaat = Sozialstaat) versteht z. B. *Pernthaler* (JBl. 1965, 57 ff.; AöR 94, 52 f.) den Begriff. Vgl. ferner *Eichenberger*, Leistungsstaat und Demokratie, Basel 1969, S. 11: „Der Leistungsstaat bedeutet die tendentiell allgegenwärtige und in unbeschränkt vielen Lebensgebieten tätige Staatsorganisation von perfekter Produktivität und hohem Wirkungsgrad".

[6]) Vgl. *Forsthoff*, Rechtsfragen der leistenden Verwaltung, 1959, S. 9, 42.

Als Staatsaufgaben, hinsichtlich deren die damit vorerst nur angedeutete und alsbald näher zu charakterisierende grundrechtliche Ambivalenz sichtbar wird, kommen im wesentlichen die folgenden Agenden in Betracht: Zu denken ist einmal an die Daseinsvorsorge durch Vorhaltung von öffentlichen Einrichtungen zur Befriedigung von Bedürfnissen, denen durch private Anbieter nicht oder jedenfalls nicht zu angemessenen Bedingungen entsprochen werden könnte[7]). Die Schwerpunkte liegen dem Volumen nach in den Bereichen des Verkehrs-, Versorgungs- und zunehmend auch des Bildungswesens. Daneben verdienen kultureller Sektor und Gesundheitspflege hervorgehoben zu werden. Thematisch einschlägig ist weiter das System der sozialen Sicherung mit den verschiedenen Zweigen der Sozialversicherung, der Sozialversorgung insbesondere zum Ausgleich von Kriegs- und Kriegsfolgeschäden sowie der Sozialhilfe[8]). Der Erwähnung bedarf schließlich eine unübersehbare Fülle sonstiger Förderungsmaßnahmen, die sich nicht auf ein einheitliches Prinzip zurückführen lassen, sondern vielfältigen gesellschafts-, sozial- und wirtschaftspolitischen Zielen zu dienen bestimmt sind[9]). Aus dieser Umschreibung folgt, daß

---

[7]) Die erwerbswirtschaftliche Tätigkeit der öffentlichen Hand ist also nicht Gegenstand des Themas. Für ihre Ausscheidung aus dem Begriff der Leistungsverwaltung auch *Hans Klein*, Die Teilnahme des Staates am wirtschaftlichen Wettbewerb, 1968, S. 17, 18 ff.; *Pernthaler*, JBl. 1965, 66 f. Über den status controversiae hinsichtlich der Grundrechtsproblematik im Bereich staatlicher Wettbewerbsteilnahme informieren *Hans Klein* S. 98 ff., 159 ff., 180 ff., 228.; *Püttner*, Die öffentlichen Unternehmen, 1969, S. 141 ff.; *Emmerich*, Das Wirtschaftsrecht der öffentlichen Unternehmen, 1969, S. 87 ff., 121 ff.

[8]) Vgl. etwa Soziale Sicherung in der Bundesrepublik Deutschland — Bericht der Sozialenquête-Kommission, o. J. (1966) mit einem Anlagenband (Sozialenquête-Anlagenband); *v. Bethusy-Huc*, Das Sozialleistungssystem in der Bundesrepublik Deutschland, 1965; *Schewe-Nordhorn-Schenke*, Übersicht über die soziale Sicherung in Deutschland, 8. Aufl., 1970; *Hans J. Wolff* (Anm. 1) §§ 139 ff.; *Zacher*, Sozialpolitik und Menschenrechte in der Bundesrepublik Deutschland, 1968, S. 13 ff. Das Thema „Die Rechtsformen der sozialen Sicherung und das allgemeine Verwaltungsrecht" war Beratungsgegenstand der Staatsrechtslehrertagung 1969 in Bern; vgl. die Referate von *Henke* und *Rüfner* sowie die Diskussion in VVDStRL 28, 149 ff., 187 ff., 225 ff.

[9]) Beispiele: Subventionierungen (vgl. dazu *Götz*, Recht der Wirtschaftssubventionen, 1966; *Ipsen* und *Zacher*, VVDStRL 25, 257 ff., 308 ff.; *Hans J. Wolff* [Anm. 1] § 154; Subventionsberichte der Bundesregierung von 1966 [BT-Drs. V/931], 1967 [BT-Drs. V/2423] und 1970 [BT-Drs. VI/391]); Vermögensbildung (vgl. dazu *Leber* [Hg.], Vermögensbildung in Arbeitnehmerhand, 1965; Institut Finanzen und Steuern Brief 114, Die Vermögensbildung in der BRD, 1969, S. 11 ff.; *Hans J. Wolff* [Anm. 1] § 155 I); Ausbildungsförderung

der Gesamtkomplex staatlicher Sozialgestaltung und Wirtschaftslenkung durch Intervention und Planung nur ausschnittweise berücksichtigt wird. Insbesondere kommen die Interventionsmittel des Eingriffs und der nicht imperativen Verhaltensbeeinflussung nur insoweit in Betracht, als sie mit Leistungen im bezeichneten Sinn verbunden sind[10]).

Daseinsvorsorge, soziale Sicherung und durch je besondere öffentliche Interessen motivierte Förderungsmaßnahmen bilden also das Ensemble staatlicher bzw. auch staatlich vermittelter[11]) Leistungen, deren grundrechtliche Relevanz im folgenden zu untersuchen sein wird.

Dabei geht es zunächst um das Problem der Eignung der Grundrechte, Schutz auch gegen leistungsstaatliche Aktivitäten zu gewährleisten. Einer Auffassung, für die nach einem Wort *Arnold Gehlens*[12]) „der Leviathan mehr und mehr die Züge einer Milchkuh" annimmt und seine „Funktionen als Produktionshelfer, Sozialgesetzgeber und Auszahlungskasse" in den Vordergrund treten, mag diese Fragestellung freilich antiquiert und schon im Ansatz verfehlt erscheinen. Daß es sich anders verhält, wird im zweiten Teil des Referats zu erweisen sein. Demgegenüber ist selbstverständlich zuzugeben, daß der Leistungsstaat im Grundsatz notwendiges Produkt einer Entwicklung ist, die verfassungsrechtlich ihren Niederschlag in der Wandlung vom liberalen zum sozialen Rechtsstaat gefunden hat[13]). Die Ursachen dieser Entwicklung — Bevölkerungsvermehrung, Industrialisierung, Urbanisierung, Proletarisierung, Weltkriege und weltweite Wirtschaftskrisen — sind bekannt und hier nicht des näheren zu analysieren.

Angezeigt sein dürfte jedoch ein Hinweis auf die Rolle der klassischen Grundrechte in jenem Prozeß, aus der in gerader Linie das zweite Problem der gegenwärtigen Diskussion erwachsen ist. Rechtliche Freiheit und Rechtsgleichheit haben

---

(vgl. z. B. Bundesgesetz über die individuelle Förderung der Ausbildung v. 26. 8. 1971 [BGBl. I S. 1409]).

[10]) Vgl. *Ipsen* in: *Kaiser* (Hg.), Planung II, 1966, S. 74, 84 f.

[11]) Nämlich durch Indienstnahme Privater zum Zweck der Erbringung öffentlicher Leistungsaufgaben; vgl. dazu *Ipsen*, AöR 90, 393 ff.; *Hans J. Wolff* (Anm. 1) § 137 III g) 1.; BVerfG, NJW 1971 1255 ff.; allgemein zur Erfüllung von Verwaltungsaufgaben durch Private *Ossenbühl* und *Gallwas*, VVDStRL 29, 136 ff. und 211 ff.

[12]) Moral und Hypermoral, 1970, S. 110; vgl. in diesem Zusammenhang auch *Herbert Krüger*, Allgemeine Staatslehre, 2. Aufl., 1966, S. 800 f.; *Isensee*, Subsidiaritätsprinzip und Verfassungsrecht, 1968, S. 118 ff.

[13]) Vgl. dazu insbesondere *Forsthoff* (Hg.), Rechtsstaatlichkeit und Sozialstaatlichkeit, 1968.

— so läßt sich zurückhaltend formulieren — an der Lösung der sozialen Frage des 19. Jahrhunderts keinen positiven Anteil gehabt. Eher haben sie mit der Aufhebung der überkommenen statusmäßigen Bindungen neue gesellschaftliche Abhängigkeiten und Ungleichheiten erst freigesetzt. Diesen Befund haben — mit unterschiedlichen Therapie-Vorschlägen — *Karl Marx* und *Lorenz von Stein* klar diagnostiziert[14]). Der liberale Staat brachte also zwar die rechtlich-politische, blieb aber die soziale Emanzipation schuldig. Es erscheint daher begreiflich, daß seine Ablösung durch den sozialen Interventionsstaat auch das tradierte Grundrechtsverständnis erschüttert und das ihm genau entgegengesetzte Bestreben hervorgebracht hat, nunmehr die Teilhabe an den staatlichen Leistungen grundrechtlich zu verbürgen. Diese Tendenz ist in zweifacher Weise artikuliert worden.

Einmal handelt es sich um die Schaffung eines neuen Typs von Grundrechten in Gestalt der auf positive Förderung gerichteten sozialen Rechte. Diesen Weg haben in Deutschland die Weimarer Verfassung[15]) und zahlreiche Verfassungen der heutigen Bundesländer[16]) beschritten. Soziale Grundrechte finden sich ferner in einer Reihe ausländischer Verfassungen und in internationalen Dokumenten[17]). Unter ihnen ist vor allem die Europäische Sozialcharta vom 18. Oktober 1961[18]) zu nennen, die allerdings — wie *Wengler* überzeugend nachgewiesen hat[19]) — keine innerstaatliche Verbindlichkeit entfaltet. Einschlägige Überlegungen im Rahmen der Grundrechtsreform in Österreich[20]) und der Revision der schweizerischen Bundesverfas-

---

[14]) *Karl Marx*, Zur Judenfrage, in: Frühe Schriften I (Hg. *H. J. Lieber* und *P. Furth*), 1962, S. 470 ff., 801 ff.; *Lorenz von Stein*, Geschichte der sozialen Bewegung in Frankreich von 1789 bis auf unsere Tage I, 1959 (Nachdruck der von *G. Salomon* hgg. Ausgabe von 1921), S. 11—149 passim, besonders S. 82 ff., 131 ff., S. 277 f.; vgl. dazu *Ernst Rudolf Huber*, Nationalstaat und Verfassungsstaat, 1965, S. 127 ff.; *Ernst-Wolfgang Böckenförde*, Festschrift für Otto Brunner, 1963, S. 259 ff.; *ders.*, Festschrift für Adolf Arndt, 1969, S. 66 f.

[15]) Art. 119 II und III, 121 III, 122 I, 139 I, 142 S. 2, 143 I, 145 S. 3, 146 I 3, 150 I, 151 I, 155 I, 157 I, 158 I, 161, 162, 163 II, 164 WRV.

[16]) Nachweise bei *Zacher* (Anm. 8) S. 11 ff.

[17]) Vgl. *Tomandl*, Der Einbau sozialer Grundrechte in das positive Recht, 1967, S. 16 ff., 24 ff.; *van der Ven*, Soziale Grundrechte, 1963, S. 16 ff.

[18]) BGBl. 1964 II S. 1262.

[19]) Die Unanwendbarkeit der Europäischen Sozialcharta im Staat, 1969.

[20]) Vgl. *Pernthaler*, AöR 94, 52 f., 65 ff. sowie die beigefügte Dokumentation (77 ff.).

sung[21]) bezeugen die aktuelle Anziehungskraft des Gedankens sozialer Grundrechte.

Besonderes verfassungsdogmatisches Interesse verdient jedoch eine andere Richtung der heutigen Grundrechtsdiskussion. Sie zielt — offenbar jedenfalls zum Teil durch die weitgehende Enthaltsamkeit des Grundgesetzes in Ansehung sozialer Verbürgungen beeinflußt — darauf ab, grundrechtliche Leistungsansprüche kraft gewandelter Gleichheitsvorstellungen und im Wege der Umdeutung von Freiheitsrechten zu entwickeln. Das geschieht im Bereich des Gleichheitssatzes dadurch, daß man ihm die Funktion zuschreibt, Ansprüche auf Herstellung tatsächlicher Gleichheit bis hin zu derjenigen der Chancen mannigfacher Art zu begründen[22]). Parallel dazu verstärken sich die Ansätze, auch den Freiheitsrechten soziale Gehalte abzugewinnen, indem man die grundrechtlichen Gewährleistungen auf die finanziellen und sonstigen Voraussetzungen ihrer Nutzung erstreckt[23]). Damit wird der Versuch unternommen, die Diskrepanz zwischen „liberté" und „capacité" im Sinn der eindringlichen Darlegungen von *Raymond Aron*[24]) interpretatorisch zu überwinden und beide zusammenzuführen.

Soziale Grundrechte und soziale Interpretationen der Freiheits- und Gleichheitsrechte — das sind in schlagwortartiger Verkürzung die Konstruktionen, die der eingangs erwähnten neuartigen Forderung nach grundrechtlicher Sicherung durch den Leistungsstaat den juristischen Halt geben sollen. Ihnen wird der dritte und letzte Teil des Berichts gelten.

II. Grundrechtliche Grenzen leistungsstaatlicher Aktivitäten

Im Anschluß an diese Problemanalyse ist zunächst im 2. Berichtsteil auf die Frage nach der Begrenzung leistungsstaatlicher Aktivitäten durch die grundrechtlichen Gewährleistungen einzugehen.

1. Daß eine solche Bändigung überhaupt einem Schutzbedürfnis des einzelnen entspricht, belegt bereits eine fragmentarische Konflikt-Typologie. Leistungsgewährungen können erstens Interessen des Leistungsempfängers berühren, und zwar vor allem dort, wo — wie durch Anschluß- und Benutzungszwang oder Zwangsmitgliedschaft — das Leistungsverhältnis zwangsweise begründet wird. Nicht weniger einschneidenden

[21]) Vgl. *Hans Huber* in: *Huber-Tuchtfeldt*, Wirtschaftspolitische Ziele in der Verfassung, 1970, S. 40.
[22]) Vgl. unten Anm. 92 f. und den Text dazu.
[23]) Vgl. unten Anm. 94 f. und den Text dazu.
[24]) Essai sur les libertés, Paris 1966, S. 210 f.

Freiheitsgefährdungen setzt häufig die inhaltliche Gestaltung des Leistungsverhältnisses gerade auch denjenigen aus, der ohne Rechtszwang eine Leistung in Anspruch nimmt. Anstaltlich dargebotene Leistungen sowie die Verknüpfung von Gewährungen mit Auflagen und Bedingungen[25]) liefern hierfür beweiskräftiges Anschauungsmaterial. Kollisionsträchtig ist schließlich die Kürzung oder vollständige Entziehung zuvor gewährter Begünstigungen. Auf dem Spiel stehen sodann verschiedenartige Interessen Dritter. Dabei ist ebenso an Außenseiter und Konkurrenten zu denken, die durch eine anderen Gruppen oder Einzelpersonen erbrachte Leistung beeinträchtigt werden, wie an den kraft staatlicher oder kommunaler Monopolisierung von der privaten Leistungserbringung Ausgeschlossenen — etwa an die streitbare Nürnberger Leichenfrau, um nur ein auch geographisch naheliegendes Beispiel zu nennen[26]). In diesen Zusammenhang gehört darüber hinaus der für öffentliche Leistungsaufgaben in Dienst genommene Private[27]). In einen Interessengegensatz zum Leistungsstaat gerät drittens jedermann, dem jener im Wege der Abgabenerhebung die Mittel nehmen muß, bevor er sie wieder verteilen und umverteilen kann[28]).

2. Die genannten Sachverhalte weisen ungeachtet der sichtbar gewordenen unterschiedlichen Interessenrichtungen insofern einen gemeinsamen Nenner auf, als in jedem einzelnen von ihnen Hoheitsakte in grundrechtlich geschützte Bezirke eindringen. Das bedarf keiner Begründung für solche Maßnahmen, die sich als Befehl, Verbot und Zwang darstellen. Sie erscheinen als gezielte Eingriffe stricto sensu und sind mithin geeignet, die Abwehrfunktion der Grundrechte auszulösen[29]). Die Grundrechte reagieren jedoch nicht mehr nur auf finales bzw. imperatives Handeln[30]). Dieser Wandel kommt besonders deutlich in der neueren Rechtsprechung zum Enteignungsrecht zum Ausdruck. In Erkenntnis der Ausgleichsbedürftigkeit auch unbeabsichtigter Schädigungen verlangt der BGH heute nicht mehr, daß es sich um gezielte, also gewollte Eigentumsbein-

---

[25]) Vgl. etwa *Götz* (Anm. 9) S. 45 ff.; *Ipsen*, Öffentliche Subventionierung Privater, 1956, S. 78 ff.; *Köttgen*, Fondsverwaltung in der Bundesrepublik, 1965, S. 64 ff.; *Zacher*, VVDStRL 25, 312 ff.; *Friauf*, DVBl. 1971, 679 ff.

[26]) BVerwG, JR 1971, 33 ff.

[27]) Vgl. oben Anm. 11.

[28]) *Zacher*, Freiheitliche Demokratie, 1969, S. 116.

[29]) Zutreffend *Heinze*, Autonome und heteronome Verteilung, 1970, S. 53.

[30]) Grundlegend dazu *Gallwas*, Faktische Beeinträchtigungen im Bereich der Grundrechte, 1970.

trächtigungen handeln müsse. Als enteignend oder enteignungsgleich sieht das Gericht vielmehr schon konkrete hoheitliche Maßnahmen mit unmittelbaren Auswirkungen auf das Eigentum des Betroffenen an[31]). Es erscheint bemerkenswert, daß diese Judikatur im wesentlichen anläßlich der Beurteilung von Schäden durch den Bau und Betrieb von Einrichtungen der Daseinsvorsorge entwickelt worden ist. Ganz ähnlich vermag nun die — offene oder verdeckte — Subventionierung seines Konkurrenten den übergangenen Wettbewerbsteilnehmer in grundrechtlich erheblicher Weise zu beeinträchtigen[32]) mit der Folge, daß insoweit kassatorischer Rechtsschutz gewährt werden muß. Dieser Einsicht haben sich BVerwG und BVerfG nicht verschlossen[33]).

Mit dem Verzicht auf die Finalität reagieren die Grundrechte auf die Leistungsstaatlichkeit. Nur so wird ihre Wirksamkeit auch gegen solche Bedrohungen gesichert, die erst der Leistungsstaat hervorgebracht hat. Es kann deshalb nicht entscheidend darauf ankommen, ob Beeinträchtigungen dieser Art sich noch ausnahmslos mit Hilfe der bildhaften[34]) Eingriffsvorstellung begreifen lassen[35]). Wer das verneint, mag hier mit *Forsthoff*[36]) von einer „konstruktiven Selbsthilfe gegenüber einer sich wandelnden Welt" sprechen.

3. Tatbestandlich berühren die Reglementierungen im Rahmen der Wahrnehmung staatlicher Leistungsaufgaben insbesondere die Art. 2, 12 und 14 GG aus dem Kreis der Freiheitsrechte sowie den allgemeinen und die besonderen Gleichheitssätze. Bei der Ermittlung der dirigierenden und begrenzenden Wirkungen der beiden Kategorien grundrechtlicher Gewährleistungen empfiehlt sich eine differenzierende Betrachtung.

---

[31]) BGHZ 37, 44 (47); 48, 46 (49); 48, 58 (64 f.); 55, 229 (231); vgl. dazu *Wagner*, NJW 1966, 569 ff.

[32]) Vgl. *Friauf*, DVBl. 1969, 371; *Gallwas* (Anm. 30) S. 102 f.; *Götz* (Anm. 9) S. 272 ff.; *Ipsen*, VVDStRL 25, 303; *Stern*, JZ 1960, 524.

[33]) BVerwGE 30, 191 (196 ff.); BVerfGE 18, 1 (12 f.) und dazu — die Verfassungsbeschwerden im Ergebnis zurückweisend — BVerfGE 21, 12 (25 ff.). Wesentlich zurückhaltender beurteilt der Gerichtshof der Europäischen Gemeinschaften die Klagebefugnis des Marktbeteiligten im Hinblick auf Drittbegünstigungen (EuR 1970, 161 mit kritischer Anmerkung von Nicolaysen).

[34]) Zu den Gefahren der „Bildersprache" in bezug auf die eigentumsrechtlichen Eingriffs- und Inhaltsvorstellungen *Hans Schulte*, Eigentum und öffentliches Interesse, 1970, S. 48 ff.

[35]) Bejahend z. B. *Lerche*, Übermaß und Verfassungsrecht, 1961, S. 259 ff.; *Vogel*, VVDStRL 24, 151 ff.

[36]) In: *Kaiser* (Hg.), Planung III, 1968, S. 35.

a) Im Bereich der Freiheitsverbürgungen verdient hervorgehoben zu werden, daß die qualitative und quantitative Veränderung der Staatsaufgaben spezifische Schutzbedürfnisse zutage treten läßt, die es grundrechtlich zu befriedigen gilt. Das ist zum Teil gelungen, wie die Unterstellung erdienter subjektiver öffentlicher Rechte unter die verfassungsrechtliche Eigentumsgarantie bezeugt[37]). Sie beruht auf der Einsicht, daß für viele Bürger solche Ansprüche als Grundlage ihrer Freiheit im vermögensrechtlichen Bereich weithin an die Stelle privaten Sacheigentums getreten sind.

Bislang nicht bewältigt ist demgegenüber ein Grundrechtsproblem, das sich besonders dringlich in einem Augenblick stellt, in dem man sich der schlichten Tatsache bewußt zu werden beginnt, daß großangelegte gesellschaftspolitische Reformen nicht kostenneutral zu sein pflegen. Wenn der moderne Leistungsstaat solche Reformen durch die Ausübung seiner Abgabenhoheit finanziert, dann muß gefragt werden, ob diese denn wirklich auf die offene Flanke der Eigentumsgarantie trifft[38]). Das BVerfG nimmt bekanntlich an, Art. 14 GG schütze nicht das Vermögen als solches; deshalb seien Vermögensbeeinträchtigungen durch Auferlegung von Geldleistungspflichten in der Regel nicht an dieser Verfassungsbestimmung zu messen, es sei denn, daß sie den Pflichtigen übermäßig belasteten und seine Vermögensverhältnisse grundlegend beeinträchtigten[39]).

Die in dieser stereotyp wiederholten und bisher nicht begründeten Wendung enthaltenen zwei Thesen sind jedoch miteinander unvereinbar. Entweder ist der steuerliche Zugriff

---

[37]) Grundlegend *Dürig*, Festschrift für W. Apelt, 1958, S. 13 ff.; s. ferner *Nicolaysen*, Hamburger Festschrift für Friedrich Schack, 1966, S. 107 ff.; *Rüfner*, VVDStRL 28, 198 f.; *Suhr*, Der Staat 9, 81 f.; *Wannagat*, Lehrbuch des Sozialversicherungsrechts I, 1965, S. 243 ff.; BSGE 9, 127 (128); 13, 247 (250); 14, 133 (137); BVerfGE 22, 241 (253); 29, 283 (302). Subventionen genießen dagegen keinen Eigentumsschutz (*Ipsen*, VVDStRL 25, 445; *Dagtoglou*, ebenda S. 435; vgl. aber auch *Zacher*, ebenda S. 366 ff., 445; *Götz* [Anm. 9] S. 280). Den Interessen des Leistungsempfängers wird durch die rechtsstaatlichen Grundsätze über Widerruf und Rücknahme begünstigender Verwaltungsakte (Vertrauensschutz!) Rechnung getragen.

[38]) So *Forsthoff*, VVDStRL 12, 31 ff.; *Hesse*, Grundzüge des Verfassungsrechts der Bundesrepublik Deutschland, 4. Aufl., 1970, S. 180 f.

[39]) BVerfGE 4, 7 (17); 6, 290 (298); 8, 274 (330); 10, 89 (116); 10, 141 (177); 10, 354 (371); 11, 105 (126); 14, 221 (241); 18, 441 (452); 19, 119 (128); 19, 253 (267); 23, 288 (314); 26, 327 (338); 27, 111 (131); 27, 326 (343); 29, 402 (413); BVerfG, NJW 1971, 1603 (1605).

eigentumsrechtlich irrelevant, dann kann er auch nicht kraft gesteigerter Intensität in eine Eigentumsverletzung umschlagen — oder Art. 14 GG ist thematisch einschlägig, dann und nur dann kann sinnvoll gefragt werden, zu welchen Zwecken und bis zu welcher Grenze er die Auferlegung steuerlicher Belastungen gestattet. Ein Drittes gibt es nicht. Angesichts dieser Alternative erscheint die Erstreckung des verfassungsrechtlichen Eigentumsbegriffs auf das Vermögen als Ganzes, d. h. das Ensemble der subjektiven Berechtigungen mit Vermögenswert, zwingend geboten. Andernfalls würde die gesamte Eigentumsordnung und mit ihr das Eigentum als Rechtseinrichtung[40]) zur freien Disposition des Steuergesetzgebers stehen[41]). Die hier vertretene Auffassung liegt im übrigen — darauf hat bereits *Friauf* hingewiesen[42]) — auch der Entschädigungsregelung für den Tatbestand der Enteignung zugrunde: er läßt an die Stelle der Substanzgarantie grundsätzlich eine Vermögenswertgarantie in Gestalt der regelmäßig auf Geld gerichteten Entschädigungsforderung treten[43]).

b) Im Anschluß an die Feststellung der grundrechtlichen Prüfungsmaßstäbe muß weiter nach der Widerstandskraft gefragt werden, die sie den Einwirkungen durch Maßnahmen leistungsstaatlichen Ursprungs entgegenzusetzen vermögen.

Die einschlägigen Freiheitsgarantien stehen unter Gesetzesvorbehalt (Art. 2 I und II 3, 12 I 2, 14 I 2, II GG). Die Wirksamkeit des Grundrechtsschutzes hängt hier wesentlich davon ab, ob es gelingt, die Regelungsbefugnis des Gesetzgebers schon im Vorfeld des unantastbaren grundrechtlichen Wesensgehalts (Art. 19 II GG) zu begrenzen. Als Ansatzpunkte für die verfassungsrechtliche Beurteilung kommen der gesetzlich verfolgte Zweck und das zu seiner Verwirklichung eingesetzte Mittel in Betracht.

aa) Dabei darf indes die Ergiebigkeit der Bindung des Gesetzgebers an einen legitimen Zweck nicht überschätzt werden. Gewiß müssen gesetzliche Reglementierungen im Bereich der

---

[40]) Seine Bedeutung hebt in anderem Zusammenhang hervor BVerfGE 24, 367 Ls. 3, 389; vgl. auch 26, 215 (222).

[41]) Zutreffend betont von *Leisner*, Verfassungsrechtliche Grenzen der Erbschaftsbesteuerung, 1970, S. 77.

[42]) Juristische Analysen 1970, 307 ff.

[43]) Kritisch zur Rechtsprechung des BVerfG auch *Werner Weber*, AöR 90, 471; *ders.*, Der Staat 4, 437; *Herzog*, Evangelisches Staatslexikon, 1966, Sp. 383 ff.; *Maunz-Dürig-Herzog*, Grundgesetz, 2. Aufl., 1963 ff., Art. 14 Rdnr. 48 ff.; *Vogel-Walter*, Kommentar zum Bonner Grundgesetz (Bonner Kommentar), Art. 105 (Zweitbearbeitung) Rdnr. 139 ff.

Grundrechte durch öffentliche Interessen motiviert und von daher legitimiert sein. Dieser Gedanke beherrscht auch die Spruchpraxis des BVerfG[44]). Öffentlichen Interessen bzw. Gemeinschaftsinteressen kommt danach — auf eine zusammenfassende Formel gebracht — gleichsam die Rolle ungeschriebener Tatbestandsmerkmale der verfassungsrechtlichen Gesetzesvorbehalte zu.

Aber namentlich in den thematisch interessierenden Gebieten der Wirtschafts-, Gesellschafts- und Sozialpolitik erschöpft sich die Zuständigkeit des Gesetzgebers nicht etwa darin, „allgemein anerkannte und von der jeweiligen Politik des Gemeinwesens unabhängige Gemeinschaftswerte" zu schützen und zu fördern; er kann darüber hinaus auch solche Interessen zum Anlaß von Eingriffen in die Grundrechtsordnung nehmen, „die ihm" — so das BVerfG — „nicht in diesem Sinne ‚vorgegeben' sind, die sich vielmehr erst aus seinen besonderen wirtschafts-, sozial- und gesellschaftspolitischen Vorstellungen ergeben, die er also erst selbst in den Rang wichtiger Gemeinschaftsinteressen erhebt"[45]). Dabei wird lediglich vorausgesetzt, daß die Anschauungen, Erwägungen und Wertungen des Gesetzgebers nicht „offensichtlich fehlsam oder mit der Wertordnung des Grundgesetzes unvereinbar" sind[46]).

Diese Erkenntnis, Konsequenz zutreffender Einsicht in Rang und Prädikat des Parlamentsgesetzes als demokratischer Mehrheitsentscheidung[47]), kann in ihrer grundrechtlichen Tragweite kaum überschätzt werden. Und der Eindruck der Anfälligkeit der Grundrechte gegenüber dem gesetzgeberischen Zugriff verstärkt sich dann noch, wenn man die Funktion des Sozialstaatsprinzips als Vehikel legitimer öffentlicher Interessen bedenkt. Denn die Bestimmung dessen, was eine sozialstaatliche Ordnung gebietet oder erlaubt, obliegt weitestgehend dem Gesetzgeber[48]).

---

[44]) Nachweise bei *Martens* (Anm. 3) S. 170; aus neuerer Zeit vgl. etwa BVerfGE 22, 380 (384 f.); 23, 50 (56); 25, 1 (11 ff.); 25, 112 (117 f.); 26, 215 (222); BVerfG, NJW 1971, 1255 (1256).

[45]) BVerfGE 13, 97 (107). Diese Äußerung bezieht sich zwar ausdrücklich nur auf gesetzliche Berufsregelungen, stellt jedoch „eine allgemeine und von dem Grundrecht der Berufsfreiheit losgelöste Aussage dar"; so zutreffend *Badura*, AöR 92, 386.

[46]) BVerfGE 13, 97 (107, 105), BVerfG, NJW 1971, 1255 (1257).

[47]) *Martens* (Anm. 3) S. 187 mit weiteren Nachweisen.

[48]) So mit Recht das BVerfG in ständiger Rechtsprechung, vgl. etwa BVerfGE 10, 354 (370 f.); 14, 263 (282); 18, 315 (327); 23, 50 (56 ff.); 25, 112 (117 f.); 29, 221 (235, 237 ff.); 29, 260 (266 f.); zustimmend z. B. *Bettermann*, Grenzen der Grundrechte, 1968, S. 18 f.; *Werner Weber*, Der Staat 4, 431; *Badura*, DÖV 1968, 449; eine Über-

Daraus ergeben sich wesentliche Folgerungen. Es besteht namentlich Veranlassung, mit Nachdruck zu betonen, daß die Grundrechtsordnung des Grundgesetzes die unter den Bedingungen der Industriegesellschaft der 2. Hälfte des 20. Jahrhunderts erforderlichen sozialen Bindungen der Freiheit nicht verhindert[49]). Ob der Staat die großen Aufgaben der Gegenwart und absehbaren Zukunft — von der Sorge für Stabilität und Wachstum der Wirtschaft[50]) über die Raumordnung bis zum Umweltschutz — zu erfüllen imstande sein wird, ist offen. Sollte er scheitern, würde aber jedenfalls die Berufung auf vermeintliche grundrechtliche Hemmnisse ihm kein Alibi verschaffen.

bb) Wenn diese Deutung zutrifft, besteht das Problem weniger in einer Übersteigerung der Grundrechte als vielmehr in der Gefahr zu starker Relativierung ihres Geltungsanspruchs. Dieser Gefahr muß begegnet werden durch die Forderung nach strenger Bindung des vom Gesetzgeber eingesetzten Mittels an das rechtsstaatliche Postulat der Verhältnismäßigkeit[51]). So wird es möglich, Grundrechtsbeeinträchtigungen in juristisch meßbarer und berechenbarer Weise an den Kriterien der Eignung, der Erforderlichkeit und der Proportionalität im engeren Sinn zu überprüfen[52]).

Absolute Entscheidungsgewißheit verbürgt freilich auch das Übermaßverbot nicht. Es sei in diesem Zusammenhang nur an die unterschiedliche Beurteilung der Aufhebung der Jahresarbeitsverdienstgrenze in der Rentenversicherung der Angestellten ohne Befreiungsmöglichkeit als Dauereinrichtung erinnert[53]). Dieser Vorgang erscheint übrigens paradigmatisch für

---

sicht über die bisherigen Ausdeutungen der Sozialstaatsklausel findet sich bei *Isensee* (Anm. 12) S. 191 f. Anm. 40.

[49]) Ebenso *Herzog*, Allgemeine Staatslehre, 1971, S. 375.

[50]) Zur Bedeutung der Grundrechte in diesem Bereich *Friauf*, VVDStRL 27, 14 f.; *Wagner*, ebenda S. 63 ff.; *Stachels*, Das Stabilitätsgesetz im System des Regierungshandelns 1970, S. 20 ff.

[51]) Vgl. *Martens* (Anm. 3) S. 189 ff. mit Nachw.; seither etwa auch BVerfGE 22, 380 (385 f.); 24, 367 Ls. 8, 404 ff.; 25, 1 (12); 26, 215 (222); BVerfG, NJW 1971, 1255 (1256 ff.).

[52]) Grundlegend *Lerche* (Anm. 35); s. ferner *Bettermann*, Legislative ohne Posttarifhoheit, 1966, S. 51 f.; *Gentz*, NJW 1968, 1600 ff.; zum Grundsatz der Eignung zuletzt BVerfG, NJW 1971, 1603 f. mit ablehnender Stellungnahme von *Kloepfer*, NJW 1971, 1585 ff.

[53]) Vgl. einerseits BVerfGE 29, 245 (253 ff.) in Verbindung mit 29, 221 (235 ff.) und 29, 260 (266 ff.); andererseits z. B. *Ipsen*, Die Aufhebung der Angestelltenversicherungsfreiheit für höhere Angestellte, (ungedr.) Rechtsgutachten 1968, S. 62 ff.; *Hans Schneider*, Die Einbeziehung der leitenden Angestellten in die Rentenversicherung, (ungedr.) Rechtsgutachten 1968, S. 73 ff.

das allgemeine Phänomen, daß Freiheitsbeschränkungen offenbar dort als weniger problematisch empfunden werden, wo ihnen ein Äquivalent in Gestalt sozialer Leistungen gegenübersteht[54]). Das entspricht einem heute aus verschiedenen Gründen verbreiteten Bedürfnis nach Sicherheit und Wohlstandsbewahrung, das in der Skala menschlicher Wertpräferenzen einen hohen Rang einnimmt[55]). Die Aufgabe aber, in diesem Bereich Freiheit und Sicherheit in eine angemessene Relation zu bringen, gleicht der Quadratur des Zirkels; denn wo verläuft die Grenze zwischen sozialer Sicherheit als Vorbedingung des Freiheitsgebrauchs und freiheitsgefährdender nivellierender Bevormundung[56])?

Insgesamt gesehen, dürfte jedoch die dem Prinzip der Verhältnismäßigkeit eigene Zweck-Mittel-Beziehung durchaus geeignet sein, eine Aushöhlung der verfassungsrechtlich gewährleisteten Freiheiten zu verhindern. Die grundrechtssichernde Funktion des Übermaßverbots ist im Rahmen anstaltlicher Leistungsverhältnisse[57]) ebenso zur Geltung zu bringen wie bei der vom BVerfG[58]) insoweit hinsichtlich ihrer Unentgeltlichkeit nicht hinlänglich gewürdigten Überbürdung öffentlicher Leistungsaufgaben auf Private und der staatlichen oder kommunalen Monopolisierung[59]). Und um ein letztes Beispiel anzufügen:

Wenn nach bisherigen Schätzungen die Einführung des sog. Null-Tarifs im öffentlichen Personennahverkehr aus Steuern aufzubringende Aufwendungen in Höhe von 3,5 Mrd. DM erfordern würde[60]), dann wäre diese Verwendung öffentlicher Mittel nur unter der Voraussetzung zulässig, daß der einzige legitime öffentliche Zweck der unentgeltlichen Beförderung, nämlich die Entlastung der Städte vom Individualverkehr, da-

---

[54]) Vgl. dazu die Erwägungen in BVerfGE 29, 221 (237, 240).

[55]) *Wannagat* (Anm. 37) S. 110 ff.

[56]) Mit dogmatischen Formeln lassen sich hier keine befriedigenden Lösungen finden; so mit Recht *Albers*, FinArch. NF 27, 68 ff.; vgl. auch *Börner*, Staatsmacht und Wirtschaftsfreiheit, 1970, S. 28 ff.; *Herbert Krüger* (Anm. 12) S. 811 ff.

[57]) Vgl. *Zacher*, Sozialpolitik (Anm. 8) S. 58 ff.; *Herbig*, Die öffentlichen Einrichtungen im sozialen Rechtsstaat der Gegenwart, 1970, S. 139 ff.; allgemein *Hesse* (Anm. 38) S. 135 ff.; *Lerche* (Anm. 35) S. 221 ff.; *Martens*, ZBR 1970, 200.

[58]) NJW 1971, 1255, 1258 f.; vgl. dagegen *Ipsen*, AöR 90, 433 ff.

[59]) *Badura*, Das Verwaltungsmonopol, 1963, S. 333 ff., bes. 337 ff.; *Emmerich* (Anm. 7) S. 114 ff.; *Hans Klein* (Anm. 7) S. 180 ff.; Isensee (Anm. 12) S. 201 ff.; *Püttner* (Anm. 7) S. 162 ff.; *Obermayer-Steiner*, NJW 1969, 1457 ff.; BVerfGE 21, 245 (249 ff.); 21, 261 (266 ff.); zurückhaltender *Lerche*, Rundfunkmonopol, 1970.

[60]) Verkehrsbericht 1970 der Bundesregierung (BT-Drs. VI/1350 S. 78).

durch wenigstens gefördert würde. Auf Grund empirischer Untersuchungen des Verhaltens und der Motivation von Pkw-Benutzern besteht gegenwärtig kein Anlaß, dies anzunehmen[61]). Der Null-Tarif wäre daher jedenfalls zur Zeit ungeeignet und damit unverhältnismäßig[62]). Daß diese Einsicht seine Befürworter aus sozial-revolutionärer Passion nicht anfechten wird, steht auf einem anderen Blatt.

4. Zu prüfen bleibt die Reichweite des Gleichheitssatzes (Art. 3 GG) in seiner Funktion als Abwehrrecht, also im ursprünglichen Sinn des Verbots ungleicher Belastung verstanden und hier noch nicht als Gebot gleicher Begünstigung in Anspruch genommen. Ihm fallen in dieser Rolle im wesentlichen drei Aufgaben zu. Zunächst verpflichtet er zu sachgerechter Abgrenzung des Kreises der zwangsweise in ein Leistungssystem einbezogenen Personengruppen[63]). Sodann unterliegt seinem Regime die Kostenverteilung innerhalb eines solchen Systems[64]). Und schließlich stellt das Gleichbehandlungsgebot einen weiteren Maßstab für die Beurteilung der Überbürdung öffentlicher Leistungsaufgaben auf Private und namentlich ihrer unentgeltlichen Auferlegung dar. Das bedeutet konkret: Gesetze, die weder Aufwendungsersatz noch Entschädigung vorsehen, müssen mit dem allgemeinen Grundsatz der Lastengleichheit vereinbar sein und bedürfen legitimierender Gründe gegenüber anderen Regelungen, die diesem Prinzip gerecht werden[65]). Deshalb befriedigt der Beschluß des BVerfG zur unentgeltlichen Mineralölbevorratung auch unter Gleichheitserwägungen nicht. Er berücksichtigt zwar die besondere Lage der unabhängigen Importeure[66]), geht aber an der grundsätzlichen Problematik im Blick auf sämtliche Gesetzesadressaten vorbei[67]) und eröffnet damit durchaus fragwürdige Perspektiven auf kostensparende Finanzierungsmöglichkeiten künftiger leistungsstaatlicher Aktivitäten.

---

[61]) *Seidenfus*, Rationalisierung des öffentlichen Personennahverkehrs, 1970 (Heft 11 der Vorträge und Studien aus dem Institut für Verkehrswissenschaften an der Universität Münster); *Bellinger*, Optimale Fahrpreise im Personennahverkehr, 1970.

[62]) Ebenso schon *Fromm*, BB 1971, 99 ff.

[63]) Vgl. z. B. BVerfGE 18, 38 (45 ff.); 29, 221 (243 ff.); 29, 245 (258 ff.).

[64]) Vgl. z. B. BVerfGE 11, 105 Ls. 2, 114 ff.

[65]) Vgl. *Ipsen*, in: Die Grundrechte II (Hg. *Neumann-Nipperdey-Scheuner*), 1954, S. 195 ff.; *Scheuner*, VVDStRL 11, 73; *Ossenbühl*, VVDStRL 29, 180 ff.; *Gallwas*, BayVBl. 1971, 245 ff.; *Fromm*, DVBl. 1971, 161 ff.; *Heinze* (Anm. 29) S. 98 ff.

[66]) BVerfG, NJW 1971, 1255, 1259 f.

[67]) BVerfG, NJW 1971, 1255, 1258 f.

Soviel im 2. Teil zu den grundrechtlichen Grenzen des Leistungsstaates.

III. Grundrechtliche Leistungs- und Teilhabeansprüche

Konnten die bisherigen Überlegungen von der traditionellen und nach wie vor weithin anerkannten Bestimmung der Grundrechte ausgehen, als Abwehrrechte die Freiheitssphäre des einzelnen vor Eingriffen durch die öffentliche Gewalt zu sichern[68]), so steht das nunmehr zu erörternde Problem grundrechtlicher Leistungs- und Teilhabeansprüche unter umgekehrten Vorzeichen. Die Grundrechte verlassen hier den status negativus[69]) und wandern in den status positivus hinüber. Die Erwägung derartiger Ansprüche signalisiert einen fundamentalen Wandel des überkommenen Grundrechtsverständnisses, der aufmerksam registriert und kritisch überprüft werden muß. Davon entbindet nicht das zugrunde liegende und bei erstem Zusehen einleuchtende Bestreben, die qualitative Veränderung der Staatsaufgaben und der sozialen Struktur grundrechtsinterpretatorisch einzuholen.

Bei der Beantwortung der Frage, ob die Grundrechte die ihnen zugedachte neue Aufgabe erfüllen können, wird man vorab prinzipiell zu unterscheiden haben zwischen der Entwicklung von derivativen Teilhabeansprüchen als Reaktion auf vorgängiges staatliches Handeln und der Einräumung davon unabhängiger, also gleichsam originärer grundrechtlicher Leistungsansprüche.

1. In bezug auf derivative teilhabefordernde Ansprüche gilt das folgende.

a) Als Grundlage von Ansprüchen dieser Art bieten sich in erster Linie der allgemeine Gleichheitssatz und seine Konkretisierungen an; denn in der Tat verbietet das Gleichbehandlungsgebot ungleiche Begünstigung ebenso wie ungleiche Bela-

---

[68]) Vgl. etwa BVerfGE 7, 198 (204); 9, 83 (88); 12, 81 (87); 13, 318 (325, 326); 19, 342 (349); 21, 342 (349); 21, 362 (369, 372); *Forsthoff*, Rechtsstaat im Wandel, 1964, S. 147 ff., 213 ff.; *Knies*, Schranken der Kunstfreiheit als verfassungsrechtliches Problem, 1967, S. 36 ff.; *Weyreuther*, 47 DJT I B, 1968, S. B 84 mit weiteren Nachw.

[69]) Ihm ist historisch und verfassungssystematisch auch der Gleichheitssatz zugeordnet; vgl. *Leibholz*, Die Gleichheit vor dem Gesetz, 2. Aufl., 1959, S. 242 f.; *Carl Schmitt*, Verfassungsrechtliche Aufsätze aus den Jahren 1924—1954, 1958, S. 211; *Giacometti*, Allgemeine Lehren des rechtsstaatlichen Verwaltungsrechts I, 1960, S. 285 ff.; *von Mangoldt-Klein*, Das Grundgesetz, 2. Aufl., 1957 ff., Art. 3 Anm. II 5.

stung[70]). Seine Bindung wirkt jedoch gegenüber generellen Normierungen und konkreten Regelungen in abgestufter Intensität.

aa) Gesetzgebende Gewalt und gesetzesfrei programmierende vollziehende Gewalt[71]) verpflichtet der Gleichheitssatz in seiner herrschenden Ausdeutung als Willkürverbot zwar zu sachgemäßer Abgrenzung des Kreises der Begünstigten. Doch stehen insoweit gerade bei der Vergabe von Leistungen zureichende Gründe für eine Differenzierung in erheblich weiterem Umfang zu Gebote, als das bei hoheitlichen Eingriffen der Fall ist[72]). Freilich darf nicht ohne Rücksicht auf Gebiet und Anlaß einer Regelung unangemessen schematisiert werden. So wird die Gruppierungskompetenz im Rahmen allgemeiner Daseinsvorsorge und der Steuerung besonderer sozialer Notlagen stärker gebunden sein als etwa bei Maßnahmen zum Zweck strukturpolitisch motivierter regionaler oder sektoraler Wirtschaftsförderung. Der Außenseiter kann sich solchen Maßnahmen gegenüber nicht schon ihrer tatsächlichen Auswirkungen wegen auf den Gleichheitssatz berufen; denn das Verbot rechtlicher Diskriminierung fixiert nicht den ökonomischen status quo und läßt mithin — wenngleich auch nicht unbegrenzt[73]) — Verände-

---

[70]) *Leibholz* (Anm. 69) S. 109; *Scheuner*, VVDStRL 11, 73; *Salzwedel*, Festschrift für Hermann Jahrreiß, 1964, S. 342, 345; *Wallerath*, Die Selbstbindung der Verwaltung, 1968, S. 70 ff.; zur Frage der Beschwerdebefugnis im Rahmen der Verfassungsbeschwerde gegen gleichheitswidrige Privilegierungen durch den Gesetzgeber vgl. BVerfGE 9, 338 (342); 13, 248 (253); 26, 79 (91); 26, 100 (109 f.); 26, 116 (134 f.); 26, 141 (153); 26, 163 (168 f.); 29, 268 (273).

[71]) Das Problem der verfassungsrechtlichen Zulässigkeit gesetzesfreier Leistungsverwaltung muß hier unerörtert bleiben; vgl. dazu zuletzt *Ipsen*, VVDStRL 25, 289 ff.; *Zacher*, ebenda S. 312 ff., 337 ff. mit zutreffender Betonung des Erfordernisses ausreichender Publizität als Voraussetzung wirksamen Einsatzes des Gleichbehandlungsgebotes; *Hans Klein* (Anm. 7) S. 263 ff.; *Püttner* (Anm. 7) S. 191 ff.; *Ossenbühl*, Verwaltungsvorschriften und Grundgesetz, 1968, S. 208 ff., 263 ff.

[72]) BVerfGE 6, 55 (77); 11, 50 Ls. 1, 60; 11, 245 (253 f.); 12, 151 (166); 12, 354 (367 f.); 17, 1 Ls. 2, 23 f.; 17, 210 (216 f.); 22, 100 (104); 23, 258 (264); 29, 51 (56); 29, 337 (339); zur entsprechenden Gestaltungsfreiheit der gesetzesfreien Exekutive BGHZ 52, 325 (330 f.); *Köttgen* (Anm. 25) S. 61; *Rüfner* (Anm. 5) S. 391, 403 f.; Kritik am „Minimalismus" des BVerfG äußert *Zacher*, AöR 93, 351 ff.

[73]) Das entscheidende Wort kommt dabei einer ökonomischen Analyse der Auswirkungen der jeweiligen Regelung zu; vgl. *Köttgen* (Anm. 25) S. 69. Würde danach eine einschneidende Verschlechterung der Wettbewerbslage zu erwarten sein, so brauchte das schon unter dem Aspekt des verfassungsrechtlichen Übermaßverbotes nicht hingenommen zu werden. Die diesbezüglichen Erwägungen des BVerfG (BVerfGE 26, 172 [185 f.]; NJW 1971, 1255 [1260]) lassen sich auf den Fall der Drittbegünstigung übertragen.

rungen der Wettbewerbschancen zu[74]). Diese These widerspricht der Judikatur zur Chancengleichheit im Parteienrecht[75]) und im Prüfungswesen[76]) nicht, weil die dortige Argumentation einerseits nicht verallgemeinerungsfähig ist und es sich andererseits zum Teil um Fälle der Rechtsgleichheit handelt, die unter falscher Flagge segeln[77]).

Wenn man demnach die Bedeutung des Gebotes gleicher Begünstigung für die normsetzende Tätigkeit auch nicht überschätzen darf, so besteht doch angesichts seiner Handhabung durch die Rechtsprechung insbesondere im Sozial- und Besoldungsrecht[78]) keine Veranlassung, es als unergiebig abzuwerten. Es muß indes weiter bedacht werden, daß eine gleichheitswidrige Privilegierung durchaus nicht mit Automatik zur Erstreckung der Regelung auf die diskriminierte Gruppe nötigt. Ihre Einbeziehung ist vielmehr nur dort ausnahmsweise zwingend geboten, wo sich der Gleichheitsverstoß nicht anders beseitigen läßt[79]), d. h. praktisch allein im Fall diskriminierender Ausnahmevorschriften, für die der gesetzliche Ausschluß von Sozialhilfeempfängern vom Wohngeld beispielhaft genannt sei[80]). Regelmäßig hat der Gesetzgeber jedoch mindestens die Möglichkeit und — sofern nicht andere Verfassungsgrundsätze

---

[74]) Ebenso *Bettermann*, Berliner Festschrift für E. E. Hirsch, 1968, S. 21; *Hans Klein* (Anm. 7) S. 228 ff.; *Scholz*, NJW 1969, 1044 f.; *ders.*, Wirtschaftsaufsicht und subjektiver Konkurrentenschutz, 1971, S. 147 ff.; überpointiert *Wagner*, VVDStRL 27, 70: „Wer den Gleichheitssatz im Subventionsrecht anwendet, der erhebt das Gießkannenprinzip zum Verfassungsgrundsatz". Aus der Rechtsprechung vgl. BVerfGE 4, 7 (19, 24); 12, 354 (367) mit zutreffendem Hinweis darauf, daß die Förderung einzelner Gruppen bereits Ungleichbehandlung anderer bedeute; BVerwGE 17, 306 (311 f.); BGH, DVBl. 1968, 915.; anders BVerwGE 23, 194 (199); wohl auch *Ipsen*, VVDStRL 25, 303.

[75]) BVerfGE 24, 300 (399 ff. mit weiteren Nachw.); *Leibholz-Rinck*, Grundgesetz, 4. Aufl., 1971, Art. 38 Rdnr. 6; zusammenfassend *Jülich*, Chancengleichheit der Parteien, 1967, S. 63 ff.

[76]) BVerwG, DÖV 1963, 475 mit weiteren Nachw.

[77]) Ausführlich und zutreffend begründet von *Podlech*, Gehalt und Funktionen des allgemeinen verfassungsrechtlichen Gleichheitssatzes, 1971, S. 209 ff.

[78]) Vgl. BVerfGE 13, 31 (36 ff.); 13, 248 (253 ff.); 17, 122 (129 ff.); 18, 288 (296 ff.); 18, 366 (372 ff.); 26, 100 (110 ff.); 26, 163 (169 ff.); 26, 220 (225 ff.); 27, 391 (395 ff.); 28, 227 (237 ff.); 29, 1 (8 ff.); 29, 71 (78 ff.); 29, 283 (296 ff.); für das Subventionswesen OVG Berlin, DVBl. 1967, 92; dazu *Menger-Erichsen*, VerwArch. 58, 284 ff.

[79]) BVerfGE 22, 163 (174 f.); 27, 220 (230 f.); 29, 1 (10); 29, 283 (303 f.).

[80]) BVerfGE 27, 220 (225 ff.); s. ferner BVerfGE 13, 31 (39); 17, 1 (2); 17, 38 (39); 17, 62 (63); 17, 122 (123); 18, 366 (367); 21, 329 (337 f.); 29, 1 (10 f.).

dem entgegenstehen — auch die Befugnis, zwischen der Abschaffung der Begünstigung und ihrer Ausdehnung zu wählen[81]). Das BVerfG respektiert diese in der verfassungsrechtlichen Stellung des Parlaments begründete gesetzgeberische Gestaltungsfreiheit, indem es sich dann mit der Feststellung der Verfassungswidrigkeit der inkriminierten Regelung begnügt[82]) und so die Entscheidung über Art und Weise der Verwirklichung der Gleichheit dem Organ zurückgibt, das sie zunächst verfehlt hatte. Insoweit verleiht also das Gebot gleicher Begünstigung grundsätzlich wohl eine Chance, aber keinen Anspruch auf Teilhabe. Daran ist festzuhalten.

bb) Ausgeprägter ist die anspruchserzeugende Funktion des Gleichheitssatzes gegenüber der im Einzelfall über die Zuteilung von Leistungen entscheidenden Verwaltung. Er verpflichtet diese zu folgerichtiger und gleichmäßiger Ermessensbetätigung[83]) und vermag so gegebenenfalls das Recht des Bürgers auf fehlerfreie Ermessensausübung im Ergebnis zu einem Anspruch auf Teilhabe an der anderen gewährten Leistung erstarken zu lassen[84]). Im Verhältnis zu Trägern öffentlicher Einrichtungen der Daseinsvorsorge begründet das Gleichbehandlungsgebot entgegen einer verbreiteten Auffassung[85]) das Recht zu allgemeiner bestimmungsgemäßer Benutzung[86]), was praktisch bedeutsam wird, wo es nicht schon kraft ausdrücklicher rechtsnormativer Bestimmung besteht.

---

[81]) *Götz* (Anm. 9) S. 264 ff.; *Salzwedel*, Festschrift für Hermann Jahrreiß, 1964, S. 342.

[82]) BVerfGE 22, 349 (361 ff.); 23, 1 (10 f.); 25, 101 (110 ff.); 25, 236 (252 ff.); 26, 100 (101); 26, 163 (164); 28, 324 (361 ff.); 29, 71 (83). Dem ist trotz der Kritik von *Rudolf Schneider* (AöR 89, 45 ff.) zuzustimmen.

[83]) Zum Gleichheitssatz als Grundlage der Selbstbindung der Verwaltung *Mertens*, Die Selbstbindung der Verwaltung auf Grund des Gleichheitssatzes, 1963, S. 63 ff.; *Ossenbühl* (Anm. 71) S. 530 ff.; *Wallerath* (Anm. 70) S. 35 ff.

[84]) Beispiele aus der Rechtsprechung: BVerwGE 31, 368 (370); 32, 333 (336); 35, 344 (347 ff. mit weiteren Nachw.); BGHZ 29, 76 (80); vgl. auch *Hans J. Wolff* (Anm. 1) § 138 IV b) 3; *Götz* (Anm. 9) S. 36 ff.

[85]) *Forsthoff*, Lehrbuch des Verwaltungsrechts I, 9. Aufl., 1966, S. 385 ff.; *Hans J. Wolff*, Verwaltungsrecht II, 3. Aufl., 1970, § 99 III b). Eine einengende Ermessensänderung wäre unzulässig. Das BVerwG (BVerwGE 36, 352, 355 f.) hätte deshalb den Anspruch des Mieters und Pächters auf Anschluß an das öffentliche Fernsprechnetz nicht aus „allgemeinen verwaltungsrechtlichen Grundsätzen" herzuleiten brauchen.

[86]) Richtig *Heinze* (Anm. 29) S. 69 ff.; *Herbig* (Anm. 57) S. 186 ff.; *Rüfner* (Anm. 5) S. 383 f.; *Scholz*, Das Wesen und die Entwicklung der gemeindlichen öffentlichen Einrichtungen, 1967, S. 232 f.

b) Ansprüche auf Zugang und Benutzung von Verfassungsrang vermittelt im übrigen nicht allein der Gleichheitssatz: Während etwa der Gemeingebrauch durch Art. 2 I GG grundrechtlich gesichert wird[87]), muß das Grundrecht der freien Wahl der Ausbildungsstätte (Art. 12 I GG) im Sinne eines Anspruchs des Studierwilligen auf Zulassung zu den staatlichen Hochschulen interpretiert werden[88]). Darauf wird zurückzukommen sein.

c) Die bezeichneten Ansprüche auf Teilhabe an den Staatsleistungen finden jedoch, soweit es sich nicht um gesetzlich festgelegte Rechtspositionen handelt, nach herkömmlichem Verständnis ihre Grenze an der Erschöpfung der titulierten finanziellen Mittel bzw. der Kapazität der betreffenden Einrichtung[89]): Ultra posse nemo obligatur — übersetzt und gesetzlich sanktioniert durch das neue deutsche Hochschulrecht[90]).

2. Diese begrenzte Wirksamkeit der Grundrechte als Leistungsrechte wird offenbar zunehmend als unzulänglich empfunden. Das mag ihre — wie es scheint — ebenso unaufhaltsame wie revolutionäre Umdeutung zu originären und offen-

---

[87]) *Salzwedel*, in: Besonderes Verwaltungsrecht (Hg. *von Münch*), 2. Aufl., 1970, S. 471 f.; *Stern*, VVDStRL 21, 219 f. mit weiteren Nachw.

[88]) *Maunz-Dürig-Herzog* (Anm. 43) Art. 12 Rdnr. 110; *Rupp*, AöR 92, 230; *Barbey*, JZ 1971, 476 Anm. 22; 482; *Friauf*, DVBl. 1971, 679; OVG Rheinland-Pfalz, VerwRspr. 21, 430, 432 f. mit weiteren Nachw.; a. M. *Jürgen Schmitt*, JuS 1970, 62 f.

[89]) *Forsthoff* (Anm. 85) S. 387; *Götz* (Anm. 9) S. 36, 39; *von Jacobs*, Der öffentlich-rechtliche Benutzungszwang in der Verwaltungsordnung, 1963, S. 40 f.; *Mertens* (Anm. 83) S. 101; *Wallerath* (Anm. 70) S. 69 ff.; *Hans J. Wolff* (Anm. 1) § 138 IV b) 3; a. M. *Heinze* (Anm. 29) S. 72.

[90]) Baden-Württemberg: § 42 III Hochschulgesetz v. 19. 3. 1968 (GBl. S. 81); Bayern: Art. 2 ff. des Gesetzes über die Zulassung zu den Bayerischen Hochschulen v. 8. 7. 1970 (GVBl. S. 273) mit Ausführungsverordnung v. 31. 7. 1970 (GVBl. S. 386); Art. 35 Fachhochschulgesetz v. 27. 10. 1970 (GVBl. S. 481); Berlin: § 30 III Universitätsgesetz v. 16. 7. 1969 (GVBl. S. 909); Hamburg: § 17 Universitätsgesetz v. 25. 4. 1969 (GVBl. I S. 61); § 11 III Fachhochschulgesetz v. 18. 2. 1970 (GVBl. I S. 61); § 11 III des Gesetzes über die Hochschule für Wirtschaft und Politik v. 19. 2. 1970 (GVBl. I S. 76); Hessen: § 16 IV Hochschulgesetz v. 12. 5. 1970 (GVBl. S. 315); Nordrhein-Westfalen: § 56 Hochschulgesetz v. 7. 4. 1970 (GVBl. S. 254); Rheinland-Pfalz: § 92 Hochschulgesetz v. 22. 12. 1970 (GVBl. 1971 S. 5); §§ 29 f. des Regierungsentwurfes eines Hochschulrahmengesetzes (BT-Drs. VI/1873); §§ 29 f. des CDU/CSU-Entwurfs eines Hochschulrahmengesetzes. Von der Rechtsprechung wird mit unterschiedlichen Begründungen im einzelnen der numerus clausus für den Fall der Kapazitätserschöpfung grundsätzlich als zulässig angesehen: BVerwG, JZ 1963, 675; OVG Hamburg, VerwRspr. 15, 286 (289); HessVGH, DVBl. 1970, 739 ff.; OVG Rheinland-Pfalz, DVBl. 1970, 324 ff.; BayVerfGH, BayVBl. 1971, 102 ff.; vgl. aber unten bei und in Anm. 104, 138.

siven Leistungsrechten erklären, über die vor einer kritischen Stellungnahme wenigstens summarisch zu referieren ist.

a) Interpretationsmethodisch operieren die gleichgerichteten Tendenzen auf drei verschiedenen Argumentationsebenen. Die kräftigsten Impulse gehen von einer sozialstaatlich determinierten Grundrechtsauslegung aus, die sich sowohl des Gleichheitssatzes wie der Freiheitsrechte bemächtigt hat. Sie hat das Gleichheitsprinzip aus seiner Akzessorietät[91]) gelöst und entnimmt ihm die staatliche Verpflichtung zum Ausgleich gesellschaftlicher und wirtschaftlicher Ungerechtigkeiten[92]), z. B. zur Verwirklichung eines Rechts auf Bildung kraft sozialstaatlich gebotener Chancengleichheit[93]). Aus der Unverletzlichkeit der Menschenwürde (Art. 1 I GG) und dem Recht auf Leben (Art. 2 II GG) hat man schon frühzeitig Rechtsansprüche auf Fürsorge[94]), Tuberkulosehilfe[95]) und Impfung[96]) abgeleitet und alsdann — nahtlos daran anschließend — auch die Vorhaltung von Einrichtungen sozialer, wirtschaftlicher und kultureller Daseinsvorsorge als grundrechtliches Postulat bezeichnet[97]). Den

---

[91]) Formulierung von *Salzwedel*, Festschrift für Hermann Jahrreiß, 1964, S. 342.

[92]) *Hesse*, AöR 77, 214 ff.; *Pernthaler*, JBl. 1965, 71 mit weiteren — allerdings teilweise unzutreffenden — Nachw.; *Fröhler*, Das Wirtschaftsrecht als Instrument der Wirtschaftspolitik, 1969, S. 18 f.; in diese Richtung tendieren auch *Ipsen*, Die Grundrechte II (Anm. 65) S. 174; *Herzog*, Evangelisches Staatslexikon, 1966, Sp. 697 f., 701; *ders.*, *Staatslehre* (Anm. 49) S. 381 ff., 393 ff.; *Scholler*, Die Interpretation des Gleichheitssatzes als Willkürverbot oder als Gebot der Chancengleichheit, 1969, S. 14 ff.; *Zacher*, AöR 93, 360 ff.

[93]) Vgl. Bericht der Bundesregierung zur Bildungspolitik (BT-Drs. VI/925) S. VII, 1, 2; *Abelein*, DÖV 1967, 375 ff.; *Dahrendorf*, Bildung ist Bürgerrecht, 2. Aufl., 1966; *Friedrich Klein* in: *Klein-Fabricius*, Das Recht auf Bildung und seine Verwirklichung im Ballungsraum, 1969, S. 20 ff.; *Oppermann*, Kulturverwaltungsrecht, 1969, S. 196, 238, 261; *Scholler* (Anm. 92) S. 45 f.

[94]) BVerwGE 1, 159 ff.; 5, 27 (31); *Bachof*, VVDStRL 12, 42; *Herbert Krüger* (Anm. 12) S. 810 f.; *Maunz-Dürig-Herzog* (Anm. 43) Art. 2 II Rdnr. 26 f.; *Zacher*, Freiheit und Gleichheit in der Wohlfahrtspflege, 1964, S. 122 f.; weitere Nachw. bei *Kloepfer*, Grundrechte als Entstehenssicherung und Bestandsschutz, 1970, S. 3 ff.

[95]) *Maunz-Dürig-Herzog* (wie Anm. 94); *Menger*, VerwArch. 54, 95 ff.; *Schultze-Lidl*, Besteht ein Rechtsanspruch auf Tuberkulosehilfe?, 1960, S. 73 ff., 87 ff., 105 ff.; VG Düsseldorf, DVBl. 1962, 559 f. mit zustimmender Anm. *Ule-Siegmund-Schultze;* weitere Nachw. bei *Kloepfer* (Anm. 94) S. 5; a. A. BVerwGE 2, 203 f.; 4, 215 (219 f.).

[96]) BVerwGE 9, 78 (80 f.); weitere Nachw. bei *Kloepfer* (Anm. 94) S. 6.

[97]) *Scholz*, Öffentliche Einrichtungen (Anm. 86) S. 232 ff.; *ders.*, Wirtschaftsaufsicht (Anm. 74) S. 153 ff.; für die Krankenversorgung *Schwabe*, NJW 1969, 2274 ff.

gewiß nur vorläufigen Schlußpunkt der auf die Art. 1 und 2 GG gestützten Interpretationsbemühungen bildet das jüngst entdeckte Menschenrecht auf Umweltschutz[98]). Neuerdings hat die soziale Auslegung darüber hinaus auf Berufsfreiheit und Eigentumsgarantie übergegriffen: Als Korrelat der verfassungsrechtlichen Verpflichtung des Staates zur Beachtung des gesamtwirtschaftlichen Gleichgewichts (Art. 109 II GG) soll Art. 12 GG dem Arbeitnehmer ein Recht auf Gewährleistung eines hohen Beschäftigungsstandes, Art. 14 GG dem Sparer einen Anspruch auf Währungsstabilität garantieren[99]).

Einen zweiten Ansatz liefert eine neue Spielart des institutionellen Grundrechtsdenkens. In seinem Nährboden wurzelt die Vorstellung grundrechtlicher Ansprüche auf Förderung der Presse[100]), des Rundfunks[101]) und der Kunst[102]), bisweilen begleitet von der Erwägung, nur auf diese Weise könnten die Grundrechtsträger die öffentlichen Aufgaben erfüllen, deren Wahrnehmung ihnen der Grundrechtsinterpret bescheinigt. Institutionelle und sozialstaatliche Auslegung kombiniert das BVerwG in seinem bekannten Urteil vom 22. September 1967, mit dem es einen verfassungsrechtlichen Anspruch auf Privatschulsubventionierung aus Art. 7 IV GG glaubte begründen zu können[103]).

---

[98]) *Rupp*, JZ 1971, 401 ff.

[99]) *Vogel-Walter* (Anm. 43) Vorbemerkungen zu Art. 104a—115 Nr. 4 (Zweitbearbeitung).

[100]) *Scheuner*, VVDStRL 22, 76 f.; *Peter Schneider*, Pressefreiheit und Staatssicherheit, 1968, S. 39 ff.; vgl. auch die Frage von *Herbert Krüger*, VVDStRL 22, 193 f.

[101]) *Stern-Bethge*, Funktionsgerechte Finanzierung der Rundfunkanstalten durch den Staat, 1968, S. 38 ff. mit weiteren Nachw.; *Rudolf*, Über die Zulässigkeit privaten Rundfunks, 1971, S. 31 f.

[102]) *Rabe*, Die Stellung der Theaterunternehmen im Staat, Diss. Köln 1967, S. 98 ff.; *Ridder*, Freiheit der Kunst nach dem Grundgesetz, 1963, S. 21; *Scheuner*, VVDStRL 22, 10 f.; dagegen z. B. *Friedrich Müller*, Freiheit der Kunst als Problem der Grundrechtsdogmatik, 1969, S. 128 f.; OVG Lüneburg, DVBl. 1969, 875; unklar *Oppermann* (Anm. 93) S. 443. Für die Freiheit der Wissenschaft will *Rupp* (VVDStRL 27, 119 ff.) aus dem Gedanken des Institutionellen „in einem spezifischen Verständnis" Folgerungen im Hinblick auf die Hochschulverfassung und Hochschulorganisation ziehen; vgl. auch *Geck*, ebenda S. 165 ff.

[103]) BVerwGE 27, 360 (362 ff.); demgegenüber stellte BVerwGE 23, 347 (350) entscheidend auf die Verletzung des Grundsatzes der Chancengleichheit und die staatsentlastende Wahrnehmung öffentlicher Bildungsaufgaben ab. — Beide Entscheidungen sind überwiegend auf Ablehnung gestoßen; vgl. z. B. *Barion*, DÖV 1967, 516 ff.; *Ipsen*, VVDStRL 25, 268; *Menger-Erichsen*, VerwArch. 57, 377 f. und 59, 275 ff.; *Hermann Weber*, NJW 1966, 1799 f. und JZ 1968, 779 ff.; *Scholz*, WRP 1968, 316; *Friauf*, DVBl. 1971, 679.

An die staatliche Monopolisierung der Grundrechtsvoraussetzungen knüpft die dritte Konstruktion an, mit der einige Verwaltungsgerichte erster Instanz entschlossen den juristischen Kampf gegen das leidige Problem des numerus clausus an unseren Universitäten aufgenommen haben. So gewährt das Grundrecht der freien Wahl der Ausbildungsstätte nach Meinung der Richter in Berlin und Frankfurt jedenfalls bei einem besonders krassen Mißverhältnis zwischen Ausbildungsmöglichkeiten und Bewerberzahl einen Anspruch auf Schaffung von Studienplätzen über die vorhandene Kapazität hinaus. Noch weitergehend scheint das VG Hamburg in einem Vorlagebeschluß an das BVerfG von einer unbegrenzten Verpflichtung des Staates zum Angebot von Ausbildungsstätten entsprechend dem Bedarf auszugehen[104]). Eine schon im Blick auf die gegenwärtige Studentenexplosion, vor allem aber angesichts der wahrhaft „astronomischen Planzahlen für künftige Akademiker"[105]) kühne These.

b) Der Wandel im Grundrechtsdenken, dessen Grundlinien soeben nachgezogen wurden, erscheint zunächst einmal als Ausdruck der unbestreitbaren Tatsache, daß die Nutzung zahlreicher Grundrechte bestimmte faktische Gegebenheiten voraussetzt mit der Folge, daß eine Ausübung der verfassungsmäßig gewährleisteten Rechte nur demjenigen möglich ist, der die „capacité", verstanden als Vermögen in einem umfassenden Sinn, besitzt, sich diese Voraussetzungen anzueignen. Will ein Gemeinwesen nicht lediglich eine Minderheit seiner Bürger in den Genuß jener Rechte kommen lassen, wird es daher breite Bevölkerungsschichten befähigen müssen, an den Grundrechtsvoraussetzungen zu partizipieren. Dieser Aufgabe hat sich der moderne Leistungsstaat angenommen: So soll sein Recht der sozialen Sicherung dazu beitragen, die Führung eines menschenwürdigen Daseins zu ermöglichen und gleiche Bedingungen für die freie Entfaltung der Persönlichkeit zu schaffen. Und während Maßnahmen der Vermögensbildung eigentumsmehrende Wirkung entfalten, dienen Wohnungsbauförderung und Wohngeld zur Beschaffung bzw. Erhaltung des Substrats der Wohnungsfreiheit, verbessern ein qualifiziertes Bildungssystem, Hochschulausbau und Ausbildungsförderung die Realisation der Grundrechte der freien Wahl des Berufs und der Aus-

[104]) VG Berlin, DVBl. 1971, 150; VG Frankfurt/M., DVBl. 1969, 940; VG Hamburg, Beschluß v. 21. 8. 1970 — IV VG 615/70, mitgeteilt bei *J. Schmitt*, DVBl. 1971, 383.

[105]) *Arnold Gehlen*, Die Welt Nr. 49 vom 27. 2. 1971 (Die Geistige Welt S. III); Zahlenangaben unten bei Anm. 145 f.

bildungsstätte[106]).

[106]) Vgl. oben Anm. 8 f. und den Text dazu.

So betrachtet, streben — aus sehr verschiedenartigen Motiven gespeist[107]) — Sozial- und Gesellschaftspolitik in wachsendem Maße nicht nur soziale Gleichheit an. Sie sind — in einer treffenden Wendung *Zachers* — zugleich auch auf die „soziale Erfüllung der Freiheit" gerichtet[108]). Gewiß werden die staatlichen Leistungen im Interesse sozialer Freiheit stets viele Wünsche unbefriedigt lassen; dies auch deshalb schon, weil jedes erfüllte Begehren neue Forderungen weckt. Die Grenze zum Übermaß scheint jedoch überschritten, wenn man an die moderne, aber im Blick auf die Spätantike doch auch wieder nicht vorganglose Staatsaufgabe denkt, „Mehr Spaß in die Freizeit "zu bringen[109]).

Aus den dargelegten Zusammenhängen folgt indes noch nicht, daß um der Grundrechtseffektivität willen die faktischen Grundrechtsvoraussetzungen in die normativen Grundrechtsgewährleistungen einbezogen werden müßten.

c) Die kritische Überprüfung der darauf gerichteten Tendenzen erweist vielmehr, daß ihre Ergebnisse sich mit dem Instrumentarium juristischer Grundrechtsauslegung nicht verifizieren lassen.

aa) Auf welchem interpretatorischen Weg auch immer versucht wird, den Inhalt eines Grundrechts auf die Verschaffung oder Erhaltung der materiellen Voraussetzungen seiner Nutzung zu erstrecken, stets zielt das Plädoyer auf die Begründung nicht akzessorischer Leistungsansprüche. Rechte dieser Struktur wurzeln aber nicht im Rechtsstaatsprinzip, sondern entspringen als soziale Rechte in einem bislang unangefochtenen Verständnis des Begriffs[110]) sozialstaatlichen Vorstellungen. Es

---

[107]) Vgl. etwa *Börner* (Anm. 56) S. 28 ff.; *Herzog* (Anm. 49) S. 203, 380; *Leibholz* (Anm. 69) S. 24 ff.; *Schoeck*, Der Neid, 1966, S. 8 f., 20, 78 ff., 121 f., 223 ff., 235 ff., 330 ff., 387 ff.

[108]) Freiheitliche Demokratie (Anm. 28) S. 113 ff.; *ders.*, VVDStRL 25, 364 f. und 28, 233 ff.; vgl. ferner *Erich Kaufmann*, Gesammelte Schriften I, 1960, S. 589 ff.; *Flume*, Festschrift für Rudolf Smend, 1952, S. 96 N. 78; *Gygi*, ZSR 111 (NF 89), 348 ff., 373 ff.; *Häberle*, Die Wesensgehaltsgarantie des Art. 19 Abs. 2 Grundgesetz, 1962, S. 15 ff.; *Herzog*, Berliner Festschrift für Ernst E. Hirsch, 1968, S. 66 f., 73 f.; *ders.*, Staatslehre (Anm. 49) S. 393 ff.; *Kloepfer* (Anm. 94) S. 15 ff.; *Ryffel*, Der Staat 9, 1 ff.; *Scheuner*, VVDStRL 28, 230 ff.; *Friauf*, DVBl. 1971, 675 ff.

[109]) Vgl. die im Auftrag des Bundesministers für Jugend, Familie und Gesundheit und der Bundeszentrale für gesundheitliche Aufklärung herausgegebene Broschüre „100 Tips für Freizeitspaß"; kritisch auch *Herbert Krüger* (Anm. 12) S. 800 f.

[110]) *Forsthoff*, VVDStRL 12, 19; *Herbert Krüger* (Anm. 12) S. 531 f.; *von Mangoldt-Klein* (Anm. 69) Vorbemerkungen zu den

ist deshalb weder zufällig noch bedeutungslos, daß die neuerdings als Inhalte der grundgesetzlichen Freiheits- und Gleichheitsrechte ausgegebenen Ansprüche andernorts wörtlich oder sinngemäß in den Katalogen sozialrechtlicher Verbürgungen erscheinen — vom Recht auf Fürsorge[111]) und Schutz der Gesundheit[112]) über das Recht auf Arbeit[113]) bis hin zu demjenigen auf Bildung und Ausbildung[114]). Das Grundgesetz enthält Ansätze zu solchen Verbürgungen nur im Rahmen seines Art. 6[115]). Im übrigen hat es von ihrer Aufnahme abgesehen. Diese Absage an soziale Grundrechte ist bewußt erfolgt. Das hat *Werner Weber* vor einigen Jahren noch einmal nachgewiesen[116]).

Außerdem hat es den Anschein, als werde die besondere Eigenart derartiger Rechte von den Befürwortern originärer grundrechtlicher Leistungsansprüche nicht immer hinlänglich berücksichtigt. Grundrechtsbestimmungen, die auf staatliche Leistungen und Teilhabe daran gerichtet sind, können nämlich nach Inhalt und Wirkung grundsätzlich sinnvoll nur als leges imperfectae aufgefaßt werden[117]). Sie sind im Gegensatz zu negatorischen Grundrechten nicht unmittelbar vollziehbar, bedürfen vielmehr der Konkretisierung und Aktualisierung durch den Gesetzgeber[118]). Erst die gesetzliche Regelung begründet

---

Grundrechten unter A IV 3; *Scheuner*, Recht-Staat-Wirtschaft III, 1951, S. 158; IV, 1953, S. 96 f.; *Tomandl* (Anm. 17) S. 6 f.; *van der Ven* (Anm. 17) S. 54 ff.

[111]) Verfassungen von Berlin (Art. 14) und Bremen (Art. 58 I); Art. 13 der Europäischen Sozialcharta.

[112]) Art. 161 WRV; 11 der Europäischen Sozialcharta.

[113]) Art. 163 II WRV; 1 der Europäischen Sozialcharta; Verfassungen von Bayern (Art. 166 II), Berlin (Art. 12 I), Bremen (Art. 8 I, 49 II), Hessen (Art. 28 II), Nordrhein-Westfalen (Art. 24 I) und Rheinland-Pfalz (Art. 53 II).

[114]) Art. 10 der Europäischen Sozialcharta; Verfassungen von Baden-Württemberg (Art. 11 I), Bayern (Art. 128 I), Bremen (Art. 27 I) und Nordrhein-Westfalen (Art. 6 I).

[115]) Vgl. *Friedrich Klein* (Anm. 93) S. 19; *Maunz-Dürig-Herzog* (Anm. 43) Art. 6 Rdnr. 17, 31; BVerfGE 28, 104 (113).

[116]) Der Staat 4, 412 ff.

[117]) Etwas anderes gilt nur, soweit es sich um die durch Verfassungssatz eingeräumte Unentgeltlichkeit der Inanspruchnahme öffentlicher Einrichtungen handelt; vgl. z. B. Art. 145 S. 3 WRV (damals jedoch ebenfalls nur als Programm gedeutet, s. *Anschütz*, Die Verfassung des Deutschen Reichs, Nachdruck 1960 der 14. Aufl. 1933, Art. 145 Anm. 6); Verfassungen von Bayern (Art. 129 II), Bremen (Art. 31), Hessen (Art. 59 I), Nordrhein-Westfalen (Art. 9).

[118]) *Dürig*, Festschrift für Hans Nawiasky, 1956, S. 167 Anm. 17; *Forsthoff*, VVDStRL 12, 20; *Hans Huber* (Anm. 21) S. 39 f.; *Leibholz*, Das Wesen der Repräsentation und der Gestaltwandel der Demokratie im 20. Jahrhundert, 2. Aufl., 1960, S. 222 f.; *von Mangoldt-Klein* (Anm. 69) Vorbemerkungen zu den Grundrechten unter A IV

vollzugsfähige subjektive öffentliche Rechte, die nur im Rahmen des jeweils Möglichen und Angemessenen und schon aus diesem Grunde nicht mit Verfassungsrang gewährt werden können[119]).

Deshalb scheidet auch die Möglichkeit aus, individuelle Leistungsansprüche aus einer Mobilisierung des Sozialstaatsprinzips als Mutterboden aller sozialen Gewährungen zu gewinnen[120]). Gewiß wird durch dieses Prinzip der Staat zu sozialer Aktivität nicht nur ermächtigt, sondern auch verpflichtet[121]). Aber die Aufstellung und Verwirklichung des Programms fällt in die primäre Zuständigkeit des Gesetzgebers[122]). Das wird gerade dort deutlich, wo es um die Vergabe von Leistungen geht. Ohne gesetzliche Regelung bleiben sämtliche konstitutiven Faktoren eines Leistungsanspruchs unbestimmbar — von den Voraussetzungen über seinen Adressaten bis hin zu Art und Höhe des Anspruchs. Bei der Diskussion eines verfassungsunmittelbaren Fürsorgeanspruchs konnte diese Problematik übrigens nur deshalb umgangen werden, weil das damalige Fürsorgerecht bereits das erforderliche Koordinatensystem zur Verfügung stellte[123]). Womöglich noch eindeutiger sind alle Forderungen nach Verwirklichung sozial-ökonomischer Egalität auf zwischengeschaltete anspruchsbegründende und aus dem Sozialstaatsbegriff nicht zwingend ableitbare gesetzgeberische Dezisionen angewiesen[124]).

3; *Scheuner*, Recht-Staat-Wirtschaft III, 1951, S. 159; IV, 1953, S. 97, 98. — Davon wohl zu unterscheiden ist die begrenzende Funktion sozialer Grundrechte gegenüber Verbotsgesetzen; vgl. dazu BayVerfGH, VerwRspr. 18, 257 (263 f.); 20, 137 (140).

[119]) Und wo das Gesetz sie durch „mittelbare Drittwirkung" zu verwirklichen unternimmt (z. B. ein Recht auf Arbeit durch Begründung von Einstellungspflichten privater Arbeitgeber), muß es sich an den Freiheitsrechten der betroffenen Dritten messen lassen; vgl. zur Problematik *Herbert Krüger* (Anm. 12) S. 532; *Tomandl* (Anm. 17) S. 30 ff.

[120]) Ebenso z. B. *Badura*, DÖV 1968, 449; *Friauf*, DVBl. 1971, 677; *Isensee* (Anm. 12) S. 198; *von Münch*, JZ 1960, 303 f.; *Wertenbruch*, Festgabe für Günther Küchenhoff, 1967, S. 343 ff.; BVerfGE 1, 97 (105); 27, 253 Ls. 2a), 283; BSGE 15, 1 (8).

[121]) *Bachof*, VVDStRL 12, 39 ff.; *Ipsen*, VVDStRL 10, 74; BVerfGE 1, 97 (105); 10, 354 (368 f.); 11, 105 (113); 21, 362 (375, 378); 21, 245 (251); 27, 253 Ls. 2a), 283.

[122]) Vgl. besonders *Barion*, DÖV 1970, 15 ff.; *Lerche*, AöR 90, 346 ff. Und selbst ein feststehendes Ziel (Art. 6 V GG) kann vom Gesetzgeber auf verschiedene Weise erreicht werden; s. BVerfGE 25, 167 (183 f.).

[123]) Richtig *Maunz-Dürig-Herzog* (Anm. 43) Art. 1 Rdnr. 95; vgl. auch *Wertenbruch* (Anm. 120).

[124]) Ebenso jetzt vor allem *Podlech* (Anm. 77) S. 200 ff.; vgl. ferner *Dax*, Das Gleichbehandlungsgebot als Grundlage positiver subjek-

Wer angesichts des danach eindeutigen verfassungsrechtlichen Befundes gleichwohl meint, die einzelnen grundrechtlichen Gewährleistungen um eine soziale Dimension erweitern zu sollen, überschreitet die Grenzen der Interpretation der Verfassung und macht sich zu ihrem Herrn[125]).

bb) Zu einer Revision dieses Urteils nötigt auch nicht die in ihren ersten praktischen Resultaten vorgestellte Ansicht, institutionell verstandene Freiheitsrechte legten die Gewährleistung gewisser sozialer Rechte geradezu nahe[126]). Es ist hier weder möglich noch erforderlich, die Entwicklung der Lehre von den institutionellen Garantien im einzelnen zu verfolgen[127]). Nur das eine sei angemerkt: Mit der ursprünglichen Konzeption verbindet das neue Denken nicht mehr als der Name. Ging es den Urhebern der Theorie um den Schutz bestimmter verfassungsrechtlich gewährleisteter öffentlichrechtlicher und privatrechtlicher Rechtseinrichtungen vor Beseitigung und Aushöhlung durch den einfachen Gesetzgeber, so zielt die in diesem Zusammenhang in Rede stehende Institutionalisierung auf die Garantie gesellschaftlicher Sachverhalte durch ihre positive Förderung. Sie belegt damit ein weiteres Mal die er-

---

tiv-öffentlicher Rechte, 1969, S. 72 f.; *Hamann-Lenz,* Das Grundgesetz für die Bundesrepublik Deutschland vom 23. 5. 1949, 3. Aufl., 1970, Art. 3 Anm. A 3; *Hans Huber,* Rechtstheorie Verfassungsrecht Völkerrecht, 1971, S. 295 ff. Damit stimmt die Rechtsprechung des BVerfG zum streng formalisierten Recht der Parteien auf Chancengleichheit überein: „Der Grundsatz der Chancengleichheit, nach dem jeder Partei grundsätzlich die gleichen Möglichkeiten im Wahlkampf und Wahlverfahren und damit die gleichen Chancen im Wettbewerb um die Wählerstimmen eröffnet werden sollen, gebietet nicht, daß die sich aus der unterschiedlichen Größe und Leistungsfähigkeit und den verschiedenen politischen Zielsetzungen der Parteien ergebenden Unterschiede durch staatliche Maßnahmen ausgeglichen werden" (BVerfGE 24, 300 [344 mit weiteren Nachw.]). Bezeichnenderweise sind alle Erwägungen verfassungsrechtlich gebotener Beseitigung von sozialen und ökonomischen Ungleichheiten im Hinblick auf Voraussetzungen, Art und Weise sowie Ausmaß hochgradig unbestimmt; vgl. etwa außer den oben (Anm. 92, 93) Genannten noch *Badura,* DÖV 1968, 448 f.: Aus dem Sozialstaatsprinzip folge „der Auftrag, die Gleichheit fortschreitend bis zu dem vernünftigerweise zu fordernden Maße zu verwirklichen".

[125]) Vgl. auch *Forsthoff,* Der Staat der Industriegesellschaft, 1971, S. 147 ff.

[126]) So ausdrücklich *Saladin,* ZSR 1968 I, 553 f.; ähnlich *Scheuner,* DÖV 1971, 510, 513.

[127]) Über sie informiert zuverlässig *Abel,* Die Bedeutung der Lehre von den Einrichtungsgarantien für die Auslegung des Bonner Grundgesetzes, 1964; vgl. auch *Quaritsch,* Evangelisches Staatslexikon, 1966, Sp. 800 ff.

staunliche Wandlungsfähigkeit wie Problematik des institutionellen Rechtsdenkens[128]).

Soziale Gegebenheiten kann der Staat — zu Ende gedacht — im Unterschied zu freiheitssichernden Normenkomplexen nur um den Preis der Freiheit garantieren. Wo also Freiheitsgarantien im Sinne von Existenzgarantien interpretiert werden, tritt die freiheitliche Verfassung in einen Widerspruch zu sich selbst[129]). Man braucht jedoch nicht einmal diese letzte Konsequenz aufzudecken, um die Fragwürdigkeit der Ergebnisse des neuen institutionellen Grundrechtsdenkens zu erkennen. Institutionalisierung seiner Art führt nämlich unvermeidlich von risikobehafteter Freiheit zu gleichheitswidriger Privilegierung[130]) — die bisherigen Anwendungsfälle sprechen für sich. Und sie können folgerichtig weitere institutionell verbrämte Begehrlichkeiten nach sich ziehen, etwa die Forderung nach staatlich subventioniertem Arbeitskampf; denn mit welcher Begründung wollte man den Tarifvertragsparteien vorenthalten, was man den Privatschulunternehmern gewährt? Und Meinungs-, Presse- und Versammlungsfreiheit ließen sich dann etwa wie folgt ergänzen: „Diese Rechte der Bürger werden dadurch gewährleistet, daß den Werktätigen und ihren Organisationen die Druckereien, Papiervorräte, öffentlichen Gebäude, Straßen, das Post- und Fernmeldewesen und andere materielle Bedingungen, die zu ihrer Ausübung notwendig sind, zur Verfügung gestellt werden"[131]).

Aus der Gefahr der Beliebigkeit — begrenzt nur durch die Phantasie des jeweiligen Grundrechtsinterpreten — ergibt sich

---

[128]) Vgl. dazu zuletzt *Rüthers*, Institutionelles Rechtsdenken im Wandel der Verfassungsepochen, 1970, S. 18 ff.; s. ferner *Esser*, Vorverständnis und Methodenwahl in der Rechtsfindung, 1970, S. 126 ff.

[129]) Gegen die Einbeziehung der faktischen Voraussetzungen in die grundrechtlichen Schutzbereiche auch *Lerche* (Anm. 35) S. 241 f. Anm. 336; *Hans Klein* (Anm. 7). 111 f., 177; *Herzog*, Berliner Festschrift für Ernst E. Hirsch, 1968, S. 70 f.; *Knies* (Anm. 68) S. 181 Anm. 19; *Hans Peters*, Geschichtliche Entwicklung und Grundfragen der Verfassung, 1969, S. 260; *Franz-Jürgen Säcker*, Grundprobleme der kollektiven Koalitionsfreiheit, 1969, S. 68 f.; *Scholz*, WRP 1968, 315 ff.; *ders.*, Koalitionsfreiheit als Verfassungsproblem, 1971, S. 106, 237 ff.; *Forsthoff* (Anm. 125) S. 147 ff., vgl. auch S. 77 f.

[130]) *Forsthoff* (Anm. 125) S. 154 ff.; *ders.*, Der Verfassungsschutz der Zeitungspresse, 1969, S. 22 ff.; *Menger-Erichsen*, VerwArch. 59, 276; *Roellecke*, JZ 1969, 731; *Peter Schneider* (Anm. 100) S. 61 f.; *Isensee* (Anm. 12) S. 263, 282 ff.; *Hermann Weber*, NJW 1966, 1799; *ders.*, JZ 1968, 781; *Scholz*, Koalitionsfreiheit (Anm. 129) S. 238 f.; *Steiger* in: Zur Theorie der Institutionen I, 1971, S. 113 f.

[131]) Art. 125 der Verfassung der UdSSR von 1936; ganz ähnlich Art. 28 II der DDR-Verfassung von 1968.

also ein dritter wesentlicher Einwand gegen die Herleitung grundrechtlicher Leistungsansprüche kraft institutioneller Grundrechtsdeutung. Mit vollem Recht hat daher *Scheuner* eindringlich vor ihrer interpretativen Überanstrengung gewarnt[132]). Aber die Veröffentlichungen dieser Vereinigung gehören ja nicht zur Pflichtlektüre von Bundesrichtern.

cc) Auch die Frage, ob der Staat verfassungsrechtlich zur Erweiterung der von ihm rechtlich oder tatsächlich monopolisierten Ausbildungsstätten nach dem jeweiligen Bedarf verpflichtet sei, kann letztlich nur verneint werden, so sehr man den Bestrebungen der Betroffenen Verständnis entgegenbringen wird, unter Berufung auf grundrechtliche Positionen dem neuen Notstand zu entkommen, den die Überwindung der von *Georg Picht*[133]) ausgerufenen deutschen Bildungskatastrophe ausgelöst hat. Es darf in diesem Zusammenhang noch einmal an das zur Struktur sozialer Rechte Ausgeführte erinnert werden[134]); denn das Verlangen nach bedarfsdeckender Vorhaltung von Hochschulen ist typische Emanation eines Rechts von derartiger Beschaffenheit, als welches hier das in einigen Landesverfassungen[135]) enthaltene und vom Schrifttum mit unterschiedlicher Begründung auch dem Grundgesetz entnommene Recht auf Bildung[136]) in Betracht kommt — bezeichnenderweise eine selbst nach Ansicht von Bildungsrechtlern undefinierte Größe[137]).

---

[132]) VVDStRL 22, 37; vgl. auch *Maunz-Dürig-Herzog* (Anm. 43) Art. 5 Rdnr. 11 ff.; 8 Rdnr. 9; 13 Rdnr. 3; gegen eine Erweiterung der Eigentumsgarantie im Sinne einer Grundlage positiver Ansprüche gegen den Staat ausdrücklich Schweiz. BGE 92 I, 503 (510); *Luhmann*, Grundrechte als Institution, 1965, S. 122 f.

[133]) Die deutsche Bildungskatastrophe, 1964, bes. S. 65 ff.; vgl. auch *Dahrendorf* (Anm. 93) S. 30 ff.

[134]) Vgl. oben bei Anm. 117 ff.

[135]) Baden-Württemberg (Art. 11); Bayern (Art. 128); Bremen (Art. 27); Hessen (Art. 59); Nordrhein-Westfalen (Art. 8); Rheinland-Pfalz (Art. 31).

[136]) Unter Berufung auf Art. 2 I GG: *Ekkehard Stein*, Das Recht des Kindes auf Selbstentfaltung in der Schule, 1967, S. 11 ff.; *Werner Thieme*, JZ 1959, 269; *Wimmer*, RdJB 1970, 66; auf das Sozialstaatsprinzip rekurrieren: *Fuß*, VVDStRL 23, 200; *Abelein*, DÖV 1967, 377 f.; *Friedrich Klein* (Anm. 93) S. 20 ff.

[137]) *Ingo Richter*, RdJB 1971, 136; vgl. auch *Abelein*, DÖV 1967, 379. Die Gerichte haben es bisher zutreffend abgelehnt, aus dem Recht auf Bildung eine Verpflichtung des Staates zur Vorhaltung bedarfsdeckender Ausbildungsstätten abzuleiten; vgl. BayVerfGH, DVBl. 1964, 485 Ls. 1a), 487 f.; BayVBl. 1971, 102 (105 f.); OVG Rheinland-Pfalz, VerwRspr. 21, 430 (433 ff.); Bad.-Württ. VGH, DVBl. 1969, 931 (933). Im übrigen ist ganz allgemein nachdrücklich davor zu warnen, mit Hilfe dieses Rechts wechselnde pädagogische Konzeptionen zu Verfassungsgeboten emporzustilisieren (vgl. auch *Bettermann*, VVDStRL 23, 270; *Ingo Richter*, RdJB 1971, 136 ff.).

Die dargelegten Grenzen vermag auch das als Leistungsrecht verstandene Grundrecht der freien Wahl der Ausbildungsstätte (Art. 12 I GG) nicht zu sprengen. Wenn demgegenüber das VG Frankfurt ein besonders krasses Mißverhältnis zwischen Studienbewerbern und Ausbildungskapazität als Folge eines verfassungswidrigen Finanzgebarens geißelt[138]), mag man das richterliche Selbstverständnis, das sich darin dokumentiert, „fortschrittlich", „kritisch" oder „aufgeklärt" nennen, sollte jedoch eines bedenken: Die Äußerung illustriert exemplarisch das verfassungsrechtliche Zentralproblem, das die leistungsstaatliche Aufladung der Grundrechte mit sich bringt, sobald sie in die Praxis umgesetzt wird:

Die Knappheit der Ressourcen zwingt zur Setzung von Prioritäten bei der Erfüllung der vielfältigen Aufgaben des modernen Leistungsstaates. Ihre Konkurrenz durch Bestimmung von Rang und Vorrang zu entscheiden obliegt eindeutig Parlamenten und Regierungen im Rahmen ihrer Verantwortung für die öffentlichen Haushalte. Das gilt auch für die Einordnung der Bildungspolitik[139]). Gewiß gebührt ihr ein hoher Rang unter den Staatszielen; dies nicht nur im Hinblick auf die Forschungsergebnisse der Bildungsökonomie[140]), sondern darüber hinaus insbesondere angesichts der spezifischen Verklammerung von staatlichem Ausbildungsmonopol und Berufsfreiheit[141]). Dem

---

Ein Beispiel liefert die Diskussion über die stichtagsunabhängige Früheinschulung: Vgl. einerseits BVerwG, VerwRspr. 21, 653 f.; BayVerfGH, VerwRspr. 22, 513 (519); andererseits Bad.-Württ. StGH, RdJB 1970, 281.

[138]) DVBl. 1969, 941 f.; in Richtung auf eine staatliche Verpflichtung, der Nachfrage entsprechende Ausbildungsmöglichkeiten anzubieten, auch *Menzel*, JZ 1959, 661 f.; *Werner Thieme, JZ 1959*, 269 mit Anm. 50; *Ekkehard Stein* (Anm. 136) S. 42 f.; *Abelein*, DÖV 1967, 377 f.; *Rinken*, JuS 1968, 261; *Ringleb*, DVBl. 1970, 742 f.; *Herbig* (Anm. 57) S. 212 ff.; *Friauf*, DVBl. 1971, 679.

[139]) Richtig *Staff*, NJW 1967, 2238.

[140]) Ihnen ist der Nachweis der Wirkungszusammenhänge zwischen beruflichen Qualifikationen und wirtschaftlicher Prosperität zu verdanken; vgl. etwa *Hartmut Berg*, Ökonomische Grundlagen der Bildungsplanung, 1965; *H. J. Bodenhöfer—C. C. von Weizsäcker*, Bildungsinvestitionen, 1967; *Edding*, Ökonomie des Bildungswesens, 1963, S. 71 ff.; *H. von Recum*, Aspekte der Bildungsökonomie, 1969; *A. Hegelheimer*, Konjunkturpolitik 14. Jg., 1968, S. 11, 93.

[141]) Beide Grundrechte stehen insofern in einem unlösbaren Zusammenhang, als das Recht der freien Wahl der Ausbildungsstätte sich auf solche Einrichtungen bezieht, deren erfolgreicher Besuch für bestimmte Berufe und öffentliche Ämter qualifiziert; vgl. BVerwGE 6, 13 (15); 7, 125 (136); 7, 287 (288); 10, 136 (138); 16, 241 (243). Infolgedessen entwächst auch das Grundrecht der freien Be-

Staat wird dadurch eine besondere Verpflichtung auferlegt, sich nach Kräften um die Schaffung eines Ausbildungssystems zu bemühen, das die optimale Verwirklichung eines für die individuelle Daseinsgestaltung gar nicht zu überschätzenden Grundrechts ermöglicht.

Das alles kann jedoch nicht das Amt des politisch nicht verantwortlichen Richters sein. Wenn er Grundrechte in originäre Leistungsansprüche ummünzt, usurpiert er die Rolle der politischen Führungsorgane und trifft damit das Verfassungsprinzip der Gewaltenteilung in seinem Kern[142]); denn politische Dezision mutiert nicht dadurch, daß sie vorgibt, Ergebnis einer Verfassungsinterpretation zu sein. Die Folgen einer solchen Metamorphose der Dritten Gewalt wären verhängnisvoll. Auch das ohnehin problematische und sinnvariierende Postulat der Grundrechtseffektivität[143]) darf nicht mit der Auflösung der verfassungsrechtlichen Kompetenzordnung erkauft werden.

Davon abgesehen, gehört zur Frage der Grundrechtsverwirklichung doch wohl ebenfalls ein Problem, das noch nicht hinlänglich in das allgemeine Bewußtsein getreten ist und der künftigen Diskussion eine ganz andere Richtung zu geben verspricht. Bereits heute zeichnet sich für zahlreiche akademische Berufe vor allem, aber nicht nur gesellschaftswissenschaftlicher Provenienz ein künftiges Überangebot ab mit allen Konsequenzen für die Betroffenen und die Gesellschaft[144]). Das über-

---

rufswahl partiell dem status negativus und schlägt insoweit in ein Teilhaberecht um; zutreffend beobachtet von *Rupp*, AöR 92, 230.

[142]) Vgl. auch *Bernhardt*, Wandlungen der Grundrechte (Heft 4 der Rechts- und Staatswissenschaftlichen Vereinigung/ Frankfurter Juristische Gesellschaft), o. J., S. 15 f.; *Hermann Weber*, JZ 1968, 781 f.; *Friauf*, DVBl. 1971, 677. In den erörterten Zusammenhang gehört auch der kühne Sprung, mit dem der Herrenreiter mit Hilfe des BGH (BGHZ 13, 334 ff.) die Hürde des § 253 BGB überwunden hat; vgl. dazu etwa *Flume*, Richter und Recht, 1967 (46. DJT II/K), S. K 6 ff.; zuletzt *Giesen*, NJW 1971, 801; jeweils mit weiteren Nachw.

[143]) Vgl. *Kloepfer* (Anm. 94) S. 28 ff. mit weiteren Nachw.; *Scheuner*, DÖV 1971, 507 ff.

[144]) Hinweise für Abiturienten in Nordrhein-Westfalen (Hg. Kultusministerium des Landes Nordrhein-Westfalen), 1969; *Hans Heckel*, in: *Georg Picht* (Anm. 133) S. 234; *Hitpass-Mock*, Studenteneskalation, 1969, S. 70 f.; *Jürgen Fischer*, Quantität und Qualität, in: Bildungsplanung und Bildungsökonomie, 1964; *Weinacht*, Bildungsforschung, Bildungsplanung, Bildungspolitik, 1969, S. 26; speziell zu den Berufsaussichten des Juristennachwuchses: *Wolfgang Harms*, Juristennachwuchs und Juristenbedarf in Schleswig-Holstein, 1970; Erklärung des Deutschen Anwaltvereins, Anwaltsblatt 1971, 74 ff.; zur Lage der Jungakademiker in Großbritannien, den Vereinigten Staaten von Amerika und Frankreich vgl. die Berichte in der FAZ vom 20. und 25. 7. sowie 5. 8. 1971.

rascht nicht, wenn man weiß, daß die Zahl der Studenten allein an den Wissenschaftlichen Hochschulen seit 1960 um 70 % zugenommen hat und im Wintersemester 1970 über 350 000 betrug[145]). Vorsichtige Schätzungen der voraussehbaren Entwicklung sprechen für 1975 von ca. 500 000 Studenten an Wissenschaftlichen Hochschulen, von 612 000 Studierenden im Gesamthochschulbereich[146]). Die Situation wird sich also durch die weitere sprunghafte Vermehrung der Zahl der Studenten noch verschärfen.

Unter dem Aspekt der Grundrechtsrealisierung und auch aus finanziellen wie personellen Gründen scheinen von daher Aufgaben vordringlich zu sein, die in der bisherigen Bildungsplanung keine ausreichende Beachtung gefunden haben. Voraussetzung für alles andere wären verläßliche Bedarfsanalysen, an denen es weithin fehlt. Auf ihrer Grundlage könnte dann zunächst wenigstens eine sinnvolle Berufsberatung betrieben werden. Man wird aber dabei nicht stehenbleiben und außerdem die Planung des Neubaus und Ausbaus von Hochschulen sowie die Festsetzung ihrer Ausbildungskapazität stärker als bisher unter Berücksichtigung der gesamtgesellschaftlichen Bedürfnisse vorzunehmen haben. Ich bin mir bewußt, mich mit solchen Erwägungen in gefährliche Nähe des vom strikten Verdikt jeglicher Berufslenkung tabuierten Terrains[147]) zu begeben, frage jedoch, wie ohne den Einsatz rechtsstaatlich begrenzter staatlicher Steuerungsvorbehalte hier und andernorts die vielschichtig konkurrierenden individuellen und öffentlichen Interessen zu einem angemessenen Ausgleich gebracht werden können[148]).

---

[145]) Vgl. Bildungsbericht 1970 (BT-Drs. VI/925) S. 53; Mitteilungen des Statistischen Bundesamtes, vgl. NJW 1971 Heft 40 S. II. Die Zahl der Abiturienten stieg von 1957 bis 1969 um mehr als 80% auf 77 190. Mehr als 90 % von ihnen studieren (Bundesanzeiger Nr. 216/70).

[146]) Bildungsbericht 1970 (BT-Drs. VI/925) S. 62. Diese Zahlen könnten noch weit überboten werden, wenn der Aussagewert der Prognose dem der Vorschätzung des Wissenschaftsrates von 1964 gleichkäme (geschätzte Zahl für das WS 1970/71: 196.000), vgl. Abiturienten und Studenten, Entwicklung und Vorschätzung der Zahlen 1950 bis 1980, 1964, S. 25.

[147]) *Bachof*, Die Grundrechte III/1 (Hg. *Bettermann-Nipperdey-Scheuner*), 1958, S. 254; *Abelein*, DÖV 1967, 376; *Friedrich Klein* (Anm. 93) S. 18; *Maunz-Dürig-Herzog* (Anm. 43) Art. 12 Rdnr. 109.

[148]) Ähnliche Überlegungen bei *Hartwich*, Sozialstaatspostulat und gesellschaftlicher status quo, 1970, S. 127; *Oppermann*, VVDStRL 27, 207 und in: Die Zeit Nr. 34 v. 20. 8. 1971 S. 13 f.; *Barbey*, JZ 1971, 473 ff.; *von Dohnanyi*, in: Die Zeit Nr. 34 v. 20. 8. 1971 S. 34; *Schelsky*, Abschied von der Hochschulpolitik oder die Universität im Fadenkreuz des Versagens, 1969, S. 125 f.

Lassen Sie mich mit dieser Frage schließen. Sie steht als Symbol für eine Selbsterkenntnis, die sich gegenüber dem Phänomen eingestellt hat, daß gerade die Ausdehnung leistungsstaatlicher Aktivität immer neue Grundrechtsprobleme aufwirft — für die Erkenntnis nämlich, Ihnen nur eine unvollständige und eine vorläufige, damit aber auch der Revision zugängliche Problemskizze geboten zu haben — revisibel durch bessere Einsicht meinerseits kraft besserer Argumente Ihrerseits.

Leitsätze des Berichterstatters über:

Grundrechte im Leistungsstaat

I. Problemanalyse

1. Der Bericht behandelt die Wechselwirkungen zwischen den Grundrechten und den durch Gewährung von Vorteilen auf unmittelbare Förderung von Interessen einzelner, von Gruppen oder aller Mitglieder des Gemeinwesens gerichteten Aktivitäten des Staates der modernen Industriegesellschaft (Daseinsvorsorge, soziale Sicherung, sonstige Förderungsmaßnahmen).

2. An die Seite des ursprünglichen Postulats grundrechtlicher Sicherung der Freiheit vor dem Staat tritt hier die gegenläufige Forderung nach grundrechtlicher Sicherung der Teilhabe durch den Staat.

3. Diese Forderung hat ihren Niederschlag in der Verbürgung sozialer Grundrechte und in dem Bestreben gefunden, grundrechtliche Leistungsansprüche kraft gewandelter Gleichheitsvorstellungen und im Wege der Umdeutung von Freiheitsrechten zu entwickeln.

II. Grundrechtliche Grenzen leistungsstaatlicher Aktivitäten

4. Leistungsstaatliche Aktivitäten kollidieren in mehrfacher Hinsicht mit grundrechtlich geschützten Interessen. Das lassen folgende Erscheinungen deutlich erkennen: Zwangsweise Begründung von Leistungsverhältnissen, Beifügung lästiger Nebenbestimmungen, Entziehung gewährter Begünstigungen — wettbewerblich relevante Drittbegünstigungen, öffentliche Leistungsmonopole, Inanspruchnahme Privater zur Erfüllung öffentlicher Leistungsaufgaben — Umverteilung.

5. Neuartigen Gefährdungen der Grundrechte durch das im Zeichen qualitativ und quantitativ gewandelter Staatsaufgaben veränderte Instrumentarium des Leistungsstaates muß durch Modifizierung der herkömmlichen Eingriffsvorstellung und Erweiterung grundrechtlicher Schutzbereiche begegnet werden.

6. Die den betroffenen Freiheitsrechten (Art. 2, 12, 14 GG) beigefügten Gesetzesvorbehalte erlauben dem Gesetzgeber, seine gesellschafts-, wirtschafts- und sozialpolitischen Ziele auch durch Regelungen im Grundrechtsbereich zu verfolgen. Dabei kommt dem Sozialstaatsprinzip eine besondere Bedeutung als Vehikel legitimer öffentlicher Interessen zu. Die vom Grundgesetz gewährleistete ist daher sozial gebundene Freiheit.

7. Der daraus resultierenden Gefahr einer zu starken Relativierung des Geltungsanspruchs der Freiheitsrechte ist im Vorfeld des Art. 19 II GG durch die Forderung nach strikter Beachtung des rechtsstaatlichen Prinzips der Verhältnismäßigkeit entgegenzuwirken. Freilich ist nicht zu verkennen, daß unter den Bedingungen heutiger Staatlichkeit auch dieser Verfassungsgrundsatz dort keine eindeutigen und allseits überzeugenden Lösungen garantiert, wo Freiheitsbeschränkungen zur Befriedigung des verbreiteten Bedürfnisses nach sozialer Sicherheit vorgenommen werden.

8. Der Gleichheitssatz als Abwehrrecht verpflichtet zu sachgerechter Abgrenzung des Kreises der zwangsweise in ein Leistungssystem einbezogenen Personengruppen. Seinem Regime unterliegt ferner die Kostenverteilung in einem solchen System. Er liefert schließlich in Gestalt des Grundsatzes der Lastengleichheit neben dem Übermaßverbot einen weiteren wichtigen Kontrollmaßstab für die Überbürdung öffentlicher Leistungsaufgaben auf Private; das gilt insbesondere im Hinblick auf die Frage der Zulässigkeit unentgeltlicher Indienstnahme.

III. Grundrechtliche Leistungs- und Teilhabeansprüche

9. Beherrschendes Thema der gegenwärtigen Grundrechtsdogmatik ist die Erwägung grundrechtlicher Teilhabe- und Leistungsansprüche. Ihr liegt das Bestreben zugrunde, den Wandel der Staatsaufgaben und der sozialen Struktur grundrechtsinterpretatorisch einzuholen.

10. Derivative Teilhabeansprüche als Reaktion auf vorgängiges staatliches Handeln und davon unabhängige originäre Leistungsansprüche sind unterschiedlich zu beurteilen.

11. Derivative Teilhabeansprüche — begrenzt durch die titulierten finanziellen Mittel bzw. die Kapazität der jeweiligen öffentlichen Einrichtung — können sich in erster Linie aus dem Gleichheitssatz ergeben, dem auch das Gebot gleicher Begünstigung innewohnt. Er bindet jedoch generelle Normierung und konkrete Regelung in abgestufter Intensität.

a) Bei der Vergabe von Leistungen haben gesetzgebende und gesetzesfrei programmierende vollziehende Gewalt eine weitgehende Gruppierungskompetenz, zumal Rechtsgleichheit grundsätzlich nicht Chancengleichheit impliziert. Gleichheitswidrige Privilegierungen lösen nur in Ausnahmefällen Teil-

habeansprüche der diskriminierten Gruppe aus. Regelmäßig kann die Gleichheitsverletzung auch durch gänzliche Abschaffung der Begünstigung geheilt werden.

b) Dagegen wird das Gleichbehandlungsgebot im Rahmen der Betätigung der Zuteilungskompetenz durch die Leistungsverwaltung im Einzelfall über das Institut der Selbstbindung häufiger Teilhabeansprüche entstehen lassen. Gegenüber Einrichtungen der Daseinsvorsorge begründet es ein Recht auf allgemeine bestimmungsgemäße Nutzung.

12. Ungleich problematischer erscheint die Umdeutung der Grundrechte in originäre Leistungsrechte. Eine solche Umdeutung wird auf verschiedenen Argumentationsebenen vorgenommen, und zwar

a) durch sozialstaatlich determinierte Grundrechtsinterpretationen,

b) im Wege eines neuartigen institutionellen Grundrechtsdenkens und

c) durch Anknüpfung an die staatliche Monopolisierung von Grundrechtsvoraussetzungen.

13. Diesen Tendenzen liegt die zutreffende Beobachtung zugrunde, daß die Nutzung zahlreicher Grundrechte bestimmte faktische Gegebenheiten voraussetzt. Sozial- und Gesellschaftspolitik des modernen Leistungsstaates tragen dem Rechnung, indem sie nicht nur soziale Gleichheit anstreben, sondern durch Beteiligung breiter Bevölkerungsschichten an den materiellen Voraussetzungen der Grundrechtsnutzung auch auf die soziale Erfüllung der Freiheit gerichtet sind.

14. Es ist jedoch mit dem Instrumentarium juristischer Grundrechtsauslegung nicht möglich, dem allgemeinen Gleichheitssatz ein Gebot zu dynamischer sozial-ökonomischer Egalisierung zu entnehmen und die normativen Gewährleistungen der Freiheitsrechte auf die Vorbedingungen des Freiheitsgebrauchs zu erstrecken.

15. Die Ableitung originärer Leistungsansprüche aus den rechtsstaatlichen Grundrechten münzt diese zu sozialen Grundrechten sozialstaatlicher Prägung um. Sie berücksichtigt weder die bewußte Enthaltsamkeit des Grundgesetzes in Ansehung sozialer Verbürgungen noch die strukturelle Verschiedenartigkeit der Verfassungsprinzipien der Rechtsstaatlichkeit und der Sozialstaatlichkeit, die einer derartigen Umdeutung entgegensteht.

16. Im übrigen können Grundrechtsbestimmungen, die auf staatliche Leistungen und Teilhabe daran gerichtet sind, nach

Inhalt und Wirkung grundsätzlich sinnvoll nur als leges imperfectae aufgefaßt werden, die der Konkretisierung und Aktualisierung durch den Gesetzgeber bedürfen.

17. Auch das Sozialstaatsprinzip begründet unmittelbar vollziehbare subjektive öffentliche Leistungsrechte nicht.

18. Ein institutionelles Verständnis der Grundrechtsbestimmungen, das ihnen soziale Grundrechte unterlegt, verwandelt Freiheitsgarantien in Existenzgarantien, verfehlt damit den Sinn der freiheitlichen Verfassung und ist der Gefahr ausgesetzt, beliebigen Forderungen Deckung zu geben.

19. Ansprüche auf der jeweiligen Nachfrage entsprechende Erweiterung staatlich monopolisierter Ausbildungsstätten finden weder im Recht auf Bildung noch in Art. 12 I GG eine Grundlage. Die Grundrechte der freien Wahl der Ausbildungsstätte und des Berufs müssen vielmehr im Gegenteil in einer Weise ausgelegt werden, die den angesichts der gegenwärtigen Explosion der Zahl der Abiturienten und Studenten und ihrer projektierten weiteren Expansion unabweisbaren Einsatz rechtsstaatlich begrenzter staatlicher Steuerungsvorbehalte und damit einen sinnvollen Ausgleich zwischen individuellen Interessen und gesellschaftlichen Bedürfnissen ermöglicht.

20. Die rechtsprechende Gewalt usurpiert die Rolle der politischen Führungsorgane und verletzt dadurch das Verfassungsprinzip der Gewaltenteilung, wenn sie aus Grundrechtsbestimmungen des Grundgesetzes unmittelbar vollziehbare originäre Leistungsrechte ableitet.

Grundrechte im Leistungsstaat*)

2. Mitbericht von Professor Dr. Peter *Häberle*, Marburg/Lahn

Inhalt

---

*) Für Kritik und Hilfe bei der Beschaffung des Materials danke ich den Assistenten am Institut für Öffentliches Recht in Marburg/L.: H. Trautmann und J. Mengel. — Die in eckige Klammern gesetzten Teile wurden aus Zeitgründen nicht vorgetragen.

Einleitung

„Eine Gesellschaft, für die die Leistung alles ist, lebt unter einer Verfassung, für die die Leistung nichts bedeutet (mit Ausnahme des Art. 33 Abs. II)“. Dieser Satz *Herb. Krügers*[1]) will provozieren[2]). „Bildung ist kein Konsumgut“. Mit dieser These schreckte der Kultusminister unseres gastgebenden Landes, *Hans Maier*, Anfang 1971 die Öffentlichkeit auf: man müsse vom „reinen Anspruchsdenken“ herunterkommen und dürfe nicht in Kategorien des „bildungspolitischen Nulltarifs“ argumentieren[3]). Diese gewiß nicht „konzertierten“ Vorstöße aus

---

[1]) In: Der Staat 10 (1971), 1 ff. (13).

[2]) „Leistung“ wird zu einem *der* staatstheoretischen Schlüsselbegriffe.

[3]) SZ Nr. 48 v. 25. 2. 1971 S. 19: Sind Grundrechte Nulltarifgarantien? — S. auch *G. Grass'* Warnung vor dem „zum Fetisch erhobenen Leistungsprinzip“ in FR v. 26. 3. 1971 S. 18. — S. die Klage von *Fack* in FAZ v. 7. 7. 1971 S. 1 über die fast planmäßige Zerstörung der „Leistungsmotivation“ an den Hochschulen. *Fack*

Nord und Süd legen es nicht nur aus geographischen Gründen nahe, die Lösung in der Mitte zu suchen.

ERSTER TEIL:

Wirklichkeitswissenschaftliche Bestandsaufnahme

I. Problem

Die Ausgangsfragen unseres Themas sind wirklichkeitswissenschaftlich (*H. Heller*) zu behandeln[4]). Da Verfassungstexte und Dogmatik auf „Grundrechte im Leistungsstaat" nur in Ansätzen „eingestellt" sind, ist zu fragen: nach dem Leistungsstaat und „seiner" Leistungsgesellschaft in der *Wirklichkeit* im Sinne einer Real- und Problemanalyse[5]) sowie nach den Aufgaben der Grundrechtsdogmatik in dieser Wirklichkeit.

Formtypik und Rechtstechnik des bürgerlichen Rechtsstaats haben für die Grundrechte im Leistungsstaat zwar nach wie vor Bedeutung, reichen aber nicht mehr aus[6]). Unsere Wissenschaft darf nicht auf diesem Status quo ausgefeilter Dogmatik verharren. Sie kann nicht ihr archimedischer Punkt sein. Eine Zukunft, in der sich die Gefahr für die Freiheit des Bürgers und sein Recht auf menschenwürdige Existenz weiter erhöhen wird, verlangt eine Wissenschaft, die ihre praktische und produktive Aufgabe kennt und sich der öffentlichen Wirklichkeit stellt.

[Auch dieser „wirklichkeitswissenschaftliche" Ansatz hat seine Denkvoraussetzungen und seine politische Option: diese sind so weit wie möglich offenzulegen, damit sie diskutiert werden können. Darüber hinaus führt das Thema zu vorletzten und letzten Problemen der Verfassungsrechtslehre: dem Staats-

---

spricht von einer „den Bürger beunruhigenden Kollision zwischen Leistungsgesellschaft und hypertrophierter Sozialstaatlichkeit, die jedes Lebensrisiko ausschalten und möglichst viel egalisieren will".

[4]) Staatslehre, 1934, bes. S. 37 ff. — *Wieacker*, Jur. Jahrb. 9. Bd. (1968/69) 1 (28): „Der Wirklichkeitsbezug der Rechtswissenschaft ist ein Hauptthema, vielleicht *das* Grundthema unserer Berufsverantwortung".

[5]) Vgl. *Eichenberger*, Leistungsstaat und Demokratie, 1969, bes. 7 f.

[6]) Die Wandlungen, die den Staat vom bürgerlichen Rechtsstaat und seinen liberalen Grundrechten sowie den zugehörigen Instituten (klassische Normgesetze als Eingriffsgesetze, Gesetzesvorbehalt als Eingriffsvorbehalt) wegführen, führen ihn der Wirklichkeit des sozialgerechten Leistungsstaats i. S. des GG als konkreter Verfassung einer gesamtgesellschaftlichen Wirklichkeit zu. Hier realisiert sich Freiheit nicht mehr nur in der Abwehr staatlicher Eingriffe, sondern auch in der „Prästation notwendiger staatlicher Leistungen" (*Scheuner*, VVDStRL 28 (1970) 232).

begriff, dem Verfassungs- und Grundrechtsverständnis, dem Streit um das Zuviel an „Schranken- oder Anspruchsdenken" im Bereich der Grundrechte.]

II. Leistungs„staat" und Leistungs„gesellschaft"

1. Der Leistungsstaat im Text des Grundgesetzes

Im GG finden sich Aussagen über Leistungsstaat und Leistungsprinzip etwa in Art. 3, 7 IV 3 u. 4, 14 II, 20 I (Sozialstaatsprinzip und Demokratie), 28 II, 29 I, 33 II u. V, 104 a sowie 109, 110, 111 I Ziff. a und c[7]), weiter die neuartigen leistungsstaatlichen Konkretisierungen des Sozialstaatsprinzips: u. a. Art. 74 Ziff. 19 a, 91 a und b[8]). Wird der Leistungsstaat mit diesen Bestimmungen verfassungstextlich legitimiert[9, 10]), so begegnet er uns gleichzeitig als gelebte Verfassung in einer dem bürgerlichen Rechtsstaat unbekannten Kraft und Fülle in seinen „Leistungsfunktionen". Ihre Leitlinien und Verfahren „erfüllen" den leistenden Sozialstaat „von unten her".

2. „Leistung" als Merkmal der staatlichen Gemeinwohlfunktionen

a) Leistungsgesetzgebung und Leistungsrecht

aa) Allgemeiner Überblick

„Leistungsgesetzgebung"[11]) ist oft bereits am Namen („Hilfe", „Sicherung", „Förderung")[12]) zu erkennen. Das Leistungsrecht

---

[7]) S. auch Art. 72 II Ziff. 3 GG, der sich zum Verfassungsgebot, die Verhältnisse einheitlich zu regeln, wandelt; dazu *Scheuner*, VVDStRL 28 (1970) 267. Dahinter steht die Leistungsstaatlichkeit, die der Effizienz wegen Einheitlichkeit der Rechts- und Lebensverhältnisse will.

[8]) S. das „Troeger-Gutachten", 2. Aufl. 1966 und seine Aussagen zum Leistungsstaat („dringende Staatsaufgaben" u. ä.): Tz 74 ff., 130 ff., 143 ff., 341 f., 472 ff. Zu Art. 91 b GG der Bericht der Bundesregierung zur Bildungspolitik vom 8. 6. 1970, BT-Drucks. VI/925.

[9]) Ein verfassungsrechtlicher Ansatz kann diese Texte nicht ignorieren (aus „staatlicher" Sicht) und nicht von „Zukunftslosigkeit" des GG sprechen (*Herb. Krüger*, oben Anm. 1, S. 12). Er darf die Leistungsstaatlichkeit des *sozialen* Rechtsstaates nicht unterhalb des dem GG ausschließlich zugeordneten bürgerlichen Rechtsstaates in der bloßen Faktizität ansiedeln und resignierend einen Verfall an staatlicher Effizienz beklagen; krit. zu *Forsthoff*: *Ridder*, Zur verfassungsrechtlichen Stellung der Gewerkschaften, 1960, 7, 15 f.

[10]) S. auch Art. 74 Ziff. 12, 13 für Art. 12 GG.

[11]) Sie verlangt eine Projizierung der berühmten Definition von *E. Kaufmann* (Verwaltung als „Inbegriff der Leistungen des Staates") auf die Gesetzgebung. — Zum folg. näher *mein* Beitrag, in FS für G. Küchenhoff, 1972.

[12]) Das Ziel *„Hilfe"* findet sich bereits im Namen folg. Gesetze: z. B. BerlinhilfeG i. d. F. v. 1. 10. 1968 (BGBl. I S. 1050), durch Än-

indiziert ein neues Verhältnis von Bürger und Staat sowie von Legislative und Exekutive. Mit ihm sucht das Parlament den Funktionswandel im sozialen Rechtsstaat aufzufangen, seinen Funktionsverlust wettzumachen und seiner Führungsaufgabe nachzukommen[13]); Leistungsrecht bestimmt das Profil des sozialen Rechtsstaats, und: die Grundrechte wären ohne es sozial ineffektiv! Leistungsrecht[14]) kann daher nicht auf „Technizität" reduziert[15]) und insofern dem traditionellen „normativen Rechtsgesetz" gegenübergestellt werden. Sein Rechts- und Gemeinwohlwert ist nicht geringer als der des Eingriffsrechts[16]). Das dem Leistungsrecht eigene aktiv sozialgestaltende Mo-

---

derungsG v. 23. 6. 1970 (BGBl. I S. 826) in BerlinförderungsG umbenannt; G üb. d. Unterhaltsbeihilfe für Angehörige von Kriegsgefangenen i. d. F. v. 18. 3. 1964 (BGBl. I S. 219); FlüchtlingshilfeG i. d. F. v. 27. 5. 1971 (BGBl. I S. 681); HäftlingshilfeG i. d. F. v. 29. 9. 1969 (BGBl. I S. 1793); G über die Gewährung von Miet- und Lastenbeihilfen v. 23. 6. 1960 (BGBl. I S. 399), ersetzt durch G über Wohnbeihilfen v. 29. 7. 1963 (BGBl. I S. 508), heute WohngeldG; InvestitionshilfeG v. 7. 1. 1952 (BGBl. I S. 7); BundessozialhilfeG i. d. F. v. 18. 9. 1969 (BGBl. I S. 1688). — *„Sicherung"*: G zur Sicherung des Steinkohleneinsatzes in der Elektrizitätswirtschaft v. 5. 9. 1966 (BGBl. I S. 545); UnterhaltssicherungsG i. d. F. v. 31. 5. 1961 (BGBl. I S. 661). — *„Förderung"*: BerlinförderungsG v. 23. 6. 1970 (BGBl. I S. 826); HochschulbauförderungsG v. 1. 9. 1969 (BGBl. I S. 1556); G zur Förderung der Verwendung von Steinkohle in Kraftwerken v. 12. 8. 1965 (BGBl. I S. 777); G zur Förderung der Vermögensbildung der Arbeitnehmer vom 12. 7. 1961 (BGBl. I S. 909), inzw. i. d. F. des Dritten VermögensbildungsG vom 27. 6. 1970 (BGBl. I S. 930); LeistungsförderungsG v. 22. 4. 1965 (BGBl. I S. 341); ArbeitsförderungsG v. 25. 6. 1969 (BGBl. I S. 582); BundesausbildungsförderungsG v. 26. 8. 1971 (BGBl. I S. 1409); StädtebauförderungsG v. 27. 7. 1971 (BGBl. I S. 1125); FilmförderungsG v. 22. 12. 1967 (BGBl. I S. 1251); GraduiertenförderungsG v. 2. 9. 1971 (BGBl. I S. 1465); ZonenrandförderungsG vom 5. 8. 1971 (BGBl. I S. 1237); G zur Förderung sozialer Hilfsdienste v. 17. 4. 1972 (BGBl. I S. 609). — S. die Förderungsziele in Art.117f., 123 EWGV.

[13]) Dazu *Bachof*, VVDStRL 24 (1966) 226 f.

[14]) Das Leistungsrecht dürfte der Versuch sein, zwischen den Tendenzen zur Ausweitung des Gesetzesvorbehalts und der Bejahung der Eigenständigkeit der Exekutive zu vermitteln. Auf der Basis vieler Leistungsgesetze hat die Exekutive die Aufgabe einer höheren „Konkretisierungsleistung" als bei Eingriffsgesetzen.

[15]) S. aber *Forsthoff*, VerwRecht, Allg. Teil I, 9. Aufl. 1966, 59: „Dem Verteilerstaat ist eine umfassende, verbindliche Vorstellung gerechter Verteilung und gerechter Sozialordnung fremd."

[16]) Elastisch *Scheuner*, VVDStRL 14 (1956) 183 f., der auf die Steuerungswirkung moderner Gesetze auf die Verwaltung und ihre Funktion hinweist, die „verschiedenen im öff. Leben auftretenden Ansprüche auszugleichen". *Herb. Krüger*, VVDStRL 15 (1957) 226: Recht als Lenkung des Motors, der die staatliche Existenz vorantreibt. Anders aber *Forsthoff*, VerwRecht, S. 59: Der Sozialstaat ist reaktiv.

ment[17]) läßt Kooperations-, Kommunikations-, Partizipations-, Verfahrens- und Organisationsformen in den Vordergrund rükken. Gegenstand der Leistungsgesetze sind oft bestimmte Teilordnungen des öffentlichen Lebens, Adressaten die in ihnen aktiven Individuen und Gruppen sowie/oder die Staatsorgane selbst. Immer besitzen sie lenkenden, planenden, steuernden, organisierenden Charakter; sie sind „offen", weniger normativ „dicht" wie Eingriffsgesetze[18]), z. T. um dem „Elastizitätsbedürfnis" der Exekutive Raum zu geben. Im Blick auf die Grundrechte sucht der Leistungsgesetzgeber weniger „durchzunormieren", als Instrumente und Verfahren zu entwickeln, die das Leistungsrecht an die wechselnden Lagen anpassen können. Auffällig ist ein gesteigerter Sozialbezug.

Aufgabe des Gesetzgebers wird es, viele der im „Wildwuchs" der Leistungsverwaltung entstandenen Leistungsverhältnisse normativ „einzufangen"[19]) und sie auf eine — wenn auch „offene" — Kompetenzgrundlage zu stellen, denn: *Leistungs(rechts)verhältnisse sind potentiell Grundrechtsverhältnisse*[20]).

---

[17]) Mehr als Befehl und Zwang, ohne daß diese Elemente schlechthin fehlten. *Forsthoff*, aaO., S. 59 spricht kritisch von Verdünnung des „herrscherlichen Elements" in dem Maße, in dem sich der Verteilerstaat ausbreitet.

[18]) S. *Herzogs* Typus der „diffusen Norm": VVDStRL 24 (1966) 183 (191 f.), der positiv zu verstehen ist: Die Exekutive soll „operative Möglichkeiten", „Regelungsbefugnisse" und Kompetenzen haben.

[19]) *Bachof*, VVDStRL 14 (1956) 176 f., fordert zu Recht vom Gesetzgeber, dort wo die Verwaltung als Leistungsverwaltung neue Aufgaben von größerem Ausmaß anpacke, sich wenigstens zu einem Mindestmaß an rechtsnormativer Regelung von Voraussetzung, Art und Maß der Leistungen bereitzufinden. Der vielbeklagte Funktionsverlust des Parlaments dürfte nicht zuletzt durch *neue* Funktionen — vor allem im Bereich des Leistungsrechts — ausgeglichen werden: speziell die Leistungsgesetze bringen der Legislative durchaus Kompetenzgewinn. Sie fangen die Strukturwandlungen elastisch auf.

[20]) Definiert man mit *Forsthoff* (aaO., 531; zuletzt *ders.*, Der Staat der Industriegesellschaft, 1971, 75 ff.) Daseinsvorsorge durch ihren „Zweck der Befriedigung allgemeiner Bedürfnisse zu sozial angemessenen Bedingungen" (s. den Bezug zum Gleichheitssatz und zur sozialen Gerechtigkeit!), so ist diese Daseinsvorsorge heute nicht nur Teil der öff. Verwaltung, sondern der leistungsstaatlichen, insbesondere -gesetzlichen Tätigkeit überhaupt. Sie schafft Teilhabe des einzelnen an öff. Leistungen. Sie ist in die Dimension der Grundrechte hineingewachsen. Der Staat, der z. B. das allgemeine (Aus- und Weiter-)Bildungsbedürfnis unter der Voraussetzung der Befähigung, des Leistungswillens und Könnens befriedigt, ist der Staat, in dem Bildung „Bürgerrecht" ist.

bb) Typologie der Leistungsgesetze

Eine *Typologie* der Leistungsgesetze hat zu benennen:

— das *Maßnahmegesetz*[21]), [das von *Forsthoffs* Entdeckung als Typus[22]) bis zur Aussage des BVerfG, es sei „verfassungsrechtlich irrelevant"[23]), einen langen Weg zurückgelegt hat und im sozialen Rechtsstaat ebenso „normal" ist wie andere Gesetzestypen;]

— das *Plangesetz*[24]), [dessen klassischer „Kern" (Haushaltsgesetz) angereichert wurde um eine Fülle neuer, den Leistungseinsatz regelnder Gesetze, z. B. auf dem Bildungssektor. Plangesetze sind in sich Anpassung und Veränderung[25]), vom Maßnahmegesetz dadurch unterschieden, daß sie sich nicht im einmaligen Vollzug erschöpfen.] Plangesetze haben Grundrechtsbezug (Grundrechte als Planziele)[26]) besonders im wirtschaftlichen, in Zukunft verstärkt im (Aus- u. Weiter-)Bildungsbe-

---

[21]) Beispiele: KonjunkturzuschlagsG v. 23. 7. 1970 (BGBl. I S. 1125); InvestitionshilfeG v. 7. 1. 1952 (BGBl. I S. 7); AbsicherungsG v. 29. 11. 1968 (BGBl. I S. 1255). Denkbar ist, daß Maßnahmegesetze und -verordnungen im *Gesamt*rahmen von Plan-, Rahmen- und/oder Steuerungsgesetzen eingesetzt werden. Obwohl Maßnahmegesetze geeignet waren und sind, überschaubare Grundrechtsbereiche zu effektivieren, scheinen sie seltener zu werden: weil der leistungsstaatlichen Grundrechtswirklichkeit wegen langfristig, auf breiter Basis, flexibler „zugegriffen" werden muß.

[22]) In: Gedächtnisschrift für *W. Jellinek*, 1955, 221 ff.

[23]) BVerfGE 25, 371 (LS 1).

[24]) Z. B. G zur Anpassung und Gesundung des dt. Steinkohlenbergbaus und der dt. Steinkohlenbergbaugebiete vom 15. 5. 1968 (BGBl. I S. 365); G über den Ausbau der Bundesfernstraßen 1971 bis 1985 v. 30. 6. 1971 (BGBl. I S. 873); G über die Gemeinschaftsaufgabe „Verbesserung der Agrarstruktur u. des Küstenschutzes" v. 3. 9. 1969 (BGBl. I S. 1573).

[25]) „Flexibles Aktionsmodell" i. S. von *J. H. Kaiser*, in: Planung II, 1966, 11 ff. (25).

[26]) Beispielhaft ist das Raumordnungs- und Landesplanungsrecht, wo die Grundrechte offen oder versteckt Planziele sind. Die freie Entfaltung der Persönlichkeit, „Muttergrundrecht" für die Raumordnung (*F. Duppré*, in: Schriftenreihe der Hochschule Speyer Bd. 27 (1965), S. 16), ist unmittelbar genannt in: § 1 RaumordnungsG v. 8. 4. 1965 (BGBl. I S. 306); § 1 I Bad.-Württ. LandesplanungsG v. 19. 12. 1962 (Ges. Bl. 1963 S. 1); § 1 I rheinl.-pfälz. G für Raumordnung u. Landesplanung v. 14. 6. 1966 (GVBl. S. 177); Präambel des Raumordnungsplanes für das Land Schleswig-Holstein i. d. F. v. 10. 3. 1971 (ABl. S. 221); Teil A 1 Ziff. 1 Abs. 1 hess. Landesraumordnungsprogramm, nach § 2 I in Anlage zum hess. LandesplanungsG v. 4. 7. 1962 (GVBl. S. 311); LS 1 Abs. 3 der Leitsätze der bay. Landesplanung, abgedruckt in: *Ullrich-Langer*, Landesplanung und Raumordnung Bd. 2, Gruppe 3, S. 11. — S. dazu auch *F. Duppré*, aaO. S. 12 f.; „menschengerechte Raumordnung", „Gleichwertigkeit der Lebensverhältnisse in Stadt und Land". Mit dem letzten Ziel ist neben Art. 12 GG bes. die Realisierung des *Gleichheitssatzes* angesprochen, die mittelbar aus allen Raumordnungs-

reich. In der sozialen Demokratie kann Planung Vergrößerung des Freiheitsbereichs bedeuten;

— das *Lenkungsgesetz,* als Instrument der Wirtschaftslenkung seit langem bekannt[27]), grundrechtsrelevant heute nicht allein im Hinblick auf die Eigentumsgarantie, sondern ebenso z. B. in bezug auf Art. 12[28]) oder 13 GG. Lenkungsgesetze normieren — befristet oder unbefristet unter Einsatz eines oder mehrerer zwingend vorgeschriebener Mittel — bestimmte grundrechtsrelevante Lenkungsmaßnahmen. Im Ausbildungsbereich ist die Entwicklung in vollem Gange. Das BundeskindergeldG[29]) ist Art. 6 I GG zuzuordnen. [Angesichts der starren Mittel dieses Gesetzestypus auf der einen und der dynamischen sozialen Entwicklung auf der anderen Seite entsteht das Problem der Verfassungsmäßigkeit von Lenkungsgesetzen unter dem Verhältnismäßigkeitsgesichtspunkt, soweit sie nicht ständig „fortschreibend" geändert werden;]

— das *Rahmengesetz*[30]), gekennzeichnet vor allem durch Offenheit der Regelung: es enthält mehrere pauschale grundrechts-

---

und Landesplanungsgesetzen hervorgeht. Vgl. etwa § 2 I Nr. 1 RaumordnungsG: „ausgewogene wirtschaftliche, soziale und kulturelle Verhältnisse". Der Gleichheitssatz entfaltet sich auch über den leistungsstaatlichen Kompetenzteil des GG: Art. 104 a IV 1: „Ausgleich unterschiedlicher Wirtschaftskraft im Bundesgebiet."

[27]) Z. B. BerlinförderungsG v. 23. 6. 1970 (BGBl. I S. 826); G zur Förderung der Verwendung von Steinkohle in Kraftwerken v. 12. 8. 1965 (BGBl. I S. 777); LastenausgleichsG i. d. F. v. 1. 10. 1969 (BGBl. I S. 1909); BundesversorgungsG v. 20. 1. 1967 (BGBl. I S. 141); G über die Unterhaltsbeihilfe für Angehörige von Kriegsgefangenen i. d. F. v. 18. 3. 1964 (BGBl. I S. 219); HäftlingshilfeG i. d. F. v. 29. 9. 1969 (BGBl. I S. 1793); Wohnungsbau-PrämienG i. d. F. v. 18. 9. 1969 (BGBl. I S. 1678); Spar-PrämienG i. d. F. v. 5. 8. 1970 (BGBl. I S. 1214); Drittes VermögensbildungsG v. 27. 6. 1970 (BGBl. I S. 930); Zweites WohngeldG v. 14. 12. 1970 (BGBl. I S. 1637); JugendwohlfahrtsG i. d. F. v. 6. 8. 1970 (BGBl. I S. 1197); BundeskindergeldG v. 14. 4. 1964 (BGBl. I S. 265); BerufsbildungsG v. 14. 8. 1969 (BGBl. I S. 1112); UnterhaltssicherungsG i. d. F. v. 31. 5. 1961 (BGBl. I S. 661).

[28]) Z. B. BundesausbildungsförderungsG v. 26. 8. 1971 (BGBl. I S. 1409); GraduiertenförderungsG v. 2. 9. 1971 (BGBl. I S. 1465); hess. G über Unterrichtsgeld- und Lernmittelfreiheit und Erziehungsbeihilfen i. d. F. v. 30. 5. 1969 (GVBl. S. 114); bay. BegabtenförderungsG i. d. F. v. 21. 5. 1970 (GVBl. S. 185).

[29]) G v. 14. 4. 1964 (BGBl. I S. 265).

[30]) Oder auch „Richtliniengesetze" (Begriff bei *Stern,* VVDStRL 25 (1967) 420). Beispiele: LandwirtschaftsG v. 5. 9. 1955 (BGBl. I S. 565); HochschulbauförderungsG v. 1. 9. 1969 (BGBl. I S. 1556); G über die Gemeinschaftsaufgabe „Verbesserung der Agrarstruktur und des Küstenschutzes" v. 3. 9. 1969 (BGBl. I S. 1573); G über die Gemeinschaftsaufgabe „Verbesserung der regionalen Wirtschaftsstruktur" v. 6. 10. 1969 (BGBl. I S. 1861); LeistungsförderungsG v. 22. 4. 1965 (BGBl. I S. 341).

bedeutsame Zielformeln, die Mittel zu ihrer Realisierung sind allenfalls angelegt. Ein hervorragendes Beispiel ist das BSHG[31]); zu leistungsstaatlichen und -rechtlichen „Rahmen" ausgestaltet sind auch neuere Verfassungsnormen, etwa Art. 91 a I, 104 a IV, 109 GG;

— die Zukunft in der leistungsstaatlichen Entwicklung gehört dem *Steuerungsgesetz*[32]) und besonders dem *Organisations- und Verfahrensgesetz*. Steuerungsgesetze sind nicht nur reaktiv für eine konkrete grundrechtsdefiziente Situation konzipiert, sondern sollen auch gleichgelagerte grundrechtspolitische Probleme der Zukunft bewältigen[33]). Ihre Mittel sind elastisch und revisibel. Zielgerichtete grundrechtsrelevante Prozesse durch die Kombination neuer und überkommener Formen im Steuerungsgesetz machen diesen Typus aus. In Zukunft könnte damit zugunsten von Art. 1 I, 2 II 1 und 12 GG Problemen des Umweltschutzes begegnet werden. Steuerungs*bedürftige* Grundrechte sind Art. 2, 14 (Wirtschaft), 1 I, 3, 5 III, 11, 12 GG (Aus- u. Weiterbildung)[34]). — Beispiele für den Typus der Organisations- und Verfahrensgesetze finden sich in den freiheitsschaffenden Rundfunkgesetzen der Länder, die Rundfunk und Fernsehen den Erfordernissen des Art. 5 GG gemäß pluralistisch verfassen. Hier entstehen neue Formen und Sicherungen der

---

[31]) BSHG i. d. F. v. 18. 9. 1969 (BGBl. I S. 1688): § 1 II 1: Aufgabe der Sozialhilfe ist es, dem Empfänger der Hilfe die Führung eines Lebens zu ermöglichen, das der Würde des Menschen entspricht. § 4 II: Über *Form und Maß* der Sozialhilfe ist nach *pflichtmäßigem Ermessen zu entscheiden*, soweit dieses Gesetz das Ermessen nicht ausschließt. Weitere Charakteristika: keine zeitliche Begrenzung; landesrechtliche AusführungsG (z. B. Hessen v. 28. 5. 1962 (GVBl. S. 273)); soweit Leistungen im Gesetz genannt sind, handelt es sich meist um „Kann-Vorschriften" (z. B. §§ 11 II; 14; 21 I; 27 II; 30 I; 34; 36 I 2; 40 III; 41 III), Verordnungsermächtigungen (§§ 22 II; 33 III; 81 V; 82). Ein typisches LeistungsG ist der Entwurf eines KrankenhausfinanzierungsG BT-Drucks. VI/1874 S. 2 ff., vgl. bes. § 1.

[32]) Typisch das StabG vom 8. 6. 1967 (BGBl. I S. 582); es war reaktiv auf die Rezession von 1966, kann und soll jedoch aktiv steuernd *vor* Eintreten ähnlicher Situationen schützen. *Stern-Münch*, K. zum StabG, 1967, S. 52: StabG als OrganG mit Rahmen- oder Richtliniencharakter; Mehrschichtigkeit seines Rechtscharakters.

[33]) Z. B. in der Berufs- und (Aus- und Weiter-)Bildungssteuerung: ArbeitsförderungsG v. 25. 6. 1969 (BGBl. I S. 582) zur Effektivierung der Art. 12, 5 III i. V. m. Art. 3 I und 20 I GG. Zu den Impulsgesetzen: *Herzog*, Allg. Staatslehre, 1971, 328 ff.

[34]) S. auch das vom Leiter der Bundesprüfstelle für jugendgefährdende Schriften, R. *Stefen* (FR v. 24. 8. 1971 S. 1) geforderte „Jugend-Medienschutz-Gesetz", als Ergänzung des JugendarbeitsschutzG, ein grundrechtliches Schutzgesetz, das in die Arbeit der Datenbank der Bundesprüfstelle einbezogen werden soll. — Auch Datenschutzgesetze haben grundrechtsfördernde Akzente.

Teilhabe über das scheinbar rein formale Element der Organisation[35]). Der Ausdruck „status activus processualis" soll die Problematik vorläufig andeuten. Mitbestimmungsnormen in Wirtschaft und Wissenschaft sind in ihrem Grundrechtsbezug (Art. 1 I, 5 III, 12, 3 GG) ebenfalls diesem Typus des Leistungsgesetzes zuzurechnen (Partizipationsgesetze). Ein weiteres Beispiel ist § 5 PartG. Einschlägig sind ferner „prozessuale und pluralistische Gemeinwohltatbestände"[36]) mit Grundrechtsbezug.

[cc) Konsequenzen für den grundrechtsrelevanten Rechtsbegriff

Die Systematisierung der Leistungsgesetze rechtfertigt sich deshalb, weil die einzelnen Typen sich zwar durch prinzipiell *positive* Grundrechtsrelevanz auszeichnen, ihre grundrechtseffektivierende Intensität jedoch unterschiedlich ist. Besonders hohe Effektivierungsleistung ist vom freiheitsstiftenden Organisations- und Verfahrensgesetz zu erwarten, weil Grundrechte im Leistungsstaat immer mehr zur Sache staatlicher Organisation und Verfahren werden. Von gleicher Wirkung ist das Steuerungsgesetz, das vom wirtschaftlichen und finanzpolitischen Bereich ausgehend neue Gebiete erschließen wird. Das Plangesetz kann auf Dauer ebenfalls eine nachhaltige Grundrechtsaktivierung bewirken, weil heute Leistung prinzipiell nur als geplante Leistung möglich ist und leistungsstaatliche Grundrechtskonflikte bzw. Konflikte mit anderen Verfassungszielen über Planungsverfahren geschlichtet werden müssen[37]). Der Grad der Grundrechtseffektivität des Maßnahmegesetzes hängt davon ab, wie es im einzelnen eingesetzt wird. Seine Einmaligkeit kann durchaus enorme Grundrechtsaktivierung bedeuten (z. B. Investitionshilfe im Blick auf Art. 14 GG). Das Rahmenge-

---

[35]) Zum Organisationsrecht als Effektivierung der Kommunikationsfreiheiten: *Scholz*, Koalitionsfreiheit als Verfassungsproblem, 1971, 348 ff.

[36]) Dazu *P. Häberle*, Öff. Interesse als juristisches Problem, 1970, 87 ff. bzw. 54 ff.

[37]) Ansatzpunkt ist der Gedanke der *Verfahren*, in deren Verlauf möglichst unter allgemeiner und spezieller Publizität (z. B. Begründungszwang, rechtliches Gehör) oder durch Partizipationsmodalitäten der Grundrechtsbetroffenen nicht gesetzesakzessorisch geleistet wird. Die h. L. tut dies, indem sie das vom Gesetzgeber geschaffene öff. Haushaltsgesetz als ausreichende Grundlage gelten läßt. Das rechtfertigt sich aus dem Gedanken der (parlamentarischen) Verfahren, der Repräsentation der Grundrechtsbetroffenen und aus der Publizität. Die Relevanz des Verfahrensgedankens ergibt sich aus dem Grundrechts- und Gesetzesbegriff sowie dem leistungsstaatlichen Verhältnis bzw. seinen Funktionen.

setz schließlich ist wegen seiner ausfüllungsbedürftigen Offenheit für die soziale Grundrechtswirklichkeit sehr geeignet.

Die Typen wirken auch in der (Grund-)Rechtsschutzproblematik verschieden: ein Steuerungsgesetz wie das StabG enthält Blankettformeln, die nicht oder nur schwer justitiabel sind. Hier kann „vorverlegter Rechtsschutz" über Teilhabeverfahren an Grundrechtsverwirklichung ermöglichen, was der Gerichtsschutz nicht vermag.

Insgesamt ergibt sich eine Skala von dem schwächsten, weil starrsten Typus, dem Lenkungsgesetz, über das Maßnahmegesetz zu den „beweglichen" grundrechtsfördernden Gesetzen in Gestalt der übrigen Leistungsgesetzestypen (Plan-, Organisations- und Verfahrens-, Rahmen- sowie Steuerungsgesetze). Je elastischer das Gesetz ausgestaltet ist, je mehr eine verfahrensrechtliche Komponente ins Spiel kommt, desto stärker spricht die Vermutung für Grundrechtsoptimierung, da das Gesetz auf Konflikte reagieren sowie agierend Impulse geben kann.]

b) Leistungsverwaltung

Für die Leistungs*verwaltung* besteht kein wissenschaftlicher Nachholbedarf: *Forsthoffs* Daseinsvorsorge ist in ihrer Problematik voll erkannt.

Die Leistungsverwaltung realisiert Grundrechte als Verfassungsziele: (um)verteilend, planend, steuernd, subventionierend sucht sie die Grundrechte für alle effektiver zu machen; sie lenkt individuellen und kollektiven Grundrechtsgebrauch i. S. des „Grundrechtsnutzens" *(Zacher)* — es kommt zu „Sozialisierung" grundrechtlicher Freiheit großen Stils um sozialer Gerechtigkeit willen, die freilich um der Freiheit selbst willen ihre Grenzen hat[38]). Sie ist der Sozialisierung im kommunalen Bereich vergleichbar, da der Bürger heute in eine ebenso starke Nähe zum Staat gerückt ist, wie ursprünglich zu den Kommunen wegen der von ihnen betriebenen Daseinsvorsorge[39]). Daseinsvorsorge als Wachstums-, Fortschritts- und Bildungsvorsorge hat heute sozialstaatliche *und* grundrechtliche Dimensionen. Diese leistungsstaatliche und -rechtliche Grundrechtsintensivierung, die „kleine" Freiheit von Not, Krankheit, Arbeits-

---

[38]) S. *Börner*, Staatsmacht und Wirtschaftsfreiheit, 1970, 29 f.: eine zu weitgehende Nivellierung würde die „Leistungsanreize" abschwächen.

[39]) Was *Forsthoff* 1938 an Schrumpfung des „beherrschten Lebensraums" und umgekehrt proportionaler Ausdehnung des effektiven Lebensraums beobachtete, hat sich in der Industriegesellschaft beschleunigt.

losigkeit[40]), ist Voraussetzung für die Wahrnehmung der „großen“ Freiheit der Art. 5, 6, 8, 9 GG etc.[41]). Hier hat die Wirklichkeit der Verwaltung, in erster Linie die sog. „gesetzesfreie“ Verwaltung, viel an grundrechtsrelevanter Sozialstaatlichkeit geleistet[42]).

c) Leistungsrechtsprechung

Mit Leistungs*rechtsprechung* ist jene Rechtsprechung gemeint, die über Kontrolle hinaus in bezug auf die Grundrechte gestaltend tätig wird. Erwähnt sei die Judikatur, die aus Art. 3 GG i. V. m. Verwaltungsrichtlinien und Verwaltungspraxis Leistungsansprüche herleitet. Wo Gerichte in der Einsicht judizieren, daß reale Freiheit durch den Leistungsstaat bedingt ist, und wo sie über den Gleich*behandlungs*grundsatz andere Grundrechte (etwa durch Zugang zu öffentlichen Einrichtungen) effektivieren, kommt es zu Leistungsrechtsprechung[43]). Hierher gehört auch die Sozialgerichtsbarkeit und die Rechtsprechung zum Subventionsrecht. Die Direktiven, die das BVerfG im Fernseh-Urteil entfaltete, sind in gleichem Maße Leistungsrechtsprechung wie die Judikatur des BVerwG zum Fürsorgeanspruch und zur Privatschulsubventionierung. — Leistungsrechtsprechung entwickelt Leistungsrecht, bildet es fort und „dirigiert“ die Leistungsverwaltung, nimmt von ihrer Praxis aber auch Impulse auf: das „öffentliche Interesse“ spielt hierbei als Topos eine bedeutsame Rolle[44]). Sie zeigt, wie wichtig die „handlungspraktische Bedeutung“ richterlicher Rechtsfindung ist[45]).

---

[40]) Dazu *Ipsen*, VVDStRL 28 (1970) 244 f.; *Henke*, ebd. S. 249.

[41]) Der Staat sichert z. B. die „Freiheit durch Lebensvorsorge“ in einer Weise, in der sich die „Sozialversicherung in den Bereich der Grundrechte einfügen läßt“; im Schulrecht verbindet sich „soziale Umverteilung mit Daseinsvorsorge“: die „freie Bildung wird gewährleistet“, aber erst durch Unterstützung von Schülern und Studenten „verwirklicht“ (*Scheuner*, VVDStRL 28 (1970) 232).

[42]) S. schon *L. v. Stein*, Handbuch der Verwaltungslehre, Dritter Teil, 3. Aufl., 1888, S. 47: „Es ist Begriff und Idee aller Verwaltung überhaupt, der individuellen Entwicklung diejenigen Bedingungen durch die Arbeit des Staates zu bieten, welche sich der einzelne nicht selber verschaffen kann.“

[43]) Teile der „Gemeinwohlrechtsprechung“ (*P. Häberle*, Öff. Interesse, bes. 355 ff., 359 ff.) sind Leistungsrechtsprechung. Sie tritt besonders dort zu Tage, wo sie von der Verfahrensseite her kontrolliert, d. h. vom Leistungsstaat Formen des due process fordert.

[44]) Dazu *P. Häberle*, Öff. Interesse, passim bes. S. 468 ff., 666 ff., 678 ff.

[45]) *Esser*, Vorverständnis und Methodenwahl in der Rechtsfindung, 1970, 200.

3. *Interdependenz von Leistungsstaat und -gesellschaft*

a) *„Leistungsstaat"*

aa) Allgemeine Kennzeichnung

Bislang fehlt eine *Verfassungs*theorie des Leistungsstaats[46]), die von einem Verfassungsbegriff ausgeht, der Staat und Gesellschaft zur res publica zusammenschließt, und die deren Affinität zu den Grundrechten erfaßt. Die *Staats*lehre des Leistungsstaats von *Heller* [Staat als organisierte menschliche Entscheidungs- und Wirkungseinheit, in der es zu „potenzierten Leistungseffekten" kommt, also zu einer Art „leistungsstaatlichem Mehrwert" — der Staat ist mehr als eine konzertierte Aktion der Leistungsgesellschaft][47]), greift für unser Thema zu weit. *Leistungsstaat* ist der vom GG konstituierte Staat, der durch Organisation und Verfahren unmittelbar oder mittelbar für Bürger und Gruppen Leistungen erbringt, die im weitesten Sinne primär positiven Grundrechtsbezug intendieren[48]). Leistungsstaat ist demnach ohne reale Geltung der Grundrechte nicht denkbar. Einzubeziehen sind hierbei die Voraussetzungen und Bedingungen staatlichen Leistens. Idealtypisches Gegenstück ist der bürgerliche Ordnungs- und Eingriffsstaat[49]).

---

[46]) Kennzeichnungen des *„Leistungsstaats"* finden sich nur im Ansatz: bei *Küster*, Probleme der Leistungsverwaltung, 1965, 1 f., 6, 10, 15 f., 25, 32, 35; *Schambeck*, Vom Sinnwandel des Rechtsstaates, 1970, 27 ff.; *Ipsen*, Fusionsverfassung Europäische Gemeinschaften, 1969, 51, 54; *Eichenberger*, oben Anm. 5, 11 f.; Leistung als gemeinsames Merkmal neuartiger Staatstätigkeiten: Sorge für Vollbeschäftigung, Verhinderung von Wirtschaftskrisen, Förderung gefährdeter Wirtschaftszweige, Aufrechterhaltung der Währung, Verschaffung von Bildung und Ausbildung, Pflege der Kranken und Alten, Betreuung der Jugendlichen, Gestaltung der Freizeit, Bau von Wohnungen und Verkehrswegen, Ermöglichung von Massenkommunikation etc.; *Scholz*, Das Wesen und die Entwicklung der gemeindlichen öff. Einrichtungen, 1967, 123; *Görlitz*, in PVS 1971, 71 (83).

[47]) *Heller*, Staatslehre, 1934, 228 ff., bes. 231 f., 233, 235, 237, 241, 244, 245.

[48]) S. auch die Grundrechtsinteressen in §§ 1 I, 2 I Ziff. 1—7 RaumordnungsG (1965, BGBl. I S. 306). Die Grundrechte lassen sich nicht mehr als Grenze zwischen einer staatsfreien und *daher* „freien" Gesellschaft und einem primär freiheitsbedrohenden Staat verstehen.

[49]) Ohne daß dessen Leistungen übersehen werden dürften. Die idealtypische Gegenüberstellung darf nicht zur wirklichkeitsfremden Konfrontation werden. — S. die Äußerung des Präs. des Bundesrechnungshofs *V. Hopf* (FR v. 29. 5. 1971 S. 1 u. 4), auf dem Weg vom „Hoheitsstaat zum modernen Leistungsstaat als Kultur-, Vorsorge- und Verkehrsstaat" ergäben sich Verwaltungsnotstände, die die „Leistungserfolge" gefährdeten.

Der Leistungsstaat kann seine Mittel unter Beachtung des Leistungsprinzips beschaffen, verwalten und verteilen und dabei mit Grundrechten in Konflikt geraten; er kann aber auch die Grundrechte unabhängig vom Leistungsprinzip effektivieren. *Grundrechte* stehen zum Leistungsstaat in *ambivalentem* Verhältnis; einerseits betreibt der Leistungsstaat — sozialstaatliche — *„Grundrechtspolitik"*, indem er Grundrechte zum Gegenstand seiner Aufgaben macht und sie im „sozialen Leben im ganzen" fördert; andererseits schafft der Leistungsstaat (faktisch) *neue Gefahrenzonen* für die Grundrechte, auf die überkommene (Grund-)Rechtsschutzformen kaum „eingestellt" sind. Er ist darüber hinaus für die Abwehr von Gefahren verantwortlich, die der grundrechtlichen Freiheit aus dem Bereich der hochtechnisierten „Leistungsgesellschaft"[50]) mit ihren zum Teil inhumanen Leistungsanforderungen drohen; besonders, weil zahlreiche Aufgaben „Gemeinschaftsaufgaben" von Leistungsstaat und -gesellschaft sind.

Die *Verfassung* konstituiert den Rahmen für Organisationsformen und -verfahren des Leistungsrechts, die Staat und Gesellschaft einander zuordnen. Sie verhilft dem Staat zu der — über Grundrechte — integrierenden Struktur[51]), indem sie als öffentlicher Prozeß zur Rationalisierung und Begrenzung staatlicher *und* gesellschaftlicher Macht sowie zur Beilegung von sozialen Konflikten und humaner Ordnung für alle beiträgt[52]). [Den Entwicklungen steht sie nicht nur rezeptiv technisch-formal gegenüber, sie ist Reaktion und Aktion zugleich. Ihre wirklichkeitsorientierte Auslegung und politische Fortbildung bedingen zukunftsoffene Gestaltungen und Entwicklung neuer Institute; sie geben Raum für den Wandel öffentlicher Aufgaben (normativ procedurales Verfassungsverständnis). „Offene Verfassungsinterpretation" ist ein Stück „guter" Verfassungspolitik, die sich im Rahmen einer demokratischen Verfas-

---

[50]) Zur Leistungsgesellschaft: im StabG ist in den §§ 5 II, 6 I 1 die Formel „eine die volkswirtschaftliche Leistungsfähigkeit übersteigende Nachfrageausweitung" gebraucht; in § 9 I 1 ist von der Entwicklung des gesamtwirtschaftlichen Leistungsvermögens die Rede. Der Gesetzgeber stellt also das Leistungsvermögen der Volkswirtschaft als eine variable Größe in Rechnung.

[51]) Vgl. *Heller*, Staatslehre, 194; *Hesse*, Grundzüge des Verfassungsrechts der BRD, 4. Aufl., 1970, 78.

[52]) Anders jene Auffassung, die vermeintlich nur beobachtend den Akzent einseitig auf die Gesellschaft legt, den Staat zum „Staat der Industriegesellschaft" degradiert *(Forsthoff)* und ihn praktisch zu deren abhängigen Variablen macht. Freilich darf der Staat auch nicht in „staatlicher" Sicht „über" der Gesellschaft angesiedelt werden (s. *meine* Kritik an Forsthoff, ZHR 136. Bd. [1972] i. E.).

sungslehre entfalten und den Herausforderungen des technischen Zeitalters stellen muß. Diese Aufgabe steht vor allem dort auf der Tagesordnung, wo *soziale Grundrechtsdefizite* und Ungleichheiten bestehen, die in einer menschenwürdigen Ordnung verfaßter Freiheit für alle nicht hingenommen werden können[53]).

Dieser auf die *Gesamt*gesellschaft und ihre Wirklichkeit ausgerichtete Verfassungsbegriff erklärt, warum der Leistungsstaat Grundrechte und Sozialstaatsprinzip gegebenenfalls in seine Gesellschaft hinein treiben muß, um inhumane Abhängigkeiten und soziale Ungleichheiten abzubauen.]

Der Wirklichkeit dieses Leistungsstaats kommt der „Gemeinwohlkompetenztatbestand"[54]) nahe, der als Rechtsgrundsatz des Kommunalrechts in die staatliche Dimension zu erstrecken ist. Danach haben die Gemeinden bzw. jetzt der Staat in den Grenzen der Leistungsfähigkeit die für das wirtschaftliche, soziale und kulturelle Wohl erforderlichen öffentlichen Einrichtungen zu schaffen[55]).

bb) Staat der wachsenden Aufgaben und neuen Handlungsformen, Veränderungen im Außen- und Innenverhältnis sowie auf der Ausgabenseite

Der Leistungsstaat ist vor allem Staat der *wachsenden Aufgaben*. Er wendet sich „gegenwärtig" in perfekter Produktivität und hohem Wirkungsgrad der Prospektive zu[56]). Öffentliche

---

[53]) Der Gleichheitssatz wird hier verstanden als „gleichmäßige nicht willkürliche Interessenwertung Aller" (*Heller*, VVDStRL 4 (1928) 98 (115)). Die Voraussetzungen dafür schafft der Leistungsstaat, der seinerseits bedingt ist durch die Leistungsgesellschaft. Dem Begriff „Grundrechtsoptimierung", -effektivierung als Ziel leistungsstaatlicher Aktivität liegt ein materielles soziales Verständnis von Freiheit und Gleichheit zugrunde. Es ist abzusichern gegen den Vorwurf, die grundrechtliche Freiheit würde denaturiert, weil inhaltlich aufgefüllt. Grundrechtseffektivierung bedeutet keinen Umschlag von der Freiheit zur Pflicht, keine „Verabschiedung" des status negativus, aber staatliche Schutzpflichten in bezug auf Grundrechte. Sie bedeutet die gleiche Chance für alle, von ihren Freiheiten tatsächlich Gebrauch machen zu *können*, wenn sie es wollen (Denken von den faktischen Grundrechtsvoraussetzungen her, „reale" Freiheit statt formaler Freiheit); die soziale Funktion der Grundrechte aller wird ernst genommen, ohne daß sie die „personale" Seite menschlicher Freiheit durch „Funktionalisierung" überrollen würde und könnte. Es geht um ein soziales Grundrechtsverständnis, um einen „sozial relevanten Status der Freiheit und der Gleichheit" (*Stein*, Lehrbuch des Staatsrechts, 2. Aufl. 1971, 195).

[54]) Dazu *P. Häberle*, Öff. Interesse, bes. 39 ff. und AöR 95 (1970) 260 (279 ff.).

[55]) Vgl. § 10 II 1 Bad.-Württ. GO.

[56]) *Eichenberger*, oben Anm. 5, S. 9, 11.

Aufgaben werden teils vom Staat, teils von der Gesellschaft und in vielerlei Kooperationsformen[57]) als *Gemeinschaftsaufgaben* wahrgenommen[58]). Die Sozialordnung ist nicht wie im bürgerlichen Rechtsstaat vorausgesetzte Gegebenheit[59]), sondern Gegenstand gemeinschaftlicher Gestaltung. Es kommt zu Ausweitung alter und Herausbildung neuer (flexibler) Handlungsformen, Verfahren und Instrumente und damit zu neuartigen Funktionsproblemen[60]). Der leistende Staat lenkt, plant, steuert, (um)verteilt, subventioniert und programmiert; diese seine Tätigkeiten finden sich auf legislativer, gouvernementaler und administrativer Ebene. In der schlichten Hoheitsverwaltung ist der Staat im „Verwaltungsprivatrecht", ja selbst als Fiskus ein anderer geworden. Seine Beteiligung in der Wirtschaft wächst.

---

[57]) Staat und Wirtschaft „begegnen" sich (§ 3 StabG). Es kommt zu „industriellen Absprachen im öff. Interesse", zu „Selbstbeschränkungen der Wirtschaft" und Kooperations- sowie Planungsformen, in denen der Staat nicht mehr nur in Norm und Verwaltungsakt hoheitlich auftritt (*J. H. Kaiser*, NJW 1971, 585 ff.). — „Zwischen den Bemühungen der Wirtschaft, die betriebliche Personalplanung zu verbessern und der staatlichen Förderungspolitik besteht ein ergänzender Zusammenhang. Dem tragen das ArbeitsförderungsG, das BerufsbildungsG und das AusbildungsförderungsG Rechnung." (aus: Sozialpolitische Informationen, hrsg. BuMi für Arbeit und Sozialordnung, Jahrg. V/20 v. 19. 7. 1971, unter III. 11).

[58]) Die Entwicklung neuer Institute und Verfahren der Kooperation ist ein allgemeines leistungsstaatliches Problem. Vgl. den bad.-württ. Justizminister *Schieler*, Strafvollzug als Gemeinschaftsaufgabe, SZ vom 24. 3. 1971 S. 6 (Schaffung von „Vollzugsbeiräten" als Mittler zwischen Gefängnis und Außenwelt zum Zweck der Resozialisierung).

[59]) Vgl. *Forsthoff*, VerwRecht, 60 f., 65 f.

[60]) Leistungsstaat heißt u. a.: massive Funktions*zunahme* (zur Ausdehnung staatlicher Kompetenzen in den gesellschaftlichen Bereich, *Forsthoff*, Industriegesellschaft, 24), Funktions*veränderung* (z. B. verschiedene Typen von Leistungsgesetzen statt *bloßen* Eingriffsgesetzen) und Funktionen*vertauschung* (zu ihr als Formenvertauschung speziell für die indirekte Lenkung im wirtschaftlichen Bereich: *Friauf*, VVDStRL 27 (1969) 1 (7). S. *Herzogs* Hinweis auf das „massive Übergreifen" der Legislative in den Bereich der leistenden Verwaltung: VVDStRL 24 (1966) 183 (206)). Dieser Funktionswandel zwingt, überkommene rechtsstaatliche Institute — z. B. die Grundrechte, den Gesetzesbegriff sowie das Rechtsschutzsystem — neu zu überdenken. Auch der Gesetzesvorbehalt ist eine Form des (Grund-)Rechtsschutzes, insofern er ein förmliches Gesetz verlangt. Das parlamentarische Gesetz war eine wirksame und klassische Form des Grundrechtsschutzes im bürgerlichen Rechtsstaat. Das ermutigt, den hier geforderten sozialen Verfahrensvorbehalt als dem Leistungsstaat angemessenen „Gesetzesvorbehalt" zu qualifizieren; moderne Leistungsgesetze lassen diese verfahrensmäßige Seite deutlich hervortreten.

In dem Maße, in dem sich im modernen Leistungsstaat neue Funktionsvertauschungen zeigen, muß sich die Dogmatik auf die Möglichkeit „faktischer Grundrechtsbeeinträchtigungen"[61]) einstellen, müssen die Grundrechte auf „Entstehenssicherung und Bestandsschutz" hin untersucht[62]) und in ihrer Schutzwirkung erweitert werden[63]).

Den Leistungsstaat charakterisiert ein verändertes *(Außen-) Verhältnis* zu Bürgern und Gruppen, d. h. zur „Gesellschaft", die nicht mehr „autonom" ist. Obwohl Leistungen auch mit Eingriffen verbunden sein können, ist der status passivus subjectionis nicht mehr *der* Grundstatus in einer freiheitlichen Demokratie. Das Rechtsverhältnis Bürger-Staat[64]) ist gekennzeichnet durch *Kommunikation* und *Kooperation* (statt Subjektion!) zwischen den — in „Leistungsverhältnissen" aufeinander angewiesenen — Beteiligten, deren Tätigkeit öffentliche und private Interessen verknüpft, ja oft ineinander aufgehen läßt.

Im *Innenverhältnis* hat sich der Staat ebenfalls gewandelt: die „Einheit der Staatsgewalt" ist angesichts der Vielzahl und Größe seiner Leistungsfunktionen pluralistischen, d. h. Kooperationsformen gewichen; die Gewaltenteilung beginnt sich in neuen Verbundformen zu differenzieren (z. B. zwischen Regierung und Parlament bei der Planung). Der Leistungsstaat öffnet sich und beginnt, Teilbereiche der Gesellschaft zu integrieren. Er schafft freiheitliche, aber nicht staatsfreie, Leistungsverfahren, in welche die Betroffenen „einbezogen" werden — sei es auch nur über die allgemeine Publizität. Schließlich: Der Leistungsstaat *gibt mehr aus* als der Eingriffs- und Ordnungsstaat und muß entsprechend mehr einnehmen. Die Steigerung der Staatsausgaben[65]) sollte jedem i. S. grundrechtlicher Chan-

---

[61]) Dazu *Gallwas*, Faktische Beeinträchtigungen im Bereich der Grundrechte, 1970.

[62]) So das gleichnamige Buch von *Kloepfer*, 1970.

[63]) Das Gegenstück hierzu sind faktische Grundrechtsaktivierungen, faktisch nur deshalb, weil sie juristisch noch nicht genügend greifbar sind, da sie für das klassische Grundrechtsverständnis „neutrales" Staatshandeln waren (Fehlen einer grundrechtsbezogenen Staatszwecklehre!).

[64]) Das subjektive öff. Recht im überkommenen Verständnis und der eingreifende Verwaltungsakt können nicht mehr die juristischen Eckpfeiler solcher „vielseitigen" Leistungsverhältnisse, interessenbezogener Kooperations-, Koordinations- sowie Kommunikationsformen sein. Gleiches gilt für den traditionellen Verwaltungsgerichtsschutz.

[65]) S. auch *W. Brandt* (Erklärung zur Reformpolitik der Bundesregierung v. 24. 3. 1971, BT-Verh. VI 6399 A): „Wenn der Staat die öffentliche Armut bekämpft, dann wird damit allen und zugleich besonders den sozial Schwächeren geholfen". S. aber auch

cengleichheit zugute kommen, d. h. das relative Ansteigen des Anteils der Staatsausgaben am realen Bruttosozialprodukt könnte Grundrechte effektivieren.

[Problematisch ist hier z. B., ob der Staat in der Bildungsplanung bestimmte Berufs- und Wirtschaftszweige stärker fördern darf als andere. Bei der Frage nach einer etwaigen Verletzung der Art. 3 bzw. 5 III und 12 GG wird die andere Seite leistungsstaatlicher Tätigkeit erkennbar: diese Investitionen können Art. 12 und 5 III GG effektivieren.]

cc) Inhalt und (grundrechtliche) Grenzen des Effizienzprinzips im Bereich des sozialen Leistungsstaats

Auf drei Stufen läßt sich die Problematik des Effizienzprinzips (Art. 20 I GG) aufschlüsseln: Effizienz[66]) bei der staatlichen Mittel*beschaffung*, der staatlichen *Organisation* und bei der staatlichen Mittel*verteilung*. Sozialstaat heißt aber auch Ausrichtung auf Humanität. Hier verlaufen die Grenzen des aus der Verfassung zu bestimmenden Effizienzprinzips. Im einzelnen:

(1) Die *Mittelbeschaffung* hat zwei Komponenten: die sachliche (z. B. Art. 114 II GG) und die personale (z. B. Art. 33 II GG — effizienter öffentlicher Dienst). Sie ist deshalb so wichtig, weil der Staat nur leisten kann, wenn er zuvor aus den Leistungen seiner Bürger „einsammeln" konnte. Das ist die gegenseitige Bedingtheit von Effizienz und Humanität.

(2) Bei der *Selbstorganisation* ist das Leistungsprinzip z. B. in Art. 33 V GG angelegt. Ausschnittsweise zeigt es sich auch anhand der Verwaltungsaufsicht, den Rechnungshofkontrollen, und beim „Neubau" der Verwaltung, wo es um Leistungssteigerung geht, so schwer meßbar sie sein mag. Hier werden die Grundrechte bedeutsam: sie „durchbrechen" das Leistungsprinzip, z. B. durch die unbedingte Garantie des gerichtlichen Rechtsschutzes. Die Verbürgung grundrechtlicher Freiheit ist eine differenziert zu ziehende Grenze für den auf Effizienz zie-

---

ders.: „Was dem Bürger dient, ist ohne Leistung des Bürgers nicht zu haben." Gegen das „Modewort" von der sog. öff. Armut: FAZ v. 9. 6. 1971 S. 17.

[66]) Zum Zusammenhang von Sozialstaatsprinzip und Effizienz: *Bachof*, VVDStRL 15 (1957) 205; *Krämer*, Die bürgerliche Selbstverwaltung unter den Notwendigkeiten des egalitären Sozialstaats, 1970, 131; *Kopp*, Verfassungsrecht und Verwaltungsverfahrensrecht, 1971, 200 ff. — S. die Forderung *Biedenkopfs* nach einer Effizienzkontrolle der Verwaltung, FAZ v. 25. 7. 1971 S. 15: Ein ausreichender Beitrag zum Innovationsbedarf unserer Gesellschaft sei vom staatlichen Bereich und seinen öff. Einrichtungen nur dann zu erwarten, wenn es gelinge, die Verwaltung durch leistungsbezogene Kontrolle in den Griff zu bekommen.

lenden Leistungsstaat. Auf lange Sicht aber wird sie das Gemeinwesen auch effizienter machen, weil sich seine Bürger in Freiheit mit ihm identifizieren[67]). Der Leistungsstaat verlangt oft Langzeitinvestitionen, z. B. im Bildungswesen. Lernmittelfreiheit kann ihn zunächst in Finanznot bringen, dürfte sich aber auf die Dauer in größeren Leistungen der Gesellschaft auszahlen.

(3) Bei der *Mittelverteilung* spielt das Leistungsprinzip neben der Sozialstaatsklausel (ihr Ziel: auch Abbau geistiger Armut und kultureller Privilegierungen) und den Grundrechten eine nur untergeordnete Rolle. Im Vordergrund steht die humane und grundrechtsorientierte Leistungsvergabe mit dem Ziel realer Freiheit und eines Engagements des Bürgers für sein Gemeinwesen.

Insgesamt: Leistungsstaat ist ein Staat, der Leistung fordert und verteilt, dadurch die Grundrechte effektiviert[68]) (als „Grundrechtsstaat") und zugleich das Leistungsprinzip aus Gründen der Humanität teilweise ignoriert[69]). Leistungsstaat und Leistungsgesellschaft hängen also nur *zum Teil* zusammen — das partielle Bedingtheitsverhältnis ist jedoch wesentlich.

b) „Leistungsgesellschaft"

Die Vermehrung der Staatsaufgaben, die sozialgestaltend in die Gesellschaft hineinwirken, bestätigt die „Osmose" von Staat und Gesellschaft. Die allseitige Abhängigkeit aller von

---

[67]) *Demokratie* steht von einem „kritischen Grenzbereich an" der Effektivität hindernd im Wege (*Eichenberger*, oben Anm. 5, S. 20). Hier verhält es sich wie bei den Grundrechten: zugunsten eines Mehr an Demokratie wird auf ein Mehr an Leistungsstaatlichkeit verzichtet. Auch *Bundesstaatlichkeit* bedeutet prima facie Abstriche am Leistungsprinzip. Gewiß stehen die Entwicklungen zum „kooperativen Föderalismus" und „unitarischen Bundesstaat" im Zeichen einer vom Leistungsstaat erwarteten größeren Effizienz, erzwungen von der Verfassungswirklichkeit; der verfassungsändernde Gesetzgeber hat dem Rechnung getragen (Art. 91 a und b GG). Von einem bestimmten Punkt an nimmt das GG jedoch Reibungsverluste und Rationalisierungsausfälle in Kauf, weil es Kooperation als ein Stück Freiheit (dazu *Hesse*, in FS für Gebh. Müller, 1970, 141 ff., bes. 150) höher bewertet als die Effizienz, die ihm der Einheitsstaat verschaffen könnte.

[68]) Nach *Herb. Krüger*, Art. Verfassung, HDSW 11 (1961) 72 (73), war es ein „gefährliches Mißverständnis" des Spätliberalismus, die Freiheit des Bürgers in Schwäche und Ineffizienz des Staates zu sehen. Dem sich richtig verstehenden Verfassungsstaat gehe es darum, die Wirksamkeit des Staates und die Freiheit des Bürgers zu wahren.

[69]) S. z. B. die Verurteilung des Leistungsprinzips durch die Erklärung der westdeutschen Bischöfe (FR v. 7. 8. 1971 S. 1).

allen[70]) zeigt sich juristisch z. B. in Kollektivwirkungen, die der Staat durch sein Handeln herbeiführt[71]). Heute sind Bürger, Gruppen und alle Formen der öffentlichen Hand „Sozialpartner" im weiteren Sinne. Das Bedingungsnetz von Geldwertstabilität (nur stabiles Geld ist „soziales" Geld)[72]), Wirtschaftswachstum und öffentlichen Investitionen zur Erfüllung von grundrechtsrelevanten Reformaufgaben bestimmt die Grundrechtschancen[73]) mit.

In der notwendigen Kosten-Nutzen-Analyse sind die *„humanen Kosten"* oft zu gering veranschlagt. Beispiele: Umweltschutz, Städte- und Straßenplanung, die (Verkehrs-)Unfallquote. Hier muß gelten: kein wirtschaftliches Wachstum um jeden grundrechtlichen Preis! Die Leistungsgesellschaft mit ihren zum Teil darwinistischen Leistungsexzessen ist kein grundrechtlich ausgesparter Raum.

Bei aller Bejahung leistungsstaatlicher „Grundrechtsnutzen-Mehrung"[74]) muß an ihre *Grenzen* erinnert werden; zumal die Entwicklung in einer Einbahnstraße verläuft: die positiv grundrechtsbezogenen Forderungen der einzelnen und Gruppen an den Leistungsstaat wachsen ständig und entfalten eine Eigendynamik, die den Rechtsstaat in Gefahr bringt, den Leistungsstaat überfordert und letztlich die Grundrechte als individuelle Rechte sozial obsolet macht, wenn anstelle personaler Selbstbestimmung die leistungsstaatliche Fremdbestimmung tritt und

---

[70]) U. a. durch die technologische Entwicklung und die „Explosion des Wissens" bedingt. Staat und Gesellschaft stehen in einer durch „Leistung" geprägten Schicksalsgemeinschaft angesichts steigender Ansprüche der Wohlstandsgesellschaft.

[71]) Etwa die mittelbare faktische Betroffenheit Mehrerer durch „Staatsleistungen" oder die „Leistungsgemeinschaft", in die Unternehmer, Arbeitnehmer (und Verbraucher) insofern „zusammengespannt" sind, als ihre Autonomie durch staatliche Daten der Konjunktur-, Wirtschafts- und Haushaltspolitik de facto mitbestimmt wird, so wie umgekehrt die Tarifautonomie die Gesamtwirtschaft beeinflußt. Mit Recht beklagt *Dahrendorf*, Gesellschaft und Demokratie in Deutschland, dtv 1971, S. 197, das Fehlen von Institutionen des kontrollierten Konfliktes, z. B. in den autonomen Auseinandersetzungen zwischen organisierten Arbeitnehmern und Unternehmern.

[72]) S. den Hinweis *Klothens* auf das „verteilungspolitische Unrecht", das mit jeder Geldentwertung verbunden sei (FAZ v. 25. 6. 1971 S. 15).

[73]) S. auch die Diskussion um die „Freizeitgesellschaft", die dem Staat strukturpolitische Aufgaben stellt („Erhaltung freizeitgerechter Landschaft" usw.).

[74]) Ausdruck bei *Zacher*, Sozialpolitik und Menschenrechte in der BRD, 1968, 35: „Die Mehrung der Grundrechte".

eigenverantwortliche Freiheit zur fremdverantworteten und -bestimmten Sicherheit wird. [Paradoxerweise ist an diese *private* Seite der Grundrechte gerade in einer Zeit der Überflußgesellschaft zu erinnern. Angesichts der gesteigerten Erwartungen muß auf die aus der *Eigen*verantwortung entspringende persönliche Unabhängigkeit zurückverwiesen werden.]

Die *Interdependenz* von Leistungsstaat(en) und -gesellschaft samt Folgeproblemen zeigt sich auch in dem supranationalen Leistungs-Zweckverband *EWG*[75]). „Leistung" beginnt die nationalstaatlichen Dimensionen zu sprengen: der EWG-Vertrag potenziert Leistungen in Staat und Gesellschaft; Staaten und Verfassungen haben entsprechend reagiert[76]). Die Gesellschaft ist international[77]), da Staat(en), Verfassung(en) und Gesellschaft gleichermaßen auf gemeinschaftlich erbrachte und nur noch gemeinschaftsrechtlich mögliche Leistungen angewiesen sind.

[Das EWG-Recht enthält der Kooperation von Staat und Gesellschaft im Zeichen der „Leistung" materiell und organisationsrechtlich entsprechende leistungsrechtliche Züge. Die EWG-Ziele umreißen „Gemeinschaftsaufgaben" im doppelten Sinne[78]): zwischen den Mitgliedstaaten sowie zwischen diesen und der Gesellschaft. Die Grundrechtsdogmatik wird sich auf die europarechtlichen Perspektiven von Leistungsstaatlichkeit auszurichten haben[79]). Die Gemeinschaftsordnung zielt auf Chancengleichheit, als Gleichberechtigung in einem materiellen Sinne[80]). Die Normierung von wirtschaftlichen Grundfreiheiten der Marktbürger bzw. die Tendenz zum Abbau ungleicher

---

[75]) *Ipsen*, Fusionsverfassung Europäische Gemeinschaften, 1969, 10, 15.

[76]) Z. B. im Bereich der wirtschaftlichen Freiheiten des Europarechts, der Grundrechte der MRK und der ESC.

[77]) *J. H. Kaiser*, Art. „Staatslehre", Staatslexikon, 6. Aufl. VII (1962) Sp. 589 (595).

[78]) S. den Hinweis auf den „höchsten Leistungsstand" in Art. 2 II EGKSV und auf die beständige und ausgewogene Wirtschaftsausweitung, die größere Stabilität (Art. 2 EWGV) sowie die Sicherung des wirtschaftlichen und sozialen Fortschrittes (Präambel-EWGV).

[79]) S. auch die Momente des Leistungsrechts, die in der schrittweisen „Harmonisierung" der nationalen Rechtsvorschriften liegen (z. B. Art. 100 EWGV).

[80]) Dazu *Zieger*, Das Grundrechtsproblem in den Europäischen Gemeinschaften, 1970, bes. S. 54 ff., 58: zur Ergänzung der bürgerlichen Freiheitsrechte als „Verfassungsauftrag" um das sozialstaatliche Element im GG und umgekehrt zur Ergänzung der europäischen wirtschaftspolitischen, öff. Daseinsvorsorge um die liberale rechtsstaatliche Komponente.

Grundrechtsverhältnisse in den Mitgliedstaaten[81]) ermöglicht Leistungen der EWG-Gesellschaft über die Grundrechte und legitimiert das Leistungsprinzip im Marktbereich. Überdies werden wirtschaftspolitische Leistungsgemeinschaftsziele thematisiert, die evidenten Grundrechts- und Sozialstaatsbezug haben[82]). Das „Gemeinschaftsinteresse" verbindet leistungsstaatliche, -gesellschaftliche und -rechtliche Elemente über wirtschaftliche Grundfreiheiten der „Marktbürger"[83]).]

c) Leistungsstaatliche und grundrechtliche Kritik am gesellschaftlichen Leistungsprinzip[84])

Die Industriegesellschaft ist nur bedingt bereit, grundrechtliche Chancengleichheit zu bewirken. Die Überflußgesellschaft mit ihren wirklichen oder vermeintlichen Konsumzwängen läßt

---

[81]) *H. von der Groeben*, in FS für *W. Hallstein*, 1966, 226 (237 ff., 242): Die Europäischen Gemeinschaften ... haben die *Ausübbarkeit* zahlreicher Grundrechte ... erheblich erweitert ... Leitsätze dieser Wirtschaftspolitik sind die Prinzipien der Freiheit und *Chancengleichheit* (Gerechtigkeit). Wenn die Wirtschaftsgemeinschaft fortfährt, diesen beiden Prinzipien zu dienen, so fügt sie damit zwar nicht dem rechtlichen Bestand der Grundrechte Neues hinzu, wohl aber ihrer *Verwirklichung* (Hervorhebungen v. Verf.).

[82]) Vollbeschäftigung (Art. 104, 49 Ziff. d, 75 III EWGV), Wachstumsvorsorge, Hebung des Lebensstandards, Wahrung eines stabilen Preisniveaus (Art. 104 EWGV), Sorge um Verbesserung der Lebens- und Arbeitsbedingungen der Arbeitskräfte (Art. 117 EWGV; s. auch Art. 125 EWGV und den Art. 12 und 11 GG zuzurechnenden europäischen Sozialfonds; Art. 2 Ziff. b EuratomV: Gesundheitsschutz der Bevölkerung und der Arbeitskräfte) als Grundrechtspolitik. S. das Ziel der stetigen Besserung der Lebens- und Beschäftigungsbedingungen der Völker (Präambel EWGV). *Leistungsrechtlicher* Mittel bedarf die gemeinsame Agrarpolitik (Art. 39), die Sozialpolitik (bes. Art. 118). Insgesamt dürften die Handlungsformen: Verordnungen, Richtlinien und Entscheidungen (Art. 189) leistungsrechtliche Züge haben; s. auch die Beihilfen in Art. 77, 92 II u. III, 125 I Ziff. a u. b; s. noch Art. 128 EWGV: Grundsätze für die Berufsausbildung.

[83]) Zu diesem Status der Freiheit und Gleichheit zur Erfüllung der ökonomischen Ziele der Gemeinschaften: *Grabitz*, Europäisches Bürgerrecht, 1970, 68 f., 103 ff.

[84]) Zur Kritik: *O. Negt*, In Erwartung der autoritären Leistungsgesellschaft, in: *Schäfer-Nedelmann* (Hrsg.), Der CDU-Staat, 1967, 201 ff., z. B. 233. *F. Naschold*, Organisation und Demokratie, 2. Aufl. 1971, 9. *Eb. Stammler* sprach im Hess. Rundfunk, 2. Programm am 27. 6. 1971 um 23.05 Uhr von einem „brutalen Diktat" der Leistungsgesellschaft. — Die öff. Einrichtungen verlangen eine humane Einstellung der in ihnen dienenden Menschen, die unsere Leistungsgesellschaft nur noch z. T. hat: den Kranken und Alten muß in Heimen geholfen werden, dort fehlt es an Menschen, die denen helfen wollen und können, die aus der Leistungsgesellschaft ausgeschieden wurden. Was früher die Familie leistete, geht heute als Grundrechtsaufgabe an öff. Einrichtungen über.

gelegentlich durch ein Zuviel an wirtschaftlicher Freiheit verstecktem Terror Raum, dem der demokratische Leistungsstaat durch Intensivierung der geistigen (Aus- und Weiterbildungs-) Freiheiten in der „Lerngesellschaft" und durch Stärkung der Grundrechte mit Menschenwürdegehalt entgegenwirken muß. [Der demokratische Staat, in seinem rechtlichen Monopol öffentlicher Gewalt legitimiert, muß Grundrechtsfunktionen übernehmen, die sich z. T. („leistungsrechtlich") in der Garantie sozialer Sicherheit, über innerbetriebliche Mitbestimmung am Arbeitsplatz und Formen der Mitbeteiligung am Produktivvermögen geltend machen.] Der Staat muß daher über seine Leistungsfunktionen „eingreifen", indem er über demokratische Willensbildungs- und Entscheidungsvorgänge soziale Grundrechtsdefizite und Ungleichheiten gegebenenfalls gegen die Leistungsgesellschaft um menschenwürdiger Ordnung willen abbaut (die flexible Altersgrenze z. B. ist eine „Humanisierung" in bezug auf die Arbeitskraft). Die Ausschöpfung alter und die Begründung neuer Bundeskompetenzen etwa für Umweltschutz (Art. 74 Ziff. 24 GG) sind eine Antwort auf das Versagen einer exzessiven Leistungsgesellschaft.

Doch das ist nur eine Seite: diese leistungsstaatlichen Aufgaben setzen eine leistungsfähige Gesellschaft[85]) und Wirtschaft und entsprechende Steuereinnahmen voraus, Effizienz in und durch Freiheit; den Abbau sachlicher Qualifikationserfordernisse kann sich das Gemeinwesen als „Luxus" nicht leisten[86]) (keine Nivellierung nach unten!). Es gibt eine Grenze, von der ab ein Mehr an Leistungs- und Gefälligkeitsstaat ein Zuviel wird, das nicht nur sozial-ethisch korrumpiert, sondern auch die grundrechtseffektivierende Demokratie selbst gefährdet.

[85]) Das BVerfGE 13, 97 (113 f.) wertet die Wahrung und Förderung des *Leistungsstandes* und der *Leistungsfähigkeit* des Handwerks im Rahmen seiner Gemeinwohljudikatur zu Art. 12 GG (dazu *P. Häberle*, AöR 95 (1970) 86 (98 ff.)) als wichtiges Gemeinschaftsgut. BVerfGE 7, 377 (397), im Blick auf Art. 12: Tätigkeit des Einzelnen, durch die er zugleich seinen Beitrag zur gesellschaftlichen Gesamtleistung erbringt. Das Grundrecht gewinnt so Bedeutung für alle sozialen Schichten.

[86]) Das Erfordernis der *Eignung:* Art. 94 II, 163 IV 2 Verf. Bayern; 13 Berlin; 128 I Bremen; 59 I Hamburg; 59 II, 134 Hessen; *Begabung:* Art. 11 I Bad.-Württ.; 27 I Bremen; 6 II LS Schl.-Holst.; *Leistung:* Art. 132 Bayern; 59 I Hamburg; 19, 39 V 1 Rhl.-Pf.; 6 II LS Schl.-Holst. und damit das Leistungsprinzip, ist in den dt. Länderverf. oft im Zusammenhang mit Grundrechten oder grundrechtsähnlichen Leistungsansprüchen normiert. S. auch die ehrenamtlichen Leistungspflichten z. B. Art. 25 Hessen; 21 II Rhl.-Pf.; 19 Saarl. sowie die Ausformung des Leistungsprinzips im Arbeitsrecht: Das „Arbeitsentgelt muß der Leistung entsprechen", z. B. Art. 33 S. 1 u. 2 Hessen.

[Auf das in der Leistungsgesellschaft unentbehrliche „humanisierte“ Leistungsprinzip kann gerade im Interesse der vom Sozialstaat zu begünstigenden schwächeren Schichten nicht verzichtet werden. Wer meint, der Leistungsstaat habe die Leistungsgesellschaft, die er verdiene, unterschätzt die anstehenden grundrechtsrelevanten Reformaufgaben im sozialen Rechtsstaat.] Die Frage nach dem Stellenwert des Leistungsprinzips kann nur vom GG aus differenzierend für einzelne Grundrechte beantwortet werden[87]): zwischen den Extremen inhumaner Übersteigerung und seiner utopischen Verketzerung. Auch im Leistungsstaat geht es um den Menschen.

III. Bestandsaufnahme des dogmatischen Grundrechtsdefizits in bezug auf grundrechtsrelevante leistungsstaatliche Aktivitäten

Das juristische Vokabular des bürgerlichen Rechtsstaats war auf punktuelle Eingriffe in Freiheit und Eigentum eingestellt[88]), was dem Selbstverständnis seiner „autonomen“ Gesellschaft entsprach[89]). Die von der liberalen Wirtschaftsordnung provozierten Zustände riefen den sozialen Leistungsstaat auf den Plan, der im Namen sozialer Gerechtigkeit lenken, planen, steuern, umverteilen muß und daher seinerseits auf gesamtgesellschaftliche Leistungsfähigkeit angewiesen ist — eine Spirale, wie es scheint.

So gesehen, ist leistungsstaatliche Aktivität als Sozialpolitik eine Art Grundrechtssurrogat — Grundrechtspolitik: Grundrechte werden auf dem (Um-)Weg über das Sozialstaatsprinzip

---

[87]) S. auch den Bildungsbericht 70 der Bundesreg. und sein Ziel eines „demokratischen, leistungs- und wandlungsfähigen Bildungssystems“, durch das Chancengleichheit und individuelle Förderung ermöglicht werden sollen (FAZ v. 31. 8. 1971 S. 6). Wichtig *K. von Dohnanyi*, in „Die Zeit“ Nr. 34 v. 28. 8. 1971 S. 40: Denn wer die Chancen gleicher machen will, der muß den Wettbewerb um hervorgehobene Positionen in der Gesellschaft wollen. Und mehr Wettbewerb heißt auch: Leistung und Leistungsmessung. Und eine arbeitsteilige Gesellschaft kann ohne Leistungsanspruch nicht fortbestehen.

[88]) Das zeigt sich an der Fassung der Grundrechte als gegen den Eingriffsstaat gerichtete Rechte, an der prinzipiell eingriffsorientierten Positivierung der Gesetzesvorbehalte, an der Formel vom „Eingriff in Freiheit und Eigentum“ und an der Konzeption der „Gewaltverhältnisse“, ja selbst am Rechtsbegriff!

[89]) In der z. B. die Vertrags- und Wettbewerbsfreiheit die Produktivität der Wirtschaft steigerten, das Leistenwollen und -können vieler anreizte, de facto aber die Vertragsfreiheit aller zur Unternehmerfreiheit weniger wurde. Die Rechtsdogmatik hat diesen Prozeß eher unterstützt.

effektiv. Es gibt zwar noch „alte Fronten", an denen Schrankendenken aktuell bleibt, um Eingriffe abzuwehren. Wesentlich ist aber, daß Inhalte und Formen des bürgerlichen Rechtsstaats[90]) in der veränderten Wirklichkeit und angesichts neuer sozialstaatlicher Aufgaben nicht mehr „greifen"[91]). Erinnert sei: an die These *Forsthoffs*[92]), der leistende Staat und die ihn kennzeichnenden gesellschaftlichen Veränderungen unterliefen den grundrechtlichen Freiheitsschutz; an die Frage, ob der Staat, der „gesellschaftliche Mechanismen" in Bewegung setze, aus denen „Verluste der Grundrechtseffektivität" entstehen, nicht an die Grundrechte gebunden sei wie der unmittelbar eingreifende[93]); oder an die Feststellung[94]), infolge der „Formenvertauschung" sei das rechtsstaatliche Rechtsschutzsystem „in erheblichem Maße obsolet geworden"; schließlich an die Gegenposition: soweit Maßnahmen Lenkungsfunktionen des Marktmechanismus wahrnehmen sollen, müsse man gegenüber ihren Auswirkungen auf Grundrechtspositionen „so indolent sein wie gegenüber den Ergebnissen des Marktmechanismus"[95]).

---

[90]) Krit. speziell zur Formel „Freiheit und Eigentum" angesichts der Tatsache, daß heute nicht das Eigentum, sondern eine florierende Wirtschaft Freiheit und Würde des Menschen sichert: *H. Wagner*, VVDStRL 27 (1969) 47 (72).

[91]) Im einzelnen ist das längst erkannt: Erinnert sei an die Frage der Geltung des — materiellen — Gesetzesvorbehalts (auch) für die in „grauen Sphären" (*Scupin*, VVDStRL 16 (1958) 262) wachsende Leistungsverwaltung (Nachw. bei *K. Vogel*, VVDStRL 24 (1966) 125 Anm. 1; 148 Anm. 72; 151 f.); an die Forderung nach intensiver Gesetzesbindung auch im Bereich der leistenden, sozialgestaltenden Verwaltung, soweit eine Interdependenz von Eingriff und Leistung oder eine ebenso reale Machtsituation im Verhältnis zwischen Bürger und Verwaltung wie bei der Eingriffsverwaltung besteht (*Mallmann*, VVDStRL 19 (1961) 207, LS 8 a. Der Grundrechtsschutz funktioniert bei der Subventionskontrolle nicht mehr: *J. H. Kaiser*, VVDStRL 25 (1967) 429); an die Entwicklung, die die Unterscheidung zwischen Regel und Einzeleingriff innerhalb der umfassenden Daseinsvorsorge aufgelöst habe (*Forsthoff*, VerwRecht, 71). — Z. B. läuft die Freiheits- und Eigentumsformel auch deshalb leer, weil Freiheit und Eigentum andere geworden sind (dazu *Scheuner*, VVDStRL 28 (1970) 231 f.).

[92]) Der Staat der Industriegesellschaft, 1971, 153 f.

[93]) *Herzog*, Grundrechte und Gesellschaftspolitik, in: FS für Hirsch, 1968, 63 ff. (66 f.).

[94]) *Friauf*, VVDStRL 27 (1969) 1 (7). S. dazu auch *Vogel*, VVDStRL 24 (1966) 125 (153 f.): erweiterter „Eingriffs"-Begriff.

[95]) *H. Wagner*, VVDStRL 27 (1969) LS 16 a. — Einschlägig ist auch die Beobachtung, daß der moderne „gestaltende Eingriff" Rechtswirkungen weniger im Verhältnis des Betroffenen zur Verwaltung als im Verhältnis des Betroffenen zu den Rechtsgenossen äußert (*Forsthoff*, VerwRecht, 70).

Methodisch und sachlich gehen Grundrechtsdogmatik hier und Aussagen zum Leistungsstaat dort *verschiedene* Wege: einer dogmatisch letzten Verästelungen nachspürenden Grundrechtsliteratur stehen in Realanalyse gewonnene Erkenntnisse[96]) zum Leistungsstaat gegenüber. Für die Grundrechte besteht insofern ein Nachholbedarf[97]), als kaum nach staatlichen Leistungen *für* „Freiheit und Eigentum" gefragt wird. Und doch wird erst mit dieser Fragestellung klar, daß ein Mehr an (Leistungs-)Staat und Leistungsrecht in der Leistungsgesellschaft ein Mehr an *realer Freiheit* für alle bedeuten *kann*[98]). Der Staat selbst ist nur noch zum Teil „Gegner" der Grundrechte[99]); in Wirklichkeit sind es Zwischenmächte mit angemaßter quasi-öffentlicher Gewalt, die der demokratische Staat domestizieren muß, um öffentlicher und privater Freiheit willen; die Gesellschaft ist grundrechtlich zu strukturieren.

Das Grundrechts*defizit* bezieht sich auf die „sozialen Grundrechte" und die normative Kraft, die Sozialstaat und Gleich-

---

[96]) Die Entdeckung der Gemeinde, der Verwaltung und des Staates als Leistungsträger *(Forsthoff)* ist in bewußter Abkehr von der durch *O. Mayer* begründeten rein juristischen Verwaltungsrechtswissenschaft geglückt. In jüngster Zeit reihen sich an empirische Untersuchungen zum umverteilenden, planenden, lenkenden und steuernden Staat dogmatische Aufbereitungen dieser Entwicklung *(Zacher, Badura* u. a. sowie *Bachof* und *Brohm* in diesem Heft).

[97]) Es fehlt ein „realistisches" Grundrechtsverständnis, das der täglichen Wirklichkeit des Leistungsstaates und der Leistungsgesellschaft gerecht würde, ohne die Normativität von Grundrechten und Leistungsstaat zu vernachlässigen.

[98]) Bislang stehen viele leistungsstaatliche Funktionen dogmatisch *neben* den Grundrechten.

[99]) Die Grundrechte haben zwar seit dem GG ihren Geltungsbereich vor allem durch Interpretation (!), dogmatische „Erfindungen" und größeren Rechtsschutz erweitert: im staatlichen Bereich durch Ausdehnung ihrer normativen Kraft gegenüber nichthoheitlich handelnder Verwaltung *(Mallmann, Zeidler,* VVDStRL 19 (1961) 165 ff. bzw. 208 ff.; z. T. auch unter dem Stichwort ihrer „Fiskalgeltung" (konsequent *Hesse,* Grundzüge, 142 ff.). Im nichtstaatlichen — gesellschaftlichen — Bereich stellt die von *Dürig* entwickelte und vom BVerfG (seit E 7, 198) verfeinerte sog. mittelbare Drittwirkung im Ergebnis eine Stärkung gegenüber „sozialen Gewalten" gesellschaftlicher Gruppen dar; sie ist eine — staatliche — Antwort auf die Gefahr für die grundrechtliche Freiheit von der Gesellschaft her. Erreicht wurde sie auf dem Umweg über die vom Richter „erfüllten" Generalklauseln. Die die Grundrechte von der Demokratie her aktivierende Tendenz — z. B. des BVerfG für Art. 5 I GG — wirkt sich sowohl im staatlichen und öff. bzw. gesellschaftlichen (Fernseh-Urteil) Bereich aus: sie bewirkt soziale Teilhabe. Verfassungsrechtsprechung wurde hier zur Gemeinwohlkonkretisierung und Öffentlichkeitsaktualisierung. S. auch die Grundrechtseffektivierung in bezug auf Art. 6 I GG: Wertentscheidende Grundsatznorm und Institutsgarantie — BVerfGE 6, 55 (LS 5).

heitssatz über einzelne Grundrechte (wie Art. 1 I, 5, 12, 14 GG) entfalten können; es hat politische und soziale sowie methodische und spezielle grundrechtshistorische Gründe. [Sie wirken sich insofern aus, als sich die in bezug auf den Eingriffs- und Ordnungsstaat so hoch stilisierte, im guten Sinne formalisierte Grundrechtsdogmatik mit ihren subtilen Erkenntnissen zur Schranken- und Konkurrenzproblematik noch nicht in ausreichendem Maße der neuen „Front" des Leistungsstaats (seiner Programmatik) und seiner Leistungsgesellschaft gestellt hat. Genügend sensible Instrumente, mit deren Hilfe die Grundrechtsdogmatik den so unterschiedlichen staatlichen grundrechtsbezogenen Leistungen[100]) und Gefährdungen begegnen könnte, fehlen. Das erstaunt um so mehr, als die Wirklichkeit hier vielfach weiter ist als die Theorie.]

Die traditionellen liberalen Grundrechte nahmen in der Gesellschaft Ungleichheit hin, weil der Staat in seinem Bereich die Freiheit garantierte. Unter geänderten Bezugspunkten der Grundrechte bedarf es nun ihrer *Neustrukturierung* i. S. einer Dogmatik, die sie im sozialen Leben der res publica insgesamt effektiviert.

ZWEITER TEIL:
Aufgaben der Grundrechtsdogmatik im leistenden Gemeinwesen

Im zweiten Teil werden sieben Thesen entfaltet, die dem Leitsatz 19 (unten Seite 135 f.) zu entnehmen sind.

I. Grundrechtsverbürgungen, „offene" Grundrechtsdogmatik, -politik und -interpretation

1. Problematisierung ihres Verhältnisses als Vorfrage

Das Verhältnis von Grundrechtsverbürgungen und -dogmatik, Grundrechtspolitik und -interpretation ist wegen der Gefährdungen der Grundrechte durch Leistungsstaat und -gesellschaft neu zu diskutieren. Leitgedanke ist *„grundrechtssichernde Geltungsfortbildung"* durch eine „offene" Dogmatik. Grundrechts„wandlungen"[101]) sind vor allem solche ihrer Dogmatik[102]), weil die Texte — von den „sozialen Grundrechten" abgesehen — meist dieselben blieben.

---

[100]) Ansätze zu einer Typologie der (grundrechtsbezogenen) Leistungsverhältnisse speziell für die Umverteilung bei *Zacher*, DÖV 1970, 3 (11 ff.).

[101]) Z. B. *Saladin*, Grundrechte im Wandel, 1970; *Schmitt Glaeser*, Mißbrauch und Verwirkung von Grundrechten im politischen Meinungskampf, 1968, 95 f.; *Lerche*, Werbung und Verfassung, 1967, 80 f.: jedes Grundrecht ist „sinnvariabel" zu lesen.

[102]) Vgl. *Esser*, Vorverständnis, 95: „Sind aber die Grundbegriffe und -konzeptionen in ihrem dogmatisierten Gehalt *wandelbar*, so

[Die Wirklichkeit der Grundrechte ist vor allem die Wirklichkeit und Wirksamkeit ihrer — variablen — Dogmatik; sie „hält" die Grundrechte im Wandel der gesamtgesellschaftlichen Verhältnisse und sozialethischen Wertungen (Offenheit der Grundrechtsdogmatik). Die so gekennzeichnete Grundrechtswandlung steht zum Wesen der Grundrechte ebensowenig im Widerspruch wie der Verfassungswandel zur Verfassung[103]). Der oft nur speziell beobachtete Wandel ist weitgreifend und umfaßt große Teile des „Systems", insbesondere des Staats- und Rechtsbegriffs sowie der Gemeinwohlaufgaben.]

Grundrechte (und ihre Dogmatik) waren und sind freiheitsverbürgende Antwort auf besondere Gefährdungen. Mit der Veränderung gesellschaftlicher Verhältnisse ändern sich die Gefährdungen grundrechtlicher Freiheit und die Möglichkeiten ihrer Verwirklichung. Heute sind quasi-öffentliche Gewalt der Gruppen im sozialen Bereich oder legislatives Unterlassen gefährlicher als „eingreifende" Staatsgewalt. So kann Umweltverschmutzung ein sehr viel intensiverer „Eingriff" in Art. 1 I, 2 II 1 und 12 GG sein als Eingriffe traditioneller Art, z. B. Befehlsakte der Polizei. Reale Freiheit des homme situé *(Burdeau)* ist durch den Leistungsstaat bedingt und zum Problem staatlicher Organisation, Verfahren und Funktionen geworden, die in den gesellschaftlichen Bereich und seine Prozesse hineinzuwirken bestimmt sind. Zu denken ist an Gruppen, die grundrechtliche Freiheit verbandsmäßig „besetzen", so daß praktisch ein individuelles Grundrechtsdefizit entsteht. Die Drittwirkungsfrage wächst in neue Dimensionen. „Gruppengrundrechte" verdrängen die personalen Grundrechte — korporative Macht nimmt Grundrechte in Anspruch, die aber nicht allein Freiheit für Mächtige, sondern auch und gerade für die *Schwachen* sind.

Im Interesse „grundrechtssichernder Geltungsfortbildung" muß die Dogmatik ihre Systematisierungen, Figuren und Instrumente verfeinern, flexibel halten und vorschnelle Vokabelbindung meiden. Es geht um *Sensibilisierung* der Grundrechte gegenüber der sozialen Wirklichkeit[104]). „Umbau" dogmatischer

---

sind es auch die von ihnen getragenen Texte." Ebd.: „So würde z. B. im Verfassungsrecht die Figur des subjektiven Rechts eher Verwirrung gestiftet haben, hätte man nicht inzwischen den institutionellen Charakter erkannt."

[103]) Dazu *Smend*, jetzt in: Staatsrechtl. Abh., 2. Aufl. 1968, 241 f.

[104]) Eine „elastische" Grundrechtsdogmatik hat leistungsrechtliche Instrumente zur Verfügung zu stellen, die neuen Gefahrenlagen begegnen. Neue Differenzierungen verlangt das „binnen-strukturelle" Grundrechtsproblem (Beispiele: die innere Pressefreiheit, die

Figuren ist noch nicht ihr „Abbau". Entsprechend „mehrschichtig" muß die Sozialstaatsklausel als Antwort auf „bürgerliche" Grundrechtsdefizite verstanden werden.

Dogmatik hat im Dienst der Grundrechtsverbürgungen Rationalitätsgarantien für die rechtswissenschaftliche Entscheidung zu entwickeln[105]); sie lebt nicht von Reprisen der Klassik oder Postglossatoren und ist kein Selbstzweck. Der Abschied von bestimmten Dogmen kann die Grundrechte effektivieren[106]). Die Hinterfragung der Grundrechts*dogmatik* führt zu ihrer „Öffnung" im Rahmen eines offenen Verfassungsverständnisses. Relativierung der Dogmen zielt nicht auf Auslieferung der Grundrechte an die Sozialwissenschaften; sie legt vielmehr ihre Abhängigkeit vom „soziologischen Substrat" und die soziale Funktion von Grundrechten sowie der zugehörigen Dogmatik offen[107]).

[Grundrechtsdogmatik hat einen Interpretation und Grundrechtspolitik über- und umgreifenden Stellenwert. Sie gibt — in rationaler Kontrollierbarkeit — Richtpunkte für Gesetzgebung, Verwaltung und Rechtsprechung. Dogmatik „fängt" insofern nicht nur auf — sie kann auch vorhersehbare Entwicklungen in die Zukunft hinein steuern („Mittlerfunktion"). Im Leistungsstaat hat sie dem Gesetzgeber Handlungsvorschläge für optimale Grundrechtspolitik zu geben[108]).]

Einwänden wie: „Auflösung" und „Abbau" der Grundrechtsdogmatik, Verlust an Rechtssicherheit oder gar Dezisionismus ist entgegenzuhalten: die Dogmatik eines *G. Jellinek*, *R. Smend*

Abstimmung von Lehr- und Lernfreiheit). Vielfach ergänzen sich die verschiedenen Schutzrichtungen und „Seiten" der Grundrechte, die Akzente können und müssen sich ggf. im Laufe der Zeit verschieben. Selbst der Grundrechtskanon ist offen (neue Grundrechte!).

105) Im Sinne *Essers*, Vorverständnis, 113 ff.

106) Es geht um die Relativierung des Schranken- und Anspruchsdenkens, das Denken von den Grundrechtsvoraussetzungen her, die Verstärkung des grundrechtlichen Schutzdenkens und des Denkens von der optimalen Erfüllung der Verfassungsnormen. — Die Lehre von der mittelbaren Drittwirkung — ein Vorgang von der Dimension eines Verfassungswandels — ist ein Beweis für das, was „grundrechtssichernde Geltungsfortbildung" leisten kann. Wie den „sozialen Grundrechten" geht es der Drittwirkung um die Sicherung *realer* Freiheit.

107) Diese „Befreiung" aus „dogmatisierten" Fragestellungen und festgefahrenen Problemlösungen bedeutet praktisch weder ihre „Auslieferung an Karlsruhe", noch ihre Auslieferung an die politische Dezision. Dogmatik im hier gemeinten Sinne ist für und in bezug auf Rechtspolitik *und* das geltende Recht zu leisten.

108) Bei der Herleitung eines Anspruchs auf das Existenzminimum ist das subjektive Recht Vehikel für die Aktualisierung der Grundrechte als Verfassungssätze.

oder C. *Schmitt* war auch eine Antwort auf konkrete Herausforderungen[109]). Die (sozial)geschichtliche Bedingtheit der Grundrechtsdogmatik muß angesichts sich wandelnder Verhältnisse stets aufs neue erkannt und verarbeitet werden, will man die Zementierung eines nicht mehr sozialgerechten Status quo vermeiden. Die Grundrechtsdogmatik hat im Dienst *personaler* Freiheitssicherung zu stehen und das bedeutet heute: sie ist vom Sozialstaat her zu betreiben, ohne daß damit unverlierbare Einsichten — wie der Abwehrgedanke, private Schutzzonen — aufgegeben werden dürften! Der status negativus hat z. B. in der sog. „Drittwirkung" ein neues Feld gefunden; im Staat-Bürger-Verhältnis wirkt er als sozialer Schutzauftrag *für* den Bürger.

Die *dogmatisch* geforderte gegenwarts- und zukunftsorientierte „grundrechtssichernde Geltungsfortbildung" wird begünstigt durch Offenheit, Weite und Unbestimmtheit der Verfassung. [Genau gesehen, könnte der Begriff „Fortbildung" als unkorrekt verworfen werden, weil das jeweils „intra constitutionem" geltende, dogmatisch aufbereitete Recht und nicht die — gleichbleibende — Verfassung fortgebildet wird. Trotzdem wird von „Fortbildung" gesprochen, um den „tragenden" Stellenwert der sich wandelnden Dogmatik bewußt zu machen. Damit wird nicht jeder Dogmatik der Kampf angesagt! Gerade im Grundrechtsbereich ist Dogmatik, die sich rational auszuweisen sucht, ihre „wahren" Gründe offenlegt und verläßliche Kontrollen ihrer selbst einbaut, unverzichtbar. Anderenfalls würde Grundrechtsinterpretation zur Dezision, käme es zu einem juristischen Meinungschaos. Diesem *Zugleich* von (Grund-) Rechtssicherung und Entwicklung sucht das Wort von der „grundrechtssichernden Geltungsfortbildung" gerecht zu werden.]

Grundrechts„dogmatik" im so verstandenen Sinn hat im *kritischen Rationalismus* eine Stütze, der sich für system*relevante*

---

[109]) Ehe man von „sozialen Schutzaufträgen", von Grundrechten als „steuernden Auslegungsregeln" auch für die Rspr. u. ä. spricht, muß die *Vor*frage des Verhältnisses von Grundrechten und Grundrechtsdogmatik im Wandel des sozialen Lebens gestellt werden. Grundrechtsinterpretation hat nach den ideengeschichtlichen Hintergründen *und* nach den ökonomischen Bedingtheiten dogmatischer Figuren zu fragen. Das bedeutet im Einzelfall ggf. eine Relativierung der überkommenen Dogmatik — aber eben im Dienst optimaler Effektivierung grundrechtlicher Freiheit im sozialen Leben im ganzen. Die gesamtgesellschaftliche Entfaltung der Grundrechte wurde bisweilen vom sozialen Leben mehr relativiert, als dies die Dogmatik sehen wollte.

Informationen offenhält[110]) und den „Entwicklungsgesichtspunkt"[111]) betont. Entscheidend ist die grundsätzliche Revidierbarkeit von Problemlösungen, die nicht der „Dogmatisierung"[112]) anheimfallen dürfen. Die vielbeschworene „Hermeneutik"[113]) muß sich der Kritik von *Albert*[114]) stellen; seine Forderung[115]): „die Errungenschaften des liberalen Zeitalters so zu transformieren, daß sie in die postindustrielle Gesellschaft hinübergerettet werden können", ist mittelbar auch ein Plädoyer für eine flexible Grundrechtsdogmatik im Leistungsstaat[116]). Dogmatik muß sowohl der „sozialen Praxis" unmittelbare Hilfe leisten, als auch materiale kritische Rechtsphilosophie ermöglichen (Stichwort ist *Poppers* „offene Gesellschaft"!); Grundrechtsdogmatik muß sich *bewähren* und darf nicht *bloß bewahren*[117, 118]).

[Der status negativus reicht nicht mehr aus, um den neuen Grundrechtsgefährdungen zu begegnen. Die Statuslehre im demokratischen Gemeinwesen hat vom status activus auszugehen — er ist der *Grund*status. Von ihm aus ist ein *mehrwertiges* und *mehrschichtiges* Instrumentarium mit folgenden Elementen zu entwickeln: Grundrechtsverbürgungen als soziale Grundrechte im weiteren Sinne, als Verfassungsziele und gestufte soziale Schutzaufträge, als subjektive Leistungsrechte und als Auslegungsmaximen für die Rechtsprechung. Ihr funktionsgerechtes *Zusammenspiel* im Rahmen der Verfassung, gewährleistet durch die beschriebene (leistungsstaatliche) Dogmatik, sichert grundrechtliche Freiheit.]

---

[110]) Vgl. *H. Albert*, Plädoyer für kritischen Rationalismus, Serie *Piper*, 1971, 23.

[111]) Vgl. *Albert*, aaO. 127.

[112]) *Ders.*, aaO. 70 f.

[113]) Zuletzt *Hinderling*, Rechtsnorm und Verstehen, 1971.

[114]) Zur Kritik an der hermeneutischen Erkenntnislehre: *Albert*, aaO. passim, bes. 106 ff., 113 ff., 51, 53 ff., 142 f.

[115]) *Albert*, aaO. 72 f.

[116]) An dieser Transformation läßt es das „liberale" Grundrechtsverständnis gerade fehlen!

[117]) Vgl. die Wendung von *Albert*, aaO. 42, 38.

[118]) Es geht um eine Humanisierung des sozialen Lebens. Zu diesem Verdienst der Aufklärung: *Albert*, aaO. 13. Allerdings hilft *Albert* primär durch kritische Analytik weiter (zum Positivismusstreit: *Adorno* u. a., Der Positivismusstreit in der deutschen Soziologie, 3. Aufl. 1971). Zu normativen „Zielsetzungen" dringt er nicht in jener Grundsätzlichkeit wie eine materiale kritische (Rechts-)Theorie vor. Diese Zielsetzungen sind unter Berufung auf die Verfassung zu gewinnen (dazu *meinen* Beitrag, in: *Th. Würtenberger* (Hrsg.), Rechtsphilosophie und Rechtspraxis, 1971, 36 (37 ff.)), hier und heute angesichts der Bedrohungen durch den bzw. Möglichkeiten im Leistungsstaat.

Im Leistungsstaat, der zum Teil noch Eingriffsstaat ist, gilt es also Grundrechte nicht „ab-", sondern sie in den Sozialstaat hinein „umzuschreiben"[119]), sollen sie nicht toter Buchstabe oder Privileg weniger sein oder werden. Im Vordergrund bleibt dabei das sich in allen Status auswirkende *personale Schutzdenken.*

[Es geht um die immer neu zu stellende Frage, ob die gewählte dogmatische Figur noch „greift" oder „paßt", ob und wie sich die einzelnen Figuren ergänzen. Das bedeutet, daß das „Schrankendenken" durchaus noch eine — wenngleich begrenzte — Aufgabe hat; auch dort, wo der Grundrechtsgehalt über „Anspruchsdenken" erschlossen wird (begrenzte Leistungsansprüche gegen den Staat, vgl. Art. 7 IV GG). Bald ist die institutionelle Seite der individualrechtlichen gleichrangig, bald tritt sie ihr komplementär und akzessorisch hinzu[120]).

Vor jeder Verabsolutierung eines Denkstils in bezug auf die Grundrechte ist zu warnen. Wesentlich bleibt das (personale) *Schutzdenken*[121]), es wirkt sich in allen Status aus, und wesentlich bleibt der spezifisch verfassungsrechtliche Ansatz — verfassungsrechtliche Normativität zielt auf Normalität (i. S. *Hellers)*[122]).

---

[119]) Heute besteht die Gefahr, daß eine partiell erstarrte Grundrechtsdogmatik ihre Inhalte gegenüber der Verfassung *verselbständigt* fortschreibt.

[120]) Dogmatische Figuren sind nur Instrumente im Dienst der spezifisch verfassungsrechtlichen Grundrechtsgeltung. So wird darüber gestritten, ob zur optimalen Sicherung der Pressefreiheit ihr individualrechtliches Verständnis genügt oder ob erst die (auch) institutionelle Auffassung das Ganze einer freiheitlichen Presse erfaßt. Zuvor muß jedoch begründet werden, warum und daß die Dogmatik von der institutionellen Seite her zur traditionellen Abwehrseite sichernd hinzutreten darf.

[121]) Diese Offenheit und Beweglichkeit der Grundrechtsdogmatik geht von der Prämisse aus, daß Grundrechte je besondere Verbürgungen, Richtsetzungen, Schutzgewährungen und Schutzaufträge *(Scheuner)* sind. Ihre normative Kraft muß meist über „okkasionelle" Fassungen hinauswachsen: Ergebnis eines Zusammenwirkens von Politik, Öffentlichkeit, Dogmatik und den Staatsfunktionen, aber auch der gesamtgesellschaftlichen Entwicklung. Die geschichtliche „Befangenheit" mancher Grundrechtstexte muß angesichts neuer „Grundrechts-Not" relativiert werden. Die Grundrechtsgeschichte zeigt, wie Perioden von Objektivierungs- und Subjektivierungstendenzen einander abgelöst haben (*Leisner*, Grundrechte und Privatrecht, 1960, bes. 7 f., 10, 100 ff., 288, 312). — Die Einsicht in die „Mehrschichtigkeit" der Grundrechte und in die historische Zufälligkeit ihrer textlichen Fixierung gibt der Dogmatik Freiheit, die sich praktisch auswirkt, z. B. bei der Bejahung der Offenheit des Teilnehmerkreises an der konzertierten Aktion, aber auch bei der leistungsrechtlichen Begrenzung der Tarifautonomie.

[122]) Staatslehre, 1934, 250 ff.

Diese „Dogmatik“ ist erklärtermaßen mehr als bloße Interpretation vorgegeben gedachter Norminhalte; nur so vermag sie der Rechtspolitik Handlungsdirektiven zu geben. Mit Recht spricht *H. H. Rupp*[123]) von „Verdichtung und sozial-technischen Ausprägungen grundrechtlicher Freiheiten“, die sich „zwar nicht ohne weiteres im Wege juristischer Hermeneutik aus den Grundrechten entnehmen“ lassen, die gleichwohl „Transformationen grundrechtlicher Verbürgungen“ seien[124]).]

Die Dogmatik steht vor immensen Gegenwartsaufgaben der *„Grundrechtspolitik“*; denn die öffentliche Gewalt ist heute vor allem Leistungsgewalt geworden[125]), die Grundrechte werden auf neue Weise verstärkt oder gefährdet. Das *Wort* hat die Grundrechtsdogmatik, die *Tat* ist Sache des Gesetzgebers[126]).

[Die Grundrechte zeigen *drei* verschiedene Seiten: die individualrechtliche (personale), die institutionelle und die typisch leistungsstaatliche und -rechtliche Seite, damit zusammenhängend neben der materiellrechtlichen eine verfahrensmäßige Komponente. Sie haben teils Abwehrcharakter und teils Teilhabequalität. Ein Grundrecht kann im Laufe der Verfassungsentwicklung die eine oder andere Seite stärker hervortreten lassen: die subjektive Abwehrseite, den institutionellen und

---

[123]) VVDStRL 27 (1969) 113 (120). — Wir befinden uns hier in greifbarer Nähe zu jenem Verhältnis von „Grundsatz und Norm“, das *Heller* und *Esser* entfaltet haben. Die Grundrechtsdogmatik hat eine Interpretation und Rechtspolitik über- und umgreifende Aufgabe, versteckt oder offen dürfte sie sie immer mehr oder minder erfüllt haben. In Teilbereichen berühren sich Grundrechtsinterpretation und „-politik“ in dem Maße, wie sich Interpretation und Rechtspolitik auch sonst berühren. Das ist in jüngster Zeit vor allem im Zivilrecht bewußt geworden; vgl. *Esser*, Vorverständnis, 196 ff.

[124]) Was Grundrechte als „law in public action“ sind, muß Dogmatik erschließen.

[125]) Vgl. *Stern*, VVDStRL 21 (1964) 183 (218; 228, LS 30).

[126]) Grundrechtsdogmatik als „Vorhut“ der Rechtspolitik! Oberstes Ziel hat die reale Wirksamkeit der Grundrechte für jedermann zu sein. — Wo eine „institutionelle Sicht“ der Grundrechte — etwa der Wissenschaftsfreiheit — bislang unbekannte Gefahren schafft, muß die personale Seite stärker betont werden. Grundrechtsdogmatik muß berechenbar und vorhersehbar sein. Es ist die Macht der Realität, insbesondere der ökonomisch-sozialen, die zur Erkenntnis des Satzes: „Freiheit durch Gleichheit“ führt. Es ist dieselbe Realität, die ein weitgehendes Abschleifen des konstruierten Gegensatzes zwischen (liberalen) Grundrechten und „sozialen Grundrechten“ herbeiführt. Der Sozialstaat ist die generalklauselartige, normativ abgestufte Antwort auf spezielle Grundrechtsdefizite im sozialen Leben. Sozialstaatsgarantie und „soziale Grundrechte“ holen die grundrechtliche Freiheit im ganzen wieder in die Wirklichkeit zurück, in der sie z. T. zum Privileg Weniger und zur Unfreiheit Vieler pervertierten.

(oder) den leistungsgewährenden Aspekt. So kann es zu Funktionswandlungen und -steigerungen kommen.]

2. Konsequenzen der „offenen" Grundrechtsdogmatik

Die Grundrechte normieren im Leistungsstaat des GG einen „Staat" und „Gesellschaft" umgreifenden, sich fortentwickelnden freiheitlichen Gesamtzustand[127]); sie sind verfassungsstrukturelle[128]) Verbürgungen. Ihr Gehalt entfaltet sich im Rahmen der Gesamtverfassung als öffentlichem Prozeß über verschiedene „Seiten", deren innerer Zusammenhang durch überkommene Klassifizierungen oft verdeckt wird. Die gängigen „Einteilungen" haben ebenso wie die Statuslehre nur *relative* Berechtigung. Alle Differenzierungen sind gradueller Natur: z. B. sind alle Grundrechte „soziale Grundrechte" im weiteren Sinne, gemeinschaftsbezogen und ausgestaltungsbedürftig (auch durch „Leistungsrecht"). Dogmatisch Anschluß an die leistungsstaatliche und -rechtliche Wirklichkeit zu finden ist nur möglich, wenn die miteinander „verstrebten" unterschiedlichen Bedeutungsschichten, Schutzrichtungen und Funktionen der Grundrechte in ihrer einander ergänzenden Kraft verstanden und aufgearbeitet werden. [Zum Beispiel stärken „soziale Grundrechte" oder Leistungsansprüche die Abwehrrechte; das gilt auch für die einzelnen Grundrechte untereinander. Sie lassen als Bestandteil der lebenden Verfassung eine „Wachstumsfähigkeit"[129]) erkennen; Grundrechtsinterpretation ist daher eine „lebendige, auch die sozialen Tatsachen berücksichtigende Verwirklichung des Verfassungsinhalts"[130]). Die „leistungsstaatliche und -rechtliche Seite" wächst den Grundrechten heute zu[131]). Es bedarf der Freiheit *durch* den Staat, *vom* Staat und der Freiheit *zum* Staat.] Gewandelte ideelle Entwicklungen und

---

[127]) *Hesse*, Grundzüge, 149; *Scheuner*, VVDStRL 22 (1965) 1 (55): „Maßstäbe für das gesamte soziale Leben".

[128]) Vgl. *Ehmke*, Wirtschaft und Verfassung, 1961, 23, 43; *Püttner*, Die öffentlichen Unternehmen, 1969, 143 ff.

[129]) Vgl. *Ehmke*, VVDStRL 20 (1963) 53 (68): „Wachstumsfähigkeit" der Verfassung.

[130]) *Scheuner*, VVDStRL 22 (1965) 1 (17), s. auch S. 60, zur Auslegung als „Nachgestaltung" und „Fortbildung". Von „Verfassungswandel" im Blick auf die Anfänge einer „leistungserstrebenden" Grundrechtsdeutung spricht *Kloepfer*, oben Anm. 62, S. 3.

[131]) Gegen eine unversöhnliche Gegenüberstellung des Abwehr- und Leistungsaspekts der Grundrechte: *Kloepfer*, aaO. 21 ff.; bemerkenswert unorthodox: *H. H. Rupp*, AöR 92 (1967) 212 (230 f.). — Soziale Grundrechte sind Voraussetzung dafür, daß die Abwehrseite praktisch wirksam wird und nicht leerläuft; ähnl. wohl *Schambeck*, Grundrechte und Sozialordnung, 1969, 136, s. auch S. 128 f., 132 f. Insbesondere sind sie stärker im Gesamtbild aller Grundrechte zusammen zu sehen.

neue soziale Bedürfnisse[132]) lassen neue Rechte hinzukommen, während andere zurücktreten[133]). Erst eine Gesamtsicht[134]) der Grundrechte vor dem Hintergrund der Trias von Menschenwürde[135]), egalitärer Demokratie[136]) und sozialem Rechtsstaat ermöglicht zu entwickeln, was im Leistungsstaat zur Grundrechtsrealisierung notwendig ist[137]). Von diesen Differenzierungen i. S. einer praktischen Theorie der Grundrechte ist eine „Einbindung“ des Leistungsstaats in die Grundrechtsdogmatik abhängig.

Testfall ist die staatliche *Privatschulsubventionierung.* Mit dem BVerwG (E 27, 360)[138]) ist ein — begrenzter — „Leistungsanspruch“ der (genehmigten) privaten (freilich dem öffentlichen Bereich zuzurechnenden) Ersatzschulen auf Subventionierung zum Zweck ihrer Erhaltung zu bejahen. Der Leistungsstaat effektiviert eine Verfassungsnorm durch Subventionierung: angetrieben durch die Rechtsprechung, die hier zum Schrittmacher leistungsstaatlicher Verfassungswirklichkeit wurde (als „Leistungs-Rechtsprechung“) und über die bloß negatorische Grundrechtsseite hinaus eine leistungsstaatliche und -rechtliche

---

[132]) Zur Abhängigkeit der Grundrechtsschranken vom Wandel der sozialen Wirklichkeit und den Änderungen der Staatsaufgaben in der Geschichte: *J. P. Müller,* Die Grundrechte der Verfassung und der Persönlichkeitsschutz des Privatrechts, 1964, 98 ff.

[133]) *Scheuner,* VVDStRL 22 (1965) 1 (44 f.). — Ihre Gemeinschaftsbezogenheit und Sozialpflichtigkeit variieren, ebenso ihre damit zusammenhängende Ausgestaltungsbedürftigkeit. Verschieden ist ihr Öffentlichkeits- sowie ihr Gruppenbezug. Ihre normative Kraft ist von unterschiedlicher „Dichte“. Auch die sog. „sozialen Grundrechte“ sind in diese Gesamtsicht einzubeziehen. Die Kraft, Grundlage für Verfassungsaufträge zu sein, differiert.

[134]) In diesem Sinne wohl der Ansatz von *Scheuner,* VVDStRL 22 (1965) 1 (55—58), s. auch LS 11; dabei ist auch von den „sozialen Grundrechten“ die Rede (57 f.).

[135]) Zu ihrer richtungweisenden Bedeutung: *E.-W. Böckenförde,* VVDStRL 28 (1970) 47 Anm. 45. Zu ihrer Konkretisierungsbedürftigkeit: *P. Schneider,* VVDStRL 20 (1963) 1 (39).

[136]) *Scheuner,* VVDStRL 22 (1965) 56: „soziale Egalisierung“.

[137]) Der Gleichheitssatz steht zur Freiheit nicht nur in dem vielbeschworenen Spannungsverhältnis; er ist auch Dienst an der Freiheit (*Zacher,* Freiheitliche Demokratie, 1969, 113; s. aber auch den Hinweis auf die Gefahr solcher „Korrektur“ der Freiheitsgarantie durch Gleichheit (114 f.)).

[138]) Anders aus der Lit.: *H. Weber,* NJW 1966, 1798 ff.; *ders.,* JZ 1968, 779 ff.; *Barion,* DÖV 1967, 516 ff.; *Menger/Erichsen,* VerwArch. 1968, 275 ff. — *Für* finanzielle Beihilfe des Staates: *Hamann/Lenz,* K., 3. Aufl. 1970, B 11 zu Art. 7 IV GG; *J. P. Vogel,* DÖV 1967, 17 ff.; *H. Becker,* Quantität und Qualität, Grundfragen der Bildungspolitik, 2. Aufl. 1968, 86 ff.

entwickelte — im Interesse freier Schulen[139]) im demokratischen Gemeinwesen.

Dieser Anspruch folgt aus einer Gesamtsicht des GG[140]), [aus der mit der Privatschulfreiheit verknüpften Einrichtungsgarantie (individualrechtliche und institutionelle Seite des Art. 7 IV GG), dem vom GG im Schulbereich gewollten Pluralismus[141]) sowie aus dem Sozialstaatsprinzip, insgesamt aus einer spezifisch leistungsstaatlichen Betrachtung des Problems.

Das Leistungsprinzip wird hier wie anderwärts grundrechtsrelevant. Die privaten Schulen legitimieren sich[142]) nicht nur aus ihrer „historischen Leistung", sondern auch aus ihrer in der Gegenwart bewiesenen und zu beweisenden Leistungsfähigkeit[143]): ihre Impulse, ihre Rolle als Experimentierfeld und Ferment in einem offenen, demokratischen Schulwesen sind als Leistungserfolge nicht zu leugnen (Waldorfschulen, Summerhill, Montessori).] Der — öffentliche— Pluralismus in der Schulträgerschaft[144]) bildet eine Chance für sozialen Fortschritt durch pluralistische Bildungsinhalte und -methoden (Schaffung von Innovationspotentialen). Das finanzielle Engagement des Leistungsstaats zahlt sich aus. Öffentliche Konkurrenz bei öffentlichen Aufgaben zum Nutzen sozialen Fortschritts — diesen Pluralismus im kulturellen Bereich sollte sich der Staat etwas kosten lassen[145]).

[Praktisch kommt die Subventionierungspflicht auch dem Elternrecht, der Gewissensfreiheit[146]), der Menschenwürde und

---

[139]) Als ein „Stück Freiheit": *Geiger,* in: Recht und Wirtschaft der Schule, 1961, 113 (114).

[140]) Vgl. BVerwGE 27, 360 (363): Auflösung des „verfassungsrechtlichen Zwiespalts durch eine dem Sinn des GG entsprechende Ausdeutung seiner Normen".

[141]) Vgl. BVerfGE 27, 195 (201): „Offensein des Staates für die Vielfalt der Formen und Inhalte, in denen Schule sich darstellen kann."

[142]) S. auch die Überlegungen zur „Eigenleistung": BVerwGE 27, 360 (365 ff.).

[143]) BVerwGE 27, 360 (363): Anliegen des GG: Erhaltung des fachlichen und wirtschaftlichen Leistungsniveaus der Privatschulen.

[144]) Es besteht kein staatliches Schulmonopol: BVerwGE 27, 360 (362); BVerfGE 27, 195 (201).

[145]) Privatschulfinanzierungs-Gesetze sind leistungsrechtliche „Pluralismusgesetze".

[146]) Vgl. für Weimar: *E. Kaufmann,* Grundfragen der künftigen Reichsverfassung, 1919, 51: „So ist der Grundsatz der öff. Zuschußpflicht selbst die letzte Krönung und die eigentliche Vollendung der Unterrichts- wie der Glaubens- und Gewissensfreiheit".

der tatsächlichen Chancengleichheit der Schüler im Bildungswesen zugute[147, 148]).

„Wirklichkeitsorientierte Verfassungsauslegung“[149]) erkennt, daß die Art. 20 I GG entfaltende leistungsstaatliche „schulisch-soziale Verbesserung“ des staatlichen Schulwesens Bereiche des Privatschulwesens aus finanziellen Gründen praktisch „zum Erliegen“ bringen, „aushöhlen“ und damit Art. 7 IV GG als Verfassungsnorm gegenstandslos, ineffektiv machen kann. Die rechtliche Sicherung bedingt hier die wirtschaftliche aus leistungsstaatlichen und -rechtlichen Gründen[150]).

Das GG bewertet das Privatschulwesen als Ergänzung der staatlichen Schulen im Gesamtrahmen der öffentlichen Bildungsaufgaben positiv (Art. 7 IV); da es jedoch den Leistungsstand im staatlichen Schulbereich auch von den privaten Schulen verlangt (Leistungsgleichwertigkeit, Art. 7 IV 3 und 4) und damit das — staatliche — Leistungsprinzip in den öffentlichen Bereich überträgt[151, 152]), muß konsequenterweise das mit der

---

[147]) Das Sozialstaatsprinzip wird vorbildlich aktualisiert: Die leistungsstaatliche Verbesserung des staatlichen Schulwesens wird ihm zugerechnet (S. 363). Diesen Verfassungsauftrag, „für einen Ausgleich der sozialen Gegensätze und damit für eine gerechte Sozialordnung zu sorgen“ (S. 363), sieht das BVerwG (S. 364) für die Einrichtung der privaten Ersatzschulen in Art. 7 IV 3 GG (keine Förderung der Sonderung nach den Besitzverhältnissen) „verankert“. Art. 7 IV 3 GG ist eine Konkretisierung des Sozialstaatsprinzips — der Sozialstaat wirkt hier in den freien öff. Bereich hinein (bes. deutlich in BVerwGE 27, 360 (364): „Pflicht des Staates, sich um eine gerechte Sozialordnung auf dem Gebiet des öff. Schulwesens zu bemühen“) — und ein Hinweis auf Chancengleichheit im Bildungswesen; s. auch Art. 2 I Verf. Bremen, wonach alle Menschen das Recht auf gleiche kulturelle Entwicklungsmöglichkeiten haben; ähnl. Art. 6 I Berlin.

[148]) BVerfGE 27, 195 (207): „Gebot der Gleichheit der Startchancen“.

[149]) P. *Häberle*, DÖV 1966, 660 (661 f.). BVerwGE 27, 360 (362): Hinweis auf die „Entwicklung“ der öff. Schulen; S. 363: Auslegen des GG so, daß die „drohende Lahmlegung eines Freiheitsrechts abgewendet wird“, Einbeziehung der — legitimen — Entwicklung der öff. Schulen und der Veränderungen der Verhältnisse, die die Gewährleistung der Einrichtung von privaten Ersatzschulen in Frage stellen; S. 364: keine „Abschnürung“ der privaten Ersatzschulen.

[150]) Die Entfaltung des Sozialstaats im staatlichen Bereich wirkt de facto als „Eingriff“ auf den nichtstaatlichen, der durch Subventionierung ausgeglichen werden muß.

[151]) S. ebd. S. 364 den Hinweis auf die „Bedeutung für die Volksbildung“ und auf Art. 7 IV 1 GG als Gewährleistung einer Einrichtung, die das Ziel habe, „neben dem Staat und an seiner Stelle öffentliche (!) Bildungsaufgaben“ zu erfüllen (so auch BVerwGE 23, 347 (350)). Die Ersatzschulen erfüllen also öff. Aufgaben, sie gehören dem öff. Bereich an. S. auch S. 364: Private Ersatzschule als

Einrichtungsgarantie verknüpfte, sozialstaatlich interpretierte Freiheitsrecht hier *ausnahmsweise*[153]) „umschlagen" zu einem (begrenzten) positiven grundrechtlichen Leistungsanspruch: Sozial- und Kulturstaatsprinzip als Verfassungsauftrag entfalten eine freiheitsschaffende „Schubkraft" und führen zu einem begrenzten, justitiablen status positivus, zu effektiver „Teilhabe"[154]), der auf staatlicher Seite ein aus den zitierten Normen folgender sozialer Schutzauftrag, eine „Grundrechtspflicht" entspricht. Der Leistungsstaat wird zum „Grundrechtsstaat" (leistungsstaatliche Grundrechtsförderung auf der Basis optimalen grundrechtlichen Schutzdenkens). Art. 7 IV GG erweist sich als Freiheit, die nicht mit Staatsfreiheit identisch ist[155]).]

II. Soziales — „realistisches" — Grundrechtsverständnis

1. „Umbau" der Statuslehre

Das beschriebene Verhältnis von Grundrechtsverbürgungen und Grundrechtsdogmatik öffnet den Weg zu einer Revision der grundrechtlichen *Status*lehre *G. Jellineks*[156]): Sie ist von ihrem spätabsolutistischen Kopf auf demokratische Füße zu stellen. Ausgangspunkt ist der status *activus* als *Grund*status[157]) (Art. 1 I GG), abgestützt und ergänzt durch den status

„soziale Einrichtung des öff. Schulwesens"; S. 366: öff. Interesse an der Erhaltung der Schulen.

[152]) Es geht um das sozialstaatliche Äquivalent in Sachen „Leistung".

[153]) BVerwGE 27, 360 (362): „außergewöhnliche Fälle". — Die Gefahr einer Inflation von zu subjektiven Rechten ausgebauten Verfassungsaufträgen besteht hier nicht.

[154]) Begriff in BVerfGE 27, 195 (206).

[155]) Aus den im Text genannten Gründen erscheint BVerfGE 27, 195 (205 f.) fragwürdig, insofern ein Anspruch auf staatliche Anerkennung auch derjenigen Ersatzschulen abgelehnt wird, die die Genehmigungsanforderungen des Art. 7 IV 3 „auf Dauer erfüllen" (krit. *Säcker*, DVBl. 1971, 537 ff.; *Link*, JZ 1971, 551 ff.) — um so mehr, als das BVerfG auf S. 206 f., von dem Verbot spricht, den Weg zu den „Berechtigungen" zu versperren etc. Vorbildlich aber die „mehrschichtige" Interpretation des Art. 7 GG in BVerfGE 5, 309 (355).

[156]) Als legitimes Kind der konstitutionellen Staatslehre und des staatsrechtlichen Positivismus lebt sie bis heute, wenn auch z. T. korrigiert, fort (Kritik bei *P. Häberle*, Die Wesensgehaltgarantie des Art. 19 Abs. 2 GG, 1962 (2. Aufl. 1972), 18, 91, 153; *Copić*, Grundgesetz und politisches Strafrecht neuer Art, 1967, 31). — Auch die Dogmatik des bürgerlichen Rechtsstaats ist nicht uno actu entstanden!

[157]) Solange und soweit Herrschaft nicht abgebaut werden kann (zum Problem *H. Albert*, Traktat über kritische Vernunft, 2. Aufl. 1963, 164 ff., 171 f.), solange und insoweit bleibt der status passivus unvermeidbar; er läßt sich ebensowenig wie Beschränkung und Zwang hinwegdiskutieren, auch nicht durch konkrete Utopien von „links".

negativus, den status positivus und passivus[158]). Neben diesen status beginnt sich im Leistungsstaat eine neue Relation herauszubilden, die mit *status activus processualis* gekennzeichnet werden soll. Er meint die verfahrensrechtliche Seite grundrechtlicher Freiheit, den „grundrechtlichen due process“[159]), prozessuale Teilhabe mit der Konsequenz des Leistungsvorbehalts als verfahrensrechtlichem Gesetzesvorbehalt. Er resultiert aus einem die Verfahrensseite stärker betonenden Verfassungs-, Rechts- und Staatsverständnis. Der status activus processualis ist dem bisher primär materiell-rechtlichen status activus[160]) zuzuordnen (Status der *Partizipation am und im Leistungstaat).* Er ist der Inbegriff aller Normen und Formen, die die Verfahrensbeteiligung (einschließlich Publizitätsvorschriften) der durch den Leistungsstaat in ihren Grundrechten Betroffenen regeln.

Daneben gewinnt der status positivus[161]) an Bedeutung: er meint grundrechtliche Leistungsansprüche gegen den Staat als *Konsequenz* des status activus[162]).

Der Wandlung der Grundrechtsdogmatik folgt also ein Wandel der Statuslehre[163]). Die differenzierte Statuslehre — ermöglicht durch eine „Befreiung“ der Dogmatik — dient dem Ziel „sozialer Grundrechtsgerechtigkeit“[164]). Dogmatisch ist auf

---

[158]) Was bei *G. Jellinek,* System der subjektiven öffentlichen Rechte, 2. Aufl. 1919, 86 ff., die „Basis“ bildete, der status passivus subjectionis, die Staatsunterworfenheit, steht heute am Ende der „Statusreihe“: er ist der letzte Status!

[159]) Zum geordneten Verfahren: *Scheuner,* VVDStRL 11 (1954) 1 (47, 56: „due process of law“). S. auch *ders.,* DÖV 1969, 585 mit Anm. 6: Kritik an der Figur des subjektiven öff. Rechts.

[160]) Dogmatisch stellt sich die Frage, inwieweit den Grundrechtsverbürgungen Verfassungs- bzw. Gesetzgebungsaufträge zu entnehmen sind (Gesetzgebung als Grundrechtsverwirklichung), ob sie leistungsgesetzliche Aktivitäten fordern (z. B. das StabG als Ausgestaltung der Art. 12 I, 1 I u. III GG).

[161]) Vgl. schon *G. Jellinek,* System, 87.

[162]) Oft formt sich der status positivus erst am Ende eines leistungsstaatlichen Verfahrens: über den status activus processualis verdichten sich diffuse Interessen im Laufe des Verfahrens zu materiellen Ansprüchen.

[163]) Der status negativus steht dem status activus nahe: Historisch war er Voraussetzung für die soziale Entfaltungsmöglichkeit des Einzelnen. Diese in ihm angelegte soziale Seite und Funktion der Grundrechte wurde verdeckt durch die verräumlichende Statuslehre mit ihrer starren Begriffstypik. Der status negativus war mindestens potentiell ein status socialis. Da er dies nur für bestimmte Klassen wurde, mußte der Leistungsstaat aktiv werden und das Minus auf der grundrechtlichen Seite nach und nach von der staatlichen Seite her ausgleichen.

[164]) Die Dogmatik des Gesetzesvorbehalts muß sich auf den Leistungsstaat „umstellen“, ebenso der Rechtsbegriff. Der verfahrens-

der Grundrechtsseite „aufzuholen", was in Leistungsfunktionen selbst bereits angelegt ist. Wie notwendig diese flexible Handhabung der Statuslehre ist, zeigt z. B. die Herausforderung zum Umweltschutz: hier ist der neue grundrechtliche status zu entfalten.

Für jedes Grundrecht ist gesondert zu untersuchen, wie etwa der status *negativus* auch im status activus oder positivus absichernd wirkt, so daß ein *differenziertes „Statusbild"* entsteht[165]). Das soll ausgehend vom status activus[166]) näher entfaltet werden: Er ist mit dem Grundrecht als *Teilhaberecht*[167]) identisch. [„Teilhabe" entwickelt heute ihre Stoßkraft über das oft überzogene Demokratiepostulat und die Forderung nach Effektivierung des Sozialbezugs grundrechtlicher Freiheit.] Der Begriff „Teilhabe" ist zu strukturieren und sein möglicher Aussagewert im Kontext der Verfassung vom jeweiligen Sachproblem her differenziert aufzuschlüsseln, nach Bereichen und Intensität der rechtlichen Wirkung. Es gibt staatsgerichtete Teilhabe im politisch-öffentlichen sowie im wirtschaftlich-sozialen Bereich; hier findet sich ein breites Spektrum von unterschiedlicher rechtlicher Intensität: Beiräte, Sachverständigenkommissionen, pluralistische (Verwaltungs-)Gremien. Bei Art. 9 III GG liegt die staatliche Leistung als Voraussetzung effektiver sozialer Teilhabe in der Garantie eines Tarifvertragssystems"[168]). Der

---

rechtliche Ansatz, einschl. der Publizität, gibt den „Einstieg". Hinzu kommt die für den Leistungsstaat typische Aktivierung des Art. 3 GG. Hinter ihr steckt eine staatsbürgerliche Seite: die Leistungsfähigkeit des Gemeinwesens wächst, wenn alle mitmachen, so wie alle gleichberechtigte Staatsbürger sind (Art. 33 I GG i. V. m. dem Demokratieprinzip). Darum die leistungsstaatliche (Um)Verteilung großen Stils. Die erwähnte Humanität als Grundlage für leistungsstaatliche Aktivität ist als ein weiterer Aspekt in diesem Zusammenhang anzusprechen.

[165]) Vgl. auch *H. H. Rupp*, JZ 1971, 401 (402), angesichts der Probleme des Umweltschutzes: „Uminterpretation" der bisherigen defensiven Grundrechte in positive Leistungsverpflichtungen, in „soziale Schutzansprüche".

[166]) Der status activus (processualis) ist ein *verfassungs*rechtlicher Status; er ist auf unterverfassungsrechtlicher Ebene differenziert auszugestalten, damit es hier zu effektiver Teilhabe kommt; er ist gegenüber und in den leistungsstaatlichen Aktivitäten auszuformen. Der status activus des freien Wahlbürgers (Art. 38 GG) ist eine Ausprägung des Grundstatus. Soweit der status activus, der dem Bürger über Art. 38 GG und die politischen Parteien ins Parlament hinein vermittelt wird, durch Parlamentarismusdefizite gefährdet erscheint, wird die Entfaltung neuer Partizipationsformen notwendig.

[167]) Zum Teilhabe(-nahme)aspekt grundrechtlicher Freiheit: BVerfGE 12, 113 (125); 14, 121 (132 f.); 20, 56 (98 f.); 21, 362 (369); 24, 300 (360); 27, 71 (85 f.); 28, 314 (323).

[168]) Dazu BVerfGE 4, 96 (108); 20, 312 (317 f.).

Bürger vermag gleichzeitig in verschiedenen Bereichen („mehrfach organisiert") mit unterschiedlicher Wirkung „teilzuhaben"[169]): als Wähler, Partei- und Verbandsmitglied. „*Pluralistische* Teilhabe" ist ein wichtiges Stück Freiheitssicherung[170]). Freiheit und Teilhabe gehören zusammen[171]), solange Teilhaberechte nicht zu Pflichten umschlagen[172]) oder Aufgaben einräumen, die z. B. infolge mangelnder Information oder fehlenden Einblicks in komplexe Zusammenhänge den Teilhabeberechtigten überfordern[173]), die Teilhabe zur Farce machen.

Die Skala der Teilhabeformen ist weit gespannt[174]). So kann z. B. ein Grundrecht angesichts gewisser leistungsstaatlicher Funktionen *Publizität* verlangen, um sich so auf prozessuale Weise in Leistungsbereiche „vorzuschieben". Bei faktischer Gefährdung des status negativus kann aus dem Grundrecht eine Pflicht des Gesetzgebers auf Einrichtung bestimmter Organisationsmodelle und -strukturen hergeleitet werden[175]); schließ-

---

[169]) Die *Intensität*, in der Teilhabe juristisch wirkt, zeigt eine Skala von der Gestaltungsfreiheit (Wahlrecht, Teilhabe an Willensbildungs- und Entscheidungsvorgängen) über Mitwirkungsrechte (z. B. am Arbeitsplatz, Anhörungsformen bzw. -rechte) bis zu Leistungsansprüchen. Die Auswirkungen von Teilhaberechten sind oft juristisch nicht greifbar (z. B. die Wirkung von Versammlungs- und Demonstrationsfreiheit).

[170]) Liberale, „negative" Grundrechtsfreiheit ermöglichte Teilhabe (des dritten Standes), sie ist heute in den differenzierten Formen des status activus Voraussetzung für den Gebrauch klassischer Freiheiten. Das liberale Grundrechtsverständnis, das sich als Gegensatz zur Teilhabe konstruiert, reicht nicht mehr aus, um den von der Verfassung intendierten Zustand der Freiheit des Einzelnen und seiner menschenwürdigen Sicherung sowie der Freiheit und Offenheit des Gemeinwesens im ganzen herbeizuführen.

[171]) *Heinze*, Autonome und heteronome Verteilung, 1970, 67 ff.: Teilhabe als Bedingung der Freiheit, Ergänzung des Freiheitsbedürfnisses um das Teilhabebedürfnis.

[172]) Permanente Teilhabe, gefordert durch moralisch-politischen öffentlichen Druck wie in manchen Diktaturen verdeutlichen das Gegenbild.

[173]) Teilhabe muß begrenzt sein. Teilhabe ist Teilhabe*recht*. Es gibt auch personale Selbstverwirklichung *ohne Teilhabe!* — Der Leistungsstaat darf den einzelnen nicht nur als Teilhabeglied einer Gruppe ernst nehmen, sondern muß ihn auch als einzelnen hören (durch Ausgestaltung leistungsstaatlicher Verfahren).

[174]) Vgl. *Stern*, JZ 1960, 557: „Teilhabe an sozialen Leistungen im Bereich der Leistungsverwaltung kennzeichnet die Rechtsposition des Bürgers im Rechtsstaat" — im Blick auf einen sozialen status activus et positivus im Bereich des Subventionswesens. Der Gleichheitssatz wirkt überhaupt als „Hebel", um den neuen Formen des Leistungsstaates von der Grundrechtsseite her zu begegnen.

[175]) Das Grundrecht — z. B. Art. 5 I GG — wird zum Verfassungsauftrag, gerichtet auf Erlaß bestimmter Gesetze (vgl. BVerf-

lich sind jene Teilhabeformen zu nennen, in denen sich leistungsstaatliche Grundrechtsförderung zu materiell-rechtlichen Ansprüchen verdichtet hat, etwa: kommunal-rechtlicher Anspruch auf gleichen Zugang zu Gemeinschaftseinrichtungen[176]), objektiver Verfassungsauftrag mit entsprechendem subjektiven Recht auf der grundrechtlichen Seite.

In Gestalt staatlicher Leistungsfunktionen „wächst" vieles an Leistungsstaatlichkeit und -recht heran, was sachlich (auch) dem Grundrecht zugehört[177]). Das *Stichwort* für „Grundrechte im Leistungsstaat" lautet daher: „soziale Grundrechtserfüllung"[178]), d. h. Schaffung tatsächlicher Chancengleichheit in realer grundrechtlicher Freiheit für alle (Abbau unzumutbarer

---

GE 12, 205 (262 f.), die pluralistische Repräsentations- und Partizipationsformen normieren. In denselben Zusammenhang gehört es, wenn Teilhaberechte entwickelt werden, die zur sozialen Verstärkung Mitbestimmungsmodelle bedürfen; so ist in Art. 5 III und 12 GG als Garantie studentischer Lernfreiheit ein Minimum an funktionsgerechter Mitbestimmung in pluralen Gremien (für die Studienreform) und öff. Leistungsvorgängen (Planung von Universitätskapazitäten) angelegt. Hier müssen Prozeduren entwickelt werden, die Grundrechtskollisionen (Minderheitenschutz!) lösen. Was als „Demokratisierung" auftritt, hat vor allem eine *grundrechtliche* Seite: z. B. Mitbestimmung am Arbeitsplatz, eine Konkretisierung des Art. 12 GG in Richtung auf betriebs- und arbeitsplatzbezogene soziale Teilhabe. Mit dem Erlaß von Mitbestimmungsgesetzen als „gesellschaftlichen Organisationsgesetzen" ist es jedoch nicht getan; sinnvoll werden sie und damit Art. 12 GG erst durch Leistungsgesetze und Förderungsmaßnahmen für die berufliche Fort-, Um- sowie Erwachsenenbildung (Weiterbildung).

[176]) Die Gerichte — funktionell-rechtlich oft überfordert — sollten Grundrechte, verstanden als Teilhaberechte, behutsam ggf. mit Leistungsansprüchen in ausgewogener *Differenzierung* dem Leistungsstaat zuordnen.

[177]) Beispiele für „Grundrechtspolitik": arbeitsrechtliche (Kündigungsschutz, Ausbildungsbeihilfen, überbetriebliche Lehrlingsausbildung), sozialpolitische (Rehabilitation, Sozialversicherung unter Einbeziehung aller Bevölkerungsgruppen), allgemeine sozialstaatliche Ziele, wie Nulltarif für öff. Verkehrsmittel im Nahbereich i. V. m. dem Verbot des Individualverkehrs in Stadtzentren. Stärker als bisher sind die Verfahren und Ergebnisse leistender Aktivität des Staates dem jeweiligen Grundrecht, seiner verfahrens- und materiellrechtlichen Seite „zuzuschreiben". Grundrechte haben nicht nur Defensivfunktion: sie sind auch *Ansatzpunkt* staatlicher Aktivität. Auch die „Medienpolitik" gegen Pressekonzentration ist „Grundrechtspolitik" (i. S. von Art. 5 GG).

[178]) Planungen, die die Aus- und Fortbildung (Bildungsurlaub) betreffen, sind sachlich „soziale Erfüllung" des Art. 12 GG, ohne daß ihm sogleich „Ansprüche" zu entnehmen wären. Staatliche Gesundheitsvorsorge, Erholungseinrichtungen, Altersversorgung sind Art. 2 II 1 GG zuzuordnen. Viele, nicht alle Leistungsfunktionen sind der Teilhabeseite von Grundrechten — spiegelbildlich — zugehörig.

wirtschaftlicher Barrieren), auch um den Preis der Begrenzung übermäßiger Freiheit weniger[179]).

2. Die Statuslehre und der Wandel der Freiheits- und Eigentumsklausel

Auch die Freiheits- und Eigentumsformel, historisch entstanden und historisch relativ, verändert sich im Sog von Sozialstaatsprinzip und Gleichheitssatz[180]). Soziale Freiheit ist auch Sache staatlicher Sozialpolitik geworden. Freiheit ist heute vor allem Freiheit zum und am Arbeitsplatz[181]) und diese Freiheit ist zugleich *das* Eigentum der Bürger[182]). Substanz von Freiheit und Eigentum sind Arbeitskraft und (Aus- und Weiter)Bildung, ihre Substrate sind entsprechend zu schützen. Grundlage der Entfaltungsfreiheit und Menschenwürde des einzelnen ist neben dem Eigentum eine florierende Wirtschaft[183]). Der Schutzbereich der Grundrechte, die — so verstanden — Eigentum und Freiheit gewährleisten, muß neu bestimmt werden. Die personale Seite der Freiheitsrechte ist gleichwertig neben ihrer sozialen Funktion zu sehen. Der Akzent liegt auf den geistigen Freiheiten: [jedoch nicht im Sinne der allein „inneren" geistigen Freiheit — der Rückzug des Idealismus in die Geistigkeit übersieht die Relevanz der äußeren gesellschaftlichen Bedingungen dieser Freiheit.]

---

179) Art. 151 WRV („menschenwürdiges Dasein für alle im wirtschaftlichen Bereich") ist heute über Art. 1 I und 20 I GG Verfassungspostulat (s. auch *Badura*, DÖV 1968, 446). Er ist für die sozialen Lebensordnungen zu verallgemeinern. Die „sozialen Grundrechte" — bisher „unterentwickelt" — sind auf leistungsstaatliche Entfaltung angewiesen. Der soziale Status des Bürgers steht in einem eigentümlichen „Sog" einer nur begrenzt berechenbaren Dynamik: der ökonomischen Lage. Anpassungen sind geglückt: dynamische Rente! — Praktisch gesehen sind bildungspolitische, auf Chancengleichheit ausgerichtete Steuerungsvorgänge, Infrastrukturmaßnahmen zur Schaffung von Arbeitsplätzen der Versuch, eine Art Recht auf Arbeit, ein Bürgerrecht auf Bildung etc. „praktisch" zu machen.

180) Zum Wandel des Eigentumsbegriffs: *Ipsen*, VVDStRL 10 (1952) 74 (83 ff.); zu Art. 14 II GG als Handhabe zur Entfaltung einer Sozialstaatlichkeit: *ders.*, ebd. S. 85; *Scheuner*, ebd. S. 153 f.

181) Die „emanzipatorische Kraft" der Menschenwürde (Art. 1 I GG) muß sich hier entfalten: der einzelne darf nicht nur nicht Objekt staatlicher Verfahren *(Dürig)* werden, der Staat hat auch den Schutzauftrag, ihn davor zu bewahren, zum Objekt „gesellschaftlicher" Verfahren zu werden. Dies gilt für unwürdige Arbeitsbedingungen, die teils über den staatlichen Eingriff, teils über Leistungsrecht beseitigt werden müssen.

182) Vgl. *Scheuner*, VVDStRL 28 (1970) 231 f.: An die Stelle von Eigentum und Gewerbefreiheit muß heute eine Lebenssicherung treten, die sich in Altersvorsorge, Krankenschutz usw. auswirkt.

183) Vgl. *H. Wagner*, VVDStRL 27 (1969) 47 (72).

Es wird einerseits um Verstärkung bestimmter Eigentumspositionen gehen[184]); andererseits ist die normative Kraft von „Freiheit und Eigentum" angesichts des Sozialstaatsprinzips teilweise zurückzunehmen: etwa beim Eigentum an Grund und Boden[185]) oder bei der Unternehmerfreiheit angesichts *grundrechtlich* legitimierter Mitbestimmungsforderungen. Das Tatbestandselement „Eingriff" ist ebenfalls neu zu definieren[186]); die ihm faktisch nahekommenden Maßnahmen müssen mitumfaßt werden. Im Blick auf neue Leistungsfunktionen[187]), denen gegenüber eine Anknüpfung an „Betroffenheit", „Unmittelbarkeit" etc. nicht hilft, sind neue *Rechtsschutzformen* zu entwikkeln[188]). Dies führt zum status activus processualis.

3. Der status activus processualis

Über Verfahren wird die materiellrechtliche Seite der Grundrechte im Leistungsstaat gestärkt. Die „Klammer", die Staat und Grundrechte in der ihrem Funktionswandel adäquaten Weise verbindet, ist ein den vielerlei leistungsstaatlichen Rechtsverhältnissen (Planungs-, Lenkungs-, Subventions-, Steuerungsverhältnissen) gemäßer „verfahrensrechtlicher Lei-

---

[184]) Etwa im Bereich der Rentenversicherung (zum Problem: *Rüfner*, VVDStRL 28 (1970), 187 (198 f.)), bei dem mit der wirtschaftlichen Entwicklung nach oben tendierenden Existenzminimum (*Rüfner*, aaO. 191 f.), bei der Einfügung der Sozialversicherung in den Bereich grundrechtlicher Freiheit (vgl. *Scheuner*, VVDStRL 28 (1970) 232). Zur Rolle der individuellen Leistung: BVerfGE 18, 392 (397), wonach dem Eigentumsschutz solche öff.-rechtl. Ansprüche entzogen sind, bei denen „zu der einseitigen Gewährung des Staates keine den Eigentumsschutz rechtfertigende Leistung des einzelnen hinzutritt". Eine deutliche Akzentuierung des Schutzbereiches des Art. 14 GG in bezug auf „eigene Arbeit und Leistung" in: BVerfGE 30, 292 (334 f.).

[185]) Hier muß das Eigentum im Blick auf das Gemeinwohl neu definiert werden.

[186]) Z. B. für existenziell notwendige Leistungen und solche, die wichtige Errungenschaften des sozialen Standards sind: *Evers*, VVDStRL 23 (1966) 147 (158); für „mittelbare Freiheitsbeschränkungen": *Heinze*, oben Anm. 171, S. 44.

[187]) Das G über den Konjunkturzuschlag ist in seiner sozialstaatlichen Grundrechtsrelevanz erst über gedankliche Zwischenglieder erkennbar: die Kaufkraftabschöpfung durch befristetes (!) Gesetz soll der Geldwertstabilität und dem Eigentum dienen, ohne die Vollbeschäftigung (Art. 12, 109 GG) zu gefährden.

[188]) Es geht darum, *zusätzlich* nichtgerichtsförmige Rechtsschutzverfahren zu entwickeln. Die Verwaltung ist angesichts der Publizitätspflichten sowie im Hinblick auf die (zu verstärkenden) Partizipationsrechte Einzelner und Gruppen nicht mehr jenes abgeschlossene Ganze, das der Begriff des in- und externen Rechtsschutzes voraussetzt. Die pluralistische Offenheit der öff. Verwaltung verlangt eine Überprüfung auch in terminologischer Hinsicht (dazu *meine* Andeutungen in AöR 90 (1965), 381 (385 ff.)).

stungsvorbehalt". Das eindimensionale Verhältnis Individuum-Staat (Grundrecht-Eingriff) wird durch eine Vermehrung des Kreises der von Staatsleistungen in Grundrechtsinteressen betroffenen einzelnen und Gruppen zu einem „mehrseitigen" Leistungsverhältnis, das kollektive Wirkungen intendiert; in seinem Rahmen sind Grundrechtskollisionen zu lösen[189]).

Der Verfahrensgedanke[190]), übertragen auf die „soziale Kontaktstelle" zwischen Grundrechten und Leistungsstaat, wird der Funktion der Grundrechte im — pluralistischen — Leistungsstaat am ehesten gerecht. Das — vorgezogene — Verfahren kann einen Ausgleich der einander widerstreitenden Gesichtspunkte gewährleisten, bevor es zum Konflikt kommt; es wird zum Vehikel „praktischer Konkordanz" *(Hesse)* zwischen Grundrechten und Leistungsstaat. „Leistungsgesetze" (hier besonders Organisations- und Verfahrensgesetze) sowie prozessuale und pluralistische Gemeinwohltatbestände bestätigen die Konzeption eines solchen *„grundrechtlichen* due process". Das Sozialstaatsprinzip zielt mit seinen Konkretisierungen im Kompetenzbereich[191]) auf dasselbe: *der Gesetzesvorbehalt wird zum Verfahrensvorbehalt!* Was grundrechtliche Freiheit praktisch bedeutet, entscheidet sich nur noch zum Teil durch Normen mit „fertigen" Tatbestands- und Rechtsfolge-Konstruktionen: es konkretisiert sich oft über vielgliedrige Verfahren mit Direktiven oder Rahmenbestimmungen — kurz: in processu.

In den leistungsstaatlichen Verfahren wirken die Grundrechte auf neue Art: „prozessuale Grundrechtskonkretisierung".

---

[189]) Vgl. *Badura,* DÖV 1968, 446 (452): „Die Lenkungsakte betreffen eine durch dieselbe Situation verbundene Gruppe von Verwaltungsunterworfenen." — Der Staat ist oft nur formell Grundrechtsgegner. „Hinter" seinen Funktionen stehen die Vielen, denen die soziale Schubkraft des Gleichheitssatzes im Sozialstaat Grundrechtsinteressen „zuteilt" bzw. die an der leistungsstaatlichen „Sozialisierung" grundrechtlicher Freiheit teilhaben. Die Wandlung speziell der Verwaltung zur „sozial verantwortlichen" Verwaltung, ihre „positive Sozialgestaltungsfunktion", die sie zum „unentbehrlichen Steuerungselement der Gesellschaft und der Daseinssicherung des einzelnen" macht *(Badura,* DÖV 1968, 446 (450)), bedingen die Betonung der verfahrensrechtlichen Grundrechtsseite. — Die Dynamik der Verhältnisse erfordert vom Leistungsstaat nicht nur zu *re*agieren, sondern sie fordert auch die Gewährleistung eines Prozesses, in dem er agieren kann: um seinerseits Initiativen zu ergreifen.

[190]) In der Gegenwart auf den Gesetzesbegriff *(Roellecke,* Der Begriff des positiven Gesetzes und das Grundgesetz, 1969, 278 ff.), die Verfassung, die res publica und ihre öffentlichen Funktionen *(P. Häberle,* Öff. Interesse, bes. 708 ff.), den Staat überhaupt *(Herb. Krüger,* Allg. Staatslehre, 2. Aufl. 1966, 197 ff.) bezogen.

[191]) „Gemeinschaftsaufgabe" ist ein typischer verfahrensbezogener leistungsstaatlicher Begriff!

Solche leistungsstaatlichen „*Vor*verfahren“ vermögen *mehr* Grundrechtswirklichkeit zu schaffen als verwaltungsgerichtliche „*Nach*verfahren“, da im Vorstadium prozessual eingeführt wird, was dem materialen Gehalt des Grundrechts dient[192]). Erst über den status activus processualis erlangen die Grundrechte ihre konstitutive Bedeutung. Auf längere Sicht wird man es zum „Wesen“ des betroffenen Grundrechts (und der Leistungsfunktion selbst, z. B. der Verwaltung) rechnen dürfen, daß solche Verfahren bestehen[193]). Gesetzesvorbehalt als Verfahrensvorbehalt[194]) bedeutet: der Staat oder andere Träger öffentlicher Aufgaben dürfen in grundrechtsbezogenen Bereichen nur dann leisten, wenn ein Mindestmaß an verfahrensmäßigem — grundrechtlichem — due process gegeben ist. Entscheidend ist also die Eröffnung eines „leistungsstaatlichen Grundrechtsverfahrens“, das sowohl den Grundrechten als auch dem Leistungsvorgang angepaßt ist[195]) und sich dogmatisch in den Gesetzes- und Rechtsbegriff (law in public action) „einbinden“ läßt[196]).

[Grundrechte und Rechtsstaat legen angesichts der vom Leistungsstaat erfüllten Funktionen einen Rechtsbegriff nahe, der von vornherein auch die prozessuale Seite der Verwirklichung des Rechts, des Grundrechtsinhalts und der Abgrenzung von (Grund-)Rechten Dritter im Blickfeld hat. Das Recht ist in pro-

---

[192]) Der Tatsache, daß der Leistungsstaat vielfach die Grundrechte real entfaltet („Grundrechtsstaat“) wird ein Verständnis des Verfahrensmäßigen nur als Annex der Leistungsfunktion nicht gerecht. Dieser „leistungsstaatliche“ Ansatz ist eine Seite des Vorgangs; die *andere* ist der dem jeweiligen Grundrecht selbst abgewonnene, ihm inhärente verfahrensmäßige Ansatz. Dogmatisch ist diese Seite der Grundrechte erst noch von beiden Ansatzpunkten her zu entwickeln. Was Grundrechte im sozialen Rechtsstaat praktisch sind, kann erst gesagt werden, wenn die Relation von Grundrecht und Leistungsstaat dem jeweiligen Leistungsverhältnis gemäß hergestellt ist.

[193]) So wie das BVerfG neuerdings den gerichtlichen Rechtsschutz (Art. 19 IV GG) zum Wesen des Grundrechts des Art. 14 GG zählt: E 24, 367 (401); s. auch *meinen* Beitrag, in: JZ 1971, 145 (152).

[194]) Wichtig: *Zachers*, DÖV 1970, 3 (11), Hinweis auf einen verfahrensrechtlichen Aspekt bei Umverteilungsverhältnissen, in dem auch rechtsstaatliche Sicherungen ihren Ort hätten.

[195]) Von der Initiative bis zur „endgültigen Umsetzung“ in die Wirklichkeit (grundrechtsbezogenes „Leistungsverhältnis“ i. S. des hier gemeinten Minimalbestands an „due process“).

[196]) Zur law in public action im Anschluß an *Essers* „law in action“: *P. Häberle*, AöR 95 (1970) 86 (89), 260 (291); *ders.*, Öff. Interesse, 27, 241, 379, 712. Recht und Gesetz sind heute weniger denn je „fertig und vorgegeben“, erst recht dort nicht, wo sie „Auftrag“ (*Scheuner*, DÖV 1969, 585 ff.) der Verwaltung sind (vgl. auch *Badura*, DÖV 1968, 446 (452)).

cessu geworden und wird auch so gewonnen[197]). Verfassungsrechtliche Grundlage für eine solche Sicht des — öffentlichen — Rechtsbegriffs sind die Grundrechte, insbesondere Art. 1 I und Art. 3 GG in ihrer emanzipatorischen Kraft (Grundrecht der Selbstbestimmung) und das Verfassungsprogramm des sozialen Rechtsstaats sowie das der Demokratie (Art. 20 I, 28 I GG). Die gestaltende, insbesondere leistende Dimension wird dem Rechtsbegriff unmittelbar von der Verfassung „mitgegeben". Das ausgrenzende, defensive Moment findet seine Ergänzung in der hier genannten Form.

Die Diskussion um Grundrechte als „Teilhaberechte" ist zu sehr auf *materielle Ansprüche* fixiert, mit der Folge, daß sie wegen der ökonomischen Grenzen des Leistungsstaats vorzeitig abgebrochen wird oder in Utopien des totalen Leistungsstaats mündet. Die Beurteilung solcher Ansprüche[198]) stößt zudem oft auf funktionellrechtliche Grenzen der Rechtsprechung. Grundrechte, vor allem als Rechte auf verfahrensmäßige Partizipation am Vorgang der Staatsleistung, als Vehikel materiellrechtlicher Teilhabe verstanden, eröffnen den Weg zu einer *differenzierenden* Lösung.]

Die leistungsstaatlichen Verfahren müssen von Anfang an *Kommunikation* der Beteiligten gewährleisten, um einer Konfrontation von Grundrechtsinteressen und „entschiedenem" Leistungsvorhaben vorzubeugen[199]). Rechtspolitisch bedeutet dies, daß das im Bereich der Planung zu beobachtende Demokratiedefizit (Ausschaltung des Parlaments) durch neue Formen des Mitwirkens der Betroffenen zu beheben ist[200]).

[Diese Sicht der Grundrechte setzt freilich einen informierten Bürger voraus, der seine demokratischen Grundrechte (Art. 5,

[197]) Selbst im „klassischen" Grundrechtskonflikt, dem zwischen Eingriffsstaat und individueller Freiheit, wird Rechtsfindung zum Prozeß der Konkretisierung.

[198]) auf materielle, einklagbare Teilhabe am Wirtschaftswachstum, an der Bildung, an der Subventionsvergabe (wichtig *Ipsen*, VVDStRL 25 (1967) 257 (267): Grundrecht auf Subventions-Teilhabe?).

[199]) Beispiele der Tagespolitik zeigen, daß der Bürger zuweilen genügend „sensibilisiert" ist gegenüber Staatsfunktionen, die über ihn „leistend verfügen": etwa die Protestmärsche gegen den von der bayer. Staatsregierung geplanten Großflugplatz im Erdinger Moos (März 1971). Zur „Bürgerinitiative Stadtentwicklung" in Frankfurt und ihrem Streit mit dem Magistrat: FR vom 9. 6. 1971 S. 10. — In dem bayer. Fall hat man lt. Pressemeldungen eine erneute Prüfung zugesichert, auch unter dem Gesichtspunkt des Umweltschutzes. — Die Bürgerinitiative ist eine Partizipationsform. Dazu: Partizipation. Aspekte politischer Kultur, 1970.

[200]) Das „Gespräch mit dem Bürger" ist im Leistungsstaat um beider willen erforderlich. Alles liegt an der Entwicklung tauglicher Formen.

8, 9 GG) wahrnimmt und sich persönlich engagiert, wenn seine konkreten (Grundrechts-)Interessen auf dem Spiel stehen: Bürgerinitiativen als Grundrechtsinitiativen! Das Demokratie- und Publizitätsdefizit, die Indolenz politischer Parteien, die bislang noch mangelhafte Offenheit des staatlichen Planverfahrens und sonstiger Willensbildungsprozesse wirken sich grundrechtsdogmatisch aus. Im Leistungsstaat besteht insbesondere auch ein politischer Zusammenhang zwischen „guter" oder „schlechter" Ausgestaltung des Verfahrens, an dessen *Ende* eine Staatsleistung erfolgt, und den demokratischen Grundrechten. Staat und Bürger stehen heute in einer unentrinnbaren „Leistungsgemeinschaft", die ein Optimum an Rationalität sowie Verfahren zur Konfliktaufdeckung und -lösung schaffen sollte.]

Dieser status activus processualis öffnet auf verfahrensmäßige Weise die Leistungsfunktionen zum Bürger und zu den Pluralgruppen hin. De lege bzw. de constitutione lata ist er noch nicht voll entwickelt, als Pendant in bestimmten Leistungsverfahren und im Bereich der prozessualen und pluralistischen Gemeinwohltatbestände (auch in Partizipationsmodellen) indes nachweisbar. Je stärker der Leistungsstaat zum Bürger hin offen wird, desto stärker wird der besagte status activus processualis.

Der übergeordnete Gesichtspunkt, der im Grundrechtsverständnis, in der Deutung der Gesetzesvorbehalte und des Rechtsbegriffs sowie bei den Grundrechte betreffenden leistungsstaatlichen Aktivitäten relevant wird, ist der des *Verfahrens*. Dem Leistungsstaat ist vor allem von der verfahrensrechtlichen Seite beizukommen. [In dem Maße, in dem es gelingt, den Verfahrensgedanken in die genannten Problembereiche einzubauen und der materiellrechtlichen Seite dieser Institute zuzuordnen, nehmen die Grundrechte in der Demokratie des sozialen Leistungsstaats den konstituierenden Stellenwert ein („Verfahrensabhängigkeit"), den sie im bürgerlichen Rechts-, Eingriffs- und Ordnungsstaat hatten, kann „Rechtsschutz" gewährleistet sein, können Grundrechte als *sachliche Aufgabe* und zugleich als *Grenze* des Leistungsstaats begriffen werden.]

III. Soziale „Grundrechtserfüllung" durch leistungsstaatliche Gemeinwohlfunktionen

1. Grundrechte als soziale Grundrechte, grundrechtliche Freiheit und Sozialstaatsprinzip bzw. Gleichheitssatz

Bereits der *besondere* Begriff „soziale Grundrechte" ist ein Offenbarungseid „bürgerlichen" Grundrechtsverständnisses. Die sog. sozialen Grundrechte sind nur eine notdürftige Antwort auf eine mehr oder minder unsoziale Wirklichkeit; sie suchen die „soziale Frage" grundrechtlich zu lösen[201]). Tatsächlich ist die Differenz zwischen klassischen und sog. sozialen Grundrechten lediglich *gradueller* Art. Diese sind auf Effektivierung jener angelegt und umgekehrt. „Soziale" Grundrechte sind ebenso wie die ihnen zuzuordnenden — ihrerseits ausgestaltungsbedürftigen — „klassischen" Grundrechte gerade im Leistungsstaat ein Beleg für die These *Hellers*, Plan und Freiheit stünden nicht im Gegensatz zueinander, weil in der gesellschaftlichen Wirklichkeit die Freiheit immer organisiert werden müsse[202]). Indem *grundrechtliche Chancengleichheit* ein Optimum an sozialer Freiheit intendiert, verbinden sich „soziale Grundrechte" und „Abwehrrechte" im differenzierten Spektrum einer Statuslehre des demokratischen und sozialen Rechtsstaats.

Die leistungsstaatlichen Funktionen fördern die überkommenen Grundrechte z. B. Art. 12 (Schutz der Arbeitskraft), 13 (Politik des sozialen Wohnungsbaues), 14, 9 III GG (Politik breiter Vermögensbildung). Es geht um freiheitliche Teilhabe.

Die Frage, in welcher Rechtstechnik *„soziale Grundrechte"* i. e. Sinn in das Gesamtgefüge der Verfassung[202a]) und die leistungsstaatlichen Funktionen „einzubringen" sind, ist *differenziert* zu beantworten. In Betracht kommen: grundrechtliche Ansprüche unter Maßgabevorbehalt, Einrichtungsgarantien, soziale Schutz- und Verfassungsaufträge sowie positive Kompetenzbestimmungen — Figuren, die — oft einander ergänzend — den übrigen Grundrechten im Leistungsstaat immer stärker zuwachsen. Vorzuziehen ist eine Form, die es der Gesetzgebung und der übrigen „werdenden" leistungsstaatlichen Grundrechtswirklichkeit, gemeinsam mit der Grundrechtsdogmatik, überläßt, subjektive Ansprüche justitiabel auszuformen. Das die sozialen Grundrechte ausgestaltende Leistungsrecht kann sie zu Ansprüchen verdichten; in diesem Fall wirkt das subjektive Recht als „Vehikel" der objektiven Verfassungsverbürgung. In staatsedukatorischer Sicht ist das öffentliche Bewußtsein für die „sozialen Grundrechte" und ihre leistungsstaatliche „Erfüllung" zu schärfen sowie dafür, daß sie nicht nur auf Sicherheit, sondern auch auf Freiheit tendieren. Die sozialen Grundrechte stehen den klassischen in Wirklichkeit näher, als

---

[201]) Zur „sozialen Funktion": *P. Häberle*, Wesensgehaltgarantie, 8 ff., 48 ff., 95, 117 ff., 184 f. Der Staat muß für soziale Gerechtigkeit *durch* Grundrechte sorgen.

[202]) Staatslehre, 273.

[202a]) Zum Problem: *Tomandl*, Der Einbau sozialer Grundrechte in das positive Recht, 1967.

dies die bisherige Dogmatik mit ihrer Dichotomie begreift. Sie sind als geschichtliche Antwort auf eine bestimmte grundrechts- und demokratiedefizitäre Wirklichkeit „Verallgemeinerung", „Sozialisierung" der klassischen Grundrechte; [sie sind diesen verbunden, wenn man Freiheit und Gleichheit nicht abstrakt sieht, sondern im Gesamtzusammenhang, „sozial" und unter Einbeziehung der ökonomischen Bedingungen.] Alle Grundrechte sind „soziale Grundrechte" im weiteren Sinn, sind als solche Konsequenz der Entwicklung zum sozialen Rechtsstaat und liegen in der Logik des Leistungsstaats. Die Grundrechte stehen über das Sozialstaatsprinzip i. V. mit Art. 3 GG unter einem „sozialen Vorbehalt" *(Hensel)* negativer und positiver Art. Diese sozial-egalitäre Komponente der Freiheitsrechte entspricht einem korrelativen Verständnis von „Sein und Sollen" i. S. *Hellers*.

Enthielte sich der Staat leistender Aktivität im Grundrechtsbereich, so entstünde eine „Negativität des Tatsächlichen". Bei der Herstellung von Chancengleichheit im (Aus)Bildungswesen z. B. geht es um eine „Normalisierung" der Art. 1 I, 2 I und 12 GG für alle[203]) und nicht — wie im bürgerlichen Rechtsstaat — nur für eine bestimmte Schicht. Im Leistungsstaat geht es darum, Instrumente für eine *allgemeine* Interessenentfaltung über die Grundrechte zu schaffen (Beispiel: breite Streuung des Eigentums).

Weiterer Ansatzpunkt könnte der Verfahrensgedanke sein: Stärkung der verfahrensrechtlichen Seite der Grundrechte, ihres status activus processualis zur Ausfüllung der materiellen Offenheit der Sozialstaatsklausel. Umgekehrt ist heute *Sozialstaatsdogmatik* vor allem Grundrechtsdogmatik. Anders als bei den Grundrechten besteht beim Sozialstaatsprinzip[204]) als einer

---

[203]) „Bürgerrecht auf Bildung" meint die gleiche Verteilung gesellschaftlicher Chancen, die mit einer bestimmten Bildung und Berufswahl notwendig verknüpft sind (zur öff. Schule als „Zuteilungsapparatur der Lebenschancen" (*Schelsky*): *Fuß*, VVDStRL 23 (1966) 169 (202 f.). S. das fragwürdige Wort des Vorsitzenden der GEW, daß allgemeine Bildung Bildung der Herrschenden sei und Berufsbildung die Bildung der Beherrschten (FAZ v. 22. 4. 1971 S. 1)).

[204]) Wichtig *Zacher* (Anm. 229). BVerfG: Sozialstaat als leitendes Prinzip der Wirtschafts- und Sozialpolitik (E 5, 85 (198)) mit der Pflicht, für einen Ausgleich der sozialen Gegensätze zu sorgen (E 22, 180). S. auch E 1, 97 (105): erträglicher Ausgleich der widerstreitenden Interessen. Ferner: die Verantwortung für soziale Sicherheit und Prosperität, die Funktionsfähigkeit des Marktes, Planungs-, Wirtschaftsverwaltungs-, Sozial- und Kulturverwaltungsrecht werden dem sozialen Rechtsstaat zugeordnet (*Badura*, DÖV 1968, 446 ff.). Zur Kontroverse um die Sozialstaatsklausel: zuletzt *Scholz*, Koalitionsfreiheit, 1971, 180 ff. Wegweisend *Bachof*, VVDStRL 12 (1954) 37 ff.

Neuschöpfung des GG nicht die Gefahr, daß „festgeschriebene" Dogmen den Weg versperren. Über eine Loslösung der Grundrechtsdogmatik von „Schubfächermethoden" (*Lerche*)[205]) läßt sich auch die Sozialstaatsklausel entfalten. Spiegelbildlich zu den Grundrechten ist ihre *Mehrschichtigkeit* herauszuarbeiten[206]). Die Chance, hier von Anfang an differenzierte Dogmatik zu leisten, sollte genutzt werden, zumal die Kontroverse über die Positionen *Forsthoffs* und *Bachofs* — wenn ich recht sehe — nicht weit hinausgekommen ist[207]); jene Chance blieb schon in der Weimarer Zeit ungenutzt, obwohl die WRV *die* Herausforderung dazu geboten hat.

Beispiele dafür, daß die WRV Leistungsansprüche, soziale Schutzaufträge, „staatliche Grundrechtspflichten", sozialstaatliche Programme und Institutionen enthält, denen gegenüber das GG in der Tradition des liberalen Eingriffsstaats „unterentwickelt" erscheint, sind: Art. 163 II 2 WRV als unmittelbar *anspruchs*begründende Grundrechtsbestimmung (Sorge für den notwendigen Unterhalt jedes Deutschen, — dieser Anspruch ist nach dem GG aus der Kompetenzbestimmung zur Arbeitslosenunterstützung (Art. 74 Ziff. 12) und Art. 1 I, 2 II 1 und 20 I herzuleiten). Art. 157 WRV: „Die Arbeitskraft steht unter dem besonderen Schutz des Reiches", ist ein *„sozialer Schutzauftrag"*. Er entfaltet sich im GG über Art. 20 I i. V. m. Art. 12, 9 III und 1 I. Der *programmatische* Satz in Art. 162 WRV hat eine Teilerfüllung in der MRK und der Europäischen Sozialcharta gefunden. Sein „Mindestmaß der sozialen Rechte" ist heute auf Teilgebieten verwirklicht, z. B. als Anspruch auf Daseinsvorsorge (gleicher Zugang zu öffentlichen Einrichtungen) und auf polizeiliches Einschreiten. [Wie sehr die WRV im übrigen in der Tradition stand, die die individuellen Grund-

---

[205]) VVDStRL 21 (1964) 66 (67).

[206]) Die Dogmatik des Sozialstaats ist in Richtung auf Grundrechte, Menschenwürde und Gleichheitssatz zu entwickeln, so wie umgekehrt die Grundrechtsdogmatik im Lichte des Sozialstaatsprinzips zu entfalten ist. Die „Öffnung" der Grundrechtsdogmatik hat ihr Pendant im Sozialstaatsprinzip als Paradigma einer offenen Verfassungsnorm. Dessen Generalklauselcharakter und Neuartigkeit schließen aus, daß es sich auf eingefahrenen Gleisen entwickelt, so groß der „Druck" zu Dogmatisierungen vom liberalen Rechtsstaats- und Grundrechtsverständnis her sein mag.

[207]) Sie leidet bis heute an einer „Kopflastigkeit", weil zu wenig *konkret* gearbeitet wird, und ist z. T. in Fragen der Nomenklatur (Teilhabe gegen Ausgrenzung, Verbürgung gegen Gewährleistung) festgefahren. Elemente konkreter Sozialstaatlichkeit finden sich in dem „realistischen" Grundrechtsverständnis, dem Umbau der Statuslehre, der „leistungsstaatlichen Seite" der Grundrechte, in der Aktivierung des Gleichheitssatzes und in den Typen der Leistungs-Gesetzgebung, -Verwaltung und -Rechtsprechung.

rechte allein als Abwehrrechte formulierte und die soziale Seite — die faktische Voraussetzung für ihren Gebrauch — wenn überhaupt, so in anderen Zusammenhängen sah, zeigt die Trennung der Garantie der Unverletzlichkeit der Wohnung (Art. 115) von dem in Art. 155 I normierten Ziel, jedem Deutschen eine „gesunde Wohnung" zu sichern.] Obwohl der Rechtsgeschichte angehörend, kann der Text der WRV gegenüber heutigen leistungsstaatlichen Grundrechtsproblemen als „Formulierungshilfe" dienen[208]).

Ähnliche Anhaltspunkte geben die deutschen Länderverfassungen. [In ihnen lassen sich in reichem Maße sozialstaatliche Spezialnormen nachweisen, die als „soziale Grundrechte im engeren Sinne" (subjektivrechtlich) formuliert[209]) sind, grundrechtliche Schutzaufträge[210]), grundrechtsfördernde Pflichten (Grundrechtspflichten) des Staates[211]) oder die Garantie von bestimmten (leistungsstaatlichen) grundrechtsdienenden öffentlichen Einrichtungen[212]), gelegentlich miteinander kombiniert[213]), enthalten, also eine leistungsstaatliche und -rechtliche Seite erkennen lassen.]

Wie die Verfassungstexte bestätigen, ist die normierende Kraft der Sozialstaatsklausel differenziert und nicht in das Ent-

[208]) Chancengleichheit im (Aus)Bildungswesen ist in der WRV konkret angesprochen, vgl. Art. 146, I, III, 147 I 2, pluralistische Struktur des öff. Schulwesens; das Leistungsprinzip wird anerkannt: „Anlage und Neigung". Die Kategorie des „grundrechtlichen sozialen Schutzauftrags" i. S. einer *„staatlichen Grundrechtspflicht"* findet sich mehrfach: Art. 119, 121, 122 I, 135 S. 2, 157, 158, 161, 164 WRV. — *Leistungsstaatlichkeit* i. V. m. Grundrechten kommt in Art. 122 I, 143 I WRV zum Ausdruck. Insgesamt finden sich im Grundrechtsteil der WRV mehr Anknüpfungspunkte an Leistungsstaatlichkeit als im GG von 1949; s. z. B. Art. 142, 161, 163 I, 155 II, III WRV, letzterer gibt Richtpunkte für eine Reform des Bodenrechts im Sozialstaat.

[209]) Art. 11 Verf. Bad.-Württ.; 106 I, 128 I, 141 III, 166 II, 168 I u. III, 171, 174 I Bayern; 6 I, 12 I, 14, 19 I Berlin; 2 I, 8 I, 14 I, 27, 49 III, 56, 58 Bremen; 28 III, 34 Hessen; 8 I Nordrh.-Westf.; 24 I S. 2, 53 II Rhl.-Pf.; 45 S. 2, 48 II Saarl.

[210]) Art. 13 Verf. Bad.-Württ. (Kombination von grundrechtlichem Schutzauftrag mit Einrichtungen); 100, 124 I, 125 I S. 2, 162, 166 I, 167 I Bayern; 12 II Berlin; 5 I, 11 II, 12 II, 14 I, 25 I, 37, 49 I Bremen; 46, 62 Hessen; 5 I, 18 I Nordrh.-Westf.; 1 II, 24, 53 I Rhl.-Pf.

[211]) Art. 1 II, 22 Verf. Bad.-Württ.; 106 II, 125 II, 126 II, 140, 153 S. 3, 164 I Bayern; 21 Bremen; 6 I Nordrh.-Westf.; 1 II, 31, 55 II Rhl.-Pf.; 34 II S. 2 Saarl.; 7 Schl.-Holst.

[212]) Art. 11 II Verf. Bad.-Württ.; 126 III, 128 II, 133 I u. II, 139 Bayern; Art. 27, 35, 54, 57 Bremen; 30 II, 35 Hessen; 17 Nordrh.-Westf.; 25 II, 27 II, 28, 37, 53 III Rhl.-Pf.; 25 I, 33 III, 46 Saarl.

[213]) S. die vorbildliche Normierung der „verschiedenen Seiten" des Schutzes der Wohnung in Art. 106 Verf. Bayern; 14 Bremen; s. auch Art. 8 I i. V. m. III S. 1, 9 I Nordrh.-Westf.

weder-Oder von objektivem Rechtsgrundsatz und subjektivem Leistungsanspruch zu zwingen, da sie — je nach Lebensbereich und leistender Staatsfunktion — i. V. m. den Grundrechten und anderen Verfassungsnormen (z. B. Art. 109 GG) „gestuft" wirkt[214]). Die Sozialstaatsklausel[215]) dient der Schaffung materieller Grundrechtsvoraussetzungen (dies ist ihre freiheitsschaffende Kraft!)[216]), indem sie teils Leistungsansprüche, z. B. auf ökonomisch[217])-geistiges Existenzminimum, teils Kompetenzen bzw. Verfassungsaufträge für darüber hinausreichende soziale Ausgestaltungen begründet[218]). Im Zusammenhang mit klassischen Grundrechten, etwa Art. 13 (Wohnungsbau) und Art. 2 II 1 GG (Umweltschutz), ist ihr diese sozialpolitische Zielrichtung zu entnehmen[219, 220]). Sozialstaatsklausel und Grundrechte normieren „sozialstaatliche Grundrechtsaufgaben"[221]) (Grundrechtsinteressen), in denen sich dogmatisch die Freiheit als

---

214) Von „vielfachem Rechtscharakter" spricht *Stern*, Art. „Sozialstaat", Ev. Staatslexikon, 1966, Sp. 2091 (2094). — *Badura*, Wirtschaftsverfassung und Wirtschaftsverwaltung, 1971, 31: „ . . . *teilweise Vergesellschaftung der individuellen Freiheit* . . . Die sozialstaatliche Demokratie beruht nicht auf einer Entgegensetzung von (politischem) Staat und (privater) Freiheit." (Hervorhebung v. Verf.)

215) Vgl. *Bachof*, VVDStRL 12 (1954) 37 (41): Soziale Gerechtigkeit: eine die abstrakte Gleichheit zugunsten der Schaffung konkreter Gleichheit durchbrechende Gerechtigkeit.

216) Ansätze bei *G. Leibholz*, in: Die Zeit Nr. 21 v. 21. 5. 1971 S. 56: „Der Freiheit mit Hilfe des Sozialstaatsprinzips eine neue Chance zur Entfaltung zu geben, ist die eigentliche Aufgabe."

217) Zu Art. 2 II 1 i. V. m. der Sozialstaatsklausel u. Art. 1 I GG als positiver Gewährleistung des Existenzminimums schon *Bachof*, VVDStRL 12 (1954) 37 (42, 51 f.).

218) Etwa im (Aus- und Weiter-)Bildungsbereich, im Recht der sozialen Sicherheit usw.

219) Wichtig die Pläne der BReg. für einen Allg. Teil eines Sozialgesetzbuches (Die Welt v. 29. 5. 1971 S. 14). Es sollen in Anknüpfung an die „Ausprägungen" der Sozialstaatsklausel in Gesetzgebung und Rspr. Leitideen der sozialen Sicherung mit Bezug auf den Bürger kodifiziert werden. Die sozialen Rechte sollen „jenseits der konkreten Einzelansprüche" unter dem Vorbehalt der näheren Ausgestaltung im Gesetz die sozialrechtlichen Positionen des Bürgers in ihren Grundzügen garantieren. Hier wird deutlich, daß Leistungsrecht nur dann effektiv ist, wenn gesetzestechnisch Publizität geschaffen wird.

220) Indem sie als „Verfassungsziele" fungieren, als Kompetenzgrundlage für freiheitsförderndes staatliches Handeln oder auch als Verfassungsauftrag (meist i. V. m. Art. 1 I oder/und 20 I, 28 I GG). Oft reicht das subjektive Recht *weniger* weit als die objektiv-rechtliche Verpflichtung.

221) Mit dem Ziel des Abbaus von Grundrechtsdefiziten; s. *Heller*, Rechtsstaat oder Diktatur?, 1930, 11, der die „Ausdehnung des materiellen Rechtsstaatsgedankens auf die Arbeits- und Güterordnung" als Forderung der sozialen Demokratie bezeichnet.

Teilhabechance und Voraussetzung für andere Grundrechte mit der abwehrrechtlichen, kompetenzrechtlichen oder nur dirigierenden Seite verbindet[222]).

Die „Hebelwirkung" des materiellen Gleichheitssatzes zugunsten sozialer Freiheit[223]) bedarf der Präzisierung: Die Trias von Menschenwürde, Sozialstaat[224]) und egalitärer Demokratie verlangt, daß im gesellschaftlichen Gesamtzusammenhang ein Optimum an realer Freiheit *(Hesse)* aller erreicht wird[225]). Das bedeutet: der Leistungsstaat muß Voraussetzungen und Bedingungen dafür schaffen, daß *alle* tatsächlich von der Freiheit gleichen Gebrauch machen können[226]). Freiheit ist ohne die tatsächlichen Voraussetzungen, sie in Anspruch nehmen zu können, wertlos; *Stichwort:* soziale Opfergrenze[227]). Sie ist heute nicht mit dem Status quo der Besitzstände identisch. Gleichheit gewährleistet, daß Freiheit nicht Gruppenprivileg wird[228]). Freiheit durch Gleichheit ist nicht die Folge gesellschaftlicher Selbstregulierung, sondern bedarf leistender und leitender Staatstätigkeit[229]). Soziale Gleichheit ist eine Form der Frei-

---

222) Anders *Forsthoff*, Industriegesellschaft, 148, wenn er zwischen Freiheit und Sicherheit, Grundrechten und sozialer Gestaltung ein Verhältnis „unaufhebbarer (!) Spannung" postuliert oder von einem „sozialstaatlichen Druck" spricht, der „auf dem rechtsstaatlichen Gefüge der BRD lastet". Dieser Druck ist mindestens dort „grundrechtlicher Druck", wo grundrechtliche Freiheit für die Vielen nicht effektiv ist.

223) *Zacher*, in: FS für Böhm, 1965, 63 (100): Die Gleichheitsvorstellung ist „sozial erfüllt", S. 101: Eine Verfassung, die Freiheit durch Gleichheit erfüllen und Gleichheit durch Freiheit entfalten muß.

224) Zum Zusammenhang von Menschenwürde und Sozialstaat z. B.: *W. Weber*, Spannungen und Kräfte im westdeutschen Verfassungssystem, 3. Aufl., 1970, 231. — *Zacher*, AöR 93 (1968) 341 (361): „materielles" Verständnis des Gleichheitssatzes als Aktualisierung des Sozialstaatsprinzips. S. auch 377: Bemühungen um Freiheit und Gleichheit in der Teilhabe; s. auch *Herzog*, Allg. Staatslehre, 381, 394 f.; *Ipsen*, Gleichheit, in: Die Grundrechte II (1954) 111 (173 f., 175 f.).

225) *Hesse*, Grundzüge, 87, 119. Vgl. auch *Suhr*, Der Staat 9 (1970) 67 (86). — Im Strafvollzug fordert das Sozialstaatsprinzip die Resozialisierung! S. jetzt den vorbildlichen Kommissionsentwurf eines StrafvollzugsG 1971, bes. §§ 3, 3 a, 39.

226) *Schaumann*, JZ 1970, 48 (53), spricht in bezug auf den Gesetzgeber von einer „aktiven Politik" zur „konkreten" Sicherung der Freiheit.

227) Ausdruck bei *Däubler*, in: *Däubler/Mayer-Maly*, Negative Koalitionsfreiheit?, 1971, 43.

228) *Zacher*, Sozialpolitik und Menschenrechte in der BRD, 1968, 28.

229) *Zacher*, Freiheit und Gleichheit in der Wohlfahrtspflege, 1964, 120 f.: „Der Sozialstaat ... steht den gesellschaftlichen, insbes. den für die persönliche Bedürfnisbefriedigung wesentlichen ökonomischen Verhältnissen i. S. der gemeinen Zielvorstellung der moder-

heit — bei allen Vorbehalten angesichts der Gefahr, daß totale Gleichmacherei in Unfreiheit umschlägt.

Tatsächliches Handeln des Staates wird über den Gleich*behandlungs*grundsatz als sozialstaatliche Form des Gleichheitssatzes zum Anknüpfungspunkt für rechtliche Teilhabeansprüche[230]), die eine spezifisch leistungsstaatliche Ausprägung grundrechtlicher Freiheit sind. „Grundrechtliche Chancengleichheit" ist die Formel, die das korrelative, nicht spannungsfreie[231]) Verhältnis von Freiheit und Gleichheit und die Aufgaben leistungsstaatlicher Aktivität umreißt. Dabei bedeutet „Chance": dem einzelnen soll grundrechtliche Freiheit *möglich* sein, ohne zur Pflicht zu werden[232]). Gleichheitssatz und sozialer Leistungsstaat sind demnach einander zugeordnet. Der sich auf andere Grundrechtsbereiche hin entfaltende Gleichheitssatz ist für den sozialen Leistungsstaat konstituierend. Er sucht Freiheit *und* Gleichheit zu optimaler Realität zu bringen[233, 234]). Zu diesem

---

nen Sozialbewegung kritisch und verantwortlich gegenüber und sucht diese zu korrigieren, indem er unangemessene Wohlstandsdifferenzen ausgleicht und damit zusammenhängende Abhängigkeitsverhältnisse abbaut ... eine gerechte Teilhabe aller an den Gütern der Gemeinschaft und ein menschenwürdiges Dasein für alle und somit im besonderen für die sozial schwächeren Schichten sichert." — Die Postulate des sozialen Rechtsstaats, der Menschenwürde und der egalitären Demokratie sind auf die tatsächlichen, insbesondere ökonomischen Verhältnisse zu projizieren, auf die konkrete Wirklichkeit, die z. T. noch hinter den verfassungsrechtlichen Anforderungen zurückbleibt.

[230]) Dazu *Heinze*, Autonome und heteronome Verteilung, 1970, 67 ff. Vgl. auch *Hesse*, Grundzüge, 121: Anspruch auf gleiche Teilhabe.

[231]) Vgl. BAG 16, 95 (105), BVerfGE 5, 85 (198, 206).

[232]) „Soziales" Grundrechtsverständnis ist heute vor allem sozial*staatliches* Grundrechtsverständnis, weil der Staat wie kaum je zuvor zur Bedingung der Freiheit geworden ist. Typischerweise bildete sich *Chancengleichheit* zunächst im direkten Gegenüber zum Staat heraus: als Gleichheit der Wahl und andere demokratische Staatsbürgerrechte; später eroberte sie, nun auch als „Gleichbehandlung", weitere Bereiche, z. B. der Parteien, wo diese dem — neutralen — Leistungsstaat gegenüber traten (Sendezeiten, Parteifinanzierung); dazu BVerfGE 5, 85 (205); 9, 124 (131, 137); 18, 366 (373); 22, 83 (86); zur Tendenz des Gleichheitssatzes, sich auf Gleichheit der Chancen auszudehnen: BVerwGE 17, 306 (311 f.). Indem sich der Bürger immer umfassender und direkter dem Leistungsstaat gegenüber sieht, werden Gleichheitssatz und Teilhabeformen relevant.

[233]) Ähnl. *Herzog*, Allg. Staatslehre, 383; *Zippelius*, Allg. Staatslehre, 3. Aufl. 1971, 162 f. — Im Leistungsstaat stellt sich das Problem des Verhältnisses von Freiheit und Gleichheit durch die Öffnung zur sozialen Wirklichkeit auf neue Weise und schärfer als im bürgerlichen Ordnungsstaat und seiner Gesellschaft, wo es keine freie Selbstverantwortung und Selbstbestimmung in dieser durch eine „Klassenherrschaft" zusammengehaltenen „Klassenge-

Zweck hat die Dogmatik Verfahren zu entwickeln, die Richtschnur für sozialstaatliche (Leistungs-)Gesetzgebung sind. Die grundrechtliche Freiheit darf jedoch nicht von der Gleichheit her „buchstabiert" werden; ihre *negatorische* Seite ist gegenüber unverhältnismäßigen Zugriffen des um der Gleichheit willen leistenden Staats zu intensivieren[235]). Das Verhältnis von Freiheit und Gleichheit ist jeweils *konkret* zu bestimmen; ebenso ist das Verhältnis von *Freiheit und Sicherheit*[236]) das des „rechten *Maßes*". Ein Zuwenig an realer Sicherheit, z. B. an gesicherten Lebensbedingungen, droht die garantierte Freiheit zu einem leeren Abstraktum zu machen, mit dem der Bürger „nichts anfangen" kann, ein Zuviel kann Freiheit als Selbstverantwortung und Wagnis gefährden, ja „ersticken".

Der Versuch, Leistungsstaat und Grundrechte einander zuzuordnen, der *Verfassung* auch in der leistenden res publica „normative Kraft" beizumessen, Rechts- und Sozialstaat über

---

sellschaft" (*Heller*, Staatslehre, 112 f.) gab. Zum Widerspruch von formeller und materieller Freiheit und Gleichheit als den Gegensatz von Staat und Gesellschaft beherrschendes Problem: *Heller*, aaO. S. 122. *Redeker*, DVBl. 1971, 369 (373): Die Rspr. des BVerwG hat aus der ursprünglichen Abwehrnorm gegen Willkür (Art. 3 GG) eine Anspruchsnorm auf Gleichbehandlung gemacht.

[234]) Der Gleichheitssatz begründet Ansprüche auf einen grundrechtlich abgesicherten Minimalstandard (zum Schutz der grundrechtlich konstituierten Gemeinschaftsordnung als Aufgabe der Polizei: *J. P. Müller*, aaO. 196 ff.).

[235]) Z. B. besteht keine Pflicht zur Arbeit, wohl aber ein Recht auf Arbeitslosenunterstützung, s. aber § 26 BSHG.

[236]) Schon die klassischen habeas-corpus-Rechte gewährleisteten Sicherheit und dadurch Freiheit für die Ausübung anderer Grundrechte. Waren die erwähnten „Sicherheitsrechte" die Garantien des Bürgertums, die ihre Freiheit erst real machten, so sind die sog. sozialen Grundrechte und Teilhaberechte aus dem Bereich der sozialen Sicherheit in ähnlicher Weise Bedingung der übrigen Freiheitsrechte. Es geht um Freiheit *und Sicherheit*, nicht um Sicherheit statt Freiheit. *K. Loewenstein*, Verfassungslehre, 2. Aufl. 1969, 342: „Die leere Form der Freiheit und Gleichheit war mit der Substanz staatlicher Leistungen zu erfüllen, die den unteren Klassen ein Mindestmaß an wirtschaftlicher Sicherheit und sozialer Gerechtigkeit garantierten". *Heller*, Staatslehre, 120, spricht von einer „immanenten Logik der politisch-sozialen Freiheits- und Gleichheitsforderung", die sich nicht nur in der bürgerlichen Gesellschaft, sondern auch im Proletariat auswirkte. Sieht man diese sozialgeschichtlichen Zusammenhänge, so erscheinen die „sozialen Grundrechte" als verallgemeinerter Ausdruck derselben Idee personaler Freiheit, die die heute „sozial" interpretierten liberalen Grundrechte trug. Leistungsstaatliche Aktivität wird tendenziell zur sozialen Erfüllung von Freiheit und Gleichheit für alle — solange nur Eigeninitiative und Selbstverantwortung nicht infrage gestellt werden.

Grundrechte „zu versöhnen"[237]), kann auf diesem Weg erfolgen. Die Verfassung wird damit noch nicht zum „juristischen Weltenei", aus dem alles hervorgeht[238]), sondern wirklichkeitsbezogener Rahmen und Sozialprogramm[239]) einer „res publica semper reformanda", Substanz von Aufgaben[240]). Grundrechte und verfaßter Leistungsstaat dienen dem Ziel, freiheitliches Leben in sozialem Ausgleich und Humanität zu ermöglichen („soziale Grundrechtsgerechtigkeit" und „-ausgleich").

Ohne den — effizienten — Leistungsstaat gibt es keine positive Grundrechts*möglichkeit* und -wirklichkeit[241]). Wir stehen vor „praktischer Sozialisierung"[242]) grundrechtlicher Freiheit in leistungsstaatlicher Dimension, „Sozialisierung" hier *nicht* als Verstaatlichung verstanden. Es handelt sich um einen permanenten, offenen Prozeß, der Freiheit „allgemein", öffentlich macht, ohne daß ihre private Seite vernachlässigt werden dürfte: sie wird in unterschiedlichen Formen *aufs Ganze* gesehen öffentliches Gemeinwohlgut, als das sie auch die Rechtsprechung bewertet[243]). „Praktische Grundrechtssozialisierung" ist Ziel des politischen Willensbildungs- und Entscheidungsprozesses. Der grundrechtsfördernde Leistungsstaat ist die Antwort auf soziale Grundrechtsdefizite. Grundrechtliche Freiheit als die Freiheit des sozialen Lebens im ganzen begriffen erlaubt erst, von einer freiheitlichen *Grund*ordnung zu sprechen.

---

[237]) Dagegen: *Forsthoff*, Industriegesellschaft, 148. Problematisch ist es, in der Ungleichheit, die das Leben der Gesellschaft kennzeichnet, eine dialektische Entsprechung zu der staatsbürgerlichen Gleichheit zu sehen (so aber *Forsthoff*, ebd. 22). „Dialektik" hilft über die Diagnose, daß ein Übermaß an Ungleichheit in der Gesellschaft zur Unfreiheit wird, nicht hinweg.

[238]) *Forsthoff*, aaO. 144 (kritisch: *P. Häberle*, ZHR 136. Bd. (1972) i. E.). [239]) Dagegen *Forsthoff*, aaO. 67.

[240]) *Ipsen*, VVRStRL 27 (1969) 88; — z. B. die Daseinsvorsorge; gegen deren Einbeziehung in das Verfassungsrecht: *Forsthoff*, aaO. 78 ff. — BVerfGE 21, 362 (375): zu einer speziellen Daseinsvorsorgefunktion (Arbeiterrentenversicherung) als typischer Aufgabe des Sozialstaates. — Zum Zusammenhang von Sozialstaat und „vom GG auch besonders aufgegebenen Daseinsvorsorge": E 21, 245 (251).

[241]) Leistende Staatsfunktionen können den „praktischen Grundrechtsnutzen" aller mehren, vgl. *Zacher*, VVDStRL 25 (1967) 366. Um dies zu sehen, bedarf es einer praktischen Theorie der Grundrechte (vgl. *meine* Andeutungen in DÖV 1969, 363 f.).

[242]) Mit Recht konnte man in bezug auf die Kommunalisierung der Versorgungs- und Verkehrsbetriebe von einer „praktischen Sozialisierung innerhalb der bürgerlichen Ordnung" sprechen (so *Heffter*, zit. bei *Badura*, Verwaltungsrecht im liberalen und sozialen Rechtsstaat, 1966, 14 Anm. 18). Speziell für die Umverteilungsprozesse „nach oben", von erwachsenen Kindern zu ihren Eltern (über die Altersversicherungssysteme), spricht *Zacher*, DÖV 1970, 3 (14) von Sozialisierung.

[243]) Dazu *P. Häberle*, Öff. Interesse, 355 ff.

Hier einige Beispiele: Verkehrsanstalten und Versorgungsbetriebe, insgesamt die öffentlichen Einrichtungen, sind dem Bürger nicht näher als staatliche Grundrechtspolitik[244]), z. B. Verkehrspolitik (Art. 11), Sicherung der Arbeitsplätze durch Konjunktur- und Infrastruktursteuerung (Art. 12 GG) oder im Umweltschutz[245]), der internationale Planung verlangt. Die „kommunalisierten" Bereiche sind erweitert: infrastrukturelle „Vorleistungen", etwa der Gemeinden zur Industrieansiedlung und damit auch für Arbeitnehmer, werden „sozialisiert". Dieser „Sozialisierung der Vorleistungen" folgt meist eine „Privatisierung der Gewinne", die wenigstens teilweise zu resozialisieren sind[246]). Der *Leistungsstaat betreibt kollektive und individuelle Daseinsvorsorge großen Stils (Grundrechtsvorsorge),* ohne daß dabei Bedrohungen und Chancen der Grundrechte „im Kleinen" aus den Augen verloren werden dürfen[247]).

Der beschriebene *Wandel des Eigentumsbegriffs* läßt sich als beispielhafter Vorgang „praktischer Sozialisierung" dieses Grundrechts begreifen. [Da unter den Bedingungen der Indu-

---

[244]) Die „Konstitutionalisierung" der *Forsthoff*schen Daseinsvorsorge legt der empirische Befund nahe. War sie bei Forsthoff ursprünglich für die existenznotwendigen Leistungen durch Sozialversicherung, Versorgungsbetriebe und Verkehrsanstalten gemünzt (die Vorsorge für das „Alltägliche"), so wurde sie im Lehrbuch auf alle von der Verwaltung unmittelbar dem Einzelnen erbrachten Vorteile und Leistungen ausgedehnt, durch die eine für den sozialen Rechtsstaat typische Bedürfnisbefriedigung erfolgt (Nachw. bei *Badura,* oben Anm. 242, S. 21 f.). *Forsthoff* hat in der Diskussion um Verfassungsauslegung und den sozialen Rechtsstaat auf der *Verfassungs*ebene daraus nicht die Konsequenzen gezogen. Heute ist das Bürger-Staat-Verhältnis in der Daseinsvorsorge des leistungsstaatlichen Bereichs genauso eng wie das Verhältnis von Bürgern und Kommunen. Die Kommunen waren als „Leistungsträger" — sozialstaatlich und grundrechtlich gesehen — Schrittmacher! Leistungsstaatliche Konsequenzen für die Grundrechtsdogmatik sind: Die Vorsorge für das „Alltägliche" erfolgt heute verstärkt durch Bund und Länder sowie etwaige öff.-rechtliche regionale (Zweck)Verbände.

[245]) Speziell das Problem des Umweltschutzes zwingt zur Bejahung eines „Naturrechts" i. S. eines Maßgaberechts auf humane Natur, ehe die inhuman gewordene Umwelt als „Unnatur" existenzgefährdend wird.

[246]) Vgl. die Kontroverse zwischen den Münchner Jusos und OB *Vogel,* SZ Nr. 47 v. 24. 2. 1971 S. 8 f.

[247]) Das Fernsehurteil (BVerfGE 12, 205 (262 f.)) tendiert mit seinem Pluralismus-Postulat auf eine — sehr offene und freie — Form der „Sozialisierung" des Art. 5 GG (pluralistische Öffentlichkeit!); allen grundgesetzlich zulässigen Formen der Beschränkung von Monopolbildungen bei den Massenmedien geht es um freiheitsschaffendes Leistungsrecht in Gestalt von Organisationsgesetzen (von der Fusionskontrolle bis zu Mitbestimmungs- und Publizitätsgesetzen).

striegesellschaft soziale Sicherheit weniger aus privatrechtlicher Verwendung des produktiven Eigentums als aus öffentlich-rechtlicher Austeilung von Bezugsrechten, aus „publizistischen Eigentumssurrogaten" (*Köttgen*) entspringt[248]), bedeutet dies für Art. 14 GG, daß solche Positionen „als Eigentum" geschützt sind, die an die Arbeits*leistung* und den individuellen Arbeitseinsatz anknüpfen. Arbeitskraft ist heute *das* Eigentum des Bürgers[249]); damit erweitert sich der Grundrechtsschutz im Vergleich zum „klassischen" Eigentumsrecht. Art. 14 GG wird effektiver für die Gesamtordnung. Dieser leistungsorientierten Erweiterung korrespondiert eine sozialstaatliche *Verringerung* des Eigentumsschutzes: das „produktive Eigentum" (und Bodeneigentum[250]), Spekulationsgewinne) wird im Leistungsstaat für Gemeinwohlbindungen und gegenüber wirtschaftlichen Steuerungsmaßnahmen „anfälliger".]

Soziale Freiheit ist im Regelfall nicht eine Funktion des Eigentums, sondern der *Arbeit*[251]). Aus dieser Einsicht müssen für Art. 12 GG[252]), dem „Arbeit" primär zugehört, Konsequenzen gezogen werden: durch Erweiterung des Schutzbereichs dieses Grundrechts, als des Rechts der sozialen Freiheit gegen-

---

[248]) *Badura*, oben Anm. 242, S. 26; *ders.*, DÖV 1968, 446 (447) spricht von einer „durch die Verfahrensweise der parlamentarischen Demokratie gesteuerten *Vergesellschaftung* des privat-autonomen Eigentumsnutzens", dessen es der sozialen Sicherheit und der Prosperität wegen bedarf.

[249]) Hätte die (Grundrechts)Dogmatik einen Teil der Energie, die sie auf den Schutz des „eingerichteten und ausgeübten Gewerbebetriebs" verwandte, auf den der persönlichkeitsbezogenen Arbeitskraft konzentriert, so wäre man heute bei der Inhaltsbestimmung des Art. 12 GG im Leistungsstaat weiter (s. die Polemik von *Wiethölter*, in KJ 1970, 121 ff., der gegen die „Zerschneidung aller Verbindungslinien" von Arbeit (und Beruf) zum Eigentum zu Felde zieht (124) und auch für Nichtunternehmer die „Entfaltung des Persönlichkeitsrechts" fordert (127 f.)). S. jetzt BVerfGE 30, 292 (334).

[250]) Dazu BVerfGE 21, 73 (83). Wichtig: Art. 161 I, II Verf. Bay.

[251]) Und der die Bedingungen der Arbeit und ihres Ertrags ständig beeinflussenden Verwaltung (so mit Recht *Badura*, Verwaltungsrecht, 27).

[252]) Der freilich meist nur als Grundrecht des Mittelstandes praktisch wird. S. aber BVerfGE 7, 377 (397): „Die Arbeit als ‚Beruf' hat für alle gleichen Wert und gleiche Würde". — Die heutige „Arbeitsgesellschaft des demokratischen Zeitalters" (*Badura*, Verwaltungsrecht, 5) manifestiert sich auch in Akzentverlagerungen im Grundrechtskanon (von der wirtschaftlichen zur geistigen Freiheit: *Scheuner*, DÖV 1971, 1 (2)). — Im Bereich des Art. 14 GG gibt es heute „feinere" Formen einer latenten Sozialisierung dieses Grundrechts: Steuern, staatliche Förderung der Vermögensbildung (in Arbeitnehmerhand) sind in der Intention typische Formen *leistungsstaatlicher Grundrechtssozialisierung.*

über dem Arbeitgeber (soziales Teilhaberecht) wie auch gegenüber der sozialgestaltenden Legislative und Exekutive (durch verfahrensmäßige Absicherung). [Was durch Lenkung, (Um-) Verteilung, Steuerung und Planung zu Eigentum werden bzw. Art. 12 als „Persönlichkeitsrecht" effektiver machen kann, läßt sich heute weniger durch einen einmaligen (dauerhaften) materiellrechtlichen Gesetzesakt festlegen, sondern bedarf der erwähnten Verfahren. Diese Verwaltungszwecke, die „Staats"-zwecke sind, richten sich jedenfalls nicht primär *gegen* die Grundrechte, sondern *dienen* grundrechtlicher Freiheit als *sozialer Freiheit:* man denke an wettbewerbserhaltende Maßnahmen, wo Marktbeherrschung droht, Konjunkturpolitik im Interesse der Wachstumsvorsorge *(Ipsen),* Vollbeschäftigungspolitik[253]) und Maßnahmen zur Erhaltung des gesamtwirtschaftlichen Gleichgewichts.]

Gefahren bestehen im Umschlag zum totalen Wohlfahrtsstaat, der den status negativus dort verdrängt, wo das prekäre Verhältnis von Freiheit und Gleichheit[254]) zur Verabsolutierung letzterer pervertiert und der Bürger die Sicherheit der Freiheit vorzieht. Der Rechtsstaat ist zwar sehr sozial zu machen, indes gibt es kein Zurück vom „totalen" Sozialstaat zum Rechtsstaat! Die Dynamik des sozialen Wohlfahrtsstaats ist hier faktisch-politisch irreversibel, die Flexibilität der Gesamtordnung begrenzt. Eine Korrektur durch Verfahren von „trial and error"[255]) findet nicht mehr statt.

Mittel, einer solchen sozial- und leistungsstaatlichen „Verfremdung" grundrechtlicher Freiheit entgegenzutreten, sind die Grundrechte und ihre leistungsrechtliche Komponente. Der „Wachstumsprozeß" des Sozialstaatsprinzips[256]) darf nicht auf Kosten des Rechtsstaats gehen. Die „Erfindung" neuer Kontroll- und Verfahrensformen muß dies sicherstellen. So differenziert Staat und Gesellschaft einander als „Leistungsgemeinschaft" zuzuordnen sind: wo sie zur Deckungsgleichheit kommen, ist ein Zustand von *Un*freiheit erreicht[257]). Der status negativus muß als Schutz gegen Eingriffe erhalten bleiben[258]). Die Ver-

---

[253]) *Badura,* oben Anm. 242, S. 16.

[254]) Es ist ebenso ambivalent wie das Verhältnis Plan-Freiheit.

[255]) Dazu BVerfGE 5, 85 (135).

[256]) Im „Sog" des Sozialstaatsprinzips steht heute vordringlich das Grundeigentum: seine Gemeinwohlbindungen sind zu verdichten, und zwar um staatliche Leistungen im Grundrechtsbereich Dritter zu *ermöglichen!* (StädtebauförderungsG, Raumordnung und Landesplanung, Gebietsreform und Umweltschutz).

[257]) *Dürig,* VVDStRL 29 (1971) 127.

[258]) Der status negativus kann z. B. durch neue Teilhabeformen verstärkt werden; denn eine Intensivierung des status activus be-

fahrensseite erlangt Bedeutung, da sie einem *Zuspät*kommen vorbaut. Indes muß nicht jeder Lebensvorgang öffentlich legitimiert werden; Teilhabe ist eben nur partiell.

2. Grundrechte als Verfassungs- bzw. „Staats"ziele, (auch) als positive Kompetenznormen

Die Frage nach „Grundrechtspflichten" des Staates wird noch dringlicher als die nach Grundpflichten des Bürgers. Grundrechtsaktivierung ist im sozialen Leistungsstaat „Verfassungsziel" in dem Sinne, daß *alle* gleiche Grundrechts*chancen* haben sollen, um ein menschenwürdiges Dasein zu führen und sich frei zu entfalten[259]). [Die Verfassung intendiert dies um der Freiheitlichkeit ihres öffentlichen und privaten Gesamtzustandes, um sozialer Gerechtigkeit willen.] *Darum* sind die Grundrechte nicht bloß negative, sondern positive Kompetenznormen, darum kommt es zu „sozialstaatlicher Grundrechtspolitik"[260]).

Die *Konflikte* zwischen Grundrechten finden in leistungsstaatlichen „Zielkonflikten" ihr Gegenstück. So wird das erstrebte Wirtschaftswachstum „um jeden Preis" angesichts der Gefahr für Umwelt und Volksgesundheit (z. B. am Arbeitsplatz) Abstriche hinnehmen müssen (etwa Konsumverzicht).

---

deutet u. U. zugleich Schutz gegen Eingriffe und gegen Gruppenherrschaft.

[259]) Grundrechtsaktivierung ist unentbehrlich, um humanes Leben zu ermöglichen. In einer freiheitlich-demokratischen Ordnung, die sich als Sozialstaat versteht, muß staatliche Aktivität und die sie „bindende" Dogmatik auf das Ziel der gleichen Chancen aller im Grundrechtsbereich ausgerichtet sein. Der soziale Leistungsstaat „denkt" — so gesehen — den Eingriffsstaat „weiter".

[260]) S. BuMi *K. Strobel*, in: Gesundheitsbericht 1971, Vorwort: „Sie (sc. die Gesundheitspolitik) dient der Sicherung der Menschenwürde und der freien Entfaltung der Persönlichkeit ... gleichzeitig ist eine effektive Gesundheitspolitik eine unerläßliche Voraussetzung, um die Leistungsfähigkeit der Volkswirtschaft . . . zu erhalten". — „Grundrechtspolitik" kann in unvermuteten Bereichen ihren Niederschlag finden: so etwa im G über Unfallversicherung für Schüler und Studenten sowie Kinder in Kindergärten vom 18. 3. 1971 (BGBl. I S. 237). Die Versicherten werden dadurch in ihrem Maßgabe-Recht auf (Aus)Bildung gestärkt. — Daß die Grundrechte mit der Zunahme „gesellschaftsgestaltender Staatspolitik" *bedroht* werden, hat *Herzog* 1968 in FS für Hirsch, 63 (64, 65, 67, 71) hervorgehoben. Die zweite, wesentliche Seite der Grundrechte, ihre *positive* Relevanz für staatliche Aktivität, ist im Ansatz erkennbar: Grundrechte als „gewisses Programm einer staatlichen Gesellschaftspolitik (71); ihre Bedeutung für die „Orientierung der staatlichen Politik" (73), „Richtlinienfunktion" der Grundrechte, ihre „Mobilisierung" im gesellschaftspolitischen Bereich (75). — Eine Vereinheitlichung des Bildungswesens wirkt sich praktisch zugunsten des Art. 11 GG aus. — Zur Politik der „Eigentumsstreuung": *Zacher*, DÖV 1970, 3 (5); BVerfGE 12, 354 (368 f.).

Grundrechtlich kollidieren Art. 14, 9 III und 12 einerseits, Art. 2 II 1 und 12 GG andererseits.

„Gemeinschaftsaufgaben"[261]) sind leistungsstaatliche Grundrechtskompetenzgewinne des Bundes. Neue Staatsaufgaben[262]), z. B. der Umweltschutz, sind neue *Grundrechts*aufgaben. Entsprechende Verfassungsänderungen und Leistungsgesetzgebung sind sozialstaatliche „Erschließung" neuer Sozialbereiche[263]). Staatliche Arbeitsvermittlung statt fiktiver Vertragsfreiheit ist gleichfalls ein Beleg. „Grundrechte als Verfassungsziele" ist die Folge: Grundrechte sind Gemeinwohlaufgaben der res publica, sie umschreiben demnach (auch) staatliche Kompetenz; die Kompetenzkataloge enthalten Aufträge für leistungsstaatliche Grundrechtsentfaltung. Das dualistische Gegeneinander von staatlicher Betätigung (Organisation) und grundrechtlicher Freiheit ist zum differenzierten Miteinander geworden. „Grundrechtspolitik", Grundrechte als positive „Verfassungsziele" — das ist befremdend für die Tradition des bürgerlichen Rechtsstaats, die die Grundrechte gerade nicht positiv auf die Staatszwecke projiziert[264]). In der sozialen Demokratie unserer res publica liegen die Dinge anders: grundrechtliche Freiheit als soziale Freiheit „wird" nicht ohne leistungsstaatliches Zutun.

Über die Zukunft der Grundrechte im Leistungsstaat wird vor allem im organisatorischen Teil der Verfassung und in ih-

---

[261]) Vgl. Art. 74 Ziff. 11a, 19a, Art. 75 Ziff. 1a, 91a u. b, 104a, 109 IV GG.

[262]) Z. B.: Kulturstaatliche Subventionspolitik (Förderung von Jugendgruppen nach dem Bundesjugendplan). Bei Gesetzesnovellen, die sozialen Mißständen abhelfen wollen, läßt sich „hinter" dem sozialpolitischen ein grundrechtspolitisches Ziel erkennen: z. B. der Entwurf zur Änderung der GewO, um das Maklergewerbe von „unseriösen Praktiken" zu befreien, damit Wohnungssuchende wirksamer als bisher vor finanziellen Schäden geschützt werden (FAZ v. 22. 6. 1971 S. 4). Schutzgut ist Art. 13 GG.

[263]) Da der „autonome" Bereich des Individuums in der komplexen Industriegesellschaft kleiner geworden ist (*Forsthoff*), muß der Leistungsstaat aktiv werden, um dabei das faktische Grundrechtsdefizit juristisch wettzumachen.

[264]) Staatszwecke und Grundrechte waren nur negativ miteinander verbunden. Der Niedergang der Staatszwecklehre machte jede innere Verknüpfung von Staatszwecken und grundrechtlicher Freiheit schon im Ansatz unmöglich. — Angesichts der internationalen Verflechtung der Wirtschaft und der Solidarität aus humanen Gründen ist Entwicklungspolitik eine Aufgabe des Sozialstaates, dem es um soziale Gerechtigkeit nicht nur im staatsinternen Bereich geht. Entwicklungshilfe ist eine besondere Erscheinungsform des Leistungsstaates — eine neue öff. Aufgabe mit Grundrechtsbezug, die der Interdependenz von Leistungsstaat und -gesellschaft nicht ausweichen kann.

ren Verfahren entschieden: es ist Sache des durch Grundrechte mitkonstituierten politischen Willensbildungsprozesses, diese zur aktuellen *Aufgabe* staatlicher Leistungen zu machen[265]).

[Der vom GG vorausgesetzte und gewollte Pluralismus als Strukturelement der freiheitlichen Demokratie[266]) ist keine selbstverständliche Gegebenheit; in bestimmten Sozialbereichen muß er vom Staat *geschaffen* werden: durch Pluralismus-Gesetze — er ist Gegenstand staatlicher Leistung. Um der für den Pluralismus konstitutiven Grundrechte willen muß der Staat Leistungen erbringen. Die Grundrechte können insoweit weder ohne staatliche Leistung (keine Staatsfreiheit!) und diese nicht ohne Grundrechte gedacht werden[267]).]

Das *BVerfG* ist ebenso wie die Lehre noch entfernt von dem Gedanken der „Grundrechtspolitik", d. h. der Idee, die Grundrechte rechtfertigend dann heranzuziehen, wenn es um ihre aktive Förderung und nicht um ihre Begrenzung geht. Nur vereinzelt finden sich Entscheidungen in diesem Sinne, etwa zu Art. 6[268]) und 13 GG[269]); ein Grund hierfür dürfte sein, daß das

---

[265]) Das kann in verschiedenen Formen (Förderung des öff. Nahverkehrs, Gebietsreform) geschehen.

[266]) Vgl. *Fraenkel*, Der Pluralismus als Strukturelement der freiheitlich-rechtsstaatlichen Demokratie, in: Verh. d. 45. DJT (1964) Bd. II, B 1.

[267]) Grundrechtsförderung als Konkretisierung des Sozialstaatsprinzips und der Gemeinwohlaufgaben, „Entfaltungsauftrag der Grundrechte" (*Zacher*, VVDStRL 24 (1966) 236). Anders die Sicht des Verfassungsstaates, bei der die Grundrechte die Rolle einer negativen Staatszielbestimmung übernehmen: *Herb. Krüger*, VVDStRL 15 (1957) 109 (111). Die sachliche Zuordnung leistungsstaatlicher Aktivitäten in bezug auf die Grundrechte (*Zacher*, VVDStRL 27 (1969) 102: Einbettung der Grundrechte in die staatliche Daseinsgewährung) bedeutet: Grundrechte beschränken nicht nur, sie *legitimieren* auch die Staatsgewalt. Wichtig BVerfGE 7, 198 (205): Gesetzgebung, Verwaltung und Rechtsprechung „empfangen" vom Wertsystem (der Grundrechte) „Richtlinien und Impulse".

[268]) Für Art. 6 I: E 6, 55 (76); 17, 210 (217 f., 223, ohne Bezugnahme auch auf Art. 13); 21, 1 (6); 24, 104 (109), 119 (135); 28, 104 (113), 324 (347); 29, 71 (79); für Art. 6 II: E 24, 119 (144 f.); s. auch 7, 320 (323); für Art. 6 V: E 22, 163 LS 2; 25, 167 (173); 26, 44 (60).

[269]) E 18, 121 (132 f.): „Wertentscheidung des Art. 13 GG." In E 30, 129 (148), „Interesse einer Förderung des Wohnungsbaus", bleibt Art. 13 unerwähnt. — Für Art. 12 GG: E 21, 245 (249): Rechtfertigung des Arbeitsvermittlungsmonopols vom „Blickpunkt des Art. 12 I GG her." S. auch S. 251 ff. die sozialstaatlich abgesicherten Gemeinwohlaspekte, S. 256: Hinweis auf das Interesse des Einzelnen. E 7, 377 (406): Gedanke der Förderung eines Berufes und damit der Erzielung einer höheren sozialen Gesamtleistung. — Für Art. 5 III GG: E 15, 256 (265): Verantwortung des Staates für die Förderung der Wissenschaft.

GG wenig sozialpolitische Regelungen enthält[270]). [Da es zu „Zielkonflikten" zwischen verschiedenen Grundrechtsinteressen (und anderen Gemeinwohlaspekten) kommen kann, benennt das BVerfG die Grundrechte wohl auch deshalb nicht als positive Verfassungsziele, um die politische Gestaltungsfreiheit des Gesetzgebers nicht zu tangieren. Dennoch sollte es seine grundsätzliche Zurückhaltung bei der interpretatorischen Verwendung von „negativen" Grundrechten behutsam revidieren[271]).]

---

[270]) Wichtig E 29, 221 (237; s. auch 241 ff.), wo im Rahmen einer etwaigen Verletzung des Art. 2 I GG die Vorsorge durch die Pflichtversicherung auch als „Förderung" der Persönlichkeitsentfaltung qualifiziert wird.

[271]) So hätte es in E 17, 210 (WohnungsbauprämienG) nahegelegen, nicht nur abstrakt von der gesetzgeberischen Förderung aus wirtschaftlichen, sozialen oder gesellschaftspolitischen Gründen zu sprechen, sondern auf Art. 13 GG Bezug zu nehmen; nur auf das Schutz- und Förderungsgebot des Art. 6 I GG wird verwiesen (aaO. 218, s. auch 223 f.). In E 11, 105 (113) — Kindergeld — wird zwar die „Sorge für Kinder" als „Sozialtatbestand" qualifiziert, jedoch nicht grundrechtlich (Art. 6 GG) abgesichert. — In E 16, 147 (168) wird zwar die „Zunahme der Verkehrsunfälle" relevant, Art. 2 II 1 GG bleibt jedoch unerwähnt; ebenso unergiebig 23, 50 (56 ff.) — Gesundheit (Nachtbackverbot) —; 20, 283 (295); 20, 351 (362); 22, 1 (21) — Schutz der Arbeitskraft als Gemeinwohlaspekt. In E 13, 97 (107); 17, 232 (238 ff.); 25, 236 (247) wird die Volksgesundheit ebenfalls nicht grundrechtlich begründet. — Eine Fundgrube für „grundrechtspolitische" Gesichtspunkte dürfte die Rspr. zu Art. 3 GG sein — Grundrechtsinteressen sind sachlich „einleuchtende" Differenzierungsgründe, bzw. ihre Verletzung verstößt gegen Art. 3 GG: z. B. E 12, 354 (367 ff.); 18, 38 (47 f.); 20, 31 (33); 22, 100 (103); 22, 163 (168); 23, 258 (263 f.); 28, 206 (213); 28, 324 (348 f.); 29, 71 (79); 30, 250 (270 f. i. V. m. 268 ff.). Auch die Rspr. zum Sozialstaatsprinzip könnte ergiebig sein. Das BVerfG scheint jedoch oft lieber an das Sozialstaatsprinzip anzuknüpfen — z. B. E 9, 73 (82), s. auch 10, 354 (368 ff.); 21, 245 (251 ff.) — als „durch dieses hindurch" an die Grundrechte selbst, als positive Kompetenznormen staatlicher Förderungspolitik! Das Sozialstaatsprinzip müßte gerade von den neu verstandenen Grundrechten her und i. V. mit Art. 3 GG Konturen gewinnen. Gleiches gilt für die „Gemeinwohljudikatur" des BVerfG: zuletzt E 30, 292 (323 f. i. V. m. 316 ff.); Gemeinwohlgesichtspunkte, die bei näherem Zusehen grundrechtsschützenden Aspekt haben: z. B. in E 20, 31 (34). — Insgesamt darf das BVerfG ermutigt werden, Grundrechte als Verfassungsziele, soziale Schutzaufträge und Gemeinwohlaspekte behutsam einzuführen. Bestimmte sozial- und wirtschaftspolitische („grundrechtspolitische") Anliegen des Gesetzgebers, die etwa als Gemeinschaftsgüter bei der Begrenzung von (anderen) Grundrechten oder bei der Konkretisierung des Gleichheitssatzes aktuell werden, sollten als Grundrechtsinteressen beim Namen genannt werden. Auch sollte bei der Auslegung von Bestimmungen wie Art. 109 GG der Grundrechtsaspekt sichtbar werden (Art. 12).

Auch der *Bayerische Verfassungsgerichtshof* hat bislang große Zurückhaltung geübt, die leistungsstaatliche und -rechtliche Seite der Grundrechte zu aktivieren: er versagte sich insofern die Funktion der „Leistungsrechtsprechung". Dies ist bemerkenswert: einmal, weil die Bayerische Verfassung viele sozialstaatliche, grundrechtsrelevante Spezialnormen nennt[272]), so daß der dogmatische Durchbruch von der eingriffs- zur leistungsstaatlichen bzw. -rechtlichen Konzeption naheläge, zum anderen, weil der Gerichtshof seine Kompetenz zur Feststellung von verfassungswidrigem legislatorischem Unterlassen bejaht[273]). [Trotzdem weicht er dem subjektiven öffentlichen Recht zugunsten des bloßen Programmsatzes[274]) aus, dessen inhaltliche Bedeutung er variiert[275]). Begründet wird diese dogmatische „Rückstufung" u. a. mit der Begrenztheit der öffentlichen Mittel[276]) und dem vermuteten Unvermögen des Staates, die geforderten Leistungen zu erbringen[277]) (Möglichkeit der Leistung als „Entstehungsvoraussetzung" des Leistungsanspruchs!). Die zweite Begründung ist funktionell-rechtlicher Natur. Die mangelnde Justitiabilität[278]) veranlaßt das Gericht, diesen grundrechtlichen Bereich dem Vorbehalt des Gesetzes zu unterwerfen[279]).]

Gewiß kann man weder von der Verfassung noch vom Verfassungsrichter Unmögliches verlangen. Gleichwohl muß die Dogmatik die für die leistungsstaatliche und -rechtliche Seite der Grundrechte typische Kategorie der „Unmöglichkeit" differenzierter behandeln. So ist klar zu sagen, daß es sich um „Unmöglichkeit" für den Richter handelt[279a]) — *er* kann keine

---

[272]) Z. B. Art. 106 I u. II, 125 II, 126 III, 128, 133 I, 139, 140, 141, 151, 162, 166—168, 171 BayVerf.: „soziale Grundrechte", grundrechtliche Schutzaufträge, grundrechtsfördernde Pflichten des Staates, Einrichtungsgarantien.

[273]) BayVerfGH 11, 203 (213); 13, 90 (95); 14, 4 (17); 17, 74 (77); 17, 107 (113); 21, 14 (18, 23).

[274]) 3, 2 (3); 12, 91 (112); offengelassen in 12, 152 (163); 13, 10 (19); 13, 109 (123); 13, 141 ff.; 15, 49 (53 ff.); 17, 30 (38).

[275]) Von dem „moralischen Anspruch" (BayVerfGH 15, 49 (53, 56)) des Einzelnen über den Auftrag an den Gesetzgeber (17, 74 (84); 18, 79 (82 f.)) bis hin zum Auslegungstopos (11, 81 (89); 15, 49 (55 ff.)) und „Grundsatz" (7, 1 (3)).

[276]) 12, 21 (35); 13, 109 (124), 141 (142 f.); 17, 74 (84).

[277]) 15, 49 (52, 55).

[278]) 15, 49 (57); 18, 79 (83).

[279]) 7, 1 (3); s. auch 13, 109 (123).

[279a]) Vor allem ist es unzulässig, die Geltungsqualität und -intensität von „sozialen Grundrechten" oder Verfassungsbestimmungen mit einer leistungsstaatlichen bzw. -rechtlichen Komponente ggf. bis zum bloßen Programmsatz zurückzustufen. Damit denkt man zu stark in der Alternative subjektives Recht oder Programmsatz oder in der Gleichung: rechtliche Bindung gleich richter-

grundrechtsförderlichen Titel in den Etat einsetzen. Im übrigen muß steuernde Dogmatik den Weg freihalten, im Einzelfall auch aus (negativen) Grundrechten Leistungsansprüche zu entwickeln. Die wachsende Rolle der (wirtschaftlichen) „Unmöglichkeit“ als grundrechtsdogmatischer, weil grundrechtsbegrenzender Figur ist eine Folge der Tatsache, daß der — neutrale — Leistungsstaat bemüht ist, Chancengleichheit herzustellen und die wirtschaftlichen Barrieren des praktischen Grundrechtsgebrauchs aller zu verringern.

Soweit eine *allein* die Ausgrenzungsfunktion betonende, liberale Grundrechtsauffassung dem Leistungsstaat hemmend entgegentritt, ist durch das beschriebene Grundrechtsverständnis die optimale Ergänzung zwischen staatlicher Leistungsfähigkeit und grundrechtlicher Freiheit zu suchen. Die Tendenz *vom Gesetzesvorbehalt zum Verfahrensvorbehalt* sucht diesen Weg zwischen „Skylla und Charybdis“: reinem Anspruchsdenken und sozialem Grundrechtsdefizit. Am Beispiel der *Bildungspolitik* bedeutet dies: aus Art. 2 I, 7 und 12 i. V. m. 3, 20 I (Sozialstaats- und Demokratieprinzip), Art. 5 GG (Informationsfreiheit) sowie ggf. i. V. m. einfachen Gesetzen folgt das Recht auf Chancengleichheit im (Aus)Bildungsbereich, auf gleichen Zugang zu den Ausbildungsstätten. Das aus Art. 12 GG fließende (soziale) Teilhaberecht ist insofern materiell begrenzt, als nicht von vornherein individuelle Ansprüche auf Zugang zu bestimmten Lehrveranstaltungen bestehen[279b]). Hier setzt die zum „sozialen Grundrecht“ führende verfahrensrechtliche Seite des Grundrechts ein: der Staat muß gesetzlich regeln, unter welchen Voraussetzungen über Verfahren Ansprüche entstehen. Würde man materiellrechtlich ein weitergehendes Grundrecht (z. B. auf bestimmte staatliche Leistungen) dem Art. 12 GG entnehmen, wäre der Leistungsstaat überfordert. Seine sozial*gestaltende* Aufgabe im Bildungsbereich beinhaltet schließlich, daß er Bildungs„ansprüche“ dort „wecken“ soll, wo sie aus sozialen Gründen nicht erhoben werden.

Leistende Funktionen legitimieren sich — wie gezeigt — aus Einzelgrundrechten i. V. m. Art. 3 und 20 I GG. Sie sind Teil des konstitutionellen Gemeinwohlauftrags zu leistungsstaat-

---

liche Kontrolle und verbaut die Möglichkeit, auf andere Weise der Grundrechtsverbürgung Wirkung zu eröffnen, z. B. über den Gleich*behandlungs*grundsatz, über das Sozial- und Kulturstaatsprinzip, über Generalklauseln oder über den Verfassungsauftrag an den Leistungsgesetzgeber.

[279b]) So „überholt“ im Leistungsstaat das grundrechtsrelevante objektive Recht das subjektive (Grund)Recht. Es gibt Verfassungsaufträge („Prinzipien“) von „Grundrechtsnutzen“, denen (noch) kein subjektives öffentliches Recht entspricht.

licher Grundrechtsintensivierung, dem es um den Menschen geht. Überdies wird staatstheoretisch relevant, daß soziale Gefälle, die zum Klassenkampf treiben, desintegrierende Wirkung auf das Gemeinwesen zeitigen. Jeder Bürger muß mündig sein können, andernfalls ist die res publica nicht Sache aller.

Dogmatisch bieten sich zur Sicherung eines status negativus nicht mehr *nur* gegen den (auch grundrechtsbegrenzenden) Leistungsstaat, sondern *mit seiner Hilfe* gegen Mächtige oder Gruppen verschiedene Wege:

Die „mittelbare" Drittwirkung *Dürigs* ist bekannt. *Scheuner* hat für diese Tagung den Begriff der „sozialen Breitenwirkung" der Grundrechte geprägt[280]). Sie entfalten als Teilhaberechte Schutzwirkung gegen Gruppenmacht[280a]). Zu denken ist an Verhinderung von Pressekonzentration und die Forderung nach „innerer Pressefreiheit" (Binnenstruktur grundrechtlicher Lebensbereiche). Die Grundsätze des *BVerfG* im Fernseh-Urteil zielen ebenfalls auf den Schutz grundrechtlicher Freiheit vor sozialmächtigen Faktoren[281]). Es geht überwiegend um Freiheit *durch* den Staat[282]), um grundrechtskonformes *Handeln*[283]), nicht um Unterlassen.

Inwieweit Grundrechte über die Erfüllung von *Verfassungsaufträgen* in die Dimension sozialer Teilhabe- und Leistungsansprüche hineinwachsen[284]), läßt sich nur differenziert beant-

---

[280]) *Scheuner*, DÖV 1971, 503 (506).

[280a]) Zur Notwendigkeit des Schutzes vor Gruppenmacht und Unverzichtbarkeit der Hilfe des Staates: *Scheuner*, AöR 95 (1970) 353 (402); s. auch *H. H. Rupp*, VVDStRL 27 (1969) 113 (119 f.). Die individuelle Freiheit bedarf des neutralen Staates zum Schutz gegen kollektive gesellschaftliche Fremdbestimmung.

[281]) *Scheuner*, AöR 95 (1970) 353 (402, 405).

[282]) Angesichts der *leistungs*staatlichen Bedingtheit der grundrechtlichen Freiheit stellt sich die Frage nach dem, was hinter den Bestrebungen nach „staatsfreien Räumen" steht. Teils mag es darum gehen, sich dem Netz leistungsstaatlicher Bedingtheiten zu entziehen, teils geht es um „Demokratisierung" auf Kosten des Rechtsstaats, dessen Friedensfunktion nicht mehr erkannt wird.

[283]) „Soziale Gerechtigkeit" ist als soziale Frage ein — wenn nicht das — Grundrechtsproblem. Leistungsstaatliche Aktivitäten und die Dogmatik zu ihrer juristischen Bewältigung dienen dem „Grundrechtsausgleich" i. S. realer Freiheit für alle. Daher das Wort von der „Grundrechtspolitik" und den Grundrechtsaufgaben als Staatsaufgaben. „Soziale Grundrechtsgerechtigkeit" ist das Ziel sozialstaatlicher Aktivitäten in bezug auf und im Rahmen der Grundrechte („Grundrechtspflichten"). Insbesondere gilt das für *daseinssicherndes Leistungsrecht*, Vollbeschäftigungspolitik, Berufswahl influenzierende Planpolitik.

[284]) *Schaumann*, JZ 1970, 48 (52), spricht in bezug auf die „Sozialrechte" von einer „Mittlerfunktion" zur Wahrung und Weitung

worten[285]). „Einstieg" ist der angesichts der veränderten Wirklichkeit *neu* interpretierte Art. 3 GG. Danach stehen alle Grundrechte über das Sozialstaatsprinzip unter einem freiheitsstiftenden „sozialen Vorbehalt"[286]): Gleichheit i. S. gerechter sozialer Zuordnung[287]).

Doch ist davor zu warnen, „grundrechtspolitische Wunschvorstellungen" als Verfassungsaufträge zu deklarieren, in der Hoffnung, sie seien juristisch ein Ersatz für das, was eigentlich der politische Prozeß ergeben sollte. Die „Verdichtung" bestimmter Grundrechtsinteressen zu Leistungsansprüchen ist vor allem Sache des Gesetzgebers; der Richter kann allenfalls punktuelle Anstöße im „Wachstumsprozeß" der Verfassungsverbürgung geben. Verfassungsauftrag oder gar subjektiver Leistungsanspruch stoßen oft auf die begrenzte Leistungsfähigkeit der Volkswirtschaft. Ein Zuviel an Verfassungsaufträgen kann auf Kosten der normativen Kraft der Verfassung gehen, die keine leistungsstaatliche Lebensversicherung ist[288]). Der Verfassungsauftrag ermöglicht es aber, die Grundrechte *praktisch* über Legislative und Exekutive „wirklich" zu machen[289]). Sie sind i. V. m. Art. 3 GG und dem Sozialstaatsprinzip Verfassungsaufträge an den Leistungsstaat, die ausnahmsweise in Ansprüche umschlagen; in der Regel bleibt es beim

---

des Freiheitsraumes durch Verbesserung der Existenzbedingungen, in welcher Funktion sie auf den Gesetzgeber angewiesen seien.

[285]) „Freiheit durch Teilhabe" über gesetzgeberische Aktivität (*Zacher*, Sozialpolitik und Menschenrechte, 29: „Abwehrrechte können mit einem Satz effektiv eingeräumt werden, Leistungsrechte können nicht ebenso als Allgemeinsätze effektiv sein"), z. B.: eine etwaige Teilsubventionierung der Presse. Grundrechte können zu justitiablen Leistungs- bzw. Teilhabeansprüchen umschlagen, weil ein Ausschluß von *vorhandenen* öff. Einrichtungen bzw. erbrachten Leistungen Art. 3 GG verletzen würde (dazu *Heinze*, oben Anm. 171, S. 67 ff.; *Hesse*, Grundzüge, 121). Die grundrechtliche Abwehrseite bleibt unverzichtbar.

[286]) Ausdruck von *A. Hensel*, Grundrechte und politische Weltanschauung, 1931, 29.

[287]) *Hesse*, Grundzüge, 87. S. auch *H. H. Rupp*, JZ 1971, 401 (402): „Die Grundrechte wollen egalitäre Freiheit sichern und nicht die Privilegien einiger Weniger."

[288]) Vgl. *Ehmke*, VVDStRL 20 (1963) 53 (72): Verfassung ist keine politische Lebensversicherung. — Verfassungsaufträge sind keine Leistungsgarantie, z. B. keine wirtschaftliche Wachstumsgarantie. Vor einer „Überanstrengung" des Verfassungsrechts ist bei Verfassungsaufträgen zu warnen (kein „Verfassungsfetischismus").

[289]) Für jedes Grundrecht ist gesondert zu untersuchen, wann und wo die über Verfassungsaufträge entfaltete soziale Teilhabe umzuschlagen droht in eine Egalisierung, die die grundrechtliche Freiheit selbst gefährdet. Die Chancengleichheit auf (Aus- und Weiter-) Bildung darf nicht umschlagen in eine Pflicht zu einer bestimmten Ausbildung.

Auftrag, der sich auf *verfahrens*rechtliche Ausgestaltungen richten kann.

Die Qualifizierung der Grundrechte als „werdende Teilhaberechte" setzt einen aktiven demokratischen Willensbildungsprozeß voraus, den Verfassungsaufträge nur favorisieren, aber nicht (faktisch) garantieren können[290]). Diese Lösung ist eine Absage an das im Zeichen der „Justizstaatlichkeit" oft allzu strapazierte „Vollzugsdenken". Verfassungsaufträge sind kein „Tischlein-deck-dich" für leistungsstaatliche Grundrechtseffektivierung, das die Realität des Bruttosozialprodukts beiseite schieben könnte.

Dem GG sind grundrechtsrelevante Verfassungsaufträge von unterschiedlicher normativer Kraft zu entnehmen[291]), die je eine besondere Affinität zur leistungsstaatlichen und -rechtlichen Seite der Grundrechte haben[292]). Das ist keine Kapitulation des „sozialen Grundrechtsverständnisses" vor der Faktizität; die Konstruktion eines Verfassungsauftrags *ohne* korrespondierende grundrechtliche Ansprüche läßt zwar das materielle Verfassungsrecht nicht seine „Fortsetzung" im Prozeßrecht finden, ist aber „typisch leistungsstaatlich": denn grundrechtsrelevante Leistungen werden erbracht, ohne daß schon kongruierende subjektive öffentliche Rechte bestehen[293]).

---

[290]) Grundrechtsrelevante Verfassungsaufträge bleiben im Spannungsverhältnis von Ziel und Erfüllung, von Wunsch (Idee) und Wirklichkeit, von Notwendigkeit und Möglichkeit, wenn man will: von jenem Stück unverzichtbarer konkreter Utopie, dem Prinzip Hoffnung und Realität, das für das Verhältnis von verfassungsrechtlicher Normativität und Normalität überhaupt kennzeichnend ist.

[291]) Zu den Verfassungsaufträgen: *Denninger*, JZ 1966, 767 ff.; *Wienholtz*, Normative Verfassung und Gesetzgebung, 1968; grdlg. zur Rspr. des BVerfG: *Lerche*, AöR 90 (1965) 341 ff.

[292]) Grundrechte als „werdende Teilhaberechte": leistungsstaatliche Funktionen geben ihnen „von unten her" Konturen, die auf Dauer eine Verdichtung zum justitiablen Maßgabegrundrecht bewirken können. — Bereits erfolgte Konkretisierungen können zwar modifiziert, aber im Prinzip nicht mehr rückgängig gemacht werden (*Suhr*, Der Staat 9 (1970), 67 (92): „soziales Rückschrittsverbot"): als „Erfüllung" des Sozialstaatsprinzips i. V. m. den Grundrechten gehören sie zur materiellen Verfassung, sind sie der irreversible Bereich leistungsstaatlicher (Grund)Rechtswirklichkeit.

[293]) Z. B. das Zweite VerstromungsG v. 5. 9. 1966 (BGBl. I 545), das keinen Anspruch auf Subventionen gibt, sondern als Kann-Vorschrift formuliert ist; vgl. *Börner*, oben Anm. 38, S. 39. — § 3 III RaumordnungsG; s. auch *Ipsen*, VVDStRL 25 (1967) 257 (267 i. V. m. Anm. 26). Aus der Rspr.: BVerwGE 34, 188 (190 f.). Zur „Teilhabe" als Figur der Sicherstellung der Versorgungsleistungen: *Heinze*, oben Anm. 171, S. 30. Gegen die Lösung „einklagbares subjektives öff. Recht auf Arbeit" spricht auch die Gefahr, daß das Recht auf

3. „Leistungsstaatliche und leistungsrechtliche Seite" der Grundrechte

Die flexibel zu haltende Lehre vom individualrechtlichen und institutionellen „Doppelcharakter" der Grundrechte[294]) bedarf der Ergänzung durch die „leistungsstaatliche" und „-rechtliche" Komponente[295]). Dies bedeutet: Die Grundrechte entfalten neben ihrer Abwehrfunktion über den status activus eine sozialstaatliche Teilhabeseite. Der Teilhabecharakter der Grundrechte „verdichtet" sich auf *Verfassungs*ebene grundsätzlich nicht zu subjektiven Ansprüchen[296]), als „steuernde Reaktionen auf staatliche Leistungsgewähr"[297]) können sie aber zu Leistungsgrundrechten werden; die Teilhabequalität ist in der Regel (objektiver) Verfassungsauftrag, der sich aus dem jeweiligen Grundrecht i. V. m. Art. 20 I und 3 GG ergibt[298]). Die objektiven, sanktionslosen, kultur-, wirtschafts- und arbeitsrechtlichen Pflichten des Leistungsstaats reichen (als „Prinzipien") *weiter* als subjektive Berechtigungen.

Arbeit die Pflicht zur Arbeit nach sich zieht: es „kippt" zum Pflichtrecht um (s. die Warnung *Dürigs*, VVDStRL 28 (1970), 252).

[294]) *P. Häberle*, Wesensgehaltgarantie, 70 ff., 163 ff.

[295]) Das Sozialstaatsprinzip bedeutet nicht nur *Bindungen* der Freiheit, sondern intendiert *auch* soziale Grundrechts*entfaltung* für alle. Der Sozialstaat ist die Aufforderung, inhaltlich und durch Verfahren (z. B. die Verstärkung des status activus processualis, die Einführung der „staatlichen Grundrechtspflichten", der „Grundrechtsinteressen") die Grundrechte effektiver zu machen. Das bewirkt freilich auch eine inhaltliche Korrektur von Grundrechten Weniger (z. B. am Bodeneigentum an Seeufern). Die normierende Kraft des Sozialstaatsprinzips ist im Leistungsstaat Konsequenz grundrechtlicher Freiheit. — Die Grundrechte sind nicht nur eine Leistung(schance) des Bürgers, sie sind auch eine Leistung des Staates als organisierter menschlicher Handlungs- und Wirkungseinheit (*Heller*). Daseinsvorsorge wird zur Grundrechtsvorsorge (z. B. über öff. Einrichtungen).

[296]) Vielmehr ist die Teilhabequalität nur (objektiver) Verfassungsauftrag, der sich aus dem jeweiligen Grundrecht i. V. m. dem Sozialstaatsprinzip und Art. 3 GG ergibt.

[297]) *Kloepfer*, oben bei und in Anm. 62, S. 2, 11 m. Anm. 61.

[298]) Besonders im Bereich des auch in anderen Grundrechten wirksamen sozialen Schutzauftrags des Art. 1 I GG sowie in bezug auf die Schaffung von gleichen Grundrechtschancen aller (wichtig die Sozialpflichtigkeiten der Bürger „untereinander" (*E. R. Huber*, DÖV 1956, 200 (201 f.)), im Bildungsbereich und für die „sozialen Grundrechte" liegt eine Antwort auf soziale Grundrechtsdefizite der „klassischen" Freiheitsrechte. Von „Grundrechtsförderung als Maxime staatlichen Handelns" spricht *Kloepfer*, aaO. 18 f., Anm. 80. — Wichtig wird die Frage nach den Voraussetzungen des Grundrechtsgebrauchs: Freiheit hat nun einmal ihre *tatsächlichen* Voraussetzungen!

Die Frage ist: „Grundrechte nach Maßgabe der ökonomischen Leistungsfähigkeit des Leistungsstaats“ oder „Leistungsstaat nach Maßgabe der Grundrechte“[299])? Ein Grundrecht in seinem status *positivus* gegen den Leistungsstaat unter den Maßgabevorbehalt zu stellen, relativiert es ebenso wenig, wie dies bei Maßgabegrundrechten herkömmlicher Art der Fall ist[300]). Der Leistungsstaat kann wegen dieses Vorbehalts keineswegs über das Grundrecht „verfügen“[301]). Der normative Druck, Grundrechte zu effektivieren, besteht, ohne daß vom Leistungsstaat Unmögliches verlangt wird.

Die *Ausgangsthese* ist: „Leistungsstaat nach Maßgabe der Grundrechte“; sie bestätigt sich, wenn man davon ausgeht, daß die Bürger mehr leisten, wenn sie frei sind und ein Optimum an *Möglichkeit* zur Selbstbestimmung haben. Eine „realistische Korrektur“ ist die Forderung, daß die Grundrechtsbegrenzungen (etwa bei Art. 14 GG) nicht so verschärft werden dürfen, daß Leistungsanreize und damit gesamtgesellschaftliches Leistungsniveau und Wirtschaftswachstum entfallen. Keine öffentlichen Leistungen ohne persönliche Leistungen[302])! Das individuelle (Leistungs-)Erwerbsstreben muß sich noch lohnen, die Steuerquellen dürfen nicht etwa durch Besteuerung zum Versiegen gebracht werden — schon Stillstand bedeutet Rückgang,

---

[299]) Z. B. stehen die sozialen Grundrechte i. eng. S. ebenso wie die Grundrechte, die sich über öff. Einrichtungen verwirklichen, unter Maßgabevorbehalt. Klassische Grundrechte als bloße Abwehrrechte „kosten“ den Staat so wenig, daß hier ein finanzieller Maßgabevorbehalt ignoriert werden kann. Die einzelnen Grundrechte setzen unterschiedliche Intensität leistungsstaatlicher Aktivität voraus. Im (Aus- und Weiter-)Bildungswesen und bei den ihm zugehörigen Grundrechten steht heute die Entfaltung des Leistungsstaats zur Grundrechtsverwirklichung im Vordergrund. Auf dem Gebiet des öff. Wohnungsbaus — Art. 13 i. V. m. Art. 3, 20 I GG — ist grundrechtsrelevante Leistungsstaatlichkeit noch notwendig. Grundrechte wie Art. 4 GG sind primär unter dem Blickpunkt des Eingriffsstaats wichtig.

[300]) Dazu *P. Häberle*, Wesensgehaltgarantie, 180 ff., 194 f.

[301]) Im Gegenteil: „Grundrechte nach Maßgabe des Leistungsstaats“ ermöglicht die Differenzierung der Grundrechte nach ihrer Eigenart und den ihnen zuzuordnenden leistungsstaatlichen Funktionen und stellt vor allem verfahrensmäßige Anforderungen i. S. des leistungsstaatlichen due process, Partizipationsformen im Namen der Grundrechte und der Demokratie.

[302]) Bei sinkendem realem Bruttosozialprodukt kann z. B. keine „expansive Bildungspolitik“ als Grundrechtspolitik betrieben werden. Das Wirtschaftswachstum (Art. 109 GG i. V. m. dem StabG) steht zum Verfassungsauftrag auf Chancengleichheit im Bildungswesen nicht nur in einem Spannungsverhältnis, sondern diese ist die Voraussetzung von jenem. Art. 109 intendiert die *Notwendigkeit* der Bildungsplanung (Art. 91 b GG).

und was nützen Grundrechtsgarantien ohne steigendes Bruttosozialprodukt und ohne gleichzeitigen Abbau „öffentlicher Armut“[302])?

Der Streit um den *numerus clausus*[303]) ist Paradigma für ein leistungsstaatliches Grundrechtsproblem[304]). Es geht um zwei Grundfragen: die Geltungsgrundlage und -qualität, Rechtsnatur und Schutzrichtung des Grundrechts sowie die Begründung etwaiger zulässiger Begrenzungen.

Der Zugangsanspruch zu den Hochschulen[305]) ist ein „Maßgaberecht“ (Art. 12, 5 III, 1 I, 3, 20 I GG), d. h. es steht von vornherein unter dem — verfassungskonformen — Vorbehalt des Leistungsstaats, seiner *Möglichkeiten* zur Effektivierung dieses Rechts[306]). Dieser Maßgabevorbehalt[307]) erlaubt eine Abstufung der Grenzen und ihre differenzierte verfassungsrechtliche Begründung. [Bekanntlich wird teils aus immanenten Grundrechtsgrenzen[308]), teils in Analogie zur Stufentheorie des BVerfG[309]) und damit i. S. einer Güterabwägung argumentiert[310]).] Das Leistungsprinzip läßt sich als „Eignung“ aus den allgemeinen Überlegungen zum Verhältnis Demokratie, Grundrechte und Leistungsprinzip[311]) im sozialen Leistungsstaat und zu der gesamtwirtschaftlichen Kostenseite rechtfertigen. [Die Berücksichtigung des Dienstes bei der Bundeswehr legitimiert sich aus der verfassungsrechtlichen Anerkennung dieser Institution[312]), des Ersatzdienstes (Art. 12 a II GG) aus dessen Leistung für die Allgemeinheit. Die — justitiable — Kapazitäts-

[303]) Beim „sozialen“ numerus clausus (Behebung durch den Bau von Studentenwohnraum) ist die leistungsstaatliche Seite der Art. 13 und 11 sowie 5 III GG angesprochen.

[304]) Vgl. die Einbeziehung der Universitäten als öff. Einrichtungen in die Garantenstellung der öff. Gewalt (OVG Koblenz NJW 1970, 824 (825)).

[305]) Z. B. *Barbey*, JZ 1971, 473 (476 Anm. 22, 481 Anm. 59, 477). — OVG Koblenz aaO. S. 825 f.: „mehrschichtige Konkretisierung“ des Grundrechts der Berufsfreiheit.

[306]) Zur Demokratisierung der Bildung durch Eröffnung freien Zugangs zu Ausbildungsstätten (soziale Gleichheit): *Scheuner*, DÖV 1971, 1 (4).

[307]) Er rechtfertigt sich aus der Einbettung des zum Teilhaberecht werdenden chancengleichen Zugangsrechts in den Leistungsstaat und einer Gesamtbetrachtung der Verfassung.

[308]) VG Frankfurt JZ 1970, 365; BaWüVGH in: BaWüVBl. 1970, 26 (27); OVG Koblenz aaO. 825.

[309]) *Staff*, NJW 1967, 2234 (2238).

[310]) Nachw. bei *Berg*, JurA 1970, 635 (642 f.); *Schmitt*, DVBl. 1971, 382 (384 f.).

[311]) „Effizienz in Freiheit“, Ausdruck bei *Dahrendorf*, in: Attempto, H. 29/30, 1968, 28 ff. mit Kritik an jenen Vorstellungen, die die Universität als „Schonraum der Ineffizienz“ ansehen.

[312]) Art. 73 Ziff. 1, 87 a, 87 b GG.

grenze ist aus Art. 5 III GG (Auftrag für Forschung und Lehre[313]) und den Rechten schon studierender Dritter (Prioritätsprinzip) zu begründen.

Eine Gesamtschau von Grundrechts- und Kompetenznormen[314]) ist auch bei diesem Maßgabegrundrecht notwendig. Aufgabe der Dogmatik ist es, Konstruktionen zu erarbeiten, die den „Umschlag" (bzw. die Erweiterung) vom negativen Abwehrrecht zum positiven Teilhaberecht[315]) greifbar, praktikabel und trotz der Grenzen[316]) glaubwürdig machen[317]). Auch unter dem Maßgabevorbehalt bleibt vom subjektiv-rechtlichen status positivus mehr, als ein bloßer Verfassungsauftrag erkennen ließe: das chancengleiche Zugangsrecht zu den *vorhandenen* Hochschuleinrichtungen, das nur nach objektivierten, gerichtlich kontrollierbaren Kriterien des Leistungsprinzips usw. begrenzt werden darf. Gleichzeitig richtet sich ein nicht justitiabler Verfassungsauftrag an den demokratischen Prozeß und seine Prioritätensetzung. Er wirkt als Appell an die politischen Instanzen, den derzeitigen numerus clausus nur als Notbehelf, als Übergangsübel anzusehen[318]). Wie andere Grundrechte, so

---

[313]) Vgl. BaWüVGH DVBl. 1969, 931 (934); OVG Koblenz NJW 1970, 824 (825).

[314]) Insbes. Art. 75 Nr. 1a i. V. m. Art. 72, 73 Ziff. 11 und 91a Ziff. 1 GG.

[315]) Inhalt und Grenzen des Zugangsrechts müssen auch deshalb über den Maßgabevorbehalt zusammen gesehen werden, weil der Staat (Bildungsmonopol!) in diesem Bereich öffentlicher Ausbildungseinrichtungen Voraussetzungen, Bedingungen und Modifikationen des Zugangsrechts leistungsrechtlich und -staatlich schaffen muß.

[316]) Z. B. kein einklagbarer Anspruch auf Schaffung von Studienplätzen (*Barbey*, JZ 1971, 473 (475, 482 f.); *Schmitt*, DVBl. 1971, 382 (383, 385)); keine Kompetenz der Gerichte, Finanz- oder Hochschulpolitik zu betreiben, indem sie über *vorhandene* Kapazitäten hinaus ein praktisch nicht realisierbares „Recht" zusprechen, statt die fehlende staatliche wirtschaftliche Leistungsfähigkeit oder den fehlenden staatlichen Leistungswillen dogmatisch als jedenfalls für den Richter „juristische Unmöglichkeit" zu qualifizieren; VGH Kassel NJW 1970, 1340 (1341): „ultra posse nemo obligatur"; s. auch OVG Koblenz DVBl. 1970, 324 (328).

[317]) I. S. eines reinen Leistungsanspruchs auf Ausbildung aus Art. 11 I Verf. Bad.-Württ.: BaWüVGH DVBl. 1969, 931 (933); s. auch OVG Koblenz NJW 1970, 824 (825); gegen ein „Leistungsrecht": VG Regensburg BayVBl. 1971, 30 (31).

[318]) Dieser Appell richtet sich vor allem an den demokratischen Gesetzgeber, der, weil es sich um eine dem demokratischen Gesetzesbegriff gemäß „wichtige" Frage handelt (dazu *Hesse*, Grundzüge, 202 ff.), sich der normativen Regelung des Zugangs, vor allem der Effektivierung des Maßgabegrundrechts (Freiheitsverwirklichung durch leistungsrechtliche Aufgaben) annehmen muß (Hochschulstatistik-, Hochschulplanungsgesetz usw.). Juristisch und poli-

kann sich das infrage stehende nur dann entfalten, „soweit dafür die tatsächlichen Voraussetzungen gegeben sind“[319]).

Die Bevorzugung der *„Landeskinder“*[320]) ließe sich allenfalls aus dem Grundgedanken[321]) des kommunalen Rechtsprinzips legitimieren, wonach nur die Einwohner einer bestimmten Gemeinde Anspruch auf gleiche Benutzung der öffentlichen Einrichtungen haben. Die Landeskinderklausel verletzt jedoch sowohl Art. 3 III (Heimat)[322]), 33 I [323]) als spezielle Ausformung des Gleichheitssatzes als auch Art. 12 und 11 GG, d. h. das chancengleiche Zugangsrecht als Maßgaberecht des GG. Eine Analogie zu dem erwähnten Grundsatz scheitert daran, daß die besondere Pflichtenstellung der Ansässigen angesichts des vertikalen und horizontalen Finanzausgleichs und der Kooperation von Bund und Ländern beim Ausbau der Hochschulen kein zulässiges Differenzierungskriterium ist: Die Landeskinderklausel ist keine länderbezogene „Leistungsklausel“, sondern eine verfassungswidrige „provinzielle“ Grundrechtsbeschränkung[324]). Der numerus clausus zeigt, daß leistungsstaat-

---

tisch liegt das derzeitige rechts- und leistungsstaatliche Defizit als „Schwarzer Peter“ beim inaktiven Bundes- und Landesgesetzgeber. — Die Gerichte sind überfordert, mögen sie auch „vorpreschend“ den Gesetzgeber an dessen „Grundrechtspflichten“ erinnern. Apodiktisch VG Frankfurt DVBl. 1969, 940 (942): Die immanenten Schranken der Grundrechte müssen sich aus der verfassungsmäßigen Ordnung ergeben und nicht aus einem verfassungswidrigen Finanzgebaren. Krit. dazu BaWüVGH DVBl. 1969, 931 (933). I. S. eines Verfassungsauftrags, den numerus clausus abzubauen z. B. VG Berlin NJW 1971, 1100 (1101 f.); w. Nachw. bei *Schmitt*, DVBl. 1971, 382 (384); anders VG Regensburg BayVBl. 1971, 30 (31).

[319]) VGH Kassel NJW 1970, 1340 (1341).

[320]) Z. B. Art. 3 II 3 BayrHSchZulG (GVBl. 1970 S. 273). Für die Verfassungsmäßigkeit: Bayr.VerfGH BayVBl. 1971, 102 (103 ff.), mit zust. Anm. von *Kalkbrenner*, ebd. S. 106; abl.: *Ott*, DÖV 1971, 302 f. — Gegen eine Differenzierung nach Landeszugehörigkeit: VG Saarland, zit. bei *Schmitt*, DVBl. 1971, 382 (390 m. Anm. 98).

[321]) Der Bayr.VerfGH spricht, aaO. S. 103, unter Bezugnahme auf Art. 3, 128 Bayr.Verf. von einer Aufgabe des Staates, *den im Lande Ansässigen* die erforderlichen Bildungseinrichtungen zur Verfügung zu stellen.

[322]) BVerfGE 5, 17 (22): Der Begriff „Heimat“ in Art. 3 III GG bezieht sich auf die örtliche Herkunft nach Geburt oder Ansässigkeit (ebenso: E 23, 258 (262)).

[323]) Angesichts der staatsbürgerlichen Bedeutung der Ausbildung ist Art. 33 I GG weit, d. h. so auszulegen, daß er auch das Ausbildungsverhältnis umfaßt (so *Maunz*-Dürig-Herzog, K., Rdn. 6 zu Art. 33; a. A. mit Nachw.: Bayr.VerfGH, aaO. S. 103).

[324]) Ländergrenzen sind keine Berufsausbildungsgrenzen! — Zentrale Zulassungsbeschränkungen, die z. B. den Studienbewerber aufgrund bundesweiter Planung an eine bestimmte Universität ver-

liches *Unterlassen* zu sozialen Grundrechtsdefiziten führt[325]). Um so wichtiger wird die Frage, wie das Maßgabe-Grundrecht chancengleichen Zugangs (aller Abiturienten)[326]) effektiviert werden kann[327]): dies hat vor allem durch zuverlässige Planung und transparente Steuerung zu geschehen.]

Demokratieprobleme sind heute letztlich Bildungsprobleme; daher wird Bedarfsplanung im (Aus- und Weiter-)Bildungswesen zum Grundrechts- und Demokratieproblem (Art. 20 I, 5 GG)[328]). Der einzelne hat erst dann reale Freiheit der Berufswahl, wenn ihm Planungsgesetze Entscheidungsgrundlagen liefern. Bedarfs-, Nachfrage- und Kapazitätsplanung im Bildungsbereich ist eine typisch grundrechtseffektivierende leistungsstaatliche Funktion[329]). Es ist ein *Bundes*bedarfsplanungsgesetz erforderlich[330]), bei dem es auf eine optimale verfahrensrecht-

---

weisen, da dort die Kapazitätsgrenze noch nicht erreicht ist, wären trotz Art. 11 GG zulässig. Leistungsstaatliche Grundrechtsförderung im Interesse des Maßgabe-Grundrechts auf Zugang zu den Ausbildungsstätten legitimiert hier die — unvermeidliche — Beschränkung eines anderen Grundrechts.

[325]) Die Rspr., die die Zulassungsverfahren objektiviert, ist „Leistungsrechtsprechung".

[326]) Die Abitursnote ist bislang der alleinige „formalisierte" Qualifikationsnachweis; doch bleibt zu fragen, ob Testprüfungen für Studiengänge geboten sind. — Zur Schizophrenie in der Bildungspolitik: Einerseits tut der Staat alles, um möglichst viele zum Abitur zu führen (statt sich stärker der Lehrlingsausbildung anzunehmen), andererseits etabliert er den numerus clausus.

[327]) Zum Sozialstaatsprinzip als *Begründung* einer *Pflicht* der Behörden, ihre Ausbildungsvorschriften so einzurichten, daß den Wehrpflichtigen vermeidbare Schwierigkeiten bei der Wiederaufnahme ihrer Ausbildung erspart werden: BVerwGE 34, 188 (190 f.). Der *Ellwein-Plan* über das (Aus-)Bildungswesen in der Bundeswehr will sich der „leistungsorientierten zivilen Umgebung angleichen" (FAZ v. 14. 8. 1971 S. 2).

[328]) Bildungsplanung soll im Hochschulbereich *nicht nur* am ermittelten gesamtgesellschaftlichen „Bedarf" orientiert werden. Das Zugangsrecht zu Universitäten ist keine Abhängige der staatlich diktierten „gesellschaftlichen Erfordernisse" wie in Art. 26 I der DDR-Verfassung (1968). Individuelle Studienwünsche sind wegen der höchstpersönlichen Seite des chancengleichen Zugangsrechts (als einem Stück freier Selbstverwirklichung) auch unter dem Leistungsgesichtspunkt legitim: Wer seinen Wünschen entsprechend studieren kann, wird seinen späteren Beruf mit größerer Hingabe ausfüllen als der „Gesteuerte".

[329]) Zulässigkeit und Grenzen der „influenzierenden" Planung sind nach dem Grundsatz der Verhältnismäßigkeit zu bestimmen; denn es besteht die Gefahr, daß sie einer „versteckten" imperativen Planung (Berufslenkung) nahekommt. Indikative und informative Nachfrage-, Bedarfs- und Kapazitätsplanung im Hochschulbereich ist eine sozialstaatliche und grundrechtliche Pflicht des Staates.

[330]) Die Kompetenz zur Gesetzgebung für den Bund ergibt eine Zusammenschau der Art. 73 Ziff. 11, 74 Ziff. 13, 75 Ziff. 1 a, 91 a

liche Ausgestaltung ankommt (Publizität und Pluralismus)[331]), da Verfahren entscheidend werden für die materielle Bedeutung der Grundrechte[332]). Im (Aus- und Weiter-)Bildungsbereich werden Leistungsgesetze vom Typ der Planungs-, Steuerungs-, Organisations- und Verfahrensgesetze[333]) unverzichtbar. [Zu unterscheiden von indikativen und informativen Planungsgesetzen sind Berufslenkungsgesetze[334]). Hier ist zu differenzieren: Imperative Berufslenkung ist verfassungswidrig. Mittelbare Berufslenkungsgesetze sind im Rahmen der Verhältnismäßigkeit zulässig; das Sozialstaatsprinzip und die ihm zugehörigen Gemeinwohlgesichtspunkte (wie z. B. Volksgesundheit) können notwendige Steuerungen rechtfertigen[335]). Die gemeinwohlorientierte Steuerung der durch materielle Vorteile attraktiver gemachten Berufswahl (Lehrerberufe, Landärzte) und gezielte Werbung für bestimmte Berufe sind zulässig.

Ziff. 1 i. V. m. Art. 12,3 GG sowie der „Natur der Sache". Der Grundgedanke des Art. 91 a GG ist analog heranzuziehen; Abs. 3 zeigt, daß das GG nicht von einer ausschließlichen Zuweisung von Aufgaben der Planung, ihrer Verfahren und Einrichtungen an die Exekutive ausgeht.

[331]) Die Entwicklung von „Kooperationsmodellen" zwischen Staat und Hochschulen fordert die BAK, numerus clausus, H 6 (1969) S. 7. 30.

[332]) Das Gesetz müßte z. B. Regelungen über die Verfahren der Beschaffung der Informationen und der Bedarfsfeststellung treffen. Datenprognosen und Orientierungsdaten sind in Publizität unter Beteiligung pluralistischer Gremien zu erstellen. Über die Zusammensetzung der Gremien muß das Gesetz (ein PluralismusG) selbst entscheiden, damit nicht einseitig bestimmte Interessen (z. B. Standesinteressen der Anwalts- und Ärztekammern) repräsentiert werden. Vertreter der Hochschulen, einschließlich der Studenten, müßten beteiligt sein.

[333]) Vgl. jetzt das HochschulStatG vom 31. 8. 1971 (BGBl. I S. 1473).

[334]) *Berg*, JurA 1970, 635 (644): Unzulässigkeit eines numerus clausus, der vom Staat mit dem Ziel der Berufslenkung, sei es aus berufs- oder sozialpolitischen Gründen, eingeführt wird. S. aber *Oppermann*, VVDStRL 27 (1969) 207: (besonders) wichtiges Gemeinschaftsgut, die Verteilung der enormen Studentenzahl entsprechend der sozialen Wichtigkeit der einzelnen Berufe vorzunehmen. Bayr. VGH VerwRspr. 21 Nr. 68 S. 284: Das in Art. 12 GG begründete Verbot einer staatlichen Berufslenkung steht einer dem Sozialstaatsgedanken entsprechenden Orientierung der Leistungsverwaltung an dem künftigen Bedarf an Fachkräften nicht entgegen.

[335]) Zu denken ist an die Forderung des Verbands der niedergelassenen Ärzte (FR v. 10. 3. 1971 S. 1), durch eine Klausel im BundeshochschulrahmenG das Problem der unterbesetzten Landarztstellen dadurch zu lösen, daß eine medizinische Fakultät einen Teil ihrer Plätze für solche Studierende freihält, die sich verpflichten, anschließend einen „dringend erforderlichen Arztsitz" zu übernehmen.

Bei der (Aus-)Bildungsplanung, im Spannungsfeld von individuellen Wünschen, gesellschaftlicher Nachfrage und volkswirtschaftlicher Leistungsfähigkeit, ist zu berücksichtigen, daß eine unbegrenzte Mobilisierung der Finanzmassen durch übergroße Steuererhöhungen den Leistungsstaat auf lange Sicht in Grundrechtsdefizite bringt, auch dann, wenn auf eine ständige Steigerung des privaten Konsums zugunsten des öffentlichen Bedarfs und öffentlicher Investitionen verzichtet werden sollte.]

Sehr konkret, aber zu wenig unter dem Gesichtspunkt leistungsstaatlicher Grundrechtseffektivierung gewürdigt, begegnen sich Grundrechte und sozialer Leistungsstaat in (staatlichen oder kommunalen) *öffentlichen Einrichtungen* wie: Schulen[336]), Kinder-, Lehrlings- und Altersheimen, Stadthallen, Krankenhäusern und Museen. Wie sehr der Leistungsstaat hier Grundrechte gefährden kann, zeigt sich etwa beim Postwesen[337]) (Art. 10 I, 73 Ziff. 7, 87 I GG) im Streit um die Gebührenerhöhung der Pressetarife für Fernschreibleitungen[338]). Öffentliche Einrichtungen sind ein Stück Grundrechtswirklichkeit im Sozialstaat[339]), sie illustrieren zugleich den Aussagewert der leistungsstaatlichen Maßgabeformel[340]).

Dogmatisch stand die Frage der Grundrechts*begrenzung* und ihrer Reichweite in solchen besonderen „Gewalt"verhältnissen im Vordergrund. Die Schrankenfunktion der Grundrechte ist weiterhin bedeutsam; allerdings lassen sich Intensität und Intimität z. B. personaler Leistungen (Pfleger-alte Menschen,

---

[336]) Art. 7 GG — als objektive Seite Korrelat eines subjektiven Maßgabe-Rechts auf (Aus)Bildung — ist insofern Ausdruck von Leistungsstaatlichkeit: im Schul- und Bildungswesen hat schon der bürgerliche Rechtsstaat große Leistungen erbracht!

[337]) Das BVerwG (DÖV 1971, 385 f.) bejaht einen Anspruch auf Einrichtung eines Fernsprechanschlusses, jedoch unter Vorbehalt der Möglichkeit („Unmöglichkeit" als Leistungsansprüche begrenzende Kategorie!).

[338]) Hier sind plötzlich Informationsfreiheit und Vielfalt im Zeitungswesen gefährdet (s. den Protest des Dt. Presserats (FR v. 24. 6. 1971 S. 3). Ein „harmloses" klassisches Verwaltungsinstrument wie die Gebühr und ihre Erhöhung kann grundrechtliche Freiheit dadurch gefährden, daß die Voraussetzungen ihrer Verwirklichung erhöht werden. Teilhabe ist hier Bedingung für grundrechtliche Freiheit, ein Stück Freiheit!

[339]) Zum Sozialstaat als „Staat der Einrichtungen" im Anschluß an *Köttgen: Scholz,* Das Wesen und die Entwicklung der gemeindlichen öff. Einrichtungen, 1967, 231. Zu Rundfunk und Fernsehen als „Dienstleistungsunternehmen" mit Gemeinwohl- und Öffentlichkeitsbezug: BVerfGE 31, 337 abweichende Meinung (343, 345).

[340]) Speziell zum „Vorbehalt der gemeindlichen Leistungsfähigkeit": *Scholz,* ebd. 229.

Lehrer-Schüler etc.) nicht ganz in das Schema der Abwehr und Ausgrenzung einfangen.

Wichtig wird die *positive* Seite[341]): die öffentlichen Einrichtungen und ihre Leistungszwecke vermitteln „Erfüllung sozialer Grundrechte"[342]) unter dem Maßgabevorbehalt. Die Grundrechtsverwirklichung bedarf einer Fülle solcher Einrichtungen, deren Abwehrseite sich in einer „Schwebelage" zur Teilhabeseite bzw. leistungsstaatlichen sozialen Daseinsgewährleistung befindet — auch hier wird Daseinsvorsorge zur „Grundrechtsvorsorge". Die öffentlichen Einrichtungen kommen den Grundrechten von der leistungsstaatlichen Seite her entgegen[343]). Der Gleichheitssatz — aus seiner Verharmlosung zum Willkürverbot befreit — ist als Gleich*behandlungs*prinzip Garantie dafür, daß nach Maßgabe der Kapazitäten alle gleichen Zugang zu den vorhandenen öffentlichen Einrichtungen haben (status positivus)[344]).

Die Sonderstatus-Verhältnisse sind (auch) unter dem Aspekt des grundrechts*fördernden* Leistungsverhältnisses und nicht nur dem traditionellen des Herrschaftsinstruments und -apparats zu sehen; sie dürfen nicht auf die überkommene Rechtsschutzproblematik verengt werden. Die „Erfüllung" sozialer (Grund-)Rechte — z. B. der Kranken und Behinderten[345]) — ist auch der Versuch, ihnen die Fähigkeit, die klassischen Grundrechte zu gebrauchen, zu erhalten oder wieder zu geben[346]).

---

[341]) I. S. der Betonung der positiven Bedeutung der öff. Einrichtungen für die Grundrechte auch *Herbig*, Die öff. Einrichtungen im sozialen Rechtsstaat der Gegenwart, 1970, 12, 164 ff., 176 ff., 228. Wichtig *Scholz*, aaO. 90 f., s. auch S. 86 f., 219, 228 ff., 242 f.

[342]) *Zacher*, Sozialpolitik und Menschenrechte, 58 f.

[343]) Diese anstaltlich vermittelte Grundrechtsverwirklichung bedarf der Differenzierung; es finden sich unterschiedliche Arten von Dienstleistungen: Geld-, Sach- und Personalleistungen (*Zacher*, aaO. 51 f., 64 ff.) — Leistungsverhältnisse als ausgestaltete Grundrechtsverhältnisse. Die Geldleistungen sind in ihrem „Grundrechtsnutzen" meßbar; bei den Personalleistungen über „Betriebsverhältnisse" könnte man praktisch größeren Grundrechtsnutzen schaffen, wenn man die Grundrechte als Abwehrrechte nicht zu weit vorantreibt: wo Mitbestimmungsforderungen — etwa der Schüler aus Grundrechts- (oder Demokratie) Postulaten der pädagogischen Freiheit des Lehrers und den staatlichen Lehrplänen gegenüber — *zu* weit nachgegeben wird, könnte der effektive Grundrechtsnutzen für den sich erst sukzessiv in der Anleitung personal entfaltenden Schüler bedroht sein.

[344]) Beisp.: § 5 PartG, § 17 DGO (ein Grundsatz von Verfassungsrang, vgl. *Scholz*, aaO. 228, 88), § 10 II Bad.-Württ.GO; *Herbig*, aaO. 183 ff., bes. 186 ff.

[345]) *Zacher*, aaO. 53.

[346]) Wenn die Bundeswehr Ausbildungszwecke für die Zeit *nach* dem Wehrdienst verfolgen soll, so kommt es zu parallelen Fragen:

4. *Die (Grund-)Rechtsschutzproblematik*

a) Allgemeine Problematik

Grundrechtsschutz im Leistungsstaat kann nicht allein vom gerichtlichen Rechtsschutz *a posteriori* her aufgezäumt werden[347]). Daher ist „zweigleisig" zu verfahren: über Rechtsschutz im engeren Sinne (Gerichtsschutz) einerseits[348]) und im weiteren Sinne (nichtjudizieller Art)[349]), den grundrechtlichen due process, status activus processualis andererseits. [Das angloamerikanische Rechtsdenken über den „due process of law" könnte hier fruchtbar werden[350]).] Die Entscheidung über die Zukunft der Grundrechte im Leistungsstaat dürfte beim Ausbau dieser nichtrichterlichen — gegebenenfalls nach Etappen

---

Dienstleistungsfunktionen gewinnen positive Grundrechtsrelevanz. Nach einem Bericht der „Welt" v. 13. 7. 1971 S. 4 hält die Notwendigkeit, sich auf zwei Berufe einrichten zu müssen, viele vom Offiziersberuf ab, da sie befürchten, „ohne ein später in der zivilen Leistungsgesellschaft verwertbares Hochschulstudium Zeit und Chancen zu verlieren". — Selbst die Gefangenenanstalt nimmt angesichts der sozialstaatlichen Forderung nach Resozialisierung partiell Dienstleistungscharakter an. Bei all dem darf die Schutzfunktion der Grundrechte im Rahmen dieser öff. Einrichtungen nicht übersehen werden.

[347]) S. für die Planung: *Ipsen*, VVDStRL 24 (1966) 223. — *Forsthoff*, Industriegesellschaft, 153 f., spricht in bezug auf den für die „tägliche Daseinsfristung" unentbehrlichen leistenden Staat von einem Unterlaufen des grundrechtlichen Freiheitsschutzes.

[348]) Hier läßt sich der Rechtsschutz vorsichtig in Anknüpfung an den Gleichheitssatz (vgl. *Forsthoff*, aaO. 154) bzw. das Willkürverbot (*ders.*, VerwRecht I, 9. Aufl., 68, 71 f., 209, 395; *Friauf*, VVDStRL 27 (1969) 1 (34); *Bachof*, ebd. S. 97 f.; *Fuß*, ebd. S. 99 f.) i. V. m. dem Publizitätsprinzip (*Zacher*, VVDStRL 25 (1967) 308 ff. (354 ff.) für die Subventionen; *Friauf*, aaO. S. 38; zuletzt *Heinze*, oben Anm. 171, S. 46 ff., 82 ff., Begründungszwang) intensivieren oder (bzw. und) man fragt stärker nach der intendierten Wirkung staatlicher Funktionen (*Friauf*, VVDStRL 27 (1969) 1 (8)) oder setzt bei dem erweiterten Begriff der „Betroffenheit" (*Friauf*, aaO. S. 15; *Fuß*, aaO. S. 100; *Wiebel*, Wirtschaftslenkung und verwaltungsgerichtlicher Rechtsschutz des Wirtschafters nach dem Erlaß des StabG, 1971, 49 ff., 78 ff., 85 f.) oder der Verbindung von Leistung und Eingriff (*Mallmann*, VVDStRL 19 (1961) 165 (191) m. N.) an.

[349]) Ein eindringliches Plädoyer für den „Rechtsschutz innerhalb der Verwaltung" bei *Forsthoff*, VVDStRL 18 (1960) 202 f.; für eine Vorverlagerung der Beteiligung des einzelnen in den Verwaltungsverfahren: *Ule*, ebd. S. 205. Zum rechtlichen Gehör beim Erlaß des Raumplans: *Imboden*, VVDStRL 18 (1960) 113 (125 ff.), S. 136: der gerichtliche Rechtsschutz in der Nachprüfung des planenden Ermessens droht ins Leere zu greifen.

[350]) *Scheuner*, VVDStRL 17 (1959) 238, sieht in Art. 19 IV den Grundsatz des „due process", wonach jeder Eingriff der Verwaltung, der keine genügende Gewähr eines rechtlichen Verfahrens (Vorgehens) enthalte, unzulässig sei.

gestuften — Verfahren[351]) fallen. Art. 19 IV und 103 I GG sind auf den Leistungsstaat hin fortzuentwickeln. Aus Art. 1 I GG folgt, daß über den Bürger nicht ohne Verfahrenssicherungen verfügt werden darf[352]).

Hier wird die Unterscheidung in Grund*recht* und Grundrechts*interesse* ergiebig: Grundrecht ist der sachliche Gehalt, der sich als subjektives öffentliches Recht oder Anspruch justitiabel machen läßt; Grundrechtsinteresse meint faktische Grundrechtsbezüge, die jenseits dieser Grenze liegen — Interessen, die nur in nichtrichterlichen Verfahren optimal geschützt werden können[353]).

[Rechtsschutz als Gerichtsschutz und als „nichtjudizieller Schutz" bilden den Rahmen eines differenzierten *Gesamt*rechtsschutzsystems[354]), das herzuleiten ist aus dem Gedanken, Grundrechte und Leistungsstaat seien in der Weise sachlich einander zuzuordnen, daß die Grundrechte ein „Aktivposten" auch im leistenden Gemeinwesen sind. Verfahrensmäßig disziplinierte Staat-Bürger/Gruppen-Beziehungen sind dem sozialen Rechtsstaat und der Demokratie angemessen. Rechtsschutz im engeren und weiteren Sinne ist angesichts der Interdependenzen von Leistungsstaat und Leistungsgesellschaft nicht nur eine eindimensionale, allein im individuellen Interesse liegen-

351) Etwa durch die Konstituierung funktionsnaher pluralistischer Gremien, Auslegungspflichten etc.; bei der Leistungsfunktion Planung meint *Forsthoff*, VVDStRL 18 (1960) 184, das Fundamentalproblem des ganzen Rechtsschutzes sei, daß er meistens zu spät komme; s. die Erwägung *Ipsens*, ebd. S. 194, Rechtsschutz i. S. von Aufsichtsverfahren und verwaltungsinternen, rechtsstaatlichen Sicherungen unter Beteiligung der potentiell Betroffenen. Für rechtzeitigen Interessenschutz auch *Scheuner*, VVDStRL 17 (1959) 238. — Insofern ist der Gerichtsschutz nicht das Maß aller Dinge! — *Herb. Krüger*, ebd. S. 221 f., wirft mit Recht die Frage auf, ob und inwieweit je nach der Eigenart des Verwaltungshandelns dieses „in Verfahren zu bringen" sei.

352) Historisch war auch der Vorbehalt des Gesetzes eine klassische Form des (Grund-)Rechtsschutzes (dazu *K. Vogel*, VVDStRL 24 (1966) 125 (149 f.)), ebenso wie die Allgemeinheit des Gesetzes (dazu *Schaumann*, ebd. S. 214). S. auch *Herzogs*, VVDStRL 24 (1966) 183 (204 f.), Frage, ob es einen Gesetzesvorbehalt der Sanktion im Bereich der zentralen Planung gibt, die deshalb so berechtigt ist, weil der Bürger bei diesen „großen Gestaltungen" zwar nur „mittelbar", dafür aber um so intensiver berührt wird.

353) Korrekt wäre, nicht von rechtlichem Gehör, sondern von „Interessengehör" zu sprechen. *Forsthoff*, VVDStRL 18 (1960) 191: „Koordination von Interessen und Rechtslagen" als spezifisches Element des Plans. — Ein Minus an gerichtlicher Kontrolle kann durch ein Plus an „due process" ausgeglichen werden.

354) Art. 19 IV und 103 I GG sind die positiv-rechtliche Ausprägung des status activus processualis für jedes Grundrecht.

de Angelegenheit[355]). An jedem Rechtsschutz im Interesse des Bürgers[356]) besteht ein leistungsstaatliches öffentliches Interesse. Das konkrete, strikt individualrechtlich begründete Leistungsverhältnis hat vielseitige Ausstrahlungswirkungen auf *andere* Grundrechte und leistungsstaatliche Aktivitäten[357]).

Für die Aktivierung des *Gerichtsschutzes* bieten sich zwei Wege an: einmal die behutsame Anknüpfung an überkommene Begriffe, z. B. über Modifikationen des herkömmlichen „Eingriffsbildes", zum anderen die inhaltliche Intensivierung der Einzelgrundrechte (über Art. 3 GG i. V. m. dem Sozialstaatsprinzip)[358]). Beim Rechtsschutz *im weiteren Sinne* hat man sich von dem Denken „aus der richterlichen Entscheidungssituation" zu lösen[359]), da es hier auch um das *Entstehen* grundrechtsbezogenen Leistungsrechts geht[360]).

---

[355]) Für den Rechtsschutz i. w. S. versteht sich das von selbst, er ist Antwort auf die vielseitigen Abhängigkeiten, in die Bürger und Gruppen untereinander und im Verhältnis zu den leistenden Staatsfunktionen geraten sind. Hier muß das Verfahrensrecht zu Hilfe kommen. Dabei ist zu unterscheiden zwischen den Fällen, in denen der verfahrensrechtliche Leistungsvorbehalt oder prozessuale Gesetzesvorbehalt rechtspolitisches Postulat, und jenen, in denen er geltendes Verfassungsrecht ist.

[356]) Dazu *P. Häberle*, Öff. Interesse, 391 f., 423 f., 500, 536 ff. u. ö.

[357]) Wo eine leistungsstaatliche Aktion einen Einzelnen konkret „betrifft", ist Gerichtsschutz meist keine bloß *punktuell* zu erledigende Angelegenheit, kein Streit um eine bloße Individualposition. Die leistungsstaatliche Aktivität insgesamt und mittelbar Grundrechte Vieler (durch faktische leistungsstaatliche Grundrechtsrealisierung) stehen mit auf dem Spiel. In der Diskussion um den Plan wurde mit Recht von der „Herbeiführung einer rechtlichen Schicksalsgemeinschaft" gesprochen (*Bachof*, VVDStRL 18 (1960) 192; s. auch *J. H. Kaiser*, ebd. S. 194 f.).

[358]) Durch eine Erweiterung des „Eingriff-Begriffs" (mittelbarer Eingriff) und der Betroffenheit sowie die Forderung nach Publizität, die grundrechtliche Chancengleichheit ermöglicht. — Unter Berufung auf Art. 3 GG (Gleichbehandlung) haben die Gerichte immer wieder Grundrechtspositionen gegenüber bzw. in leistungsstaatlichen Funktionen verstärkt. Sobald man ihnen und der Verwaltung (!) hier konsequente dogmatische Lösungen anbietet, kommt der „Rechtsschutz ex post" nicht mehr zu spät: die Leistungs-Verwaltung stellt sich von vornherein auf die leistungsstaatlichen Rechtsschutzpostulate ein.

[359]) In der Lit. spricht z. B. *Zeidler*, VVDStRL 19 (1961) 208 (239) von „Rechtsschutz" in bezug auf die Rechtsaufsicht; *Bachof* von „Rechtsschutzfunktionen" und ihrer etwaigen Übernahme durch die Verwaltung (VVDStRL 16 (1958) 266).

[360]) Vorausgesetzt wird, daß der Gesetzgeber kein Rechtssetzungsmonopol hat; vgl. *K. Vogel*, VVDStRL 24 (1966) 125 (163, 166).

b) Rechtsschutz im engeren Sinne (Gerichtsschutz)

Aktuelles Beispiel für den Gerichtsschutz ist das Verhältnis des Art. 14 GG[361]) gegenüber *Steuern*. Dazu hat Herr *Martens* Wesentliches gesagt; ich kann insoweit auf den Vortrag meiner Überlegungen verzichten.

[Hier muß von den neuen leistungsstaatlichen Zugriffsformen auf den Schutzbereich des Grundrechts a posteriori geschlossen werden: er erweitert sich — verglichen mit der herkömmlichen, für den bürgerlichen Eingriffsstaat typischen Auffassung, Art. 14 GG gewähre grundsätzlich keinen Schutz gegen Steuern —, da sich spätestens im Leistungsstaat der Steuerbegriff und die Funktion des Steuergesetzes gewandelt haben. Aus der heutigen Funktion der Steuer (neben der fiskalischen Mittelbeschaffung Durchsetzung politischer Zwecke, z. T. unter der Devise des Sozialstaats) ergibt sich eine neue Situation: Steuern haben einen wichtigen Stellenwert in der Gesamtheit des leistungsstaatlichen Instrumentariums („Steuerungen über Steuern"); daher stellt sich die Frage, ob nicht von Art. 14 GG her behutsam eine „neue Front" aufzubauen ist.

Hinsichtlich der Zulässigkeit eines nichtfiskalischen „Neben"-zwecks von Steuergesetzen verschieben sich die Dimensionen: der Steuerbegriff ist aus seiner — vermeintlich wirklichkeitsgetreuen — Fixierung auf den fiskalischen Zweck zu lösen: die Steuern sind Mittel für soziale Lenkungsaufgaben. Die Steuergesetze sind als eine normale und legitime Form im Instrumentarium sozialstaatlichen Handelns zum grundrechtspolitischen „Ausgleich der Klassengegensätze"[362]) ebenso zu verwenden wie andere Typen von Gesetzen. Das heißt freilich, daß jedes Steuergesetz das durch Art. 14 I GG geschützte Vermögen tangiert und sich die verfassungsrechtliche Zulässigkeit nach der sozialen Bindung des Eigentums beurteilt. Die Lenkungssteuer kann zugleich ein Stück Grundrechtsverwirklichung sein: Erfüllung sozialer und kultureller Aufgaben heute ist vor allem Erfüllung grundrechtlicher Aufgaben. Auf diese Weise werden Berufs- und Eigentumsfreiheit zu Grundrechten, mit denen man praktisch etwas anfangen kann.

So steckt in Art. 12 GG nicht nur ein „Recht des Mittelstandes", sondern ein Arbeitsschutzrecht. Berufliche Ausbildungsförderung und Chancengleichheit werden zum leistungsstaat-

---

[361]) Dieses Problem ist keineswegs ausdiskutiert: vgl. die Kritik von *Friauf*, VVDStRL 27 (1969) 1 (8), *ders.* JurA 1970, 299 (301 ff.). Die Rspr. des BVerfG kann nicht das letzte Wort sein; s. aber die letzten Grenzen, die es (E 30, 250 (271 f.)) zieht.

[362]) BVerfGE 5, 85 (229, s. auch 206 f.).

lichen Gebot — gewonnen aus Art. 12 i. V. m. 1 I, 3, 20 I GG[363]). Gerade auch bei Art. 14 GG herrscht bisher eine *konservativ konservierende* Auslegung vor. Man sollte nicht eine bestimmte Vermögensideologie zum Inhalt dieses Grundrechts machen[364]).] Insgesamt: Der Gerichtsschutz reicht hier aus.

Anders verhält es sich bei der *Tarifautonomie*. Hier stellt sich angesichts des Zusammenhangs von realem Bruttosozialprodukt und Grundrechtsmöglichkeit und -wirklichkeit die Frage, in welchem *Umfang* sie noch verantwortet werden kann, ob den Tarifpartnern, die entscheidende Daten für die Gesamtwirtschaft und damit für die soziale Grundrechtswirklichkeit setzen, in diesem für den Leistungsstaat wesentlichen Bereich Autonomie im bisherigen Maße zugestanden werden kann. Darf im Rahmen der „Konzertierten Aktion" oder anderer Instrumente der Globalsteuerung staatlicherseits durch Daten, Berichte oder Empfehlungen gesteuert (geleistet) werden, ohne Gesetzes- oder sonstige Verfahrensformen — mit Konsequenzen teils für Grundrechtsgefährdung, teils für Grundrechtsstärkung? Von der verfahrensrechtlichen Seite her müßten i. S. des status activus processualis die mit der Tarifautonomie verbundenen leistungsstaatlichen Grundrechtsprobleme bewältigt werden: z. B. über leistungsrechtliche (öffentliche, allen Betroffenen zugängliche) Verfahren zur Ermittlung und Feststellung tarifpolitischer Daten oder (und) leistungsrechtlich auszugestaltende Schlichtungsverfahren.

c) (Grund-)Rechtsschutz im weiteren Sinne (ex ante)

Über den (Grund-)Rechtsschutz *im weiteren Sinne* gewinnen die zuvor noch „unscharfen" Grundrechte ihren *konkreten* Inhalt gegenüber und in *Leistungs*funktionen erst, wenn das Verfahren *zu Ende* geführt ist[365]). Institutionalisierte Kommu-

---

[363]) Leistungsstaatliche Funktionen sind (auch) aus den Grundrechten zu begründen, z. B. die Bedarfsplanung im Bildungswesen aus Art. 12 GG. (Wenn es eines Beweises für den Zusammenhang von Grundrechts- und organisatorischem Teil des GG bedürfte: die Grundrechtsprobleme im Leistungsstaat lieferten ihn!) Er erschöpft sich nicht im status negativus, heute muß er in und über den Leistungsstaat in anderen Richtungen normative Kraft entfalten.

[364]) Eigentum Weniger kann sich zu politischer Macht verfestigen, die zu quasi-öffentlicher Macht wird und so ein Stück Unfreiheit in den Gesamtzustand unserer res publica trägt.

[365]) In dem Maße, in dem das „fertige", hoheitliche (Eingriffs-) Gesetz als Mittel des sozialen Ausgleichs zwischen Staat und Bürger als Konkretisierung von dessen „Opfergrenze" (oben Anm. 227) an Bedeutung verliert und Bürger bzw. die Gruppen sich weniger im status subjectionis denn im status activus befinden, sind neue (besonders pluralistische) Verfahrensnormen zu entwickeln (Rechtsfindungs- und -schaffungsfunktion des Verfahrens). Hierbei kommt es zu „leistungsrechtlichen Anreicherungen" mit Grundrechtsbezug.

nikation, Partizipation, individuelle und allgemeine Publizität konkretisieren die Leitgedanken der Art. 19 IV und 103 I GG leistungsrechtlich weiter[366]).

[In Leistungsgesetzen (Typus der Organisations- und Verfahrensgesetze) ist die verstärkte Hinzuziehung pluralistischer Gremien mit Beratungs- oder abgestufter Mitwirkungs- und Mitbestimmungsfunktion kennzeichnend[367]). Solche Gremien sollen mindestens *auch* „Grundrechtsinteressen" artikulieren, Grundrechtsgefährdungen in einem Vorstadium staatlicher Aktivität abfangen[368]), öffentliche Leistungsbedürfnisse und -möglichkeiten und Grundrechte aufeinander abstimmen! Das braucht nicht speziell für jedes Grundrecht und jede Art von Staatsleistung institutionalisiert zu werden. Die — insbesondere die demokratischen — Grundrechte legen bereits durch ihre *aktiv*-bürgerliche Seite die Basis für „Bürgerinitiativen", die sich derzeit gerade gegen leistungsstaatliche Aktivitäten allenthalben richten[369]).

Meist fehlt es in den verschiedenen Stadien des zur „Staatsleistung" führenden Prozesses an einer unmittelbar (grund-) rechtlichen Betroffenheit der Bürger und Gruppen, die aber

---

[366]) In jedem materiellen Grundrecht steckt eine prozessuale Seite, sie zu entfalten ist die (grund-)rechtspolitische Aufgabe. — Die hier geforderten Partizipationsverfahren müssen dem jeweiligen Grundrecht und der es treffenden leistungsstaatlichen Aktivität angepaßt sein. Wie konkret dürfen die Grundrechte als Leistungsaufgaben — z. B. als Planziele — formuliert werden; inwieweit sollen die Verfahren überhaupt die Grundrechte materiell thematisieren? Geht man stärker von der leistungsstaatlichen Seite aus, wäre zu fragen, welchen leistungsstaatlichen Aktivitäten welche Verfahren adäquat sind, welche Formen der Einbeziehung der Grundrechtsbetroffenen — von der bloßen Publizität bis zur Mitbestimmung — die besten sind. — All dies schließt nicht aus, die Anregung von *Wiebel* aufzugreifen und mittels neuer Kriterien festzustellen, ob jemand durch eine Verwaltungsmaßnahme *tatsächlich* und individuell betroffen ist (Wirtschaftslenkung, 78 f., 83 f., 86). Nur dürfen die Grenzen dessen, was Gerichte (!) leisten können, nicht übersehen werden.

[367]) Diese pluralistischen und prozessualen Formen sind ein Folgeproblem des Verhältnisses von Grundrechten und Leistungsstaat und Ausdruck der verfahrensrechtlichen Seite der grundrechtlichen Freiheit, ihres status activus processualis *und* der Verfahrensseite der res publica und ihrer Funktionen.

[368]) Schon im *Vorfeld* leistungsstaatlicher Effektivierung oder Gefährdung von Grundrechten werden „Grundrechtsinteressen" bzw. „Grundrechtschancen" (allseitiges Interessen-„clearing") relevant.

[369]) Vgl. den Hinweis von OB *Vogel*, die Arbeitsgemeinschaft des Lehel-Gebiets in München habe mitbewirkt, daß im neuen StädtebauförderungsG der Begriff „Sozialplan" aufgenommen worden ist (SZ v. 26. 3. 1971 S. 13).

tatsächlich durchaus in ihren Grundrechtsinteressen berührt sind[370]).]

Für Gesetzgebung und Wissenschaft kommt es darauf an, möglichst präzise zu „individualisieren", wer (faktisch oder rechtlich) grundrechtsbetroffen ist. Individuelles und gruppenmäßiges Engagement für Grundrechtsinteressen ist im Leistungsstaat schon im Prozeß des Entstehens und Vollendens staatlicher Leistungsvorgänge notwendig. Selbst bei den „Leistungsgesetzen", vornehmlich bei jenen, die als Rahmengesetze in groben Direktiven normiert sind, ist der Auftrag an die Leistungsverwaltung so allgemein und bedarf schöpferischer Konkretisierung, daß auch hier die Verfahrensseite verstärkt werden muß (Die bayerische Popularklage böte einen — begrenzten — Ansatz zur Erweiterung des justitiablen Grundrechtsschutzes). Prinzipiell ist jedenfalls die teilweise Wirkungslosigkeit des gerichtlichen Rechtsschutzes durch wirkungsvollen Verfahrensschutz zu kompensieren, so daß vorweggenommener Rechtsschutz (ex ante) gegeben ist.

Der Bürger in „Symbiose" zur Verwaltung[371]) — hier müssen Ausgestaltungen der Zusammenarbeit von beteiligten Bürgern, Gruppen und Verwaltung[372]) i. S. des status activus processualis gefunden werden. Die allgemeine Publizität ist ein Ansatz, der in der Praxis freilich zu wenig genutzt (weil zu wenig publik?) wird[373]). [*Publizität* ist eine wirksame Form der „sozialen Grundrechtsentfaltung" im Leistungsstaat[374]), der bis-

[370]) Z. B. ist für die geplante Wirtschaftssteuerung die *Mittel*barkeit typisch (*Lerche*, DÖV 1961, 486 (490); *Friauf*, VVDStRL 27 (1969) 1 (7 f.); *ders.*, BB 1967, 1345 (1347)).

[371]) *Ehmke*, VVDStRL 23 (1966) 277, speziell zur Schule.

[372]) So für das Schulwesen: *Ehmke*, aaO. 277. — S. auch *Eichenberger*, oben Anm. 5, S. 27, mit seinem Hinweis, der effektive Entscheidungsakt verlege sich in die präparierenden Vorverfahren. *Evers*, VVDStRL 23 (1966) 147 (186 f.) für das Schulwesen: Forderung nach Formen der staatsbürgerlichen Selbstverwaltung. — S. den Prozeß der Verdrängung der arbeitenden Bevölkerung aus Städten durch Bodenspekulation und Mietwucher: ein Vorgang, der auch die kulturellen Teilhaberechte des Bürgers bedroht — am Stadtrand oder in den Dörfern fehlt es an der notwendigen Infrastruktur kultureller Einrichtungen.

[373]) Vgl. die Befragung des Städtebauinstituts in Nürnberg: SZ v. 20. 4. 1971 S. 7, für die im BBauG vorgesehene Auslegung der Bebauungs- und Flächennutzungspläne. Bei diesen Partizipationsformen des betroffenen Bürgers geht es vor allem um ein *Grundrechts*problem: aktive Teilhabe an grundrechtsrelevanten leistungsstaatlichen Funktionen und Verfahren.

[374]) Beim Subventionsrecht (vgl. *Zacher*, VVDStRL 25 (1967) 308 (355 ff.)) und im Recht der sozialen Umverteilung (*ders.*, DÖV 1970, 3 (9 f.)) wird dies klar gesehen. In anderen Problemkreisen wirkt der Gleichheitssatz als Hebel für ein Mehr an Publizität, so in

lang eine in vielen Funktionen allzu undurchschaubare und diffuse Größe ist. Wo die Grundrechtsbetroffenheit einzelner bei der Initiierung der Leistungsfunktion noch nicht genau präzisiert werden kann, müssen spezielle Publizitätsformen entwickelt werden, die vor allem *grundrechtliche Chancengleichheit* ermöglichen. Da der Leistungsstaat sich oft nicht in Gesetzesform äußert oder äußern kann, muß die Publizität des Gesetzes durch diejenige der grundrechtlichen Leistungsverfahren ersetzt werden[375]). Wichtig ist, ihren rechtspolitischen Ausbau als Grundrechtssicherung im Leistungsstaat zu deuten und voranzutreiben. Das im öffentlichen Verfahren zustande gekommene Ergebnis — die „grundrechtsbezogene Leistung" — wird im Verfahren für die Grundrechtsbetroffenen tendenziell vorhersehbar und überschaubar (transparent). So kommt auf dem (Um-)Weg über die Publizität diese rechtsstaatliche Komponente auch im Leistungsstaat zur Geltung.

Bislang sind die staatlichen Leistungsvorgänge von unterschiedlicher Transparenz[376]), und das heißt von unterschiedlicher Grundrechtseffektivität *(Öffentlichkeit als Grundrechtsschutz im Leistungsstaat!)*. Wenn sich im Leistungsstaat das sachliche Gewicht eines Grundrechts im Verfahren bestimmen läßt, wenn der Grundrechtsschutz möglichst früh einsetzen muß, ehe die „Leistung" vollendete Tatsachen schafft[377]), wenn

---

BVerfGE 24, 300 (357); dazu *P. Häberle*, Struktur und Funktion der Öffentlichkeit, in: Polit. Bildung, H. 3 (1970) 3 ff. (28).

[375]) Das Haushaltsgesetz (*das* öff. Leistungsgesetz) gilt zu Recht als ausreichende Grundlage für die Leistungsverwaltung (dazu *Bachof*, Verfassungsrecht, Verwaltungsrecht Bd. II, 1967, A 15), weil es Publizität besitzt! Das überkommene öffentliche, eingreifende Gesetz hat in den (zu differenzierenden) Publizitätsformen grundrechtsbezogener Leistungsverhältnisse das adäquate Gegenstück. Diese Publizität ist — ebenso wie die prozessuale Mindestgarantie — zu *differenzieren*, etwa in Gestalt von abgestuften Mitteilungs-, Auslegungs-, Anhörungs-, Ausschreibungs- und Auskunftspflichten sowie Mitwirkungsrechten betroffener Einzelner oder Gruppen, sie sind in manchen modernen Leistungsverfahren bzw. -verhältnissen schon geläufig.

[376]) Die Sozialversicherung ist ein Negativbeispiel für undurchschaubares „leistungsstaatliches Recht" — es handelt sich um grundrechtsbezogenes Recht (Art. 2 II 1, 12 GG). Das — grundrechts„erfüllende" — Recht des Einzelnen wird dieser Leistungsverwaltung gegenüber erst dann „real" faßbar, wenn es öffentlich wird — z. B. wenn Datenbanken und Rechenzentren in den Dienst der Allgemeinheit und des Bürgers gestellt werden.

[377]) Die weder das verwaltungsrechtliche Widerspruchsverfahren, noch der gerichtliche Rechtsschutz korrigieren können — der Richter wäre funktionellrechtlich überfordert (Beispiele im Planverfahren). Vgl. zuletzt die wichtige E. des BVerwG 34, 301 (308 einerseits, 308 ff. andererseits).

die Grundrechtsbetroffenen — ex ante — in den zur Leistung führenden Entscheidungsprozeß einbezogen werden, so vollzieht sich damit eine Wende des Grundrechtsverständnisses, die der *Wende zum Leistungsstaat* folgt[378]). Im Leistungsstaat werden Grundrechte als „Strukturnormen" weniger gerichtsförmig sozial effektiv, als außergerichtlich[379]), genauer: *vorgerichtlich.*] Neue, vermehrte Beteiligungsmöglichkeiten bedingen *gleichzeitig* vermehrte Öffentlichkeitsarbeit, um den Lernprozeß zu forcieren. Die disziplinierende Kraft der Verfahren ist ein Appell an die Rationalität der Bürger.

[Allgemein ist daran zu erinnern, daß der (Grund-)Rechtsschutz auch im Gesetzgebungsverfahren liegt[380]). Historisch war das parlamentarische Gesetz eine Garantie für grundrechtliche Freiheit. Wenn heute andere Instrumente neben das Gesetz treten[381]), so sind auch hier die Grundrechte durch differen-

---

[378]) Der archimedische Punkt der Grundrechte und ihres Schutzes ist nicht mehr wie im Ordnungsstaat der vorhersehbare Eingriff und der ihn „vollziehende" Verwaltungsakt, ist nicht mehr allein der auf sie zugeschnittene Art. 19 IV und 103 I GG (gerichtlicher Rechtsschutz und Gehör); sondern es ist primär das rechtliche Gehör im Leistungsverfahren als *„grundrechtliches Gehör"*, das den einzelnen Grundrechten selbst „entspringt" und den in ihrem Schutz- bzw. Entfaltungs- und „Einzugsbereich" wirkenden Staatsfunktionen anzupassen ist. S. die Kritik an der Konzeption von Verwaltung und Verwaltungsrecht vom Verwaltungsakt und damit vom Eingriff und Verwaltungsprozeß her: *Bachof,* VVDStRL 30 (1972) LS 23 f.; *Brohm,* ebd. LS 4, 7.

[379]) Grundrechte als *prozessuale Teilhaberechte* ist das Schlüsselwort. Soweit das Gesetzgebungsverfahren — wenn nicht verdrängt, so aber doch — ergänzt wird von anderen Staatsfunktionen mit Leistungscharakter, müssen adäquate Verfahren geschaffen werden — jedenfalls dann, wenn diese Staatsfunktionen grundrechtsbezogen sind. Gewiß ist das „prozessuale" Grundrechtsmaterial, das sich in den modernen staatlichen Leistungen präsentiert, einstweilen diffus, vielfach ungenügend; gleichwohl bestätigt es die Tendenz.

[380]) Wenn das BVerwG im Ölmühlen-Urteil (E 6, 282; dazu *Badura,* DÖV 1966, 624 (630)) bei einer Regelung, durch die gleichzeitig Belastungen und Begünstigungen erfolgen, insgesamt eine gesetzliche Grundlage verlangt, so tritt hier das *Gesetz als Form des Grundrechtsschutzes* auf. Waren früher Wahl und Repräsentation durch Abgeordnete verfahrensmäßige Formen materiellen Grundrechtsschutzes — ergänzt um gerichtlichen Rechtsschutz —, so ist heute die Lage z. T. anders: Partizipationsformen, Publizität und verfahrensmäßiges Gehör (Beteiligungsrechte) in Plan- und Steuerungsverfahren sind Vehikel dafür, die materiellen Grundrechtsgüter des einzelnen zu schützen: in den Leistungsfunktionen, die heute an Gewichtigkeit dem parlamentarischen Gesetzgebungsverfahren zur Seite treten.

[381]) *Badura,* DÖV 1966, 624 (632) — in Kritik an *Forsthoffs* Rechtsstaatsbegriff: „Die Verwirklichung der wohlfahrtsstaatlichen Ziele zwingt zur Preisgabe des rechtsstaatlichen Gesetzesbegriffs als der

zierte (Partizipations-)Formen des, von der allgemeinen Dogmatik zu entwickelnden, status activus processualis frühzeitig ins Spiel zu bringen.

Anzumelden sind *Vorbehalte* gegen übertriebene Hoffnungen auf den status activus processualis — einen status, in dem sich Bürger und Gruppen sozusagen „selbst repräsentieren", da vor allem die Bürger angesichts der komplizierten Problemzusammenhänge zum Teil überfordert sind, wenngleich die neuesten Bürgerinitiativen[382]) gegen leistungsstaatliche „Durch- oder Fehlgriffe" (etwa auf dem Gebiet der Raumplanung[383]), Städtesanierung und Umweltgestaltung) positiv zu verbuchen sind. Die „verplanten Bürger" sollen sich (zuvor) artikulieren können — ein Gebot ihres — aktiven — Grundrechtsstatus[384]). Bürgerfreiheit und Bürgersinn haben ein neues Betätigungsfeld gewonnen, das grundrechtsdogmatisch abzustecken ist und seinerseits neuer demokratischer Organisationsformen und Partizipationsinstrumente bedarf[385]) (auch der vielzitierte „Bürgerzorn" gegen die Planung bedarf der Planung!).]

Systemidee des Staatsrechts ebenso, wie zur Preisgabe des Verwaltungsakts als der Systemidee des Verwaltungsrechts . . . dem als Ausgrenzung verstandenen Grundrecht genügt der Schutz individueller Freiheit nicht mehr."

[382]) S. die Gründung der „Stadtforen" in München und Düsseldorf, mit dem Ziel, die Bürger in die Lage zu versetzen, „durch ihr Votum die Kommunalpolitik zu beeinflussen und unmittelbar auf eine Verbesserung der Umweltgestaltung hinzuwirken" (FAZ vom 1. 4. 1971 S. 28); die Forderung des BDA, „Baupläne sollten publiziert werden — wie die Bankkurse" (FR v. 17. 7. 1971 S. 14), um eine Beteiligung der Bürger am Planungsprozeß zu erreichen; das 7. Cappenberger Gespräch (Bericht in DÖV 1971, 416 f.) mit Stichworten wie: „Aktivierbarkeit der Bürger" innerhalb von kommunalen Planungsvorgängen. S. die Berichte über Bürgerinitiativen in: *Grossmann* (Hrsg.), Bürgerinitiativen, Schritte zur Veränderung?, 1971. Wichtig die „Aktion Robinson", eine Bürgerinitiative, die seelisch Kranken die Rückkehr in den Alltag erleichtern soll (Die Welt v. 31. 7. 1971 S. 5).

[383]) S. jüngst den Ruf nach leistungsfähigen, sacherfahrenen „Planungsanwälten" zur Unterstützung der Betroffenen, ein Ausdruck der Schwäche der Position der Grundrechtsbetroffenen in Planungsprozessen, vgl. SZ v. 25. 3. 1971 S. 3.

[384]) Kann hier nicht an Gedanken angeknüpft werden, für die *Gneist* unter dem Banner der „politischen Selbstverwaltung" kämpfte (dazu *Bettermann*, VVDStRL 17 (1959) 118 (166)), ohne daß deshalb der Verwaltungsrechtsschutz durch Gerichtsbarkeit zurückgedrängt wird? (Beteiligung der Bürger an kommunalen und regionalen Gemeinschaftseinrichtungen).

[385]) Leistungsstaatliche (Gemeinschafts)Aufgaben überschreiten nicht selten die nationalstaatlichen Grenzen: z. B. Umweltschutz, der zum internationalen Problem wird, vgl. die Konferenz der In-

IV. Schluß

Das Thema „Grundrechte im Leistungsstaat“ konfrontiert den liberalen Grundrechtskatalog, einen relativ *statisch* gebliebenen Teil der Verfassung, mit dem *dynamischen* Problem des akzelerierenden, dogmatisch nur punktuell „begriffenen“, politisch aufgeladenen Leistungsstaats. In ihm und durch ihn vollziehen sich ungeheure Strukturwandlungen in neuartigen (technischen) Prozessen mit teilweise neuen Instrumenten und staatlichen Handlungsformen.

Grundrechte *im* Leistungsstaat heißt sowohl Leistungsstaat durch die und dank der Grundrechte als auch Grundrechte durch den und dank des Leistungsstaates.

[Eine noch stärkere, weil effektivere „Leistungsstaatlichkeit“ wäre denkbar, sie wird jedoch von den Grundrechten gebremst, weil sie letztlich auf Kosten von Freiheit und Humanität ginge. Überdies könnte ein Zuviel an „Nulltarif-Grundrechten“ — z. B. durch unüberlegten Abbau des Leistungsprinzips im Namen der „Demokratisierung“ — den Leistungsstaat und mittelbar auch ein Optimum an Grundrechtsmöglichkeit und -wirklichkeit gefährden.]

Grundrechte und Leistungsstaat sind also auf sehr „anfällige“ Weise verknüpft. Hier liegen Aufgaben für die Dogmatik; letztlich freilich ist der Leistungsstaat der grundrechtlichen Leistung seiner Bürger anvertraut: es geht um Effizienz in und durch Freiheit über Gleichheit. Diese Leistung ist nur Chance, nicht mehr und nicht weniger!

---

terparlamentarischen Arbeitsgemeinschaft zum Thema Umweltschutzfragen (FAZ v. 3. 6. 1971 S. 5) und den deutsch-französischen Umweltschutzausschuß (FR v. 2. 6. 1971 S. 1).

Leitsätze des Mitberichterstatters über:

Grundrechte im Leistungsstaat

ERSTER TEIL:

Leistungsstaat, Leistungsgesellschaft und Grundrechte — wirklichkeitswissenschaftliche Bestandsaufnahme

I. Problem

1. In Real- und Problemanalyse ist nach der leistungsstaatlichen und -rechtlichen, positiven und defizienten Grundrechtswirklichkeit zu fragen. Die Wirklichkeit wird zu dem *Thema der Verantwortung des Juristen.*

II. Leistungs„staat" und Leistungs„gesellschaft"

2. Im Text des GG *finden sich Aussagen über den Leistungs*staat *und* das *Leistungsprinzip u. a. in Art. 7 IV 3 und 4, 14 II, 20 I (Sozialstaatsprinzip, Demokratie), 28 II, 29 I, 33 II und V, 72 II, 74 Ziff. 19 a, 91 a und b, 104 a sowie 106 VIII, 109, 110, 111 I Ziff. a und c, 114 II 2 GG. Der Leistungsstaat handelt in einer dem bürgerlichen Ordnungsstaat unbekannten Intensität über Leistungsfunktionen als einem Stück gelebter Verfassung.*

3. Leistungsgesetzgebung *indiziert ein neues Verhältnis von Bürger und Staat sowie von Legislative und Exekutive. Zur grundrechtlichen Freiheit befinden sich Leistungsgesetze in unterschiedlicher Nähe. „Eingriffe in Freiheit und Eigentum" verlieren an Bedeutung, wichtig werden: Kooperations-, Kommunikations-, Verfahrens- und Partizipationsformen. Leistungsverhältnisse sind potentiell Grundrechtsverhältnisse.*

4. Zwischen sechs Typen *von „Leistungsgesetzen" ist zu unterscheiden: dem Maßnahme-, Plan-, Lenkungs-, Rahmen-, Steuerungs- sowie dem Organisations- und Verfahrensgesetz. Es kommt zu Überschneidungen. Die Zukunft gehört den beiden freiheitsstiftenden letzten Typen; sie erschließen vom wirtschafts- und finanzpolitischen Bereich (BetrVerfG, StabG, Pluralismus- und Publizitätsgesetze) aus neue Gebiete (§ 5 PartG, (Aus- und Weiter-)Bildung, Umweltschutz). Steuerungs-*bedürftige *Grundrechte sind Art. 2, 14 (Wirtschaft), 1 I, 3, 5 III, 11, 12 GG (Bildung) — z. B. „Steuerung über Steuern". Ein Mehr an Leistungsgesetzen kann ein Mehr an grundrechtlicher Freiheit bedeuten.*

5. Leistungsverwaltung — *besonders die gesetzesfreie* — *erhebt Grundrechte zu Verfassungszielen; (um)verteilend, planend, steuernd, subventionierend sucht sie Grundrechtsförderung für alle zu betreiben; Daseinsvorsorge ist, als Wachstums-, Fortschritts- und Bildungsvorsorge, in sozialstaatliche und grundrechtliche Dimensionen hineingewachsen (Grundrechtsvorsorge).*

6. Leistungsrechtsprechung *konkretisiert das Leistungsrecht. Sie „dirigiert" die Leistungsverwaltung, nimmt aber auch Impulse von ihr auf: z. B. die Judikatur, die aus Art. 3 GG i. V. m. Verwaltungsrichtlinien usw. Leistungsansprüche begründet, die Rechtsprechung zum Subventionsrecht, das BVerfG zu Art. 5 (Fernseh-Urteil) sowie das BVerwG zu Art. 7 IV GG (Privatschulsubventionierung).*

7. „Leistungsrecht" *ist sozialstaatliches und grundrechtliches Recht freiheitsschaffender Natur. Der Leistungsstaat wirkt stärker objektiv- als subjektivrechtlich. Diesem Wandel des Rechtsbegriffs folgt die Einbeziehung der Rechtsprechung in leistungsrechtliche Steuerungsfunktionen. Die Direktiven des sozialen Rechtsstaats im Kontext der Grundrechte zwingen den Richter zu gemeinwohlorientierten leistungsrechtlichen Auslegungsprozeduren.*

8. Leistungsstaat *ist der vom GG verfaßte Staat, der durch Organisation und Verfahren unmittelbar oder mittelbar für Bürger und Gruppen Leistungen erbringt, die im weitesten Sinne positiven Grundrechtsbezug haben. Idealtypisches Gegenstück ist der bürgerliche Ordnungs- und Eingriffsstaat.* Grundrechte *stehen zum Leistungsstaat in* ambivalentem *Verhältnis: er macht sie zum* Gegenstand *seiner* Aufgaben — *sozialgerechte Antwort auf Grundrechtsdefizite als „bürgerliches Erbe" — und schafft neue* Gefahrenzonen *für sie.*

9. *Die* Verfassung *konstituiert den Rahmen für Organisationsformen und Verfahren des Leistungsrechts, die Staat und Gesellschaft einander zuordnen. Sie ist öffentlicher Prozeß zur Rationalisierung und Begrenzung staatlicher* und *gesellschaftlicher Macht sowie Instrument zur Beilegung sozialer Konflikte um humaner Ordnung für alle willen.*

10. Der Wirklichkeit dieses Leistungsstaats kommt der kommunalrechtliche „Gemeinwohlkompetenztatbestand" nahe, der in die staatliche Dimension zu erstrecken ist (Schaffung der „für das wirtschaftliche, soziale und kulturelle Wohl erforderlichen Einrichtungen in den Grenzen der Leistungsfähigkeit"). Im Leistungsstaat sind gerechte Vermögensverteilung und Chancengleichheit im (Aus-)Bildungswesen Integrationsfaktoren, die den „klassischen“ den Rang abgelaufen haben. Der Leistungsstaat wirkt zugunsten der Grundrechte offensiv, der bürgerliche Rechtsstaat blieb defensiv.

11. Leistungsstaat ist der Staat der wachsenden Aufgaben: „Gemeinschaftsaufgaben“; es kommt zu Ausweitung der alten und Herausbildung neuer flexibler Handlungsformen, Wandlungen im Außenverhältnis zu Bürgern und Gruppen (Kooperation und Kommunikation) sowie im Innenverhältnis. Die Steigerung der Staatsausgaben könnte und sollte allen im Sinne grundrechtlicher Chancengleichheit zugute kommen und das Ansteigen des Anteils der Staatsausgaben am Bruttosozialprodukt durch Grundrechtseffektivierung legitimieren („Grundrechtsstaat“).

12. Sozialstaat heißt: Ausrichtung auf Humanität (Abbau geistiger Armut und kultureller Privilegierungen) und auf Effizienz. In einem Dreischritt läßt sich die Problematik des sozialen Leistungsstaates aufschlüsseln: es geht um das Effizienzprinzip bei der staatlichen Mittelbeschaffung, Organisation und Mittelverteilung.

13. Es gibt eine Grenze, von der ab der Leistungs- und Gefälligkeitsstaat sozialethisch korrumpiert und sozialgerechte Grundrechtsförderung gefährdet. Nulltarife, die sich auf Abbau jeglicher sachlicher Qualifikationsmerkmale richten, kann sich der Leistungsstaat nicht leisten. Das humanisierte (Art. 1 I GG) Leistungsprinzip ist im Interesse der vom Sozialstaat zu begünstigenden Schwächeren unverzichtbar. Keine öffentlichen Leistungen ohne persönliche Leistungen! Weder Art. 20 I (Demokratie) noch Art. 3 GG sind „leistungsfeindlich“.

14. Das Leistungsprinzip ist kein Höchstwert. Die Garantie grundrechtlicher Freiheit ist eine differenziert zu ziehende Grenze für den auf Effizienz zielenden Leistungsstaat. Auf Dauer wird die res publica effizienter sein, die mit ihren freien Bürgern rechnen kann.

15. In der Leistungsgesellschaft sind alle Bürger, Gruppen und Erscheinungsformen der öffentlichen Hand „Sozialpartner“ im weiteren Sinne (Art. 109 GG i. V. m. § 1 StabG). Ihr Bereich ist kein grundrechtlich ausgesparter Raum: wirtschaftliches Wachstum nicht um jeden grundrechtlichen Preis!

16. Die Industriegesellschaft ist nur bedingt in der Lage, grundrechtliche Chancengleichheit praktisch zu verwirklichen. Hier muß der demokratische Staat über seine Leistungsfunktionen zugreifen und soziale Grundrechtsdefizite ggf. gegen die Leistungsgesellschaft abbauen.

17. Diese Interdependenz *von Leistungsstaat(en) und -gesellschaft zeigt sich in dem supranationalen Leistungs-Zweckverband EWG* (Ipsen). *Die Gesellschaft ist international: Staat(en), Verfassung(en) und Gesellschaft sind auf gemeinschaftlich erbrachte und nur noch gemeinschaftsrechtlich mögliche Leistungen angewiesen. Die EWG-Ziele umreißen Gemeinschaftsaufgaben im doppelten Sinne: zwischen den Mitgliedstaaten sowie zwischen diesen und der Gesellschaft.*

III. Bestandsaufnahme des dogmatischen Grundrechtsdefizits in bezug auf grundrechtsrelevante leistungsstaatliche Aktivitäten

18. Das Vokabular des bürgerlichen Rechtsstaats war auf punktuelle Eingriffe in Freiheit und Eigentum eingestellt. Seinem Schrankensystem entsprach das Selbstverständnis der autonomen bürgerlichen Gesellschaft, in der die liberale Wirtschaftsordnung Zustände provozierte, die den sozialen Rechtsstaat auf den Plan riefen. Methodisch und sachlich gehen hochstilisierte Grundrechtsdogmatik und realistische Aussagen zum Leistungsstaat verschiedene *Wege. Zu selten wird nach staatlicher Leistung* für *Freiheit und Eigentum gefragt.*

ZWEITER TEIL:

Aufgaben derGrundrechtsdogmatik imleistenden Gemeinwesen

I. Grundrechtsverbürgungen, „offene" Grundrechtsdogmatik, -politik und -interpretation

19. Das Verhältnis von Grundrechtsverbürgungen, offener Grundrechtsdomatik, -politik und -interpretation ist als Vor*frage zu problematisieren. Leitgedanke ist die* „grundrechtssichernde Geltungsfortbildung". Thesen:

(1) Die individualrechtliche und institutionelle Seite der Grundrechte wird um die leistungsstaatliche *und* -rechtliche *ergänzt.*

(2) Ihr materiellrechtlicher Grundstatus activus muß im Sinne eines leistungsstaatlichen due process um die verfahrensrechtliche Komponente erweitert werden: status activus processualis (Teilhabeordnungen).

(3) Es geht um reale Freiheit durch praktische Chancengleichheit, insbesondere Gleichbehandlung.

(4) Alle Grundrechte sind soziale Grundrechte in einem weiteren Sinne.

(5) Sie sind nicht nur negative Kompetenzschranken, sondern Verfassungsziele, „Grundrechtspflichten des Staates".

(6) Möglichkeit und Wirklichkeit der leistungsstaatlichen und -rechtlichen Seite der Grundrechte werden im Leistungsstaat zu einer abhängigen Variablen vom realen Bruttosozialprodukt.

(7) Es geht um Effizienz in und durch Freiheit.

20. „Wandlungen" *der Grundrechte sind vor allem Wandlungen ihrer* Dogmatik. *Grundrechtswirklichkeit ist die Wirklichkeit und Wirksamkeit ihrer — variablen — Dogmatik. Heute wird quasi-öffentliche Gewalt weniger oder der Gruppen oft gefährlicher als eingreifende öffentliche Gewalt. Legislatives* Unterlassen *(z. B. Umweltschutz) ist einschneidender als Eingriffsgesetze.*

21. Gruppenmacht *besetzt und verwaltet grundrechtliche Freiheit, so daß der einzelne vor einem Grundrechtsdefizit steht; doch sind Grundrechte nicht allein Freiheit für Mächtige, sondern auch und gerade* für die Schwachen. *Reale Freiheit ist zum Problem* staatlicher *Organisation, Verfahren und Funktion geworden.*

22. Dogmatik lebt nicht von Reprisen der Klassik oder Postglossatoren! Ihr Stellenwert umgreift Interpretation und Grundrechtspolitik. Hinterfragung der Dogmatik zielt nicht auf „totale" Entdogmatisierung, sondern soll ihre zeitgebundene Abhängigkeit vom sozialen Substrat und ihre soziale Funktion offenlegen. Eine in ihrem Anspruch relativierte Dogmatik kann sich auf neue Gefährdungen oder Chancen grundrechtlicher Freiheit sensibler *einstellen. Sie hat den* Mittelweg *zu bahnen zwischen optimaler realer Freiheit aller und effizienter Leistungsstaatlichkeit. Auch die Dogmatik eines* G. Jellinek, R. Smend *oder* C. Schmitt *war konkrete Antwort auf historische Herausforderungen.*

23. Gewisse Einsichten der bürgerlichen Dogmatik (Abwehr*gedanke,* private *Schutzzonen) sind unverzichtbar. Dogmatik hat grundrechtliche Freiheit der sozialen Wirklichkeit zu vermitteln. Dem* Zugleich *von Grundrechtssicherung und -*entwick*lung dient „grundrechtssichernde Geltungsfortbildung".*

24. Diese Grundrechts„dogmatik" hat im kritischen Rationalismus *eine Stütze, insofern sie wie er vor Dogmatisierungen warnt und sich für system-relevante Informationen offenhält: Hermeneutik sollte sich der Kritik von* H. Albert *stellen. Grundrechtsdogmatik muß sich bewähren und darf nicht bloß bewahren. Im Leistungsstaat gilt es, die Grundrechte nicht* „ab-", *sondern* fort- *und — wo nötig —* umzuschreiben.

25. Eine Gesamtsicht der Grundrechte im Lichte der Trias *von Menschenwürde, egalitärer Demokratie und sozialem Rechtsstaat erlaubt zu entwickeln, was heute für Grundrechte notwendig ist. Leistungsstaat und -gesellschaft legitimieren sich aus dem, was Grundrechte ermöglichen: menschliche Selbstentfaltung, Humanitas, individuelles Glück. Begriffe wie: Leistungsfähigkeit, Spezialisierung, Produktivitätssteigerung sind nur* instrumental *zu verstehen.*

26. Beispiel „grundrechtssichernder Geltungsfortbildung" ist die Privatschulsubventionierung. *Der begrenzte Leistungsanspruch im Sinne des BVerwG (E 27, 360) folgt aus einer Gesamtsicht des GG. Privatschulen legitimieren sich aus ihrer heute bewiesenen und zu beweisenden Leistungsfähigkeit als Bildungsmittler und Innovationspotential. Pluralismus im kulturellen Bereich sollte sich der Staat etwas kosten lassen.*

II. Soziales — „realistisches" — Grundrechtsverständnis

27. Soziales realistisches Grundrechtsverständnis *verlangt einen* Umbau *der Statuslehre* G. Jellineks: *sie ist von ihrem spätabsolutistischen Kopf auf demokratische Füße zu stellen. Auszugehen ist vom status activus, die übrigen Status sind — variable — Konkretisierungen zu seiner Absicherung.*

28. Im Leistungsstaat beginnt sich neben dem status positivus der status activus procesualis *herauszukristallisieren, als die verfahrensrechtliche Seite der Freiheit (grundrechtlicher due process, prozessuale Teilhabe), mit der Konsequenz des Leistungsvorbehalts als verfahrensrechtlichem Gesetzesvorbehalt. „Status activus processualis" ist der Inbegriff aller Normen und Formen, die die Verfahrensbeteiligung der in ihren Grundrechten rechtlich oder tatsächlich Betroffenen regeln.*

29. Status activus und positivus sind die sozialstaatliche und demokratische Form des status negativus. Für die Einzelgrundrechte ist ein differenziertes Statusbild zu entwickeln. „Teilhabe" ist zu strukturieren nach Bereichen und Intensität der rechtlichen Wirkung. Pluralistische *Formen dienen der Freiheitssicherung. Freiheit und Teilhabe gehören zusammen, sie müssen Konsequenz freier Grundrechtsaktualisierung bleiben.*

30. Dem Wandel der Statuslehre entspricht ein Wandel der Freiheits- und Eigentumsklausel: *„Freiheit und Eigentum" geraten im Sog des Sozialstaatsprinzips und des Art. 3 GG in eine Dynamik. Sie sind vor allem eine Funktion von Arbeit und (Aus-)Bildung; ihre Substanz ist die Arbeitskraft, deren Substrate entsprechend zu schützen sind. Der Akzent liegt auf den* geistigen *Freiheiten und ihren Voraussetzungen.*

31. Der Leistungsstaat ist mit einem Netz von Verfahren *zu überziehen. Früher waren Gefährdungen durch den Ordnungsstaat überschaubar und kontrollierbar. Heute ist der „Eingriff" neu zu definieren, so daß auch die ihm faktisch oder rechtlich nahekommenden „zugreifenden" Staatsfunktionen erfaßt werden. Das leistungsstaatliche Grundrechtsverfahren bzw. das grundrechtliche Staatsleistungsverfahren ist in den Gesetzes- und Rechtsbegriff einzubinden. Publizität ermöglicht grundrechtliche Chancengleichheit. Es geht um Freiheit durch den Staat, vom Staat und zum Staat. Soziales Grundrechtsverständnis ist vor allem sozialstaatliches Grundrechtsverständnis.*

III. Soziale „Grundrechtserfüllung" durch leistungsstaatliche Gemeinwohlfunktionen

32. „Realistisches" *Grundrechtsverständnis erkennt die soziale Grundrechtserfüllung durch leistungsstaatliche Gemeinwohlfunktionen. Es geht z. B. bei der Herstellung von Chancengleichheit im Bildungswesen um eine „Normalisierung" der Art. 1, 2 I, 3 und 12 GG.*

33. Der besondere Begriff „soziale Grundrechte" *ist ein Offenbarungseid bürgerlicher Dogmatik. Die „sozialen Grundrechte" sind Verallgemeinerung, „Sozialisierung" klassischer Grundrechte. Leistungsstaatliche Funktionen nehmen praktisch-politisch die Themen auf, die überkommene Grundrechte individualrechtlich oder institutionell „intonieren": z. B. Art. 12 (Schutz der Arbeitskraft), 13 (sozialer Wohnungsbau), 14 GG (Vermögensbildung).*

34. Positivierungen *„sozialer Grundrechte" erfolgen über: grundrechtliche Ansprüche unter Maßgabevorbehalt, Einrichtungsgarantien, soziale Schutz- und Verfassungsaufträge sowie positive Kompetenzbestimmungen. Vorzuziehen sind Formen, die es der „werdenden" leistungsstaatlichen Grundrechtswirklichkeit, besonders der Gesetzgebung, überlassen, Ansprüche justitiabel auszugestalten. Das öffentliche Bewußtsein für die „sozialen Grundrechte" und ihre leistungsstaatliche „Erfüllung", für Freiheit und nicht nur für Sicherheit ist zu schärfen.*

35. Freiheitsschaffende Sozialstaatsdogmatik *ist vor allem Grundrechtsdogmatik und umgekehrt. Die Verfassungstexte von Weimar und die Länderverfassungen können Formulierungshilfe für die genannten Spielarten der Grundrechtspositivierungen und somit für ein Mehr an Leistungsstaatlichkeit sein. Diesen Texten gegenüber erscheint das GG unterentwikkelt.*

36. Die Sozialstaatsklausel dient der Schaffung materieller Grundrechtsvoraussetzungen, besonders bei den klassischen Freiheitsrechten, und entfaltet sie, z. B. Art. 2 II 1 GG (Umweltschutz): „soziale Grundrechtsgerechtigkeit" und „sozialer Grundrechtsausgleich".

37. *Der Wandel des Eigentums ist* praktische leistungsstaatliche Sozialisierung grundrechtlicher Freiheit: *sie wird allgemein, öffentlich. Das Sozialstaatsprinzip legitimiert den Leistungsstaat, dort mehr zu nehmen, wo ohne Eigenleistung Vermögen erworben wird (Erbschaftssteuer, Spekulationsgewinne).*

38. Gefahren *bestehen im möglichen Umschlag zum totalen Wohlfahrtsstaat, der den status negativus überrollt und das prekäre Verhältnis von Freiheit und Gleichheit zur Verabsolutierung der Gleichheit pervertiert. Hier müssen neue Kontrollformen sicherstellen, daß der Rechtsstaat nicht degeneriert.*

39. *Die wachsende Bedeutung wirtschaftlicher* Unmöglichkeit *als begrenzende, grundrechtsdogmatische Figur (vor allem für den Richter) schließt dogmatische Entwicklungen nicht aus. Zu warnen ist vor totalen sozialstaatlichen Leistungsansprüchen.*

40. *Der zu differenzierende* Verfassungsauftrag *gewinnt Bedeutung. Doch ist die Verfassung weder eine politische, noch eine leistungsstaatliche Lebensversicherung! Über Verfassungsaufträge sollen Grundrechte praktisch wirklich werden: z. B. Ausgestaltung ihrer Binnenstruktur. Es kommt nur ausnahmsweise über Art. 3 und 20 I GG zu Leistungsansprüchen. Verfassungsaufträge sind kein „Tischlein-deck-dich" für leistungsstaatliche Grundrechtseffektivierung. Sie stehen in einem Spannungsverhältnis zwischen Normativität und Normalität, „konkreter Utopie" und Wirklichkeit bzw. dem Notwendigen und Möglichen. In dieses Kraftfeld geraten vor allem Art. 1 I, 2, 5, 6, 7, 12, 13, 14 i. V. m. 3 und 20 I GG. Die abgestuften Direktiven des Sozialstaats werden zum realen Thema der Grundrechte und umgekehrt.*

41. Leistungsstaat *„nach* Maßgabe *der Grundrechte"* ist *die* Ausgangsthese. *Allerdings: je mehr „Grundrechtspolitik" kostet, desto mehr gelten die Grundrechte nach Maßgabe des Leistungsstaats. Die klassischen Grundrechte stehen weniger unter Maßgabevorbehalt als neuere oder solche, die neue Probleme bewältigen müssen.*

42. *Gleichheit gewährleistet, daß Freiheit nicht Gruppenprivileg wird. Wo der Sozialstaat leistet, hat der aus unsachlichen Gründen Benachteiligte einen Anspruch. Die normative Kraft des Faktischen bringt eine „Teilhabeordnung" hervor: Teilhabe als leistungsstaatliche Form grundrechtlicher Freiheit, das Gleichbehandlungsprinzip als sozialstaatliche Form des Gleichheitssatzes, das die* Verharmlosung *des Art. 3 GG zum Willkürverbot korrigiert. Grundrechtliche* Chancengleichheit *fordert ein Denken von den Grundrechtsvoraussetzungen her. Je mehr*

sich der Staat seinen Bürgern nähert, desto mehr bedarf die Freiheit der Ergänzung durch Gleichheit in der Teilhabe.

43. Der neu *interpretierte* Gleichheitssatz *aktiviert i. V. m. Art. 20 I GG alle Grundrechte zu sozialen Grundrechten im weiteren Sinne. Freiheit* durch *soziale Gleichheit: denn Freiheit ist ohne die tatsächlichen Voraussetzungen ihres Gebrauchs wertlos. Sie ist* nicht *mit dem individuellen und gesamtgesellschaftlichen status quo der Besitzstände identisch.*

44. Grundrechte verwirklichen sich nach Maßgabe öffentlicher Einrichtungen. *Sie „beleben" die Grundrechte von der leistungsstaatlichen Seite her (grundrechts*fördernde *Leistungsverhältnisse).*

45. Für den numerus clausus *gilt: Der chancengleiche Zugang zu den Hochschulen steht unter dem Vorbehalt leistungsstaatlicher Möglichkeiten. Dies rechtfertigt das Leistungserfordernis „Eignung" auf Seiten der Bewerber, zu dem weitere gerichtlich kontrollierbare hinzukommen können. Gleichzeitig richtet sich ein nichtjustitiabler Verfassungsauftrag als Appell an die politischen Instanzen. Die Bevorzugung von „Landeskindern" ist keine länderbezogene Leistungsklausel, sondern eine verfassungswidrige provinzielle Grundrechtsbeschränkung. Sie verletzt Art. 3 III (Heimat), 33 I als spezielle Ausformung des Gleichheitssatzes sowie 11 und 12 GG, d. h. das chancengleiche Zugangsrecht nach Maßgabe des Leistungsstaats.*

46. (Grund-)Rechtsschutz *reicht als gerichtlicher Rechtsschutz a posteriori allein nicht aus. Art. 19 IV und 103 I GG sind auf den Leistungsstaat hin fortzuentwickeln. Aus Art. 1 I GG folgt, daß über den Bürger nicht ohne Verfahrenssicherungen verfügt (er nicht „verplant") werden darf.* Grundrecht *und* Grundrechtsinteresse *(-chance) unterscheiden sich: Grundrecht ist der Gehalt, der sich als subjektives öffentliches Recht oder Anspruch justitiabel machen läßt. Grundrechtsinteresse meint die faktischen Grundrechtsbezüge, die jenseits dieser Grenze liegen — Interessen, die nur in nichtrichterlichen Verfahren optimal geschützt werden können. — Zur Aktivierung des Rechtsschutzes im* engeren Sinne *(Gerichtsschutz) dienen behutsame Anknüpfung an überkommene Begriffe (z. B. Modifikationen des traditionellen „Eingriffsbildes") und inhaltliche Intensivierung bestimmter Grundrechte (Art. 3 GG i. V. m. dem Sozialstaatsprinzip und Einzelgrundrechten).*

47. Aus dem Wandel der Funktion der Steuer *vor der bloß fiskalischen Mittelbeschaffung zur Durchsetzung politischer Zwecke ergibt sich: der Steuerbegriff ist aus seiner vermeintlich wirklichkeitsgetreuen Fixierung auf den fiskalischen*

(Haupt-)Zweck zu lösen — Steuern sind (auch) Mittel für soziale Lenkungsaufgaben zum „Ausgleich der Klassengegensätze". Entgegen der konservierenden Auslegung des Art. 14 GG sollte man diesem nicht eine bestimmte Vermögensideologie unterlegen. Jedes Steuergesetz tangiert das in Art. 14 I GG geschützte Vermögen, seine Zulässigkeit beurteilt sich nach der sozialen Eigentumsbindung. Der Gerichtsschutz reicht hier aus.

48. Anderes gilt für die Tarifautonomie. *Hier stellt sich wegen des Zusammenhangs von Bruttosozialprodukt und Grundrechtsmöglichkeit bzw. -wirklichkeit die Frage, in welchem Umfang sie verantwortet werden kann.* Von der verfahrensrechtlichen *Seite her müßten ihre leistungsstaatlichen Probleme bewältigt werden: z. B. über öffentliche, allen zugängliche Verfahren zur Ermittlung und Festsetzung tarifpolitischer Daten oder leistungsrechtlich auszugestaltende Schlichtungsverfahren.*

49. (Grund-)Rechtsschutz im weiteren Sinne *(ex ante): der grundrechtliche „due process" läßt den* konkreten *Inhalt der Grundrechtsinteressen gegenüber und in* Leistungsfunktionen *erst dann gewinnen, wenn das Verfahren, bei dem es auch um* das Entstehen *von Leistungsrecht geht (z. B. Planung),* zu Ende *geführt ist. Es ist zu „individualisieren", wer faktisch (oder rechtlich) grundrechtsbetroffen ist. Schwächen des gerichtlichen Rechtsschutzes sind durch Verfahrensschutz zu kompensieren, Formen der Zusammenarbeit von beteiligten Bürgern, Gruppen und Verwaltung zu entwickeln (Bürgerinitiativen als Grundrechtsinitiativen).*

IV. Schluß

50. Grundrechte und Leistungsstaat sind auf sehr „anfällige" Weise verknüpft. Letztlich ist der Leistungsstaat der grundrechtlichen Leistung *seiner Bürger anvertraut.*

Grundrechte im Leistungsstaat

Hollerbach: Meine Herren, ich habe versucht, im Einvernehmen mit den beiden Herren Referenten, einen Gliederungsvorschlag zu entwickeln. Es schien uns sinnvoll, Grobgliederung vorzusehen in:

A) Grundsatzfragen und

B) Einzelne Hauptkomplexe.

Unter „Grundsatzfragen“ sollten nach meinem Dafürhalten insbesondere — es sind nur Beispiele — zur Sprache kommen: Fragen der Methode, Fragen der Grundrechtsdogmatik, insbesondere im Hinblick auf die Statuslehre, ein Punkt, der bei Herrn *Häberle* sehr stark im Vordergrund stand. Vielleicht sollte hier auch noch diskutiert werden über die Begriffe bzw. das Verhältnis von Leistungsstaat und Leistungsgesellschaft. Bei der Aufgliederung des Punktes „Einzelne Hauptkomplexe“ habe ich mich ganz an die Gliederung angeschlossen, die dem Referat von Herrn *Martens* zugrunde lag, nämlich: „Grundrechtliche Grenzen des Leistungsstaates“, also all das, was bei Herrn *Martens* in den Leitsätzen unter Punkt II kommt; dann das Problem der „derivativen und originären Teilhaberechte“. Ich habe noch weiter hinzugefügt den Gesichtspunkt „Grundrechtsschutz“, der bei Herrn *Häberle* in den letzten Leitsätzen noch zum Ausdruck gekommen ist. Art. 12 GG habe ich, ohne ihn hier irgendwie einzuordnen, einfach einmal an die Seite geschrieben. Er wird immer wieder anklingen. Wir sollten aber auch Gelegenheit haben, zumindest eine Zeitlang ganz speziell über die Probleme zu diskutieren, die sich vor allem im Hochschulbereich bzgl. Art. 12 GG ergeben.

Scheuner: Es ist wohl das erstemal in unserer Vereinigung, daß wir uns mit der Frage der Interpretation und der Bedeutung der Grundrechte ganz vom Prinzipiellen her befassen. Natürlich haben sehr viele der früheren Veranstaltungen einzelnen Grundrechten gegolten. Auch der Sozialstaatsgedanke hat den Gegenstand einer Tagung gebildet, aber getrennt von seiner Bedeutung für die Grundrechte in ihrer prinzipiellen Problematik. Heute scheint es, als ob zum erstenmal ein gewisser Zweifel an der Richtigkeit der bisherigen Linie der Grundrechtsinterpretation aufgetaucht ist. Die beiden Referenten haben das sicherlich von sehr verschiedenen Gesichtspunkten her angegangen. Herr *Martens* ist stärker in seinem Ausgangspunkt auf der bisherigen Linie geblieben, hat ihn aber um neue und interessante Gesichtspunkte erweitert. Herr *Häberle* hat grundsätzlicher angefaßt und in einem weit ausholenden Einblick und Überblick versucht, eine neue Grundrechtsdeutung zu setzen. In seinen Ergebnissen scheint er jedoch gar nicht so sehr weit von Herrn *Martens* geblieben zu sein. Die heutige Situation wird von einer Repristination der liberalen Grundrechtsinterpretation bestimmt, die aus begreiflichen Gründen nach 1945 einsetzte und bis heute wesentlich unsere Grundrechtsauslegung beeinflußt. Es zeigt sich freilich, daß die modernen Probleme mit dieser Sicht nicht mehr voll einzufangen sind. Man kann das etwa am Beispiel des Eigentums beleuchten, das nach der einen Seite sehr sorgfältig gegen die Enteignung geschützt wird, während die Sozialbindungen immer mehr wachsen. Man kann das auch am Art. 12 GG zeigen, der sehr nachdrücklich das selbständige Unternehmertum schützt, der aber weder die Arbeitskraft umfaßt, noch überhaupt die über 90% der tätigen Menschen interessierenden abhängigen Arbeitsverhältnisse umgreift. Herr *Häberle* — wenn ich zunächst auf ihn eingehen darf — hat vielleicht manche, die die bisherige Grundrechtsauslegung verfolgen, etwas erschreckt. Seine Grundrechtsdeutung geht nicht mehr allein vom Abwehrrecht aus, ohne zu verkennen, daß das Abwehrrecht nach wie vor in jedem Grundrecht ein wichtiges Teilelement bildet. Vielleicht hätte man schärfer differenzieren können zwischen den einzelnen Grundrechten. Das Grundrecht Leben und Gesundheit ist im wesentlichen auch heute noch Abwehrrecht und wird auch diese Funktion behalten. Die eigentliche Neuerung liegt in den Grundrechten der sozialen und wirtschaftlichen Verhältnisse, vielleicht auch denen der geistigen Auseinandersetzung, während die Grundrechte der Person eigentlich stärker in der bisherigen negativen Funktion verharren. Herr *Häberle* hat dann deutlich gemacht, daß in den Grundrechten ein Moment des Auftrags an den Gesetzgeber liegt. Man könnte dies auch mit dem Ausdruck der institutionellen Deutung bezeichnen. Das Wichtige dabei — und das ist ein Punkt, der bei Herrn *Martens* etwas zu kurz gekommen ist — ist die Erkenntnis, daß in den Grundrechten objektive Momente liegen, die das Bundesverfassungsgericht nicht sehr glücklich als Wertordnung zu bezeichnen pflegt, die Aufträge an den Gesetzgeber, Richtlinien seiner Tätigkeit, Bestimmung der Staatsaufgaben, Umgrenzung des Gemeinwohls, wie man es nun nennen will, enthalten. Diese Aufträge an den Gesetzgeber bedeuten —

wenn man sie richtig nimmt und durchführt, das wird allerdings manche Anhänger der alten Richtung erschrecken — auch Beschränkungen der Freiheit; denn um den Auftrag eines Grundrechtes zu verwirklichen, muß die Freiheit des einzelnen unter Umständen beschränkt werden. Gerade im Bereich des Art. 12 GG muß etwa die Ausbildungsstätte so gestaltet sein, daß sie eine sinnvolle Berufsausbildung für die nötigen Berufe und ihren Bedarf herstellt, kann aber nicht allein an den subjektiven Wünschen des einzelnen Auszubildenden ausgerichtet werden. Das bedeutet, dem Auftrag an den Gesetzgeber begegnet nicht etwa ein Anspruch des einzelnen auf die Erfüllung des Auftrags. Hier haben sowohl Herr *Martens* wie Herr *Häberle* — und das begrüße ich sehr — einen entschiedenen Trennungsstrich gezogen gegenüber dem Gedanken, nun aus dieser neuen Deutung der Grundrechte alsbald weite Ansprüche auf soziale Erfüllung abzuleiten. Wir müssen uns daran gewöhnen, daß es objektive Verpflichtungen des Gesetzgebers gibt, objektive Prinzipien der Verfassung, die nicht in subjektive Münze umgewandelt werden können. Das schließt nicht aus, daß in einzelnen Fällen z. B. im Fürsorgeanspruch auch subjektive Rechte hieraus abgeleitet werden können. Mir scheint, an den von Herrn *Häberle* entwickelten Gesichtspunkten ist besonders wichtig, daß die ganze liberale Betrachtung der Grundrechte nicht etwa als abgetan oder überwunden angesehen wird, sondern als ergänzungsbedürftig, als umformungsbedürftig. Wir leben nicht mehr in einem Staat, in dem es allein auf die staatsfreie Sphäre ankommt. Der Staat muß als Gestalter der Freiheit in wachsendem Maße für die einzelnen Freiheitsrechte eintreten. Wenn man diesen Gesichtspunkt richtig erkennt, so sieht man freilich, daß darin Gefahren und Probleme liegen, die zu bewältigen und zu meistern eine Aufgabe unserer Wissenschaft ist. Und lassen Sie mich eine letzte Bemerkung machen. Ein Gesichtspunkt scheint mir dabei noch sehr wichtig. Wenn der Staat an die Gestaltung solcher sozialer Grundrechte herangeht, wenn er darauf aus ist, nicht nur den Bestand eines Grundrechts zu schützen, den der einzelne autonom herstellt, sondern diesen Bestand sozial sichert, sozial überhaupt erst schafft, dann ist er auf der anderen Seite verpflichtet, nach einer Richtung hin zurückhaltend zu sein. Er darf nämlich nicht einseitig für einzelne Gruppen oder Richtungen Partei nehmen. Die Neutralität des Staates, die uns bisher etwa im Staatskirchenrecht begegnet, ist auch in diesem wirtschaftlichen und sozialen Bereich eine sehr wichtige Forderung. Bei den Sozialpartnern kennen wir sie unter dem Gesichtspunkt der Parität. Auf anderen Gebieten bedeutet das, daß nicht etwa — ich darf an die Entscheidung des Bundesverfassungsgerichts über die einseitige Begünstigung der Landwirte bei einer Steuer erinnern (BVerfGE 28, S. 227 ff.) — eine Gruppe allein auf Kosten der anderen begünstigt werden darf. Diese Neutralitätspflicht des Staates ist offenbar ein allgemeiner Gedanke, der sich heute gerade auf wirtschaftlich-sozialem Gebiet erstrecken muß.

Hesse: Ich habe heute morgen eine ganze Reihe von Punkten feststellen können, über die zwischen den Referenten Übereinstimmung bestand, und es wäre die Frage, ob nicht überhaupt in diesem Kreis über diese Punkte Übereinstimmung besteht, so daß die Diskussion vielleicht im weiteren dann auf bestimmte Dissenspunkte konzentriert werden könnte.

Ich fand Übereinstimmung dahin, daß die Grundrechte in ihrer klassischen Funktion als Menschenrechte, als Abwehrrechte gegen den Staat, keineswegs in die Mottenkiste gehören. Das ist bei uns im Augenblick vielleicht weniger aktuell; aber die Gefährdungen, gegen die die Grundrechte insoweit sichern sollen, können sehr schnell wieder aktuell werden. Schutz vor willkürlicher Verhaftung, Schutz vor Gewissenszwang, Sicherung des freien Denkens und der freien Rede: hier bestehen Gefährdungen, die immer latent vorhanden sind, und es ist keineswegs unmodern, diese Seite der Grundrechte zu betonen und festzuhalten.

Allerdings kann sich die Bedeutung der Grundrechte heute in dieser klassischen Funktion nicht erschöpfen. Auch darin schien mir Übereinstimmung zwischen den beiden Referenten zu bestehen. Grundrechte müssen im leistenden Staat nicht nur gegenüber Eingriffen im klassischen Sinn, sondern ebenso gegen Beeinträchtigungen mit den spezifischen Mitteln des leistenden Staates ihre Schutzwirkung entfalten.

Einigkeit bestand schließlich drittens auch darüber, daß die Problematik noch weiter reicht. Einmal, daß Grundrechte nicht nur auf dem Papier stehen dürfen — wenn man es so formulieren darf —, daß es deshalb weithin darauf ankommt, Voraussetzungen grundrechtlicher Freiheit zu schaffen oder zu sichern. Freiheit der Wohnung hat nur Sinn für diejenigen, die eine Wohnung haben, freie Wahl der Ausbildungsstätte nur für die, die eine Ausbildungsstätte wirklich wählen können, die Eigentumsgarantie nur für Eigentümer usw. Das alles sind aber Fragen gesicherter Teilhabe; darin liegt ihre Problematik. Zum anderen sollen Grundrechte nicht nur für die Mächtigen da sein, nicht nur für die starken Gruppen, ein besonders schwieriges Problem, etwa zu demonstrieren an den heutigen Fragen der Pressefreiheit und der Rundfunkfreiheit. Es bestand — wenn ich richtig sehe — Übereinstimmung darüber, daß diese Probleme von neuer Struktur sind, daß sich die Freiheit insoweit nicht mehr durch staatliches Unterlassen gewährleisten läßt, sondern nur noch durch staatliches Tun, daß es hier also nicht mehr nur um Freiheit vom Staat geht, sondern um Freiheit durch den Staat; zugleich bestand Übereinstimmung darüber, daß sich hier eine Problematik von großer Ambivalenz eröffnet. Es bestand Übereinstimmung darüber, daß diese Probleme nicht durch eine schlichte Umdeutung, etwa von bisherigen Freiheitsrechten in subjektive Teilhaberechte, gelöst werden können.

Endlich haben auch beide Referenten die Aufgabe durchaus gleich gesehen, nämlich die Wirksamkeit der Grundrechte unter den Bedingungen des modernen Sozialstaates zu erhalten und zu sichern. Hier ist dann freilich der Punkt, an dem sich die Wege — wie ich glaube — geschieden haben. Herr *Martens* sucht diese Wirksamkeit durch ein Festhalten an überkommenen Strukturen zu gewährleisten. Er will — wenn man so sagen will — eine „Maginot-Linie" des bürgerlichen Rechtsstaates verteidigen, während Herr *Häberle* den Weg einer Fortentwicklung gehen will, den Weg einer sehr beweglichen Vorwärtsverteidigung. Herr *Häberle* konkretisiert damit Überlegungen, die Herr *Scheuner* uns gerade in seinem Aufsatz in der „Öffentlichen Verwaltung" zugänglich gemacht hat: die Grundrechte als objektive Prinzipien, als Richtlinien und Rahmen für die Staatstätigkeit. Ich habe bisher daran gezweifelt, daß es sich bei diesen Problemen um Grundrechtsprobleme handelt, und mich gefragt, ob es nicht vielmehr um Organisations- und Verfahrensprobleme geht. Aber ich muß sagen, daß die Verbindung beider Aspekte, der grundrechtlichen und der Organisations- und Verfahrensaspekte, vor allem auch der Hinweis auf die Notwendigkeit einer Differenzierung sehr plausibel erscheinen. Ich möchte meinen, daß hier in der Tat ein überzeugender Weg gezeigt worden ist. Im einzelnen wird sicher noch vieles der Diskussion bedürfen, aber im Grundansatz scheint mir dies ein Weg zu sein, der weiterführt.

Herzog: Meine Herren Kollegen! Ich möchte mich zunächst an Herrn *Häberle* wenden, und zwar in zwei Bemerkungen:

1. Herr *Häberle*, in dem, was Sie uns sehr eindrucksvoll vorgeführt haben, fehlt mir persönlich etwas das Gefühl für den Konflikt. Sehen Sie, wenn Sie uns Verfahren, Organisationsformen, anbieten zur Lösung dieser Probleme, dann bin ich nicht ganz so sicher, daß das wirklich ein Weg ist, der Antworten enthält. „Lernmittelfreiheit im Interesse eines künftigen

Sozialprodukts —, flexible Altersgrenze nur im Sinne der Humanität —, die Bürger leisten mehr, wenn Sie frei sind —, das leistungsstaatliche Grundrechtsverfahren sichert vernünftige Lösungen —", ich zitiere Ihre Beispiele, „mit Beiräten der Organisation, des Rundfunk- und Fernsehwesens —, die disziplinäre Kraft der Verfahren stellt einen Appell an die Bürger der Vernunft dar —" und dergleichen mehr. Es sind fast wörtliche Zitate. Ich muß gestehen, Herr *Häberle,* wenn ich ganz persönlich werden darf, ich beneide Sie um den Optimismus. Ich frage mich aber, — so wichtig all diese Arten von Sicht des Verfassungsrechts und überhaupt der Rechtsordnung sind — ob das eben nicht nur die eine Seite der Medaille ist; ob der Konflikt — ich will nicht sagen weginterpretiert, aber — so minimalisiert werden darf und kann, wie Sie uns das vorgeführt haben. Auf diese Weise, Herr *Häberle,* haben Sie auch weginterpretiert den Unterschied, die Grenze, zwischen Verwaltungs- und Verfassungsrechtspolitik und geltendem Verfassungsrecht. Wenn ich das pointiert sagen darf: Sollte meine soeben erschienene „Staatslehre" eine zweite Auflage erleben, so würde ich — wollte ich Ihnen folgen — sie eigentlich in „Deutsches Staatsrecht" umbenennen müssen. Ich sage das teils zustimmend, teils ablehnend, denn in vielem, was Sie uns hier vorgeführt haben, würde ich durchaus Ihrer Meinung sein, nur nicht sub specie geltendes Verfassungsrecht, sondern sub specie einer Verwaltungs- und Verfassungsrechtspolitik; denn was kann eine Verfassung und was soll eine Verfassung tun können? Meine Herren, sie kann bestimmte, besonders wichtig erscheinende Verhaltensweisen als Gebote, als Verbote, als Sollensvorschriften fixieren. Das ist ja bisher geschehen. Das war die bisherige — wie ich zugebe — relativ enge Sicht der Grundrechte. Sie kann zweitens die großen — wenn Sie so wollen — Leitbilder an die Wand malen, wie das etwa im Art. 2 GG getan worden ist. Ich warne sub specie Verfassungsinterpretation, diese großen Utopien, diese großen Leitbilder, zu sehr zu konkretisieren. Wir haben das zu oft erlebt. Wir wissen, daß doch — um ein Wort von *Quaritsch* zu zitieren — daß etwas, was uns als eine großartige Errungenschaft unseres Denkens, des Denkens unserer Gesellschaft erscheint, sich — wie *Quaritsch* eben gesagt hat — eines Tages als „jämmerlicher Nachtfalter im Spülstein der Weltgeschichte" gefunden hat. Im Spülstein der Weltgeschichte kann man das Wasser aufdrehen, dann wird dieser Nachtfalter ganz weggeschwemmt. Wenn er in der Verfassung steht, wenn er in die Verfassung hineininterpretiert worden ist, dann ist das nicht mehr ganz so. Also sehr viel von dem, was Sie sich und was ich mir mit Ihnen wünsche, Herr *Häberle,* würde ich nicht in die Verfassung hineinlegen; denn dieser Unterschied ist zumindest unter der Geltung eines Verfassungssystems, das auf Justitiativität angelegt ist, zu gefährlich. Hier könnte die Provinzialität — das richtet sich nicht gegen Sie — die Provinzialität politischen Augenblickdenkens verfassungsrechtlich einzementiert werden. Wenn wir uns heute vor drei Jahren zu diesem Thema geäußert hätten, dann wäre im Referat von Herrn *Häberle* der Umweltschutz mit Sicherheit nicht vorgekommen. Wir wissen auch nicht, was in drei Jahren über dieses Geflügeltier hier gesagt werden würde. Dafür würde ich doch plädieren, sehr vorsichtig zu sein und diese relativ starre, natürlich im Kern an irgendwelchen Punkten auch wieder durchlässige Grenze zwischen Politik und geltendem Verfassungsrecht zu wahren.

Nun ganz kurz zu Herrn *Martens*. Herr *Martens*, Sie haben uns drei Formen der Einwirkung der Freiheitsrechte auf die Gesellschaftspolitik oder die Sozialpolitik gezeigt. Freiheitsrecht als Grenze dieser Politik. Ich stimme Ihnen natürlich zu, wenn Sie davon sprechen, daß Geldleistungspflichten von Art. 14 GG grundsätzlich tangiert werden. Ich stimme Ihnen auch zu, daß es sehr häufig mit dem Verhältnismäßigkeitsprinzip gehen kann, wenn man wie wir die Ziele staatlichen Handelns kennt. Aber, meine Herren, das entscheidende Problem der künftigen Generation von Verfassungsrechtlern dürfte wahrscheinlich sein, wie man die Konzipierung der Ziele in den verfassungsrechtlichen Griff bekommt. Ich würde es durchaus für möglich halten, daß von hier aus die Grundrechte mobilisiert werden können. Es hält sich durchaus im Rahmen dessen, was ich mir vorstelle, daß man Sozialpolitik als Erfüllung von Freiheitsgarantien deuten kann. Aber auch hier darf nicht vergessen werden, daß die Freiheitsrechte zunächst einmal dazu da sind, dem Staat etwas zu verbieten, daß sie immer dazu dagewesen sind.

Meine Herren, je konkreter es möglich sein wird, in absehbarer Zeit staatliche Ziele zu formulieren, desto deutlicher wird man sie auch darauf befragen müssen, ob sie mit den Vorstellungen unserer Verfassung und auch den Vorstellungen des Grundrechtsteils vereinbar sind. Ob die Ziele, die angesteuert werden, noch zu einer Gesellschaft führen, in der die Grundrechte einigermaßen das gleiche sein werden wie das, was sie uns und unseren Vätern gewesen sind. Auch die Frage muß hereinkommen. Insofern würde ich, Herr *Martens*, Ihre Ausführungen, die ich im Grundsatz durchaus teile, ergänzen wollen. Die Ziele, die Politik ist zu befragen und ist ständig zu befragen, wo die Freiheit in diesem Staat und in dieser Gesellschaft bleibt. Und das ist keine Kontrolle, die man noch von den einzelnen Eingriffen her mit einer Erweiterung in den Lenkungsbereich und in ähnliche Dinge hinein regeln kann. Das ist auch keine Frage mehr, die man von dem Gedanken der Erfüllung von Freiheitsgarantien her in den Griff bekommen kann, sondern das ist die Frage, ob das Bild, das mit einer massiven Gesellschaftspolitik angesteuert wird, noch der Idee der freiheitlichen Grundrechte entspricht. Von hier aus kehren wir dann sehr schnell an den Schlußpunkt auf einer anderen methodologischen Ebene, auf den Ausgangspunkt der Grundrechte zurück, Beschränkung zu sein.

Hollerbach: Vielen Dank, Herr *Herzog*, für die kritischen Akzente, die Sie jetzt gesetzt haben.

Häberle: Darf ich ein paar Bemerkungen zunächst zu Herrn *Herzog* machen, und zwar in folgender Hinsicht: Sie haben kritisiert, ich hätte kein Gefühl für *Konflikte* gehabt. Darauf möchte ich erwidern, daß dieser Sinn für Konflikte durchaus vorhanden ist: er ist im Verfassungsbegriff angelegt und in dem, was dessen Verfahren leisten sollten. Vielleicht hätte ich die Rolle des Konflikts noch stärker herausarbeiten sollen. In Leitsatz 9 kommt das Gemeinte zum Ausdruck, und ich erinnere an eine andere Stelle meines Vortrags: an die Überlegungen zu den Zielkonflikten zwischen einzelnen Grundrechtsinteressen untereinander. — Was den „Optimismus" angeht, Herr *Herzog*, in der Tat bin ich der Auffassung: Wenn man ein Stück optimistischer ist als die Wirklichkeit dem Beobachter zu sein scheint, kann man diese Wirklichkeit *besser* machen als sie ist. Wenn man indes von vornherein pessimistisch ist, besteht die Gefahr, daß man die Wirklichkeit als Jurist und (Verfassungs-)Politiker schlechter macht als sie sein *kann*. Noch genauer: wenn man die Wirklichkeit nur so sieht wie sie zu sein scheint, macht man sie schlechter als sie sein kann. Damit verfehlt man m. E. eine spezifische Aufgabe des Normativen. — Zur Frage der *Utopien:* hier besteht durchaus eine große Gefahr, — habe ich nicht selbst davor gewarnt? — daß man zu vorschnell konkrete Utopien und verfassungspolitische Wunschvorstellungen in grundrechtsrelevante Verfassungsaufträge hineininterpretiert und eine ungewollte Grundrechtsinflation bewirkt. Ich versuchte insofern eine „Gratwanderung", die freilich schwer und gefährlich ist, weil jederzeit ein Absturz nach rechts oder links droht. Vielleicht kam das in dem mündlichen Vortrag nicht genügend zum Ausdruck. Im übrigen sollte man *zwei*spurig argumentieren: sowohl verfassungsrechtlich als auch verfassungspolitisch — unbeschadet aller Überschneidungen. So meine ich, daß gewisse Momente des Art. 103 Abs. 1 und Art. 19

Abs. 4 Grundgesetz schon de constitutione lata in dem „status activus processualis" effektiv sind, während andere einstweilen ganz klar als rechtspolitische Forderungen wirken sollen. — Schließlich zum *Umweltschutz* als vorläufig letztem Punkt: Sollten wir uns nicht immer bereit halten für die jeweils aktuell auftretenden Grundrechtsprobleme wie Umweltschutz, um dann im Sinne „grundrechtssichernder Geltungsfortbildung" neue Schutzeinrichtungen in Gestalt des erwähnten personalen Grundrechtsdenkens zu schaffen? Ich bin sicher: wenn in drei Jahren wieder über ähnliche Probleme diskutiert werden sollte, sind wir noch „klüger", und es kommen neue Schutzgüter hinzu.

Martens: Ich wollte zunächst ganz kurz zu dem Stellung nehmen, was Herr *Scheuner* sagte: Sie haben vermißt, Herr *Scheuner,* daß ich den Auftrag an den Gesetzgeber zur Verwirklichung der Grundrechte in meinem Referat nicht behandelt habe. Ich weiß selbstverständlich, daß z. B. Art. 14 I 2 und Art. 6 gesetzgeberische Aktivitäten voraussetzen, die erst den Inhalt der einzelnen Grundrechte bestimmbar machen. Ich meine allerdings, daß dieser Problemkreis jedenfalls nicht unmittelbar mit der Thematik der Leistungsstaatlichkeit in dem von mir zugrunde gelegten Sinn zusammenhängt. Im übrigen bin ich durchaus der Meinung — und ich glaube das auch im 3. Teil meines Referates gesagt zu haben —, daß etwa im Sinne *Schaumanns* der Gesetzgeber in der Tat den allerdings nicht juristisch einmünzbaren Auftrag zur Verwirklichung der Freiheitsrechte hat. Ich würde freilich diesen Auftrag nicht den Grundrechten selbst, ihrem Tatbestand, entnehmen wollen, bin vielmehr der Auffassung, daß er aus dem Sozialstaatsprinzip zu entwickeln wäre. Inhalt und Tragweite eines solchen Auftrages hätten sich also aus einer Ausdeutung des Sozialstaatsprinzips zu ergeben.

Was die Kritik von Herrn *Hesse* betrifft, so fühle ich mich natürlich insofern mißverstanden, als ich hier als Verteidiger einer „Maginot-Linie" des bürgerlichen Rechtsstaates apostrophiert worden bin. Ich meine — und insoweit kann ich an das eben Gesagte anknüpfen —, daß ich die sozialstaatlichen Funktionen des modernen Leistungsstaates hinlänglich betont und in ihren verschiedenartigen Auswirkungen charakterisiert habe.

Schließlich zu Herrn *Herzog:* Ich bin mir bewußt, daß die crux in der verfassungsrechtlichen Beurteilung der staatlichen Ziele liegt. Meinen Rückzug auf die Kompetenz des Gesetzgebers sehe ich als demokratisch legitimiert an. Und wenn ich versucht habe, Begrenzungen im Grundsatz der Verhältnismäßigkeit zu finden, weiß ich, daß das kein Allheilmittel ist. Um so erfreuter bin ich, daß Sie mein Anliegen, auch die begrenzende Funktion der Grundrechte hervorzuheben, zustimmend aufgenommen haben.

Zacher: Ich bin etwas in Verlegenheit, weil vieles von dem, was ich sagen wollte, Herr *Scheuner* und Herr *Herzog* schon gesagt haben. Ich möchte zum grundsätzlichen Aspekt der Grundrechtsinterpretation vorweg an das Wort von *Krüger* erinnern, daß die Verfassung das bessere Ich der Nation zu sein hat. Damit steht für die Grundrechte ein polemischer Auftrag fest: ein polemischer Auftrag, dem sie ihre Entstehung verdanken; aber auch ein polemischer Auftrag, unter dem die Grundrechtsinterpretation immer steht. Herr Herzog hat eben an diesen polemischen Auftrag erinnert. Aber ich möchte betonen, daß gerade auch Herr *Häberle* heute diesen polemischen Auftrag der Grundrechtsinterpretation aktualisiert hat. Methodisch ist Ihr Appell, Herr *Herzog*, daß die Grundrechte uns an die Freiheit erinnern, genauso gut wie der Appell von Herrn *Häberle*, daß sie uns an viele andere humanitäre Aufträge erinnern.

Ich wollte aber noch etwas deutlicher, als vielleicht Herr *Herzog* das getan hat, den aktuellen Auftrag der Stunde, wie ich ihn sehe in der ganz konkreten politischen Situation der Bundesrepublik, akzentuieren und sagen: die Herausforderung an die Grundrechte ist die, daß sich gegenwärtig das egalitäre Werk von selbst tut; daß wir dagegen mit der Grundrechtsinterpretation vor allem die Aufgabe haben, Räume der Differenzierung aufrecht zu erhalten und Räume der autonomen Differenzierung zu bewahren. Man solle nun demgegenüber nicht sagen, das sei inhuman oder ich sei ein Feind der Emanzipation. Ich bin ein Skeptiker der Emanzipation, kein Feind derselben. Aber der Mensch hat seine Emanzipation nicht erreicht, der Mensch hat vielmehr seine Emanzipation verfehlt, wenn er sich nicht differenzieren kann in seiner Gesellschaft. Die Humanität läßt sich nicht mit rein egalitären Modellen realisieren. Ich glaube, daß unter allem, was als die polemische Aufgabe der Grundrechtsinterpretation geschehen muß, das sicher nicht der wichtigste, aber hic et nunc der aktuellste Auftrag der Grundrechtsinterpretation ist. Ich habe an anderer Stelle gesagt, daß in dieser Situation, wie wir sie jetzt haben, *Institutionen* als Möglichkeiten der Freiheit gesichert bleiben müssen. Ich möchte am heutigen „Grundrechtsfesttag" sagen, daß *Differenzierungen* als Möglichkeiten der Freiheit, der humanen emanzipierten Freiheit, gesehen werden und bleiben müssen. Ich sehe gerade darin eine Aufgabe der Grundrechtsinterpretation.

Aber damit bekenne ich mich zu dem auch, was Herr *Scheuner* gesagt hat, zu der objektiven Dimension der Grundrechte. Wir dürfen da — ich weiß jetzt nicht, wieviel mich insofern von Herrn *Martens* trennt, aber doch einiges nehme ich an — nicht mit der Grundrechtsinterpretation aufhören, wo wir sagen, da ist kein subjektives Recht mehr. Die Gesellschaft braucht unseren juristischen Rat gerade in diesen Fragen der objektiven Dimension. Wir haben hier eine sozialpädagogische Aufgabe und erst recht eine Aufgabe gegenüber dem Gesetzgeber. Sicher ist es die Kompetenz des Gesetzgebers, die objektive Dimension der Grundrechte zu entfalten. Aber um diese Kompetenz auszuüben, braucht er sachverständigen Rat. Aus dieser Funktion des Ratgebers sollten wir uns nicht verdrängen lassen. Wir beklagen so häufig, daß die Juristen aus der Verwaltung herausgedrängt werden. Wir müssen sehen, daß unser Rat auch aus der Gesetzgebung verdrängt wird, wenn wir uns zurückziehen, wo wir den Gesetzgeber für kompetent halten. Wir müssen versuchen, die objektive Dimension der Grundrechte zu artikulieren.

Das geht aber natürlich nur, indem wir die Waage halten dazwischen, daß Grundrechte solche der Schwachen *und* der Mächtigen bleiben müssen. Herr *Hesse* hat die *Schwachen* betont als Grundrechtsträger. Das tue ich gemeinhin auch; aber in der augenblicklichen polemischen Situation muß man auch immer wieder den Mut haben, zu sehen, daß Grundrechte auch Grundrechte des Mächtigen sind, und aufhören solche zu sein, wenn nicht auch Platz für individuelle Mächtigkeit in diesen Grundrechten ist. Das war das eine: diese rechtsinstitutionelle Aufgabe einer objektiven Grundrechtsinterpretation, einer Dimension, die von der subjektiven Ausmünzbarkeit auch absehen kann. Ich möchte gerade unseren Freund und Kollegen *Dürig* als ein Beispiel — mit seiner Interpretation zu Art. 2 GG etwa — heranziehen. Welche Befruchtung ist von dem ausgegangen, obwohl wir ihm vieles von dem, was er dort als subjektive Rechte niedergelegt hat, von vornherein gar nicht geglaubt haben. Aber welcher gesellschaftliche Nutzen ist davon ausgegangen und strahlt immer wieder davon aus!

Nun noch etwas anderes. Es wurde heute gesprochen von neuen Institutionen, die geschaffen werden müssen zur Grundrechtssicherung, und zwar zur Frage der sozialen Grundrechte. Auch da trennt mich einiges von Herrn *Martens*. Herr *Martens* hat die Frage von sozialen Grundrechten auf Historie und Rechtsvergleichung abgeschoben. Ich glaube aber, daß man gerade die rechtsvergleichende Dimension hier fruchtbar machen kann. Indem man versucht, soziale Grundrechte justitiabel zu machen, tut man ihnen einen Bärendienst. Da sind sie auf dem falschen Weg. Man muß eben versuchen, adäquate Institutionen zu finden. Ich halte hier das Gegenüber in der europäischen Grundrechtsordnung für durchaus geglückt, daß man bei der Menschenrechtskonvention einen Sanktionsapparat hat, der den Freiheitsverbürgungen adäquat ist, bei der Europäischen Sozialcharta hingegen einen Sanktionsapparat, der den sozialen Grundrechten adäquat ist, nämlich die objektive Prüfung, durch ein sachverständiges Gremium, das anhand von Berichten die Standards ermittelt. Ich halte es für sehr symptomatisch und sehr bedauerlich, daß Herr *Wengler* so schnell die Europäische Sozialcharta aus der deutschen Diskussion wieder entfernt hat. Für symptomatisch halte ich das nicht in bezug auf die Person von Herrn *Wengler*, sondern daß es so schnell akzeptiert worden ist, daß man mit diesem Instrument gar nichts zu tun haben will.

(**Martens:** Der Anhang zu Teil III ist eindeutig!)

Wie auch immer: die Europäische Sozialcharta ist bei uns mit dem Zustimmungsgesetz verkündet worden. Man kann aus einer Sache immer mehr und weniger machen, Herr *Martens*. Jedenfalls: die Europäische Sozialcharta steht zwar nicht bei uns in der Diskussion, Herr *Martens*. Aber ihr Gegenbild — gegenüber der Menschenrechtskonvention — halte ich für ausgesprochen glücklich. Wenn ich dazu noch eine verfassungspolitische Erfahrung in der Bundesrepublik nutzbar machen darf: Der Sachverständigenrat für die Begutachtung der gesamtwirtschaftlichen Entwicklung, der hat — wer die Dinge näher kennt, weiß das — die wirtschaftspolitische Diskussion in einem hohen Maße bei uns beeinflußt und — wie man sagen darf — rationalisiert. Natürlich ist immer ein gutes Maß an Scheinrationalität dabei; aber die wirtschaftspolitische Diskussion ist neue Wege gegangen, und man kann sagen, das Stabilitätsgesetz war überhaupt erst möglich nach einigen Jahren Erfahrungen mit dem Sachverständigenrat. Vorher wäre diese Entwicklung überhaupt nicht möglich gewesen. Ob man sie für gut hält oder schlecht, aber hier sind neue Wege eröffnet worden. Vielleicht wäre eine solche objektive Institution sozialpolitisch nutzbar zu machen. Auch hier möchte ich wieder das institutionelle Zusammenspiel betonen. Der Gesetzgeber braucht nicht nur den Partner in der Rechtswissenschaft, den juristischen Gesprächspartner. Er braucht auch unabhängige und in diesem Fall eben nichtrichterliche Institutionen, sachverständige Institutionen, aber unabhängige Institutionen als

Gesprächspartner. Als Gegenprobe für den Nutzen, für den potentiellen Nutzen, einer solchen Institution möchte ich anregen, das Geschrei sich vorzustellen, das die Gewerkschaften und die Arbeitgeberverbände erheben würden, wenn dieser Vorschlag ernsthaft diskutiert würde. Warum kommt denn heute von dieser Seite der Wirtschafts- und Sozialrat wieder auf den Tisch? Nämlich um solchen unabhängigen Institutionen rechtzeitig vorzubeugen und die Beratung des Gesetzgebers in die verbandspolitische Hand zu bekommen. Ich glaube also, daß man hier Modelle studieren müßte, die wegführen von dem richterlichen Rechtsschutz, und insofern, Herr *Häberle,* würde ich auch Ihrem Leitbild der bayerischen Popularklage nicht zustimmen.

Ein Letztes, ganz Kurzes; nämlich, sehr wichtig und viel zu kurz gekommen scheint mir der Aspekt der Grundrechte im personalen Leistungsverhältnis. Hier haben wir einen ungeheuren Nachholbedarf an Dogmatik in allem, was unmittelbare Dienstleistungen sind, die wir ja alle verdrängen, obwohl sie passieren müssen, jeden Tag, vom pädagogischen Dienstleistungsverhältnis bis eben zur Irrenanstalt, wo jemand gepflegt werden muß, der an der Grenze der Menschenwürde angekommen ist. Dafür haben wir kaum grundrechtliche Maßstäbe, aber das läßt sich wohl auch am besten morgen bei der Verwaltungsrechtsdogmatik erörtern.

Hollerbach: Vielen Dank, Herr *Zacher,* für Ihren Beitrag. Mir scheint, daß wir *einen* Punkt daraus vor allem festhalten sollten, denn damit wurde — glaube ich — wiederum auf einen Differenzpunkt aufmerksam gemacht. Das ist nämlich die Frage, welches eigentlich die Aufgabe der Jurisprudenz ist.

Dürig: Meine sehr geehrten Herren! Haben Sie keine Angst, daß ich Ihnen mit Art. 2 komme. Sie kennen vielleicht auch meine Aversion gegen die funktionale und institutionelle Sicht der Grundrechte — gegen die modische „objektive Dimension". Vielleicht bin ich dabei durch Justitiabilitätsfragen und durch Richtertätigkeit etwas verdorben. Mit diesen funktionalen und institutionellen Modellen kann — meiner Erfahrung nach — jedenfalls kein Instanzgericht etwas anfangen. Wir müssen wieder einfacher in der Diktion werden. Wenn wir an unsere Studenten denken, die televisions-getrimmt sind und visuell aufnehmen, ergibt sich für mich eigentlich folgendes Bild: Wir haben hier gleichsam als Fußboden eine Reihe von Basisrechten, die durchaus egalitär und statisch sind: Persönliche Rechtsgleichheit, Daseinsvorsorge, Existenzminimum, alles was *Hä-*

berle dem status processualis zurechnete, u. dgl. Es geht hier also um Bedingungen und Voraussetzungen für das Gebrauchmachen von — und jetzt kommt das für manche offenbar schon leidige Wort — individuellen, ja egoistischen Freiheitsrechten, freilich auch mit ihren Risiken. Diese Freiheitsrechte sind dynamisch, streben also gleichsam von der Basis aus senkrecht nach oben. Bei ihrer Entfaltung kommt es naturgemäß bereits im Verlauf eines Lebens zu Ungleichheiten mit anderen; — Ungleichheiten, die man eben der Freiheit wegen nicht statisch abblocken und egalisierend plattwalzen darf. Die Risiken dieser konkurrierenden Freiheiten fangen wir — sonst wäre eine Leistungsgesellschaft in der Tat inhuman — auf durch eine neue Horizontale. Im Bild ist es gleichsam die Decke auf den senkrechten Stützpfeilern der Freiheit: Ich meine Sozialhilfe, Versorgung, Versicherung. Nun können Sie natürlich hier auf diese Decke noch alles mögliche daraufpacken, etwa bis zur Pflicht, der Staat habe gefälligst auch für — das soll ja ein großes Problem sein — die glückliche Freizeitgestaltung der Bürger alle Leistungen zu erbringen. Und Sie können verbal hier im Bild zwischen Fußboden und Decke noch weitere egalitäre Zwischenrechte einschieben, gleiche Startchancen auch noch für einen vierten Bildungsweg und nach einer fünften Drogenentziehungskur. Aber meine Herren, dieses Modell ist nicht unbegrenzt belastbar. Als derartige Decken kann nur tragen, was Sie für die produzierende Generation als Stützpfeiler freisetzen und freigesetzt belassen, also Individualrechte mit Initiative, Anreiz, Eigenverantwortung usw. Wenn Sie diese in der Vertikalen stehenden Leistungsfreiheiten kappen, fällt die Decke auf den Fußboden. Dann bricht dieses Verfassungsmodell, in dem m. E. allein der Antagonismus von Freiheit und Gleichheit ausbalanciert werden kann, zusammen. Und was hier im Bild als senkrechte Stützpfeiler erscheint, dazu kennen Sie, meine Herren, meine Meinung. Das sind nichts anderes als schulmäßig schlichte subjektive öffentliche Rechte mit Anspruchsinhaber, Anspruchsgegner und ausgrenzendem Anspruchsinhalt; und nichts wolkig Institutionelles und nichts von „objektiver Dimension". So würde ich bildlich das Konzept unseres sozialen Rechtsstaates in grundrechtlicher Sicht entwerfen. Und ich erinnere nur noch an *Häberles* Feststellung abgewandelt: Sie können in ein solches prinzipiell liberales System sehr viel sozial-egalitäre Zwischenschichten — z. B. wiederholter Startchancen — einschieben. Aber wenn, um im Bild zu bleiben, die Decke auf den Fußboden fällt, weil man die klassischen liberalen Freiheitsstützpfeiler plattgewalzt hat, kann man sie nachträglich nie mehr wieder einziehen.

Kaiser: Herr Vorsitzender, ich habe mich spontan auf Ihre Frage gemeldet, was in dem hier gegebenen Zusammenhang die Aufgabe der Jurisprudenz sei: eine Frage, die ich mir selbst schon gestellt hatte, soweit in den Referaten das Thema zum Anlaß genommen wurde, ein — wie Herr *Zacher* sagte — „Grundrechtsfest" zu feiern. Dabei teile ich den Zweifel von Herrn *Hesse*, ob es sich bei all diesen Problemen überhaupt um *Grundrechtsprobleme* handelt.

Ich widerspreche allerdings Herrn *Hesse* in der — wie mir scheint— etwas zu summarischen und apodiktischen Beurteilung der beiden Referate. Gegen den Vorwurf, eine konstruktive Maginot-Linie halten zu wollen, hat Herr *Martens* sich schon mit viel Recht und Erfolg zur Wehr gesetzt. Herr *Häberle* weiß als Jurist natürlich, ob er in seinem Referat das Grundgesetz ausgelegt hat oder ob er Staatslehre oder auch Naturrecht vorgetragen hat, oder vielleicht alles dies zusammen in einem schönen Eklektizismus, der auch juristisch etwas bedeuten kann, wenn er ciceronianische Statur hat.

Wenn wir hier schon zwischen konservativen und fortschrittlichen Aussagen unterscheiden sollen, so frage ich mich, — und auch darin liegt ein Widerspruch, zu dem ich mich durch die Verteilung von Licht und Schatten zwischen beiden Referaten provoziert fühle — ob nicht gerade das eine konservative Jurisprudenz ist, wenn Herr *Häberle* hochmoderne Probleme wie Umweltschutz in herkömmlichen Kategorien als Grundrechtsprobleme deutet. Damit geht man, meine ich, mit einem überlieferten Instrumentarium an die Lösung von Problemen heran, für deren Lösung andere Handhaben angemessener sind. Der blaue Himmel an der Ruhr kann wohl nicht schon mit Verfassungsbeschwerden herbeigeführt werden. Ich sehe keine Lösung der Umweltprobleme auf dem Weg schlichter Grundrechtsanwendung. Das kann irgendwann einmal einen Nutzen haben, aber der ganze Komplex, das ganze Volumen dieses Problems ist von einer etwas anderen Dimension. Gewiß hat auch Herr *Martens* von dem Umweltschutz als einem neuentdeckten Menschenrecht gesprochen, aber ich habe doch nicht die ironische Komponente überhört, die in dieser Bemerkung mitspielte. Demgegenüber tritt der Umweltschutz in der Ziff. 36 der Leitsätze von Herrn *Häberle* etwas zu einseitig als Grundrechtsproblem auf.

Unter Ziff. 12 seiner Leitsätze hat Herr *Häberle* das *Effizienzprinzip* dem Sozialstaat zugeordnet. Da frage ich mich ganz aufrichtig: Was ist der logische Prozeß, der zu der Schlußfolgerung führt, aus dem Sozialstaat das Effizienzprinzip herzuleiten? Kann man das im Wege von Obersatz und Untersatz logisch demonstrieren? Ich meine, das Effizienzprinzip hat seine eigentlichen Grundlagen in einem Leitbild, das älter ist als der Sozialstaat, nämlich in dem Grundsatz der Wirtschaftlichkeit des öffentlichen Aufwandes; und gegenwärtig erhält es seine eigentlichen Impulse aus einem ganz anderen Bereich als dem des Sozialstaates, nämlich aus der Übertragung von Managementerfahrung großer Unternehmer in die öffentliche Verwaltung. Die Verwaltungswissenschaft weiß davon unendlich viel. Sie macht sich dabei betriebswirtschaftliche Arbeiten, namentlich amerikanische Untersuchungen über den decision making process, den Entscheidungsprozeß (ursprünglich von Unternehmen) zu nutze. Wer dahinter *Dezisionismus* vermuten sollte, ist auf ganz falscher Fährte. Wenn hier jemand dennoch dieser Auffassung sein sollte, so würde ich mich besonders gern damit befassen.

Grundrechte — und damit komme ich zu meinem Ausgangspunkt zurück — sind für uns in erster Linie doch wohl ein juristisches Thema, und ich meine, man sollte die Gewährleistung der Grundrechte im Grundgesetz nicht für einen Katalog halten, aus dem man, der Bibel vergleichbar, jedes Bonmot begründen könnte.

Geck: Ich habe eine Frage an Herrn *Martens* und eine Bemerkung zu dem Referat von Herrn *Häberle*.

Die Frage bezieht sich auf den Leitsatz 6. Sie haben gesagt, Herr *Martens*, daß „die den betroffenen Freiheitsrechten (Art. 2, 12 und 14 GG) beigefügten Gesetzesvorbehalte dem Gesetzgeber erlauben, seine gesellschafts-, wirtschafts- und sozialpolitischen Ziele auch durch Regelungen im Grundrechtsbereich zu verfolgen. Dabei kommt dem Sozialstaatsprinzip eine besondere Bedeutung als Vehikel legitimer öffentlicher Interessen zu." Ihre Fortsetzung „Die vom Grundgesetz gewährleistete ist daher sozial gebundene Freiheit" klingt dagegen etwas nach der Freiheit im allgemeinen. Daher meine Frage: Geht Ihre Aussage zur sozialen Bindung der Freiheit über die Gesetzesvorbehalte in Art. 2, 12 und 14 hinaus, bezieht sie sich insbes. auch auf die Freiheiten, die vom Grundgesetztext her vorbehaltlos gewährleistet sind? Um die Konsequenz anzudeuten: Hat das Sozialstaatsprinzip lediglich eine Komplementärfunktion zur Konkretisierung an sich schon vorhandener Gesetzesvorbehalte, dann spielt es gerade bei den vorbehaltlos gewährleisteten Grundrechten keine (wesentliche) Rolle; hat es hingegen eine entscheidende selbständige Funktion, dann müßte diese sich auch bei den Grundrechten auswirken, die vom Wortlaut des Grundgesetzes ohne Vorbehalt gewährleistet sind.

Die zu dem Referat von Herrn *Häberle* geplante Bemerkung kann ich kurz fassen, nachdem andere Voten schon in die gleiche Richtung wiesen. Herr *Häberle*, Sie haben in Leitsatz 19, Ziff. 4 und 5 gesagt, daß alle Grundrechte soziale Grundrechte in einem weiteren Sinne und zugleich Grundrechtspflichten des Staates sind. In LS 23 und 24 haben Sie von der grundrechtssichernden Geltungsfortbildung gesprochen; im Leistungsstaat gelte es auch, die Grundrechte — soweit nötig — umzuschreiben. LS 43 unterstreicht dies unter Hinweis auf den Gleichheitssatz. LS 33 bezeichnet den besonderen Begriff der sozialen Grundrechte als einen Offenbarungseid bürgerlicher Dogmatik; LS 35 behauptet ein sozialstaatliches Defizit an Grundrechtspositivierung im Vergleich zu Weimar und den Nachkriegsverfassungen der deutschen Länder.

Hauptsächlich an diesen Punkten setzt mein Zweifel ein. Herr *Hesse* hat für Ihre Grundrechtsauslegung den Ausdruck „bewegliche Vorwärtsverteidigung" gebraucht. Ich habe das Gefühl, daß diese bewegliche „Vorwärtsverteidigung" für den Sozialstaat, den sozialen Leistungsstaat, zu viele offene Flanken bei dem *Rechts*staat läßt. Die offenen Flanken sehe ich — z. T. wohl in Übereinstimmung mit Herrn *Zacher* — dort, wo es um den Schutz von klassischen individuellen Freiheitsrechten geht. Wenn bei den Ansatzpunkten, die Sie reichlich erwähnt haben, ein von Ihnen überhaupt nicht konkretisiertes System von sozialstaatlich determinierten Eingriffen ermöglicht und diesen grundrechtserhaltender Charakter zugesprochen wird, dann sehe ich die individuellen Freiheiten nicht mehr als hinreichend gesichert an. Herr *Zacher* hat bereits darauf hingewiesen, daß gewisse Geschäfte sich heute — z. T. möchte ich sagen erfreulicherweise — von selber besorgen, daß aber der Schutz individueller Freiheitsrechte heute keine Selbstverständlichkeit ist. Ich möchte das unterstreichen. Obwohl Sie, Herr *Häberle*, ausdrücklich sagen, daß Sie eine private Freiheitssphäre erhalten wollen, fürchte ich, daß die viel stärkere Betonung der sozialen Gebundenheit und des status activus etwa am Ende von LS 27 entgegen Ihren Absichten letztlich zu sehr zu Lasten der klassischen Freiheitsrechte gehen wird. Zur Freiheit gehört aber gerade das Recht, in mancher Hinsicht in Ruhe gelassen zu werden. Dieses Recht betont das Grundgesetz. Eine in den praktischen Folgen ganz unklare einseitige Aufwertung des status activus und die Betonung eines besonderen status activus processualis können dafür kein Ersatz sein.

Ich glaube auch, daß man von einem erheblichen Nachholbedarf auf dem sozialstaatlichen Sektor nicht bei der Bestandsaufnahme über die *Grund*rechte sprechen sollte. Betrachten wir Verfassungen mit einem Katalog von sozialen Grundrechten, so dürfen wir diesen nicht isolieren und das Teilergebnis mit unserem Verfassungsrecht vergleichen. Weder die Weimarer Verfassung noch die Nachkriegsverfassungen der deutschen Länder waren in der Art und Weise justitiabel wie die Grundrechte gemäß Art. 19 Abs. 4 GG. Die ernstliche Gefahr einer Unterwanderung der Freiheitsrechte von den eben erwähnten Ansatzpunkten her ist ebenfalls neu. Kataloge sozialer Grundrechte finden sich heute vor allem in Ostblockländern. Wir sollten nicht vergessen, was sie dort in der Praxis bedeuten.

In diesem Zusammenhang noch eine Bemerkung dazu, daß die sozialen Grundrechte in Ihrem Referat als bloße Verallgemeinerung klassischer Grundrechte präsentiert werden und daß Abwehrrechte und soziale Rechte angeblich grundsätzlich ineinander übergehen. Man mag es einen Zufall nennen, daß die Europäische Menschenrechtskonvention 1950 herkömmliche Grundrechte und Freiheiten schützte und die Europäische Sozialcharta als besonderes Instrument nachfolgte. Man könnte aber auch sagen, daß es nicht nur Zufall war. Die MRK hat ungeachtet späterer Ergänzungen ihren Schwerpunkt in den klassischen Freiheitsrechten behalten; die sozialen Rechte sind 1961 in einem gesonderten Instrument für z. T. unterschiedliche Bedürfnisse mit unterschiedlichen Strukturen, Rechtsfolgen und einem unterschiedlichen Sanktionssystem geschützt. Auch der Teilnehmerkreis bei beiden Verträgen deckt sich nicht. Sicher ist es kein Zufall, daß nach langen Vorarbeiten in den Vereinten Nationen die Human Rights Covenants im Dezember 1966 als zwei getrennte Verträge für die bürgerlichen und politischen Rechte einerseits und die wirtschaftlichen, sozialen und kulturellen Rechte andererseits beschlossen sind und daß bei ihnen auch das Kontrollsystem unterschiedlich geregelt ist. (Das neueste Instrument, nämlich die amerikanische Menschenrechtskonvention vom November 1969, enthält getrennte Kapitel über die bürgerlichen und politischen Rechte einerseits, die wirtschaftlichen, sozialen und kulturellen Rechte andererseits. Die letzte Gruppe besteht aus einem bloßen Programm. Text: American Journal of International Law Vol. 65 (1971) 679 ff.). Aus der divergierenden Regelung ergeben sich Folgen auch für die Durchsetzbarkeit. Herr *Zacher* hat für die einschlägigen europäischen Verträge schon angemerkt, daß die Unterscheidung zwischen klassischen Freiheitsrechten und sozialen Ansprüchen kein Zufall ist. Das gleiche gilt im außereuropäischen Bereich. Die internationalen Beispiele sollten im Hinblick darauf zu denken geben, daß ein bei uns teilweise vorhandener sozialstaatlicher Nachholbedarf zu einem vordringlichen Nachholbedarf an sozialen Grundrechten, d. h. am Sozial*verfassungs*recht, erklärt wird und daß im Wege über eine in ihrer Tragweite unklare Betonung des sozialen Charakters aller Grundrechte Rechtsnormen unterschiedlicher Funktion in einer Art vermengt werden, welche die klassischen Freiheitsrechte allmählich aushöhlen kann.

Kriele: Ich möchte das Prinzip der gesellschaftspolitischen Neutralität des Grundgesetzes noch einmal verteidigen. Es bedeutet in unserem Zusammenhang, daß der Kampf um den Leistungsstaat ein demokratischer Kampf ist, daß m. a. W. die Justiz nicht zum Tummelfeld der parteipolitischen Auseinandersetzung gemacht, nicht instrumentalisiert wird im Dienste der einen oder anderen Richtung. Dieses Prinzip muß man nach zwei Richtungen verteidigen: Einmal gegen die Umdeutung von freiheitlichen Abwehrrechten in soziale Anspruchsrechte oder auch in Verfassungsaufträge. Hier haben Sie, Herr *Häberle*, ja sorgfältig differenziert und dies zum Schluß Ihres Referates beschränkt auf ganz bestimmte Ausnahmefälle — das möchte ich unterstreichen. Über die Ausnahmen kann man natürlich von Fall zu Fall reden. Das bedeutet aber praktisch, daß alles, was Sie zunächst darüber hinausgehend entwickelt haben, in den Bereich der politischen Rhetorik gehört. Dort mag es legitim sein (selbst das ist nicht unbedenklich); aber es ist juristisch irrelevant.

Nach der anderen Seite hin muß man das Prinzip der gesellschaftspolitischen Neutralität des Grundgesetzes verteidigen gegen die Inanspruchnahme von freiheitsverbürgenden Grundrechten zum Schutze von gesellschaftlichen Privilegien. Man muß also dem Leistungsstaat den legislativ-politischen Raum freikämpfen. Das geht nur, wenn man die immanenten Gemeinschaftsvorbehalte der Grundrechte — wie immer man sie im einzelnen begründet — nicht aufgibt. Das hat das Bundesverfassungsgericht aber getan im „Mephisto-Urteil“ (in der Sache des Gründgens-Erben gegen den Klaus-Mann-Verleger). Art. 5 III ist — sagt es dort — vorbehaltlos gewährleistet. Es gibt keinen Gemeinschaftsvorbehalt. Art. 2 I kann man sowieso nicht heranziehen, 5 II kann man nicht heranziehen, immanente Schranken kann man auch nicht heranziehen. Die Verfassungsbeschwerde des Verlages wurde aber doch verworfen, denn Schranken müssen sein. Aber nun müssen sie aus der Verfassung selbst abgeleitet werden. In diesem Fall wurden sie abgeleitet aus Art. 1 I. Art. 1 wurde weit über das, was man bisher daraus herausgelesen hat, nämlich Abwehr von erniedrigender Behandlung, hinaus aufgeblasen. Der ganze Ehrenschutz wurde in Art. 1 hineininterpretiert. Das stellt Weichen. Wo Art. 1 nicht langt, wird man z. B. zur Sozialstaatsklausel greifen müssen. Wenn z. B. ein Architekt, der ein Kunstwerk schafft und dem man die Bauordnung entgegenhält, sich auf Art. 5 Abs. 3 beruft, so muß man die Bauordnung irgendwie ins Grundgesetz hineininterpretieren, in die Sozialstaatsklausel z. B., und sie dadurch verfassungsfest machen. Das kann nicht richtig sein. Der Gemeinschaftsvorbehalt ist unentbehrlich.

Nun ein Unterpunkt zu diesem Fragenkreis: Art. 14. Ich möchte das Bundesverfassungsgericht gegen beide Referenten in Schutz nehmen. Das Bundesverfassungsgericht sagt: Prinzipiell ist für Steuern und Abgaben Art. 14 nicht einschlägig. Aber es gibt, wenn Steuern konfiskatorisch werden, einen Umschlag von der Quantität in die Qualität, und dann ist er doch einschlägig. Dies ist eine Figur der Hegelschen Logik, die Sie gemessen haben an der klassischen Logik, und da wird sie natürlich Unsinn. Ihre Kritik hat zur Folge, daß nun die Abgrenzung der Grundrechtsrelevanz des Art. 14 eine Frage der graduellen Einschätzung wird; 50%, 55%, — wo beginnt die enteignende Wirkung der Steuer? Der politische Streit wird auf die Ebene der Verfassungsdogmatik übertragen.

Die Mächtigen sind selbstverständlich Grundrechtsträger wie alle anderen auch. Aber sie haben Mächtigkeit auch in der Durchsetzungsfähigkeit ihrer grundrechtlichen Ansichten — politischen Einfluß z. B. auf die Besetzung des Verfassungsgerichts, publizistischen Einfluß, und sogar Einfluß auf die Entwicklung der juristischen Dogmatik über Gutachtenaufträge u. ä. Die praktische Konsequenz wird sein, daß die Grenze, die das Bundesverfassungsgericht für die Abwehr der Beanspruchung des Art. 14 bisher gezogen hat, mit Wahrscheinlichkeit ziemlich weit zurückgeschoben wird. Nun haben wir Erfahrungen, vor allem aus den USA, wohin das führt. In den Vereinigten Staaten sind ja Steuern immer unter dem Gesichtspunkt des Eigentumsschutzes verfassungsrechtlich relevant gewesen, und das hat geführt: erstens zu einer erheblichen Verzögerung der Entwicklung des Leistungsstaates und damit zu einer Verschärfung der sozialen Spannung; zweitens, — da man schließlich doch nicht umhin konnte, gewisse Elemente des Leistungs- und Sozialstaates einzuführen —, zu der Forderung, die Verfassungsrechtsprechung müsse sehr „zurückhaltend" werden („judicial restraint"). Dann kam aber als zweiter Schritt die Forderung, diese juristische Zurückhaltung konsequent, also auch im Bereich der Rassendiskriminierung, der

Meinungsfreiheit, der prozessualen Grundrechte usw. durchzuhalten (Felix Frankfurter). Die Folge war, daß die Grundrechte in langen Phasen der Supreme-Court-Rechtsprechung weitgehend leerliefen. Also wir verdanken dem Prinzip des Bundesverfassungsgerichts, Steuern seien grundrechtsneutral, einerseits die Effizienz der freiheitsschützenden Grundrechte überhaupt und andererseits vielleicht einen wichtigen Beitrag zu dem verhältnismäßig gemäßigten und friedlichen sozialen Klima, das wir in der Bundesrepublik haben. Man sollte diese Konsequenzen bedenken, ehe man dieses Prinzip relativiert.

Böckenförde: Ich möchte zunächst zum Referat von Herrn *Häberle* eine zweifache Frage stellen, einmal wieweit die umfassende theoretische Vorgabe, die er im ersten Teil seines Referates gemacht hat, in den dogmatischen Konsequenzen durchgehalten ist, die ja mit denen von Herrn *Martens* in vielem übereinstimmen, und zum andern wieweit diese theoretische Vorgabe sich wirklich auf das Grundgesetz stützen kann im Sinne einer Verfassungsinterpretation. Die Grundrechtstheorie, die meines Erachtens jeder Grundrechtsinterpretation zugrunde liegt, weil die Grundrechte aus ihrer Wortfassung viel zu fragmentarisch sind, um allein im Wege klassischer Hermeneutik interpretiert zu werden, kann ja wohl nicht frei ausgewählt werden; vielmehr müssen wir m. E. als Verfassungsinterpreten die Frage nach einer bzw. der verfassungsgemäßen Grundrechtstheorie stellen.

Was Sie, Herr *Häberle*, in These 19 bis 25 entwickelt haben, scheint mir der Entwurf einer neuen Grundrechtstheorie zu sein, ja der Entwurf für ein prozeßhaftes Verfassungsverständnis auch im Grundrechtsteil, von dem ich allerdings Zweifel habe, ob man ihn als Interpretationsrahmen für die geltenden Grundrechte, wie sie in der Verfassung formuliert sind, zugrunde legen kann. Das führt natürlich an Fragen der Verfassungstheorie und des Verfassungsbegriffs heran. Hält man daran fest, daß die Verfassung *auch* eine Entscheidung ist, eine Festlegung von gewissen Grundentscheidungen und normativen Inhalten, so ergibt sich, daß auch im Grundrechtsteil einer Verfassung, und insoweit auch im Grundgesetz, eine bestimmte Auffassung der Grundrechte, also eine Grundrechtstheorie vorausgesetzt und zugrunde gelegt ist. Aus den Zeitumständen des Jahres 49 und auch aus den Materialien, die uns zugänglich sind, ergibt sich m. E. recht klar, daß der Ausgangspunkt des GG schon der liberale Rechtsstaat war, also die Grundrechtstheorie einer Sicherung von Freiheitsräumen gegenüber staatlichen Zugriffen, die freilich bewußt ergänzt worden ist durch die Einfügung des Sozialstaatsprinzips. Nach meiner Auffassung sollte man — und muß es als Verfassungsinterpret — von daher die Grundrechtstheorie entwickeln. Insofern stehe ich im Ausgangspunkt Herrn *Martens* näher; er hat ja prinzipiell diesen Ausgangspunkt gewählt. Die Frage ist freilich, ob sein Ausgangspunkt, gerade wegen der Kombination von rechtsstaatlicher Freiheitsverbürgung und sozialstaatlichem Gestaltungsauftrag an den Gesetzgeber, nicht noch etwas fortentwickelt werden kann und muß, gerade im Sinne einer verfassungsmäßigen Grundrechtstheorie.

Zur Freiheitssicherung als Prinzip der Grundrechte, wie das Grundgesetz sie kennt, gehört m. E. auch die Sicherung der elementaren sozialen Voraussetzungen für die Realisierung der Freiheit. Mir scheint, daß das gerade aus dem Rechtsstaatsprinzip in seinem ursprünglichen Ansatz herzuleiten ist. Und zwar deswegen, weil die Ausnutzung der ursprünglichen rechtsstaatlichen Verbürgungen — Rechtsgleichheit, individuelle Erwerbsfreiheit, Garantie des erworbenen Eigentums — notwendig zu Ungleichheitsbildungen in der Gesellschaft führt, die die Tendenz haben, sich zu verfestigen, und sich daraus die Situation ergibt, daß der Staat selbst ausgleichend, vorsorgend, auch intervenierend tätig werden muß, damit nicht diese rechtsstaatlichen Freiheiten für eine wachsende Zahl seiner Bürger zu leeren Formeln werden, die sie nicht realisieren können. Dadurch wird vom Rechtsstaatsprinzip her der Sozialstaatsauftrag entbunden und ebenso die Geltendmachung der sozialen Pflichtigkeit der Freiheit. Aber worauf es nun ankommt, ist die rechte *Maßbestimmung* für die sozialstaatliche Aktivität, und vor allen Dingen die Verknüpfung von sozialstaatlicher Gestaltungsaufgabe, Daseinsvorsorge, auch der Herauskehrung der Pflichtigkeiten der Freiheit etwa beim Eigentum, mit den rechtsstaatlichen Verbürgungen. Das ist nicht damit getan, daß man abstrakt den Sozialstaat neben den Rechtsstaat stellt. Man kann sich dann bei allen Fragen auch immer auf das Sozialstaatsprinzip berufen, das den Rechtsstaat begrenzt, und bringt damit die Probleme in Form eines Puzzle-Spiels schnell beiseite. Damit ist aber theoretisch wie dogmatisch nichts gewonnen, denn es fehlt jeder Maßstab, nach dem die konkrete Verknüpfung von Rechtsstaat und Sozialstaat herzustellen ist. Sehe ich recht, ist ja gerade dies immer das Problem von Herrn *Forsthoff*, die sozialstaatlichen Aktivitäten, die aus dem Sozialstaatsauftrag legitimiert sind und sich zum Teil von selbst verstehen, einzubinden, zu verknüpfen mit den rechtsstaatlichen Freiheitssicherungen. Dazu bedarf es einer ins einzelne gehenden rechtsdogmatischen Arbeit, die ich natürlich hier nicht leisten kann. Ich möchte jedoch auf einen konkreten Fall hinweisen, bei dem das Problem zutage liegt, das Urteil des Bundesverfassungsgerichts zur Ausdehnung der Angestelltenversicherungspflicht. Die Notwendigkeit sozialer Sicherung ist unbestritten, aber die Frage ist, ob es das richtige und rechtsstaatlich zulässige Mittel ist, alle Angestellten zu einer Solidaritätsgemeinschaft zusammenzufassen, oder ob nicht etwa die Lasten, die getragen werden müssen, um die sozial Schwachen in den Genuß einer genügenden sozialen Sicherung kommen zu lassen, Lasten der Allgemeinheit sind. Vertragen sich die Kriterien, nach denen hier Risiko- und Zwangssolidaritätsgemeinschaften gebildet werden, mit dem rechtsstaatlichen Freiheitsanspruch des einzelnen? Sind das nicht ganz beliebige, mehr oder minder willkürliche Zusammenfassungen? Was verbindet eigentlich die Angestellten untereinander? Sie sind kein Stand, keine Berufs- oder Leistungsgemeinschaft, keine durch ein bestimmtes soziales Interesse konstituierte und insoweit homogene Gruppe. Dies nur als Beispiel, auf welchem Argumentationsweg evtl. eine konkrete rechtsstaatliche Grenzziehung gegenüber Inpflichtnahmen und Eingriffen aus dem Prinzip des Sozialstaats aufgebaut werden könnte.

Zum Problem der grundrechtlichen Leistungsansprüche: Hier stehen wir vor der Entwicklung, daß die von uns — bedauerlicherweise — allgemein abgeschaffte Lehre von den Staatszwecken und Staatsaufgaben nun auf dem Umweg über Verfassungsaufträge, die bei einzelnen Grundrechten oft recht beliebig angesiedelt werden, wiederkehrt. Das steckt auch hinter der sog. „objektiven Dimension" der Grundrechte, ihrem Gehalt als Direktivnormen oder Aufträgen an den Gesetzgeber. Beide Referenten waren sich darin einig, daß das nicht zu individuellen einklagbaren Ansprüchen führen kann — von vielleicht eng begrenzten Ausnahmefällen abgesehen. Es ist auch offensichtlich, daß damit nur eine Verlagerung der Entscheidung von der politischen, demokratisch legitimierten Instanz, nämlich dem Gesetzgeber, auf die Justiz erreicht würde. Alles, was Herr *Häberle* zum Maßgabegrundrecht gesagt hat, hat eben dies zur Voraussetzung. Es stellt sich dann allerdings die Frage: Was hat diese objektive Interpretation der Grundrechte, das Herauslesen von Verfassungsaufträgen, für einen rechtlichen Sinn und Wert? Man kann sagen, das ist die Ermahnung der Juristen an den Gesetzgeber, sich dieser Dinge anzunehmen, sie nicht außer acht zu lassen. Nun gut. Aber im konkreten Fall kommt es natürlich auf die Priorität an, auf die Prioritätsentscheidung. Es gibt mehrere, vielleicht eine Vielzahl von Verfassungsaufträgen, und sie können nur nach

Maßgabe der staatlichen Finanzkapazität — da sie alle kostenintensiv sind — erfüllt werden. Hier zeigt sich die Gefahr, wenn außer acht gelassen wird, daß die Verfassung nur eine Rahmenordnung für das politische Leben sein kann. Wir erliegen dann der Tendenz, jede politisch sinnvolle und vielleicht notwendige Aufgabe erst einmal als Verfassungsauftrag aus der Verfassung heraus zu legitimieren. Politik wird dann „Vollziehung" der Verfassung und untersteht einem besonderen Druck; werden die Aufträge nicht mit der gehörigen Intensität und Priorität verwirklicht, dann ist das eine Verfassungsverletzung. Ich meine, hier hat Herr *Hennis* ganz richtig darauf hingewiesen, daß das zum permanent nichterfüllten Grundgesetz führt, dessen Auftrag dann schließlich durch Revolution einzulösen ist.

Die Einlösung von Verfassungsaufträgen ist eben, über den rechtlichen Hinweis hinaus, daß es diesen Auftrag gibt, eine Frage der politischen Willensbildung und eine Frage des Aktivbürgers, der von seinen politischen Mitwirkungsrechten in richtiger Weise Gebrauch macht und diejenigen politischen Zielvorstellungen bzw. Alternativen zum Zuge kommen läßt, die sich dafür nach seiner Meinung in der richtigen Weise einsetzen. Der status processualis i. S. von Herrn Häberle wäre dann anzusetzen bei Wahlrechtsfragen und bei Fragen der innerparteilichen Demokratie — also ob wir nicht einmal den Gedanken der „primaries" für die Kandidatenaufstellung durch die Parteien oder der offenen Listen diskutieren sollten — und dann bei der Frage des Gesetzgebungsverfahrens, denn die Gesetzgebung ist ja auch „Verfahren". Da läßt sich vielleicht manches organisieren an Teilhabe, bei den Vorbereitungen und im Beratungsverfahren, aber es muß allerdings die Entscheidung des Gesetzgebers möglich bleiben und sie muß verbindlich sein. Dies scheint mir der richtige Weg zu sein, um das, was sinnvoll ist am status processualis, auch herauszuholen. Aber auf der anderen Seite, Herr *Häberle,* was Sie uns in Ihrem ersten Teil vorgetragen haben, hat in der heutigen Situation eine Sprengkraftwirkung. Da kommt eine Fülle von neuen Verfassungsaufträgen und Pflichtigkeiten heraus, die einzulösen auch ein gutwilliger Gesetzgeber einfach nicht in der Lage ist. Das kumuliert sich ja. Mir erscheint es notwendig, gerade zur Sicherung der Grundrechte, der grundrechtlichen Verbürgungen, von der Interpretation her immer daran fest zu halten, daß sie nur einen Rahmen abgeben, und daß eine „Verwirklichung" darüber hinaus eine Frage politischer Willensbildung und Entscheidung und der aktiven Teilnahme der Bürger ist.

Häberle: Ich habe doch mehrfach betont, wie wichtig mir das Verständnis der Verfassung als einer *Rahmenordnung* ist, — in dem vorgetragenen Teil ist dies ausdrücklich formuliert. Im übrigen war auch ich zurückhaltend, ebenso wie Herr *Martens,* vorschnell mit Verfassungsaufträgen zu operieren. Ich darf das Wort von der „Gratwanderung", um die es geht, noch einmal wiederholen. Was den *status activus processualis* betrifft, so hat er große Bedeutung z. B. für die innerparteiliche Demokratie — Demokratie ist heute ohne diese gerade auch verfahrensmäßig ausgestaltete innerparteiliche Demokratie gar nicht möglich —, vor allen Dingen aber auch gegenüber spezifisch leistungsstaatlichen Funktionen und Verfahren. Denken wir doch einmal an Planungsprozesse: so sind etwa im Städtebauförderungsgesetz entsprechende neue Instrumente teils verwirklicht, teils sollten sie verwirklicht werden. Mir scheint, daß hier der Bürger in die leistungsstaatlichen Verfahren stärker einbezogen werden müßte.

Martens: Ich möchte zunächst die Frage von Herrn *Geck* zu meinem Leitsatz 6 beantworten. Der letzte Satz des Leitsatzes 6 ist im Zusammenhang zu lesen mit dem einleitenden Satz 1, d. h. die Einwirkungen des Sozialstaatsprinzips, von denen ich gesprochen habe, beziehen sich ausschließlich auf Grundrechte mit Gesetzesvorbehalt. Mit anderen Worten: Das Sozialstaatsprinzip hat in meinen Augen mangels eines verläßlich angebbaren Inhalts keine selbständige begrenzende Funktion, kann also nicht als verfassungsunmittelbare Grundrechtsschranke in Anspruch genommen werden.

Was die Kritik von Herrn *Kriele* betrifft, so bezog sich meine Auseinandersetzung mit der Rechtsprechung des Bundesverfassungsgerichts zum Eigentumsschutz gegen Steuergesetze eigentlich weniger auf das Ergebnis als auf die verwendete juristische Konstruktion. Ich habe dabei allerdings nicht bedacht, Herr *Kriele,* daß das Bundesverfassungsgericht auf den Spuren Hegels wandelt. Sonst hätte ich mich natürlich zurückgehalten!

Ich meine weiter, Herr *Zacher,* daß es gerade deshalb, weil soziale Rechte — wie Sie selbst sagen — überwiegend nicht justiziabel sind, problematisch ist, sie in die Verfassung aufzunehmen. Das hat die Weimarer Erfahrung gelehrt, und das bestätigt die Rolle sozialer Verbürgungen im Ausland und in den geltenden deutschen Landesverfassungen. Ich bin der Ansicht, daß solche sozialen Rechte ihren Platz eher in einem Sozialgesetzbuch als in der Verfassung haben.

Mit Herrn *Böckenförde* bin ich weithin einig; ich möchte nur daran erinnern, daß ich auf das Problem der Aufhebung der Jahresarbeitsverdienstgrenze in der Rentenversicherung der Angestellten doch ausdrücklich und nachdrücklich hingewiesen habe — zugegebenermaßen mit dem Zusatz, daß ich insoweit keine Lösung wisse. Dabei tröstet mich allein, daß die literarisch geäußerten Auffassungen der Mitglieder dieser Vereinigung dazu ja auch kontrovers sind.

Häberle: Zu Herrn *Böckenförde* wenigstens dieses: er hat von einer „theoretischen Vorgabe" gesprochen, die ich gemacht hätte im Blick auf Verfassungsinterpretation und insbesondere im Blick auf die Grundrechtsinterpretation. Ist es denn nicht so, daß Verfassungsinterpretation tatsächlich immer diese theoretische Vorgabe leisten muß, und daß es nur darauf ankommt, sie offen zu legen? Mir scheint, daß spätestens das Buch von *Josef Esser* — „Vorverständnis und Methodenwahl" — diese Dinge klar gemacht hat, auch ist *Essers* Begriff der „Erkundung des vordogmatischen Problemfeldes" einschlägig, wobei wir freilich am Anfang aller Aufgaben stehen und eben hier zu fragen hätten: *wie* kommt Dogmatik zustande und wer bestimmt, wie Dogmatik zustande kommt? Im übrigen glaube ich die „theoretische Vorgabe" z. B. insofern „durchgehalten" zu haben, als ich versuchte, den *status activus processualis* zu entfalten.

Oppermann: Ich möchte mich an sich gerne an dem Versuch von Herrn *Hesse* beteiligen, eine Art praktischer Konkordanz — jedenfalls in begrenztem Sinne — zwischen den beiden Referaten herzustellen. Es war ja bereits erstaunlich, was es vom Nulltarif bis zu einer bedarfsorientierten Auslegung von Art. 12 GG an Übereinstimmungen gab. Man könnte vielleicht noch weiterkommen in dieser Richtung, wenn Herr *Häberle* sich zu der schlichten Frage etwas erklären könnte, wo er eigentlich die Grenze zwischen Recht und Politik sieht. Ich setze dabei voraus, daß Herr *Häberle* nicht ganz die Linie unseres zivilrechtlichen Kollegen *Wiethölter* aus Frankfurt/Main teilt, die nahezu von einer Deckungsgleichheit bei Recht und Politik ausgeht. Dennoch scheinen Sie mir, Herr *Häberle,* — und da lag einer der entscheidenden Unterschiede zum Referat von Herrn *Martens* — sehr vieles noch in den juristischen Bereich einbringen zu wollen, was nach Auffassung anderer bereits ins Feld der Verfassungspolitik gehört. Sie haben das Wort „Grundrechtspolitik" ja auch mehrfach in Ihr Referat eingebaut. Wir unterschreiben natürlich alle den Satz von Triepel, daß Verfassungsrecht politisches Recht ist. Aber hat das Recht nicht im Gesamtgefüge des Politischen irgendwo seinen eigenständigen Stellenwert? Wenn man hiervon ausgeht, werden doch Gefahren einer zu dynamischen Sichtweise offenbar, wie bei ihnen, Herr *Häberle*, etwa im Hinblick auf den status negativus. Das gehört zum zu zahlenden „Fahrpreis", von dem Sie, Herr *Schneider*, gesprochen hatten. Denn werden nicht die Verfassung und insbesondere die Grundrechte bei der *Häber*leschen Deutung wieder mehr und mehr zum Sozialprogramm? Sie haben auch dieses Wort ausdrücklich gebraucht, Herr *Häberle*. Kommen wir damit nicht mehr oder weniger zurück zu Weimar, zu einer Art von vielleicht nicht gerade „leerlaufenden" Grundrechten, aber doch zu Grundrechten, die von einem „Verfassungsauftrag" oder auch von „Programmsätzen" nicht mehr sehr zu unterscheiden sind? Das alles gleitet jedenfalls in diese Richtung. Hier sollte man dann aber auch die Gefahren sehen, die diese Deutung für die „liberalen Errungenschaften" des status negativus mit sich bringt, wobei ich allerdings gewisse institutionelle Sichtweisen — insofern im Unterschied zu Ihnen, Herr *Martens*, — in diese liberalen Errungenschaften mit einbeziehen würde. Sie haben von „normativem Druck" gesprochen, Herr *Häberle*, den es auszuüben gilt, um die Dinge voranzutreiben. Wie aber, wenn der Richter fünfmal gesagt hat, der Haushaltsgesetzgeber müßte in Erfüllung von Art. 12 GG eigentlich mehr Geld für die Bildung abzweigen, und dann nimmt der Haushaltsgesetzgeber das Geld zum fünften Male doch wieder für den Verkehr, für die Landwirtschaft oder für den Umweltschutz? Nimmt man dann eigentlich diesen Richter als Juristen noch ernst? Wirkt das dann nicht irgendwie zurück auf das nächste Urteil, das dieser Richter vielleicht dazu zu sprechen hat, ob es tatsächlich unbedingt rechtens ist, daß die Polizei einen Verhafteten nach 48 Stunden spätestens dem Richter zu überführen hat? Wird nicht die Autorität des Richters im Rahmen des status negativus mit beeinträchtigt, wenn er anderwärts laufend halbpolitische Sprüche macht, denen nicht Folge geleistet wird? Man könnte diese Problematik auch anders aussprechen. Art. 1 Abs. 3 GG verpflichtet doch eigentlich zu effektiven, aktualisierten Grundrechten. Ist dann nicht eine nicht voll effektuierbare, dynamische Auslegung des status positivus in gewissem Sinne ein Verstoß gegen Art. 1 Abs. 3? Denn wird wirklich ein Quadratmeter Klassenraum mehr gebaut, nur weil man sagt, das sei verfassungsrechtlich und nicht nur verfassungspolitisch geboten? Ist es nicht vielmehr vernünftiger und dem Verhältnis zwischen Recht und Politik gemäßer anzuerkennen, daß der „Dunstkreis" des status positivus um die klassischen Grundrechte in ganz erheblichem Maße als Verfassungspolitik anzusprechen ist und als solche ein den politischen Instanzen anvertrauter kaum justiziabler Auftrag darstellt? In diesem Sinne meine Frage an Sie, Herr *Häberle:* muß man die Aufgabe des Verfassungsjuristen nicht vielleicht doch etwas zurückhaltender begreifen, als Sie diese Aufgabe in Ihrem Referat hier und dort konzipiert haben?

Hans H. Klein: Schon mehrere meiner Vorredner haben auf die — für mich frappierende — Übereinstimmung zwischen beiden Referenten in manchen Detailergebnissen hingewiesen. Ich möchte für meine Person in diese Gemeinsamkeit auch einbeziehen die starke Hervorhebung des Verfahrensgedankens bei Herrn *Häberle,* wenngleich ich ihn vielleicht in manchem etwas anders akzentuieren würde. Aber ich frage mich — wie schon Herr *Böckenförde* es angedeutet hat —, ob es bei solcher Gleichartigkeit der Ergebnisse eigentlich einer von der bisherigen Grundrechtskonzeption so weit abweichenden methodischen Grundlegung, wie sie der Herr Mitberichterstatter uns hier unterbreitet hat, bedurfte. Ich frage mich weiter, ob nicht von diesem methodischen Ausgangspunkt her, dessen sich ja möglicherweise auch andere bemächtigen können, die minder vernünftig sind als Herr *Häberle,* ob von diesem methodischen Ausgangspunkt her nicht auch ganz andere — ich möchte beinahe befürchten — beliebige Grundrechtsdeutungen möglich sind. Um die Wendung von Herrn *Hesse* aufzunehmen: die Vorwärtsverteidigung ist mir hier zu beweglich.

Ein Beispiel, das aus mittäglichen Diskussionen entspringt: Kann nicht die Mitbestimmung, deren verfassungsrechtliche Problematik uns in dem kürzlich erschienenen Buch von Ernst Rudolf *Huber* vor Augen geführt worden ist — mag man die Ergebnisse billigen oder nicht —, ihrer verfassungsmäßigen Problematik sehr einfach entkleidet werden, indem man sie zur Sozialisierung von Freiheit deklariert, wie man ja auch versucht hat, die Einführung von Redaktionsstatuten durch Gesetz dadurch zu entproblematisieren, daß man die innere Pressefreiheit erfand?

Der methodische Unterschied beider Referate liegt auf der Hand: Herr *Häberle* hat sich der von ihm selbst so benannten „wirklichkeitswissenschaftlichen" Methode bedient. Herr *Martens* hat einen betont normativen Ansatz gewählt. Ich fürchte, daß es — jedenfalls in der Weise, wie Herr *Häberle* ihn angewandt hat — dieser wirklichkeitswissenschaftliche Ansatz ist, der einen beinahe beliebigen Umgang mit dem Verfassungstext erlaubt. Ich darf dazu hinweisen auf den Leitsatz 35 von Herrn *Häberle*, in dem er — für mich bezeichnend — davon spricht, daß den Texten etwa der Weimarer Verfassung und der Landesverfassungen gegenüber der des Grundgesetzes unterentwickelt sei. Ich verstehe ihn doch wohl recht, wenn ich ihn dahin interpretiere, daß er zu glauben scheint, es sei Sache des Verfassungsinterpreten, einen hier eventuell vorliegenden entwicklungspolitischen Nachholbedarf zu decken. Meine Position ist die, daß es nicht Sache des Verfassungsinterpreten ist, nachzuholen, was der Verfassunggeber — in diesem Falle übrigens bewußt — versäumt hat.

Wenn wir uns mit Grundrechtsdogmatik beschäftigen, dann müssen wir uns aber auch über den Freiheitsbegriff Klarheit verschaffen. Ich würde unterscheiden zwischen dem Freiheitsbegriff der Verfassung einerseits, zwischen der Freiheit, die das *Grundgesetz* intendiert, und Freiheit als Schutzgegenstand der *Grundrechte* auf der anderen Seite. Herr *Häberle* hat in Anlehnung an Herrn *Hesse* von einem von der Verfassung intendierten Zustand realer Freiheit gesprochen. Ich würde dem zustimmen, würde aber meinen, daß reale Freiheit in diesem Sinne verschiedene, teils antinomische Komponenten besitzt. Wenn ich skizzenhaft verfahren darf, würde ich hier vier dieser Komponenten nennen: Zum ersten den status activus, die politische oder auch demokratische Freiheit, wozu ich im Moment nur eines sagen will, worauf ich im Laufe dieses Jahres schon mehrfach hingewiesen habe, in Anknüpfung an den Leitsatz 27 von Herrn *Häberle*. Hier heißt es zum Schluß: Auszugehen sei vom status activus, die übrigen Status seien — variable — Konkretisierungen zu seiner Absicherung. Sollte in diesem Satz ein Rangverhältnis angedeutet und behauptet werden, dann würde ich mich dem entschieden widersetzen. — Der zweite Aspekt realer Freiheit ist der, den ich die soziale Freiheit, d. h. die Freiheit vor Machtentfaltung privater Dritter, nennen würde, der dritte Aspekt die Freiheit durch Teilhabe an staatlichen Leistungen, der vierte schließlich die Freiheit vor staatlichem Zwang.

Die Verfassung, das Grundgesetz, vernachlässigt keinen dieser Aspekte — wie ich meine. Und nicht erst heute, Herr *Häberle*, ist der Staat nur noch — wie Sie gesagt haben, wenn ich mich recht erinnere — zum Teil Gegner der Freiheit, sondern der Staat war von seinem Anfang an — wie es Dieter *Conrad* einmal ausgedrückt hat — „die organisierte Freiheitssicherung gegen Private". Nur insofern bei diesem Geschäft Gefährdungen der Freiheit anfallen, ist der Staat auch potentieller — ich möchte sagen, sekundär potentieller — Gegner und nicht nur Garant individueller Freiheit. Die Grundrechte nun — so glaube ich — können, ohne daß man sie normativ überfordert — nur den letzten Aspekt, den der Freiheit vom Staat, zum Gegenstand ihrer Gewährleistung machen. Natürlich ist damit nicht die Pflicht des Staates zu einer materiellen Erfüllung der durch die Grundrechte gebotenen *rechtlichen* (und nicht faktischen!) Chancen geleugnet. Ganz gleichgültig, wo man diese Verpflichtung in der Verfassung verortet, ob im Sozialstaatsprinzip oder in den einzelnen Vorbehalten, die den Grundrechtsnormen beigegeben sind, festzuhalten ist, daß der Staat, wo er dieser Verpflichtung zur materiellen Erfüllung individueller Freiheiten nachkommt, an die Grundrechte gebunden ist. Zugespitzt: Der Sozialstaat besteht nach Maßgabe der rechtsstaatlichen Gewährleistungen und nicht umgekehrt. Ich glaube, wer es unternimmt, den intentionalen Gegensatz beider Verfassungsprinzipien — Sozialstaatlichkeit und Rechtsstaatlichkeit — durch Harmonisierung zu überwinden — wie immer Harmonisierung hier gemeint sein mag —, der läuft angesichts der übermächtigen Zwangsläufigkeiten der sozialstaatlichen Entwicklung — ob er will oder nicht — Gefahr, den Rechtsstaat (und nicht nur den bürgerlichen Rechtsstaat) zu verspielen. Die liberale Grundrechtsbetrachtung ist — wie ich im Gegensatz zu Herrn *Scheuner* meinen möchte — der Umwandlung nicht fähig, ohne der Identität mit sich selbst verlustig zu gehen.

Schmitt Glaeser: Zunächst ganz kurz zu den Ausführungen von Herrn *Kaiser*, und zwar zu dem Punkt „Verbindung zwischen Grundrecht und Effizienzprinzip": Mir scheint die Verbindung zwischen diesen beiden durchaus auf der Hand zu liegen und in dem Referat von Herrn *Häberle* auch deutlich zum Ausdruck gekommen zu sein. Gerade dann, wenn man mit Herrn *Häberle* einen wirklichkeitsorientierten Ansatz wählt, bedeutet das, daß Freiheit immer auch sein muß reale Freiheit und diese reale Freiheit setzt natürlich Wirtschaftsstabilität voraus und hohe Leistungsfähigkeit der Wirtschaft, die wiederum mit Effizienz naturgemäß verbunden ist. Hier, meine ich, ist auch das von Herrn *Kaiser* erwähnte Management angesiedelt, so daß wir dann von dort wieder zurückfinden zu den Grundrechten; aber vielleicht kann darauf Herr *Häberle* noch in seinem Schlußwort eingehen.

Das Wesentliche, um was es mir geht, ist das Leitprinzip von Herrn *Häberle*, nämlich die grundrechtssichernde Geltungsfortbildung. Dieser Gedanke ist sehr einfach und vielleicht gerade deswegen überzeugend. Der Leistungsstaat hat die grundrechtlichen Gefährdungszonen verschoben und darauf muß sich die grundrechtliche Dogmatik einstellen. Diese These dürfte als Grundsatzthese bislang auch nicht bestritten worden sein. Sogar in der Diagnose insgesamt scheint doch eine gewisse Einigung erzielt werden zu können. Stichworte hierzu waren etwa: Notwendigkeit, aber auch Gefährlichkeit der Leistungseffektivierung — individuelles Grundrechtsdefizit durch steigende Gruppenmacht — Vergesellschaftung des Staatlichen und Verstaatlichung des Gesellschaftlichen und damit im Kontext: Politisierung des Privaten. Vor allem mit diesem letzten Stichwort „Politisierung des Privaten" scheint mir eine ganz wesentliche Problematik angesprochen zu sein. Sie führt in jenen Problemkreis, wo sich die Wege scheiden. Sie betrifft nun die Therapie. Der zentrale Vorschlag des Zweitberichterstatters ist die Erweiterung der Statuskonzeption von *Jellinek* um den status activus processualis. Es ist die prozessuale Grundrechtskonkretisierung, wobei „prozessual" nach dem Zweitberichterstatter hier weniger auf einen herkömmlichen Gerichtsschutz einlenkt. Es geht ihm vielmehr um ein leistungsstaatliches Vorverfahren, das mehr ist als ein verwaltungsgerichtliches „Nachverfahren". Also: materielle Anspruchsabsicherung durch Teilhabe bei Entstehung einer Entscheidung im Entscheidungsverfahren. Der Vorschlag ist zweifellos originell, aber er scheint mir sehr gefährlich zu sein. Vor allem ergeben sich zunächst natürlich praktische Schwierigkeiten. Ich darf hier nur erinnern an die Komplikation, die die Beteiligung der Bürger im Planungsverfahren bereits mit sich bringt; aber vielleicht kann man sie überwinden. Wichtiger erscheint mir, daß die Entscheidungsverfahren, an denen das Individuum beteiligt werden soll, vor allem staatliche Verfahren sind. Meine Sorge ist: Gerät der Bürger hier nicht in eine staatliche Umarmung, die ihm früher oder später die individuelle Atmungsmöglichkeit nehmen wird? Läuft das nicht auf jene dubiose Institutskonzeption hinaus, auf die heute Herr *Martens* schon hingewiesen hat, also auf jene Konzeption, die die subjektiven Rechte zu verobjektivierten Reflexrechten — nicht Rechtsreflexen — macht, und zwar Reflexrechten für das und im Rahmen des Instituts. Daß diese Sorge nicht von ungefähr kommt, zeigt die Rechtsprechung des Bundesverfassungsgerichts. Ich darf hier nur an die „Nordrhein-Westfalen-Entscheidung" im 10. Band erinnern. Meine Frage also an Herrn *Häberle:* Wie läßt sich diese Gefahr steuern, wenn man einmal den status activus processualis etabliert hat?

Mayer-Tasch: Meine Herren! Erlauben Sie bitte einem Neuling in diesem Kreise zwei kurze Bemerkungen formaler Art, genauer: zwei Bemerkungen zur formalen Qualifikation dessen, was heute morgen betrieben wurde und was nun heute nachmittag in der Diskussion betrieben wird. In dem Referat von Herrn *Martens* war von den Grenzen der Interpretation die Rede. Ich muß gestehen, daß ich Schwierigkeiten habe, Grenzen der Verfassungsinterpretation zu sehen. Ich stehe bestimmt nicht im Verdacht, ein Schüler von *Wiethölter* zu sein, und habe auch sicher keine Chancen, nach Bremen berufen zu werden. Aber ich muß Ihnen gestehen, daß ich selbst nach intensivstem Studium der entsprechenden Entscheidungen des Bundesverfassungsgerichtes keine wirklich essentielle Grenze sehe zwischen Verfassungsinterpretation und Verfassungspolitik. Ich bin deshalb auch der Meinung, daß unsere Diskussion hier, ebenso wie im Grunde die Referate dieses Morgens, sich im wesentlichen auf der Ebene der Rechtspolitik, genauer: der Verfassungspolitik bewegen. Ich glaube auch, daß die Frage, ob Recht und Politik in gewissen Grenzen identifiziert werden können, *eine* Frage ist, und die Frage, ob eine Verfassungsinterpretation sinnvoll ist, eine andere — und daß diese beiden Ebenen nicht identifiziert werden können. Ich bin deshalb auch der Meinung, daß man Herrn *Häberle* nicht vorwerfen kann, er habe nicht verfassungsrechtlich argumentiert, er habe nicht Verfassungsrecht doziert, sondern allenfalls sagen kann, er habe nicht sinnvolles Verfassungsrecht doziert. Im Grunde ist es die Frage, die auch in dem Beitrag von Herrn *Oppermann* angesprochen wurde. Ich glaube, daß man sich sehr wohl fragen kann, ob es sinnvoll ist, die Grenzen des Rechtes derart auszudehnen. Ich glaube aber nicht, daß man sagen kann: Das ist nun Verfassungsinterpretation, und hier beginnt die Verfassungspolitik.

Das ist das eine. Nun noch etwas zur Frage der Verantwortlichkeit des Juristen für die Aktualisierung der Verfassung. Wer die Konkretisierung der Verfassungsaufträge — oder wie immer wir sie nennen wollen — dem Gesetzgeber vorbehalten will, entläßt den Juristen etwas vorschnell aus der Verantwortung. Ich bin selbstverständlich mit Ihnen der Meinung, daß es in erster Linie die Aufgabe des Gesetzgebers ist, Verfassungsaufträge und dergleichen zu realisieren. Ich glaube aber auch, daß in diesem Zusammenhang das Wort vom ‚ultra posse' etwas allzu rasch fällt. Ich darf ein kleines Beispiel aus dem Bereich der Umweltschutzgesetzgebung nennen, nämlich den berühmten Terminus ‚Stand der Technik'. Im Rahmen des Bundestags-Hearings bei der Vorbereitung des Entwurfes zum Bundesimmissionsschutzgesetz haben verschiedene Experten sehr überzeugende Nachweise dafür erbracht, daß der jeweilige Stand der Technik ganz entscheidend durch den administrativen Druck gefördert wird. Es wurden groteske Fälle vorgebracht, in denen der Stand der Technik, der von der betroffenen Industrie auf Jahrzehnte hinaus in die Zukunft prognostiziert worden war, nach entsprechendem administrativem Druck in kürzester Zeit erreicht wurde. Ich möchte in diesem Zusammenhang meinen, daß es sicherlich nichts schadet, wenn der Richter ab und zu auf die Verfassungsaufträge hinweist. Der Richter, der das tut, fällt nicht mehr aus der Rolle als der Gesetzgeber, der nicht handelt.

Hollerbach: Vielen Dank, Herr Mayer-Tasch. Ich glaube, das war eine sehr wichtige Bemerkung, vor allem die letztere; denn sie verweist auf eine Gefahr, in der wir Juristen stehen, daß wir uns nämlich vielfach zu schnell zurückziehen, vor allem wenn wir uns — wenn ich das jetzt einmal als Diskussionsredner sagen darf — nur in die Rolle etwa des Richters versetzen. Ich meine, darin lag ein großer Vorzug dessen, was heute morgen vorgetragen worden ist, daß die ganze Dimension der Leistungsgesetzgebung mit ihren verschiedenen Typen wirklich einmal ausgebreitet worden ist. Hier stellen sich die Probleme einfach etwas anders, und der Verfassungsjurist muß sich gerade hier seiner vollen Aufgabe stellen. Ob man das „sozialpädagogisch" nennt, wie Herr *Zacher* das vorher getan hat, oder anders, das wäre dann eine zweite Frage.

Achterberg: Beide Referate haben trotz des wiederholten Hinweises auf weitgehende Übereinstimmung unterschiedliche Markierungen erkennen lassen. Auch mir scheint es eine dauernde Aufgabe der Dogmatik zu prüfen, ob — möglicherweise modernen Erfordernissen entsprechend (Herr *Häberle* hat meines Erachtens zu Recht auf die Zeitgebundenheit der Auslegung hingewiesen) — die Ausdeutung der Grundrechte als sozialer möglich ist.

Ich halte hierzu drei Wege zumindest für diskussionswürdig:

Der *erste* — heute in den Referaten und in der Diskussion noch nicht erwähnte — Weg wäre zu überlegen, ob die von Max *Imboden* hervorgehobene *Interdependenz von Eingriffen und Leistungen* es zuläßt, Grundrechte des status negativus auch als solche des status positivus, als Leistungsrechte zu interpretieren. Unter diesem Aspekt der Janusköpfigkeit von Staatsakten hat das Bundesverwaltungsgericht bekanntlich aus dem Erfordernis der Abwehr von Eingriffen in die Entfaltungsfreiheit der Persönlichkeit einen Anspruch auf Fürsorge herausgelesen. Vielleicht wäre ähnliches auch hinsichtlich anderer Grundrechte möglich. Im Hinblick auf diese Janusköpfigkeit, Herr *Häberle,* möchte ich allerdings einen Vorbehalt machen gegenüber Ihrer Bezeichnung „Leistungsrechtsprechung": Mir scheint die Unterscheidung von Eingriffsverwaltung und Leistungsverwaltung solcher Janusköpfigkeit einigermaßen zu widerstreiten, und ich meine, man sollte sie nicht auch noch auf die Rechtsprechung übertragen. Aber das ist im Grunde nur eine terminologische Anmerkung.

Der *zweite* heute mehrfach angesprochene Weg wäre derjenige, die Grundrechte am *Sozialstaatsgrundsatz* auszulegen, der wie die anderen verfassunggestaltenden Grundentscheidungen als Interpretationsnorm aller Grundgesetzvorschriften in Betracht kommt. Allerdings nimmt die Auslegung der Grundrechte am Sozialstaatsgrundsatz an der Ungesichertheit des Inhalts der Sozialstaatsentscheidung teil, und das macht mir diesen Weg fragwürdig. Ich darf Sie daran erinnern, daß in manchen Verfassungen der Gefahr einer Überdehnung leistungsbegründender Wirkung zu steuern versucht wurde. Herr *Martens* hat auf Art. 125 der Verfassung der *UdSSR* hingewiesen, in der Redefreiheit, Pressefreiheit, Kundgebungs- und Versammlungsfreiheit garantiert sind. Da geht es dann weiter: „. . . diese Rechte werden dadurch gewährleistet, daß den Werktätigen und ihren Organisationen . . . die Druckereien, Papiervorräte, öffentliche Gebäude" und ähnliches „zur Verfügung gestellt werden". Mit anderen Worten: Mit solchen Eingrenzungen ist das Grundrecht abgegolten. Der Staat hat sich freigezeichnet, und das scheint mir ein ebensowenig erstrebenswertes Extrem zu sein wie die Überdehnung von Leistungsansprüchen.

Der *dritte* Weg, den ich kurz anreißen möchte, ist sich zu fragen, ob in den Grundrechten den immanenten Schranken vergleichbare *immanente Leistungsrechte* enthalten sind. Immanente Leistungsrechte: Das läuft auf etwas anderes hinaus als auf das institutionelle Grundrechtsdenken, das Herr *Martens* — wie ich glaube — mit Recht abgelehnt hat. Immanente Leistungsrechte würden vielmehr von der Eigenart und dem Regelungsbereich des jeweiligen Grundrechts abhängende subjektive Rechte darstellen. Man könnte sich beispielsweise fragen, ob im Wahlrecht und in der Informationsfreiheit ein Anspruch auf Unterrichtung über das parlamentarische Handeln enthalten ist, weil der Staatsbürger sein Wahlrecht nur dann sachgemäß ausüben kann, wenn das Handeln der Volksrepräsentation für ihn transparent ist.

Insgesamt meine ich also, daß die Dogmatik Wege hätte, die sie behutsam beschreiten könnte, um zu einer Deutung der Grundrechte auch als sozialer zu kommen. Ich bin skeptisch, ob diese Wege zu dem Herrn *Häberle* vorschwebenden Ziel führen, doch wäre es nützlich und notwendig, sie weiter zu durchdenken.

Zwei Einzelbemerkungen noch zum Schluß: Ich begrüße es sehr, daß Herr *Häberle* der Effizienz eine so große Bedeutung beimißt — eine sehr viel größere als es Herr *Leisner* kürzlich in seiner Schrift (Effizienz als Rechtsprinzip, 1971) getan hat. Mir scheint in der Sozialstaatlichkeit eine ähnliche Trias beschlossen zu sein wie in der Rechtsstaatlichkeit, die Gerechtigkeit, Rechtssicherheit und Zweckmäßigkeit enthält. Entsprechend scheint mir Sozialstaatlichkeit die Soziale Gerechtigkeit — oder (mit Herrn *Häberle)* — die Humanität —, die Leistungseffizienz und ebenfalls die Zweckmäßigkeit zu umschließen. Ein letztes Wort zu der These von Herrn *Martens*, die Ableitung originärer Leistungsrechte verstoße gegen die Gewaltenteilung. Ich bin der Auffassung, daß das der Fall ist. Ob man sie aus dem Grundgesetz, insbesondere einem Grundrecht, oder einem einfachen Gesetz folgert — für die Gewaltenteilung relevant ist doch nur, daß überhaupt eine gesetzliche Ermächtigung vorliegt.

Roellecke: Ich habe eine Frage an Herrn *Martens*, die an das anknüpft, was Herr *Klein* gesagt hat. Die Frage betrifft den Begriff der Leistung. Sie dient nur der Klarstellung. Ich bitte daher, mir ihre Primitivität nicht zu verübeln. Herr *Martens* meinte, man dürfe unter Leistung nicht die Gefahrenabwehr im Sinne des Polizeirechtes verstehen. Darin stimme ich ihm zu. Auf der anderen Seite ist der Leistungsbegriff gewiß nicht auf Geldzahlungen beschränkt. Herr *Martens* hat deshalb — und auch da würde ich zustimmen — die Schule als Beispiel gewählt. Meine Frage geht nun dahin: Gehört auch die Vorhaltung bestimmter Organisationsformen zur staatlichen Leistung? Beispiel: Kann sich ein Beamter für die Möglichkeit, in der Personalvertretung mitzuwirken, auf die Grundrechte der Berufsfreiheit und der freien Entfaltung der Persönlichkeit berufen?

Scholler: Auch ich möchte mich kurz fassen, zumal Herr *Böckenförde* schon einen Teil der Dinge vorweggenommen hat, die ich sagen wollte. Auffallend war, daß beide Referenten den Leistungsstaat, der das Thema beider Referate war, mit keinem Wort in Zweifel zogen. Noch interessanter ist eigentlich, auf welchem Wege sie nun zur Entwicklung und zur Begründung dieses neuen Staatstypus, dieser neuen Staatszielbestimmung kommen. Herr *Martens* geht in Leitsatz 9 davon aus, daß sich die Staatsaufgaben praktisch gewandelt hätten und daß es nunmehr Aufgabe der Grundrechtsinterpretation sei, diesen Vorsprung einzuholen. Herr *Häberle* dagegen scheint folgenden Weg zu gehen: Er spricht vom „Leistungsstaat nach Maßgabe der Grundrechte". Er geht von ungeschriebenen sozialen Grundrechten aus, gewinnt ein objektives Prinzip, eine Staatszielbestimmung, die wiederum auf die Interpretation der Grundrechte einwirkt; eine gewisse Wechselwirkung, die sehr problematisch erscheint. Nun glaube ich doch, man sollte ernst fragen: Können wir so einfach dazu übergehen, unseren Staat als Leistungsstaat zu bezeichnen? Dazu kommt ein anderer Gesichtspunkt: dem Leistungsstaat wird die Leistungsgesellschaft an die Seite gestellt — meines Erachtens zum Teil unkritisch, denn die Leistungsgesellschaft ist gerade das — konträre — Gegenteil. Sie leistet nicht. Sie fordert Leistung vom einzelnen. Der Leistungsstaat ist eigentlich die Antwort auf die defizienten Modi der Leistungsgesellschaft. Das, was als Drittwirkung schon vor vielen Jahren diskutiert worden ist, war der Beginn der Entwicklung, war eine Antwort durch den Staat auf solche defizienten Modi, der Leistungsgesellschaft, des Leistungsdruckes durch die Gesellschaft, der Einwirkung sozialer Gruppen, sozialer Mächte auf die Rechte des Bürgers. Ein Drittes: unkritisch wurde auch z. T. in beiden Referaten der Begriff der „Chancengleichheit" behandelt. Herr *Häberle* spricht von der realen Freiheit durch praktische Chancengleichheit. Chancengleichheit kann bedeuten, daß der Gleichheitssatz von seiner Verharmlosung — wie Herr *Häberle* sagt —, von seiner Verharmlosung als Willkürverbot befreit und formalisiert wird. Das wäre der funktionelle Inhalt der Chancengleichheit. Er würde nichts aussagen über die Frage, wie weit werden vorrechtliche Interessen einbezogen in die Beurteilung des Richters. Das weitere aber ist, daß der Chancengleichheitssatz nicht nur égalité en droit, sondern égalité en fait gewährt. Nun müßte man fragen, und da beginnt eigentlich das Problem: Welche Tatsachen sind so relevant, daß sie als Chancen einbezogen werden müssen in den Gesichtskreis des Rechts? Denn ganz sicher können es nicht alle sein.

Münch: Ich möchte einen Gedanken einbringen, der noch nicht ausgesprochen worden ist. Ich möchte dagegen protestieren, daß man im Leistungsstaat der heutigen Zeit etwas so absolut Neues sieht und daß man ganz neue rechtliche Überlegungen anstellen müßte. Wenn der Staat das institutionalisierte Gemeinwohl ist, dann ist er von jeher Leistungsstaat gewesen, und ich möchte sogar den theokratischen Staat des Alten Testamentes als Leistungsstaat ansehen, weil er den Gottesdienst getragen hat. Jeder Staat hat jederzeit die Infrastruktur besorgt, von steinernen Brücken oder Römerstraßen bis zum heutigen Eisenbahn-, Straßen- und Luftverkehrsnetz. Nothilfe, Notvorsorge, Notvorbeugung, Daseinsvorsorge, panem et circenses —, das alles ist zu den verschiedenen Zeiten verschieden betrieben worden. Die antike, die mittelalterliche, die moderne Stadt, der Merkantilismus und Absolutismus haben dort gearbeitet und auch das Preußen des vorigen Jahrhunderts. Die Frage ist: Wann setzt wieder eine Reaktion gegen den Leistungsstaat ein, wie sie um das Jahr 1800 gegen den Merkantilismus eingesetzt hat, und wie weit wird diese Reaktion führen?

Neu ist am Problem des Leistungsstaates eben, daß wir jetzt — und das ist eine speziell deutsche Schwierigkeit — in dem Korsett einer starren Verfassung stecken. Das ist nicht so prinzipiell interessant, aber wenn man eine starre Verfassung hat, muß man sich an die Forderungen der starren Verfassung halten, so viel Selbstverleugnung das auch den einzelnen Juristen kosten kann. Das Gesellschaftsbild der Verfassung ist Bestandteil der Verfassung, und so sehr man innerlich davon abweichen mag — wenn man dogmatisiert, wenn man auslegt, muß man es wohl oder übel auch mit verwenden. Sicherlich, beiden Referenten könnte ein Radikaler vorwerfen, daß sie auch noch viel zu sehr dem traditionell-liberalen Bilde der Verfassung und des Staates verhaftet sind. Ob die Freiheit so dogmatisch aufzufassen ist, ob die Freiheit wirklich ein Bollwerk gegen die neuen Tendenzen sein kann, weiß man nicht. Die Freiheit ist oft der Sicherheit geopfert worden. Das ist der Übergang vom germanischen, demokratischen und freiheitlichen Staate zum Feudalstaate. Im 20. Jahrhundert, in den Diktaturen, haben ganze Völker die Freiheit für die Sicherheit geopfert.

Es ist richtig, wie Herr *Martens* gesagt hat, daß es doch auch um die materiellen Voraussetzungen der Freiheit geht. Aber — wie weit kann der Jurist dem nachgehen? Die Gesellschaftspolitik, von der Herr *Häberle* spricht und auf die er offenbar großen Wert legt, muß sich nach meiner Meinung auch im Rahmen der bestehenden Verfassung halten, wenn sie eine starre Verfassung ist.

Im übrigen, was ist dann Gesellschaftspolitik? Die Transformationen der Gesellschaft sind nicht einmal eine politische Angelegenheit, sondern eine geschichtliche Entwicklung, die sehr langsam geht. Manchmal wird sie herbeigeführt durch große Katastrophen, wenn man sie ausnützt — was bei weitem nicht immer geschieht. Wir haben das 1945 versäumt. Wenn die jüngeren Leute davon träumen, daß in ihrer Generation die Gesellschaft reformiert, demokratisiert werden muß, erliegen sie einem edlen Irrtum. Regierungen und Präsidenten, die glauben, in den kurzen Jahren ihrer Amtszeit etwas reformieren zu können, begehen eine sehr gefährliche Torheit.

Nur eine Bemerkung noch zu dem was Herr *Kaiser* zum Umweltschutz sagte: kann man ihn anknüpfen an irgendein Grundrecht? In Amerika versuchen Juristen, gegen einen Umweltverschmutzer vorzugehen mit der Begründung, er enteigne zum Nachteil seiner Mitbürger amenities. Wie weit das mit dem amerikanischen öffentlichen Recht übereinstimmt und möglich ist, weiß ich nicht. Das soll nur zeigen, welche Konstruktionen gesucht werden und wie man anderswo mit juristischen Argumenten diesem Problem zu Leibe zu gehen versucht.

Schnur: Ich habe nur eine Frage an Herrn *Häberle,* vor allen Dingen im Anschluß an die Ausführungen der Herren *Kaiser* und *Böckenförde.* Herr *Häberle,* Sie haben in Ihrer Argumentation als wichtige, wenn nicht als entscheidende Denkfigur — wenn ich mich richtig erinnere — *Burdeaus* „homme situé" zitiert und den „homme situé" sozusagen in Verfassungsrang erhoben. Halten Sie es für methodisch sauber, *nicht* zu beachten, daß eben *Burdeau* auch gesagt hat: „Une survivance — la notion de constitution", also frei übersetzt: „Der Begriff der Verfassung — etwas Überlebtes" (siehe *Burdeaus* Aufsatz in: Der Staat, 1, 1962, S. 389 ff.)? War nun *Burdeau* konsequent, wenn er mit dem Begriff „homme situé" die Wendung „une survivance — la notion de constitution" verbunden hat, oder waren Sie inkonsequent aus Angst vor den Konsequenzen, die aus der Bedeutung des Ausdrucks „homme situé" zu ziehen wären? Bleibt man mit *Burdeau* konsequent, dann könnte es auf diesem Kurs eines Tages vielleicht auch noch heißen: „Une survivance — l'association des professeurs du droit constitutionnel."

Rauschning: Das Wesentliche zum Materiellen, was ich hätte sagen wollen, ist von Herrn *Böckenförde,* Herrn *Oppermann* und Herrn *Klein* gesagt worden. Ich möchte nur zwei Bemerkungen zum Anwendungsbereich der Grundrechte machen: Gewiß verstehen wir die Grundrechte normativ, denn nur als Normen haben sie ihre besondere Legitimationskraft. Aber es ist eine Gefahr für den Geltungsanspruch und das Bewußtsein der Geltung einer jeden Norm, wenn man von ihr Antworten erwartet, die nicht von ihrem Regelungsbereich umschlossen sind. Insofern darf ich Herrn *Häberle* z. B. an Art. 13 und an seine Interpretation erinnern, und ich meine, daß aus der Befriedung des Wohnbereiches ein Anspruch oder eine Entscheidung darüber, ob Wohnungen gebaut werden müssen oder nicht, mit solchen juristischen Methoden nicht herzuleiten sind. Insofern darf ich, um der Geltung unserer Grundrechte willen, daran erinnern, daß sie alle nur einen beschränkten Regelungsbereich haben.

Ich räume allerdings ein, daß eine Norm, insbesondere eine Verfassungsnorm, zweierlei Funktionen hat: Zunächst die Funktion, das Verhalten des Staates in Ämtern und Organen zu bestimmen, die Bestimmungsfunktion, und daneben die eigentlich bei uns juristisch im Vordergrund stehende Funktion, nämlich Maßstab zu bilden für die Kontrolle dieses Verhaltens. Mir scheint aber, daß die Kontrollfunktion, d. h. die Fähigkeit einer Norm, Maßstab zu gewähren, früher aufhört als die Funktion, ein Verhalten zu bestimmen; d. h. auch dann, wenn man als Beurteilender einer Norm nicht mehr einen sicheren Maßstab für die Beurteilung eines Handelns entnehmen kann, bleibt der Anspruch, daß der Entscheidende in Ansehung der in dieser Norm festgelegten Werte, insbesondere auch der hier im Grundgesetz in den Grundrechten festgelegten Werte, entscheidet. Und da — um eine Frage, ich glaube des Diskussionsleiters, mit aufzunehmen — scheint mir auch mit die Funktion der Rechtswissenschaft zu liegen, daß wir hier Gesprächspartner bilden für die Entscheidenden in dem Prozeß, in dem die Entscheidung in Ansehung der Werte gefaßt werden soll. Wenn in diesem engen Bereich die Erweiterungen der Grundrechtsanwendung liegen, Herr *Häberle*, dann stimme ich Ihnen gern dabei zu.

Rupp: Ich möchte mich auf folgende methodologischen Aspekte beschränken:

1. Grundrechte sind nicht nur subjektiv-rechtliche Ansprüche, sondern allemal zugleich objektive Verfassungsprinzipien, also Grundpfeiler des gesamten objektiven Rechts. Das ist keine Neuigkeit: Tagtäglich wird unterverfassungsrangiges Recht an jenen Grundrechtsprinzipien gemessen, und aus dieser Sicht erhalten Art. 1 Abs. 3, 19 Abs. 2 und 79 Abs. 3 GG ihre eigentliche Bedeutung.

2. Die Frage ist daher allein, ob diejenigen Rechtsprinzipien der Verfassung, die sich in den Grundrechtsnormen widerspiegeln, bloß negatorische Defensivprinzipien sind oder auch po-

sitive Gewährleistungsgarantien darstellen. Diese Frage hat mit der ganz anderen Unterscheidung von subjektivem und objektivem Recht an sich nichts zu tun, und deshalb führt die Verquickung beider Problembereiche ständig zur Verwirrung.

In der Sache teile ich weitgehend die Ausgangsposition von Herrn *Häberle*, daß nämlich die Grundrechte auch positive Gewährleistungsprinzipien sind, die den Gesetzgeber mit verfassungsrechtlicher Kraft verpflichten, Freiheit zu ermöglichen. Wer allerdings Grundrechte nur dann anerkennt, wenn sie bereits einklagbare subjektiv-rechtliche Ansprüche sind, muß hier kapitulieren. Aber diese einseitig subjektiv-rechtliche Deutung halte ich — um das zum wiederholten Mal zu betonen — für zu eng und dem Sinn der grundrechtlichen Verbürgungen des Grundgesetzes für unangemessen. Insoweit stimme ich Herrn *Scheuner* zu.

Es bleibt somit folgende Frage: Können wir als Verfassungsinterpreten die klassischen Defensiv-Grundrechte umdeuten in positive Gewährleistungsprinzipien, oder versagt hier die Verfassung und die Verfassungsinterpretation? Falls wir letzteres annehmen, sehe ich nur folgende Alternative: Entweder das Grundrechtsverständnis der Stalinschen Verfassung, also eine bloß reflexartige Teilhabe des einzelnen an dem, was ihm von Staats wegen zugeteilt ist oder aber die von Herrn *Böckenförde* gehegte Hoffnung, daß die jeweilige parlamentarische Mehrheit der einzige Garant individueller Freiheitssicherung sei. Mir ist das zu wenig: Die Grundrechtsnormen sind auch insoweit nicht nur unverbindliche Programmsätze, sondern rechtlich verpflichtende, wenn auch weitmaschige und in der Regel noch keine unmittelbaren Leistungsansprüche gewährende Leitmaximen, in deren Rechtsbann sich auch der grundrechtlich zur Schaffung der Voraussetzungen von individueller Freiheit aufgerufene Gesetzgeber bewegt.

Kröger: Entgegen den Befürchtungen unseres Ersten Vorsitzenden, daß der genius loci zu einer vielleicht zu zeitraubenden Vortragsweise verführen könnte, scheint es mir im Blick auf die rapide Geschwindigkeit, mit der Herr *Häberle* uns sein Referat vorgetragen hat, eher angebracht, dem Gedanken einer Geschwindigkeitsbegrenzung näherzutreten. — Nun zur Sache: Die eindrucksvollen, kontrastreichen Referate des heutigen Tages haben eines übereinstimmend gezeigt, daß eine Rückkehr zur Grundrechtstheorie des liberalen Rechtsstaates nicht mehr möglich ist. Die Grundrechtsinterpretation im sozialen und demokratischen Rechtsstaat hat stärker zu berücksichtigen, daß sie als Frage des Verfassungsrechts immer auch eine Frage der mit diesem Recht verbundenen politischen Theorie unserer Verfassungsordnung ist. Von daher würde ich der Interpretationsmethode von Herrn *Häberle* durchweg zustimmen. Unterstreichen möchte ich auch seine dogmatischen Ausführungen, daß die Grundrechte heute vor allen Dingen unter vier verschiedenen polaren Aspekten zu sehen sind: Sie sind sowohl Abwehrrechte als auch Teilhaberechte, individuelle Rechte als auch objektive Prinzipien der Gesamtordnung, Inhaltsgarantien als auch Verfahrenssicherungen und schließlich sowohl Individualrechte als auch Sozialrechte. Dazu hat er uns einige interessante neue Gesichtspunkte gezeigt. Mir scheint aber, daß Herr *Häberle* sich mit seinen Akzentuierungen heute an die Spitze des Fortschritts gestellt und damit Positionen der bisherigen Grundrechtsinterpretation zu rasch und zu einseitig geräumt hat. Insoweit darf ich vielleicht an die Bedenken anknüpfen, die die Herren *Zacher, Geck* und *Oppermann* hier schon vorgetragen haben. Ich möchte diese Bedenken — der vorgeschrittenen Zeit wegen — nur durch drei Fragen unterstreichen: Zunächst ist zu fragen, ob die Grundrechte im Verständnis als „Grundrechtspflichten des Staates" — wie Herr *Häberle* ausgeführt hat — nicht zum Einfallstor für eine virtuell unbegrenzte Inpflichtnahme des einzelnen werden. Zum zweiten: Wird nicht durch die „Sozialisierung der klassischen Grundrechte" das traditionelle liberale Verteilungsprinzip nur in sein Gegenteil verkehrt? Und schließlich die letzte und dritte Frage: Werden nicht dadurch die Freiheitsrechte zu einem allzu leicht verfügbaren Instrument, das ideologieträchtigen Befreiungsbewegungen als erstrebenswerter Hebel zur schleichenden Einführung des totalen Sozialstaates erscheint, von dem Herr *Häberle* mit Recht gesagt hat, daß er keine Umkehr mehr zuläßt?

Maurer: Wegen der fortgeschrittenen Zeit sehr verkürzt möchte ich folgendes vortragen: Es ist verschiedentlich — mehr oder weniger deutlich akzentuiert — die Frage aufgetaucht, ob und inwieweit die sozialstaatlichen Forderungen unserer Zeit nur verfassungs*politische* Postulate oder auch verfassungs*rechtliche* Gebote sind, ob also die Verwirklichung des Leistungsstaates nur ein Problem de lege ferenda darstellt oder verfassungsrechtlich doch weitgehend vorbestimmt ist. Die Frage ist m. E. im letzteren Sinne zu beantworten. Im Gegensatz zu früheren Verfassungen wollte das Grundgesetz eindeutig auch den Gesetzgeber binden. Das gilt nicht nur für Eingriffe in den Freiheitsbereich des einzelnen, sondern auch dort, wo es um staatliche Leistungen geht. Jede Verfassungsgesetzgebung wird durch ein gewisses „Mißtrauen" geprägt: Das Mißtrauen des Grundgesetzgebers wandte sich nicht nur gegen die Verwaltung, sondern auch gegen die Gesetzgebung.

Nun ist es sicher richtig, daß die sozialstaatlichen Forderungen des Grundgesetzes nicht so präzis festgelegt sind und festgelegt sein können wie die freiheitssichernden Garantien. Man sollte aber nicht zu schnell kapitulieren. Im Grundgesetz ist das Sozialstaatsprinzip angelegt und in verschiedener Hinsicht konkretisiert. Es ist Aufgabe nicht nur der Rechtspraxis, sondern auch und gerade der Staatsrechtswissenschaft, diese Anlagen weiter zu entwickeln, wie Herr *Häberle* zu Recht betonte. Jedenfalls ist vor der Gefahr zu warnen, daß sich das Verfassungsprinzip der Sozialstaatlichkeit mit seinen Teilkonkretisierungen in bloße sozialstaatliche Programmsätze verflüchtigt.

Beide Referenten haben klargestellt, daß es Aufgabe des *Gesetzgebers* ist, das Sozialstaatsprinzip zu verwirklichen, die Gerichte hier also nicht „hineinregieren" dürfen. Dem ist voll zuzustimmen; vor allem auch der These von Herrn *Martens* Ziff. 20. Es bleibt aber doch noch die Frage, was geschehen soll, wenn der Gesetzgeber den sozialstaatlichen Verpflichtungen der Verfassung nicht nachkommt. Dann müssen die Gerichte, insbesondere das Bundesverfassungsgericht, angerufen werden können. Es ist sicher richtig, daß die Grundrechte nicht nur subjektive Rechte, sondern auch objektive Prinzipien sind. Aber umgekehrt gilt auch, daß die Grundrechte nicht nur objektive Prinzipien darstellen, sondern auch subjektive Rechte garantieren sollen. Selbstverständlich ist es, wie bemerkt wurde, nicht vorstellbar, daß das Bundesverfassungsgericht den Gesetzgeber durch Urteil verpflichtet, einen „blauen Himmel über dem Ruhrgebiet zu schaffen". Mit diesem Beispiel wird aber die eigentliche Problematik verdeckt. Es ist demnach möglich und u. U. notwendig, daß sozialstaatliche Rechte, die im einzelnen noch näher abzugrenzen wären, gerichtlich festgestellt werden.

Vogel: Herr Vorsitzender, meine Herren! Nur mit Beklommenheit wage ich es, Sie nach dem Höhenfluge der Grundsatzerörterungen nun in die Niederungen einer etwas konkreteren Frage zu führen. Herr *Martens* hat sie kurz bereits angesprochen: ob Art. 109 Abs. 2 GG, die Verpflichtung des Staates auf das gesamtwirtschaftliche Gleichgewicht, auch grundrechtliche Elemente enthalte oder sie in einer absehbaren Entwicklung gewinnen könne. Man muß hier wohl unterscheiden zwischen einer Diagnose oder Prognose auf der einen und der Billigung des vorausgesagten Ergebnisses auf der anderen Seite. Im Laufe der Geschichte hat man diesen Unterschied ja sehr oft verkannt und dann den Propheten statt des Veranlassers in den Turm geworfen — zum Glück sperrt man ihn heute allenfalls in eine Fußnote ein. Ich möchte hier aber diese Frage, ob Grundrecht oder objektive Gewährleistung, nicht weiter vertiefen, sondern lediglich darauf aufmerksam machen, daß immerhin der Gedanke des Art. 109 Abs. 2 GG sehr viel abgewogenere und subtilere, ich möchte auch sagen: sehr viel staatsgemäßere Lösungen möglich macht als die herkömmlichen Sozialgrundrechte etwa nach dem Typus des „Rechtes auf Arbeit" oder des „Rechtes auf Bildung". Jene klassischen Sozialgrundrechte laufen — darf ich das einmal ganz hart formulieren —, wenn man sie ernst nimmt und sie nicht im Nachsatz gleich wieder kupiert, leider ja mit sehr großer Wahrscheinlichkeit jeweils auf eine Zerstörung des Gemeinwesens hinaus. Denn auch der Staat der Überflußgesellschaft ist bedauerlicherweise einstweilen noch nicht in der Lage, solche Rechte schrankenlos zu gewährleisten: ich brauche hier nur das Stichwort des „Rechtes auf Bildung" zu nennen, um das deutlich zu machen. Demgegenüber hat nun Art. 109 Abs. 2 GG den Vorzug, daß er von vornherein auf das *Gleichgewicht* ausgerichtet ist und damit der Staatsspitze — Regierung und Legislative — die Möglichkeit gibt, von Fall zu Fall differenzierte und sachangepaßte Regelungen zu treffen. Wenn ich die Brücke zu den Referaten zurück schlagen darf: Herr *Martens* ist — ich stimme ihm darin durchaus zu — in seiner Interpretation des Art. 12 GG bis an das Tabu einer Lenkung der Berufswahl herangegangen. Ergibt sich nicht vielleicht — das ist nicht mein Gedanke, sondern eine Überlegung meines Mitarbeiters Hannfried *Walter* — ergibt sich nicht vielleicht aus Art. 109 Abs. 2 GG, konkret: aus der Verpflichtung des Staates auf die *Vollbeschäftigung,* für diese Interpretation ein zusätzliches Argument?

Selmer: Ich darf kurz einen Aspekt im Bericht von Herrn *Martens* aufgreifen, den Herr Professor *Kriele* bereits kurz berührt hat. Herr *Martens* hat im Rahmen seiner Ausführungen auch zu der Rechtsprechung des Bundesverfassungsgerichts Stellung genommen, nach der Art. 14 GG durch die Auferlegung von Steuern und anderen Geldleistungspflichten nicht berührt wird, es sei denn, daß der einzelne übermäßig belastet und in seinen Vermögensverhältnissen grundlegend beeinträchtigt wird. Herr *Martens* hat dieser Rechtsprechung den Vorwurf der Widersprüchlichkeit gemacht, denn — so meinte er — die thematische Einschlägigkeit eines Grundrechts könne nicht von der Gewichtigkeit der jeweiligen Belastung abhängen — ein Argument, das der Judikatur des Bundesverfassungsgerichts auch schon von Herrn Professor *Spanner* und Herrn Professor *Friauf* entgegengehalten worden ist. In der Tat erscheint die These des Bundesverfassungsgerichts zunächst wenig einleuchtend. Gleichwohl meine ich, daß sich der Widerspruch möglicherweise auflösen läßt. Dies dann, wenn man das Bundesverfassungsgericht dahin versteht, daß durch die Auferlegung von Geldleistungspflichten Art. 14 Abs. 1 als *subjektives Eigentumsgrundrecht* in keinem Falle berührt wird, da — was ich de constitutione lata für richtig halte — das Vermögen als solches nicht zu den in dieser Vorschrift geschützten Rechten gehört, daß aber Art. 14 Abs. 1 GG angesichts der faktischen Affinität von Eigentumssphäre und Besteuerung dann Bedeutung gewinnt, wenn die Besteuerungsgewalt in einer Weise ausgeübt wird, die mit der in Art. 14 Abs. 1 ebenfalls getroffenen *objektiven Grundentscheidung* zugunsten des Privateigentums nicht mehr zu vereinbaren ist. Bei dieser Interpretation würde sich — wie ich meine — der von Herrn *Martens* geortete innere Widerspruch in der Rechtsprechung des Bundesverfassungsgerichts grundrechtsdogmatisch auflösen, wobei ich einräume, daß es sicherlich wünschenswert und notwendig wäre, daß das Gericht seine Meinung einmal klarer artikulierte.

Häberle (Schlußwort): Meine Herren Kollegen, haben Sie bitte Verständnis dafür, daß ich aus Zeitgründen nicht auf sämtliche so anregende Diskussionsbeiträge eingehen kann. Zunächst darf ich allen Diskussionsteilnehmern und allen Anwesenden vielmals danken und nunmehr in teils zeitlicher, teils sachlicher Reihenfolge noch einige Antworten versuchen.

Ich möchte nochmals nachdrücklich darauf hinweisen, daß ich von „grundrechts*sichernder* Geltungsfortbildung" gesprochen habe. Damit ist auch der Gedanke der (Grund-)Rechtssicherheit zu seinem Recht gekommen. „Offene Flanken", Herr *Geck,* will grundrechtssichernde Geltungsfortbildung z. B. durch neue Verfahren absichern. Insofern bin ich auch nicht einverstanden mit dem Vorwurf, ich würde zu stark dynamisieren: ich sprach mehrfach vom status *negativus,* der heute in weitere Bereiche auszudehnen sei, z. B. im Blick auf *binnenstrukturelle* Grundrechtsprobleme. Es ging mir immer wieder um das *personale* Schutzdenken, was ich ausdrücklich hervorhob. Auf der anderen Seite, insofern hat Herr *Oppermann* durchaus recht, ist mit dem Gedanken der Verfassung als offenem Verfahren in einer offenen Verfassungsinterpretation eine — begrenzte — Dynamisierung verbunden. Ob dieser Mittelweg politisch und juristisch gelingt, weiß ich freilich selbst auch nicht vorauszusagen.

Zum Stellenwert der *Dogmatik:* Herr *Kaiser,* ich bin überrascht, daß Sie die Dogmatik und ihre Aufgaben offenbar so gering schätzen; denn die sechs Bände: J. H. Kaiser, „Planung I—VI", haben es ja schließlich ermöglicht, eine umfassendere Dogmatik der Planung vorzulegen, die sogar bis ins Bundeskanzleramt, derzeit auf die Herren *Jochimsen* und *Ehmke* wirkt. Insofern möchte ich doch glauben, daß Dogmatik durchaus eine *Steuerungsfunktion* hat — ein Begriff übrigens, dessen Relevanz speziell für den wirtschaftlichen Bereich ich von Ihnen gelernt habe. Die Gegenposition anerkenne ich als solche natürlich auch, ich sehe sie ganz klar in der Aussage: hier wird Dogmatik überfordert, es kommt zu einer Art politischer Anmaßung. Ich habe mich indes bewußt für den weiteren Begriff von „Dogmatik" entschieden.

Ein wenig verwundert war ich, daß kein Diskussionsredner die Funktion der *„Leistungsgesetzgebung"* in Frage gestellt hat. Denn diese könnte man ja bestreiten, weil alle Welt davon redet, wir seien vor allem einmal ein *Verwaltungs*staat. Mir scheint, daß die Typen der Steuerungs- und Organisationsgesetze usw., die sich nicht durch einmaligen Vollzug erschöpfen, sondern mit flexiblem Instrumentarium revisibel fortgelten, daß man diese Gesetzesfunktionen vielleicht doch stärker beachten sollte als bisher.

Zum Verhältnis *Verfassungsauftrag* und subjektives öffentliches Recht: Ich bin Herrn *Rupp* besonders dankbar, daß er in der Diskussion die Aufmerksamkeit auf die Problematik der „Prinzipien" richtete. Ich möchte daran erinnern, daß „Grundsatz und Norm" — von *Josef Esser* — für die Grundrechte noch nicht geschrieben worden ist! Niemand hat sich hier — ich darf insofern wohl auch für Herrn *Martens* sprechen — auf „Justitiabilität" fixiert, etwa im Sinne eines schon jetzt justitiablen selbständigen Rechts auf Umweltschutz. Herr *Kaiser* hat dies in die Debatte geworfen und ironisierend von einer „Verfassungsbeschwerde auf Umweltschutz" gesprochen. Diese habe ich nie bejaht, so ernst das Problem des Umweltschutzes ist; vielmehr habe ich versucht, zu zeigen, daß der Leistungsstaat mehr und weiter objektiv-rechtlich wirkt als subjektiv-rechtlich — darum habe ich bewußt von *„Grundrechtspflichten"* des Leistungsstaates gesprochen — und daß das subjektive Recht an eine Grenze seiner dogmatischen Wirksamkeit geraten ist, weil es oft ein zu „schneidiges" Instrument für leistungsstaatliche Grundrechtsprobleme ist. Deshalb und insofern meine Zurückhaltung gegenüber dem Leistungs-Grundrecht als subjektivem Recht, und hier besteht offenbar Übereinstimmung mit Herrn *Zacher.* Man muß sich eben von dem

Gedanken freimachen, rechtliche Bindung und rechtliche Pflichten seien mit richterlicher Kontrolle und subjektiven Rechten identisch und, Herr *Kriele,* ebenso von der Auffassung, was nicht justitiabel sei, gehöre in den Bereich der Politik bzw. sei juristisch irrelevant. Im übrigen habe ich mehrfach auf die Unentbehrlichkeit der gesetzgeberischen politischen Willensbildungs- und Entscheidungsprozesse im Bereich der „Grundrechtspolitik" hingewiesen, denen die Verfassung durchaus mit objektiv-rechtlichen Direktiven und Prinzipien Impulse geben kann.

Zu Herrn *Scheuner* ein kurzes Wort, auch des Dankes: In der Tat stehen hinter den von mir vorgetragenen Überlegungen nicht mehr die Gedankengänge der Wertphilosophie, sondern ganz schlicht die der *Normativität* und *Normalität* von Verfassungsnormen. Es geht darum, — etwa im (Aus- und Weiter-) Bildungswesen — bestimmte Grundrechte zu „normalisieren", und zwar für alle, so etwa wie dies *Hermann Heller* in anderem Zusammenhang gezeigt hat. In der Tat ist nur bei derartiger Chancengleichheit unser Staat ein neutraler Staat. Es ist also kein „Wertsystem", das hinter diesem mehrdimensionalen Verständnis von Sozialstaatsklausel und Grundrechten sowie hinter dem Postulat optimaler Grundrechtsmöglichkeit und -wirklichkeit steht und sie zur Entfaltung drängt, sondern ihre Rechtsnormqualität, ihr telos auf tatsächliche Geltung im sozialen Leben im ganzen, ihre soziale Funktion. — Zu Herrn *Zachers* Stichwort „autonome Schutzzonen" wäre anzumerken: auch ich anerkenne die große Bedeutung solcher Zonen, die die je besonderen Grundrechte im Zusammenhang mit Institutionen auch begründen sollen und wollen — Schutzzonen auch gegenüber allen Öffentlichkeitsanforderungen und -risiken, das habe ich in diesem Ausmaß freilich erst vor einem halben Jahr eingesehen, sozusagen einsehen müssen. — Zur *Europäischen Sozialcharta* dieses: zwar hat Herr *Wengler* gewiß recht, wenn er auf ihren Anhang hinweist, wonach sie nicht unmittelbar geltendes Recht sei. Aber die zu bejahende Frage ist doch, ob die Europäische Sozialcharta nicht eine Art *Formulierungshilfe* materieller und formeller Art in bezug auf das Sozialstaatsprinzip beinhaltet, insofern also eine Art *Vor*-wirkung entfaltet, ein grundsätzliches Problem, das übrigens auch in anderen Bereichen, z. B. bei Gesetzen, nachweisbar ist.

Nun zu einer sehr schwierigen Frage, in bezug auf die ich Ihnen im Augenblick keine fertige Lösung präsentieren kann: zu dem Verhältnis von *Recht und Politik.* Dazu läßt sich jetzt nur sagen, daß ich die Positionen von Herrn *Wiethölter* nicht voll teile. Aber es gibt komplizierte Überschneidungen in den

Entwicklungs- und Grenzbereichen zwischen Recht und Politik, auf die Herr *Mayer-Tasch* schon z. T. und überzeugend hingewiesen hat. Ich möchte auch an den Begriff der „ambiance" von *Dietrich Schindler* erinnern, der ganz gewiß in diesen Zusammenhang gehört. Negativ kann man vielleicht sagen, die Behauptung der Existenz eines unpolitischen Rechts sei ebenso politisch wie falsch. Andererseits muß „Politisierung des Rechts" Grenzen und Kontrollen haben. Die Problematik würde hier in die Tiefen oder Untiefen des Rechtsbegriffs führen, etwa zur Frage, ob wir von Vorstellungen wie „Unparteilichkeit des Rechts" überhaupt unkritisch ausgehen können. Jedenfalls meine ich, daß es Aufgabe des öffentlichen Rechts und auch des Verfassungsrechts ist, in bezug auf die konkrete Verfassung mindestens auch verfassungspolitische Handlungsanweisungen und so etwas wie „gute Verfassungspolitik" als Möglichkeiten und Alternativen vorzuschlagen, damit dann der Gesetzgeber und die Ministerien auf solche Problemlösungen zurückgreifen können.

Zur *Drittwirkung* der Grundrechte, die von einem der Herren Diskussionsredner angesprochen wurde: die sogenannte „mittelbare Drittwirkung" ist von meiner Sicht aus nur ein notwendiges dogmatisches *Durchgangs*stadium zu dem, was Herr *Scheuner* als „soziale Breitenwirkung der Grundrechte" gekennzeichnet hat. — Zum Einwand von Herrn *Geck:* Ich habe in der Tat etwas scharf formuliert — aber das ist ja wohl in einem mündlichen Vortrag erlaubt: Der *besondere* Begriff — Leitsatz 33 — „soziale Grundrechte" ist ein Offenbarungseid bürgerlicher Dogmatik. Damit wollte ich folgendes sagen: die sogenannte bürgerliche Dogmatik hat zu wenig darauf geachtet, was *praktisch* mit einem Grundrecht in der sozialen Wirklichkeit im ganzen geschieht, ob es seine soziale Funktion erfüllt. Daß Grundrechte als Freiheit weniger zu einer unsozialen Wirklichkeit führen könnten, lag außerhalb der „juristischen" Betrachtung. Die „Reaktion" darauf waren eben „soziale Grundrechte", die wir doch ernster nehmen sollten, ebenso wie all das, was heute wie erwähnt vom Sozialstaat aus den sogenannten klassischen Grundrechten zuwächst. Freiheit und Gleichheit darf man eben nicht einem bestimmten Klassenzustand, dem bürgerlichen status quo, absorptiv zuordnen. Mit derartigen wirklichkeitsorientierten Erkenntnissen eröffnet man nach meiner Auffassung keine Tore zu beliebigen Auslegungsprozeduren. Die wirklichkeitswissenschaftliche Betrachtung sucht gerade zu *verhindern,* daß Grundrechte im Leistungsstaat sozial obsolet werden.

Ein Wort zu Art. 1 Abs. 1 Grundgesetz (Menschenwürde). Hier rede ich — in Übereinstimmung mit *Günter Dürig* — einer Aufwertung des Art. 1 Abs. 1 Grundgesetz gegenüber neuen Problemen das Wort. Darf ich das präzisieren? Mitbestimmung am Arbeitsplatz ist für mich nicht primär ein *Demokratie*problem, sondern ein *Grundrechtsproblem*. Ich meine, daß man dann auch manches entschärfen könnte, was an ideologisch aufgeladenem Streit vor uns liegt. Die Frage von Herrn *Klein*, inwieweit eine beliebige Grundrechtsdeutung aus meiner Konzeption heraus zu befürchten ist, müßte ich wie folgt beantworten: ich versuchte Schutzzonen einzubauen, unter anderem mit Hilfe der status negativus und processualis und unter deutlicher Aufrechterhaltung der subjektiv-rechtlichen Seite der Grundrechte. Damit erledigt sich auch die Kritik, ich hätte „Positionen zu rasch geräumt". — Zu Herrn *Schnurs* geistreichen französischen Bemerkungen zum Begriff des „homme situé" *Burdeaus* einerseits und zu dessen — meines Erachtens unrichtiger — Meinung andererseits, die Verfassung gleiche einem von Schatten bewohnten Tempel: ich meine, daß *Burdeau* den homme situé sehr richtig konzipiert hat und gleichwohl die Verfassung kein von Schatten bewohnter Tempel ist, bzw. wir alles zu tun haben, um möglichst viel Licht und Kraft in diesem — demokratischen — „Tempel" zu haben. Mit anderen Worten: der homme situé entfaltet sich im Rahmen einer lebenden Verfassung, nicht jenseits oder diesseits einer überlebten Verfassung. — Herr *Rauschning:* ich möchte glauben, daß es durchaus legitim ist, einen Brückenschlag vorzunehmen zwischen dem Sozialstaatsprinzip und Art. 13 Grundgesetz, Stichwort wiederum: die reale Freiheit.

Schließlich eine Bemerkung zu der Figur des *status activus processualis*, die ja einige der Diskussionsredner freundlicherweise aufgegriffen haben z. B. Herr *Dürig* und Herr *Böckenförde* sowie Herr *Schmitt Glaeser*, der gefragt bzw. gewarnt hat, ob es sich hier um rein staatliche Verfahren handele und ob insofern nicht große Grundrechtsgefahren bestehen könnten. Er hat auch von der notwendigen „individuellen Atmungsmöglichkeit" gesprochen. Meine Antwort: es sind nicht rein staatliche Verfahren, sondern es sind *pluralistische* Verfahren, die in den gesellschaftlichen Bereich hinein vorangetrieben werden und neue Gefährdungen abwehren sollen. Zum status activus processualis insgesamt und zu dessen einzelnen Teilhabeformen darf ich noch anmerken, daß es mir darum geht, ein verfassungskonformes *Mehr* an in Freiheit wahrgenommenem Grundrechtsschutz zu schaffen, also sozusagen ein vorweggenommenes Vergleichsverfahren zwischen den Staatsleistungen und den Grundrechts-Interessen des Bürgers. Der Gerichtsschutz besteht allemal, und ihn müssen wir ohnehin noch verfeinern. Die Forderung nach dem zu entfaltenden status activus processualis soll die Geltendmachung subjektiver Rechte im Gerichtsverfahren weder ausschließen noch ersetzen. Insofern sollte man also *beide* Möglichkeiten des Rechtsschutzes optimal ausschöpfen und aufeinander abstimmen. — Unserem Triumvirat, dem Vorstand, möchte ich abschließend dafür danken, daß er uns dieses interessante Thema anvertraut hat.

Martens (Schlußwort): Ich darf mich zunächst den einleitenden Worten des Dankes von Herrn *Häberle* vollinhaltlich anschließen. Meine sehr verehrten Herren Kollegen, wenn ich bisher noch Zweifel gehabt haben sollte, wie das Verhältnis zwischen Diskussionsrednern und Referenten zu charakterisieren sei, jetzt weiß ich es: Es gleicht dem Abkommen zwischen Störchen und Fröschen, die sich gegenseitig die ungehinderte Nahrungssuche garantieren. Gestatten Sie mir daher — um im Bild zu bleiben, das sich ja auch von der Sitzordnung her anbietet — einige Bemerkungen aus der Froschperspektive.

Es liegt dann auch nahe, als ersten Antipoden Herrn *Vogel* anzusprechen: Gewiß, Herr *Vogel,* erscheinen Sie in einer Anmerkung, aber von vornherein ohne jedes negative Werturteil. Und nach Ihren klärenden und erläuternden Bemerkungen dürften wir weniger weit voneinander entfernt sein, als ich ursprünglich annahm.

Herr *Scholler* hat dann — leider als einziger hier — den sehr wesentlichen Gesichtspunkt der Chancengleichheit angesprochen und den Referenten vorgeworfen, sie hätten das Problem unkritisch behandelt. Ich möchte daher ergänzend noch auf folgendes hinweisen: Entscheidende Bedenken gegen die Erhebung der Chancengleichheit zum unmittelbar vollziehbaren Verfassungsgebot bestehen m. E. gerade auch deshalb, weil sich das Postulat auf unübersehbar viele Faktoren beziehen kann, die zudem noch häufig miteinander kollidieren. Ich nenne nur Bildung, Vermögen, Freizeit, Einkommen. Leistungsansprüche kraft Chancengleichheit lassen sich jedenfalls im Wege der Verfassungsinterpretation nicht begründen. Und ich muß gestehen, daß mir auch die Wendung, es sei von Verfassungs wegen geboten, soziale Gleichheit in dem vernünftigerweise zu fordernden Maß zu verwirklichen, Steine statt Brot gibt.

Was sodann die Grundsatzkritik von Herrn *Rupp* betrifft, der gemeint hat, Grundrechte seien auch objektive Prinzipien — ähnlich Herr *Zacher:* Grundrechte besäßen auch eine objektive Dimension —, so muß ich zugeben, daß es mir schwerfällt, ohne Veranschaulichung dieser Thesen die Tragweite der Äußerungen zu ermessen. Aber vor allem — und ich halte das für wichtig — hinsichtlich der Frage der Justiziabilität im Rahmen des Individualrechtsschutzes ist es von ganz entscheidender Bedeutung, ob die Grundrechte subjektive öffentliche Rechte sind oder nicht. Und es hat mich getröstet, daß auch Herr *Achterberg* und Herr *Maurer* die von ihnen im Sozialstaatsprinzip angesiedelten Leistungsrechte bisher nicht haben konkretisieren können.

Erlauben Sie mir noch eine abschließende Bemerkung zum Problem originärer grundrechtlicher Leistungsansprüche. Ich glaube deutlich gesagt zu haben, daß ich einem gesicherten sozialen Status für die Grundrechtsnutzung eine ganz wesentliche Bedeutung beimesse. Ich halte es nur nicht für möglich, die grundrechtlichen Tatbestände, die normativen Gewährleistungen, im Sinne solcher sozialen Rechte zu interpretieren. Ich meine allerdings, daß von den Grundrechtsvoraussetzungen her die Sozialstaatsklausel thematisiert und materialisiert werden kann, wenngleich dies Aufgabe gesetzlicher Normierung und damit politischer Entscheidung bleibt. Angesichts unübersehbarer gegenteiliger Auffassungen im Schrifttum und in der gegenwärtigen Rechtsprechung glaubte ich, diese Grundsatzfrage unseres Grundrechtsdenkens in das Zentrum meiner Darlegungen stellen zu sollen.

Hollerbach: Meine sehr verehrten Herren Kollegen! Ich glaube, ich darf mit Recht davon ausgehen, daß Sie mich ermächtigen, den beiden Referenten den herzlichsten Dank auszusprechen — und nicht nur den Dank, sondern auch einen Glückwunsch für die beiden hervorragenden Referate, die wir heute gehört haben, sowie für die Bewährung der Referenten in der Diskussion. Ich möchte aber doch auch sagen, daß ich selber sehr dankbar bin für den Ernst, mit dem wir heute unser „Grundrechtsfest" gefeiert haben — wenn Sie mir diese paradoxe Formulierung erlauben. Wenn neben Zustimmung auch Skepsis und Kritik laut geworden ist, dann ehrt das — glaube ich — eine Diskussion, denn kritische Rationalität ist uns allemal aufgetragen. Aufgetragen ist uns aber auch, einen Beitrag zu einer materialen Verfassungsrechtslehre zu leisten, die für die Zukunft taugt. Jedenfalls aber meine ich: mit der Thematik, die heute verhandelt worden ist, stand und steht im Grunde das Ganze unserer verfassungsrechtlichen Ordnung auf dem Spiel.

Zweiter Beratungsgegenstand

Die Dogmatik des Verwaltungsrechts vor den Gegenwartsaufgaben der Verwaltung

1. Bericht von Professor Dr. Dr. h. c. Otto *Bachof*, Tübingen

Inhalt

1. Einleitende Bemerkungen zum Thema und zur Aufgabe der Dogmatik

1.1. Noch rechtzeitig scheint sich der Vorstand des ihm in Bern erteilten Rates erinnert zu haben: keine Themen mehr zu stellen, deren Elemente durch das verfängliche Wörtchen „und" verknüpft seien[1]). So wurde aus dem Arbeitstitel „Die Aufgaben der Verwaltung ‚und' die Dogmatik des Verwaltungsrechts" die endgültige Fassung des Themas, die wenigstens deutlich macht, daß von den Referenten nicht auch die in Speyer[2]) vermißte Lehre von den Staatsaufgaben überhaupt und von den Verwaltungsaufgaben insbesondere erwartet wird.

Gegenwartsaufgaben der Verwaltung? „Daseinsvorsorge", „Sozialstaat", „Leistungsstaat", „Staat der Industriegesellschaft", „Verteilung" und „Umverteilung": das sind nur einige der Stichworte, die uns hier sofort einfallen und die gebotenen Assoziationen hervorrufen[3]).

Als der Vorsitzende mir den Auftrag des Vorstands übermittelte, bemerkte er, es solle „die Frage aufgeworfen werden, ob die Erfüllung von Verwaltungsaufgaben mit der herkömmlichen Dogmatik des Verwaltungsrechts auch in der Zukunft bewältigt werden kann, oder ob das Begriffsinstrumentarium unseres Verwaltungsrechts fortentwickelt werden muß". Das schien mir ein einigermaßen begrenztes Thema zu sein. Je mehr ich mich in die Fragestellungen hineindachte, um so mehr schwand aber mein Vertrauen in die Begrenztheit und Begrenzbarkeit des Themas. Vollends ging es in die Brüche, als der Vorstand das Thema in einer Art von Nachhilfeunterricht mit den Referenten besprach. Sie hatten danach den Eindruck, daß so ziemlich nichts von dem Gesamtbereich unserer Wissenschaft aus dem Thema herausfalle. Unter den rund 40 Stichworten, die ich mir damals notiert habe, fehlen weder die Systemtheorie noch die Entscheidungstheorie, weder die Automatisierung noch die Datenverarbeitung, erscheinen die Demokratisierung wie das Verhältnis zu den Sozialwissenschaften, finden sich die Grenzziehung zwischen öffentlichem und privatem Recht, aber auch sehr viel speziellere Dinge wie Stabili-

---

[1]) *Ipsen* auf der Tagung 1969, VVDStRL 28, 244.

[2]) *Ossenbühl*, VVDStRL 29, 150 ff., 204 (LS 6—8), 274 f.; ferner die Diskussionsbeiträge ebendort, insbes. S. 249 ff.

[3]) Daß auch die Erhaltung und Fortbildung des *Rechtsstaats* eine (gewissermaßen permanente) „Gegenwartsaufgabe" ist und bleibt, sollte über den „moderneren" Aufgaben nicht vergessen werden. Daran immer wieder zu erinnern, besteht angesichts der sich ausbreitenden Enklaven staatlich geduldeten Unrechts und damit Hand in Hand gehender Gewöhnung an einen Rechtsverfall Anlaß genug.

tätsgesetz, konzertierte Aktion, Diskontsatzpolitik und Dienstpostenbewertung. Angesichts so vielfältiger und auch wohl unterschiedlicher Erwartungen blieb den Referenten nur übrig, selbst eine Auswahl zu treffen, über deren Berechtigung man sicher streiten kann.

1.2. Einige *thematische Eingrenzungen* sind vorweg geboten.

1.2.1. Ich beschränke mich auf die Dogmatik des *deutschen* Verwaltungsrechts. Zu einer Einbeziehung des schweizerischen und des österreichischen fühle ich mich weder hinreichend kompetent, noch ließe sich das zeitlich bewältigen. Vielleicht mögen unsere Kollegen aus jenen Ländern dazu in der Diskussion etwas sagen.

1.2.2. Das Thema fragt nach der Dogmatik des *Verwaltungs*rechts. Das treffende Wort *Fritz Werners* vom Verwaltungsrecht als „konkretisiertem Verfassungsrecht“[4]) hat sich inzwischen herumgesprochen und wird mitunter — gewiß nicht im Sinne seines Erfinders — so mißverstanden, als sei das Verwaltungsrecht überhaupt nichts anderes und ermangele einer eigenständigen Bedeutung. Immerhin, seine durchgehende Abhängigkeit vom Verfassungsrecht besteht zweifellos, und heute mehr denn je[5]). Es ist deshalb schwierig, unser Thema gegen die verfassungsrechtliche Dogmatik abzugrenzen. Es versteht sich von selbst, daß man in vielen Fragen des Verwaltungsrechts zu sehr unterschiedlichen Ergebnissen gelangen muß: je nachdem, ob man die Verwaltung als eine „eigenständige Staatsgewalt“ in dem von *Hans Peters*[6]) beschriebenen Sinne versteht, ausgestattet mit verfassungsrechtlich gewährleisteten Räumen freien und gerichtlich unüberprüfbaren Handelns; oder ob man — um eine äußerste Gegenposition zu kennzeichnen — mit *Hans H. Rupp* von einer verfassungsrechtlich geforderten durchgängigen Gesetzesgebundenheit der Verwaltung nebst lückenloser Gerichtskontrolle ausgeht, wobei die ganze Ermessenslehre als ein rechtsstaatswidriges Relikt des vorigen Jahrhunderts erscheint[7]); oder ob man gar der Regierung die Funktion des Regierens bestreitet[8]). Man mag dazu

[4]) DVBl. 1959, 527.

[5]) Dazu schon *Bachof*, JZ 1957, 335 (= Verfassungsrecht, Verwaltungsrecht, Verfahrensrecht i. d. Respr. d. BVerwG, Bd. I, 3. Aufl. 1966, S. 7).

[6]) *Hans Peters*, Die Verwaltung als eigenständige Staatsgewalt (Rektoratsrede), 1965, passim.

[7]) *Hans Heinrich Rupp*, Ermessensspielraum und Rechtsstaatlichkeit, NJW 1969, 1273 ff., insb. 1278 a. E.

[8]) So *Hans Heinrich Rupp*, Einige wichtige Entscheidungslinien i. d. Rspr. des Zweiten Senats des BVerfG (in: Das Bundesverfas-

stehen wie man will: solche Thesen werden jedenfalls nicht dadurch überzeugender, daß man die Gegenmeinung in die „Rumpelkammer der deutschen Verfassungsgeschichte" verweist[9]). Unsere Vorgänger waren gewiß nicht dümmer als wir, und es war keineswegs alles nur zeitgebunden, was sie gedacht und geäußert haben. Vor allem aber beruhen solche Abwertungen der Vergangenheit nicht selten auf falschen Darstellungen und verkürzten Überlieferungen früherer Verhältnisse ebenso wie früherer Lehrmeinungen. Gerade über das letzte Drittel des 19. Jahrhunderts, in dem die Dogmatik unseres Verwaltungsrechts entscheidend geprägt wurde, sind schiefe Vorstellungen weit verbreitet. Ich werde nicht umhinkönnen, einige in unserer Zunft gängige Legenden zu zerstören. Wer sich dadurch getroffen fühlt, möge sich durch mein Eingeständnis besänftigen lassen, daß ich auch mich nicht frei von der Schuld weiß, überkommene Ansichten ungeprüft weitergegeben zu haben[10]).

---

sungsgericht 1951—1971, 1971, S. 121 ff.), S. 152. Da Rupp in der Diskussion (unten S. 339) meinte, ich habe ihn falsch zitiert, sei die Stelle hier angeführt. Sie lautet: „Noch immer sind Theorien im Umlauf, die der vom sog. monarchischen Prinzip geprägten deutschen Staatslehre der konstitutionellen Monarchie des vorigen Jahrhunderts entlehnt sind und der Regierung — im organisatorischen Sinn — auch die Funktion des Regierens — im Sinne des government — zuerkannt wissen möchten." Ich vermag zwischen „Funktion des Regierens" und „government" keinen wesentlichen Unterschied zu sehen und meine deshalb, daß der Sinn des Wiedergegebenen auch ohne den (zugegeben: verdeutlichenden) Zusatz des government kein anderer geworden ist. Wenn Rupp jetzt in seinem Diskussionsbeitrag erklärt, er habe gesagt, „es seien immer noch Thesen im Umlauf, die allein der Regierung im organisatorischen Sinn das Regieren im Sinne des angelsächsischen government zuerkannt wissen möchten", so ist demgegenüber festzustellen, daß sich weder an der oben zitierten Stelle noch an der fast inhaltsgleichen Stelle DVBl. 1971, 671 die doch wohl entscheidende Einschränkung „allein" findet. Ich wüßte auch nicht, wer die so eingeschränkte These heute noch vertreten sollte.

[9]) *Rupp* aaO., im Anschluß an die in N. 8 zit. Stelle. *Rupp* steht damit durchaus nicht allein. Rechtsinstitute und Rechtsanschauungen, die auf früheren Epochen beruhen, werden heute oft schon deshalb abgelehnt oder mindestens als verdächtig angesehen, *weil* sie durch solche Herkunft „belastet" sind. Das ist angesichts der deutschen Geschichte der letzten 100 Jahre gewiß nicht unverständlich, sollte aber nicht zu voreiligen Pauschalurteilen führen.

[10]) So hält meine früher (Über einige Entwicklungstendenzen im gegenwärtigen deutschen Verwaltungsrecht, in: Staatsbürger und Staatsgewalt, 1963, Bd. II S. 3 ff.) entwickelte Sicht des Systems Otto Mayers einer neuerlichen Überprüfung nicht in allen Punkten stand; das gilt insb. für die Stellung und Bedeutung des Verwaltungsaktes in diesem System. Dazu nachstehend im Text S. 213.

Trotz der Verfassungsabhängigkeit des Verwaltungsrechts muß ich mich im wesentlichen auf die *verwaltungs*rechtliche Dogmatik beschränken, sonst würde das Thema uferlos. Insbesondere muß ich — die damit in Kauf genommene Verkürzung ist mir bewußt — darauf verzichten, auf das für das Verwaltungsrecht zentrale Verhältnis von Gesetz und Verwaltung näher einzugehen. Es wurde von unserer Vereinigung erst auf der Würzburger Tagung (1965) eingehend erörtert[11]), und es war kaum die Meinung des Vorstandes, dasselbe Thema unter einem anderen Titel nochmals behandeln zu lassen.

1.2.3. Das Thema zielt auf die *Dogmatik* des Verwaltungsrechts. Es wäre reizvoll gewesen, vorweg den Fragen nach der Bedeutung, nach den Möglichkeiten und nach den Grenzen dogmatischer Betrachtungsweise — in der Jurisprudenz überhaupt wie im Verwaltungsrecht speziell — grundsätzlich nachzugehen; die Beschäftigung mit dem Thema hat mir hier manche für mich neuen Einsichten vermittelt. Aber auch insoweit war Beschränkung unerläßlich. Ich muß deshalb auf eine „theoretischen Vorgabe", wie sie Herr *Häberle* an den Anfang seines gestrigen Referates gestellt hat, verzichten und mich statt dessen mit ganz wenigen Bemerkungen begnügen, die — vorwiegend durch Zitate — meinen eigenen Standpunkt erkennen lassen. Auf Leitsätze zu diesem Teil meines Berichts habe ich wegen seines kursorischen Charakters verzichtet.

Daß die Dogmatik im Verwaltungsrecht einen legitimen Platz habe, wird in dem Thema offensichtlich vorausgesetzt. Mit Recht. Rechtswissenschaft „ist systematisch oder sie ist nicht"[12]). Rechtsdogmatik aber ist nichts anderes als systematische Rechtswissenschaft[13]). Sie ist „ein kontingentes Gefüge (‚Lehrgebäude') von juristischen Sätzen und Regeln, die unabhängig vom Gesetz allgemeine Anerkennung und Befolgung beanspruchen"[14]). Ihre Leistung besteht vornehmlich dar-

---

[11]) Vgl. die Referate (von *Klaus Vogel* und *Roman Herzog*) und die Diskussion zum Thema „Gesetzgeber und Verwaltung", VVDStRL 24, 125 ff.

[12]) So ein viel zitiertes Wort von *Hans J. Wolff*, Typen im Recht und in der Rechtswissenschaft, Studium generale 1952, S. 195 ff., 205.

[13]) So *Raiser*, DRiZ 1968, 98. Raiser hat nur deshalb Bedenken, den Ausdruck „Rechtsdogmatik" durch den für treffender gehaltenen Ausdruck „systematische Rechtswissenschaft" zu ersetzen, weil das als Vorentscheidung im Methodenstreit zwischen „Systemdenken" und „Problemdenken" mißverstanden werden könnte.

[14]) *Wieacker*, Zur praktischen Leistung der Rechtsdogmatik, in: Hermeneutik und Dialektik, Festschrift für H. G. Gadamer, 1970, Bd. 2 S. 311 ff., hier S. 319; ähnlich *Esser*, Vorverständnis und Methodenwahl in der Rechtsfindung, 1970, S. 90 f.

in, „die Entscheidung nach nicht jeweils neu aufzurollenden rechtspolitischen, sondern positiv dogmatisierten Gesichtspunkten“ zu ermöglichen[15]); sie ist „eine heuristische Methode der Entscheidungsfindung, bei der gewisse Begriffsspeicherungen die Möglichkeit angemessener Urteilsbildung eröffnen“[15]). Sie hat damit eine wichtige *Entlastungsfunktion* für den rechtsanwendenden Juristen. Diese Funktion kann sie nur erfüllen, wenn sie sich ihrer Praxisbezogenheit bewußt und in diesem Sinne „rechtsdogmatische Praxislehre“[16]) bleibt. Die Dogmatik wird gesteuert und muß auf ihre Brauchbarkeit für Konfliktlösungen stets von neuem überprüft und ggf. korrigiert werden durch *rechtspolitische Überlegungen;* sie wird bestimmt „durch die Vorauswahl einsichtiger Gerechtigkeitskriterien und sachlich überzeugender Lösungsgesichtspunkte“[17]).

An Angriffen, die der Rechtsdogmatik ihre Existenzberechtigung absprechen, hat es freilich nie gefehlt und fehlt es auch heute nicht[18]). Ich kann mich mit ihnen nicht näher befassen. Soweit nicht unter dem Deckmantel eines Kampfes gegen die Dogmatik in Wirklichkeit viel weitergehende Attacken gegen die Rationalität des Rechts geritten und utopische Modellvorstellungen einer „Welt ohne Zwänge“ propagiert werden, beruht die Ablehnung der Dogmatik wohl meist auf einer Verkennung der *Vorläufigkeit* des Wahrheitsgehalts juristischer Dogmen, die ja anders als theologische keine Unumstößlichkeit beanspruchen[19]); nicht selten rennen ihre Gegner offene Türen ein, indem sie sich gegen ein längst überholtes Verständnis des juristischen Systems als eines axiomatisch-deduktiven richten, während das System nach heutigem Verständnis[20]) nur als ein axiologisches oder teleologisches begriffen werden kann.

---

[15]) *Esser* aaO. S. 89 bzw. S. 92.

[16]) *Klaus König,* Erkenntnisinteressen der Verwaltungswissenschaft (Schriftenreihe der Hochschule Speyer Bd. 46), 1970, S. 75. Vgl. dazu auch *Brohm,* Strukturen der Wirtschaftsverwaltung (res publica Bd. 21), 1969, S. 36 ff.; hier auf S. 37 die berechtigte Warnung, „in der Rechtsdogmatik die Differenzierungen immer weiter voranzutreiben“: „Man läuft sonst nämlich Gefahr, die Überschaubarkeit der Dinge und damit ein wesentliches Element der Rechtssicherheit aufzugeben.“

[17]) *Esser* aaO. S. 7.

[18]) Vgl. aus vielen nur: *Egon Schneider,* DRiZ 1968, 47 und *Rasehorn,* Kritische Justiz 1969, 273 ff. Zum ersten s. die Antwort von *Raiser,* DRiZ 1968, 98, zum zweiten *Esser* aaO. S. 99 mit N. 66.

[19]) Vgl. *Raiser* aaO.

[20]) Ich folge hierin *Canaris,* Systemdenken und Systembegriff in der Jurisprudenz (Schriften zur Rechtstheorie Heft 14), 1969, passim, insb. S. 46 ff.

Wenngleich mein Bericht also die Legitimität dogmatischer Betrachtungsweise voraussetzt, so kann die Frage nach dem Stellenwert und nach den Grenzen einer solchen nicht ganz ausgeklammert werden; wird doch u. a. die Dogmatik dafür verantwortlich gemacht, durch ihre Einseitigkeit zur Vernachlässigung anderer Bezüge des Verwaltungsrechts — besonders seiner historischen, soziologischen und politischen — geführt zu haben. Darüber hinaus kann in diesem Referat aber nicht gegangen werden. Ich kann das Thema also nicht etwa, wie *H. H. Rupp* es in einem soeben erschienenen Aufsatz[21]) als allein „sinnvoll" bezeichnet hat, „im Sinne einer Infragestellung nicht nur der *Dogmatik* des Verwaltungsrechts, sondern des *Verwaltungsrechts* selbst" behandeln. Das wäre in einer Stunde nicht zu bewältigen, wäre m. E. aber auch keine „satzungskonforme" Interpretation des Themas mehr. Ebensowenig kann mein Ehrgeiz dahin gehen, einer so weitgehenden und gewiß sehr bedenkenswerten These nachzugehen, wie sie *Klaus König*[22]) formuliert hat: die Verwaltungsrechtslehre stehe gegenwärtig „vor einer Umformulierung ihres Wissenschaftsprogramms".

2. Die Kritik an der Verwaltungsrechtslehre (Überblick)

Daß der Vorstand sich zur Wahl unseres Themas gedrängt sah, kann nicht verwundern angesichts der vielfachen Kritik, der sich die Verwaltungsrechtslehre von außen wie aus dem eigenen Kreise ausgesetzt sieht. Glaubt man diesen Stimmen, so befindet sie sich in einem wahrhaft schrecklichen Zustand. Daß sie sich „in einer Sackgasse befinde(t)" und „seit Jahrzehnten erstarrt" sei[23]); daß sie 20 Jahre nach dem Inkrafttreten des Grundgesetzes „den Prozeß der Vergangenheitsbewältigung" — verstanden als Bewältigung des rechtsdogmatischen Nachlasses aus der Epoche der konstitutionellen Monarchie — immer noch nicht habe abschließen können[24]); daß sie sich immer noch mühe, „den Fesseln des von *Otto Mayer* vor mehr als einem Dreivierteljahrhundert kunstvoll geknüpften dogmatischen Begriffsnetzes zu entrinnen"[25]): das sind nur einige Äußerungen aus jüngerer Zeit, die hier stellvertretend für einen vielstimmigen Chor stehen mögen. Ich werde mich mit solcher Kritik eingehend befassen müssen; ich halte sie in den meisten Punkten für falsch, schon in ihren leicht widerlegbaren tatsächlichen Prämissen. Darüber mögen die eigenen weiterführenden An-

[21]) DVBl. 1971, 669 ff., hier S. 669 re.
[22]) AaO. S. 213.
[23]) *Franz Mayer*, Allgemeines Verwaltungsrecht, 1970, S. 18.
[24]) *Friauf*, Der Staat, Bd. 9 (1970) S. 223.
[25]) *Walter Schmidt*, AöR Bd. 96 (1971) S. 321.

sätze vielleicht zu kurz kommen; ohne gründliche Diagnose kann man aber keine Therapie verordnen. —

Die „Mängelrügen" gegenüber der heutigen Verwaltungsrechtslehre lassen sich im wesentlichen — vereinfachend, keineswegs erschöpfend und sich z. T. überschneidend — in etwa folgende Gruppen zusammenfassen[26]):

2.1. Die Verwaltungsrechtsdogmatik sei, vor allem im Vergleich zur Dogmatik des Zivilrechts, wenig durchgebildet und insofern rückständig. Dabei wird für diesen Rückstand teils (und am häufigsten) die relative Jugend sowohl der Rechtsmaterie selbst wie ihrer Wissenschaft verantwortlich gemacht[27]), teils der ständige Fluß der Gesetzgebung[28]) oder gar deren angebliche Ungereimtheit[29]), gelegentlich aber auch Unvermögen oder mangelndes Selbstbewußtsein der Rechtslehre[30]).

2.2. Die Einsicht in die Verfassungsabhängigkeit des Verwaltungsrechts habe sich mit jahrzehntelanger Verzögerung erst jetzt durchgesetzt, sie habe das überkommene „verfassungsrechtlich neutrale" Instrumentarium des Verwaltungsrechts als ungeeignet für die Bewältigung sozialordnungsgestaltender Aufgaben erwiesen, zugleich aber zahlreiche Fundamente unseres Verwaltungsrechts unsicher gemacht[31]).

2.3. Jenes Instrumentarium sei — so meinen andere Kritiker — gerade nicht verfassungsrechtlich neutral, sondern als typische Hervorbringung des konstitutionellen Staates diesem

---

[26]) Für jeden Punkt des nachfolgenden Katalogs ließe sich eine Fülle von Belegstellen anführen. Ich beschränke mich auf wenige Äußerungen aus jüngerer Zeit. Doch sei darauf hingewiesen, daß viel von der heutigen Kritik sich im Aufsatz schon in *Erich Kaufmanns* bekannten Beitrag „Verwaltung, Verwaltungsrecht" in *Stengel-Fleischmann*, Wörterbuch des Deutschen Staats- und Verwaltungsrechts, Bd. 3, 1914, S. 688 ff., insb. S. 716 ff., findet.

[27]) Z. B. *Külz*, DÖV 1961, 104; *Werner*, Verh. des 43. Dt. Juristentages 1960, Bd. I Teil 2 B S. 28 f.; *Baring* in: Staatsbürger und Staatsgewalt, 1963, Bd. II S. 46 f.

[28]) *Werner* aaO. S. 28.

[29]) *Renck* NJW 1971, 1552: Verwaltungsrecht ein „Wust von Zufälligkeiten und Ungereimtheiten" — ein Urteil, das den Schwierigkeiten einer vor ständig wechselnde und expandierende Aufgaben sozialer Gestaltung gestellten Gesetzgebung offenbar nicht gerecht wird.

[30]) *Külz* aaO. S. 105.

[31]) *Friauf* aaO. S. 224. Friauf spricht freilich nicht von der „Verfassungsabhängigkeit" des Verwaltungsrechts, sondern von der „untrennbaren Wechselbeziehung" zwischen beiden Rechtsgebieten. Gemeint ist damit wohl dasselbe. Denn wenngleich die Beziehung zwischen Verfassungs- und einfachem Recht nicht auf einer Einbahnstraße verläuft, so ist die Einwirkung des ersten auf das zweite doch ungleich stärker als umgekehrt.

verhaftet, es konserviere daher wesentliche Elemente desselben; dabei wird teils mehr das Fortwirken monarchisch-obrigkeitsstaatlicher Elemente behauptet[32]), teils wird

2.4. eine einseitig liberal-rechtsstaatliche Ausrichtung der überkommenen Lehre bemängelt[33]).

2.5. Das Verwaltungsrecht habe seit und mit der von *Otto Mayer* zum Sieg geführten „juristischen Methode" die Bezüge zur Verwaltungswirklichkeit und zu den Nachbarwissenschaften, vor allem zur Verwaltungslehre, verloren[34]).

2.6. Die Dogmatik des Verwaltungsrechts sei formal, begriffsjuristisch, zweckentleert[35]).

2.7. Insbesondere richte sich seine Systembildung fälschlich an den Rechts- und Handlungsformen der Verwaltung aus statt an deren Zwecken und Aufgaben[36]).

2.8. Die Verwaltungsrechtsdogmatik habe die Akzente falsch gesetzt, sie kreise um ein falsches Begriffszentrum („Öffentliche Gewalt", „Verwaltungsakt"[37]), habe außerdem wichtige Bereiche des allgemeinen Verwaltungsrechts (z. B. das Organisationsrecht[38]) wie vor allem des besonderen Verwaltungsrechts[39]) vernachlässigt. Sie habe so die neuen sozialstaatlichen Aufgaben nicht in den Griff bekommen; es fehle etwa an einer

---

[32]) So insb. *Hans Heinrich Rupp*, Grundfragen der heutigen Verwaltungsrechtslehre, 1965, passim; *ders.*, DVBl. 1971, 670; zustimmend *Friauf*, Der Staat Bd. 9 (1970) S. 223 ff. Vgl. auch *Renck*, JuS 1971, 77 ff. (insb. S. 82).

[33]) *Badura*, Verwaltungsrecht im liberalen und im sozialen Rechtsstaat (Recht und Staat Heft 328), 1966, passim; *ders.*, Das Verwaltungsrecht des liberalen Rechtsstaates (Göttinger Rechtswiss. Studien Bd. 66), 1967, passim.

[34]) Am temperamentvollsten immer noch *Nass*, Verwaltungsreform durch Erneuerung der Verwaltungswissenschaft, 1950; aus neuerer Zeit vgl. *W. Thieme*, Verwaltungslehre, 1967, S. 24 ff.; *Menger*, Die Verwaltung Bd. 1 (1968) S. 478 ff.

[35]) *Badura*, Verwaltungsrecht im liberalen und im sozialen Rechtsstaat S. 16 ff.; *Walter Schmidt*, AöR Bd. 96 (1971) S. 321 ff.

[36]) *Badura* aaO. S. 20 ff.

[37]) Vgl. hierzu schon *E. Kaufmann* aaO.; kritisch gegenüber der zentralen Stellung des Verwaltungsaktes *Henke* VVDStRL 28, 157 ff.; vgl. auch *Rüfner*, ebendort S. 204 f. mit weit. Nachw.; *Badura*, DÖV 1968, 452; *Ossenbühl*, DÖV 1971, 515 N. 18. *Zacher*, Die Sozialversicherungen als Teil des öffentlichen Rechts (in: Sozialrecht und Sozialpolitik, Festschrift für Kurt Jantz, 1968, S. 29 ff.), S. 38, spricht gar vom „Verwaltungsakt . . ., der gemeinhin wie ein begriffsjuristischer Popanz in der Mitte des Systems des Verwaltungshandelns steht".

[38]) *Forsthoff*, Lehrbuch des Verwaltungsrechts Bd. 1, 9. Aufl. 1966, S. 400; *Stern*, JZ 1962, 301; *Blumenwitz*, AöR Bd. 96 (1971) S. 161.

[39]) *Badura*, DÖV 1968, 454.

dogmatischen Bewältigung der Subventionen[40]), der Umverteilung[41]), der Planung[42]), des Bildungswesens, usw.

3. Zur Kritik im einzelnen; eigene Stellungnahme

3.1. Ist die verwaltungsrechtliche Dogmatik *rückständig?*

Es steht gewiß außer Frage, daß das Verwaltungsrecht dem Zivilrecht keine auch nur ähnlich ausgefeilte Dogmatik an die Seite zu stellen hat. Daß allein das schon ein Zeichen von „Rückständigkeit" sei, scheinen diejenigen zu meinen, die jene Feststellung mit dem geringen Alter unserer Disziplin entschuldigen wollen. In Wirklichkeit beruht jener Sachverhalt aber viel weniger auf der meist dafür verantwortlich gemachten Jugend des Verwaltungsrechts — das doch als Hausdomäne differenziertester Dogmatik geltende Strafrecht reicht in seinen wesentlichen Anknüpfungspunkten ja auch kaum hinter das Jahr 1871 (StGB) zurück — als vielmehr auf seinen Gegenständen. *Wieacker*[43]) hat jüngst sehr eindrucksvoll die These belegt, je „elementarer" das Verhältnis des Gesetzgebers zu seiner Aufgabe sei, je unmittelbarer er politische und soziale Wertungskonflikte zu entscheiden habe, um so weniger lasse das Gesetz Raum für eine eigenständige Dogmatik; weshalb die eigentliche Domäne der Dogmatik das Zivilrecht sei und bleibe, während ihr im Verfassungsrecht, im Recht der Arbeit, der sozialen Sicherheit u. a. m. nur ein geringer Raum eröffnet sei. So betrachtet, ist auch das Verwaltungsrecht gewiß kein besonders günstiges Feld für die Dogmatik. Seine Verzweigung in zahlreiche Einzelgesetze, deren breite stoffliche Streuung, die weitgehende Determinierung durch politische Entscheidungen und durch Zweckmäßigkeitsgesichtspunkte, der rasche Wandel der Gesetzgebung, nicht zuletzt die Aufsplitterung in Bundes- und in Landesrecht: das alles verringert die Möglichkeit dogmatischer Bearbeitung und Erschließung. Solche Gesetze eröffnen sich eher topischem Denken; wobei ich, ohne das hier ausführen zu können, mit einer offenbar im Vordringen begriffenen Ansicht[44]) davon ausgehe, daß zwischen topischem und Systemdenken kein unüberbrückbarer Gegensatz besteht, beide sich vielmehr ergänzen müssen.

Sicher spielt auch das Fehlen einer *Kodifikation* des allgemeinen Verwaltungsrechts eine Rolle. Das Verhältnis zwischen gesetzlicher Positivierung und Dogmatik ist freilich ambivalent.

---

[40]) *Henke* aaO. S. 242 f.

[41]) *Zacher*, VVDStRL 28, 236.

[42]) *Wolff*, Verwaltungsrecht I, (8. Aufl. 1971), S. 346 ff.

[43]) AaO. (N. 14) S. 316.

[44]) *Kriele*, Theorie der Rechtsgewinnung, 1967, S. 150; *Esser*, aaO. (N. 14) S. 153; *Canaris* aaO. (N. 20) S. 151.

Es gibt gesetzesfreie Dogmatiken — *Wieacker*[45]) verweist auf die vorkodifikatorische Dogmatik des europäischen ius commune — und es gibt gesetzesabhängige Dogmatiken. Ob und wieweit Kodifikation Dogmatik hindert oder fördert, hängt entscheidend von der *Art* der gesetzlichen Regelung ab; insbesondere davon, ob der Gesetzgeber seinerseits im Bezugssystem einer schon ausgebildeten Dogmatik bleibt[46]) oder nicht.

Unsere *verwaltungsrechtliche Dogmatik* ist in weitgehender *Unabhängigkeit* vom Gesetz entstanden. Zwar haben *Otto Mayer* und seine Vorgänger (insb. *F. F. Mayer*[47]) ihr Anschauungsmaterial den damals schon recht zahlreichen Verwaltungsgesetzen entnommen, sie haben an Abgaben- und Polizeigesetze, an positives Wegerecht, Wasserrecht, Kommunalrecht u. a. m. angeknüpft. Jedoch hat *Otto Mayer* bei den Begriffen und Instituten, mit denen er die Vielfalt der empirischen Erscheinungen zu ordnen suchte, beträchtliche Anleihen beim französischen Verwaltungsrecht, anfangs auch beim deutschen bürgerlichen Recht gemacht; er hat diese Leihgaben mit souveräner Unbekümmertheit in sein Verwaltungsrecht transponiert. Viel davon war auch, wie er selbst bekundet hat, „eignes Gewächs"[48]), beruhend auf gründlicher Verwaltungserfahrung u. a. als Beigeordneter und Vizebürgermeister von Straßburg[49]).

Die von ihm entwickelten Begriffe und Institute sind nicht nur erstaunlich rasch von Lehre und Rechtsprechung aufgegriffen, sondern auch in die Gesetzgebung übernommen worden; sie haben sich dort weitgehend bis heute gehalten. *Stern*[50]) hat im Jahre 1962 in einer sorgfältigen Untersuchung der Bundesgesetzgebung „eine erfreuliche Übereinstimmung in der Erhaltung und Verwendung der überkommenen Grundsätze und Institutionen des allgemeinen Verwaltungsrechts durch den Gesetzgeber des besonderen Verwaltungsrechts" feststellen können — unbeschadet vieler vermeidbarer, meist mehr ter-

---

[45]) AaO. S. 317 f.

[46]) Wie das z. B. bei den großen zivilrechtlichen Kodifikationen des 19. Jahrhunderts der Fall war: *Wieacker* aaO. S. 318.

[47]) Grundsätze des Verwaltungsrechts mit besonderer Rücksicht auf gemeinsames deutsches Recht, 1862.

[48]) Deutsches Verwaltungsrecht, 1. Bd., 2. Aufl. 1914, S. IX.

[49]) Dazu *Otto Mayers* lesenswerte Autobiographie in *Planitz*, Die Rechtswissenschaft der Gegenwart in Selbstdarstellungen (Bd. 1) 1924, S. 153 ff., hier S. 166 ff. Mayer war in Straßburg Leiter der Baupolizei und des Wegewesens, dann der „sozialen Verwaltung" (sic!).

[50]) Das allgemeine Verwaltungsrecht in der neueren Bundesgesetzgebung, JZ 1962, 265 ff. und 297 ff.; das Zitat steht auf S. 302.

minologischer als sachlicher Ungereimtheiten als Folge mangelnder Koordinierung der Gesetze.

3.2. Im Gegensatz zu oft gehörten Behauptungen ist die Einsicht in die *Verfassungsabhängigkeit des Verwaltungsrechts* alles andere als neu. Auch *Otto Mayer* hat sie gekannt und nachdrücklich betont. Wer ihm unter Berufung auf sein ebenso oft zitiertes wie mißverstandenes Wort „Verfassungsrecht vergeht, Verwaltungsrecht besteht"[51]) etwas anderes unterstellt, muß sich den Verdacht gefallen lassen, von seinem ganzen Werk nichts als diesen einen Satz zu kennen. Übrigens hatte schon ein halbes Jahrhundert zuvor *Lorenz von Stein*[52]) ganz Ähnliches gesagt: „Es liegt tief im Wesen der Verwaltung, daß ihre Kategorien nicht wie die der Verfassung wechseln, weder an sich noch im positiven Recht". Darin liegt die durchaus richtige Erkenntnis, daß „das Verwaltungsrecht durch eine Staatsumwälzung nicht so unmittelbar, nicht als Ganzes und nicht in einem einzigen Augenblick aus den Angeln gehoben [wird] wie die Verfassung; aber um so sicherer und nachhaltiger bewirkt eine Änderung der Grundlagen der Staats- und Gesellschaftsordnung auch eine allmähliche und kontinuierliche Umbildung des Verwaltungsrechts"[53]). Mit dieser Reduzierung auf den gemeinten Sinn hat jener Ausspruch auch heute noch seine Berechtigung, er enthält sogar mehr als nur „ein Körnchen Wahrheit"[54]). Die grundsätzliche Abhängigkeit

---

[51]) VR 1. Bd. 3. Aufl., 1924, Vorwort.

[52]) Gegenwart und Zukunft der Rechts- und Staatswissenschaft Deutschlands, 1876, S. 25. Den Hinweis auf diesen Ausspruch *Steins* verdanke ich *Hans Schneider*. — Mayers Verhältnis zu Steins Werk war zwiespältig und wechselnd: zwar kritisch, aber im ganzen anerkennend in VR Bd. 1, 1. Aufl. S. 17; wenig freundlich („blühender Bombast") bei *Planitz* aaO. S. 163. — Mayer war, wie kaum ein anderer, „ein Mensch mit seinen Widersprüchen", temperamentvoll, engagiert, mitunter ungerecht in seinem Urteil, witzig und überspitzt in seinen Formulierungen. Er hat sich aber auch nie gescheut, Ansichten zu revidieren und Irrtümer zuzugeben. In einem solchen Werk Fehler und Widersprüche nachzuweisen ist leicht, das Herausgreifen einzelner Zitate ohne Sicht auf das Ganze wenig beweiskräftig. Zu Mayers Werk und Persönlichkeit vgl. *Walter Jellinek*, Verwaltungsrecht, 3. Aufl. 1931 (Neudruck 1966), S. 106, und die dort angegebenen Besprechungen und Würdigungen; ferner *Dennewitz*, Die Systeme des Verwaltungsrechts, 1948, S. 122 ff.; *Forsthoff*, aaO. (N. 38) S. 49 ff.

[53]) *Bachof*, Über einige Entwicklungstendenzen im gegenwärtigen deutschen Verwaltungsrecht (in: Staatsbürger und Staatsgewalt, 1963, Bd. 2 S. 3 ff.), S. 3. — Über die Situationsbedingtheit von Mayers Wort vgl. *Menger*, Der Staat, Bd. 1 (1962) S. 360 f.

[54]) *Stern*, aaO. S. 302. — Auch *Erich Kaufmann* (Verwaltungsarchiv Bd. 30, 1925, S. 390 u. 400) hat dem Wort zugestimmt, sogar Otto Mayer vorgeworfen, es seinerseits nicht genügend beachtet zu

des Verwaltungsrechts von der Verfassung aber war Mayer völlig selbstverständlich. Ausgangspunkt seines Lehrgebäudes ist der gewaltenteilende „Verfassungsstaat", von dem er sagt: „Der Inbegriff der Regeln, nach welchen er eingerichtet ist, heißt *Verfassungsrecht.* Wir werden sehen, wie gerade an den damit gegebenen Unterscheidungen innerhalb der obersten Gewalt *unser ganzes Verwaltungsrecht hängt*"[55]).

Die Kenntnis dieser Zusammenhänge durchzieht die Literatur des Kaiserreichs wie der Weimarer Zeit. So schreibt z. B. *Fleiner* 1928 im Vorwort zur 8. Auflage seiner „Institutionen", vermutlich in betonter Wendung gegen das mißverständliche Otto-Mayer-Wort: „Die Neugestaltung des Verfassungsrechts hat in Deutschland einen starken Einfluß auch auf das Verwaltungsrecht ausgeübt. Alte Rechtsinstitute haben einen veränderten Sinn bekommen, und neue Probleme sind aufgetaucht, die eine selbständige wissenschaftliche Behandlung erfordern"[56]).

Nicht die Verfassungsabhängigkeit des Verwaltungsrechts, auch nicht die Einsicht in dieses Verhältnis ist also neu. Was hingegen wirklich neu, erst seit und mit dem Grundgesetz eingetreten ist, das ist die ständige unmittelbare Konfrontation allen Verwaltungshandelns mit der Verfassung, ist die nur noch begrenzte Möglichkeit einer Deckung der Verwaltung durch das einfache Gesetz. Das ist ein Umstand, auf den wohl *Dürig*[57]) zuerst hingewiesen hat. Einige Stichworte dazu mögen hier genügen: Art. 1 Abs. 3 GG; richterliches Prüfungsrecht; verfassungskonforme Auslegung. Das *Ausmaß* der Verfassungsabhängigkeit des Verwaltungsrechts ist damit freilich ganz außerordentlich gestiegen.

Man wird nun aber nicht behaupten können, daß Rechtsprechung und Lehre sich dieser gesteigerten Verfassungsabhängigkeit und der durch sie gestellten Aufgabe entzogen hätten. Die Einwirkungen der Verfassung auf verwaltungsrechtliche Normen, Institute und Begriffe sowie deren verfassungskonforme Fortbildung und Umbildung sind das tägliche Brot besonders der Judikatur. Eher wird hier zu viel des Guten als zu wenig

---

haben. Interessant ist die Bemerkung Kaufmanns, jener Ausspruch sei „auch von Otto Mayer zitiert" worden (aaO. S. 390); demnach scheint er überhaupt schon älter zu sein, worauf auch die Anführungszeichen bei O. M. hindeuten.

[55]) VR, 1. Aufl. 1. Bd., S. 3 f. — Hervorhebung der Schlußworte von mir.

[56]) Institutionen des deutschen Verwaltungsrechts, 8. Aufl. 1928, Vorwort (S. V).

[57]) JZ 1953, 195; näher dazu *Bachof*, VVDStRL 12 (1954) 50 ff.

getan: oft erfolgt auch dann ein voreiliger Rückgriff auf die Verfassung, wenn dazu wegen einer ausreichenden einfachgesetzlichen Regelung kein Anlaß besteht.

3.3. Das Vorhandensein solch grundsätzlicher Einsicht in die Verfassungsabhängigkeit des Verwaltungsrechts widerlegt freilich noch nicht die Behauptung, unser heutiges Verwaltungsrecht und seine Lehre seien *von der Verfassungslage und vom Staatsverständnis der konstitutionellen Monarchie geprägt,* sie seien es geblieben und verharrten noch in den alten Verkrustungen; das gebräuchliche Instrumentarium des Verwaltungsrechts sei demnach nicht neutral, erst recht aber dem demokratischen und sozialen Rechtsstaat des Grundgesetzes nicht zugewandt.

Wenden wir uns zunächst den behaupteten *„obrigkeitsstaatlichen Relikten"* zu, so wird wohl niemand bestreiten wollen, daß das Verwaltungsrecht des Kaiserreichs, in geringerem Maße auch dasjenige der Weimarer Republik und in nicht unerheblichen Restbeständen noch das Recht der Jahre nach 1945 manche obrigkeitsstaatlichen Elemente aufwies. Sie sind aber inzwischen längst abgebaut, und zwar gründlich und höchst effektiv; hier werden nur noch Nachhutgefechte geführt. Ich meine, es lohnt einfach nicht mehr, darüber noch viel zu reden. Wer freilich nur eine mehr oder minder totale gesetzliche Bindung der Verwaltung als rechtsstaatlich und als demokratisch anzuerkennen vermag, wird das bestreiten. Hier scheiden sich in der Tat die Geister. Wollte ich dem nachgehen, so wären wir mitten in der Diskussion der Würzburger Tagung, die ich nicht neu aufrollen kann.

Als wichtige Stationen eines Abbaus obrigkeitsfixierter Dogmatik seien nur — abgesehen von der auf Schritt und Tritt sich bemerkbar machenden Grundrechtsbindung — erwähnt: die veränderte Sicht des Staat-Bürger-Verhältnisses (Subjektstellung, nicht mehr Objektstellung des Bürgers), wie sie vor allem in einer Umgestaltung früherer Rechtsreflexe in subjektive Rechte sowie in einer anderen Interessenwertung zahlreicher Rechtsnormen zum Ausdruck kommt; die gegenständliche Erweiterung und gleichzeitige Rangerhöhung des Verhältnismäßigkeitsprinzips; die erweiterte Anerkennung von Entschädigungs- und Folgenbeseitigungsansprüchen; die Einschränkung des Verwaltungsermessens in Verbindung mit der Entwicklung und Anerkennung eines Anspruchs auf rechtsfehlerfreie Ermessensentscheidung; nicht zuletzt die rechtliche Durchdringung vormals als „rechtsfrei" erachteter sog. „Innenräume" der Verwaltung, hier vor allem des sog. besonderen Gewaltverhältnisses und speziell des Anstaltsnutzungsverhältnisses. Von der „großen Lücke im System der rechtsstaatlichen Verwaltung" (*Forsthoff*[58]), von dem „vorrechtsstaatlichen Urwald" (*Herbert Krüger*[59]) kann heute wohl ernstlich nicht mehr die Rede sein, nicht zuletzt dank der Rodungsarbeiten, die *Krüger* selbst und *Ule* seinerzeit in den Mainzer Referaten[60]) geleistet haben; hier bleibt nur noch einiges Unterholz wegzuschlagen.

3.4. Ganz anders verhält es sich mit der Behauptung, unser Verwaltungsrecht, sein Instrumentarium und seine Dogmatik seien von Anbeginn an *einseitig liberal-rechtsstaatlich ausgerichtet* gewesen und seien es bis heute geblieben. Hier stoßen wir auf recht komplexe Zusammenhänge. Paradoxerweise wird die Behauptung durch den Untersuchungsbefund im wesentlichen bestätigt, obwohl ihre gängigen Prämissen falsch sind.

3.4.1. Spätestens seit *Forsthoffs* Schrift „Die Verwaltung als Leistungsträger"[61]) gilt es in unserem Fach als ausgemacht, die Dogmatik des deutschen Verwaltungsrechts entstamme einer Epoche des einseitig freiheitsverbürgenden, des sog. „liberalen" oder „bürgerlichen" Rechtsstaats, sie sei durch diese ihre Entstehungszeit entscheidend geprägt. Forsthoff selbst sagt darüber: „... die Systembildung der Verwaltungsrechtswissenschaft [beschränkte sich] wesentlich auf den Teil des Verwaltungsrechts . . ., den wir heute als Eingriffsverwaltung bezeichnen . . . Diese Systembildung, mehr noch: die ihr zugrunde liegende Bindung der Verwaltung an das Gesetz, wurde erst ermöglicht durch eine substantielle Beschränkung der Verwaltungsfunktionen, ich meine die Eliminierung des Wohlfahrtszwecks"[62]). *Hans Peters* hat das anders, und wie ich meine rich-

[58]) AaO. (N. 38) S. 51, in bezug auf *Otto Mayer*. Mayer selbst sagte vom Anstaltsnutzungsverhältnis, es trage „mit voller Absichtlichkeit nicht das Gepräge des Rechtsstaates". Merkwürdig ist dabei, daß nicht nur dieser Satz erstmals in der 2. Aufl. des VR (Bd. 2, 1917, S. 494; ebenso 3. Aufl., 1924, S. 284) erscheint, sondern daß auch der Sache nach das Anstaltsnutzungsverhältnis in der 1. Aufl. (Bd. 2 S. 318 ff.) noch ungleich rechtsstaatlicher gesehen war, mit subjektivem öffentlichem Recht auf Zulassung, Bindung des Anstaltsträgers nicht nur an eine rechtssatzmäßige, sondern auch an eine als Dienstvorschrift erlassene Anstaltsordnung, usw. Allerdings sind solche Bindungen z. T. auch in den späteren Auflagen erhalten geblieben, in gewissem Widerspruch zu jener drastischen Erklärung. Vgl. dazu auch *Forsthoff* aaO. S. 53 Fußn. 1.

[59]) VVDStRL 15 (1957) S. 109.

[60]) Das besondere Gewaltverhältnis, aaO. (N. 59) S. 109 ff. bzw. S. 133 ff.

[61]) 1938; das erste und das vierte Kapitel der Schrift sind neu veröffentlicht in: *Forsthoff*, Rechtsfragen der leistenden Verwaltung (res publica Bd. 1) 1959, S. 22 ff.

[62]) Rechtsfragen der leistenden Verwaltung S. 50.

tiger, gesehen. In der von ihm mitherausgegebenen letzten Auflage (1930) des seinerzeit berühmten *„Hue de Grais"*, des Handbuchs der Verfassung und Verwaltung in Preußen und dem Deutschen Reiche — mit seinen 25 Auflagen für die Praxis der deutschen Verwaltung übrigens weit wichtiger geworden als die Mehrzahl aller Lehrbücher —, stellt er Rechtszweck und Wohlfahrtszweck des Staates gleichberechtigt nebeneinander, und zum ersteren schreibt er: „Die auf liberalen Grundsätzen fußende Rechtsstaatstheorie sah hierin den einzigen Zweck des Staats; Gegensatz: Wohlfahrtsstaat. Schon die Präambel zur RV 1871 erkannte das Deutsche Reich als Wohlfahrtsstaat an."[63]) Daß das keine falsche Sicht ex post war, zeigen Gesetzgebung, Rechtsprechung und Schrifttum aus jener Zeit[64]); stellvertretend stehe auch hier der *Hue de Grais*. Schon in der 1881 erschienenen 1. Auflage des Werkes[65]) schreibt der Verfasser: „Der Staat hat für das wirtschaftliche Wohlergehen seiner Angehörigen zu sorgen, da die Bedingungen hierzu dem Einzelnen vielfach nicht erreichbar sind."[66]) Eingehend legt er dar, wie die liberale Bewegung damals schon ihren Höhepunkt überschritten hatte: „Doch auch diese auf wirtschaftliche Freiheit und Selbsttätigkeit gerichtete Bewegung hatte ihre Grenzen. Die aus den Fesseln des Polizeistaats erlöste wirtschaftliche Tätigkeit durfte nicht nach der anderen Seite hin dem starren Rechtsstaat verfallen, der nur den Rechtsschutz gewährt, alle Wohlfahrtszwecke dagegen von sich weist. Die Erfahrungen der jüngsten Zeit haben unsere wirtschaftliche Bewegung, die bereits diesen äußersten Zielen sich zu nähern begann, wieder in natürlichere Bahnen gelenkt. Die vermehrten Bedürfnisse des heutigen Lebens stellen Anforderungen, die nur vom

[63]) *Graf Hue de Grais — Peters*, Handbuch der Verfassung und Verwaltung in Preußen und dem Deutschen Reiche, 25. Aufl. 1930, S. 1 N. 2.

[64]) Man macht sich heute freilich kaum mehr die Mühe, zu diesen Quellen vorzustoßen, sondern begnügt sich in der Regel mit der Weitergabe vorgefundener Urteile, die sich dann oft noch von Autor zu Autor vergröbern.

[65]) *Graf Hue de Grais*, Handbuch der Verfassung und Verwaltung in Preußen und dem Deutschen Reiche, 1882. Das Auffinden dieser 1. Auflage verursachte erhebliche Schwierigkeiten, da sie laut späteren Auflagen im Jahr 1881 erschienen, unter diesem Jahr aber nicht katalogisiert ist. Tatsächlich muß sie schon 1881 erschienen sein, da sich in diesem Jahr bereits eine Rezension findet (im Centralblatt für Rechtswissenschaft I. Bd., 1881, S. 79 f.); die schlechte Sitte der Vordatierung durch geschäftstüchtige Verleger ist also auch nicht neu!

[66]) AaO. S. 346; Ähnliche Ausführungen finden sich auch zu Unterricht und Bildung, S. 331.

Staate mit seinen umfassenderen und wirksameren Mitteln gehörig erfüllt werden können ... Unserer Gesetzgebung ist damit ein *sozialpolitischer* Charakter aufgeprägt ... Die Sozialgesetzgebung bildet somit keinen für sich abgeschlossenen Teil der allgmeinen Gesetzgebung, sondern kommt in größerem oder geringerem Umfange in den verschiedensten Zweigen derselben zur Geltung."[67]) Diese grundsätzliche Beurteilung der Staatsaufgaben wird vollinhaltlich bestätigt durch diejenigen Abschnitte des Werkes, die sich im einzelnen mit der Gesetzgebung und Verwaltung der „Wirtschaftspflege", „Wohlstandspflege" und „Kulturpflege" befassen und die in den folgenden Auflagen einen immer breiteren Raum einnehmen. Zu dem (als einem der Beispiele der Sozialgesetzgebung angeführten) Steuerrecht wird ausgeführt: „Auch hier hat die neuere Zeit den *volkswirtschaftlichen und sozialen Gesichtspunkt* gegen den finanziellen mehr in den Vordergrund gerückt."[68]) Die Rechtsprechung jener Epoche bestätigt das. Nicht nur Umverteilung, sondern auch sozial- und wirtschaftspolitische Lenkung werden als (ggf. sogar alleiniger!) Steuerzweck anerkannt: Ein Urteil des Reichsgerichts aus dem Jahre 1901 führt zu einer kommunalen Zweigstellensteuer aus: „Der Versuch des Klägers, den Charakter der Abgabe als der einer Steuer mit der Ausführung zu beseitigen, daß nach der eigenen Angabe der Beklagten der Schutz der kleinen Gewerbetreibenden gegen die übermächtige Konkurrenz der Großbetriebe den Zweck der Abgabe bilde, und daß tatsächlich jedenfalls der sozialpolitische Zweck in erster Linie stehe, der finanzielle, wenn ein solcher überhaupt vorhanden sei, zurücktrete, trägt in den Begriff der Steuer, wenigstens im Sinne der geltenden Reichs- und Landesgesetze, ein ihm fremdes negatives Erfordernis hinein."[69])

Die vorhin zitierten Äußerungen von *Hue de Grais* stammen — ich wiederhole es — aus dem Jahre 1881; das war 15 Jahre vor dem Erscheinen der 1. Auflage von *Otto Mayers* Deutschem

---

[67]) AaO. S. 348 f.; Sperrung im Original.

[68]) AaO. S. 162; Sperrung im Original.

[69]) RGZ 49, 66 (70). Das Urteil ist nicht zuletzt deshalb bemerkenswert, weil das RG schon im Jahre 1901 reine Lenkungssteuern offenbar als ganz unproblematisch ansah, während das BVerfG noch im Jahre 1954 eine ausführliche Widerlegung ihrer behaupteten Unzulässigkeit für notwendig erachtete: BVerfGE 3, 407 (435 f.). *Fleiner* (Institutionen des Deutschen Verwaltungsrechts, 3. Aufl. 1911, S. 390 mit N. 4) bezeichnete die Auffassung des RG als „in Judikatur und Literatur herrschend", obgleich er selbst ihr widersprach. Der von *Häberle* (oben S. 140 Leitsatz 47) angesprochene Wandel der Funktion der Steuer „von der bloß fiskalischen Mittelbeschaffung zur Durchsetzung politischer Zwecke" ist also schon sehr früh erfolgt.

Verwaltungsrecht! Aber auch Mayer sah die Dinge nicht anders. Nach eigener Bekundung[70]) bilden den „Kern" seines „Systems der einzelnen Rechtsinstitute" nicht etwa die heute oft dafür angesehenen Institute der Polizeigewalt und der Finanzgewalt — die er dem Kern nur „vorausnimmt" —, sondern „das Rechtsgebiet der öffentlichen Unternehmungen und Anstalten"; „den Schluß" macht dann das Recht der besonderen juristischen Personen. Freilich: er hat „davon abgesehen, diese Gruppierungen durch besondere Überschriften hervorzuheben; dergleichen wird dann leicht überschätzt"[71]). Auch *Erich Kaufmann*, gleichermaßen ein großer Bewunderer wie scharfer Kritiker Mayers[72]), urteilt im Jahre 1925, das ganze Werk gruppiere sich von Auflage zu Auflage „mit wachsender Deutlichkeit um den Begriff der öffentlichen Unternehmung"; der gesamte 2. Band könnte eigentlich die Überschrift „Das Recht der öffentlichen Unternehmung" führen[73]). Schon in der 1. Auflage erwähnt Mayer als Beispiele solcher Unternehmungen Straßen und Kanäle, Eisenbahnen, Schiffahrtsunternehmen, Post, Banken, Sparkassen und andere Kreditinstitute, Landesmeliorationen, Schlachthäuser, kommunale Versorgungseinrichtungen, Fürsorge, Sozialversicherung, Krankenhäuser, öffentliche Bäder, Universitäten, Schulen und Akademien, Theater, Museen und manches andere. Ein Staat, der solche Aufgaben in die Hand nahm, war gewiß kein nur freiheitsbewahrender „liberaler Rechtsstaat"[74]).

---

[70]) VR 3. Aufl. 1. Bd., S. 21 f.

[71]) Heute wird man diese Zurückhaltung bedauern müssen, denn inzwischen wird „dergleichen" *ohne* entsprechende Überschriften offenbar gar nicht mehr zur Kenntnis genommen! Für den nur noch die Überschriften konsumierenden „eiligen Leser" ist es symptomatisch, daß Autoren in jüngster Zeit sogar mit den Überschriften allein auskommen zu können glauben.

[72]) Vgl. einerseits Verwaltungsarchiv Bd. 30 (1925) S. 391: Mayer habe durch seine Vernachlässigung der spezifischen geschichtlichen Überlieferungen und der besonderen Grundauffassungen von Staat und Recht in Deutschland „unser deutsches Verwaltungsrecht entstellt und denaturiert"; andererseits aaO. S. 378 f.: „Wenn diese Fähigkeit, die leitenden Grundsätze aus dem Stoffe des Rechts herauszufühlen, von ihnen aus den inneren Zusammnehang des Rechtssystems zu erkennen und die Begriffe und Rechtssätze als wirkliche Wesen anzuschauen und hinzustellen, den großen Juristen ausmacht, dann gehört Otto Mayer zu den größten." Dort auch die Würdigung des „künstlerischen Elementes", des glänzenden Stiles, der Klarheit und der Anschaulichkeit seiner Darstellung.

[73]) AaO. S. 387.

[74]) Dieser schon sehr umfangreichen Tätigkeit des Staates auf dem Gebiet der Sozialordnung wird *Forsthoff* (Der Staat der Industriegesellschaft, 1971, S. 76 f. N. 10) kaum gerecht, wenn er meint, weder übersehen noch verkannt zu haben, „daß es schon vor

Sehr genau gesehen war auch, daß es sich bei diesen Unternehmungen um etwas grundsätzlich anderes handelte als um den Bereich der „obrigkeitlichen" — wir würden heute sagen: „Eingriffs"- — Verwaltung[75]). „Ganz anders geartet stellt sich das Rechtsinstitut [des öffentlichen Unternehmens[76])] von vornherein dar, als die im ersten Buche unseres besonderen Teiles betrachteten Erscheinungen[77]). Ein neues Gebiet von Rechtsformen der Verwaltung tut sich damit auf . . . In Polizeigewalt und Finanzgewalt stand der Staat als reine Obrigkeit über dem Wechsel und der Mannigfaltigkeit des Lebens der Gesellschaft, diesem folgend mit seinen Maßregeln und sich ihm anschließend, um es in Ordnung zu halten und um die Geldmittel daraus zu ziehen, die es ihm greifbar macht. Jetzt tritt er selbst in dieses Leben der Gesellschaft ein, mitten unter die Einzelnen, . . . die er in ihrem Dasein und Wirtschaften bald fördert, bald in Anspruch nimmt. Er erscheint jetzt als der große *Unternehmer*, um ins Werk zu setzen, was zur Befriedigung allgemeiner Interessen dient, als der intendant géneral, wie ein französischer Schriftsteller ihn treffend bezeichnet hat. Das Verwaltungsrecht legt damit jene starre Einseitigkeit ab, bei welcher dem Einzelnen immer nur Befehl, Auflage, Zwang entgegentrat, und alles was ihm etwa gewährt wurde, nichts weiter war, als ein Nachlassen der Gewalt. Es wird jetzt gegeben wie genommen, Ausgleichsmaßregeln knüpfen sich an das eine, wie an das andere . . . Ein frei bewegliches Verkehrsrecht schmiegt sich den einzelnen öffentlichen Unternehmungen an nach ihren Bedürfnissen und Zwecken, wie im Zivilrecht der Wirtschaft der Einzelnen . . . Daß aber hier ein *öffentliches Unternehmen* in Frage ist, ein Unternehmen, in welchem ein Stück öffentlicher Verwaltung erscheint, das gibt dem Rechtsinstitut seine Eigenart. Öffentlich-rechtlich sind im Zweifel die Beziehungen, die von hier aus mit den Einzelnen sich knüpfen . . ."[78]).

Diese Korrekturen am oft verzeichneten Bilde Otto Mayers und seiner Lehren wollen gewiß weder als Apologie derselben noch gar als Aufforderung der Rückkehr zu ihnen verstanden werden. Jene Lehren waren, wenn auch nicht nur, so doch in erheblichem Maße Ausdruck ihrer Zeit. Die unsere braucht

---

der industriellen Entfaltung in den Städten Wasserleitungen und Müllabfuhr gegeben hat und manches andere, das jetzt unter dem Begriff Daseinsvorsorge zu fassen ist."

[75]) Zur Problematik des Ausdrucks „Eingriffsverwaltung" s. unten S. 227.

[76]) Die Ausdrücke „Unternehmen" und „Unternehmung" wechseln, sie werden synonym gebraucht.

[77]) Das sind Polizeigewalt und Finanzgewalt.

[78]) VR 1. Aufl. 2. Bd., S. 4 f. — „Im Zweifel": dazu unten S. 221.

ihr eigenes Recht und ihre eigene Dogmatik — ohne daß man deshalb freilich alles unbesehen über Bord werfen sollte, nur *weil* es einer früheren Zeit enstammt.

Ebensowenig will ich mit den Korrekturen, die ich an verbreiteten Vorstellungen vom Staat und von der Verwaltung des ausgehenden 19. Jahrhunderts vornehmen zu müssen glaubte, die grundsätzliche Richtigkeit der Sicht *Forsthoffs* in Frage stellen, der den Wandel der Staatsaufgaben und damit des Staates selbst vom liberalen zum sozialen Staat mit seinen Begriffen „Daseinsvorsorge" und „Leistungsverwaltung" verdeutlicht und erstmals nachdrücklich ins allgemeine Bewußtsein gehoben hat. Ich stimme auch seiner Wertung zu, daß es sich hierbei um einen „Umschlag aus der Quantität in die Qualität" handelt[79]). Das allerdings mehr aus der Perspektive des *einzelnen* im Blick auf die radikale Schrumpfung des vom Menschen „beherrschten" Lebensraumes im Verhältnis zu seinem „effektiven" Raum[80]), als auch der Perspektive des *Staates*, dessen leistende und lenkende Tätigkeit die ordnende und freiheitsbewahrende wohl stets — jedenfalls schon oder wieder zur Zeit der Entstehung unserer Verwaltungsrechtsdogmatik — an Umfang weit übertroffen hat. Worum es mir hier geht, das ist nur eine Korrektur der gängigen Ansichten über die Dimensionen dieses Wandels und über seine zeitliche Fixierung. Es ist nicht richtig, daß die Sozialordnung noch bis zum 1. Weltkrieg „allenthalben als eine vorausgesetzte Gegebenheit behandelt" wurde und daß erst mit diesem Kriege eine grundsätzliche Änderung eingetreten sei[81]); freilich hat sich diese Änderung mit und seit dem 1. Weltkrieg rasant beschleunigt[82]).

3.4.2. Obwohl also der deutsche Staat stets in erheblichem Umfange Wohlfahrtsstaat war, stimmt der Befund, das verwaltungsrechtliche Instrumentarium sei von Anfang an schwerpunktmäßig auf die Eingriffs- und nicht auf die Leistungsverwaltung ausgerichtet; hier gab es in der Tat von Anfang an und gibt es noch heute die von *Ossenbühl* gerügte *„dogmatische*

---

[79]) *Forsthoff*, Der Staat der Industriegesellschaft, S. 76 f. N. 10.

[80]) So die treffenden Formulierungen *Forsthoffs*, Rechtsfragen der leistenden Verwaltung S. 25; *ders.*, Der Staat der Industriegesellschaft S. 75 f.

[81]) So *Forsthoff*, Lehrbuch, 9. Aufl., S. 61.

[82]) Das hat *Otto Mayer* (VR, Vorwort von 1923 zur 3. Aufl.) nicht mehr richtig gesehen; insbesondere hat er die Dauerhaftigkeit vieler kriegswirtschaftlicher Maßnahmen sowie deren grundsätzliche Bedeutung für eine Ausweitung der Staatsaufgaben verkannt. Vgl. dazu auch *Rüfner*, Formen öffentlicher Verwaltung im Bereich der Wirtschaft, 1967, S. 124 N. 100.

Unterbilanz"[83]). Zwar finden sich schon bei *Otto Mayer* nicht wenige Begriffe und Institute der Leistungsverwaltung, vor allem im Zusammenhang mit der Nutzung öffentlicher Unternehmen und Anstalten sowie öffentlicher Sachen; andere Begriffe und Institute sind insoweit unspezifisch, d. h. für Eingriffs- und Leistungsverwaltung gleichermaßen verwendbar. Es ist auch nicht so, daß sein System vorwiegend an obrigkeitlichen Handlungsformen oder gar am Verwaltungsakt ausgerichtet gewesen wäre. So rügt er die „altertümliche Gleichsetzung" des (im Gesetz vorgegebenen) Begriffes „öffentliche Gewalt" mit „Befehl und Zwang". Der Begriff selbst schmeckt ihm freilich „nach der Anschauungsweise der polizeistaatlichen Zeit, die Öffentlichrechtliches sich nur denken konnte in der plumpen Gestalt von Befehl und Zwang. Wir haben gelernt, es auch in feineren Ausgestaltungen der öffentlichen Gewalt wiederzuerkennen, in allerlei Fürsorge, Geben und Nehmen und Dienstleistung."[84]) Die Rechtfigur des Verwaltungsaktes wird von ihm ungleich sparsamer verwendet als wir das heute tun[85]); ganz fern ist ihm und auch noch seinen Nachfolgern die erst nach 1945 eingetretene (und inzwischen wieder rückläufige) Ausuferung jenes Begriffes auf alle nur denkbaren Bekundungen der Verwaltung[86]).

Dennoch: Es ist nicht zu verkennen, daß die auf die Leistungsverwaltung bezogenen Begriffe und Institute im System *Mayers* relativ farblos und unscharf geblieben sind. Sie haben sich auch in der Folgezeit nicht in gleicher Weise durchgesetzt, sie sind nicht annähernd in gleicher Weise ausgebaut und verfeinert worden wie das am Schutz von Freiheit und Eigentum ausgerichtete Instrumentarium des gewaltenteilenden Rechtsstaats. Das hat verschiedene Gründe. Die hier genannten erheben keinen Anspruch auf Vollständigkeit.

Entscheidend ist wohl in erster Linie, daß die allgemeine Stoßrichtung der Staats- und Verwaltungsrechtslehre jener Zeit gegen den *Obrigkeitsstaat* („Polizeistaat") ging. Den Rechtsstaat galt es zu sichern und auszubauen, den Obrigkeitsstaat zurückzudrängen. Der Rechtsstaat ist für Otto Mayer —

---

[83]) DÖV 1971, 515.

[84]) VR 3. Aufl. 2. Bd., S. 294 f. mit N. 23.

[85]) So sind bei ihm z. B. weder die Zulassung zur Anstaltsnutzung noch die Widmung einer öffentlichen Sache Verwaltungsakte, vielmehr tatsächliche Handlungen mit rechtlicher Wirkung. — *Dennewitz*, aaO. (N. 52) S. 140, weist zutreffend darauf hin, daß Mayer den Verwaltungsakt „nur auf etwa zehn Seiten" behandelt habe.

[86]) Dazu unten S. 231.

nicht nur für ihn — schlechthin „das Neue“[87]), der Polizeistaat der unermüdlich zu bekämpfende „große Gegner“[88]). Denn mit dem gewaltenteilenden Verfassungsstaat ist der Rechtsstaat noch nicht vollendet: „man verlangt dazu einen ‚inneren Ausbau der Verfassung‘. Mit der Errichtung der Verfassung ist das, was den Rechtsstaat ausmacht, noch nicht gegeben; es liegt weiter vorwärts davon.“[89]) Im Vergleich zum Rechtsstaat ist ihm der Wohlfahrtsstaat gewiß nicht weniger wichtig — gegen eine solche Annahme spricht schon der weit größere Umfang der einschlägigen Ausführungen —, aber im Grunde unproblematisch, deshalb besonderer Institutionen und Sicherungen weit weniger bedürftig.

An dieser Grundsituation hat sich in der Folgezeit wenig geändert. Der Weimarer Staat hatte hinreichenden Anlaß, sich von den monarchisch-obrigkeitsstaatlichen Relikten weiter abzusetzen, und nach 1945 galt es erst recht, einen inzwischen bis zur Perversion gediehenen Obrigkeitsstaat zu überwinden. Darin scheint mir auch einer der Gründe dafür zu liegen, weshalb die deutschen *Verfassungen* in erstaunlicher Kontinuität ihren Schwerpunkt auf den Rechtsstaat und nicht auf den Sozialstaat gelegt haben; das gilt m. E. auch — hier unterscheide ich mich wohl von der gestern von Herrn *Häberle* vorgetragenen Sicht[90]) — für die Weimarer Verfassung. Der Rechtsstaat war in Deutschland das oft in Frage gestellte, immer wieder zu verteidigende oder neu zu erkämpfende Gut; auch heute ist er ja von neuem gefährdet. Der Wohlfahrtsstaat war weit mehr das Selbstverständliche und Gegebene, gewiß stets Unfertige und weiter Auszubauende, aber er hatte und hat keinen prinzipiellen Gegner. Die sozialstaatliche Problematik hat — als Problematik — erst sehr spät die sie verdienende Beachtung gefunden, hervorgerufen durch die wachsende Einsicht in mit dem Machtzuwachs des Verteilerstaates verbundenen Freiheitsgefährdungen.

Einen weiteren Grund sehe ich in der schwerpunktmäßigen Ausrichtung der *Verwaltungsgerichtsbarkeit* auf die Eingriffsverwaltung. Solange nach dem vorherrschenden Enumerationsprinzip nur Teilbereiche der Verwaltung — und zwar im wesentlichen eben die als besonders schutzwürdig angesehenen

---

[87]) VR 1. Aufl. 1. Bd., S. 54.

[88]) So noch in der 3. Aufl. 1. Bd., S. 114.

[89]) VR 1. Aufl. 1. Bd., S. 62.

[90]) Oben S. 93, und S. 138 Leitsatz 35. Die „sozialen“ Grundrechte der WRV haben teils wegen ihrer Unbestimmtheit, teils wegen der die Grundrechtsdogmatik beherrschenden Programmsatztheorie nur geringe Bedeutung erlangt.

Bereiche der Eingriffsverwaltung — justitiabel waren, bestand offenbar auch für die Lehre kein besonderer Anreiz zur Befassung mit den ausgesparten Materien der Leistungsverwaltung. Verstärkt wurde und wird diese Zurückhaltung wohl durch die mangelnde Verwaltungserfahrung vieler Hochschullehrer, die sie dazu treibt, ihren Stoff im sehr einseitigen Material gerichtlicher Entscheidungen zu suchen[91]). Die verwaltungsgerichtliche Generalklausel hat diese Einseitigkeit zwar theoretisch behoben, de facto aber gibt es nach wie vor weite Teile der leistenden und lenkenden Verwaltung, die aus Gründen, auf die ich hier nicht eingehen kann, selten vor Gericht gelangen.

Endlich (aber es gibt sicher noch weitere Gründe) sind Anlage und Ausrichtung unserer *Studien- und Prüfungsordnungen* gleichfalls seit eh und je einseitig auf die Gebiete der klassischen Eingriffsverwaltung ausgerichtet gewesen. Ob die gegenwärtigen „Reformen" darin eine Besserung bringen, wird abzuwarten sein.

Ergebnis dieser Entwicklung ist jedenfalls ein starkes Defizit der Lehre hinsichtlich der Befassung mit der leistenden und lenkenden Verwaltung, und als Folge davon ein Zurückbleiben ihrer dogmatischen Bewältigung. Gewiß ist hier in den letzten Jahren ein gewisser Wandel eingetreten. Planung, Subventionen, Wirtschaftsaufsicht wie die Wirtschaftsverwaltung überhaupt, Bildungsrecht und Sozialversicherungsrecht sind nur einige Stichworte, um Forschungseinrichtungen aufzuzeigen, die in den letzten Jahren zunehmend in den Vordergrund getreten sind. Aber hier bleibt noch viel zu tun.

3.5. Die von Otto Mayer zum Erfolg geführte sog. *„juristische Methode"* des Verwaltungsrechts besteht darin, die den verschiedenen Verwaltungszweigen gemeinsamen Institute und Begriffe herauszuarbeiten; sie zielt auf ein „System der einzelnen Rechtsinstitute"[92]); sie hat eine „Lehre von den Rechtsformen der öffentlichen Verwaltung" hervorgebracht[93]). Sie lehnt es ab, in ihrer Darstellung und Systematisierung der an

---

[91]) Dazu folgende Lesefrucht: „Kein akademischer Lehrer sollte, wenn er nicht selbst aus der Verwaltung hervorgegangen ist, ohne eine derartige praktische Schulung [scil.: als Verwaltungsrichter] das Wagnis der Vorlesung über Verwaltungsrecht unternehmen; denn in keiner Vorlesung ist das bloße Gesetzes- und Bücherstudieren ohne Kenntnis des wirklichen Lebens verhängnisvoller als im Verwaltungsrecht." So *Philipp Zorn*, bei *Planitz* aaO. (N. 49) S. 228.

[92]) *Otto Mayer*, VR 3. Aufl. 1. Bd., S. 21.

[93]) *Erich Kaufmann*, VerwArch. Bd. 30 (1925), S. 386.

den einzelnen Verwaltungszweigen orientierten älteren Staatswissenschaft zu folgen, wie das zunächst auch manche Verwaltungs*rechts*lehrbücher taten, als letztes das von *Georg Meyer* in der Bearbeitung von *Franz Dochow*[94]). *Otto Mayer* hielt solche Darstellungen übrigens für durchaus nützlich[95]). Er wehrte sich nur gegen die Alleinherrschaft jener Methode, eine Alleinherrschaft der seinigen hat er nicht erstrebt. Daß es dennoch zu einer weitgehenden Verdrängung der staatswissenschaftlich orientierten Darstellungen des Verwaltungsrechts und — was viel gravierender ist — der Staatswissenschaften selbst samt der Verwaltungslehre gekommen ist und daß letztere als Lehrfach völlig verschwand, war in der „juristischen Methode" an sich nicht angelegt. Die Ursache dieser Entwicklung liegt wohl zuvorderst in der positivistischen Grundhaltung jener Zeit[96]). Im Effekt hat die so bewirkte, einseitig juristische Betrachtungsweise der Verwaltung zu einer Verarmung nicht nur der Verwaltungswissenschaften insgesamt, sonder auch speziell des Verwaltungsrechts geführt, sie hat es von wichtigen Erkenntnisquellen abgeschnitten[97]).

Daß die Verwaltung Gegenstand sehr verschiedener Wissenschaften ist und sein muß[98]) und daß ihre einseitig juristische Betrachtungsweise heute der Vergangenheit angehört, das ist eine Feststellung, die auch unter Juristen wohl keinen Widerspruch mehr finden wird. Die Konsequenzen — etwa für die Ausbildung der künftigen Verwaltungsbeamten — werden freilich nur sehr zögernd gezogen.

---

[94]) *Meyer-Dochow*, Lehrbuch des deutschen Verwaltungsrechts, 4. Aufl. 1913/15.

[95]) Noch in der 3. Aufl. des VR (1. Bd. S. 19) meint er: „Treffliche Lehrbücher des deutschen und des einzelstaatlichen Verwaltungsrechts entstanden in dieser Form und werden noch weiter entstehen." Mit dieser Prognose hat er sich freilich geirrt.

[96]) Nicht freilich *Otto Mayers!* Dazu unten S. 218 f. Daß Mayer über die Verwaltungslehre — weniger als solche, als über diejenige seiner Zeit — recht abschätzig urteilte, mag freilich bei dem großen Einfluß seiner Meinungen mit zum Verschwinden der Disziplin beigetragen haben.

[97]) Freilich sollte man nicht übersehen: Otto Mayer und seine Nachfolger haben die Bühne niemals mit solcher Ausschließlichkeit beherrscht, wie das retrospektiv einer Fachwissenschaft erscheinen mag, die nur an den von ihr hervorgebrachten Produkten mißt. Eine Vielzahl von umfangreichen, auf hohem Niveau stehenden Handbüchern, Wörterbüchern und Großkommentaren des Verwaltungsrechts, denen heute wenig Gleichwertiges an die Seite zu stellen ist, hat bis zum Beginn der nationalsozialistischen Ära die Praxis der Verwaltung und die Verwaltungsrechtsprechung, mittelbar über diese auch die Lehre, in nicht geringem Maße mitgeprägt.

[98]) Dazu z. B. *Püttner*, Die Verwaltung, Bd. 4 (1971), S. 102.

Schwieriger ist es, das richtige *Verhältnis* des Verwaltungsrechts zu den anderen verwaltungsbezogenen Wissenschaften zu bestimmen. Die neueren Darstellungen des Verwaltungsrechts bemühen sich — unter grundsätzlichem Festhalten an der juristischen Methode —, die Erkenntnisse vor allem der Sozialwissenschaften wieder in stärkerem Maße zu berücksichtigen. Mit vollem Recht! Wenn es, nach der treffenden Feststellung Ludwig *Raisers*[99]), Aufgabe der Rechtsdogmatik u. a. ist, „den Normenbestand des geltenden Rechtes in seinen verschiedenen Dimensionen verstehen zu lehren, und zwar im Blick auf seine geschichtlichen, ideologischen, gesellschaftlichen und politischen Bestimmungsfaktoren sowie auf seine Wirkung im Rechtsleben, . . . und die Fortentwicklung dieses Normenbestandes im Wandel der gesellschaftlichen Verhältnisse und der Wertvorstellungen durch Beobachtung, Klärung und Anregung zu erleichtern“: dann darf von solcher Einbeziehung außerrechtlicher Bestimmungsfaktoren gewiß ein Rechtsgebiet nicht ausgenommen werden, dessen Gegenstand so sehr mitten im politischen und sozialen Spannungsfeld steht wie gerade die Verwaltung.

Merkwürdigerweise wird das ausgerechnet von einem führenden Vertreter der Verwaltungswissenschaften bestritten: *Luhmann*[100]) erkennt das Verdienst der juristischen Methode bei der Normeninterpretation zwar ausdrücklich an, meint jedoch, ihre Erkenntnisse sollten "dann aber auch im Sinne der Wiener Schule methodenrein erarbeitet werden. Ein Hineinmischen sozialwissenschaftlicher Erkenntnisse in die juristischen Auslegungs- und Entscheidungsverfahren würde dem Sinn der Arbeitsteilung von Sozialwissenschaft und Entscheidungslogik widersprechen und das Entscheiden mit einer Komplexität überlasten, der es nicht gerecht werden kann“. Der „Einbau von empirisch unzureichend abgesicherten sozialwissenschaftlichen Aussagen in das Verwaltungsrecht“ sei typisch für das Lehrbuch Forsthoffs[100a]). — Ich halte das für falsch. Ein

---

[99]) DRiZ 1968, 98.

[100]) Theorie der Verwaltungswissenschaft, 1966, S. 21 f.

[100a]) AaO. S. 22 N. 20. *Forsthoff*, Rechtsstaat im Wandel, S. 165 N. 30, argumentiert seinerseits ähnlich gegenüber einer am Wert orientierten geisteswissenschaftlichen Auslegung der Verfassung: „Die Gefahr solcher der Philosophie entlehnter methodischer Aushilfen besteht natürlich in einem Abgleiten in den Dilettantismus, da Juristen insgemein keine gelernten Philosophen sind.“ Dazu aber die treffenden Bemerkungen von *Wimmer*, Materiales Verfassungsrecht (Forschungen aus Staat und Recht 15), 1971 S. 71: „Die zunehmende Absolutierung wissenschaftlicher Arbeitsteilung macht heute jeden Versuch einer interdisziplinären Gesamtschau verdäch-

Methodensynkretismus ist sicher abzulehnen; die Rechtswissenschaft muß eine normative Wissenschaft bleiben. Aber der Rückgriff auf die Erkenntnisse anderer Wissenschaften und die Verarbeitung derselben durch die Jurisprudenz ist noch kein Synkretismus. Der Hinweis auf die mangelnde „Absicherung" ist gewiß bedenkenswert. Ich meine jedoch, es sei für den Juristen unausweichlich, sich diesem Risiko zu stellen und den gefahrvollen Weg zwischen Scylla und Charybdis zu steuern: zwischen dem Verzicht auf Fremderkenntnisse und damit eimem Verlust an Wirklichkeitsbezug einerseits, und einer unkritischen Übernahme solcher Fremderkenntnisse und damit einer Auslieferung an den Irrtum (oder an Schlimmeres) andererseits[101]). Das ist eine Aufgabe, vor der der Jurist nicht erst seit heute steht[102]), mag auch die immer weitere Auffächerung der für den einzelnen unüberschaubar gewordenen Wissenschaften die Schwierigkeiten und Gefahren gesteigert haben[103]). Wollte der Jurist sich weigern, gelegentlich auch ohne Netz zu arbeiten, so müßte er vor seiner Aufgabe kapitulieren.

Näher kann ich auf diese Fragen nicht eingehen; ich kann es auch deshalb bei diesen knappen Andeutungen belassen, weil Herr *Brohm* sich dazu äußern wird.

3.6. Die Dogmatik des Verwaltungsrechts hat — wie sollte es auch anders sein — den jeweiligen Zeitströmungen Rechnung getragen, wie diejenige anderer Rechtsgebiete auch; sie war positivistisch mit dem Positivismus, begriffsjuristisch mit der Begriffsjurisprudenz. Jedoch sind wichtige Besonderheiten zu vermerken. *Otto Mayers* starker Einfluß hat hier noch lange nachgewirkt. Kennzeichnend für sein Lehrgebäude sind eine

---

tig und liefert ihn dem Vorwurf des Methodensynkretismus oder des Dilettantismus aus. Die Nachteile eines mehr und mehr am Detail haftenden, den Bezug zu den umliegenden Forschungsgebieten verlierenden Wissenschaftsbetriebes sollten allerdings nicht übersehen werden."

[101]) Auf diese Gefahren weist *Püttner* aaO. S. 102 ff. mit Recht hin, wobei er als „fatalsten Punkt" den heute allenthalben unternommenen Versuch bezeichnet, „politische Forderungen und Programme als gesicherte wissenschaftliche Erkenntnisse auszugeben und sie damit als unbedingt durchsetzungswürdig hinzustellen." Hier ist in der Tat äußerste Wachsamkeit geboten.

[102]) Man denke etwa an die Abhängigkeit juristischer Entscheidungen von medizinischen, psychiatrischen, technischen usw. Gutachten.

[103]) Das gilt mutatis mutandis wohl für das Verhältnis aller Wissenschaften zueinander. Interdisziplinäre Zusammenarbeit kann heute nur noch sehr beschränkt in gemeinsamer Erarbeitung von Erkenntnissen bestehen, sie ist weithin auf die — auf eigene Prüfung verzichtende (verzichten *müssende*) — Übernahme „anerkannter" Ergebnisse anderer Wissenschaftszweige angewiesen.

unhistorische und antipositivistische Grundhaltung[104]), das Bemühen um kategoriale Begriffe und um Ordnung des Rechtsstoffes nach diesen, als Folge davon viel Konstruktion und ein hohes Maß an Abstraktion. Das alles wird aber nie Selbstzweck — dazu war Mayer viel zu sehr Pragmatiker —, sondern steht stets im Dienste praktisch brauchbarer, „vernünftiger" Ergebnisse[105]). In seinem „Glauben an die Macht allgemeinerer Rechtsideen, die in den Mannigfaltigkeiten des wirklichen Rechts zur Erscheinung und Entfaltung kommen, zugleich aber auch ihrerseits in der Geschichte sich wandeln und fortschreiten"[106]), in seinem Bekenntnis zu dem „Vernünftigen", das „hinter allen Rechtseinrichtungen steht" und deshalb den „Maßstab" für sie hergeben muß[107]), in seinem Bemühen um „die überpositiven, aus der Natur der Sache und aus dem Wesen des Rechts fließenden, wenn man will: die naturrechtlichen Wahrheiten"[108]) steht

---

[104]) Er ist für beides oft getadelt worden. Daß er die historisch gewachsenen „oft tief in den Jahrhunderten" wurzelnden, spezifisch deutschen Institute des Verwaltungsrechts ignoriert habe, hat ihm besonders *E. Kaufmann* (VerwArch. aaO. S. 390) vorgehalten. Ungenügende Berücksichtigung des positiven Rechts oder gar eigenmächtiges Hinwegsetzen über dasselbe ist ihm immer wieder vorgeworfen worden, so z. B. von *Bühler* (VerwArch. Bd. 27, 1919, S. 286), demzufolge Mayer „sozusagen ein Durchschnittsverwaltungsrecht für die deutschen Staaten gibt, das genau so überhaupt nirgends gilt". Vgl. auch *Labands* Kritik an der von Mayer behaupteten Eigenständigkeit des Verwaltungsrechts (AöR Bd. 2, 1887, S. 149 ff., insb. S. 155 f.) und dazu *Forsthoff*, Lehrbuch 9. Aufl. S. 53 f. Eine ausdrückliche Rüge, für mangelnden Positivismus auch bei *Dennewitz* aaO. (N. 52) S. 151.

Mayer hat übrigens die „Schwäche" seiner Lehre, die in dem weitgehenden Abstrahieren vom positiven Recht lag, ausdrücklich „bekannt", seinen Kritikern jedoch entgegengehalten: „Nach allen Entgegnungen scheint es mir aber immer noch, daß man nur die Wahl hat zwischen ihr und gänzlicher Zerfahrenheit" (AöR Bd. 16, 1901, S. 65 f. mit N. 29). In der Tat: ohne sein mitunter etwas gewaltsames Hinwegsetzen über liebgewordene Traditionen und einzelstaatliche Spezialitäten hätte er niemals ein „deutsches" Verwaltungsrecht schreiben können, sondern vielleicht ein solches von Reuß-Greiz, von Reuß-Gera-Schleiz, usw. Der Erfolg hat ihm jedenfalls recht gegeben!

[105]) *Mayer* selbst hat sich oft in diesem Sinne geäußert. Bezeichnend ist etwa die folgende Stelle auf S. 160 seiner Autobiographie (N. 49): „Nach ein paar Jahren . . . kam eben doch wieder das Bedürfnis über mich nach rein wissenschaftlicher Tätigkeit . . . Für die Behandlungsweise hatte ich aber jetzt eine ganz andere Form gewonnen. In der Wirklichkeit des Rechtslebens war mir ja auch der Sinn aufgegangen für die lebendige Gliederung, in welcher die verschiedenen Rechtsinstitute vom Gesetzgeber, bewußt oder unbewußt, gedacht waren. Die galt es zu erkennen und aufzuweisen."

[106]) VR 2. Aufl. 1. Bd. S. VIII. [107]) AöR Bd. 16 S. 66.

[108]) So *E. Kaufmann*, VerwArch. Bd. 30 S. 401.

sein Denken sowohl in der Tradition *Hegels*[109]) wie des rationalen Naturrechts[110]).

Merkwürdig ist die verbreitete Ansicht, in diesem System sei für die *Zwecke und Aufgaben* der Verwaltung kein Raum[111]). Dies Mißverständnis ist vielleicht dem Umstand zuzuschreiben, daß Mayer es ausdrücklich ablehnte, sein Lehrbuchsystem an ihnen, nach Art der Einteilungen der „staatswissenschaftlichen" Methode, auszurichten, vielmehr die den einzelnen Verwaltungszweigen gemeinsamen Begriffe und Rechtsinstitute zur Grundlage seines Systems machte: dies eben die sog. „juristische Methode". Jedoch spielen die Zwecke eine um so größere, ja geradezu beherrschende Rolle bei der *Bildung eben dieser Institute und Begriffe* sowie bei der Zuweisung der empirischen Erscheinungen zu einer bestimmten Kategorie von ihnen, und damit zugleich für die konkreten Rechtsfolgen, die aus einer solchen Zuweisung gezogen werden. Die Zwecke und die Aufgaben bestimmen und begrenzen z. B. die öffentliche Anstalt und die Anstaltsordnung wie das besondere Gewaltverhältnis überhaupt[112]). Auf den „besonderen Zweck", dem eine öffentliche Sache zu dienen bestimmt ist, kommt es „ganz und gar an"[113]): im Gegensatz zum Zivilrecht, von dem der Autor meint, daß ihm „die Sachen ebenso formal gleich [sind] wie die Rechtssubjekte. Es nimmt keine Rücksicht auf ihren Zweck"[113]).

---

[109]) *Mayer* schreibt im unmittelbaren Anschluß an das im Text vor N. 106 wiedergegebene Zitat: „Es hängt bei mir wohl mit Hegelischer Rechtsphilosophie zusammen, vielleicht auch noch mit ganz Unjuristischem, mußte aber schon recht stark sein, daß ich es wagen konnte, solchen Ideen auch in dem zerfahrenen und unfertigen deutschen Verwaltungsrecht nachzugehen, um sie herauszuheben und aufzuweisen." Zu Hegels Einfluß ferner die Autobiographie S. 155 f. und *E. Kaufmann* aaO. S. 380 ff.

[110]) Auch dazu *E. Kaufmann* aaO. S. 401 f. und bei *Stengel-Fleischmann* (N. 26) Bd. 3 S. 717.

[111]) Sie findet sich schon bei *E. Kaufmann* (in *Stengel-Fleischmann* aaO. S. 717), der Mayer eine „scharfe Ablehnung jedes Blickes auf die den abstrakten Rechtsbegriffen zugrunde liegenden Lebensverhältnisse" vorwirft und von der Wissenschaft fordert, „die Beziehungen zwischen dem sozialen Leben, seinen Zwecken und Aufgaben zu den Rechtsbegriffen in den Bereich ihrer Forschung und Betrachtung zu ziehen". Gerade das hat Mayer aber weit mehr als die meisten seiner Zeitgenossen getan!

[112]) Vgl. z. B. VR 3. Aufl. 1. Bd. S. 102, 2. Bd. S. 268 ff., insb. S. 270, 273 f., 277, 286.

[113]) AöR Bd. 16 S. 66 f. — Hier auf S. 66—86 die wohl gründlikste Analyse von Verwaltungszwecken, die *Mayer* durchgeführt hat. Nicht nur die Unterscheidung zwischen öffentlichen und privaten Sachen, sondern auch die Unterteilung der ersteren wird ausschließlich anhand ihrer jeweiligen Zweckbestimmung vorgenommen.

Ganz auf dieser Linie liegt auch die ebenso grundsätzliche wie modern anmutende Erkenntnis: „die Tätigkeit des Staates für seine Zwecke ist von Natur öffentliche Verwaltung“[114]) — auch dann, wenn der Staat sich dabei des Privatrechts bedient, was Mayer an sich als systemwidrig und nur ausnahmsweise kraft Tradition[115]) oder positiven Rechts für zulässig erachtet; die später aufgekommene Vorstellung beliebiger Austauschbarkeit von öffentlichem und privatem Recht ist ihm ganz fremd. Bei den privatrechtlichen Tätigkeiten des Staates unterscheidet er — das könnte heute geschrieben sein[116]) — zwischen 1. den „öffentlichen Anstalten mit privatrechtlicher Nutzungsordnung“[117]), 2. den „fiskalischen“ oder „privatwirtschaftlichen“ Unternehmen[118]), und schließlich 3. den privatrechtlichen Hilfsgeschäften der Verwaltung[119]). Staatliche und städtische Theater, Gasanstalten, Wasserleitungen, Reichsbank u. a. werden in die erste[120]), staatliche Brauereien, Forsten, Lotterien und Zinshäuser in die zweite[121]), Ankauf von Futtermitteln für das Heer, Miete eines Gerichtsgebäudes usw. in die dritte Kategorie[122]) gewiesen.

Sehr fern lag Mayer auch die Begriffsjurisprudenz. Er hat über die „Scholastik“, wie er sie nannte[123]), gespottet. Konstruktionen sind ihm nie Selbstzweck, sondern nur Mittel zur sachgerechten Problembewältigung[124]).

---

[114]) VR 3. Aufl. 2. Bd. S. 274.

[115]) „geschichtlich gewordene, tatsächlich in Geltung stehende Auffassungen“, aaO. S. 275.

[116]) Vgl. die bekannte Einteilung von *Siebert*, Privatrecht im Bereich öffentlicher Verwaltung (in: Festschrift für Hans Niedermeyer, 1953, S. 214 ff.), S. 220 ff.

[117]) AaO. S. 272, 274, 276.

[118]) AaO. S. 274, 276.

[119]) S. 272 f. Der Ausdruck kommt zwar nicht vor, wohl aber die Sache: „Sodann ist es möglich, daß eine richtige öffentliche Anstalt *nebenbei* für die Beschaffung und Besorgung ihrer Mittel in Beziehungen sich begibt, die ganz dem gewöhnlichen privatwirtschaftlichen Verkehr angehören, mag ihre eigentliche Aufgabe noch so entschieden die hoheitliche Natur der staatlichen Willensäußerung bekunden.“

[120]) AaO. S. 274 f. N. 11.

[121]) S. 272, 274 f. N. 11.

[122]) S. 273.

[123]) Z. B. AöR Bd. 16 S. 65.

[124]) So vertrat er z. B. in der Frage, ob der Tarif für die Anstaltsnutzung durch Verwaltungsakt festgesetzt oder durch Vertrag vereinbart werde, die erste Ansicht; er meinte aber, die Notwendigkeit, sich dieser Auffassung zu fügen, bestehe hier nicht so unmittelbar, weil man mit der anderen Ansicht zum nämlichen Ergebnis komme: „Es ist mehr eine Frage der juristischen Architektonik und als solche von verhältnismäßig geringerer Bedeutung“ (VR 1. Aufl. 2. Bd. S. 341).

Daß man ausgerechnet von Otto Mayer meinen konnte, sein Formalismus habe die Zwecke des Verwaltens aus dem Recht und der Rechtsbetrachtung vertrieben, für diese Zwecke sei in seinem System kein Raum, seine Methode sei formalistisch und nicht teleologisch gewesen, das ist angesichts des vorstehenden Befundes nur schwer verständlich. Es mag sich z. T. aus dem erwähnten hohen Abstraktionsgrad seiner Begriffe erklären, welche die sie prägenden und in sie aufgenommenen Zwecke nur dem genauen Kenner noch ersichtlich werden lassen. Das gilt für sein Lehrbuch mehr als für seine Monographien, und innerhalb des Lehrbuchs besonders für den „Allgemeinen Teil".

Von alldem ist außerdem später manches verschüttet worden. *Fritz Fleiners* und *Walter Jellineks* Lehrbücher — um nur zwei besonders wichtige herauszugreifen — waren in ihrer Grundhaltung mehr positivistisch. Das erste besticht zwar durch knappe und präzise Formulierungen, erkauft das aber mit einem Verlust an Anschaulichkeit; von den bei Mayer immer noch durchscheinenden Zwecken des Verwaltungshandelns ist wenig mehr geblieben: es ist zwar noch dasselbe Gerippe, aber es fehlt das Fleisch. Jellineks Darstellung dagegen ist zwar äußerst anschaulich, aber mit vielen begriffsjuristischen Konstruktionen behaftet[125]). Auch die Rechtsprechung hat sich nicht immer auf der anfänglichen Höhe gehalten, gerade sie tendierte später mehr und mehr zu begriffsjuristischem Argumentieren und tut das — nicht selten zu Lasten des Ergebnisses — leider zum Teil noch heute. Das ist freilich keine Besonderheit der *Verwaltungs*rechtsprechung.

Alles in allem darf aber vom Verwaltungsrecht gesagt werden, daß seine Dogmatik die Zwecke seiner Normen und Institute sowie die Aufgaben der Verwaltungsträger niemals aus den Augen verloren hat. Sie hat sich — vielleicht gerade dank der Notwendigkeit ständiger Auseinandersetzung mit neuen Materien und Problemen — wirklichkeitsnäher gehalten als die Dogmatik mancher anderer Rechtsgebiete. Die Entwicklung seiner Institute und Begriffe war und blieb im wesentlichen final, die Auslegung seiner Normen teleologisch.

---

[125]) Freilich ist Konstruktion auch bei *Jellinek* nie Selbstzweck. Ganz im Gegenteil: ihm ging es stets nur um das gerechte und vernünftige Ergebnis, gerade ihm zuliebe hat er oft zu recht gewagten Konstruktionen gegriffen. So hat er die Begriffsjurisprudenz gewissermaßen mit ihren eigenen Waffen geschlagen: eine ihm selbst wohl unbewußte Überlistung des Zeitgeistes; denn solches Konstruieren um der guten Sache willen bereitete ihm höchsten Genuß, und nie wäre er auf den Gedanken gekommen, daß mit seinen Konstruktionen das Gesetz umgangen werde.

Soweit die Behauptung, die Dogmatik des Verwaltungsrechts sei formal, zweckentleert und begriffsjuristisch, auf seine *Institute und Begriffe* zielt, stehe ich nicht an zu erklären: diese Behauptung ist schlicht falsch.

3.7. Wie aber steht es mit der *Systembildung?* Ist nicht wenigstens ihr gegenüber der Vorwurf berechtigt, sie vernachlässige Aufgaben und Zwecke[126]) des Verwaltungshandelns zugunsten vordergründiger Rechtsformen?

3.7.1. In diese Richtung zielt vor allem die Kritik *Baduras*[127]). Eine konsequente Ersetzung der Systemidee des liberalen durch diejenige des sozialen Rechtsstaates müsse die Theorie der Verwaltung, statt aus einem „Positivismus der Rechtsformen", „auf der Basis der nicht weiter auflösbaren Verwaltungszwecke der Gefahrenabwehr, Abgabenerhebung, Leistung und Lenkung entwickeln".

Auch *Forsthoff* kritisiert das System: „Die Frage stellen, ob das wissenschaftliche System des Verwaltungsrechts, über das wir heute verfügen, der Wirklichkeit der modernen Verwaltung noch entspricht, heißt sie verneinen"[128]). An anderer Stelle schreibt er: „Die Tatsache, daß die leistende Verwaltung mit zunehmendem Gewicht neben die Eingriffsverwaltung getreten ist, zwingt zu einer Revision der ganz auf den Eingriff in die Privatsphäre abgestellten überkommenen Systematik des Verwaltungsrechts"[129]). Tadelnd wird vermerkt, noch habe die Verwaltungsrechtswissenschaft die ihr gestellte Aufgabe kaum erkannt[130]). Zugleich bekennt der Autor freilich, er habe die an sein Lehrbuch geknüpften Erwartungen, „daß es, auf dem Begriff der Daseinsvorsorge aufbauend, ein neues System der Verwaltungsrechtswissenschaft bieten würde", enttäuschen müssen: das dem Rechtsstaat und damit der Gewährleistung der gesetzmäßigen Freiheit zugeordnete System des Verwaltungsrechts mit seiner spezifischen Begrifflichkeit sei der modernen wohlfahrtsfördernden Verwaltung inkongruent; denn seine Ausbildung habe die Eliminierung der Wohlfahrtsförderung gerade vorausgesetzt[128]). Wieder anderwärts lesen wir, daß „sich die festgelegten Formen der rechtsstaatlichen Verwaltung nicht verändern lassen, ohne das gesamte Strukturgefüge des Rechtsstaats ins Wanken zu bringen"[131]). Gerade die-

[126]) Beide Ausdrücke werden in diesem Zusammenhang meist synonym gebraucht, was freilich ungenau ist.

[127]) So *Badura*, Verwaltungsrecht im liberalen und im sozialen Rechtsstaat, S. 22 f.

[128]) Rechtsfragen der leistenden Verwaltung, S. 52.

[129]) Lehrbuch, 9. Aufl., S. 341.

[130]) Lehrbuch S. 55.

[131]) Rechtsfragen, S. 11 f.

sen Rechtsstaat aber gelte es „um der unverzichtbaren Dienste willen, die er heute und wohl auch für die absehbare Zukunft leistet, in der grundlegend veränderten Wirklichkeit fungibel zu halten“[132]).

Ich gestehe, ich komme hier nicht ganz mit. Wie soll man das in seiner Widersprüchlichkeit verstehen? Eine Aufgabe, die äußerst dringlich, zugleich jedoch von vornherein unlösbar ist? Oder liegt der Ton vielleicht darauf, daß es nicht gelingen könne, Eingriffs- und Leistungsverwaltung in *einem* System zu vereinigen[133])? Wären also zwei getrennte Systeme die Lösung? Darauf könnte *ich* angesichts der engen Verflechtungen und Überschneidungen von Eingriffs- und Leistungsverwaltung nur antworten: Die Frage stellen heißt sie verneinen.

3.7.2. Mir scheint, daß diesen (und weiteren) Kritiken am „System“ mangelnde Klarheit über den *Systembegriff* zugrunde liegt; genauer: daß die verschiedenen Systembegriffe nicht auseinandergehalten werden. Das juristische System ist, nach der immer noch treffenden Definition *Savignys*[134]), „der innere Zusammenhang, welcher alle Rechtsinstitute und Rechtsregeln zu einer großen Einheit verknüpft“. Einheit und Ordnung sind seine konstituierenden Elemente[135]). Man muß indessen unterscheiden: zunächst zwischen dem System der Gegenstände und dem System der Erkenntnisse, anders ausgedrückt zwischen dem *objektiven* (oder realen) und dem *wissenschaftlichen* System. Dabei muß das wissenschaftliche System dem objektiven folgen, will es diesem nicht Gewalt antun. Ja, ein wissenschaftliches System ist ohne ein vorgegebenes objektives gar nicht möglich. Wo das (geschriebene oder ungeschriebene) Recht die als Grundlage eines Systems unerläßliche Einheit und Ordnung nicht besitzt, ist auch eine rechtswissenschaftliche Systembildung nicht sinnvoll. Allerdings kann das wissenschaftliche System dazu beitragen, Brüche im objektiven System mit allerlei Interpretationskünsten zu überbrücken, sie zu harmonisieren; dem sind freilich Grenzen gesetzt[136]). Auch findet eine Rückkopplung vom wissenschaftlichen zum objektiven System statt: nicht nur durch Aufgreifen wissen-

---

[132]) *Forsthoff*, Rechtsstaat im Wandel, 1964, S. 9; vgl. auch S. 7, wo F. die Bewahrung des Rechtsstaats als den Kern seiner Konzeption bezeichnet.

[133]) So anscheinend in Rechtsfragen, S. 53.

[134]) System des heutigen Römischen Rechts, Bd. 1, 1840, S. 214.

[135]) *Canaris*, aaO. (N. 20) S. 12.

[136]) Eindeutige Rechtswegregelungen z. B. können durch keine Interpretation wegdisputiert werden, mögen sie noch so systemwidrig und im Ergebnis schädlich sein.

schaftlicher Erkenntnisse seitens des Gesetzgebers, sondern mehr noch durch die im Wechselspiel von Lehre und Rechtsprechung ständig erfolgende Rechtsfortbildung; dafür bietet das allgemeine Verwaltungsrecht als ein Gebiet weithin ungeschriebener Normen besonders günstige Voraussetzungen.

Innerhalb des wissenschaftlichen oder Erkenntnissystems muß man, im Anschluß an die bekannte Unterscheidung *Philipp Hecks*[137]), weiter unterteilen in das *„äußere"* System, das „im Darstellungsinteresse . . . durch Bildung von Ordnungsbegriffen, Einteilungen, Reihenfolge der Erörterung usw."[138]) gebildet wird, und das *„innere"* System als „den sachlichen Zusammenhang zwischen den hervorgebrachten Gedanken", „die immanente Ordnung"[139]), oder — mit der treffenden Formulierung von *Larenz*[140]) — „als Ausdruck einer dem Recht als Ganzen immanenten Einheit des Sinns". Als ein wissenschaftliches System im strengen Sinne, jedenfalls als ein „dogmatisches", kann wohl nur das innere bezeichnet werden.

3.7.3. Würde die Forderung, das verwaltungsrechtliche System an den Zwecken und Aufgaben der Verwaltung auszurichten, sich nur auf das *äußere System* beziehen, so ließe sich darüber reden. Freilich könnte eine so systematisierende Darstellung nur *neben* eine Darstellung nach den Rechtsformen treten, nicht diese ersetzen. Denn wenn sich auch viele Gesetzesmaterien des besonderen Verwaltungsrechts schwerpunktmäßig der einen oder anderen Aufgabe zuordnen lassen mögen, so gilt das angesichts der vielfachen Überschneidungen und Verflechtungen eben auch *nur* schwerpunktmäßig. Wenn z. B. die Einkommensteuer Aufwendungen für den sozialen Wohnungsbau berücksichtigt, so zielt das uno actu auf Mittelbeschaffung, soziale Umverteilung, Leistung (durch Verschonung) und Lenkung (durch Anreiz). Außerdem läßt sich eine Aufgabenzuordnung überhaupt nur für die Rechtsmaterien des besonderen Verwaltungsrechts durchführen, nicht aber z. B. für ein allgemeines Verwaltungsverfahrensgesetz. Die Begriffe und Institute des allgemeinen Verwaltungsrechts sind durchweg nicht an einzelne Aufgabenbereiche gebunden und lassen sich auch nicht daran binden. Sicher gibt es auch aufgabenspezifische Begriffe und Institute, etwa im Polizei-, Abgaben- oder Subventionsrecht. Aber gerade die das innere System verklammernden und überhaupt erst als System konstituierenden Begriffe sind unspezifisch. Sie liegen auch — wie

[137]) Begriffsbildung und Interessenjurisprudenz, 1932, S. 139 ff.

[138]) AaO. S. 142.

[139]) AaO. S. 143.

[140]) Methodenlehre der Rechtswissenschaft, 1960, S. 133.

Sterns Untersuchung[141]) zeigt — als unspezifische der Gesetzgebung, also dem „objektiven System", zugrunde.

Eine an Zwecken und Aufgaben orientierte Darstellung *neben* einer solchen der „Rechtsformen" ist freilich sinnvoll, ja notwendig. Sie hat nicht nur eine didaktische, sondern auch eine kritische Funktion, indem sie das Erfordernis zweckorientierter Interpretation und Rechtsfortbildung verdeutlicht; insoweit wirkt sie dann auch auf das innere System ein[142]). In die Richtung solcher Darstellungsweise weist z. B. das Lehrbuch von *Hans J. Wolff*[143]), wenn es, neben manchen anderen Einteilungen, auch eine Einteilung der Verwaltung nach der „Qualität" der verwaltenden Tätigkeiten — in früheren Auflagen hieß es: nach ihrem „Gehalt"[144]) — bringt und hierbei zwischen ordnender, leistender, Abgaben- sowie Bedarfsverwaltung unterscheidet[145]), und wenn es an späterer Stelle[146]) anhand solcher Einteilungskriterien einige für die ordnende und für die leistende Verwaltung jeweils besonders typische Rechtsgebiete behandelt, die dann auch neben unspezifischen etliche typenspezifische Institute und Begriffe aufweisen. Übrigens halte ich weder diese Einteilung Wolffs noch die Aufzählung *Baduras*[147]) für vollständig. Bei Badura fehlt der von Wolff als „Bedarfsdeckung", von *Köttgen*[148]) als „Intendanturaufgaben" bezeichnete Bereich. Wolff hat — ohne mich überzeugenden Grund — die in früheren Auflagen enthaltene „verteilende Verwaltung" wieder gestrichen[149]). Solches Schwanken

---

141) Vgl. N. 50.

142) Das hat z. B. der Übergang von der „staatswissenschaftlichen" zur „juristischen" Methode in der Darstellung des Verwaltungsrechts gezeigt: zunächst nur ein Wandel des äußeren Systems, hat er gleichwohl entscheidend auf das innere eingewirkt.

143) Verwaltungsrecht I, 8. Aufl. 1971, S. 18 f.

144) Verwaltungsrecht I, 6. Aufl. 1965, S. 16 f.

145) *Wolff* selbst scheint das freilich nicht als eine Unterscheidung nach Zwecken und Aufgaben anzusehen, da er (Verwaltungsrecht I 8. Aufl. S. 19) meint: „Die öffentliche Verwaltung oder andere Verwaltungen lassen sich als solche weder durch ihre Zwecke noch durch die Art der Aufgabenerfüllung noch durch Tätigkeitsmerkmale des Verwaltenden bestimmen oder unterscheiden, weil diese fast stets vielfältig sind." Was aber ist sonst das Unterscheidungskriterium? „Qualität" ist m. E. ein nichtssagender Ausdruck. — Übrigens sind Überschneidungen und Randunschärfen kein Grund gegen Kategorienbildung!

146) Verwaltungsrecht III, 2. Aufl. 1967, S. 1—229.

147) S. oben S. 223 mit N. 127.

148) Deutsche Verwaltung, 3. Aufl. 1944, S. 141.

149) Verwaltungsrecht I, 8. Aufl., S. 19. Der Begriff der verteilenden Verwaltung wird hier aufgegeben, „da er weniger auf den Tätigkeitsgehalt als auf den Verwaltungszweck abstellt". Das tun aber

in den Einteilungskriterien wie in den Bezeichnungen weist übrigens darauf hin, wie unscharf letzten Endes diese ganzen Kategorien sind. Bei den sie kennzeichnenden Begriffen handelt es sich um beschreibende, nicht um definierende Begriffe. Für sie gilt dasselbe wie für den Begriff der „Daseinsvorsorge", von dem *Ossenbühl*[150]) zutreffend gesagt hat, er sei erstens ein soziologischer und zweitens ein heuristischer Begriff, aber kein Rechtsbegriff. *Forsthoff*[151]) selbst hat jüngst von der Daseinsvorsorge gesagt, sie sei im Begriffssystem der rechtsstaatlichen Verfassung von vornherein nicht unterzubringen; der Begriff gehöre den Staatswissenschaften an, wie sie im 18. Jahrhundert verstanden wurden. Den „juristischen Sinn", den Forsthoff dem Begriff trotzdem — in einer früheren Äußerung[152]) — beimißt, soll darin bestehen, „das mit der Daseinsvorsorge bezeichnete öffentlichrechtliche Element im Vollzug privatrechtlich gewährter Leistungen faßbar zu machen". Solcher juristische Sinn soll dem Begriff gewiß nicht abgesprochen werden; aber diese Sinnfunktion ist eben eine heuristische, und darüber hinaus wohl auch eine hermeneutische und kritische, aber keine dogmatische und systematische. „Ordnende", „leistende", „lenkende", „austeilende" und „umverteilende" Verwaltung sind gleichfalls heuristische Begriffe; auch ihnen mag man eine gewisse hermeneutische und kritische Funktion zusprechen, aber sie werden dadurch nicht zu Rechtsbegriffen. Sie bleiben letztlich im Bereich des äußeren Systems.

Erst recht gilt das für das gängige Begriffspaar „Eingriffs- und Leistungverwaltung". Daß sich das Verwaltungsrecht mit dieser Unterscheidung „in zwei Teile von je ausgeprägter struktureller Eigentümlichkeit" zerlegen lasse[153]), muß ich nachdrücklich bestreiten. Auch wenn man von der Inkongruenz der Begriffsbildungen absieht — einmal ist die Tätigkeitsform, einmal der Tätigkeitsgehalt begriffsbildendes Merkmal[154]) — und wenn man also den Begriff der „Eingriffsverwaltung" als für den der „ordnenden Verwaltung" stehend nimmt[155]), auch

---

die anderen dort verwendeten Begriffe m. E. nicht minder, vgl. N. 145.

[150]) DÖV 1971, 516.

[151]) Der Staat der Industriegesellschaft, S. 77.

[152]) Rechtsfragen der leistenden Verwaltung, S. 10.

[153]) Rechtsfragen S. 51.

[154]) *Wolff*, Verwaltungsrecht III S. 124; *Badura*, Verwaltungsrecht im liberalen und im sozialen Rechtsstaat, S. 22; *Brohm* aaO. (N. 16), S. 49.

[155]) Ich behalte im folgenden den Begriff „Eingriffsverwaltung" bei. Es empfiehlt sich im allgemeinen nicht, gebräuchliche Begriffe auswechseln und durch vermeintlich treffendere ersetzen zu wol-

dann verbinden, überschneiden und durchdringen sich sowohl die so bezeichneten Aufgabenbereiche wie die in ihnen verfolgten Zwecke und schließlich die dafür eingesetzten Handlungsformen und Mittel in derart mannigfacher Weise, daß eine auch nur halbwegs konturenscharfe rechtliche Strukturierung nach solchen Gesichtspunkten unmöglich ist[156]).

3.7.4. Damit sind wir aber schon beim *inneren System.* Die Forderung nach einer zweck- und aufgabenorientierten Systembildung zielt ja auch keineswegs nur auf das äußere System, sondern — mindestens auch, oder sogar primär — auf das innere. Wenn *Badura*[157]) *Köttgens* „Deutsche Verwaltung" als „die erste systematische Behandlung des Verwaltungsrechts" bezeichnet, „die die neuen Wirklichkeiten des Verwaltens in einem einheitlichen Zusammenhang zu erfassen trachtet, dabei die ‚Aufgaben der Verwaltung' und die ‚Rechtsformen des Verwaltungshandelns' klar trennt und beide in einer je spezifischen Begrifflichkeit einzufangen sucht", so liegt darin die Behauptung einer schon einmal geglückten Bildung eines inneren Systems mit Hilfe der Aufgaben der Verwaltung, und es liegt darin doch wohl zugleich eine Aufforderung zur Nachfolge. Nun hat aber *Köttgen* — entgegen *Baduras* Ansicht — gerade keine „spezifische Begrifflichkeit" für die Aufgaben entwickelt, und er hat das m. E. auch gar nicht beabsichtigt. So führt er[158]) z. B. zu den rechtlichen Formen, in denen sich die staatliche Lenkung vollziehe, aus: sie seien „dem jeweiligen Gegenstande angepaßt und daher außerordentlich mannigfaltig"; verwaltungsrechtlich vollziehe sich die Lenkung vor allem über Zulassungsordnungen und mancherlei Ge- und Verbote, wie sie seit langem im Polizeirecht entwickelt worden seien. Von einem aufgabenspezifischen Instrumentarium ist also keine Rede. Im übrigen ist die aufgabenorientierte Darstellung bei *Köttgen* nur eine neben anderen; die Einteilung nach den Aufgaben ist und bleibt hier eine des *äußeren* Systems.

Daß und warum ich Zwecke und Aufgaben der Verwaltung nicht als tragfähige Grundlage für das innere System erachten

---

len. Abgesehen von der geringen Aussicht eines solchen Unterfangens hat es oft mehr Verwirrung als Klärung zur Folge.

[156]) So können Leistungen z. B. im einen Fall zweckerfüllend sein, im anderen Fall nur Mittel zur Erfüllung weiterer Zwecke, etwa sozialer Gestaltung oder wirtschaftlicher Lenkung, sie erhalten damit instrumentalen Charakter. Dafür lassen sich zahlreiche Beispiele, z. B. im Wirtschaftsverwaltungsrecht, finden.

[157]) Verwaltungsrecht im liberalen und im sozialen Rechtsstaat, S. 20.

[158]) AaO. S. 167 f.

kann, sollte aus meinen Bemerkungen zum äußeren schon deutlich geworden sein: Auf Begriffen, die keine hinreichend bestimmbare rechtliche Aussagekraft besitzen und die eben deshalb keine *Rechts*begriffe sind, läßt sich ein *Rechts*system nicht errichten. Welche Fehldeutungen sich ergeben, wenn man solche Begriffe als Rechtsbegriffe mißversteht, zeigt das mit Recht viel kritisierte Urteil des BGH vom 23. 9. 1969 mit dem Satz: „Alles, was funktionell zur Daseinsvorsorge gehört, ist nach Grundsätzen des öffentlichen und nicht des privaten Rechts zu beurteilen.“[159]) Das Urteil steht damit nicht allein[160]).

Damit soll nicht gesagt werden, jene zweck- und aufgabenorientierten Begriffe und Einteilungen seien für das innere Rechtssystem wertlos; im Gegenteil, ihre heuristische, hermeneutische und kritische Funktion ist durchaus wichtig. So hat die Erkenntnis der besonderen Kategorie des Verwaltungsprivatrechts und seiner Bedeutung und so hat überhaupt die ganze systematische Einteilung in obrigkeitliches, schlichthoheitliches, verwaltungsprivatrechtliches, privatwirtschaftlich-fiskalisches Verwaltungshandeln sowie in Hilfsgeschäfte der Verwaltung[161]) — *hierbei* handelt es sich in der Tat um *Rechts*begriffe — von den Begriffen der Daseinsvorsorge und der Leistungsverwaltung entscheidende Impulse empfangen. Ähnliches gilt für die wachsende Einsicht in die Relativität der Unterscheidung zwischen öffentlichem und Privatrecht[162]), die zwar als solche von der Gesetzgebung vorgegeben und deshalb von der Dogmatik zugrundezulegen ist, deren früher oft unterstellter Absolutheitscharakter jedoch *nicht* vom Gesetz gefordert ist und deshalb durch eine zweckorientierte Interpretation korrigiert werden kann —.

Ich ziehe die Folgerung: Der oft geforderte „Neubau“ des verwaltungsrechtlichen Systems, als Auswechselung seiner tragenden begrifflichen und institutionellen Fundamente verstanden, ist weder erforderlich noch auch nur möglich. Denn — darin stimme ich ganz mit dem Urteil *Franz Mayers*[163]) überein:

---

[159]) BGHZ 52, 325 (329). Dazu *Ossenbühl*, DÖV 1971, 517; *Emmerich*, JuS 1970, 332 ff. Die Berufung des Urteils auf *Forsthoff* und *Wolff* entbehrt der Grundlage.

[160]) Nachweise bei *Püttner*, Die öffentlichen Unternehmen, 1969, S. 54 f.; *Ossenbühl*, DÖV 1971, 517 N. 50.

[161]) Vgl. *Siebert* aaO. (N. 116) S. 219 ff., insb. 221 f.

[162]) Dazu insb. *Bullinger*, Öffentliches Recht und Privatrecht (res publica Bd. 17), 1968, passim.

[163]) Neuzeitliche Entwicklung der öffentlichen Verwaltung (in: Verwaltung — Eine einführende Darstellung; in Verbindung mit *Erich Becker* und *Carl Hermann Ule* herausgegeben von *Fritz Morstein Marx*, 1965, S. 2 ff.) S. 15.

„Auch die Leistungsverwaltung des sozialen Rechtsstaats ist auf alle elementaren Grundsätze des Rechtsstaats hin angelegt; lediglich die Schwerpunkte des Verwaltungshandelns wie des gesamten Verwaltungsgeschehens sind anders verteilt". Deshalb bleibt die Verwaltung, auch in ihren leistenden, lenkenden und verteilenden Aufgabenbereichen, auf das rechtsstaatliche Instrumentarium angewiesen. Die Verlagerung der Schwerpunkte des Verwaltungsgeschehens erfordert aber eine Verschiebung der Akzente und eine andere Verteilung der Gewichte innerhalb des rechtlichen Systems, zugleich dessen Befreiung von überholten Bestandteilen und seine Erweiterung durch neue; also einen kontinuierlichen „Umbau" des Systems[164]), eine ständige kritische Überprüfung und Fortentwicklung desselben. Das ist freilich eine mühevolle, niemals abreißende Arbeit; sie ist weit weniger spektakulär, verspricht dafür aber einen ungleich größeren Erfolg als die gewollte Suche nach einem neuen System.

4. In welche Richtung solche Bemühungen um einen *Umbau und Ausbau unseres verwaltungsrechtlichen Systems* gehen müssen, das kann ich, an die knappe Zeit gebunden, nur noch in einer der Sache wenig angemessenen Kürze andeuten.

4.1. Als Zentralbegriff dieses Systems wurde und wird z. T. heute noch der *Verwaltungsakt* angesprochen[165]). Ich möchte hier nicht erörtern, ob der Ausdruck „Zentralbegriff" richtig gewählt ist, noch kann ich mich mit der in der Rechtstheorie jüngst wieder viel diskutierten Frage auseinandersetzen, welches letztlich die einheitsstiftenden Kriterien eines Rechtssystems sind: ob oberste Werte, Rechtsgrundsätze, Prinzipien, grundlegende Rechtssätze, Institute, allgemeine Rechtsbegriffe, oder was sonst[166]). Was mit der Kennzeichnung als Zentralbegriff gemeint ist, dürfte klar sein: daß nämlich der Verwaltungsakt der wichtigste, das System weithin beherrschende Be-

---

[164]) Ein solcher Umbau ist seit 1945 schon weitgehend erfolgt. Vgl. dazu *Bachof*, Über einige Entwicklungstendenzen (N. 10), S. 7. Manche Säulen des überlieferten Lehrgebäudes haben sich in der Zwischenzeit aber doch wohl als tragfähiger erwiesen, als es mir damals schien.

[165]) Nur noch selten wird dem Begriff der „öffentlichen Gewalt" diese Rolle zugewiesen; was übrigens (nur) dann auf dasselbe hinausläuft, wenn man diesen Begriff in seinem — schon von *Otto Mayer* bekämpften — ursprünglichen Sinn von obrigkeitlicher Befehls- und Zwangsgewalt versteht; denn eben sie manifestiert sich in der verbindlichen Entscheidung, die der Verwaltungsakt beinhaltet.

[166]) Dazu z. B. *Canaris*, aaO. (N. 20) S. 46 ff., mit weit. Nachw.

griff, das mit ihm bezeichnete Institut das beherrschende Institut sei.

Nun hat das, bei aller Bedeutung, die dem Verwaltungsakt bei und seit *Otto Mayer* zukam, schon für dessen Zeit und noch für die Zeit bis zum 2. Weltkrieg nicht gestimmt, jedenfalls nicht in dem heute vielfach angenommenen Ausmaß. Das hoffe ich gezeigt zu haben, womit ich zugleich eine eigene frühere Äußerung[167]) korrigiere. Es stimmt indessen für die Jahre nach dem 2. Weltkrieg, hervorgerufen durch eine schwerpunktmäßig am Verwaltungsakt ausgerichtete Regelung des Rechtsschutzes. Die außerordentliche und in vieler Hinsicht wenig vorteilhafte Abhängigkeit des materiellen Verwaltungsrechts von verfahrensrechtlichen Gestaltungen hat sich selten so deutlich gezeigt wie hier. Wo kein Verwaltungsakt, da kein Rechtsschutz: so wurden die einem aktionenrechtlichen Denken verhafteten Verwaltungsgerichtsgesetze der Jahre 1946 ff., ob zu Recht oder Unrecht, fast allgemein und insbesondere von den Gerichten verstanden, und nur daraus sind die Wucherungen des Verwaltungsaktes zu erklären[168]). Verdrängt wurde damit die Einsicht, daß der Verwaltungsakt nur eine Momentaufnahme innerhalb sich entwickelnder Beziehungen darstellt; daß er ein *Rechtsverhältnis* begründet, verändert oder beendet, und daß dieses Rechtsverhältnis für eine materiellrechtliche Betrachtungsweise viel wichtiger und interessanter ist als der Verwaltungsakt — zumal es ja zahlreiche Verwaltungsrechtsverhältnisse gibt, die auf ganz andere Weise begründet, verändert oder beendet werden als durch Verwaltungsakte. Daraus allein wird schon deutlich, daß das Rechtsverhältnis ein viel umfassenderes Institut ist als der Verwaltungsakt. Wenn *ein* Begriff und wenn *ein* Institut eine beherrschende, meinetwegen auch „zentrale" Stellung im Verwaltungsrecht einzunehmen verdienen, so ist es das *Rechtsverhältnis;* wobei, wie auf unserer Berner Tagung zutreffend betont wurde[169]), dem Dauerrechtsverhältnis eine besondere Bedeutung zukommt. Im übrigen decken sich meine Auffassungen zum Rechtsverhältnis weitgehend mit den von *Henke* in Bern vorgetragenen, insbesondere was die Notwendigkeit einer Ausmerzung des „Gewaltverhältnisses" betrifft[170]).

Die Rechtsprechung hat inzwischen — nicht zuletzt in Auswirkung der VwGO von 1960 — den Verwaltungsaktbegriff wieder eingeschränkt und begonnen, dem Rechtsverhältnis ei-

[167]) Über einige Entwicklungstendenzen, S. 5.

[168]) Zu dieser Entwicklung vgl. *Bachof,* Über einige Entwicklungstendenzen, S. 8 ff.

[169]) *Rüfner,* VVDStRL 28, 215 ff.; *Scheuner,* ebenda S. 232.

[170]) VVDStRL 28, 156 ff.

nen breiteren Platz einzuräumen[171]). In dieser Richtung muß sie durch die Lehre nachhaltig unterstützt werden[172]). Nur von solchem Ansatzpunkt aus läßt sich die Einseitigkeit des Denkens in Verwaltungsakten überwinden; nur so können auch andere Institute und Handlungsformen ihren legitimen Platz in der Dogmatik einnehmen; nur so lassen sie sich in jener Mannigfaltigkeit entwickeln und ausbauen, deren das Verwaltungsrecht bedarf, um allen Aufgaben der Verwaltung gerecht zu werden. Das gilt z. B. für den verwaltungsrechtlichen Vertrag, für das schlichte Verwaltungshandeln, für die Zusage (die als Verwaltungsakt zu werten keineswegs überzeugend ist), für die einseitige Willenserklärung Privater gegenüber der Verwaltung, für die Garantenstellung, für die Plangewährleistung und für vielles andere mehr.

Eine Eliminierung des Verwaltungsaktes aus dem Verwaltungsrecht oder auch nur aus der Leistungsverwaltung will ich damit gewiß nicht befürworten. Der Verwaltungsakt ist auch in der Leistungsverwaltung ein notwendiges Institut; die Gründe dafür — vornehmlich Konkretisierung, Stabilisierung, Klar-

---

[171]) Nachweise bei *Bachof*, Über einige Entwicklungstendenzen, S. 10.

[172]) Die Lehre hat — z. T. schon vor der VwGO — bereits in dieser Richtung gewirkt. Dabei handelt es sich einerseits um Äußerungen, die — ohne grundsätzliche Stellungnahme zum Rechtsverhältnis als solchem — Verwaltungsrechtsverhältnisse in bestimmten Sachbereichen bejahen; vgl. etwa *Ipsen*, VVDStRL 11, 129 ff.: die Plangewährleistung entspringe der Erkenntnis, daß jede Lenkung und Planung ein zweiseitiges Rechtsverhältnis entstehen lasse; *ders.*, Öffentliche Subventionierung Privater, 1956, S. 61 ff.: „Subventionsverhältnis" (= „Subventions-Rechtsverhältnis", so ausdrücklich VVDStRL 25, 300). Zum anderen handelt es sich um Arbeiten besonders aus jüngerer Zeit, die einer stärkeren Betonung und Nutzbarmachung des Rechtsverhältnisses im Verwaltungsrecht ausdrücklich und grundsätzlich das Wort reden: so insbesondere für das Steuerrechtsverhältnis *Bühler-Strickrodt*, Steuerrecht Bd. I, 3. Aufl. 1960, S. 347 ff.; für das Subventionsrechtsverhältnis, aber darüber hinaus allgemein *Zacher*, VVDStRL 25, 325 ff., insb. S. 332 ff. mit N. 116; grundsätzlich und allgemein auch *Henke* VVDStRL 28, 156 ff.; vor allem für das Schuldverhältnis *Simons*, Leistungsstörungen verwaltungsrechtlicher Schuldverhältnisse (Schriften zum öff. Recht Bd. 45), 1967, passim, insb. S. 49 ff.; dgl. *Papier*, Die Forderungsverletzung im öffentlichen Recht (Schriften zum öff. Recht Bd. 136), 1970, passim, insb. S. 17 ff.; vgl. ferner *Oldiges*, Grundlagen eines Plangewährleistungsrechts, 1970, S. 138 ff. Zahlreich sind auch die Äußerungen, die eine Ausweitung und Aufwertung des Rechtsverhältnisses aus prozessualer Sicht befürworten; vgl. hierzu nur aus jüngster Zeit *Renck*, JuS 1970, 113; *Siemer*, Normenkontrolle durch Feststellungsklage? (Schriften zum Prozeßrecht Bd. 20), 1971, S. 26 ff.

stellung — sind gleichfalls in Bern erörtert worden[173]), ich brauche sie nicht zu wiederholen. Es geht auch hier nur um die richtigen Relationen.

4.2. Das Gesagte bedarf aber einer wichtigen Einschränkung. Wenn das Rechtsverhältnis nach gängiger Ansicht eine rechtlich geordnete Beziehung von Personen zu anderen Personen[174]) ist, so fallen *Beziehungen innerhalb der Verwaltung* nur dann darunter, wenn die beteiligten Organe verschiedenen Rechtssubjekten angehören. Beziehungen zwischen Organen ein und derselben Person lassen sich mit dem Begriff des Rechtsverhältnisses hingegen nicht erfassen — es sei denn, man wäre bereit, diesen Begriff über die im Zivilrecht entwickelte und ihm von daher zugewiesene Bedeutung hinaus zu erstrekken, wogegen ich keine grundsätzlichen Bedenken hätte; das kann ich hier nicht erörtern[175]). Wichtiger als diese terminologische Zuordnungsfrage[176]) ist auch etwas anderes: Das ganze *Behörden- und Organisationsrecht* ist seit eh und je von der verwaltungsrechtlichen Dogmatik vernachlässigt worden. Das geht schon auf *Otto Mayer* zurück, der die „Behördenordnung" als ein dem Verwaltungsrecht „etwas fremdes Element" betrachtete und sie zusammen mit dem Verfassungsrecht das „deutsche Staatsrecht" bilden lassen wollte[177]) — wo sie denn freilich auch keinen rechten Platz gefunden hat. Im Grunde lag dieser Hinausweisung der Verwaltungsorganisation aus dem Verwaltungsrecht, wie *Erich Kaufmann*[178]) richtig gesehen hat,

---

[173]) Zur Konkretisierung und zur Stabilisierung insb. *Rüfner*, VVDStRL 28, 205; zur Klarstellung *Vogel* ebenda S. 269.

[174]) Oder — was nicht unbestritten ist, aber hier außer Betracht bleiben kann — zu Sachen.

[175]) Dazu sei darauf hingewiesen, daß man ja Regelungen zwischen Behörden ein und desselben Rechtsträgers (z. B. Kündigungsgenehmigungen oder -verweigerungen des Arbeitsministeriums gegenüber anderen Landesbehörden nach dem Schwerbeschädigtengesetz) auch nicht mehr schlechthin vom Begriff des *Verwaltungsaktes* ausnimmt.

[176]) Ob es sich dabei *nur* um ein terminologisches Problem handelt, muß freilich bezweifelt werden. Die Terminologie ist in der Regel Ausdruck einer zuvor (oft unbewußt) getroffenen Sachentscheidung, wie sie umgekehrt die Sachentscheidung auch zu präjudizieren vermag.

[177]) VR 3. Aufl. 1. Bd., S. 16 f.

[178]) VerwArch. Bd. 30, 397. Die Stelle ist so lesenswert, daß ein Teil hier wörtlich wiedergegeben sei: „Ob für bestimmte Verwaltungsaufgaben die Behörden der ‚allgemeinen Verwaltung' oder Behörden einer Spezialverwaltung zuständig sind, in welchem Verhältnis die allgemeinen und besonderen Verwaltungsbehörden zueinander stehen, ob die allgemeinen Verwaltungsbehörden nach Art des französischen Präfekten oder nach der des preußischen Regierungspräsidenten organisiert sind, in welchem Umfang das büro-

ein „zu enger Begriff vom Recht" zugrunde. Bestärkt wurde diese auch in der Folgezeit und bis heute nicht behobene[179]) Vernachlässigung des Organisationsrechts durch die Ausgestaltung unserer Verwaltungsgerichtsbarkeit. Da die Gerichte sich überwiegend mit dem Staat-Bürger-Verhältnis zu befassen haben, und da nun einmal auch die Lehre sich vorzugsweise der von den Gerichten behandelten Materien anzunehmen pflegt, sind die Probleme der Organisation und der Struktur der Verwaltung nahezu ganz außer Sicht geraten. Es ist bezeichnend, daß sie auch heute noch fast nur dann erörtert werden, wenn sie unmittelbare Rückwirkungen auf das Staat-Bürger-Verhältnis haben, wie z. B. im Falle des Zusammenwirkens mehrerer Behörden beim Erlaß eines Verwaltungsaktes. Wie hilflos man anderen organisationsrechtlichen Problemen gegenübersteht, wenn sie unerwartet einmal auftauchen, zeigen einige jüngere Entscheidungen zu Fragen der Aufsicht, insbesondere zur ministeriellen Aufsicht über die Hochschulen, in denen die Mannigfaltigkeit der Bedeutungen und der Funktionen von „Aufsicht" nicht erkannt wird. Ein anderes Beispiel ist die fehlende Einsicht in die juristische Relevanz der Zusammensetzung von Verwaltungsgremien. Es ist z. B. für die Frage, ob die Ermächtigungsschranken des Art. 80 GG analog auf Satzungen anzuwenden sind, durchaus nicht gleichgültig, ob die Satzung von einem demokratisch gewählten und legitimierten Ortsgesetzgeber erlassen wird, oder aber von dem ernannten Leiter einer nur aus Zweckmäßigkeitsgründen rechtlich verselbständigten, im übrigen aber behördenähnlich strukturierten Anstalt. Es ist auch für Fachaufsicht, Rechtsaufsicht und gerichtliche Kontrolle nicht gleichgültig, daß der Bebauungsplan vom Gemeinderat und nicht von einer bürokratisch organisierten Behörde beschlossen wird. Es ist schließlich nicht gleichgültig, wenn Verwaltungsgremien in ihrer Zusammensetzung auf einen Ausgleich pluralistischer Kräfte der Gesellschaft angelegt sind, oder wenn sie — beides kommt oft zusammen — sich aus besonders sachverständigen Personenkreisen zusammensetzen. Die Erwägungen solcher Gremien (Rundfunkräte, Ausschüsse

---

kratische und das kollegiale Prinzip oder eine Mitwirkung von Laien durchgeführt ist, ob Hoheits- und fiskalische Verwaltung bei den einzelnen Verwaltungszweigen derselben Behörde oder getrennten Behörden überwiesen sind, Art und Maß der Dekonzentration, Art und Umfang der Dezentralisation auf kommunale oder sachliche Selbstverwaltungskörper, deren Ausstattung mit Hoheitsrechten, Vermögen und Finanzgewalt, das Zusammenspielen zwischen Staatsverwaltung und Selbstverwaltung, das alles sind echte Rechtsprobleme der öffentlichen Verwaltung."

[179]) Dazu die in N. 38 genannten Autoren.

der Filmbewertungsstelle, Bundesprüfstelle usw.) können von einer ganz anders zusammengesetzten Kontrollinstanz nur in begrenztem Umfange ohne Schaden für die mit der personellen Zusammensetzung des Organs bezweckte Funktion ersetzt werden. Ich will damit nicht behaupten, daß demokratische oder pluralistische Organe keiner Rechtskontrolle bedürften, oder gar daß Rechtskontrolle gegen demokratische und gesellschaftliche Kontrolle austauschbar sei. Aber gewisse Relationen bestehen hier zweifellos, schon weil der Gesetzgeber so zusammengesetzten Gremien größere Freiheit für die Gestaltung, für das Ermessen und für ihre Wertungen einzuräumen pflegt und auch einräumen muß als bürokratisch organisierten Behörden. Diese Zusammenhänge sind bisher, vor allem in der Judikatur, noch so gut wie gar nicht erkannt worden[179a]). Nur wo das Zauberwort „Wahl" auftaucht, ist das anders. Ob z. B. bei der Wahl eines Bürgermeisters, sei es durch die Bevölkerung oder den Gemeinderat, der geeignetere Bewerber dem weniger geeigneten unterlegen ist, das ist bisher von den Gerichten — zum Glück! — noch nicht nachgeprüft worden. Warum eigentlich nicht? Gilt hier Art. 33 Abs. 2 GG etwa nicht? Natürlich gilt die Vorschrift hier auch; aber der richterlichen Zurückhaltung liegt die richtige Einsicht zugrunde, daß ein Wahlgremium eben etwas anderes ist als eine ernennende Behörde. Dann aber ist nicht einzusehen, warum nicht auch in anderen Fällen die Besetzung eines Organs rechtlich relevant sein soll.

4.3. Auch das *besondere Verwaltungsrecht* ist von der Dogmatik lange Zeit hindurch stiefmütterlich behandelt worden: jedenfalls auf den Gebieten, die nicht — wie Polizeirecht, Beamtenrecht und Kommunalrecht — gängiger Stoff der Rechtsprechung, des Schrifttums und des akademischen Unterrichts waren und sind. Vernachlässigt wurden also gerade die im besonderen Maße *sozialstaatsbezogenen* Bereiche; insofern deckt sich diese Feststellung z. T. mit der vorhin erörterten dogmatischen Unterbilanz der Leistungsverwaltung. Welche wichtigen Anregungen das allgemeine vom besonderen und das besondere vom allgemeinen Verwaltungsrecht empfangen kann, haben erst vor kurzem die Berner Erörterungen zum Recht der sozialen Sicherung[180]) wieder deutlich gemacht. Erfreulicherweise sind in den letzten Jahren eine ganze Reihe monographischer Arbeiten vor allem zum Wirtschaftsverwaltungsrecht,

[179a]) Siehe jetzt aber BVerwG vom 16. 12. 1971, JZ 1972, 204 ff. mit Anm. von *Bachof*.

[180]) Die Rechtsformen der sozialen Sicherung und das Allgemeine Verwaltungsrecht, Referate (von *Henke* und *Rüfner*) und Diskussion, VVDStRL 28, 149 ff.

aber auch zum Kulturverwaltungsrecht und zum Sozialverwaltungsrecht erschienen. Nur auf dem Wege solcher monographischer Erschließung und Durchforstung scheint es mir möglich zu sein, die für jene Gebiete spezifischen dogmatischen Begriffe und Institute zu finden und auszubilden. Die Wissenschaft muß sich auch hier frei machen von ihrer traditionellen Abhängigkeit in der Wahl ihrer Arbeitsgebiete von den Schwerpunkten der Rechtsprechung und des akademischen Unterrichts.

4.4. Ich könnte damit meinen Rundgang beschließen, läge mir nicht daran, wenigstens als Merkposten noch eine bisher unerwähnt gebliebene dogmatische Aufgabe anzuführen: das ist die Einbeziehung des *europäischen Rechts* in unsere Überlegungen. Das Recht der Europäischen Gemeinschaften ist im wesentlichen Verwaltungsrecht, vornehmlich Wirtschaftsverwaltungsrecht. In ihm fließen Rechtsgedanken der französischen, der deutschen, der italienischen und etlicher weiterer Rechtsordnungen zusammen, es strahlt seinerseits in diese nationalen Rechtsordnungen aus. Beides gilt nicht nur für die Rechtsetzung, sondern auch für die Interpretation der Normen, für ihre dogmatische Erfassung und Systematisierung. Das einzige französische Mitglied unserer Vereinigung, *Michel Fromont*, ein guter Kenner gleichermaßen des französischen wie des deutschen öffentlichen Rechts und verdienstvoll durch seine diesbezüglichen rechtsvergleichenden Arbeiten, hat dargestellt, wie sich das Gemeinschaftsrecht nach und nach von den nationalen Rechtsordnungen und -vorstellungen gelöst und verselbständigt, dabei aber doch zugleich dieselben verarbeitet und integriert hat[181]); wobei der Europäische Gerichtshof sich, nachdem anfangs die Rechtsprechung des französischen Conseil d'Etat dominierte, später auch deutschen Einflüssen zunehmend öffnete. Unterschiedliche Auffassungen etwa über den Verwaltungsakt, seine Rechtswidrigkeit und deren Folgen, über die Ermessensfehler der deutschen und das détournement de pouvoir der französischen Lehre müssen in der europäischen Rechtsprechung ausgeglichen werden. Davon können die nationalen Dogmatiken nicht unberührt bleiben. Man kann sich wohl kaum vorstellen, daß auf lange Sicht eine deutsche, eine französische, eine italienische usw. und überdies noch eine gemeineuropäische Dogmatik des Verwaltungsgeschehens unvermittelt nebeneinander bestehen könnten. *Fromont* hat auch darauf hingewiesen, in welch starkem Maße sich die vom französischen und vom deutschen Recht gefundenen Lösungen im Ver-

---

[181]) *Fromont*, Rechtsschutz gegenüber der Verwaltung in Deutschland, Frankreich und den Europäischen Gemeinschaften, 1967; dort insb. Teil II, S. 141 ff.; vgl. auch die Schlußfolgerung S. 275.

waltungsrecht, ungeachtet unterschiedlicher methodischer Ansätze, schon in den vergangenen Jahrzehnten immer mehr aufeinander zu bewegt haben[182]). Diese Entwicklung wird durch das Gemeinschaftsrecht beschleunigt werden. Wir dürfen daran nicht vorbeigehen.

5. *Zusammenfassung und Ausblick*

Ich komme zum Ende: Wenn man die dogmatische Arbeit der Nachkriegsjahre unvoreingenommen betrachtet, so darf wohl, ungeachtet mannigfacher und sicher auch begründeter Kritik im einzelnen, gesagt werden, daß sie nicht erfolglos war. Es handelt sich dabei m. E. um erheblich mehr als nur um „Füll- und Filigranarbeit"[183]). Die allgemeinen Lehren sind nicht nur fortentwickelt, sondern in entscheidenden Punkten umgestaltet worden, und zwar im steten Blick auf die Leitidee des sozialen Rechtsstaats und in steter Bemühung um die Lösung konkreter Sachprobleme. Die Bereiche des besonderen Verwaltungsrechts und ihre speziellen Fragestellungen sind in zunehmendem Maße in Angriff genommen worden.

Es kann hier nicht darum gehen, ob die angebotenen Lösungen, etwa für die Bestandskraft und die Rücknahme von Verwaltungsakten, ob die Lehre vom Verwaltungsakt mit Drittwirkung, von der Selbstbindung durch Verwaltungsübung oder durch Verwaltungsvorschriften, ob die Zweistufenlehre, ob eine Rechtsfigur wie der Plangewährleistungsanspruch, ob die neueren Konstruktionen im Staatshaftungs-, Entschädigungs- und Folgenbeseitigungsrecht — die Reihe könnte noch lange fortgesetzt werden — , ob dies alles schon richtige oder gar endgültige Lösungen sind. Die dogmatische Bewältigung neuer Probleme braucht ihre Zeit, sie braucht Geduld und Ausdauer. Irrwege und Umwege sind dabei unvermeidbar, Fertiges wird sich nur selten aufweisen lassen. Heute schon eine durchgebildete Dogmatik etwa der Planung oder der Subventionen zu erwarten, hieße die Komplexität solcher Probleme gründlich verkennen. Fast jedes wichtige neue Verwaltungsgesetz — als Beispiel aus jüngster Zeit möge das Städtebauförderungsgesetz dienen — wirft auch eine Fülle neuer dogmatischer Probleme auf. Der „Eindruck einer heillosen Verwirrung", von dem

---

182) AaO. S. 138 ff. Es kommt in diesem Zusammenhang nicht darauf an, ob man *Fromonts* Sicht in allen Punkten zustimmt; ich würde hier manche Vorbehalte machen. Die Tendenz jedenfalls ist richtig beobachtet.

183) *H. H. Rupp*, DVBl. 1971, 669.

jüngst mehrfach gesprochen wurde[184]), ist weit weniger der Dogmatik des Verwaltungsrechts als ihren im ständigen Fluß befindlichen Gegenständen anzulasten. An solchem Wandel wird sich auch künftig nichts ändern. Nie wird der Verwaltungsrechtler ähnliche Ruhelagen — und handele es sich auch nur um eine relative Ruhe — vorfinden wie der Zivilist oder wie der Strafrechtler. Das ist unsere Last, aber auch der Reiz unseres Faches.

Lassen Sie mich ganz zum Schluß noch ein Zitat vervollständigen. Ich habe vorhin[185]) *Fleiners* Vorwort zur 8. Auflage seiner „Institutionen" aus dem Jahre 1928 erwähnt, wo er von dem starken Einfluß des neuen Verfassungsrechts auf das Verwaltungsrecht spricht, von der dadurch bedingten Sinnwandlung alter Rechtsinstitute und vom Auftauchen neuer Probleme für die Wissenschaft. In dieser Auflage, so fährt er fort, sei der Versuch unternommen worden, *„das Neue organisch mit den bewährten Grundsätzen des Deutschen Verwaltungsrechts zu verbinden"*. Ich meine, eben darin besteht auch die Aufgabe der verwaltungsrechtlichen Dogmatik unserer Zeit!

---

[184]) *Ossenbühl* DÖV 1971, 513 (speziell für Lehre und Rechtsprechung zum Verwaltungsprivatrecht), im Anschluß an *Emmerich*, JuS 1970, 333.

[185]) Oben S. 205 mit N. 56.

Leitsätze des Berichterstatters über:

Die Dogmatik des Verwaltungsrechts vor den Gegenwartsaufgaben der Verwaltung

I.

1. Das Verwaltungsrecht ist im Vergleich zu anderen Rechtsgebieten dogmatisch wenig ausgeformt. Das ist keine durch sein geringes Alter bedingte Rückständigkeit, sondern liegt an seinem Gegenstand.

2. Die Aufteilung des Verwaltungsrechts auf zahlreiche (Bundes- und Landes-)Gesetze, deren breite stoffliche Streuung, ihre Determinierung durch politische und durch Zweckmäßigkeitsgesichtspunkte, ihre Situationsgebundenheit und ihr rascher Wandel erschweren eine dogmatische Erschließung. Solche Gesetze eröffnen sich eher topischem als systematischem Denken.

3. Auch das Fehlen einer Kodifizierung der allgemeinen Lehren des Verwaltungsrechts mag die dogmatische Arbeit behindert haben. Das Verhältnis von Dogmatik und Gesetz ist aber ambivalent; Kodifikation kann die Dogmatik ebenso hindern wie fördern.

4. Die Dogmatik des deutschen Verwaltungsrechts ist in weitgehender Unabhängigkeit vom Gesetz entstanden. Ihre Begriffe und Institute wurden von Otto Mayer teils in Anlehnung an das französische Verwaltungsrecht, teils an das deutsche bürgerliche Recht, weitgehend aber in schöpferischer Konstruktion als „eignes Gewächs" entwickelt. Sie bestimmen bis heute nicht nur Rechtsprechung und Lehre, sondern auch die Gesetzgebung.

II.

5. Die heute viel berufene Verfassungsabhängigkeit des Verwaltungsrechts bestand von Anfang an, sie wurde stets gesehen und beachtet. Das Grundgesetz hat diese Abhängigkeit jedoch verstärkt; es hat zu einer unmittelbaren Konfrontation allen Verwaltungshandelns mit der Verfassung geführt, die ihm die Deckung durch das einfache Gesetz entzieht (Art. 1 III GG; verfassungskonforme Auslegung; richterliches Prüfungsrecht).

III.

6. Die dem Verwaltungsrecht aus seiner Entstehungszeit anhaftenden „obrigkeitsstaatlichen Relikte" sind seit 1945 konsequent abgebaut worden. Das kann nur bestritten werden, wenn man allein eine gesetzliche Totalbindung der Verwaltung als rechtsstaatlich und als demokratisch anerkennen will. Das damit angesprochene Thema „Gesetzgeber und Verwaltung" (Tagung Würzburg 1965) kann in diesem Bericht nicht abermals erörtert werden.

IV.

7. Die Dogmatik des deutschen Verwaltungsrechts war stets und ist bis heute schwerpunktmäßig am Rechtsstaat und nicht am Sozialstaat ausgerichtet. Die Dogmatik der (hier weit verstandenen) „Leistungsverwaltung" weist deshalb eine beträchtliche Unterbilanz auf. Die zur Erklärung dieses Befundes üblicherweise angeführten Gründe reichen jedoch nicht aus.

8. Falsch ist insbesondere die gängige Behauptung, die Dogmatik des deutschen Verwaltungsrechts entstamme einer Epoche des einseitig freiheitsverbürgenden (liberalen oder bürgerlichen) Rechtsstaats. Der deutsche Staat war stets in erheblichem Umfange Wohlfahrtsstaat. Die auf Zurückdrängung wohlfahrtsstaatlicher Zwecke gerichtete Bewegung hatte zur Zeit Otto Mayers längst ihren Höhepunkt überschritten und einer gegenläufigen Bewegung Platz gemacht.

9. Mittelpunkt von Otto Mayers System war nach seiner eigenen Bekundung wie nach dem tatsächlichen Befund weder die Polizei- noch die Finanzgewalt, sondern das Recht der öffentlichen Unternehmungen. Öffentliche Gewalt und Verwaltungsakt spielten hier keine beherrschende Rolle. Die „Förderung von Dasein und Wirtschaften der einzelnen" war als Aufgabenbereich und nach den Rechtsformen klar von der ordnenden (obrigkeitlichen) Verwaltung unterschieden.

10. Für die Vernachlässigung der Dogmatik sozialstaatsbezogener Verwaltungstätigkeiten war vor allem die Stoßrichtung der Staats- und Verwaltungsrechtslehre der konstitutionellen Monarchie verantwortlich. Ihr Ziel war der Ausbau des Rechtsstaats, ihr Gegner der Obrigkeitsstaat („Polizeistaat"). Der Sozialstaat („Wohlfahrtsstaat") war relativ unproblematisch, zwar unfertig und ausbaubedürftig, aber ohne prinzipielle Gegnerschaft; seine dem Machtzuwachs entspringenden Freiheitsgefährdungen wurden erst spät erkannt.

11. An dieser Grundsituation hat sich in der Folgezeit wenig geändert. Daraus erklärt sich auch, daß die deutschen Verfas-

sungen ihren Schwerpunkt kontinuierlich auf die rechtsstaatlichen Elemente gelegt haben.

12. Beigetragen zur dogmatischen Vernachlässigung der Leistungsverwaltung haben die schwerpunktmäßige Ausrichtung des Rechtsschutzes auf die Eingriffsverwaltung sowie die einseitige Anlage und Ausrichtung der Studien- und Prüfungsordnungen.

V.

13. Die sog. „juristische Methode" des Verwaltungsrechts hat zu einer Verdrängung von Staatswissenschaften und Verwaltungslehre aus Wissenschaft und Unterricht geführt. Das war von ihren Verfechtern weder beabsichtigt noch in ihr angelegt. Diese Entwicklung ist vorwiegend eine Folge der positivistischen Grundhaltung der damaligen Zeit. Die Einseitigkeit juristischer Betrachtungsweise der Verwaltung hat das Verwaltungsrecht von wichtigen Erkenntnisquellen abgeschnitten und so zu seiner Verarmung geführt.

14. Die Bemühungen um eine Wiedereinbeziehung sozialwissenschaftlicher Erkenntnisse in das Verwaltungsrecht sind zu begrüßen. Der Vorwurf, ein Hineinmischen sozialwissenschaftlicher Erkenntnisse in die juristischen Auslegungs- und Entscheidungsverfahren widerspreche dem Sinn der Arbeitsteilung von Sozialwissenschaften und Entscheidungslogik (Luhmann), ist unbegründet.

VI.

15. Die Dogmatik des Verwaltungsrechts war in ihrem ursprünglichen Ansatz weder formal noch zweckentleert noch begriffsjuristisch. Im Gegenteil: seine Begriffe und Institute sind von Otto Mayer im ständigen Blick auf die Zwecke des Verwaltungshandelns und auf die Aufgaben der Verwaltungsträger entwickelt worden.

16. Die Dogmatik des Verwaltungsrechts hat zwar im weiteren Verlauf den Zeitströmungen Rechnung getragen, sie hat ihre zweckorientierte Grundhaltung aber im wesentlichen durchgehalten.

17. Der Ansicht, das „System" des Verwaltungsrechts orientiere sich fälschlich an den Rechts- und Handlungsformen der Verwaltung statt an ihren Zwecken und Aufgaben, liegt eine ungenügende Unterscheidung der verschiedenen Systembegriffe zugrunde. Zu unterscheiden sind das „objektive" und das „wissenschaftliche" System (System der Gegenstände und System der Erkenntnisse), und innerhalb des wissenschaftlichen das „äußere" und das „innere" System (System der Darstellung und System der immanenten Sinneinheit).

18. Eine Ausrichtung des äußeren Systems an Zwecken und Aufgaben der Verwaltung ist sinnvoll und nützlich, aber nur in Ergänzung und nicht als Ersatz einer Ausrichtung an den Rechtsformen. Eine zweck- und aufgabenorientierte Darstellung hat nicht nur didaktischen, sondern auch kritischen Wert; sie kann damit das innere System beeinflussen.

19. Für das innere System sind zweck- und aufgabenorientierte Kategorien nicht brauchbar. Solche Einteilungen besitzen wegen der mannigfachen und unauflösbaren Verflechtungen aller Zwecke und aller Aufgaben keine hinreichende Konturenschärfe und deshalb keinen rechtlichen Aussagewert.

20. Daseinsvorsorge, ordnende, leistende, lenkende, austeilende und umverteilende Verwaltung sind heuristische Begriffe, aber keine Rechtsbegriffe. Sie haben neben ihrer heuristischen eine hermeneutische und eine kritische Funktion — darin besteht ihr „juristischer Sinn" —, aber keine dogmatische und sytematische Bedeutung.

21. Das gilt erst recht von dem Begriffspaar „Eingriffs- und Leistungsverwaltung". Auch wenn man von der Inkongruenz der Begriffsbildung absieht, so lassen sich Eingriffs- (= ordnende) und Leistungsverwaltung weder nach Zwecken und Aufgaben noch nach dem Instrumentarium einigermaßen deutlich scheiden. Eine Zerlegung des Verwaltungsrechts „in zwei Teile von je ausgeprägter struktureller Eigentümlichkeit" (Forsthoff) läßt sich anhand jener Unterscheidung nicht vornehmen.

22. Ein „Neubau" des verwaltungsrechtlichen Systems, verstanden als Auswechslung seiner tragenden begrifflichen und institutionellen Fundamente, ist demnach weder geboten noch auch nur möglich. Die Verwaltung des sozialen Rechtsstaats bleibt, auch in ihren leistenden, lenkenden und verteilenden Aufgabenbereichen, auf die elementaren Grundsätze des Rechtsstaats und damit auch auf dessen Instrumentarium angewiesen. Möglich und zugleich geboten ist aber eine andere Verteilung der Gewichte innerhalb des Systems, seine Befreiung von überholten und seine Erweiterung um neue, den Aufgaben des Sozialstaats angemessene Bestandteile.

VII.

23. Der Verwaltungsakt ist (erst) nach 1945 unter dem Einfluß eines aktionenrechtlich orientierten Rechtsschutzsystems zum „Zentralbegriff" des deutschen Verwaltungsrechts geworden. Diese Einseitigkeit verwaltungsaktfixierten Denkens hat aufgabengerechte Lösungen oft erschwert, wenn nicht unmöglich gemacht.

24. Insbesondere wurde die Einsicht verdrängt, daß der Verwaltungsakt innerhalb sich entwickelnder Beziehungen nur eine Momentaufnahme darstellt. Viel wichtiger ist das durch ihn — aber auch durch andere Handlungen der Verwaltung oder des einzelnen — begründete, veränderte oder beendete Rechtsverhältnis. Diesem kommt die bisher vom Verwaltungsakt eingenommene Schlüsselstellung zu. Besondere Beachtung verdient dabei das Dauerrechtsverhältnis.

25. Deshalb ist die von der Rechtsprechung seit der VwGO begonnene Aufwertung des Rechtsverhältnisses von der Lehre nachdrücklich zu unterstützen. Nur von diesem Ansatzpunkt aus lassen sich Handlungsformen und Institute in jener Mannigfaltigkeit entwickeln, deren das Verwaltungsrecht bedarf, um allen Aufgaben der Verwaltung gerecht zu werden (verwaltungsrechtlicher Vertrag, schlichtes Verwaltungshandeln, Zusage, einseitige Willenserklärung Privater, Garantenstellung, Plangewährleistung u. a. m.).

26. Die Innenbeziehungen der Verwaltung lassen sich nach dem herkömmlichen Verständnis nur dann als Rechtsverhältnis begreifen, wenn die beteiligten Verwaltungsorgane verschiedenen Rechtsträgern angehören. Da es sich bei diesen Beziehungen um echte Rechtsbeziehungen handelt, ist zu überlegen, ob der Begriff des Rechtsverhältnisses, wie er im Zivilrecht entwickelt ist und verstanden wird, für das Verwaltungsrecht nicht zu eng ist.

27. Wichtiger als diese (nur terminologische?) Zuordnungsfrage ist die Aufgabe, den bisher vernachlässigten Innenbeziehungen der Verwaltung, insbesondere dem Behörden- und Organisationsrecht, mehr Aufmerksamkeit zu schenken. Bisher finden diese Beziehungen in der Regel nur dann Beachtung, wenn sie unmittelbare Auswirkungen auf das Staat-Bürger-Verhältnis haben, wie z. B. das Zusammenwirken mehrerer Behörden beim Erlaß eines Verwaltungsaktes.

28. So fehlt es z. B. an einer genügenden dogmatischen Bewältigung der „Aufsicht" in ihren verschiedenen Bedeutungen und Funktionen. Ebenso fehlt die Einsicht in die Rechtserheblichkeit von Struktur und Zusammensetzung der Verwaltungsorgane: Kollegien, die demokratisch gewählt oder personell auf Ausgleich pluralistischer Kräfte der Gesellschaft angelegt sind oder die einen speziellen Sachverstand repräsentieren, funktionieren anders als bürokratische Behörden; ihre Entscheidungen können nicht in gleicher Weise nachvollzogen und durch Aufsichtsbehörden oder Gerichte ersetzt werden wie die Entscheidungen jener.

VIII.

29. Die dogmatische Durchdringung des besonderen Verwaltungsrechts hat darunter gelitten, daß sich die Wissenschaft in der Wahl ihrer Arbeitsgebiete zu stark von den Schwerpunkten der Rechtsprechung und des akademischen Unterrichts abhängig gemacht hat. Dadurch sind die in besonderem Maße sozialstaatsbezogenen Rechtsgebiete, insbesondere das Wirtschafts-, das Kultur- und das Sozialverwaltungsrecht, erst spät von der Dogmatik entdeckt worden. Nur durch eine verstärkte Bemühung um diese Bereiche kann es gelingen, die ihnen spezifischen Begriffe und Institute zu erarbeiten und sie in das Systemganze einzufügen.

IX.

30. Das (Verwaltungs-)Recht der europäischen Gemeinschaften verdient stärkere Beachtung. In ihm fließen Rechtsgedanken der verschiedenen nationalen Rechtsordnungen zusammen, wie es umgekehrt in diese Ordnungen ausstrahlt. Einheitliches Recht erfordert auch eine einheitliche Dogmatik.

X.

31. Die Dogmatik des Verwaltungsrechts ist unter dem Grundgesetz im Blick auf die Leitidee des sozialen Rechtsstaats kontinuierlich fortentwickelt worden. Das geschah vornehmlich im Bemühen um die Lösung konkreter Sachprobleme. Die Wissenschaft muß diesen Weg selbstkritisch, beharrlich und geduldig weitergehen; nur er verspricht Erfolg. Fritz Fleiners Forderung von einst gilt heute unverändert: „das Neue organisch mit den bewährten Grundsätzen des Deutschen Verwaltungsrechts zu verbinden".

Die Dogmatik des Verwaltungsrechts vor den Gegenwartsaufgaben der Verwaltung

2. Mitbericht von Professor Dr. Winfried *Brohm*, Bielefeld*)

Inhalt

*) Die in eckige Klammern gesetzten Ausführungen wurden aus Zeitgründen nicht vorgetragen. Angesichts der Weite des Themas mußte auf einen auch nur annähernd nach Vollständigkeit strebenden Zitierapparat verzichtet werden.

I.

1. Überprüft man die verwaltungsrechtliche Dogmatik auf ihre Bewährung vor den Gegenwartsaufgaben der Verwaltung, so muß man sich zunächst Klarheit darüber verschaffen, welche Funktion der Dogmatik zukommt und in welchem Maße sie angesichts der Veränderungen in der sozialen Umwelt fortentwickelt werden kann[1]). Das soll hier nur kurz zur Kennzeichnung der eigenen methodischen Position geschehen.

Von einem strukturell-funktionalen Ansatz[2]) her kann man die Rechtsdogmatik als ein innersystematisch erarbeitetes Gefüge juristischer Begriffe, Institutionen, Grundsätze und Regeln verstehen, die als Bestandteil der positiven Rechtsordnung unabhängig von einer gesetzlichen Fixierung allgemein Anerkennung und Befolgung beanspruchen[3]). [Die Rechtsdogmatik

---

[1]) Diese Fragen wurden erstaunlicherweise bislang gerade in den dogmatischen Fächern wenig reflektiert. Das beklagt allgemein für die Rechtswissenschaft auch *Franz Wieacker*, Zur praktischen Leistung der Rechtsdogmatik, in: Hermeneutik und Dialektik, Festschrift für H. G. Gadamer, Bd. II, Tübingen 1970, S. 311 ff. (313 f.).

[2]) Inwieweit die herkömmliche strukturell-funktionale Theorie in eine funktional-strukturelle Theorie umgearbeitet werden muß, um die Vorordnung des Strukturbegriffes vor den Funktionsbegriff zu vermeiden und so Strukturen schlechthin problematisieren und die Sinnfrage stellen zu können, kann hier dahingestellt bleiben. Im übrigen vermag auch eine fortentwickelte strukturell-funktionale Theorie diese Leistungen zu erbringen. Zur Streitfrage vgl. *Niklas Luhmann*, Soziologische Aufklärung, Soziale Welt 18 (1967), S. 97 ff., jetzt in: Soziologische Aufklärung, Aufsätze zur Theorie sozialer Systeme, 2. Aufl., Opladen 1971, S. 66 ff. (78); *ders.*, Soziologie als Theorie sozialer Systeme, ebd., S. 113 f.; *ders.*, Legitimation durch Verfahren, Neuwied 1969, S. 41 f.; *Walter Schmidt*, Aufklärung durch Soziologie, neue politische literatur 1971, S. 340 ff. (347).

[3]) Diese Umschreibung hält sich an Formulierungen von *Theodor Geiger*, Vorstudien einer Soziologie des Rechts, Kopenhagen 1947, S. 9 ff. und *Theodor Viehweg*, Zwei Rechtsdogmatiken, in: Ulrich

impliziert also mit ihren Formen und Typiken Wertungen, die als „ratio iuris" die „ratio legis" der einzelnen gesetzlichen Regelung übergreifen.]

Der Vorteil dogmatischer Festlegungen liegt darin, daß die grundsätzlichen Sach- und Wertungsfragen nicht bei jeder Rechtskonkretisierung erneut aufgeworfen und durchdiskutiert werden müssen[4]). [Dazu wäre der einzelne in der Praxis des täglichen Rechtslebens auch gar nicht imstande. Denn die menschliche Fähigkeit, eine größere Zahl von Beurteilungsgesichtspunkten als Variable zugleich zu berücksichtigen und miteinander abzuwägen, ist äußerst gering[5]). Insofern ist der Weg über die Dogmatik schlechthin unvermeidlich[6]).]

Allerdings darf diese „Entlastungsfunktion"[7]) nicht als „Reflexionsverbot" aufgefaßt werden. Die Dogmatik vermag mit

---

Klug (Hrg.), Philosophie und Recht, Festschrift für C. A. Emge, Wiesbaden 1960, S. 106 ff. (106 f.). — Der Begriff und insbesondere auch seine Abgrenzung zur Rechtstheorie und Methodologie ist in der Literatur nicht eindeutig. Vgl. etwa *F. Wieacker*, Rechtsdogmatik, S. 319 m. zahlr. w. N. in Anm. 22 ebd.; ergänzend *Josef Esser*, Vorverständnis und Methodenwahl in der Rechtsfindung, Frankfurt/M. 1970, S. 87 ff.; *Th. Viehweg*, Zwei Rechtsdogmatiken, S. 106 f. — Hier wird mit Dogmatik sowohl das Erarbeiten allgemeiner Rechtsbegriffe, allgemeiner Rechtsgrundsätze und einzelner Rechtsregeln verstanden wie auch das Ergebnis dieser Arbeit, nämlich diese Begriffe und Prinzipien selbst. Im selben Sinne zählt auch *Hans J. Wolff*, Rechtsgrundsätze und verfassungsgestaltende Grundentscheidungen als Rechtsquellen, in: Gedächtnisschrift für Walter Jellinek, München 1955, S. 33 ff. (40), die allgemeinen Rechtsgrundsätze hierher, jedenfalls soweit sie „besondere Rechtsgrundsätze" sind, die aus der positiven Rechtsordnung entwickelt werden. Im Hinblick auf die Leistung der Dogmatik als „Denkschema" kann man diese als eine heuristische Methode der Entscheidungsfindung bezeichnen (*J. Esser*, Vorverständnis, S. 92. Zu dieser Streitfrage vgl. auch *F. Wieacker*, Rechtsdogmatik, S. 333). Gegenüber der Rechtsdogmatik erscheint die Rechtstheorie als kritische Metatheorie.

[4]) *J. Esser*, Vorverständnis, S. 88 f.; entsprechend zum Systemdenken: *Claus-Wilhelm Canaris*, Systemdenken und Systembegriff in der Jurisprudenz, entwickelt am Beispiel des deutschen Privatrechts, Berlin 1969, S. 83.

[5]) Darauf weist in einem anderen Zusammenhang in Vermittlung amerikanischer Untersuchungen zutreffend *Niklas Luhmann*, Theorie der Verwaltungswissenschaft, Köln 1966, S. 47 und passim, hin.

[6]) Vgl. *J. Esser*, Vorverständnis, S. 91; *Erich Rothacker*, Die dogmatische Denkform in den Geisteswissenschaften und das Problem des Historismus, Akademie der Wissenschaften und der Literatur, Abhandlungen der geistes- und sozialwissenschaftlichen Klasse, 1954 (Heft 6), S. 243 ff. (264).

[7]) Die von *Arnold Gehlen* vertretene These von der „Entlastungsfunktion der Institutionen" läßt sich aus ihrem philosophisch-an-

ihren Typisierungen und Generalisierungen nicht alle Sachverhalte zu erfassen. Sie hat „Regelcharakter", so daß in singulären Fällen auf die dahinterstehenden Prinzipien und Wertungen selbst zurückgegriffen werden muß[8]).

Bleibt man sich dieser Tatsache bewußt, dann kann die Rechtsdogmatik nicht in formale Begriffskonstruktionen abgleiten; sie vermag vielmehr unkontrollierbare subjektive Wertungen zurückzudrängen und hat damit eine rationalisierende Funktion. [Sie dient der Rechtssicherheit und der generalisierenden Tendenz des Gerechtigkeitsgebotes[9]). Soll in einem konkreten Fall von den Fixierungen der Dogmatik abgewichen werden, so bedarf dies der besonderen Rechtfertigung und Begründung.]

Diese rationalisierende Funktion darf nicht nur punktuell, im Hinblick auf die Einzelentscheidung gesehen werden. Denn mit der Zuordnung gesetzlicher Vorschriften und mit der Herausarbeitung übergreifender Rechtsgrundsätze legt die Dogmatik „innere Zusammenhänge" dar[10]) und ermöglicht damit eine auf die Einheit der Rechtsordnung hin argumentierende Rechtskonkretisierung[11]), ohne damit zu einem geschlossenen und umfassenden System führen zu müssen[12]). [Ein so verstandenes systematisierendes Denken, das die teleologisch erfaßbaren Zusammenhänge herausarbeitet, ist heute um so mehr geboten, als die Einheit der Rechtsordnung durch Maßnahmegesetze und punktuelle Wertungen des Gesetzgebers in zunehmendem

---

thropologischen Kontext lösen; sie gilt auch hier. Dazu im einzelnen *Martin Kriele*, Theorie der Rechtsgewinnung, entwickelt am Problem der Verfassungsinterpretation, Berlin 1967, S. 262 m. Anm. 42.

[8]) Dazu im einzelnen *Winfried Brohm*, Strukturen der Wirtschaftsverwaltung, Stuttgart 1969, S. 36 f.; vgl. auch *C.-W. Canaris*, Systemdenken, S. 50. Im Unterschied zum Zivilrecht ist im öffentlichen Recht dieser Zusammenhang der Dogmatik mit den sozialen Interessen- und Wertungskonflikten in starkem Maße erhalten geblieben. Dazu *F. Wieacker*, Rechtsdogmatik, S. 316.

[9]) *C.-W. Canaris*, Systemdenken, S. 84.

[10]) Dazu auch *C.-W. Canaris*, Systemdenken, S. 37 f., 86 ff.

[11]) Insofern tendiert die Dogmatik unausweichlich zum „System"; man darf dieses nur nicht in einem formal-logischen Sinne verstehen, sondern muß es als „innere Zuordnung" begreifen, die teleologisch erfaßbar ist. Vgl. *C.-W. Canaris*, Systemdenken, S. 40 ff., 86 ff. und passim; *J. Esser*, Vorverständnis, S. 81, 96; *F. Wieacker*, Rechtsdogmatik, S. 319.

[12]) Ein teleologisch erfaßbares „axiologisches" System kann kleinere Ableitungszusammenhänge oder umfassendere Relationen darstellen. In jedem Falle ist es modifizierbar und entwicklungsfähig, also „offen". Zum Begriff des „offenen Systems" in diesem Sinne und mit anderen Bedeutungsinhalten vgl. *C.-W. Canaris*, Systemdenken, S. 61 ff.

Maße gefährdet ist. Die Dogmatik gibt die Möglichkeit, in den Grenzen der Interpretation[13]) immer wieder auf dieses Ziel hinzuarbeiten[14]).]

Durch allgemeine Rechtsbegriffe und Rechtsgrundsätze verschafft die Rechtsdogmatik dem Rechtsanwender dabei eine größere Freiheit gegenüber dem Wortlaut des einzelnen Gesetzes. Auf diese Weise wird das System flexibler und vermag leichter neu auftretende Interessen- und Wertungskonflikte zu erfassen[15]).

Voraussetzung dafür ist, daß die Dogmatik selbst hinreichend flexibel bleibt, neu auftretende Konfliktslagen registriert und sich entsprechend der zunehmenden Umweltkomplexität weiter differenziert. Diese Rückkoppelung und Verbesserung ist deshalb möglich, weil sich die Dogmatik in der praktischen Rechtskonkretisierung laufend zu bewähren hat. So lassen sich notwendige Abweichungen von den hergebrachten Fixierungen registrieren und u. U. als neue Formen und Grundsätze generalisieren[16]).

2. [Die Forderung, die Dogmatik des Verwaltungsrechts flexibel zu halten und im Hinblick auf Veränderungen in der sozialen Umwelt und neue Aufgaben der Verwaltung fortzuentwickeln, versteht sich nicht von selbst. Schließlich ist die Rechtsdogmatik als Bestandteil der positiven Rechtsordnung am geltenden Recht orientiert; sie ist „Normwissenschaft". Faktische Gegebenheiten und Veränderungen scheinen daher aus

---

[13]) Dazu unten Nr. 3 dieses Abschnitts. — Inwieweit Systembrüche unter dem Gesichtspunkt des Willkürverbotes als verfassungswidrig anzusehen sind, kann hier nicht erörtert werden.

[14]) Anders *J. Esser*, Vorverständnis, S. 82 f. m. Anm. 37, der von seinem „vernunftrechtlichen" Verständnis her gerade hier keine Möglichkeiten für die Dogmatik sieht. Angesichts der Notwendigkeit, die ökonomischen und gesellschaftlichen Abläufe zu regulieren und soziale Konflikte laufend auszugleichen, bestimmen „Maßnahmegesetze" immer mehr das Bild des öffentlichen Rechts. Aus diesem Blickfeld heraus ergibt sich, daß man mit den Klagen über diese Entwicklung nur einer unwiderruflichen Vergangenheit nachtrauert. Die Dogmatik muß gerade hier ihre Bewährungsprobe bestehen. (Zu einer positiveren Sicht der Maßnahmegesetze vgl. auch *Friedrich Kübler*, Juristenausbildung im Zielkonflikt, Konstanzer Universitätsreden, Konstanz 1971, S. 14).

[15]) Vgl. auch *F. Wieacker*, Rechtsdogmatik, S. 318.

[16]) Dieses Rückkoppelungsverfahren, das eine autonome Verbesserung und Verfeinerung der Selektionsleistung ermöglicht, übersieht *Niklas Luhmann*, Zweckbegriff und Systemrationalität, Tübingen 1968, S. 229, Anm. 90, wenn er das „feed back" nur als Kontrollmechanismus für „Zweck-", nicht aber für „Konditionalprogramme" gelten lassen will.

ihrem Arbeitsfeld auszuscheiden; sie sind Gegenstand der Wirklichkeitswissenschaften; ergeben sich hier bestimmte Normen, dann besitzen diese allenfalls gesellschaftliche Geltung, nicht aber rechtliche Verbindlichkeit[17]). Dazu bedarf es nach dem Grundgesetz der Legitimation durch die zur Rechtsetzung berufenen Instanzen. Diese können die sich aus den Fakten ergebenden Normen akzeptieren, sie können aber auch versuchen, sie zu modifizieren oder zu bekämpfen. Darin liegt die Leitfunktion des Rechts.

Dennoch sind die faktischen Gegebenheiten und ihre Entwicklung für die Rechtsdogmatik nicht ohne Belang.] Die neuere Methodendiskussion hat klargestellt, daß eine gesetzliche Vorschrift im allgemeinen nicht schon aus ihrem Normtext heraus verstanden und auf den Einzelfall angewandt werden kann. Sie erfährt vielmehr ihren Sinngehalt erst aus dem jeweiligen Sachverhalt, der seinerseits in seinen relevanten Daten wiederum von der Norm bestimmt wird[18]). [Das zeigt sich bei der Vorbewertung des Sachverhalts wie der anzuwendenden Norm. Der gesetzesanwendende Jurist muß erst aus der Vielzahl der Vorschriften diejenige Norm auswählen, die ihrem Sinne nach auf den zur Entscheidung stehenden Fall zutrifft; dabei entscheidet er auch gleichzeitig darüber, welche Einzelheiten des Sachverhaltes für die Entscheidung erheblich sind und welche als irrelevant erscheinen[19]). Oft hat er dabei die anzuwendende Norm erst aus der Vielzahl der gesetzlichen Regelungen für den konkreten Fall zu bilden. Sucht er die gesetzlichen Vorschriften teleologisch zu interpretieren und die Intention des Gesetzes optimal zu verwirklichen, so muß er wissen, bei welcher Aus-

---

[17]) Vgl. dazu im einzelnen *Hans Ryffel*, Rechts- und Staatsphilosophie, Neuwied 1969, S. 46, 73 ff. und passim.

[18]) Dazu im einzelnen mit unterschiedlicher Akzentuierung: *Josef Esser*, Grundsatz und Norm in der richterlichen Fortbildung des Privatrechts, Tübingen 1956; *ders.*, Vorverständnis; *M. Kriele*, Theorie der Rechtsgewinnung; *Friedrich Müller*, Normstruktur und Normativität, Berlin 1966; *F. Wieacker*, Rechtsdogmatik; *H. Ryffel*, Rechts- und Staatsphilosophie, S. 53 ff. Vgl. hierzu aus der umfangreichen und kontroversen Methodendiskussion weiter auch: *Peter Lerche*, Stil, Methode, Ansicht. Polemische Bemerkungen zum Methodenproblem, DVBl. 1961, S. 690 ff.; *Ernst Forsthoff*, Die Umbildung des Verfassungsgesetzes, jetzt in: Rechtsstaat im Wandel, Stuttgart 1964, S. 147 ff.; *Alexander Hollerbach*, Auflösung der rechtsstaatlichen Verfassung?, AöR 85 (1960), S. 241 ff.; *Roman Schnur*, Die normative Kraft der Verfassung, DVBl. 1960, S. 123 ff.

[19]) M. a. W.: Die Norm ist eine „wirklichkeitsgeprägte und Wirklichkeit prägende" Regelung. Vgl. *F. Müller*, Normstruktur, S. 28, 131 und passim.

legung er in der sozialen Wirklichkeit die Wirkung erzielt, die das Gesetz bezweckt[20]).]

Dieser Zusammenhang von Normprogramm und Sachstruktur gilt auch für die Rechtsdogmatik; denn sie steht mit ihren Typisierungen als „genereller Konkretisierung“ gleichsam zwischen Gesetz und Konkretisierung im Einzelfall[21]), [bildet also eine Vorstufe der Gesetzesanwendung in der Einzelentscheidung. Soll das Recht in den jeweils neuen Konfliktsituationen seinem Sinne nach zur Wirksamkeit gebracht werden, dann ist die Dogmatik dem Wandel der sozialen Verhältnisse entsprechend zu ändern[22]).]

Dabei hat die Dogmatik Veränderungen in der sozialen Umwelt nicht immer erst im nachhinein zu berücksichtigen. Das Recht hat nicht nur Bezug zur Vergangenheit und Gegenwart, sondern ist immer zugleich auch ein Ordnungsentwurf in die Zukunft hinein. Seine Leitfunktion kann es in einer sich beschleunigt verändernden Welt nur verwirklichen, wenn die Dogmatik auch versucht, die in der Entwicklung angelegten Umweltveränderungen vorwegzunehmen. Insofern ist die Dogmatik auch „Zukunftswissenschaft“. [Hier ist sie in besonderem Maße auf die sozialwissenschaftliche Forschung angewiesen.]

3. Soll die Normativität des Rechts nicht der Faktizität der Entwicklung weichen, dann muß die Fortentwicklung der Dogmatik Grenzen haben. Sie ergeben sich unter dem Grundgesetz aus dem Wortlaut der Verfassung und des demokratisch legitimierten Gesetzes. Denn in einer pluralistischen Gesellschaft, wie sie das Grundgesetz voraussetzt und konstituiert, kann sich die Verbindlichkeit dogmatischer Fixierungen nicht etwa auf eine teleologische Geschichtsphilosophie stützen[23]), sondern

---

[20]) Dazu jetzt auch *Manfred Rehbinder*, Einführung in die Rechtssoziologie, Frankfurt/M. 1971, S. 9 ff.

[21]) Vgl. auch die ähnliche Auffassung über die Rechtsdogmatik bei *H. Ryffel*, Rechts- und Staatsphilosophie, S. 47.

[22]) Die Dogmatik des Verwaltungsrechts hat diesem Zusammenhang von Norm und Wirklichkeit auch immer wieder Rechnung getragen, etwa mit dem Bedeutungswandel des Verwaltungsaktsbegriffes, dem Gedanken der Daseinsvorsorge und der Konstruktion des Verwaltungsprivatrechts oder der Zweistufentheorie. Vielleicht geschah dies in einer methodisch weniger reflektierten Weise. Jedenfalls läßt sich der Einwand, die Rechtswissenschaft beziehe ihre Institute nicht auf die Probleme der Umwelt, in dieser Absolutheit gerade für das öffentliche Recht nicht aufrechterhalten. Dazu *F. Wieacker*, Rechtsdogmatik, S. 316; vgl. dagegen *N. Luhmann*, Theorie der Verwaltungswissenschaft, S. 59 f.

[23]) Das im Unterschied zu Staaten, deren Rechtsordnung etwa auf den marxistischen Sozialismus gegründet ist. Hier ermöglicht der dem Christentum seit Augustinus vertraute Gedanke einer sinn-

allein auf die von dem demokratischen Gesetzgeber getroffenen Wertungen. Daher ist die Dogmatik in der BRD auch in ihrer Ausrichtung auf die Zukunft notwendigerweise systemstabilisierend[24]). Konfliktlösungen, die sich nicht mehr aus der positivierten Rechtsordnung entnehmen lassen, scheiden damit nicht aus der rechtswissenschaftlichen Reflexion aus; sie besitzen aber keine Rechtsverbindlichkeit und sind daher als reine „Rechtspolitik" zu kennzeichnen[25]). [Sie gehören in den Bereich

---

haften, geschichtlichen Entwicklung in der Form der „sozialistischen Gesetzlichkeit" eine größere Flexibilität der Dogmatik. Deren Auseinanderfallen in subjektive Meinungen kann dadurch gesteuert werden, daß eine Einheitspartei das jeweilige Stadium des geschichtlichen Entwicklungsprozesses präzisiert. Dazu *Th. Viehweg*, Zwei Rechtsdogmatiken, S. 108 ff.

[24]) Dieser verfassungsrechtliche Bezug wird bei der programmatischen Forderung nach einer „Rechtswissenschaft als Zukunftswissenschaft", wie sie vor allem *Werner Maihofer*, Realistische Jurisprudenz, in: G. Jahr und W. Maihofer, Rechtstheorie, Beiträge zur Grundlagendiskussion, Frankfurt 1971, S. 427 ff. (430 ff.), wegweisend erhoben hat, leicht übersehen. Die dadurch bedingte Abgrenzung zwischen der Rechtsdogmatik im dargelegten Sinne und einer rechtlich unverbindlichen Rechtspolitik im Sinne einer Gesetzgebungswissenschaft wird hier nicht immer deutlich. So verweist *Maihofer*, S. 432, den in „Legislative, Exekutive und Justiz" bei der Gestaltung und „Handhabung des Rechts" tätigen Juristen auf seine Funktion als „Produzent von Recht und Kritiker der Gesellschaft" kraft seiner Vorbildung durch Wissenschaft zu rationaler Argumentation aus intersubjektivem Konsens. Andererseits grenzt er (S. 433) die Rechtsdogmatik von der „Rechtspolitik, insbesondere der Gesellschaftsgestaltung durch Gesetzgebung" ab. Wenn er weiter (S. 460 ff.) den Maßstab für die Rechtsfortbildung der „Unumkehrbarkeit der Entwicklung" entnimmt, so folgt er letztlich einer teleologischen Geschichtsphilosophie, deren Verbindlichkeit, wie erwähnt, in der vom Grundgesetz pluralistisch verfaßten Gesellschaft der BRD kaum zu begründen ist. Sie ist zumindest in dieser Fassung auch zweifelhaft, wie das Beispiel der in den verschiedenen Verfassungsepochen (etwa Absolutismus, Wirtschaftsliberalismus des 19. Jahrhunderts, Jetztzeit) außerordentlich divergierenden Sozialbindung des Grundeigentums zeigt. Das schließt nicht aus, daß rechtspolitische Erwägungen auch auf diese Weise für die Gesetzgebung rational aufbereitet werden. Zur Abgrenzung von Rechtspolitik und Rechtsdogmatik vgl. auch die folgende Anm.

[25]) Der Begriff der „Rechtspolitik" ist wie der der „Rechtsdogmatik" in der Rechtswissenschaft noch keineswegs präzisiert. Er wird daher oft in unterschiedlichem Sinne gebraucht und je nachdem, ob man die eigenständige Wertung des gesetzesanwendenden Juristen oder seine „Gesetzestreue" betont, auch auf die Rechtskonkretisierung angewandt oder den Gesetzgebungswissenschaften vorbehalten. Zweifellos muß gerade eine teleologische Gesetzesinterpretation, die nach dem „objektivierten Willen des Gesetzgebers" (vgl. etwa BVerfG v. 21. 5. 1952, BVerfGE 1, 299 (312); v. 17. 5. 1960, BVerfGE 11, 126 (129 f.)) fragt, also den Sinn und Zweck eines Ge-

der „Gesetzgebungswissenschaft", ein bislang vernachlässigtes Gebiet der Rechtswissenschaft[26]), das aber von der Rechtsdogmatik zu scheiden ist.]

Aus dieser Position ergibt sich die Notwendigkeit, die überkommene verwaltungsrechtliche Dogmatik in ihrer geistesgeschichtlichen und sozialen Bedingtheit herauszuarbeiten und aus der Konfrontation mit den Veränderungen in der Gegenwart die notwendigen Konsequenzen für ihre Fortentwicklung zu ziehen.

II.

1. Die herkömmliche Verwaltungsrechtslehre ist durch folgende Eigentümlichkeiten gekennzeichnet:

Im Mittelpunkt steht der an der Eingriffshandlung entwikkelte Begriff des Verwaltungsaktes als Äußerungsform der öffentlichen Gewalt[27]). Schwerpunkte bilden die Fragen der Ge-

---

setzes vom Standpunkt der Gegenwart aus ermitteln und verwirklichen will, soziologisch vorgehen. Sie muß einerseits diejenigen Interessen und Einflüsse feststellen, die zur Normbildung geführt haben, um den Sinn der Norm in seiner Bewertung dieser Interessen zu erkennen; sie muß andererseits die tatsächliche Wirkung der Norm auf das Sozialleben erforschen, um diejenige Auslegung wählen zu können, die in ihrer Auswirkung die mit der Norm verfolgten Ziele trifft. Erkennt man den „politischen" Charakter der Gesetzgebung, weil sie wirtschaftliche, soziale oder kulturelle Probleme zu regeln versucht (vgl. *Hermann Heller*, Staatslehre, 4. Aufl., Leiden 1970, S. 242), und definiert man Rechtspolitik als die Frage und Entscheidung, „welche sozialen Ziele mit welchen rechtlichen Mitteln und auf welchem rechtlichen Wege erreicht werden sollen" (*Ernst E. Hirsch*, Recht im sozialen Ordnungsgefüge, Berlin 1966, S. 45), so kann man eine solche Rechtskonkretisierung eine „rechtspolitische" nennen. Da sie jedoch am Gesetz orientiert ist und ihre Grenze im Wortlaut des Gesetzes findet, nämlich dort, wo die Interpretation in eindeutigem Widerspruch zu den möglichen Textgehalten steht, der Wortlaut also nicht so verstanden werden kann (*F. Müller*, Normstruktur, S. 160), ist hierfür der Ausdruck „soziologische Interpretation" vorzuziehen. Der Begriff der Rechtspolitik bleibt dann in Abgrenzung zur Rechtsdogmatik den Gesetzgebungswissenschaften vorbehalten. (Vgl. auch den entsprechenden Wortgebrauch bei *M. Rehbinder*, Einführung in die Rechtssoziologie, S. 9 f.).

[26]) Dazu W. *Maihofer*, Realistische Jurisprudenz, bes. S. 462 ff.

[27]) Es geht hier um eine bewußt pointiert formulierte Analyse der Strukturen der herkömmlichen verwaltungsrechtlichen Dogmatik. Diese haben sich im Laufe der Entwicklung mehr und mehr in dieser Eigenheit herausgebildet, sind darin aber bereits bei *Otto Mayer* angelegt. Dieser übernahm zwar mit dem Begriff des „öffentlichen Unternehmens", insbesondere in der Form der „Anstalt" als dauernder „Veranstaltung" aus dem französischen Recht den Gedanken des service public, verengte ihn aber auf einen Teil der Verwaltungstätigkeit, indem er die Polizei sowie den Fiskus davon ausnahm, und hob im übrigen neben der Idee des „Dienstes" den Ge-

setzmäßigkeit und des Individualrechtsschutzes. Das Bild der Verwaltung wird dadurch von ihrer „vollziehenden Funktion" her bestimmt, die als „Gesetzesanwendung" allzu leicht mit logischer Subsumtion und starrer Gebundenheit identifiziert wird. Die Dogmatik ist so vor allem an der einen richtigen Entscheidung ausgerichtet. Die „Gestaltungsfunktion" der Verwaltung, verfahrens- und organisationsrechtliche Fragen treten dahinter weit zurück[28]).

---

danken der Machtäußerung des Staates, etwa in der Anstaltsgewalt und der Anstaltssatzung, hervor. Der Grund dafür ist vermutlich weniger in dem Einfluß der *Gerber-Laband*-Schule zu sehen als in dem Umstand, daß der *Arrêt Blanco* zwar bereits 13 Jahre vor dem Erscheinen sogar von *Otto Mayers* Theorie des französischen Verwaltungsrechts, Straßburg 1886, ergangen war, der Gedanke des service public aber erst später seinen Siegeszug im französischen Recht angetreten hat, so daß *Otto Mayer* nicht auf eine fundierte Lehre des service public zurückgreifen konnte. Auch in *Otto Mayer*, Deutsches Verwaltungsrecht, 1. und 2. Band, 2. Aufl., München 1914 und 1917, 3. Aufl. 1924, Nachdruck Berlin 1969, zählt der Verwaltungsakt im allgemeinen Teil zu den „Grundzügen der Verwaltungsrechtsordnung" (vgl. 1. Band, 2. Aufl., S. 95 ff.; 3. Aufl., S. 92) und bildet auch im besonderen Teil als „Polizeibefehl" (1. Band, 2. Aufl., S. 235; 3. Aufl., S. 226), als „Finanzbefehl" (1. Band, 2. Aufl., S. 363; 3. Aufl., S. 348) und selbst im Bereich der öffentlichen Unternehmen die zentrale Handlungsform der Verwaltung. Enteignungen und Nutzungsverleihungen erfolgen durch Verwaltungsakt; öffentliche Dienstpflichten werden durch ihn begründet und öffentliche Lasten durch ihn auferlegt (vgl. 2. Band, 2. Aufl., S. 6, 180, 256, 393; 3. Aufl., S. 4, 95, 144, 233). Die zentrale Stellung des Verwaltungsaktes wurde in den Werken von *F. Fleiner* und *W. Jellinek* erweitert und gefestigt, indem etwa auch Gebrauchserlaubnisse, Zulassungen zur öffentlichen Anstalt und Widmungen als Verwaltungsakte angesehen wurden (vgl. *Fritz Fleiner*, Institutionen des Deutschen Verwaltungsrechts, 8. Aufl., Tübingen 1928, 2. Neudruck, Aalen 1963, S. 186, 336, 379, 409; *Walter Jellinek*, Verwaltungsrecht, 3. Aufl., Berlin 1931, S. 239). Dazu wie auch zum Begriff der öffentlichen Gewalt und zur weiteren Entwicklung der Dogmatik in dieser Frage vgl. im einzelnen *W. Brohm*, Strukturen der Wirtschaftsverwaltung, S. 168 ff., bes. S. 171 f. und S. 179 ff. (183 f.) m. zahlr. N. Zur Ablehnung des öffentlich-rechtlichen Vertrages durch *O. Mayer* zugunsten des Verwaltungsaktes als umfassende Handlungsform der Eingriffsverwaltung wie der hoheitlich geübten Leistungsverwaltung und zu den Hintergründen hierfür vgl. *Martin Bullinger*, Vertrag und Verwaltungsakt, Stuttgart 1962, bes. S. 241 ff. m. w. N.

[28]) Bezeichnend hierfür ist die vielfach übliche Charakterisierung der Verwaltung als „Vollziehung" (vgl. etwa *F. Fleiner*, Institutionen, S. 4, 133 und passim). Die daneben erwähnte Regierungsfunktion der Verwaltung wird in den Erörterungen fast völlig von der Vollzugsfunktion verdrängt. Diese beherrscht durchweg die Bemühungen in der verwaltungsrechtlichen Dogmatik, gleichgültig, ob das Gesetzmäßigkeitsprinzip als Grundlage oder als Begrenzung der Verwaltungstätigkeit verstanden wird. Bereits *Albert Haenel*,

In dieser Ausrichtung hat das Verwaltungsrecht einen eigenartigen individualistischen und punktuellen Charakter. Auf der einen Seite steht der Staat bzw. die Verwaltung als eine geschlossene, dem Individuum vergleichbare Rechtsperson, auf der anderen Seite findet sich der einzelne, ebenfalls isoliert als Individuum mit seinen gegen den Staat gerichteten Freiheitsrechten. In gleicher Weise wird die Verwaltungstätigkeit punktuell gesehen, wie es für den fallweisen Vollzug von Normen bei relativ unkomplizierten Sachverhalten auch typisch ist[29]).

So ist die Dogmatik in ihrer Grundausrichtung statisch. Sie erfaßt mit dem Begriff des Verwaltungsaktes nur den End-

---

Studien zum deutschen Staatsrechte, Bd. II: Das Gesetz im formellen und materiellen Sinne, Leipzig 1888, S. 186, hat die Bezeichnung „Vollziehung" kritisiert, die man jeder gewissenhaften Analyse zuwider mißbraucht habe, um die reiche und vielgestaltige Tätigkeit des Staates, die der Gesetzgebung gegenüberstehe, mit logischer Subsumtion und starrer Gebundenheit zu identifizieren. Dazu auch *Erich Kaufmann*, Art.: Verwaltung und Verwaltungsrecht, in: Stengel-Fleischmann, Wörterbuch des deutschen Staats- und Verwaltungsrechts, Bd. III, Tübingen 1914, S. 688 ff., jetzt in: Gesammelte Schriften, Bd. I, Göttingen 1960, S. 75 ff. (76); *Thomas Ellwein*, Formierte Verwaltung — autoritäre Herrschaft in einer parlamentarischen Demokratie, in: Kritik, Bd. 3, Parlamentarismus ohne Transparenz, Opladen 1971, S. 48 ff. (50); *Ellwein-Görlitz-Schröder*, Parlament und Verwaltung, Teil 1, Gesetzgebung und politische Kontrolle, Stuttgart 1967, S. 74. Entsprechend betont *Ernst Forsthoff*, Lehrbuch des Verwaltungsrechts, 9. Aufl., München 1966, S. 16 m. Anm. 2, daß die normativ orientierte Verwaltungsrechtswissenschaft der Regierungsfunktion kein besonderes Interesse abgewinnen konnte. — Die Dominanz der Vollzugsfunktion in der verwaltungsrechtlichen Dogmatik und deren Orientierung an der einen richtigen Entscheidung ist durch den Ausbau des verwaltungsgerichtlichen Rechtsschutzes weiter befördert worden. In der Konzentration auf die Vollzugsfunktion der Verwaltung liegt wohl auch der Grund für die Vernachlässigung des Organisations- und Verfahrensrechtes. Denn wenn die Verwaltung, zumindest in ihrer für die Dogmatik relevanten Tätigkeit, vorwiegend im Gesetzesvollzug besteht, ist es — jedenfalls bei der Vorstellung einer Gesetzessubsumtion — relativ gleichgültig, welche Instanz in welcher organisatorischen Ausgestaltung damit betraut wird. Vgl. dazu auch *N. Luhmann*, Theorie der Verwaltungswissenschaft, S. 89.

[29]) Der „punktuelle" Charakter der gegenwärtigen Verwaltungsrechtslehre tritt gerade in neueren Untersuchungen unter den verschiedensten Aspekten mehr oder weniger deutlich hervor; vgl. etwa *Peter Badura*, Verwaltungsrecht im liberalen und im sozialen Rechtsstaat, Tübingen 1966, S. 10 und passim; *Fritz Ossenbühl*, Verwaltungsvorschriften und Grundgesetz, Bad Homburg v. d. H. 1968, S. 51, 59, 60 f., 192; *Klaus König*, Erkenntnisinteressen der Verwaltungswissenschaft, Berlin 1970, S. 16 ff.; *Elmar Stachels*, Das Stabilitätsgesetz im System des Regierungshandelns, Berlin 1970, S. 103; *Rupert Scholz*, Wirtschaftsaufsicht und subjektiver Konkurrentenschutz, Berlin 1971, S. 14, 35 ff., 41 ff.

punkt eines Entscheidungsprozesses, nicht aber den Prozeß selbst. Sie sieht den Verwaltungsakt weiter nur isoliert, als Regelung gegenüber dem einzelnen Bürger, und nicht in der breiten Wirkung, die er oftmals entfaltet, und in den Handlungszusammenhängen, in denen er vielfach steht. Insofern fehlt der herkömmlichen Dogmatik weithin die räumliche und die zeitliche Dimension.

Im Zusammenhang damit stehen die oftmals starren Fixierungen der dogmatischen Formtypik, die Abstufungen — etwa in der Verbindlichkeit der Anordnungen oder in der Intensität des subjektiven Rechts und seines Schutzes — nicht kennen und dadurch einer flexibleren Handhabung des Rechts entgegenstehen[30]).

Diese Charakterisierung der herkömmlichen Dogmatik ist bewußt pointiert erfolgt, um die Grundstrukturen schärfer hervortreten zu lassen. Auf Modifikationen kommt es in diesem Zusammenhang nicht an.

2. Der punktuelle Charakter der überkommenen Dogmatik läßt sich auf mehrere Umstände zurückführen: auf den Einfluß des vom Naturrecht geprägten Zivilrechts[31]), auf die staatspolitische Konzeption des bürgerlichen Liberalismus mit ihrer Trennung von Staat und Gesellschaft als eigengesetzliche Sphären und der weitgehenden Beschränkung der staatlichen Tätigkeit auf die Gefahrenabwehr[32]) und schließlich auf die relativ überschaubaren sozialen Verhältnisse jener Zeit.

---

[30]) *E. Kaufmann*, Art.: Verwaltung und Verwaltungsrecht, S. 139 f., führt dies auf die Eliminierung des Zwecks in der juristischen Formtypik durch die „juristische" Methode zurück. Dazu auch schon *A. Haenel*, Gesetz, S. 207.

[31]) Dazu im einzelnen *E. Kaufmann*, Art.: Verwaltung und Verwaltungsrecht, S. 139 f.

[32]) Dazu insbes. *Peter Badura*, Das Verwaltungsrecht des liberalen Rechtsstaates, Göttingen 1967, bes. S. 51 ff.; *ders.*, Verwaltungsrecht im liberalen und im sozialen Rechtsstaat, S. 16 ff. und passim. — Es soll hier nicht übersehen werden, daß der Staat des ausgehenden 19. Jahrhunderts die Beschränkung seiner Tätigkeit auf die Gefahrenabwehr und die Besteuerung längst wieder aufgegeben hatte. In der verwaltungsrechtlichen Dogmatik aber wurde dem zunächst weniger Rechnung getragen. Daraus erklärt sich die Bedeutung, die erst die Schrift von *Ernst Forsthoff*, Die Verwaltung als Leistungsträger, Stuttgart 1938, und der darin geprägte Begriff der „Daseinsvorsorge" — übrigens erst lange Zeit nach deren Erscheinen — erlangte (dazu auch *E. Forsthoff*, Verwaltungsrecht, S. 342 f. unter Hinweis auf die Behandlung dieser Problematik bei *O. Mayer*, *F. Fleiner* und *W. Jellinek*). Die Nachwirkungen dieser staatspolitischen Konzeption zeigen sich weiter in der geringen Beachtung der Gestaltungsfunktion der Verwaltung, worauf im folgenden näher einzugehen sein wird.

Unter diesen Bedingungen vermochte sich das Interesse der verwaltungsrechtlichen Dogmatik im wesentlichen auf die individuelle, fallweise Verhaltenskorrektur zu beschränken. Der Verwaltungsakt als obrigkeitliche Handlungsform der Verwaltung konnte so zu einem zentralen Begriff des Systems werden, mit dem über die Anwendbarkeit des öffentlichen Rechts, die Erforderlichkeit des Gesetzesvorbehaltes, die Verbindlichkeit der Anordnung, die Fragen der Fehlerhaftigkeit und deren Folgen, die Rechtsverletzung und den gerichtlichen Rechtsschutz und vieles andere mehr entschieden wurde.

3. Dieses System war elastisch genug, auch die Probleme der Leistungsverwaltung, wie sie i. a. mit dem Begriff der „Daseinsvorsorge" im Sinne einzelner Leistungsverhältnisse umschrieben wird, bewältigen zu können. Der Verwaltungsakt wurde vom Befehl zur hoheitlichen Regelung, die hoheitlich-obrigkeitliche Verwaltung um die schlicht-hoheitliche bereichert, die öffentlich-rechtlichen Maßstäbe über die Zweistufentheorie oder das Verwaltungsprivatrecht in einer elastischen Weise auf die schlichte Hoheitsverwaltung anwendbar gemacht und individuelle Teilhaberechte über die Ausdehnung des subjektiven öffentlichen Rechts begründet[33]).

Diese Umgestaltung ist noch nicht zum Abschluß gekommen. Zahlreiche Fragen sind noch umstritten. So das Verhältnis zwischen mitwirkungsbedürftigem Verwaltungsakt und Vertrag, die Ausgestaltung der Dauerrechtsbeziehungen mit gegenseitigen Rechten und Sorgfaltspflichten, die Problematik des doppelten Rechtsweges bei der Zweistufentheorie u. a. m.[34]). Indessen sind diese Fragen im Wege der Anpassung und Ergänzung des verwaltungsrechtlichen Instrumentariums zu lösen, ohne daß dadurch die Dogmatik in ihrer Grundstruktur verändert werden müßte. Das hat seinen Grund darin, daß auch bei der Erbringung einzelner begrenzter Versorgungsleistungen der Vollzugscharakter und der Individualbezug der Verwaltungstätigkeit gewahrt bleiben. Selbst das Eingriffsdenken läßt sich beibehalten — und wird teilweise ja auch beibehalten —, kann

[33]) Dazu im einzelnen *W. Brohm*, Strukturen der Wirtschaftsverwaltung, insbes. S. 179 ff. m. zahlr. w. N.

[34]) Vgl. dazu insbes. die Referate von *Wilhelm Henke* und *Wolfgang Rüfner*, Rechtsformen der sozialen Sicherung und das Allgemeine Verwaltungsrecht, VVDStRL 28 (1970), S. 149 ff. und 187 ff., bes. S. 156 ff., 158, 161, 191, 204, 214 ff., 235. Zur Problematik des öffentlich-rechtlichen Vertrages: *Martin Bullinger*, Zur Notwendigkeit funktionalen Umdenkens des öffentlichen und privaten Vertragsrechts im leistungsintensiven Gemeinwesen, in: Gedächtnisschrift Hans Peters, Berlin 1967, S. 667 ff. (bes. S. 680); *Hans Peter Ipsen*, Rechtsstaatliche Erdölkonzessionierung, ebd., S. 686 ff. (702).

man doch die Verweigerung der beanspruchten Leistung als einen „Eingriff“ in das Teilhaberecht werten[35]). Zwar hat die Verwaltung im Rahmen der Daseinsvorsorge auch eine „Gestaltungsfreiheit“ in der Frage etwa, ob sie eine Leistungsinstitution errichten und in welcher Weise sie sie ausgestalten will. Aber diese Fragen wurden bislang als wenig problematisch empfunden[36]). Das Interesse galt in erster Linie der Nutzung dieser Einrichtungen, und hier konnte der punktuelle Vollzugscharakter nach Maßgabe der Anstaltsordnung gewahrt bleiben.

4. Inzwischen sind wir — idealtypisch gesprochen[37]) — in eine neue Phase der Entwicklung eingetreten, die der Tätigkeit der Verwaltung neue Möglichkeiten und neue Dimensionen gibt und auch nicht ohne Rückwirkung auf ihre organisatorische Struktur sein wird. Die moderne Industriegesellschaft kann mit den Grundphänomenen der sich beschleunigenden Veränderung, der Verwissenschaftlichung und der nahezu totalen Interdependenz aller Tätigkeiten und Zustände charakterisiert werden[38]).

---

[35]) Repräsentativ etwa der Diskussionsbeitrag von *Ferdinand Kopp*, VVDStRL 28 (1970), S. 253.

[36]) Das gilt etwa für die Fragen der Errichtung und des Standorts solcher Einrichtungen. Diese werden nach der herkömmlichen Auffassung in den Bereich rechtlich unkontrollierbarer Politik verwiesen und scheiden damit aus den dogmatischen Bemühungen aus. Typisch etwa die Literatur und die Kommentierung zu der in den Gemeindeordnungen statuierten Aufgabe der Kommunen, innerhalb der Grenzen ihrer Leistungsfähigkeit die für die wirtschaftliche, soziale und kulturelle Betreuung ihrer Einwohner erforderlichen öffentlichen Einrichtungen zu schaffen. Vgl. etwa *Hans J. Wolff*, Verwaltungsrecht II, 3. Aufl., München 1970, § 98 III; *Hans Körner*, Gemeindeordnung Nordrhein-Westfalen, Köln 1970, Rdnr. 2 zu § 18; *Kottenberg-Rehn*, Gemeindeordnung für das Land Nordrhein-Westfalen, 9. Aufl., Siegburg 1970, § 18 I und II; *Zuhorn-Hoppe*, Gemeinde-Verfassung, 2. Aufl., Siegburg 1962, S. 91 ff.; *Helmreich-Widtmann*, Bayerische Gemeindeordnung, 3. Aufl., München 1966, Anm. 1 zu Art. 57. — Probleme sind hier bislang nur vereinzelt aufgetreten, etwa bei der Ausgestaltung der Benutzungsordnungen. Vgl. dazu BVerwG v. 8. 11. 1963, BVerwGE 17, 119; v. 16. 12. 1966, BVerwGE 25, 364; *E. Forsthoff*, Verwaltungsrecht, S. 388 f. m. w. N.; *H. J. Wolff*, Verwaltungsrecht II, § 99 II e; *Otto Bachof*, Rechtsnatur, zulässiger Inhalt und Anfechtung von Friedhofsordnungen, AöR 78 (1952/53), S. 83 ff. (87 ff.).

[37]) Historisch betrachtet reichen die Wurzeln auch dieser Entwicklung bereits ins 19. Jahrhundert hinein.

[38]) Das ist oft beschrieben worden. Vgl. etwa allgemein die Zusammenstellung bei *Hartmut v. Hentig*, Systemzwang und Selbstbestimmung, 3. Aufl., Stuttgart 1970, S. 78 ff. Aus staatsrechtlicher Sicht: *Ernst Forsthoff*, Der Staat der Industriegesellschaft, München 1971, bes. S. 30 ff. Speziell unter dem Gesichtspunkt der Wirtschaftsaufsicht: *R. Scholz*, Wirtschaftsaufsicht und subjektiver Konkurrentenschutz, S. 39 und passim.

Das hat zur Folge, daß vielfach schon die herkömmlichen Vollzugsmaßnahmen der Verwaltung ihren individuell begrenzten Charakter verlieren. So betreffen z. B. die Typengenehmigungen im Kraftfahrzeug- oder Baustoffgewerbe[39]) nicht nur den Antragsteller, sondern ganze Wirtschaftszweige, die an der Herstellung des Produktes beteiligt oder auf seine Nutzung angewiesen sind.

Vor allem aber fehlt der punktuelle Charakter regelmäßig bei den Sozialgestaltungen der Verwaltung. Typische Beispiele sind die Planungen in der Wirtschafts- und Sozialpolitik oder in der Raumordnung und im Städtebau[40]).

Bei diesen Gestaltungsaufgaben gibt es zunächst keine gesetzlichen Tatbestände, die man fallweise gegenüber einem einzelnen anzuwenden hätte. Der Verwaltung wird vielmehr das Ziel eines Gestaltungsprozesses genannt, zu dessen Verfolgung sie auch ein bestimmtes Instrumentarium zur Wahl erhält. Der Weg zum Ziel steht ihr dabei frei. Er ließe sich auch gar nicht im voraus berechnen. Denn bei der planenden Gestaltung sind die verschiedensten Unterzwecke [zu beachten, und was auf der einen Ebene als Mittel erscheint, ist auf der anderen der Zweck für weitere Mittel. Je höher dabei die Abstraktionsebene, desto harmonischer erscheinen die Zwecke miteinander vereinbar. Je konkreter die Planung wird, desto schärfer treten oft die Zielkonflikte hervor[41]). Dann ist eine widersprüchliche Zielverfolgung allenfalls im zeitlichen Nacheinander möglich. Insofern hat die Verwaltung bei ihren Maßnahmen die Möglichkeiten der Zweck-Mittel-Vertauschung, der

---

[39]) Dazu *Christian Heinze*, Allgemeine Zulassung von Fabrikaten, Stuttgart 1971, bes. S. 12 ff.

[40]) Es geht hier also um die aktiv gestaltenden Maßnahmen des Staates, zu denen er heute nicht nur auf Grund der sozialen Gegebenheiten gezwungen, sondern als „Sozialstaat" (Art. 20 I GG) auch nach der Verfassung angehalten ist. Wenn *E. Forsthoff*, Verwaltungsrecht, S. 59, den Sozialstaat als einen reaktiv, aus der jeweiligen Situation heraus handelnden Staat charakterisiert, so hat sich die Verfassungswirklichkeit in der Bundesrepublik, legitimiert durch diesen verfassungsrechtlichen Auftrag, in den letzten Jahren erheblich gewandelt. Die Beiträge etwa in den Sammelbänden von *Joseph H. Kaiser* (Hrg.), Planung I-V, Baden-Baden 1965—1971, geben dem Ausdruck. Dazu auch *Hans Joachim Arndt*, Der Plan als Organisationsfigur und die strategische Planung, PVS 1968, S. 177 ff. (178).

[41]) Daher wäre es ein Trugschluß, wollte man annehmen, daß aus der Angabe des obersten Zieles die weiteren Ziele im Wege fortlaufender Konkretisierung logisch gefolgert werden könnten. Dazu *Rolf-Richard Grauhan*, Zur Struktur der planenden Verwaltung, Stadtbauwelt 1969, S. 132 ff. (134).

opportunistischen Zweckverwirklichung[42])] wie auch die rasche Veränderlichkeit der Umweltdaten mit zu berücksichtigen. Die Verwaltung muß sich daher in der Verfolgung des ihr gesteckten Zieles laufend selbst programmieren. Gegenüber dieser eigenen Zwecksetzung und Programmierung im Rahmen vorgegebener Ziele ist dann der Vollzug des Programms im Einzelfall von untergeordneter Bedeutung. Die Würfel sind dann meist schon gefallen. Das ist für den Rechtsschutz, etwa im Bauplanungsrecht, schon mehrfach hervorgehoben worden[43]).

Oft kommt es nicht einmal zu einem verbindlichen Vollzug gegenüber den Betroffenen, oder es ergeht zwar eine Regelung gegenüber einzelnen, aber ihre Wirkung reicht viel weiter und gilt meistens auch ganz anderen als den Adressaten. Das ist vor allem bei der Wirtschaftslenkung der Fall. Wenn z. B. die Bundesbank die Mindestreservesätze erhöht, dann trifft diese Maßnahme nicht nur die Geschäftsbanken, sondern darüber hinaus auch die kreditabhängigen Unternehmen. Schließt sie aus konjunkturpolitischen Gründen die Wechsel bestimmter Wirtschaftszweige von der Rediskontierung aus[44]), oder stellt die öffentliche Hand die Vergabe von Aufträgen ein, so fehlt es überhaupt an einer „Regelung" gegenüber dem Bürger, und doch ist die Wirkung dieser Maßnahmen einer entsprechenden Anordnung gleichzustellen[45]).

---

[42]) Dazu *N. Luhmann*, Zweckbegriff, z. B. S. 29, 31.

[43]) Vgl. etwa *Winfried Brohm*, Rechtsschutz im Bauplanungsrecht, Stuttgart 1959, S. 75 ff. und passim; *ders.*, Art.: Städtebau (III), Staatslexikon, 6. Aufl., 3. Ergänzungsband, Freiburg 1970, Sp. 339 ff. (347); *Willi Blümel*, Raumplanung, vollendete Tatsachen und Rechtsschutz, in: Festgabe für Ernst Forsthoff, München 1967, S. 133 ff., bes. S. 139 m. zahlr. w. N.; *Richard Bartlsperger*, Die Bauleitplanung als Reservat des Verwaltungsstaates, DVBl. 1967, S. 360 ff. (369).

[44]) Zum Ausschluß von Bau- und Teilzahlungswechseln vgl. z. B. die Beschlüsse des Zentralbankrates vom 12. 10. 1955 und 21. 3. 1956 im Geschäftsbericht der Bank Deutscher Länder für das Jahr 1956, Frankfurt 1957, S. 116.

[45]) Vgl. allgemein zu dieser Problematik: *Joseph H. Kaiser*, Exposé einer pragmatischen Theorie der Planung, in: ders., (Hrg.), Planung I, Baden-Baden 1965, S. 11 ff. (23 f.); *Hans Peter Ipsen*, Fragestellungen zu einem Recht der Wirtschaftsplanung, ebd., S. 35 ff. (59 f.); *ders.*, Rechtsfragen der Wirtschaftsplanung, in: J. H. Kaiser, Planung II, Baden-Baden 1968, S. 63 ff.; *Ernst Forsthoff*, Über Mittel und Methoden moderner Planung, in: J. H. Kaiser, Planung III, Baden-Baden 1968, S. 21 ff., 33 und passim; *Hans Heinrich Rupp*, Zur Problematik öffentlich-rechtlicher Machtpotenzierung durch Funktionenkombination, NJW 1968, S. 569 ff.; *Peter Badura*, Auftrag und Grenzen der Verwaltung im sozialen Rechtsstaat, DÖV 1968, S. 446 ff. (447); *Karl Heinrich Friauf*, Öffentlicher Haushalt und Wirtschaft, VVDStRL 27 (1969), S. 1 ff. (7 f., 10 f. und

Insofern ist die zentrale Stellung des Verwaltungsaktes problematisch geworden und mit ihr die an diesem Begriff orientierte Dogmatik, angefangen beim Vorbehalt des Gesetzes bis zu den Handlungsmaßstäben und dem Rechtsschutz.

Die Diskussion dieser Probleme hat im Planungsrecht gerade erst begonnen. Dabei standen bislang — bedingt durch die Vordringlichkeit des Rechtsschutzes — die herkömmlichen Fragestellungen der Gesetzmäßigkeit und des Individualrechtsschutzes im Vordergrund. Der punktuelle Charakter der Dogmatik wurde allenfalls bei der Frage nach der Drittbetroffenheit angetastet. Die anderen Aspekte der planenden Gestaltung blieben jedoch weithin außerhalb der rechtswissenschaftlichen Erörterung, so etwa die Fragen nach der Organisation und Struktur des Entscheidungsprozesses, nach der Rationalität der Zwecksetzung der Verwaltung, nach der optimalen Selektion alternativer Möglichkeiten, nach der Einordnung der Zwecksetzungen in die gesamte staatliche Sozialgestaltung, nach ihrer Adaption an die sich laufend verändernden Datenkonstellationen oder nach der Mitwirkung der Betroffenen und einer effektiven Kontrolle der Zwecksetzung und nicht nur ihres Vollzuges.

Diese Fragen sind nicht nur soziologisch von Belang. Vielmehr muß die Rechtsdogmatik die Voraussetzungen dafür schaffen, daß dieser Prozeß der Entscheidungsbildung optimal verläuft, optimal nicht nur im Sinne technischer Perfektion, sondern auch im Sinne der vom Recht intendierten zukünftigen Ordnung. Denn die Organisation und das Verfahren sind für den Inhalt einer Entscheidung von eminenter Bedeutung. Bei der Vollzugsfunktion der Verwaltung spielen diese Faktoren eine geringere Rolle; um so stärker treten sie bei der Gestaltungsfunktion hervor.

Diese Feststellung lenkt den Blick auf die andere Seite des Rechtsverhältnisses zwischen Staat und Bürger, auf die Verwaltung. Auch hier wird die überkommene individualisierende Sicht fragwürdig. Die gestiegene Umweltkomplexität, die Zunahme der Verwaltungsfunktionen und die Verwissenschaftlichung unseres Lebens zwingen die Verwaltung zu immer

---

passim); *Heinz Wagner*, Öffentlicher Haushalt und Wirtschaft, ebd., S. 47 ff. (bes. S. 62 ff.). — Versuche, die rechtlich bislang nur schwer erfaßbaren indirekten und die nicht-hoheitlichen Einwirkungsmöglichkeiten der rechtlichen Beurteilung zuzuführen, finden sich etwa bei W. *Brohm*, Strukturen der Wirtschaftsverwaltung, S. 53 ff. und 228 ff., und für die staatliche Aufsicht bei *Martin Bullinger*, Staatsaufsicht in der Wirtschaft, VVDStRL 22 (1965), S. 264 ff. (294 f., 301 und passim).

stärkeren institutionellen und funktionellen Differenzierungen[46]). Dadurch verliert sie ihre straff gegliederte Einheit und pluralisiert sich in eine Vielzahl mehr oder weniger selbständiger Behörden und Verwaltungseinheiten.

Verselbständigungstendenzen sind bereits innerhalb der Hierarchie der Allgemeinen Verwaltung bemerkbar. Das überkommene hierarchische Prinzip hat seine unbestreitbaren Vorzüge für die herkömmliche Vollzugsfunktion. Denn diese war — und ist es weithin auch heute noch — eine vorwiegend routinierte Tätigkeit bei festen und fortdauernden Verwaltungszwecken und relativ überschaubaren Sachverhalten. Das hierarchische Prinzip ist aber weniger geeignet für Tätigkeiten, die Flexibilität und innovatorische Fähigkeiten verlangen[47]). Deshalb haben sich in der Verwaltungspraxis — was die Kritik leicht übersieht — neue Institutionen herausgebildet, die eine gemeinsame Arbeit verschiedener hierarchisch über- oder gleichgeordneter Stellen erlauben. [Diese bislang noch informellen Einrichtungen werden sich weiter ausdehnen. Das bedeutet, daß die Kontakte zur Außenwelt und zu anderen Ressorts nicht mehr immer über die Verwaltungsspitze laufen. Denn der Dienstweg ist viel zu langwierig und die Führungsspitze gar nicht in der Lage, alles zu überschauen und selbst zu entscheiden.] So entwickeln sich in zunehmendem Maße in den hierarchischen Ebenen relativ selbständige Teilsysteme[48]).

Hinzu kommt die Ausdifferenzierung der Verwaltung in eine Vielzahl faktisch unabhängiger Sonderbehörden und selbständiger Verwaltungseinheiten. [Die Bundesaufsichtsämter, die Einfuhr- und Vorratsstellen, die Filmbewertungsstelle, das Institut für Bautechnik[49]), regionale Planungsverbände — oft sogar in privatrechtlicher Organisationsform — sind Beispiele dafür.]

---

[46]) Allgemein zur Notwendigkeit der Innendifferenzierung auf Grund höherer Umweltkomplexität: *Niklas Luhmann*, in: J. Habermas, N. Luhmann, Theorie der Gesellschaft oder Sozialtechnologie, Frankfurt/M. 1971, S. 22 f., 147, 156.

[47]) Zu den Vorzügen und Nachteilen des hierarchischen Prinzips, das *Max Weber*, Wirtschaft und Gesellschaft, 4. Aufl., Tübingen 1956, unübertroffen geschildert hat, vgl. im einzelnen *Niklas Luhmann*, Zweck — Herrschaft — System. Grundbegriffe und Prämissen Max Webers, Der Staat 3 (1964), S. 129 ff. (139 ff.); besonders kritisch: *Reinhard Höhn*, Verwaltung heute. Autoritäre Führung oder modernes Management, Bad Harzburg 1970; *Frieder Lauxmann*, Die kranke Hierarchie, Stuttgart 1971.

[48]) Dazu im einzelnen *N. Luhmann*, Der Staat 3 (1964), S. 141 ff.

[49]) Dazu *Ch. Heinze*, Allgemeine Zulassung von Fabrikaten, S. 27 ff.

Mit dieser Pluralisierung der Verwaltung geht vielfach — aus Gründen besonderer Fachkunde oder politischer Abstimmung — eine Verzahnung mit den gesellschaftlichen Kräften einher, sei es, daß die Verwaltung sie institutionell eingliedert, sei es, daß sie sie in anderer Form an ihrem Entscheidungsprozeß beteiligt oder ihnen Aufgaben zur selbständigen Erledigung überträgt.

Aus diesen Veränderungen in der organisatorischen und personellen Struktur ergeben sich neue Probleme für die Koordination und Kooperation wie auch für die Beurteilung der Entscheidungsprozesse selbst.

Lassen Sie mich diese hier im Überblick aufgezeigten Fragen an einigen Beispielen weiter verfolgen. Dabei möchte ich zunächst auf das Wirken der Verwaltung im gesellschaftlichen Raum eingehen, danach die Formen der internen Entscheidungsbildung und schließlich einige Fragen der Organisation des Entscheidungsprozesses behandeln. [Diese Fragenkreise stehen, wie gesagt, miteinander in Wechselwirkung; sie lassen sich daher nur bedingt nach diesen Gesichtspunkten einteilen.]

III.

1. Die Verwaltung verfügt heute für ihr Handeln im gesellschaftlichen Raum über eine Vielzahl hoheitlicher und fiskalischer, verbindlicher und unverbindlicher Formen. Die funktionale Äquivalenz dieser Einwirkungsmöglichkeiten macht es unmöglich, das öffentliche Recht und das Privatrecht nach den Handlungsformen der Verwaltung abzugrenzen.

Es kann für die Anwendbarkeit öffentlich-rechtlicher Maßstäbe keinen Unterschied machen, ob die Verwaltung ihre Aufgaben durch streng verbindliche Anordnungen oder durch Imperativ- oder Indikativrichtlinien[50]) verfolgt oder ob sie ihre Zwecke über die finanzielle Beteiligung an einem Unternehmen oder durch eine mit entsprechenden Auflagen verbundene Subventionierung durchsetzt[51]). Ebenso müssen die Vergabe von Aufträgen oder der Einsatz öffentlicher Unternehmen zur Wirtschaftslenkung[52]) nach öffentlichem Recht beurteilt werden[53]).

---

[50]) Dazu im einzelnen W. *Brohm*, Strukturen der Wirtschaftsverwaltung, S. 234 ff. m. zahlr. w. Hinweisen und Beispielen.

[51]) Zur funktionalen Äquivalenz dieser Mittel vgl. etwa *Volker Emmerich*, Das Wirtschaftsrecht der öffentlichen Unternehmen, Bad Homburg v. d. H. 1969, S. 42 f.

[52]) Die wirtschaftspolitischen Möglichkeiten mit Hilfe des öffentlichen Haushalts sind bekannt und werden heute in der Staatspraxis auch weithin wahrgenommen (vgl. die Nachweisungen oben in Anm. 45). Öffentliche Unternehmungen hat man bei uns bislang

Da die Handlungsform kein ausreichendes Kriterium mehr bietet, versucht man neuerdings wieder auf die Rechtsform der

kaum zu interventionistischen Zwecken eingesetzt, obgleich sie infolge ihrer Konzentration auf einige wesentliche Wirtschaftszweige dazu geeignet wären. (Dazu aus der neueren Literatur *Klaus Vogel*, Die wirtschaftliche Betätigung öffentlicher Verwaltungsträger in Handel und Industrie und ihre rechtliche Regelung, in: Deutsche Landesreferate zum VII. Internationalen Kongreß für Rechtsvergleichung in Uppsala 1966, hrg. v. Ernst v. Caemmerer und Konrad Zweigert (Sonderveröffentlichung von Rabels Zeitschrift für ausländisches und internationales Privatrecht), Berlin-Tübingen 1967, S. 461 ff.; *Wolfgang Rüfner*, Formen öffentlicher Verwaltung im Bereich der Wirtschaft, Berlin 1967, S. 176 ff. (182 ff.); *Hans H. Klein*, Die Teilnahme des Staates am wirtschaftlichen Wettbewerb, Stuttgart 1968, S. 38 ff. (51 f.); *Günter Püttner*, Die öffentlichen Unternehmen. Verfassungsfragen der wirtschaftlichen Betätigung der öffentlichen Hand, Bad Homburg v. d. H. 1969, etwa S. 96, 274 ff.). Darauf mag es zurückzuführen sein, daß auch von volkswirtschaftlicher Seite die Frage nach der Möglichkeit eines effizienten Einsatzes öffentlicher Unternehmen zur Wirtschaftslenkung noch nicht in zureichendem Maße untersucht ist. Kurzfristige konjunkturpolitische Zielsetzungen dürften über eine antizyklische Investitionspolitik nur bei nicht-kapazitätswirksamen Maßnahmen zu erreichen sein; kapazitätswirksame Investitionen dagegen werden sich im allgemeinen auf das Gesamtangebot nur auswirken, wenn die öffentlichen Unternehmen eine Monopolstellung innehaben. Auch hier ist ihr Wirkungsradius nur begrenzt. Einer Preispolitik der öffentlichen Unternehmen wird noch geringere Bedeutung für den Konjunkturverlauf beigemessen. Als gewichtiger wird der Einsatz öffentlicher Unternehmen zu langfristigen Beeinflussungen des wirtschaftlichen Geschehens, insbesondere zu strukturpolitischen Zielsetzungen angesehen. Dazu *Franz Gsell*, Die öffentlichen Unternehmen der BRD im Dienste der Sozial- und Wirtschaftspolitik (Möglichkeiten und Grenzen), Diss. rer. pol. München 1962, S. 18 ff.; *Helmut v. Natzmer*, Die wirtschaftliche Betätigung der öffentlichen Hand in der Bundesrepublik Deutschland, in: Gemeinwirtschaft in Westeuropa, hrg. v. Wilhelm Weber, Göttingen 1962, S. 466 ff.; *Margret Dieck*, Die gemeinwirtschaftlichen Unternehmen in der Bundesrepublik Deutschland — Untersuchung ihrer Stellung in der deutschen Wirtschaft und ihres Einsatzes als Mittel der Wirtschafts- und Gesellschaftspolitik, Annalen der Gemeinwirtschaft, 37. Jg. (1968), bes. S. 407; *Helmut Stukenberg*, Öffentliche Unternehmen als Instrumente planender Verwaltung, dargestellt am Beispiel der staatlichen Eisenbahnen, in: J. H. Kaiser (Hrg.), Planung III, Baden-Baden 1968, S. 353 ff.; vgl. ferner in diesem Band die Beiträge insbes. von *Gert Nicolaysen* und *Michel Fromont*.

[53]) Im Ergebnis übereinstimmend für die Auftragsvergabe: *Hans J. Wolff*, Verwaltungsrecht I, 8. Aufl., München 1971, § 23 II a 1; *Ernst Forsthoff*, Der Staat als Auftraggeber, Stuttgart 1963, S. 16; a. A. etwa *W. Rüfner*, Formen öffentlicher Verwaltung, S. 407, der allerdings auf die wirtschaftspolitische Funktion des Haushalts nicht eingeht.

Organisation abzustellen[54]). Dann aber müßte alles Handeln der Verwaltung dem öffentlichen Recht unterstehen — was zu Recht überwiegend abgelehnt wird[55]). Umgekehrt würde der Einsatz öffentlicher Unternehmen zur Wirtschaftspolitik dann nicht dem öffentlichen Recht unterliegen, wenn diese unter der Flagge des Gesellschaftsrechts agierten; anders wäre es, wenn sie in öffentlich-rechtlichen Formen organisiert wären. Diese Unterscheidung entspricht zwar der herrschenden Meinung[56]), ist aber zu formal und materiell nicht zu begründen[57]).

Angesichts der erweiterten Handlungsmöglichkeit der Verwaltung können öffentliches Recht und Privatrecht nicht mehr ausschließlich nach formalen Kriterien voneinander abgegrenzt werden; vielmehr ist letztlich die Funktion entscheidend, die die öffentliche Hand mit ihrer Handlung verfolgt. Obrigkeitliche Handlungen zeigen an, daß eine hoheitliche Funktion oder „Hoheitskompetenz" wahrgenommen wird. Ebenso bringt die öffentlich-rechtliche Organisationsform zum Ausdruck, daß die dieser Organisation übertragenen Aufgaben hoheitlichen Charakter haben. Die hoheitliche Natur einer Kompetenz kann sich aber auch aus der Verfassung oder gesetzlichen Bestimmung ergeben, wie es z. B. bei der Raumplanung und der Wirtschaftslenkung der Fall ist[58]). Das hat zur Folge, daß etwa fiskalische

---

[54]) *Herbert Krüger*, Allgemeine Staatslehre, 2. Aufl., Stuttgart 1966, S. 323 ff.; vgl. auch *W. Henke*, VVDStRL 28 (1970), S. 149 ff. (151). Zum Stand der Meinungen über die Bedeutung der Rechtsform der Organisationen für die Qualifizierung der Handlungsformen: *W. Brohm*, Strukturen der Wirtschaftsverwaltung, S. 134 ff.

[55]) Vgl. etwa *H. J. Wolff*, Verwaltungsrecht I, § 23; *G. Dürig*, in: Maunz-Dürig-Herzog, Grundgesetz, Kommentar, Loseblattausgabe, München, Stand August 1971, Rdnr. 136 zu Art. 1 GG, jeweils m. w. N.

[56]) Repräsentativ *V. Emmerich*, Das Wirtschaftsrecht der öffentlichen Unternehmen, S. 144 ff. und passim; *H. J. Wolff*, Verwaltungsrecht I, § 23 II; *W. Rüfner*, Formen öffentlicher Verwaltung, S. 358 ff., jeweils m. w. N.

[57]) Dahinter steht entweder eine formale Betrachtungsweise oder aber das Bestreben, wenigstens die öffentlichen Unternehmen in privater Rechtsform dem Kartellrecht zu unterstellen und damit ihren Einsatz zur Wirtschaftslenkung unmöglich zu machen. Dieses am Modell des Wirtschaftsliberalismus orientierte Vorverständnis ist verfassungsrechtlich nicht abgesichert.

[58]) Zum Begriff der Hoheitskompetenz und den damit verbundenen rechtlichen Konsequenzen vgl. im einzelnen: *W. Brohm*, Strukturen der Wirtschaftsverwaltung, S. 39 ff., 155 ff., 164 ff., 183 ff., 197 ff., 211 ff. und passim. Entscheidend für dieses Verständnis ist die Erkenntnis, daß jede Rechtshandlung nach Art und Wirkung erst von der Rechtsordnung ermöglicht und bestimmt wird, also auch die Möglichkeiten der Privatautonomie eine (Privat-)Kompetenz des einzelnen voraussetzen. In der Abgrenzung dazu ergibt sich der Terminus „Hoheitskompetenz". Mit der Wahrnehmung von

Hilfsgeschäfte dem Privatrecht unterliegen, wenn sie allein der Bedarfsdeckung dienen, daß sie aber nach öffentlich-rechtlichen Maßstäben zu beurteilen sind, wenn sie vorwiegend zur Wirtschaftslenkung eingesetzt werden. Entsprechendes gilt für das Marktverhalten der öffentlichen Unternehmen, unabhängig von ihrer öffentlich-rechtlichen oder privatrechtlichen Organisationsform.

2. Die Frage, welche öffentlich-rechtlichen Maßstäbe für die gestaltende Verwaltung gelten, ist allerdings schwer zu beantworten. Denn auch die herkömmlichen rechtsstaatlichen Sicherungen des Gesetzesvorbehaltes, der Grundrechte und der allgemeinen Handlungsmaßstäbe sind am punktuellen Eingriffsakt orientiert und lassen sich nicht ohne weiteres auf die Gestaltungsfunktionen der Verwaltung übertragen.

a) Nach der herkömmlichen Vorstellung vom Vorbehalt des Gesetzes legt der Gesetzgeber im Eingriffsbereich die Mittel-Zweck-Relation im einzelnen fest, so daß der Verwaltung nur der „unpolitische" Vollzug verbleibt.

Für die Gegenwart besitzt diese Vorstellung nur noch bedingte Gültigkeit. Im Verfassungsrecht ist schon mehrfach darauf hingewiesen worden, daß bei der Gesetzgebung Parlament und Regierung zusammenwirken[59]), [die Exekutive also maß-

---

Hoheits- oder Privatkompetenzen verbindet die Rechtsordnung, sofern sie nicht ausnahmsweise eine einheitliche „Sachbereichsregelung" getroffen hat, unterschiedliche Rechtswirkungen und Legitimationsprinzipien. So beurteilt sich die Ausübung von Hoheitskompetenzen zumindest in ihrem „Kernbereich" nach den Maßstäben des öffentlichen Rechts. Die Entscheidung, welche rechtlichen Befugnisse und Möglichkeiten dem einen oder anderen Bereich zufallen, trifft in einzelnen Fällen und in den äußersten Grenzen die Verfassung, im übrigen aber der Gesetzgeber in deren Rahmen und nach deren Maßgabe. Jedenfalls bedarf es einer solchen Entscheidung. Daher kann für die Anwendung öffentlich-rechtlicher Maßstäbe nicht an die unmittelbare Wahrnehmung „öffentlicher Interessen" oder (materiell bestimmter) „öffentlicher Aufgaben" angeknüpft werden, vielmehr muß aus der Rechtsordnung (der Verfassung oder gesetzlichen bzw. untergesetzlichen Regelungen) entnommen werden, ob eine Zuweisung zum hoheitlichen Funktionsbereich in verfassungsrechtlich zulässiger Weise erfolgte. Vgl. auch *H. J. Wolff*, Verwaltungsrecht I, § 23 II b; *Fritz Ossenbühl*, Die Erfüllung von Verwaltungsaufgaben durch Private, VVDStRL 29 (1971), S. 137 ff., bes. S. 150 ff.

[59]) Dazu *Ernst Friesenhahn*, Parlament und Regierung im modernen Staat, VVDStRL 16 (1958), S. 9 ff. (33 ff.); *Roman Herzog*, Gesetzgeber und Verwaltung, VVDStRL 24 (1966), S. 183 ff. (201 ff.); vgl. auch *Ulrich Scheuner*, Politische Koordination in der Demokratie, in: Festschrift für Gerhard Leibholz, Bd. II, Tübingen 1966, S. 899 ff. (916 f.); *ders.*, Das Gesetz als Auftrag der Verwaltung, DÖV 1969, S. 585 ff.; *Walter Leisner*, Quantitative Gewaltenteilung,

geblichen Einfluß auf die Zweck-Mittel-Relationen des Gesetzgebers ausübt. Das wird für eine moderne parlamentarische Demokratie zutreffend als verfassungsgemäß angesehen. Die Mitwirkung der Exekutive beschränkt sich dabei nicht auf den politischen Führungsstab der Regierung, sondern umfaßt auch die Verwaltung bis zu den unteren Verwaltungsstellen, die Daten melden und die Notwendigkeit von Planungen oder Planungskorrekturen aufzeigen. Gerade bei den sozialgestaltenden Maßnahmen werden diese Rückkoppelungsverfahren in Zukunft noch wesentlich intensiviert werden müssen[60]).]

b) Wenn sich heute die gestaltende Verwaltung im Rahmen der ihr gesteckten Ziele selbst programmiert, insoweit also gesetzgeberische Funktionen übernimmt, dann gilt es, diese Erkenntnis des Zusammenwirkens von Parlament und Verwaltung bei der Gesetzgebung auch auf die Gesetzesverwirklichung durch die gestaltende Verwaltung zu übertragen.

aa) Die Ansicht, daß der Vorbehalt des Gesetzes nicht auf unmittelbare Eingriffe beschränkt sei, sondern auch für die indirekten Einflußnahmen gelten müsse, ist zu Recht im Vordringen begriffen[61]). Man müßte sonst auch die Geltung der Grundrechte gegenüber mittelbaren Rechtsbeeinträchtigungen verneinen[62]). Das hätte die Konsequenz, daß gerade die folgenreichsten Funktionen der Verwaltung weitgehend aus den Gewährleistungen des Rechtsstaates herausfielen.

Auf der anderen Seite können die Ermächtigungen zur planenden Gestaltung nicht in vollem Umfange den Bestimmtheitsanforderungen des Art. 80 I 2 GG genügen. Auf die Notwendigkeit, daß die Verwaltung im Prozeß der Zielverwirklichung selbst Zwecke setzt und sich selbst programmiert, habe ich bereits hingewiesen[63]). Aus diesem Grunde können die Zielnormen auch nur zur Vornahme der Gestaltungsmaßnahmen

---

DÖV 1969, S. 405 ff. (409 f.). — Aus der politikwissenschaftlichen Literatur vgl. etwa *Thomas Ellwein*, Das Regierungssystem der Bundesrepublik Deutschland, 2. Aufl., Köln 1965, S. 207 ff.

[60]) Zur Notwendigkeit einer solchen Rückkoppelung vgl. etwa auch *R. R. Grauhan*, Stadtbauwelt 1969, S. 132 ff. (137); zur bislang noch einseitigen Akzentuierung der Administrativfunktion in den Ministerien: *E. Stachels*, Stabilitätsgesetz, S. 168.

[61]) *Klaus Vogel*, Gesetzgeber und Verwaltung, VVDStRL 24 (1966), S. 125 ff. (bes. S. 151 ff.) m. zahlr. w. N.

[62]) Dazu unten im Text III. 3.

[63]) Siehe oben im Text II. 4.; vgl. auch *R. Scholz*, Wirtschaftsaufsicht und subjektiver Konkurrentenschutz, S. 107, der wegen des „dynamischen Bereiches des Wirtschaftsrechts" das Aufstellen von „strikten und unbeweglichen Inhaltserfordernissen" für unmöglich hält.

ermächtigen, nicht aber zu den Rechtsbeeinträchtigungen, die in ihrem Gefolge eintreten können. Diese lassen sich gar nicht in vollem Umfange vorhersehen. Wollte man hier auf einer strengen Einhaltung des Bestimmtheitsgrundsatzes bestehen, so müßte man auf die planende Gestaltung überhaupt verzichten, was mit dem Prinzip des Sozialstaates unvereinbar wäre.

bb) Das zeigt, daß der Bestimmtheitsgrundsatz nur auf Ermächtigungen zum Erlaß genereller Verhaltensregelungen uneingeschränkt anwendbar ist. Für die Gestaltungsfunktion der Verwaltung kann er nur sinngemäß gelten, vor allem in seiner Funktion, die grundlegenden politischen Entscheidungen dem Parlament vorzubehalten[64]). Die Rechtsprechung hat daraus — allerdings mehr pragmatisch als theoriegeleitet — längst die Konsequenz gezogen, an die Bestimmtheit der Ermächtigung bei wirtschaftslenkenden Gesetzen nicht so strenge Anforderungen zu stellen[65]). [Das bedeutet eine flexiblere, nach den Funktionen abgestufte Handhabung dieser Bestimmung.]

---

[64]) Art. 80 I 2 GG enthält sowohl eine rechtsstaatliche wie eine demokratische Komponente, wobei diese Unterscheidung allerdings nicht in einer strengen Gegensätzlichkeit verstanden werden darf. Die rechtsstaatliche Komponente bezweckt in Verbindung mit dem herkömmlichen Rechtssatzbegriff, Eingriffe in Freiheit und Eigentum von der Zustimmung des Parlaments abhängig und für den einzelnen vorhersehbar zu machen sowie eine gerichtliche Kontrolle darüber zu ermöglichen. Diese Funktion kann, wie ausgeführt, bei Ermächtigungen zur planenden Gestaltung nicht in demselben Umfange erfüllt werden wie bei Ermächtigungen zum Erlaß von Verhaltensvorschriften. Um so wichtiger ist es, die planende Gestaltung für den einzelnen transparenter zu machen und die Geltendmachung seiner Rechte — insbesondere auch durch entsprechende Beteiligungsformen etwa im Rahmen des rechtlichen Gehörs — wirksamer zu gestalten, wie es in den folgenden Abschnitten versucht wird. Die demokratische Komponente des Art. 80 I 2 GG liegt in dem Verbot an das Parlament, sich der Verantwortung, d. h. den grundsätzlichen politischen Entscheidungen zu entziehen. Auch dieser Funktion kann bei Ermächtigungen zur gestaltenden Verwaltung nicht in vollem Umfange entsprochen werden; hier liegt die Kompensation in der im folgenden darzulegenden „demokratischen Rückkoppelung". Zu den Funktionen des Art. 80 I 2 GG vgl. etwa *Friedrich Klein — Ulrich Scheuner*, Die Übertragung rechtsetzender Gewalt im Rechtsstaat, Frankfurt/M. 1952, S. 49, 70, 68 ff.; *Horst Ehmke*, Wirtschaft und Verfassung. Die Verfassungsrechtsprechung des Supreme Court zur Wirtschaftsregulierung, Karlsruhe 1961, S. 77 m. w. N.; *Konrad Hesse*, Grundzüge des Verfassungsrechts, 4. Aufl., Karlsruhe 1970, S. 210 f.; sowie die Diskussionsbeiträge von *Badura, Bachof, Ehmke* und *Zacher*, VVDStRL 24 (1966), S. 213, 225 f., 231, 234; a. A. *Hans Heinrich Rupp*, Grundfragen der heutigen Verwaltungsrechtslehre, Tübingen 1965, S. 133, 135 m. w. N., der das rechtsstaatliche Moment isoliert betrachtet.

[65]) Vgl. etwa BVerfG v. 12. 11. 1958, BVerfGE 8, 274 (307 ff.); v. 15. 12. 1959, BVerfGE 10, 251 (255 ff.); v. 5. 5. 1965, BVerfGE 19, 17

cc) Dabei kann es jedoch nicht sein Bewenden haben. Wenn Art. 80 I 2 GG in seiner Funktion nicht ausgehöhlt werden soll, muß das Zusammenwirken von Parlament und Regierung beim Erlaß der Zielnormen auch auf die Fortführung der Zwecksetzung durch die Verwaltung übertragen werden. In dem Maße, in dem die Lenkungsfunktion auf die Verwaltung übergeht, ist der Kompetenzverlust des Parlaments[66]) durch eine entsprechende „demokratische Rückkoppelung" auszugleichen. M. a. W.: Eine Lockerung der Anforderungen des Bestimmtheitsgrundsatzes in Art. 80 I 2 GG ist nur zulässig, wenn sie durch entsprechende Mitwirkungs- und Kontrollrechte des Parlaments kompensiert wird. Das Stabilitätsgesetz hat diesen Anforderungen bereits entsprochen, wenn es die konjunkturpolitischen Maßnahmen der Regierung einem Zustimmungs- und Kassationsrecht des Parlaments unterwarf[67]).

Es ist zu erwägen, ob diese „Kompensation" immer durch eine „Rückkoppelung" an das Parlament oder nicht bei einem begrenzten Wirkungskreis der Verwaltungsmaßnahmen auch durch die Mitwirkung der Betroffenen erfolgen kann. Schließlich wenden wir zu Recht Art. 80 I 2 GG nicht auf den Erlaß von Satzungen an, sofern sie ihre demokratische Legitimation durch das Bestimmungsrecht eines körperschaftlich verfaßten „Verbandsvolkes" erfahren[68]). Entsprechende Mitwirkungsfor-

---

(30); v. 18. 10. 1966, BVerfGE 20, 296 (303 ff.); v. 21. 5. 1968, BVerfGE 24, 1 (15 ff.).

[66]) Dazu oben III. 2. a, b. — Vgl. auch *Klaus Stern*, in: Stern-Münch, Gesetz zur Förderung der Stabilität und des Wachstums der Wirtschaft, Kommentar, Stuttgart 1967, S. 55; *Hans Heinrich Rupp*, Die Dogmatik des Verwaltungsrechts und die Gegenwartsaufgaben der Verwaltung, DVBl. 1971, S. 669 ff. (671 ff.).

[67]) Genauer geht es um das Recht des Parlaments, dem Erlaß zuzustimmen oder die Aufhebung einer erlassenen Verordnung zu verlangen. Vgl. Art. 109 IV GG sowie etwa §§ 8 I, 26 Nr. 3 Gesetz zur Förderung der Stabilität und des Wachstums der Wirtschaft v. 8. Juni 1967 (BGBl. I S. 581).

[68]) Dazu im einzelnen *W. Brohm*, Strukturen der Wirtschaftsverwaltung, S. 245 ff. (248—262). Die Möglichkeit einer eigenständigen demokratischen Legitimation für organisationsinterne Gestaltungen betonen auch *Ernst v. Hippel*, Vom Wesen der Demokratie, Bonn 1947, S. 48; *Roman Herzog*, Allgemeine Staatslehre, Frankfurt/M. 1971, S. 220 ff.; *Herzog* gebraucht in diesem Zusammenhang, wohl in Anlehnung an *Hans Kelsen*, Allgemeine Staatslehre, Berlin 1925, Neudruck Bad Homburg v. d. H. 1966, S. 180 f., den Terminus „Teilvolk"; hier wird die Bezeichnung „Verbandsvolk" vorgezogen, weil es für die demokratische Legitimation nicht ausreicht, daß irgendein Teil des Staatsvolkes mitwirkt, sondern das „ganze Volk" der betreffenden Organisation, d. h. die Einheit der diesem Ordnungsbereich eingegliederten Personen diese Befugnis besitzen muß. Der Begriff „Verbandsvolk" bringt weiter zum Ausdruck, daß die ei-

men ließen sich, rechtspolitisch gesprochen, auch für einzelne Planungsmaßnahmen denken[69]).

---

genständige Legitimation durch die Verbandsmitglieder sich nur auf Anordnungen beziehen kann, die sich auf die Mitglieder beschränken und nicht außenstehende Dritte betreffen. Diese Auffassung deckt sich im Ergebnis mit der von *Herzog*. Wenn er aber aaO. meint, öffentlich-rechtliche Körperschaften könnten nur Organisationen mit „Zwangsmitgliedschaft" sein, so ist diese Bestimmung des Verbandsvolkes allzu formal. Sie trifft nicht die Staatswirklichkeit, die seit jeher eine Vielzahl öffentlich-rechtlicher Körperschaften ohne Zwangsmitgliedschaft kannte und bis heute kennt (ohne daß darin eine Verletzung des Gleichheitssatzes gesehen werden könnte) und reduziert letztlich die hoheitlichen Funktionen auf die Zwangsgewalt, womit man den leistenden und gestaltenden Aufgaben des gegenwärtigen Sozialstaates kaum gerecht wird. Auch kann nicht jede irgendwie verfügte Personengruppierung eine demokratische Legitimationsbasis abgeben; dazu bedarf es einer gewissen „sozialen Homogenität" der Betroffenen, einer Interessengemeinschaft, die Voraussetzung dafür ist, daß die Angehörigen der Organisation die von der staatlichen Rechtsordnung gestellten Aufgaben als ihre eigenen und deren Gestaltung durch die Organisation als ihre eigenen Regeln empfinden. Fehlt es daran, so ist an diesem Punkte im Hinblick auf die Herrschaftsbefugnis der Organisation die Problematik des Art. 3 GG angesprochen. Dazu im einzelnen *W. Brohm*, Strukturen der Wirtschaftsverwaltung, aaO.

[69]) Insofern stehen die verschiedenen Formen und Möglichkeiten demokratischer Legitimation nicht isoliert nebeneinander, sondern vermögen sich auch gegenseitig zu ergänzen. Voraussetzung für eine eigenständige demokratische Legitimation durch die Betroffenen bleibt (wie in der vorangehenden Anmerkung erwähnt), daß die Betroffenen im Hinblick auf die wahrzunehmende Aufgabe als eine einheitliche Gruppe angesehen werden können, die insoweit eigene Angelegenheiten erledigt. Das ist auch möglich, wenn sich die Zusammengehörigkeit auf einen begrenzten Zweck von u. U. kürzerer Dauer und begrenztem räumlichen Wirkungsradius beschränkt. Die allenthalben festzustellende organisatorische Differenzierung und Spezialisierung erfaßt in steigendem Maße den einzelnen nur für spezifische Zwecksetzungen und in wenigen, eng begrenzten Beziehungen. Die Grenzen in der Annahme organisierter Einheiten sind dabei fließend und müssen weit gesteckt werden. (Dazu *Renate Mayntz*, Soziologie der Organisation, Reinbek b. Hamburg 1963, bes. S. 36 ff.). Die Rechtsdogmatik hat diesen Gegebenheiten Rechnung zu tragen, indem sie die Möglichkeiten eigenständiger demokratischer Legitimation entsprechend weit faßt. Das Grundgesetz gibt hierfür nicht zuletzt in den Art. 28 I, II, 87 II, III ausreichende Anhaltspunkte. Daß hierbei verschiedene Formen demokratischer Mitwirkung, insbesondere auch plebiszitäre Varianten zulässig sind, ist anerkannt. (Vgl. *Th. Maunz*, in: Maunz-Dürig-Herzog, Rdnr. 22 zu Art. 28 GG). Je mehr die Gesetzgebung an Allgemeinheit verliert und konkrete und damit abgrenzbare Gestaltungsmaßnahmen bezweckt, läßt sich so die demokratische Legitimation von Herrschaft, wie sie in dem politischen Gesetzesbegriff angesprochen ist, auf die wirklich Betroffenen begrenzen. Das gilt vor allem für die konkreteren Durchführungsplanungen, weniger für die Planungen im Makrobereich. Allerdings darf in Anbetracht

Rechtsdogmatisch bestehen gewisse Beteiligungsrechte bereits auf Grund einer verfassungsrechtlich gebotenen Ausweitung des subjektiven öffentlichen Rechtes[70]). [Diese ergibt sich aus folgenden Erwägungen.]

3. a) Wie erwähnt, gewinnt die Ansicht, daß subjektive Rechte auch durch eine mittelbare Einwirkung verletzt werden können, immer mehr Anhänger[71]). [Sie ist aus demselben Grun-

---

der starken Interdependenz aller Lebensverhältnisse der praktische Anwendungsbereich dieser rechtlichen Möglichkeiten nicht überschätzt werden. Gestaltungsmaßnahmen, die über den Lebenskreis der zur eigenständigen Legitimation berufenen Gruppe hinausreichen, müssen durch das Gesamtvolk des Staates oder zumindest derjenigen größeren Einheit, auf die sie sich auswirken, legitimiert sein. Indessen genügt es, wenn Festlegungen nur *insoweit*, als der begrenzte Wirkungsbereich überschritten wird, durch das Gesamtvolk erfolgen. Für die Ausgestaltungen im einzelnen bleiben dann immer noch Möglichkeiten dezentralisierter Legitimation. So wäre es z. B. dem Gesetzgeber möglich, die Präzisierungen für die Sanierung eines Stadtteils oder die Modalitäten zur Durchführung der Erdölbevorratung oder einer Beschränkung der unternehmerischen Aktivität auf dem Heizölmarkt den damit unmittelbar angesprochenen und auch besonders fachkundigen Kreisen zu überlassen, wenn nur das Ziel und die wesentlichen für die *Allgemeinheit* bedeutsamen Grundentscheidungen in der Gemeindesatzung oder in dem Parlamentsgesetz fixiert sind. Befürchtungen, daß über eine eigenständige Legitimation durch die Betroffenen die Einheit des politischen Gemeinwesens und das öffentliche Wohl verfehlt werden könnten, sind bei der Einführung solcher Möglichkeiten mit zu berücksichtigen. Sie können jedoch so lange zurückgestellt bleiben, als der Aufgabenkreis begrenzt ist und die grundlegenden, über einen begrenzten Wirkungskreis hinausreichenden Entscheidungen in der Hand des Gesamtvolkes verbleiben. Weiter besteht auch immer die Möglichkeit, daß die Vertretung des Gesamtvolkes die Entscheidung wieder an sich zieht oder korrigierend eingreift. Dazu noch unten unter V.

[70]) Diese Beteiligungsmöglichkeiten folgen aus rechtsstaatlichen Gewährleistungen, wie dem Anhörungsrecht der konkret Betroffenen und dem gerichtlichen Rechtsschutz ihrer Rechte. Insofern sind sie dogmatisch von den zuvor erwähnten Formen demokratischer Legitimation zu unterscheiden. Sie werden jedoch zugleich dem Demokratiegebot in seiner Ausrichtung auf Transparenz und dauernde Konsenswerbung gerecht. Dazu unten Nr. 5.

[71]) *Hans-Ulrich Gallwas*, Faktische Beeinträchtigungen im Bereich der Grundrechte. Ein Beitrag zum Begriff der Nebenwirkungen. Berlin 1970, S. 21 ff., 49 ff. und passim m. zahlr. N. auch aus der Rechtsprechung; *Rudolf Bernhardt*, Zur Anfechtung von Verwaltungsakten durch Dritte, JZ 1963, S. 302 ff.; *Wilhelm Henke*, Das subjektive öffentliche Recht, Tübingen 1968, bes. S. 71 ff.; *R. Scholz*, Wirtschaftsaufsicht und subjektiver Konkurrentenschutz, S. 46 ff. m. zahlr. w. N.; *E. Stachels*, Stabilitätsgesetz, S. 20 ff.; a. A. *H. Wagner*, VVDStRL 27 (1969), S. 47 ff. (63 ff. und Leitsatz 16) im Hinblick auf globalsteuernde Maßnahmen.

de zu bejahen wie die Ausweitung des Gesetzesvorbehaltes. Auch die Rechtsprechung schließt sich neuerdings dieser Auffassung an, wenn sie Klagen der Drittbetroffenen, der Nachbarn oder Konkurrenten, zuläßt[72]).] Es kommt also für die Aktualisierung eines subjektiven öffentlichen Rechtes nicht mehr auf das Vorliegen eines Eingriffsaktes an, sondern allein auf die Rechtsbeeinträchtigung, gleichgültig, durch welche Handlungsmodalität der Verwaltung sie hervorgerufen wurde[73]).

b) Allerdings ist bislang noch unklar, wann normative Festlegungen subjektive Rechte gewähren. Man kann bezweifeln, ob die Entgegensetzung von objektivem und subjektivem Recht in einem demokratischen Rechtsstaat überhaupt noch ihren Platz hat. [Schließlich begründet hier die gesamte Rechtsordnung die Rechtsstellung des einzelnen als Rechtssubjekt, so daß eine Rechtsverletzung immer auch seine Rechte tangiert. Der Ausschluß der Popularklage[74]) wäre dann lediglich eine prozessuale Einschränkung, die nach der faktischen Beschwer zu beurteilen wäre[75]).]

Hält man prinzipiell an dieser Unterscheidung fest, so ist sie jedenfalls durch die Grundrechte wesentlich relativiert. Denn nach Art. 2 I GG als allgemeines Freiheitsrecht oder nach den speziellen Freiheitsrechten braucht der einzelne eine Beeinträchtigung nicht hinzunehmen, wenn sie nicht in materieller wie formeller Hinsicht mit den Normen der Rechtsordnung übereinstimmt[76]). Diese vom Bundesverfassungsgericht mit dem

---

[72]) Zahlreiche Nachweisungen aus der Rechtsprechung zur Rechtsposition des Drittbetroffenen im Personenbeförderungs-, Bau- und Subventionsrecht bei: *R. Bernhardt*, JZ 1963, S. 302 ff.; *R. Scholz*, Wirtschaftsaufsicht und subjektiver Konkurrentenschutz, S. 57 ff.; *H. J. Wolff*, Verwaltungsrecht I, § 43 I b; vgl. ferner BVerwG v. 30. 8. 1968, BVerwGE 30, 191 (196 f.), DVBl. 1969, S. 365 m. Anm. v. *K. H. Friauf*.

[73]) Dazu im einzelnen *H.-U. Gallwas*, Faktische Beeinträchtigungen, S. 25 ff. und passim; *R. Scholz*, Wirtschaftsaufsicht und subjektiver Konkurrentenschutz, S. 76 ff. m. w. N.

[74]) Darin liegt nach allgemeiner Meinung die Bedeutung des Erfordernisses der Verletzung in „eigenen" Rechten in Art. 19 IV GG und § 42 II VwGO.

[75]) Das ist letztlich die Position von *W. Henke*, Das subjektive öffentliche Recht, vgl. etwa S. 54. Die spätere Einschränkung (ebd., S. 60), daß das gesetzwidrige Verhalten der Verwaltung den Bürger in „seinen eigenen Angelegenheiten" betreffen müsse, ergibt sich deshalb bei ihm nur aus objektiven Gegebenheiten bzw. tatsächlichen Auswirkungen.

[76]) Das gilt für imperative wie faktische Beeinträchtigungen. Ob im letzteren Fall die speziellen grundrechtlichen Gewährleistungen die allgemeinen verdrängen, braucht hier nicht erörtert zu werden.

Elfes-Urteil[77]) eingeleitete Entwicklung ist für den Adressaten der Verwaltungshandlung heute unbestritten; sie beginnt sich allmählich auch für den Drittbetroffenen, [den Nachbarn des Bauherrn oder den Konkurrenten des begünstigten Unternehmers,] durchzusetzen[78]). Dabei ist noch vieles ungeklärt[79]). Jedenfalls kann in Parallele zur verfassungsgerichtlichen Rechtsprechung festgehalten werden, daß es nicht im Belieben des Gesetzgebers liegen kann, subjektive öffentliche Rechte zu gewähren oder vorzuenthalten, sondern daß jede Nichteinhaltung der gesetzlichen Vorschriften oder Rechtsgrundsätze, samt der dazugehörenden Kompetenz- und Verfahrensvorschriften, auch Dritte in ihren Rechten verletzt, sobald sie nur selbst durch die Maßnahme der Verwaltung betroffen sind[80]).

Zu dieser Streitfrage vgl. einerseits *Hans F. Zacher,* Verwaltung durch Subventionen, VVDStRL 25 (1967), S. 308 ff. (368 f.), andererseits *H.-U. Gallwas,* Faktische Beeinträchtigungen, S. 68 m. Anm. 83.

[77]) BVerfG v. 16. 1. 1957, BVerfGE 6, 32 (38).

[78]) Es war wenig verständlich, wenn bislang bei Anfechtungsklagen des Adressaten eines Verwaltungsaktes die Klagebefugnis wegen der Einschränkung seines „allgemeinen Freiheitsrechtes" ohne weiteres angenommen wurde, so daß er auch die Verletzung von Kompetenzvorschriften oder allgemeinen Rechtsgrundsätzen, wie des Übermaßverbotes, rügen konnte, während der Drittbetroffene diese Rechtsposition nur haben sollte, wenn eine gesetzliche Norm bestand, die zumindest auch seinem Interesse zu dienen bestimmt war. Zur gegenwärtigen Rechtsauffassung im einzelnen vgl. *R. Bernhardt,* JZ 1963, S. 302 ff. (306 f.); *G. Dürig,* in: Maunz-Dürig-Herzog, Rdnr. 26 zu Art. 2 I GG und Rdnr. 36 zu Art. 19 IV GG m. w. N.; *H.-U. Gallwas,* Faktische Beeinträchtigungen, S. 142 f. und passim; *Markus Wiebel,* Wirtschaftslenkung und verwaltungsgerichtlicher Rechtsschutz des Wirtschafters nach dem Erlaß des Stabilitätsgesetzes, Stuttgart 1971, S. 57 f.; *Richard Bartlsperger,* Subjektives öffentliches Recht und störungspräventive Baunachbarklage, DVBl. 1971, S. 723 ff. (731 f.); *H. J. Wolff,* Verwaltungsrecht I, § 43 I b 2 m. zahlr. w. N.

[79]) So etwa die Frage, wie weit Art. 2 I und Art. 3 I GG bzw. die speziellen Grundrechtsnormen auch bei Leistungsgewährungen reichen. Der Gedanke, daß die Grundrechte durch die Gesetze ausgestaltet werden (vgl. etwa *Peter Häberle,* Die Wesensgehaltsgarantie des Art. 19 Abs. 2 GG, Karlsruhe 1962; *Walter Leisner,* Von der Verfassungsmäßigkeit der Gesetze zur Gesetzmäßigkeit der Verfassung, Tübingen 1964) bietet hierfür einen Ansatzpunkt, bedarf aber noch der weiteren Präzisierung in dieser Frage. Dazu auch die folgende Anm.

[80]) Insofern müssen auch diese Erwägungen praktisch zur Aufhebung des Gegensatzes von objektivem und subjektivem Recht führen. Ob überhaupt Fälle denkbar sind, in denen diese Unterscheidung noch eine praktische Bedeutung erlangen kann, müßte an Hand einzelner Fallgruppen untersucht werden. In eine solche Untersuchung wäre auch die Abgrenzung von „innen" und „außen", von Kompetenz- und Verhaltensrecht einzubeziehen, mit der vielfach funktional äquivalente Wirkungen erzielt werden. Das muß

c) Diese Ausweitung des subjektiven öffentlichen Rechts wirkt sich auf den Gerichtsschutz allerdings im wesentlichen nur bei den Vollzugsfunktionen aus[81]). Denn die Gestaltungsfunktionen lassen sich vom Recht nur in den Randzonen eines evidenten Mißbrauches erfassen[82]). Bei ihnen hat die Ausweitung des subjektiven öffentlichen Rechts vor allem verfahrensrechtliche Bedeutung. Auf beide Fragen ist zunächst weiter einzugehen.

4. Auch die Handlungsmaßstäbe der Verwaltung sind an der isolierten Vollzugsentscheidung orientiert[83]).

---

späteren Ausführungen vorbehalten bleiben. Die Nivellierung der Unterscheidung von objektivem und subjektivem Recht zwingt dazu, die Frage der Klagebefugnis als spezielles prozeßrechtliches Problem des Ausschlusses der Popularklage zu verstehen und dafür Maßstäbe zu finden. Das BVerfG, das infolge des unbestrittenen Charakters der Grundrechte als subjektiver Rechte die Unterscheidung zwischen objektivem und subjektivem Recht nicht treffen konnte, hat deshalb auch speziell für die Klagebefugnis Kriterien der Beschwer entwickelt. Danach muß der Kläger durch die beanstandete Maßnahme selbst, gegenwärtig und unmittelbar betroffen sein (vgl. bereits BVerfG v. 19. 12. 1951, BVerfGE 1, 97 (101)). Die Unmittelbarkeit aber wird angenommen bei einer rechtlichen Bindung wie auch bei einer „faktischen" Rechtsbeeinträchtigung, sofern eine „besondere Beziehung zum Sachverhalt" vorliegt. Dazu im einzelnen *M. Wiebel*, Wirtschaftslenkung und verwaltungsgerichtlicher Rechtsschutz, S. 82 f. m. w. N. aus der Rechtsprechung. Diese Abgrenzung deckt sich weithin mit den Kriterien, mit denen im französischen Recht, das weniger auf das Vorliegen eines subjektiven Rechtes abstellt, die Popularklage ausgeschlossen wird. Vgl. *André de Laubadère*, Traité Elémentaire de Droit Aministratif, Bd. I, 5. Aufl., Paris 1970, S. 483 ff.; *J.-M. Auby/M. Drago*, Traité de Contentieux Administratif, Bd. II, Paris 1962, S. 495 ff.

[81]) Etwa im Anspruch auf die Einhaltung einer verbindlich festgestellten Durchführungsplanung im Einzelfall.

[82]) Hier bleibt den Betroffenen im Regelfalle nur ein „Dulde und Liquidiere", wobei die Sozialgebundenheit des Eigentums gerade bei Planungen auch Abstufungen in der Entschädigungsleistung zuläßt. Vgl. speziell am Beispiel der Stadtplanung: *W. Brohm*, Art.: Städtebau, Staatslexikon, 3. Ergänzungsband, Sp. 339 ff. (346, 348 f.).

[83]) Das zeigt sich auch dort, wo der Verwaltung, wie beim Ermessen, ein Entscheidungsspielraum eingeräumt ist. So weist *E. Forsthoff*, Verwaltungsrecht, S. 69, auf den Unterschied zwischen den „normativ geregelten Ermessensbetätigungen" und dem „gestaltenden Ermessen" hin. Ebenso betont *H. J. Wolff*, Verwaltungsrecht I, § 31 II a, III, daß Ermessen nur i. S. einer Unbestimmtheit der Rechtsfolge, nicht aber des Begriffs oder gar der Beliebigkeit einer Tatbestandssetzung verstanden werden dürfe. Entsprechend *Klaus Stern*, Ermessen und unzulässige Ermessensausübung, Berlin 1964, etwa S. 22, 15.

So vermag das Prinzip der Erforderlichkeit im Sinne eines möglichst geringen Eingriffes[84]) noch relativ eindeutige Entscheidungen herbeizuführen, wenn der Handlungszweck und die Handlungswirkung begrenzt und überschaubar bleiben[85]). Härteklauseln und Optionsmöglichkeiten der Betroffenen vermögen überdies auszugleichen, was im einzelnen Fall an intersubjektivem Wertkonsens oder einem umfassenden Überblick über die Handlungsalternativen fehlen mag. Je breiter aber die Wirkungen der Verwaltungsmaßnahmen sind und je mehr die Verwaltung im Rahmen von Zielnormen die Unterzwecke selbst setzt, desto mehr verliert dieser Maßstab an Präzision. Denn es fehlt eine transitive und konsistente Wertskala, die eine erste Voraussetzung für eindeutige Entscheidungen wäre. [Sie könnte auch gar nicht aufgestellt werden, weil die Datenkonstellationen zu komplex und zu veränderlich sind und außerdem die Flexibilität des Systems dadurch viel zu sehr beeinträchtigt würde[86]).] Insofern kann sich eine Rechtskontrolle nur darauf beschränken, ob sich die Zwecksetzungen und Präferenzen der Verwaltung im Rahmen der Verfassung und der gesetzlichen Zielnormen halten und nicht gerade als willkürlich erscheinen[87]).

---

[84]) Zum Übermaßverbot mit seinen Elementen der Geeignetheit, Erforderlichkeit und Verhältnismäßigkeit vgl. insbes. *Rupprecht v. Krauss*, Der Grundsatz der Verhältnismäßigkeit in seiner Bedeutung für die Notwendigkeit des Mittels im Verwaltungsrecht, Hamburg 1955; *Peter Lerche*, Übermaß und Verfassungsrecht, Köln 1961; *H. J. Wolff*, Verwaltungsrecht I, § 30 II b 1.

[85]) Man muß sich darüber im klaren sein, daß auch bei der Beurteilung der Erforderlichkeit einer Maßnahme nicht die Mittel, sondern die Schäden (der tatsächlich drohende und der durch den „Eingriff" bewirkte Schaden) miteinander verglichen werden, was sofort die Probleme der Transitivität der Wertskala, der menschlichen Informationsverarbeitungskapazität und andere Fragen aufwirft, die vor allem in den wirtschaftswissenschaftlichen Entscheidungstheorien im Zusammenhang mit dem ökonomischen Prinzip diskutiert werden. Vgl. etwa *Gerard Gäfgen*, Theorie der wirtschaftlichen Entscheidung, 2. Aufl., Tübingen 1968, bes. S. 95 ff.; *N. Luhmann*, Zweckbegriff, S. 22, 59, 64 und passim. Diese Probleme treten bei den „Vollzugsfunktionen" der Verwaltung im allgemeinen nicht so entscheidend hervor, weil der Wirkungsradius des Verwaltungshandelns und der vorgegebene Zweck relativ begrenzt und überschaubar bleiben. Daß dies nicht immer der Fall ist, hat die Anordnung des Schußwaffengebrauchs beim „Münchener Banküberfall" erst jetzt wieder drastisch vor Augen geführt.

[86]) Dazu im einzelnen *G. Gäfgen*, Theorie der wirtschaftlichen Entscheidung, S. 145 ff., 271 ff.

[87]) Das Erforderlichkeitsprinzip spielt dabei insofern eine Rolle, als je nach der Mittelwahl auch andere Zwecke u. U. besser verfolgt werden könnten.

Mit der Zwecksetzung aber entscheidet die Verwaltung zugleich auch über die Mittel. Selbst diese Zweck-Mittel-Entscheidung läßt sich mit dem Erforderlichkeitsprinzip nicht eindeutig bestimmen. Denn es übersteigt die menschliche Fähigkeit, alle Handlungsalternativen und Folgewirkungen im Hinblick auf den Adressaten und die Drittbetroffenen[88]) zu überschauen und nach dem Minimierungsprinzip zweifelsfrei einzustufen[89]). [Das gilt erst recht, wenn sich bei sozialgestaltenden Maßnahmen die Auswirkungen auf die gesellschaftliche Entwicklung im vorhinein nicht genau abschätzen lassen.]

Die Entscheidungssituation kompliziert sich noch, wenn man bedenkt, daß gerade die sozialgestaltenden Maßnahmen nicht isoliert für sich betrachtet werden können, sondern als Systemproblem erfaßt werden müssen. Das besagt folgendes:

Die modernen Organisationstheorien verstehen Entscheidungen als Ergebnis eines Informationsverarbeitungsprozesses, der dadurch zustande kommt, daß in das Verwaltungssystem an der Inputgrenze Informationen eingegeben werden, die nach ihrer Verarbeitung an der Outputgrenze mit einem Mehr an Information wieder ausgegeben werden. Dieses Modell macht deutlich, daß die Outputgrenzen in zeitlicher und räumlicher Hinsicht verschoben werden können. Das System braucht seine Reaktionen nicht mehr und nicht sofort an derselben Stelle zu zeigen, es kann den Output auch auf andere Gebiete lenken und damit diese zeitlich oder überhaupt vorziehen[90]). Insofern müßten bei umfassenderen Gestaltungen in die Erforderlichkeitsprüfung die alternativen und variablen Zielsetzungen des gesamten Systems einbezogen werden. Damit aber verliert das Erforderlichkeitsprinzip für Gesamtgestaltungen jede Schärfe. [Es kann allenfalls in deren Rahmen beim Vollzug

---

[88]) Daß auch in dieser Dimension das Übermaßverbot zu beachten ist, ergibt sich aus der Ausdehnung des subjektiven öffentlichen Rechts. Vgl. in diesem Sinne ausdrücklich etwa *H.-U. Gallwas*, Faktische Beeinträchtigungen, S. 80.

[89]) Vgl. *Herbert A. Simon*, Models of Man, Social and Rational: Mathematical Essays on Rational Human Behavior in a Social Setting, New York—London 1957, S. 196 ff., 241 ff.; *James G. March/Herbert A. Simon*, Organizations, New York—London 1958, S. 140 f.; *Karl W. Deutsch*, The Nerves of Government, New York 1966, S. 51 ff.; *Frieder Naschold*, Systemsteuerung, 2. Aufl., Stuttgart 1971, S. 43 f.; *N. Luhmann*, Zweckbegriff, S. 18, 77 f.

[90]) Zum Ganzen *N. Luhmann*, Zweckbegriff, S. 171 ff. und passim. Zur Verfeinerung des Input-Output-Modells in Anlehnung an *David Easton*, A Systems Analysis of Political Life, New York 1965: *Frieder Naschold*, Vernachlässigte Aspekte der Regierungs- und Verwaltungsreform in der Bundesrepublik Deutschland, Kommunikation V/4, 1969, S. 191 ff.

gegenüber einzelnen Betroffenen kleinere Feineinstellungen bewirken.]

Entsprechendes ließe sich zu Art. 3 GG ausführen. [Wie gering seine Aussagekraft für die planende Gestaltung ist, wurde an Hand der Subventionsproblematik schon unter den verschiedensten Gesichtspunkten dargetan[91]).]

Die Situation der gestaltenden Verwaltung kommt so derjenigen der wirtschaftslenkenden Gesetzgebung nahe, auch wenn sich die Verwaltung im allgemeinen präziseren Zielvorstellungen gegenübersieht als der Gesetzgeber[92]). Wenn sich in diesem Bereich das Bundesverfassungsgericht allmählich darauf beschränkt hat, nur die Vertretbarkeit bzw. eine eventuelle Willkür bei der Zielsetzung[93]) und neuerdings auch bei der Geeignetheit und Erforderlichkeit[94]) zu überprüfen, so geschah das aus pragmatischen Erwägungen heraus. Sie zeigen aber die Richtigkeit der entscheidungstheoretischen Erkenntnis, daß allenfalls „brauchbare" oder „befriedigende", nicht aber „optimale" oder „einzig richtige" Entscheidungen zu erzielen sind[95]) [96]). Die Verwaltungsgerichte werden diesem Umstand mehr als bisher Rechnung tragen müssen[97]). [Denn es geht hier um ein funk-

---

[91]) Vgl. etwa *Volkmar Götz*, Recht der Wirtschaftssubventionen, München 1966, S. 264 ff.; *Hans Peter Ipsen*, Verwaltung durch Subventionen, VVDStRL 25 (1967), S. 257 ff. (303); *H. F. Zacher*, VVDStRL 25 (1967), S. 308 ff. (369); *Günter Dürig*, Diskussionsbeitrag, VVDStRL 25 (1967), S. 416; *Hans Huber*, Die Gleichbehandlung der Gewerbegenossen, in: Festschrift für Walter Hug, Bern 1968, S. 447 ff. (466); *H. Wagner*, VVDStRL 27 (1969), S. 47 ff. (70); *Heiko Faber*, Anmerkung zum Urteil des BVerwG v. 20. 6. 1969, JZ 1970, S. 220 ff.

[92]) Zu den Zielvorschriften für den Gesetzgeber auf Grund „dirigierender Verfassungsnormen" vgl. *P. Lerche*, Übermaß, S. 61 ff. und passim.

[93]) Vgl. BVerfG v. 17. 7. 1961, BVerfGE 13, 97 (107); v. 22. 5. 1963, BVerfGE 16, 163 (167 ff.); v. 14. 12. 1965, BVerfGE 19, 330 (337 ff.); ständige Rechtsprechung.

[94]) Dazu insbes. BVerfG v. 9. 3. 1971, BVerfGE 30, 250 (263 ff.) m. w. N.

[95]) Dazu etwa *Niklas Luhmann*, Kann die Verwaltung wirtschaftlich handeln? VerwArch. 51 (1960), S. 97 ff. (105); *F. Naschold*, Systemsteuerung, S. 52 m. w. N.

[96]) Die Kritik an dieser Rechtsprechung (vgl. neuerdings etwa *Michael Klöpfer*, Das Geeignetheitsgebot bei wirtschaftslenkenden Steuergesetzen, NJW 1971, S. 1585 ff.) mag zwar in Einzelheiten hinsichtlich der Begründung, die das Gericht gegeben hat, gerechtfertigt sein. Im Ergebnis wird man dieser Rechtsprechung jedoch angesichts der entscheidungstheoretischen Erkenntnisse zustimmen müssen, solange keine Kriterien für eine größere Kontrolldichte gefunden sind. Dazu auch die folgende Anm.

[97]) Das gilt gerade im Hinblick auf die neuerdings verfolgte Tendenz, allgemein bei unbestimmten Rechtsbegriffen der Verwaltung

tionell-rechtliches Problem. Wo die rechtliche Eindeutigkeit aufhört, beginnt im Verhältnis zur Gerichtsbarkeit die Letztverantwortlichkeit der Verwaltung. Die Exekutive ist auf Grund ihrer personellen und organisatorischen Struktur besser zur Entscheidung solcher Fragen ausgerüstet.] Dabei ist zu beachten, daß die Handlungsspielräume der Verwaltung durch eine unterschiedliche rechtliche Verdichtung im Einzelfall er-

---

keinen Beurteilungsspielraum mehr zuzuerkennen (vgl. dazu die Nachweisungen bei *H. J. Wolff*, Verwaltungsrecht I, § 31 I c 3, S. 181) wie auch auf diesem Wege das bislang als besonders weit anerkannte Planungsermessen der Verwaltung mehr und mehr gerichtlich „nachzuprüfen". Vgl. etwa BVerwG v. 12. 12. 1969, BVerwGE 34, 301 und die viel beachtete Floatglasentscheidung des VG Gelsenkirchen v. 4. 7. 1971, DB 1971, S. 1518. Die Lehre vom „Beurteilungsspielraum" (dazu grundlegend *Otto Bachof*, Beurteilungsspielraum, Ermessen und unbestimmter Rechtsbegriff im Verwaltungsrecht, JZ 1955, S. 97 ff.; entsprechend die „Vertretbarkeitstheorie" von *Carl Hermann Ule*, Zur Anwendung unbestimmter Rechtsbegriffe im Verwaltungsrecht, Gedächtnisschrift für Walter Jellinek, München 1955, S. 309 ff.) wird allein den oben erwähnten entscheidungstheoretischen Erkenntnissen gerecht. Daß es anstrebenswert ist, den gerichtlichen Rechtsschutz gerade auch im Bereich der gestaltenden Verwaltung zu verstärken, soll damit nicht bestritten werden. (Vgl. etwa auch *Werner Hoppe*, Rechtsschutz bei der Planung von Straßen und anderen Verkehrsanlagen, München 1971). Doch müssen dazu erst die Gestaltungsfunktionen der Verwaltung juridifizierbar gemacht oder zumindest die Willkürgrenzen eingeengt und besser präzisiert werden können. Hierfür Kriterien zu finden, ist eine der Wissenschaft und Praxis vordringlich gestellte Aufgabe. Solange es aber schon an der Möglichkeit fehlt, die dabei angesprochenen qualitativen Erfordernisse zu quantifizieren und so etwa die Lärmstruktur für Bebauungspläne zu ermitteln, sind die Gerichte auf die Nachprüfung äußerster Willkürgrenzen beschränkt. Sie setzen sonst ihr „Ermessen" an die Stelle des Ermessens oder der Gestaltungsfreiheit der Verwaltung, wozu sie nicht legitimiert sind. Immerhin hat das Bundesverwaltungsgericht in der angeführten Entscheidung im Ergebnis die Maßnahme der Rechtsaufsichtsbehörde gebilligt und damit deren Beurteilungsspielraum respektiert. Anders das VG Gelsenkirchen, das eine Bauleitplanung für rechtswidrig und nichtig ansah, weil nicht alle „wesentlichen" Belange in die Abwägung „zutreffend eingestellt" worden seien. Angesichts der unübersehbaren Vielzahl von Belangen, die bei einer Planung berücksichtigt werden müssen, und mangels allgemein verbindlicher Maßstäbe und feststehender Wertungen kann eine solche Argumentation — wenn es sich nicht um extreme und daher evidente Mißgriffe der Verwaltung handelt — nur dazu führen, daß das Gericht seine rechtlich nicht meßbare abweichende Wertung für letztverbindlich erklärt und damit die Kompetenz des demokratisch stärker legitimierten Planungsträgers an sich zieht. Kritisch zu diesem Trend in der Rechtsprechung auch *Konrad Redeker*, Sozialstaatliche Gestaltung und rechtsstaatliche Bindung, DVBl. 1971, S. 369 ff.; *ders.*, Fragen der Kontrolldichte verwaltungsgerichtlicher Rechtsprechung, DÖV 1971, S. 757 ff. (758).

heblich variieren können. Davon war beim Vorbehalt des Gesetzes bereits die Rede. Insofern ergeben sich für die Gerichte auch unterschiedliche Grenzen des Willkürverbotes. Innerhalb dieser Grenzen aber verbleibt ihnen nur die Kontrolle des Verfahrens.

5. Je mehr eine Verwaltungsentscheidung sich von dem Bilde des reinen Gesetzesvollzuges entfernt, desto größere Bedeutung gewinnt die Beteiligung der Betroffenen am Entscheidungsprozeß. Information und rechtliches Gehör, Begründungszwang und Akteneinsichtsrecht, aber auch die Einhaltung der Bestimmungen über die behördliche Zuständigkeit, die Mitwirkung anderer Behörden oder die Unparteilichkeit und Unbefangenheit der Amtsträger können den Inhalt der Entscheidung erheblich beeinflussen. Verfahrensgrundsätze werden daher in zunehmendem Maße als Rechte der einzelnen anerkannt[98]). [Sie vermögen in gewissem Maße auszugleichen, was der gerichtliche Rechtsschutz derzeit nicht zu leisten vermag, weil die Verwaltung bei der Planung in zeitlicher und faktischer Hinsicht die Vorhand hat und die Gestaltungsbefugnisse sich nicht in ausreichendem Maße juridifizieren lassen. Verfahrensgarantien bilden daher die notwendige Ergänzung der klassischen Abwehrrechte. Von ihnen darf nur in den Ausnahmefällen eines legitimen öffentlichen Interesses abgewichen werden[99]).]

Diese Aussage über die Verfahrensgrundsätze läßt sich dogmatisch begründen mit der Ausweitung des subjektiven öffentlichen Rechts und dem verfassungsrechtlichen Erfordernis rechtlichen Gehörs und effektiven Rechtsschutzes. Sie folgt wei-

---

98) Dazu *Ferdinand Kopp*, Verfassungsrecht und Verwaltungsverfahrensrecht, München 1971, m. zahlr. w. N. aus der umfangreichen Literatur und Rechtsprechung zu den einzelnen Verfahrensgrundsätzen. Vgl. weiter *Carl Hermann Ule — Franz Becker*, Verwaltungsverfahren im Rechtsstaat, Köln 1964, S. 40 f., 43; *K. Redeker*, DVBl. 1971, S. 369 ff. (372); *Christian-Friedrich Menger*, Höchstrichterliche Rechtsprechung zum Verwaltungsrecht, VerwArch 54 (1963), S. 286 ff. (293 f.); *Jörn Pipkorn*, Auskunftsansprüche gegenüber Verwaltungsbehörden, DÖV 1970, S. 171 ff. (175). — Allgemein zur Bedeutung des Verwaltungsverfahrens *Klaus Stern*, Verwaltungslehre — Notwendigkeit und Aufgabe im heutigen Sozialstaat, in: Gedächtnisschrift Hans Peters, Berlin 1967, S. 219 ff. (241); *Franz Mayer*, Verfahrensgrundsätze der Verwaltung, BayVBl. 1960, S.332 ff.

99) Wann eine solche Ausnahme angenommen werden kann, bedarf noch der näheren Untersuchung und Präzisierung. Zu eng wohl *J. Pipkorn*, DÖV 1970, S. 171 ff. (175), der verlangt, daß das ausschließende öffentliche Interesse ausdrücklich in der Verfassung festgelegt sein müsse.

ter auch aus dem Demokratiegebot der Transparenz und der Konsensherstellung[100]).

[Angesichts der sozialen Interdependenzen und der dadurch bedingten Breitenwirkung zahlreicher administrativer Maßnahmen ist der Kreis der Betroffenen für die Verwaltung vielfach nicht genau abzusehen[101]). Versäumt sie daher, einzelne Betroffene von sich aus am Verfahren zu beteiligen, so muß es der Initiative der Übergangenen überlassen bleiben, ihre Beteiligungsrechte bei der Verwaltung und notfalls vor Gericht geltend zu machen. Für Maßnahmen der Verwaltung, die in ihrer Wirkung den Rechtsnormen nahekommen, ist eine öffentliche Bekanntmachung zu fordern, wie sie der Entwurf für ein Verwaltungsverfahrensgesetz ausdrücklich vorsieht und wie sie bei Allgemeinverfügungen und zahlreichen Planungsverfahren heute schon erforderlich sein kann[102]).

Möglichkeiten, sich auf Grund der Betroffenheit in eigenen Rechten am Verfahren der Verwaltung zu beteiligen, bestehen vor allem im Mikrobereich, bei Planungen also im Bereich der Durchführungsplanung. Im Makrobereich läßt sich die rechtliche Betroffenheit des einzelnen als Individuum in der Regel nicht mehr hinreichend präzisieren. Anders mag es um eine konkrete Rechtsbetroffenheit bei größeren, mit eigenen Rechten ausgestatteten Einheiten stehen, wie etwa bei den Gemeinden in Fällen der Raumplanung[103]). Die Gefahr, daß gerade bei

---

[100]) Konsensherstellung wird hier im Sinne eines Gebotes verstanden, sich laufend um einen intersubjektiven Konsens zu bemühen und die institutionellen Voraussetzungen dafür zu schaffen. — Der Gedanke des „government by consent", d. h. die Vorstellung, daß sich die Verwaltung auch beim Vollzug der Gesetze gegenüber dem einzelnen und der Allgemeinheit täglich neu zu legitimieren habe, gewinnt nicht nur in der Demokratiediskussion des Verfassungsrechts an Boden, sondern liegt auch der in der Rechtstheorie vertretenen Anerkennungstheorie über die Geltung der Rechtsnormen zugrunde. — Zur Ableitung der Verfahrensgrundsätze, die der Wahrung der Gesetzmäßigkeit der Verwaltung dienen, aus dem Grundsatz der Demokratie, vgl. auch *F. Kopp*, Verfassungsrecht und Verwaltungsverfahrensrecht, S. 180 ff.

[101]) Vgl. die entsprechende Problematik bei § 65 VwGO.

[102]) Vgl. § 31 III, VI EVwVerfG, BT Drucks. VI/1173; § 2 VI Bundesbaugesetz v. 23. Juni 1960 (BGBl. III Nr. 213—1).

[103]) Zum Anhörungsrecht der kommunalen Gebietskörperschaften, das parallel zum Recht des einzelnen auf rechtliches Gehör aus dem Rechtsstaatsprinzip in Verbindung mit der Selbstverwaltungsgarantie folgt, vgl. für den Fall der Eingemeindungen: *Hubert Görg — Gerhard Seibert*, Anmerkung zum Urteil des VG Köln vom 31. 5. 1968, DVBl. 1968, S. 851 ff. (853); *Carl Hermann Ule*, Zwangseingemeindungen und Verfassungsgerichtsbarkeit, VerwArch 60 (1969), S. 101 ff. (121); VerfGH Rh.-Pf. v. 17. 4. 1969, DÖV 1969, S. 560 ff.

den wichtigen Gestaltungen im Makrobereich nur Großorganisationen zu Wort kommen und das nichtorganisierte Interesse ausgeschaltet bleibt, ist also rechtsdogmatisch über die rechtsstaatlichen Grundsätze der Verfahrensbeteiligung der Betroffenen nicht auszuschließen; hier bleiben nur rechtspolitische Lösungen[104]).]

Allerdings dürfen [auch] die [dargelegten] Möglichkeiten der Beteiligung nicht überschätzt werden. Das zeigt die geringe Effizienz der Einwendungsverfahren, etwa bei den Stadt- und Fachplanungen. Der Stil der Verwaltungsbehörden ist oft nicht dazu angetan, den einzelnen von dem Nutzen seiner Beteiligung zu überzeugen[105]). Es kommt daher darauf an, Möglichkeiten zu schaffen, die einen rechtlich gesicherten Einfluß auf den Inhalt der Entscheidung gewährleisten. Rechtsdogmatisch ist das in begrenztem Maße zu erreichen, wenn man bereits die verschiedenen Stufen des Entscheidungsprozesses der rechtlichen Wertung zugänglich macht. Das läßt sich durch eine Ausweitung des Begriffes des Verwaltungsaktes im Wege des „verwaltungsgerichtlichen Vorverfahrens" erreichen.

6. a) Verwaltungsakt und Rechtsnorm als die beiden Handlungsformen des Staates schlossen nach ihrer herkömmlichen Begriffsbestimmung sozialgestaltende Maßnahmen aus. Denn mit der Festlegung der eingreifenden Verwaltung auf den Gesetzesvollzug und mit der Definition des Rechtssatzes durch die Eigentums- und Freiheitsklausel sowie das Erfordernis der generell abstrakten Regelung war die äußerste Grenze der staatlichen Regelungsmöglichkeiten umrissen. Auch die Verwaltung war nicht in der Lage, den offenen Bereich konkreter Rechtsetzung auszufüllen[106]). Daraus resultieren die heutigen

---

(567); OVG Münster v. 5. 5. 1969, DÖV 1969, S. 570. Allein auf die Selbstverwaltungsgarantie stützen das Anhörungsrecht: *Fritz Ossenbühl*, Rechtliches Gehör und Rechtsschutz im Eingemeindungsverfahren, DÖV 1969, S. 548 ff. (551); *Gerhard Seibert*, Selbstverwaltungsgarantie und kommunale Gebietsreform, Frankfurt/M. 1971, S. 41 f.; *Franz-Ludwig Knemeyer*, Das Anhörverfahren im Rahmen der bayerischen Gebietsreform, BayVBl. 1971, S. 371 ff. Eine Abweichung von den oben genannten Ansichten ist darin wegen der einer individualrechtlichen Rechtsposition vergleichbaren Stellung der Gemeinde letztlich nicht zu sehen.

[104]) Dazu unten unter V., wo hierfür etwa ein Gesetzespostulationsrecht vorgeschlagen wird.

[105]) W. *Blümel*, Raumplanung, vollendete Tatsachen und Rechtsschutz, S. 133 ff.; W. *Brohm*, Art.: Städtebau, Staatslexikon, 3. Ergänzungsband, Sp. 339 ff. (345).

[106]) Die Freiheits- und Eigentumsklausel behält bestimmte Regelungsbereiche dem Gesetzgeber vor; der generell-abstrakte Charakter beschränkt dabei den Gesetzgeber auf eine Allgemeinheit der Regelungen, wie sie sozialen Gestaltungen nicht eigen ist. Indem

Schwierigkeiten, konkret generelle und abstrakt individuelle Handlungsformen sachgerecht zu erfassen[107]). Begriffsbildungen wie Vollzugsnorm[108]), dingliche Verwaltungsakte[109]), adressatlose Verwaltungsakte[110]) oder gar Verwaltungsakte an wen es angeht[111]) beweisen das.

Insofern sind Verwaltungsakt und Rechtsnorm begrifflich nur in den klassischen Fällen generell-abstrakter Verhaltensregelung oder punktueller Verhaltenskorrektur klar zu trennen. Staatstheoretisch ist die Unterscheidung auf Verwaltungsebene überholt. Denn angesichts der Gestaltungsfunktionen der Verwaltung können die Begriffe des Verwaltungsaktes und der Rechtsnorm nicht mehr als Ausdruck verschiedener Staatsfunktionen angesehen werden; sie sind vielmehr beide Handlungsformen der Verwaltung[112]).

---

diese Einteilung noch mit der Unterscheidung von Rechtsetzung und Rechtsanwendung kombiniert wurde, vermochte die Verwaltung den offengelassenen Raum konkreter Rechtsetzung nicht auszufüllen. Dazu *Ernst-Wolfgang Böckenförde*, Gesetz und gesetzgebende Gewalt, Berlin 1958, S. 339; *Richard Thoma*, Grundbegriffe und Grundsätze, HdbDStR Bd. II, Tübingen 1932, § 71, S. 108 ff. (124 ff.); *Konrad Huber*, Maßnahmegesetz und Rechtsgesetz, Berlin 1963, S. 172 ff.; *E. Stachels*, Stabilitätsgesetz, S. 109.

[107]) Zahlreiche Beispiele aus der umfangreichen Rechtsprechung hierzu bei *Otto Bachof*, Verfassungsrecht, Verwaltungsrecht, Verfahrensrecht in der Rechtsprechung des Bundesverwaltungsgerichts, Bd. II, Tübingen 1967, Nr. 335 ff.

[108]) *W. Brohm*, Rechtsschutz im Bauplanungsrecht, S. 52 ff. (61); *R. Bartlsperger*, DVBl. 1967, S. 360 ff. (362, 369).

[109]) *Norbert Niehues*, Dingliche Verwaltungsakte, DÖV 1965, S. 319 ff.; *H. J. Wolff*, Verwaltungsrecht I, § 46 VIII m. w. N.

[110]) *E. Forsthoff*, Verwaltungsrecht, S. 355 f.

[111]) Dazu BVerwG v. 28. 6. 1968, JZ 1969, S. 69 (Subventionsrückforderung gegen Zwischenhändler wegen zweckwidriger Verwendung von Handelsdünger durch den Abnehmer). Die Konstruktion war notwendig, weil eine Rechtsetzung der Verwaltung im Außenverhältnis noch nicht anerkannt ist. Auch mit Hilfe des Vertrages hätte sich der Fall nicht besser lösen lassen. Das verkennt *Ludwig Renck*, Verwaltungsakt und verwaltungsrechtlicher Vertrag, JuS 1971, S. 77 ff. Denn auch der öffentlich-rechtliche Vertrag hätte öffentlich-rechtliche Bindungen nur zu dem Hersteller, nicht aber zu dessen Abnehmer bewirken können. Insofern erweist sich der öffentlich-rechtliche Vertrag auch hier der herkömmlichen Form des Verwaltungsaktes unter Auflage nicht überlegen.

[112]) Dazu *W. Brohm*, Strukturen der Wirtschaftsverwaltung, S. 229 ff. m. w. N. Neuerdings hat dies *Axel Görlitz*, Politische Funktionen der Lehre vom Verwaltungsakt, PVS 1971, S. 71 ff., noch einmal ausführlich dargetan, wobei er offenbar davon ausgeht, daß die Rechtswissenschaft diesen Funktionswandel noch nicht bemerkt habe. Mißverständnisse dieser Art sind heute keine Seltenheit. Sie geben Anlaß zu der grundsätzlichen Bemerkung, daß sich manche Polemik von Soziologen und Politologen gegen die Rechtswissen-

In der Rechtspraxis werden die Unterschiede in den Voraussetzungen und Wirkungen von Verwaltungsakt und Rechtsnorm auch zunehmend abgeschliffen; [so in den Anforderungen an die Bestimmtheit der gesetzlichen Ermächtigung, in den Formen der Kundmachung und neuerdings auch in den Fehlerfolgen[113]). Auch der Rechtsschutz kann, wie gezeigt, nicht von der Handlungsmodalität abhängen. Der Ausschluß der abstrakten Normenkontrolle für untergesetzliche Normen in einigen Ländern verstößt daher gegen Art. 19 IV GG[114]). Dennoch lassen sich einzelne Unterschiede angesichts der positiven Rechtslage nicht ganz aufgeben. Sie sind für die klassischen Handlungsformen in gewisser Beziehung durchaus sinnvoll.] Für die Zwischenformen [jedoch] müssen weitere Differenzierungen gefunden werden.

Auch hinsichtlich der Verbindlichkeit, die beiden Handlungsformen gemeinsam ist, sind heute Relativierungen notwendig. So wird vielfach das Merkmal der „verbindlichen Regelung" bis zur Unkenntlichkeit ausgeweitet, weil man Indikativrichtlinien, Normativkontingente, Auskünfte, Zusagen, Berichte oder Bescheinigungen den Rechtsnormen oder Verwaltungsakten einordnen und nicht jeder rechtlichen Erfassung entgleiten lassen will[115]).

---

schaft als überflüssig erwiese, wenn man durch bessere interdisziplinäre Kontakte wenigstens über den jeweiligen Forschungsstand der Nachbardisziplin unterrichtet wäre.

[113]) Dazu im einzelnen m. zahlr. w. N. *W. Brohm*, Strukturen der Wirtschaftsverwaltung, S. 231 f.

[114]) Vgl. *Klaus Obermayer*, Die verwaltungsgerichtliche Normenkontrolle, in: 10 Jahre Verwaltungsgerichtsordnung, Schriftenreihe der Hochschule Speyer, Bd. 45, Berlin 1970, S. 142 ff. (157 f.); *Olaf-Roman Baron von Engelhardt*, Der Rechtsschutz gegen Rechtsnormen, Berlin 1971, S. 244 ff. (255). — Im Ergebnis übereinstimmend mit unterschiedlichen Lösungen für eine aus Art. 19 IV GG geforderte Klagemöglichkeit: *Hartmut Maurer*, Rechtsschutz gegen Rechtsnormen, in: Tübinger Festschrift für Eduard Kern, Tübingen 1968, S. 275 ff. (294 f.); *Rainer Wilken*, Rechtsschutz gegen Normen und verwaltungsgerichtliche Normenkontrolle, DÖV 1969, S. 532 ff.

[115]) Vgl. zu den Indikativrichtlinien und Normativkontingenten: *W. Brohm*, Strukturen der Wirtschaftsverwaltung, S. 239 ff. und 241 ff. Zur Auskunft und Zusage: *Karl Zeidler*, Empfiehlt es sich, die bestehenden Grundsätze über Auskünfte und Zusagen in der öffentlichen Verwaltung beizubehalten? Gutachten für den 44. Deutschen Juristentag, Tübingen 1962; *Klaus Obermayer*, Der Verwaltungsakt als Gegenstand von Zusagen und Rechtsauskünften, NJW 1962, S. 1465 ff. (1468); *Nikolaus Pfander*, Die Zusage im öffentlichen Recht, Berlin 1970, S. 263 f.; *Goswin Pieper*, Die öffentlichrechtliche Zusage, VerwArch 59 (1968), S. 217 ff.; sowie BVerwG v. 25. 2. 1969, BVerwGE 31, 301, das die Namensnennung eines Informanten des Verfassungsschutzamtes im Unterschied zur Namensnennung in anderen Fällen als Verwaltungsakt ansieht. Bescheini-

b) Auf diese verschiedenen Zwischenformen lassen sich die Voraussetzungen und Wirkungen, die herkömmlich mit den Begriffen des Verwaltungsaktes oder der Rechtsnorm verbunden werden, nicht einheitlich übertragen. Es ist vielmehr jeweils nach dem Sinn und Zweck der einzelnen Vorschrift zu prüfen, ob und in welchem Maße sie bei dem einen oder anderen Handlungstypus zur Wirkung kommen kann.

So können die Grundsätze über den Widerruf und die Rücknahme von Verwaltungsakten nur für punktuell begrenzte Maßnahmen gelten[116]), nicht aber für Planfeststellungsbeschlüsse im Rahmen der Fachplanungen, die wir ebenfalls den Verwaltungsakten zuordnen. [Angesichts der breiten Wirkung und der Bedeutung dieser Maßnahmen sind hier andere Regeln zum Vertrauensschutz zu erarbeiten. Das zeigen die dogmatischen Bemühungen um die Plangewährleistungsansprüche[117]). Sie müssen zur Anwendung kommen, gleichgültig ob man diese Pläne als Verwaltungsakte oder als Rechtsnormen qualifiziert.] Anders wiederum ist der Widerruf von Anordnungen durch Verkehrszeichen zu beurteilen.

Auch die formelle Bestandskraft kommt bei diesen Verwaltungsakten nur begrenzt zur Wirkung[118]); [sie müßte in Anbetracht der Breitenwirkung dieser Maßnahmen analog der Ausschlußfrist nach § 93 II BVerfGG geregelt werden[119]).] Die Konstruktion eines „dinglichen Verwaltungsaktes" ist dafür nur

---

gungen werden als Verwaltungsakte angesehen, wenn sie gesetzliche Voraussetzung für die Inanspruchnahme von Rechten oder Vergünstigungen sind; so schon BVerwG v. 28. 9. 1955, BVerwGE 2, 212 und v. 30. 11. 1955, BVerwGE 2, 353; dazu auch *Jürgen Simon*, Behördliche Bescheinigungen als Verwaltungsakte, DVBl. 1956, S. 355 ff. (356). Berichte des Luftfahrtbundesamtes sind nach Ansicht des OVG Lüneburg v. 26. 1. 1961, OVGE 16, 442 und von *Peter Wendt*, Über die Rechtsnatur der Untersuchungsberichte des Luftfahrtbundesamtes, DÖV 1963, S. 89 ff. (90 f.) Verwaltungsakte; anders BVerwG v. 20. 7. 1962, BVerwGE 14, 323.

[116]) Inwieweit hier nicht auch weiter nach den einzelnen Verwaltungsbereichen zu differenzieren wäre, kann in diesem Zusammenhang dahingestellt bleiben.

[117]) Vgl. *Martin Oldiges*, Grundlagen eines Plangewährleistungsrechts, Bad Homburg v. d. H. 1970; *Jürgen Egerer*, Der Plangewährleistungsanspruch, Baden-Baden 1971, jeweils m. zahlr. w. N.

[118]) Auch die Jahresfrist nach § 58 II VwGO beginnt erst nach der Bekanntgabe gegenüber dem Betroffenen zu laufen. (Für Drittbetroffene hat dies das BVerwG im Urteil v. 14. 2. 1969, DVBl. 1969, S. 362 ausdrücklich bekräftigt). Maßnahmen mit Breitenwirkung könnten also von neu davon Betroffenen noch nach Jahrzehnten angefochten werden.

[119]) Nach der gegenwärtigen Rechtslage ist eine solche Annahme allerdings kaum zu begründen, da die landesrechtlichen Vorschriften über die Normenkontrolle nur die herkömmlichen Verhaltens-

eine Verlegenheitslösung[120]), die zudem auf Planungen mit Koordinationswirkung schon nicht mehr übertragbar ist.

[Entsprechendes gilt für die Problematik der aufschiebenden Wirkung bei Anfechtungsklagen und die Anordnung des sofortigen Vollzuges. Sie wäre etwa bei Planungen auf die einzelnen in dem Plan enthaltenen Teilentscheidungen zu beschränken[121]).]

Ebenso erfüllen nicht alle Verwaltungsakte eine Titelfunktion; Auskünfte oder Bescheide über Leistungsgewährungen sind nicht vollstreckbar, und Pläne bedürfen dazu vielfach erst noch eines Vollzugsaktes.

Weiter gilt der Nachrang des Verwaltungsaktes gegenüber Rechtsnormen nicht etwa für Planfeststellungsbeschlüsse, die als Verwaltungsakte die Bebauungspläne als Satzungen durchbrechen[122]). Ähnliches gilt für die Imperativ- und Indikativrichtlinien[123]). Die Beispiele ließen sich beliebig vermehren.

c) Sind demnach in Zukunft die Handlungsformen im Hinblick auf die damit verbundenen Rechtswirkungen vielfach zu differenzieren und neu zu typisieren, so ist zu erwägen, ob der Begriff des Verwaltungsaktes nicht auf einer höheren Abstraktionsebene definiert werden sollte. Nachdem er seinen spezifischen Konnex mit dem subjektiven öffentlichen Recht verloren

---

normen im Auge haben und daher solche Ausschlußfristen nicht kennen. Für Extremfälle bleibt u. U. der Rückgriff auf die Verwirkung, vgl. *Eyermann-Fröhler*, Verwaltungsgerichtsordnung, Kommentar, 5. Aufl., München 1971, Rdnr. 13 zu § 58 VwGO m. w. N.

[120]) Sie dient vor allem auch dem Zweck, eine formelle Bestandskraft herbeizuführen (so *Ferdinand Kopp*, Der dingliche Verwaltungsakt, BayVBl. 1970, S. 233 ff. (236)). Indessen dürfte der Versuch, die Verbindlichkeit für die davon betroffenen Personen mit sachenrechtlichen Konstruktionen zu erklären, dem öffentlichen Recht kaum angemessen sein. Vgl. dazu schon *Georg Jellinek*, System der subjektiven öffentlichen Rechte, 2. Aufl., Tübingen 1905, Nachdruck Darmstadt 1963, S. 10; *ders.*, Allgemeine Staatslehre, 5. Neudruck der 3. Aufl., Berlin 1929, Nachdruck Darmstadt 1960, S. 398 ff.; *H. H. Rupp*, Grundfragen der heutigen Verwaltungsrechtslehre, S. 166 ff. m. w. N.; *Joachim Martens*, Zur Begriffsbestimmung des Verwaltungsaktes, DVBl. 1968, S. 322 ff. (329).

[121]) Darin liegt ein wesentliches Anliegen der Qualifizierung rechtsverbindlicher Pläne als „Vollzugsnorm". Dazu *W. Brohm*, Rechtsschutz im Bauplanungsrecht, S. 52 ff. und 73 ff.

[122]) Dazu *Rüdiger Breuer*, Die hoheitliche raumgestaltende Planung, Bonn 1968, S. 176 ff., dessen Thesen mit der Rechtsnatur der einzelnen Handlungsformen begründet werden und daher bisweilen eigentümlich anmuten.

[123]) Dazu im einzelnen *W. Brohm*, Strukturen der Wirtschaftsverwaltung, S. 234 ff.

hat[124]), ließe er sich als „Entscheidung" im Sinne der modernen Entscheidungstheorien[125]) verstehen. Allerdings ist die sozialwissenschaftliche Definition der Entscheidung als Ergebnis eines Informationsverarbeitungsprozesses zu einseitig. Sie setzt die Rationalität des Entscheidungsprozesses absolut und vernachlässigt so das Machtproblem[126]). Berücksichtigt man beide Momente, so könnte man den Verwaltungsakt neu bestimmen als den *„für die Verwaltung* verbindlichen Abschluß eines Willensbildungs- und Informationsverarbeitungsprozesses im Rahmen der Wahrnehmung ihrer Hoheitskompetenzen, unabhängig davon, ob er eine Regelung gegenüber dem Bürger enthält oder nicht"[127]).

---

[124]) Wie oben unter III. 3. a) und 6. a) mit Anm. 114 gezeigt, kommt es für die Aktualisierung eines subjektiv-öffentlichen Rechts allein auf die „Rechtsbeeinträchtigung" an, nicht aber auf die Handlungsmodalität, durch die sie hervorgerufen wird. Die gegenwärtige Lehre dagegen erfaßt den Begriff des Verwaltungsaktes gerade unter diesem Gesichtspunkt, indem sie eine „Regelung" vor allem dann annimmt, wenn eine „Rechtsbeeinträchtigung" vorliegt, so z. B. bei reinen Tathandlungen, wie der Erteilung von Auskünften, Berichten oder Bescheinigungen (dazu die Nachweisungen oben Anm. 115), aber auch bei der Abgrenzung von Verwaltungsakt und innerdienstlichem Rechtsakt im Rahmen sog. „besonderer Gewaltverhältnisse" (dazu etwa *Winfried Brohm*, Verwaltungsvorschriften und besonderes Gewaltverhältnis, DÖV 1964, S. 238 ff. (244 f.) m. w. N.) und der Qualifizierung von Organisationsakten als Verwaltungsakte (dazu etwa BVerwG v. 31. 1. 1964, BVerwGE 18, 40).

[125]) Dazu zusammenfassend *F. Naschold*, Systemsteuerung, S. 30; *ders.*, Organisation und Demokratie, 2. Aufl., Stuttgart 1971, S. 56; *K. König*, Erkenntnisinteressen, S. 252 ff., jeweils m. w. N.

[126]) Damit kommt sie zwar dem arbeitsteiligen und z. T. maschinell bewirkten Entscheidungsprozeß näher als das voluntaristische Verständnis. Doch bleiben bei den vielfältigen Entscheidungen der Verwaltung nach wie vor auch volitive Elemente bestimmend.

[127]) Durch eine solche Neudefinition des Verwaltungsaktes wird dessen verfahrensrechtliche und materiell-rechtliche Funktion (letztere sehe ich, wie im folgenden ausgeführt wird, mit *Klaus Vogel*, Diskussionsbeitrag, VVDStRL 28 (1970), S. 269, u. a. in einer Klarstellungsfunktion) nicht beseitigt, sondern nur auf eine höhere Abstraktionsebene verlegt und damit in den Beziehungen aufgegeben, in denen er sie nach der aufgezeigten Entwicklung der Dogmatik längst verloren hat. Das ist einmal der Fall in der Abgrenzung zur Rechtsnorm bei den konkret-generellen und abstrakt-individuellen Handlungsformen. (Dazu oben Anm. 106—114; vgl. auch *Ludwig Renck*, Verwaltungsakt und Feststellungsklage — BVerwGE 26, 161, JuS 1970, S. 113 ff. (118), der unter Hinweis darauf, daß Wasserschutzgebiete durch Rechtsverordnung, Parkzonen durch Verwaltungsakt, Skihauptabfahrtsstrecken durch Rechtsverordnung, Wasserskistrecken durch Verwaltungsakt festgesetzt werden, meint, das könne kein Jurist, geschweige denn ein Laie verstehen; das sei nur noch zu glauben). Der Verwaltungsakt hat weiter seine Funktion verloren in der Abgrenzung zu den Tathandlungen, wo die

Die Markierung eines solchen „Fixpunktes" im Entscheidungsprozeß der Verwaltung ist notwendig, um an dieser Stelle die Fragen der Legitimation, Kontrolle und Verantwortlichkeit anknüpfen zu können[128]). Diese wären dann je nach dem Typus der Verwaltungsentscheidung u. U. verschieden zu beurteilen. So bildeten die generell-abstrakten Regelungen lediglich einen Sonderfall der Verwaltungsentscheidung, der gewisse Verfahrens- und Rechtsschutzmodalitäten bedingt. Die Unterscheidung zum Einzelakt fiele also nicht weg, sie wäre aber relativiert, so daß alle Zweifelsfälle ohne diffizile Erörterungen dem Verwaltungsakt als Auffangbegriff zugeordnet werden könnten.

Die Differenzierungen der Zwischenformen nach den Voraussetzungen und Wirkungen von Rechtsnorm und Verwaltungsakt würden erleichtert, weil zunächst eine Vermutung für die Regeln über den Verwaltungsakt spräche. Eine Modifikation müßte daher im Einzelfall mit der Funktion dieser Regeln und der besonderen Eigenart der Verwaltungsmaßnahme gerechtfertigt werden.

Vor allem aber bekäme bei dieser Neuformulierung des Verwaltungsaktes die Dogmatik mehr Spielraum, neue, sachgerechte Typisierungen als Unterfall der Verwaltungsentscheidung zu entwickeln, da der Verwaltungsakt geringeren gesetzlichen Formbindungen unterliegt[129]).

Ein weiterer Vorteil läge darin, daß sich zahlreiche Diskussionen um das Vorliegen einer „Regelung" erübrigten. [Denken Sie an die jüngsten Entscheidungen der Gerichte zur Namensnennung von Informanten, zum Schuldspruch des Bundesober-

---

gegenwärtige Rechtsdogmatik das Kriterium der „Regelung" gegenüber dem Bürger nach der „Rechtsbetroffenheit" beurteilt (dazu die Nachweisungen oben Anm. 115 und 124 sowie unten 130), auf die es, wie oben III. 3. a) gezeigt, in diesem Zusammenhang aber nicht ankommt. Mit der vorgeschlagenen Neudefinition bleiben also die heute dem Verwaltungsaktsbegriff allgemein noch zukommenden spezifischen Problemlösungen erhalten, durch ihre größere Abstraktheit wird aber gleichzeitig der Weg zu weiteren sachgerechten Differenzierungen frei.

[128]) Zu diesem Bedürfnis vgl. auch *A. Görlitz*, PVS 1971, S. 71 ff. (84 f.), der allerdings im Ergebnis den herkömmlichen Begriff des Verwaltungsaktes samt der „Regelung" gegenüber dem Bürger beibehält und ihn lediglich in einer organisations- und entscheidungstheoretischen Terminologie definiert.

[129]) Aus diesem Grunde wäre eine Legaldefinition des Verwaltungsaktes, wie sie in § 27 des EVwVerfG (BT Drucks. VI/1173) vorgesehen ist, sehr unzweckmäßig. Sie würde den derzeitigen Entwicklungsstand der Dogmatik unnötig zementieren.

seeamtes, zur Ausstellung von Bescheinigungen[130]) [131]) oder zu innerdienstlichen Weisungen und Organisationsakten[132]).]

---

[130]) Vgl. etwa BVerwG v. 25. 2. 1969, BVerwGE 31, 301 (306), wonach die Namensnennung eines Informanten kein Verwaltungsakt sei, wenn sie vom Einwohnermeldeamt erfolge, dagegen als Verwaltungsakt gewertet werden müsse, wenn sie vom Verfassungsschutzamt erfolge, weil dieses dabei seine Ermessensentscheidung zum Ausdruck bringe. Mit dieser „Begründung" konnte die Klage wegen Fristablaufs abgewiesen werden. Vgl. ferner BVerwG v. 18. 4. 1969, JZ 1970, S. 137, BVerwGE 32, 21, wonach Sprüche des Bundesoberseeamtes, die das schuldhafte Verhalten eines Beteiligten nach § 25 SUG (Gesetz über die Untersuchung von Seeunfällen v. 28. September 1935 (RGBl. I S. 1183 ff.)) feststellen, keine Verwaltungsakte seien. Aus diesem Grunde wurde in diesem Falle der Rechtsschutz völlig versagt. Dazu kritisch die Anmerkung von *Walter Schick*, ebd., S. 139. — Ferner BVerwG v. 28. 11. 1969, BVerwGE 34, 248: Die Anordnung der Verwaltungsbehörde gegenüber dem Inhaber einer Fahrerlaubnis, das Gutachten einer medizinisch-psychologischen Untersuchungsstelle über seine Eignung zum Führen von Kraftfahrzeugen vorzulegen, soll als Vorbereitung für den eventuellen Entzug der Fahrerlaubnis kein Verwaltungsakt sein. Die Frage, ob der Betroffene durch eine solche Anordnung in seinen Rechten beeinträchtigt ist, bleibt natürlich bestehen. Sie ist aber zu bejahen, wenn z. B. die Voraussetzungen des § 3 II StVZO (Anlaß zur Annahme der Nichtgeeignetheit) nicht gegeben sind. — Dagegen ist die Tötung eines streunenden Hundes oder die Anwendung unmittelbaren Zwangs durch den Einsatz von Hiebwaffen ein Verwaltungsakt, vgl. BVerwG v. 9. 2. 1967, BVerwGE 26, 161. Weitere Nachweisungen zu diesem widersprüchlich beurteilten Fragenkreis oben Anm. 115.

Nach der hier vertretenen Auffassung wären auch Glückwunschtelegramme, bloße Ankündigungen, Meinungsäußerungen, Belohnungen, Warnungen und Untersuchungsberichte des Luftfahrtbundesamtes als Verwaltungsakte zu werten. Ob sie im konkreten Fall Rechte einzelner beeinträchtigen und daher angefochten werden können, ist eine andere Frage. Insofern kehren viele, aber bei weitem nicht alle Fragestellungen, die gemeinhin beim Verwaltungsaktsbegriff erörtert werden, wieder, aber sie werden unter dem zutreffenden Gesichtspunkt, nämlich der Klagebefugnis, und für den jeweils zur Entscheidung stehenden Fall erörtert. Das dient nicht nur der dogmatischen Klarheit, sondern auch einer sachgerechteren Beurteilung. — Gegen die Einengung des Verwaltungsaktsbegriffs durch das Merkmal der „Regelung" wenden sich auch *Eyermann-Fröhler*, Verwaltungsgerichtsordnung, Rdnr. 14 ff. zu § 42 VwGO, die alle hoheitlichen Amtshandlungen, auch die tatsächlichen, als Verwaltungsakt auffassen; allerdings verlangen sie an anderer Stelle (Rdnr. 26 zu § 42 VwGO) als „Wesensmerkmal des Verwaltungsaktes", daß die Behörde dem Dritten gegenüber für ihr Handeln Verbindlichkeit beanspruche, und gehen somit doch wieder von einer „Regelung" aus. Das zeigen auch die dort angegebenen Beispiele.

[131]) Als Realakte erschienen dann nur noch Handlungen, denen, wie etwa Unfällen, keine Entscheidung zugrunde läge. Die allgemeine Leistungsklage dürfte bei dieser Lösung entbehrlich sein. Sie

Ferner könnten alle Maßnahmen, die nicht eine generell-abstrakte Regelung oder deren Vorstadium beträfen, erst nach Abschluß des Vorverfahrens vor Gericht gerügt werden. Das entspräche nicht nur dem Sinn der Verwaltungsgerichtsordnung, sondern prinzipiell der funktionell-rechtlichen Aufgabenverteilung zwischen Verwaltung und Gerichtsbarkeit[133]).

Schließlich würde deutlicher, daß der Rechtsschutz nicht vom Vorliegen einer rechtlichen Regelung, sondern allein von dem Vorhandensein einer hoheitlich verursachten Rechtsbeeinträchtigung abhängt.

IV.

1. In den Fragen der Bestandskraft und der Berücksichtigung veränderter Rechts- und Sachlagen für den Zeitpunkt der gerichtlichen Entscheidung, für den Folgenbeseitigungsanspruch oder für Plangewährleistungsansprüche hat die verwaltungsrechtliche Dogmatik dem Faktor Zeit in dem Fortwirken der durch den Verwaltungsakt begründeten Rechtsfolgen mehr und mehr Gewicht beigemessen. In ihrer Fixierung auf die „Regelung" gegenüber dem Bürger aber orientiert sie sich an dem Endergebnis der Verwaltungsentscheidung. Dabei entgeht ihr der Prozeß der Entscheidungsbildung.

Solange sich die Verwaltungsentscheidungen auf relativ unkomplizierte Vollzugshandlungen beschränkten, bestand daran auch kein besonderes Interesse. Mit der Komplizierung der Verhältnisse aber werden langwierige und verzweigte Entscheidungsprozesse notwendig. In den verschiedenen Verfahrensstadien der technischen Prüfung, der Datenerhebung und

---

ist als prozessualer Notbehelf entwickelt und wenig systemgerecht. (Dazu auch *Eyermann-Fröhler*, Rdnr. 14 zu § 42 VwGO). Die gegen die hier vertretene Lösung noch möglichen Einwände aus dem prozessualen Vollstreckungsrecht überzeugen nicht. Wenn nach § 167 II VwGO Verpflichtungsurteile nur wegen der Kosten vorläufig vollstreckbar sind, weil das hoheitliche Handeln bedingungsfeindlich sei, so müßte dasselbe — abgesehen von der Fragwürdigkeit der Argumentation — auch für hoheitliches Handeln gelten, das keine „Regelung" enthält. Die §§ 170, 171 VwGO schließlich gelten für alle Urteile auf Zahlungen, im übrigen aber auch nicht für Leistungsurteile anderer Art. Hier bleibt es also auch bei den Urteilen auf Grund allgemeiner Leistungsklagen bei der Vollstreckung nach § 172 VwGO. Vgl. zu den Einwänden und ihrer Widerlegung im einzelnen: OVG Münster v. 22. 2. 1961, DÖV 1961, S. 469 f. einerseits und *Rolf Schweickhardt*, Der Verwaltungsakt als Anknüpfungspunkt im Verwaltungsprozeß, DÖV 1965, S. 795 ff. andererseits.

[132]) Vgl. die Nachweisungen oben in Anm. 124.

[133]) Dazu auch *R. Schweickhardt*, DÖV 1965, S. 795 ff. (801); *Karl August Bettermann*, Anm. zum Urteil des BVerwG v. 25. 2. 1969, DVBl. 1969, S. 703 ff.

Datenselektion wird die endgültige Entscheidung nicht unerheblich vorgeprägt. Daher läßt sich oft nicht lokalisieren, an welcher Stelle des Systems die Entscheidung überhaupt fällt.

Es dient weder der Entscheidungsrationalität noch der Verfahrensökonomie, geschweige denn einem effektiven Rechtsschutz des Betroffenen, wenn die Dogmatik erst an den Abschluß des Entscheidungsprozesses anknüpft. Sie muß vielmehr versuchen, den Prozeß selbst transparent und kontrollierbar zu machen. Das ist möglich, indem man die einzelnen Verfahrensstufen rechtlich zu erfassen sucht. Das Verständnis des Verwaltungsaktes als verbindlicher Abschluß eines Informationsverarbeitungs- und Willensbildungsprozesses könnte diesen Ansatz erleichtern. Denn es käme für seine Annahme nur darauf an, daß bei einem Teilsystem der Verwaltung ein Verfahren verbindlich abgeschlossen wäre[134]). Hält man dagegen an dem herkömmlichen Erfordernis einer Regelung fest, so läßt sich diese, wie etwa bei der verbindlichen Zusage[135]), über den Gedanken der Teilregelung begründen[136]).

Diese These bedeutet zunächst, daß die Beteiligung anderer Behörden in Form von Zustimmung und Einvernehmen als Verwaltungsakt zu qualifizieren ist. Als Teilentscheidung kann sie bereits Rechte der Betroffenen tangieren. Daher greifen schon in diesem Stadium die angeführten Grundsätze des Verwaltungsverfahrens, etwa über das rechtliche Gehör der Betroffenen, ein. Für eine Klage braucht deswegen noch kein Rechtsschutzinteresse zu bestehen; vielmehr hängt es vom Einzelfall ab, ob dem Betroffenen das Zuwarten bis zur Endentscheidung zuzumuten ist.

Diese Feststellungen gelten aber auch für rechtlich unverbindliche Mitwirkungsformen, wenn sachlich abgrenzbare Teilfragen von einer anderen Instanz kraft besonderer Sachkunde abschließend behandelt werden[137]). Eignungsgutachten des TÜV

---

[134]) Von einem Teilsystem in diesem Sinne kann immer dann die Rede sein, wenn von einer bestimmten Stelle ein bestimmter abgrenzbarer Fragenbereich eigenverantwortlich bearbeitet wird.

[135]) *K. Zeidler*, Gutachten, DJT 1962, S. 47 f. und passim, sieht in der Zusage die „Vorabregelung eines Teilkomplexes" und qualifiziert sie als Verwaltungsakt. Entsprechend spricht *Norbert Achterberg*, Der Verwaltungsvorakt, DÖV 1971, S. 397 ff. vom „Verwaltungsvorakt" und „Verwaltungsendakt". In den Bauordnungen der Länder ist vielfach ein Bauvorbescheid als eine solche Teilregelung gesetzlich vorgesehen (vgl. § 84 LBO NW); er wird allgemein als Verwaltungsakt qualifiziert.

[136]) Zur Notwendigkeit von Teilregelungen im Subventionsverfahren vgl. *H. F. Zacher*, VVDStRL 25 (1967), S. 308 ff. (347).

[137]) Das Argument, die letztentscheidende Behörde trage die Verantwortung für die gesamte Entscheidung, ist wenig realistisch.

für die Erteilung der Fahrerlaubnis oder amtsärztliche Gesundheitszeugnisse vor Ernennung des Beamten sind daher nach den allgemeinen Verfahrensgrundsätzen als Teilentscheidungen zu behandeln und z. B. dem Betroffenen bekanntzugeben, so daß er bereits in diesem Stadium Einwände dagegen vorbringen kann.

[Der Einwand liegt nahe, durch diese Theorie der „stufenweisen Entscheidung" verliere der Innenbereich der Verwaltung seine feste Abgeschlossenheit. Indessen ist die hier vertretene dogmatische Lösung nur eine Folge der Komplizierung der Entscheidungsvorgänge und der Pluralisierung des Gesamtsystems. Klare Verantwortlichkeiten, rechtliches Gehör und effektiver Rechtsschutz lassen sich nur gewährleisten, wenn die Rechtsdogmatik ihre Sonde bereits dort ansetzt, wo die betreffenden Fragen, sei es auch nur im Teilbereich, tatsächlich entschieden werden. Darauf ist um so mehr abzustellen, je weiter sich die Tätigkeit der Verwaltung von einem reinen Gesetzesvollzug entfernt und daher im Prozeß der Entscheidungsbildung den einzelnen Entscheidungsstadien besonderes Gewicht für die Endentscheidung zukommt. Das gilt nicht zuletzt für die Gestaltungsfunktionen der Verwaltung. Hier kann überhaupt nur eine frühzeitige Beteiligung der Betroffenen die Gewähr dafür bieten, daß der einzelne sich letztlich nicht vollendeten Tatsachen gegenübergestellt sieht. Daß hierbei die rechtsstaatlich geforderten Beteiligungsformen nicht nur individualrechtliche Schutzfunktionen zu erfüllen vermögen, sondern gleichzeitig auch den Horizont der Entscheidungsgremien erweitern und damit einer den realen Bedürfnissen der Bevölkerung besser entsprechenden Gestaltung dienen können, bedarf keiner besonderen Hervorhebung.]

Im Einzelfall mögen legitime öffentliche Interessen einer frühzeitigen Beiziehung der Betroffenen entgegenstehen[138]); dann ist das Beteiligungsverfahren sobald wie möglich nachzuholen[139]) [140]).

Schließlich wurde die Arbeitsteilung gerade zur Verantwortungsentlastung eingeführt. Dazu auch *N. Luhmann*, Der Staat 3 (1964), S. 129 ff. (152).

[138]) Diese Problematik ist in der Diskussion um das Öffentlichkeitsprinzip bereits ausführlich zur Sprache gekommen. Vgl. etwa *Wolfgang Martens*, Öffentlich als Rechtsprinzip, Bad Homburg v. d. H. 1969, S. 70 f.; *Peter Häberle*, Öffentliches Interesse als juristisches Problem, Bad Homburg v. d. H. 1970, bes. S. 565 ff., jeweils m. w. N.

[139]) Vgl. auch die entsprechende Regelung in § 57 des österreichischen AVG. Dazu *F. Kopp*, Verfassungsrecht und Verwaltungsverfahrensrecht, S. 28 f. und passim.

2. Die Erkenntnis, daß die Entscheidung in einem stufenweisen Prozeß der Informationsverarbeitung und Willensbildung oft über viele Stellen hinweg gebildet wird, zeigt eine neue Dimension des Rechtsinstituts der Beleihung auf. Bislang haben sich die dogmatischen Bemühungen auf die unmittelbare Hoheitstätigkeit Privater gegenüber dem Bürger konzentriert. Die Einschaltung von Privatpersonen und privaten Organisationen in den Entscheidungsprozeß der Verwaltung fiel damit aus den rechtlichen Überlegungen heraus. Selbst wenn Private nur als Berater oder Sachverständige in das Verfahren zur Wahrnehmung einer Hoheitskompetenz eingeschaltet sind, entscheiden sie in der Sache mit. Denn durch das Gewicht ihres Sachverstandes haben sie einen ganz anderen Einfluß auf den Entscheidungsprozeß als etwa die am Verfahren beteiligten Parteien. Je komplizierter die Sachverhalte werden, desto weniger kann sich die Verwaltung dem Argument des Sachverständigen verschließen. Daß in die Selektion und Bewertung der Fakten und in andere Momente auch subjektive Wertvorstellungen des Sachverständigen einfließen, ist besonders bei den Gestaltungsfunktionen der Verwaltung unvermeidlich. Alles das zwingt dazu, den Gedanken der Beleihung auch auf die am Entscheidungsprozeß beteiligten Privaten auszudehnen. Fragen der Inkompatibilität, der Befangenheit, der Verschwiegenheitspflicht und andere Grundsätze werden daher auch hier von Belang. Auch die Gründung und Organisation von „Beratungsgremien" der Verwaltung in privatrechtlichen Formen[141]) wird unter diesem Gesichtspunkt einer Überprüfung bedürfen.

---

[140]) Ist in Gesetzen oder Verwaltungsvorschriften die Mitwirkung anderer Stellen vorgesehen, weil die letztentscheidende Stelle bestimmte Fragenbereiche aus eigener Sachkenntnis nicht entscheiden kann, so macht das Fehlen einer solchen Mitwirkung die Endentscheidung fehlerhaft und anfechtbar (a. A. die h. M., vgl. *H. J. Wolff*, Verwaltungsrecht II, § 77 V a 1). Die Notwendigkeit, eine in Verwaltungsvorschriften geregelte Mitwirkung einer entsprechenden gesetzlichen Regelung gleichzusetzen, ergibt sich daraus, daß die Verwaltung durch die Regelung in der Verwaltungsvorschrift zum Ausdruck bringt, daß die letztentscheidende Stelle für die Entscheidung nicht voll kompetent ist. Kompetenzregelungen, gleichgültig in welcher Form sie erfolgen, sind mit der zunehmenden Differenzierung der Verwaltung für den Inhalt der Entscheidung und die Rechte des Bürgers von eminenter Bedeutung. Ihre Einhaltung kann daher, wie ausgeführt, von den Betroffenen erzwungen werden. Im übrigen läßt sich über die Anfechtbarkeit kompetenzwidriger Akte die in ihrer Funktionsfähigkeit vielfach beeinträchtigte Staatsaufsicht mit Hilfe der Gerichte ergänzen.

[141]) Z. B. gehen viele Städte dazu über, die Schwierigkeiten einer Altstadtsanierung einer von ihnen beherrschten oder auch einer allein von privaten Kräften getragenen Gesellschaft des Handels-

[Alle diese Fragen erfordern eine differenzierende Beurteilung, die sich etwa an dem politischen Gewicht der anstehenden Entscheidung und der Intensität der Einschaltung der Privaten orientieren müßte. Daraus können sich dann neue Grundsätze und Typisierungen ergeben.]

V.

Angesichts der Gestaltungsfunktion und der Pluralisierung der Verwaltung wird die Organisation der Zielbestimmung, Koordination und Kooperation zu einem zentralen Problem.

1. Die Verwaltungsrechtslehre hat bislang versucht, die „Einheit des Staates" bzw. der Verwaltung im wesentlichen über das hierarchische Modell zu gewährleisten[142]). Innerhalb des Staatsapparates vertraute man auf das Weisungsrecht und den Dienstweg. Selbständige Verwaltungsträger wurden über das staatliche Aufsichtsrecht mit seinen verschiedenen Einwirkungsmöglichkeiten in dieses System einbezogen. Denn die staatliche Aufsicht gilt nach der herkömmlichen Dogmatik als wesensmäßig mit der Ausübung von Hoheitsbefugnissen verbunden[143]). Diese Konstruktion ist rechtsdogmatisch nicht zwingend und verfehlt in der Wirklichkeit in zunehmendem Maße ihren Zweck.

a) Zahlreiche organisationssoziologische Untersuchungen haben gezeigt, daß es unmöglich ist, in hochdifferenzierten Organisationen bei komplexen Fragestellungen alle relevanten Informationen und Wertungen an zentraler Stelle zu übersehen, abzuwägen und sachgerecht zu selektieren[144]). Mit der Kom-

---

rechts zu übertragen, um auf diese Weise ihren politischen Gremien die Schwierigkeiten der Auseinandersetzung mit den Betroffenen zu ersparen. Ebenso erfolgt die Konzeption neuer Städte und Stadtteile heute vielfach durch private Gesellschaften und daher ohne öffentliche Kontrolle. Die Gemeinden, die diese Gesellschaften oft unter erheblichem Kostenaufwand mit der Erstellung solcher Pläne beauftragen, sind danach faktisch an diese gebunden.

[142]) Vgl. etwa *H. J. Wolff*, Verwaltungsrecht II, § 77 I.

[143]) Repräsentativ *E. Forsthoff*, Verwaltungsrecht, S. 456; *Ernst Rudolf Huber*, Wirtschaftsverwaltungsrecht, Bd. I, 2. Aufl., Tübingen 1953, S. 544 f.; ebenso *Werner Weber*, Die Körperschaften, Anstalten und Stiftungen des öffentlichen Rechts. Eine Darstellung ihrer gegenwärtigen Ordnung, 2. Aufl., München 1943, S. 23 f.; *ders.*, Art.: Juristische Personen des öffentlichen Rechts, HDSW Bd. 5, Stuttgart 1956, S. 449 ff. (452); *ders.*, Art.: Körperschaften, HDSW Bd. 6, Stuttgart 1959, S. 38 ff. (41).

[144]) *J. G. March / H. A. Simon*, Organizations, S. 199 ff.; *Charles E. Lindblom*, The Intelligence of Democracy: Decision Making through Mutual Adjustment, New York 1965, S. 167 ff.; *N. Luhmann*, Zweckbegriff, S. 18, 77 f.; *Frieder Naschold*, Organisation und Demokratie, 2. Aufl., Stuttgart 1971, S. 65; *ders.*, Systemsteuerung, S. 50 ff., jeweils m. w. N.

plizierung der Verwaltungstätigkeit und ihrer Organisation werden daher auch hier die Chancen einer zentralen Steuerung geringer[145]). Das gilt vor allem wieder für die Gestaltungsfunktionen der Verwaltung. Auf die dadurch ausgelösten Verselbständigungstendenzen innerhalb der Staatsbürokratie habe ich bereits hingewiesen[146]). [Entsprechend entziehen sich auch die selbständigen Verwaltungsträger einer effektiven Einflußnahme der staatlichen Organisationsspitze. Wenn immer wieder festgestellt wird, daß die staatliche Aufsicht in der Gegenwart versage, dann dürfte das nicht nur auf rechtliche und politische Gegebenheiten, sondern auch auf diesen Umstand zurückzuführen sein.]

b) Schon aus diesem Grunde besteht keine Notwendigkeit, an einem Prinzip der begriffsnotwendigen Staatsaufsicht über Hoheitsträger festhalten zu wollen, das sich verfassungsrechtlich kaum abstützen läßt. [Denn das Argument von der Einheit des Staates und der Staatsgewalt übersieht, daß die Verwaltung nicht der einzige Garant der staatlichen Einheit ist. Außerdem kann die Ausübung von Privatkompetenzen die staatliche Einheit ebenso gefährden wie die von Hoheitskompetenzen. Schließlich vermag der Hinweis auf die parlamentarische Verantwortlichkeit der Regierung ebenfalls nicht zu überzeugen. Denn diese kann sich natürlich nur auf diejenigen Bereiche beziehen, die dem Weisungsrecht der Regierung unterstehen.] Zu Recht setzt sich daher allmählich die Auffassung durch, daß nicht alle Inhaber von Verwaltungskompetenzen automatisch einer Staatsaufsicht unterstehen müßten[147]).

c) Aus dem Rechtsgedanken der Art. 80 I 2, 81 III GG muß man jedoch entnehmen, daß sich die Volksvertretung nicht ihrer politischen Gesamtverantwortung entziehen darf. Daraus ergibt sich ein dem politischen Gesetzesbegriff entsprechender

---

[145]) Erfahrungen in der Kriegsproduktion des 2. Weltkrieges in England und in den USA zeigen, daß es z. B. nicht einmal innerhalb der Flugzeugproduktion möglich war, alle Fragen des Einsatzes der Arbeitskräfte, der Rohstoffe, des Fabrikbaues, der Zuteilung der Geldmittel etc. zu überschauen. Dazu *Robert A. Dahl / Charles E. Lindblom*, Politics, Economics and Welfare, New York 1963, S. 372 ff. (378); vgl. dazu auch *J. G. March / H. A. Simon*, Organizations, S. 205 ff.

[146]) Vgl. oben im Text unter II. bei Anm. 46 ff.

[147]) Vgl. *Jürgen Salzwedel*, Staatsaufsicht in der Verwaltung, VVDStRL 22 (1965), S. 206 ff. (256 f.); *Otto Bachof*, Verfassungsrecht, Verwaltungsrecht, Verfahrensrecht, Bd. I, 3. Aufl., Tübingen 1966, S. 116. Zum Ganzen W. *Brohm*, Strukturen der Wirtschaftsverwaltung, S. 218 ff. Weitere Nachweisungen zur Streitfrage des „ministerialfreien Raumes" bei *Th. Maunz*, in: Maunz-Dürig-Herzog, Rdnr. 22 zu Art. 88 GG.

„politischer Kontrollbegriff". Das Parlament kann keine Aufgaben von größerer politischer Tragweite weisungsunabhängigen Stellen überlassen, wenn diese damit der parlamentarischen Kontrolle mehr oder weniger entzogen würden. Allerdings braucht die parlamentarische Kontrolle nicht über ein staatliches Aufsichtsrecht der Verwaltung gewährleistet zu werden; sie könnte auch in Formen direkter parlamentarischer Aufsicht, etwa durch spezielle Parlamentsausschüsse erfolgen. [Die Beschränkung des parlamentarischen „Interpellations-" oder „Zitierungsrechts" auf die Mitglieder der Regierung geht noch von einer monolithischen Struktur der Verwaltung aus. Je mehr in einer pluralisierten Verwaltung die Verantwortlichkeit der Regierung ihren realen Bezug verliert, desto mehr müssen neue Formen parlamentarischer Kontrolle auch im Bereich der Verwaltung gefunden werden. Auf Regierungsebene haben wir bereits Ansatzpunkte dazu in der Zusammenarbeit von Regierung und Fachausschüssen des Parlaments[148]).]

2. a) Im Hinblick auf die Mängel des hierarchischen Prinzips vor allem für die komplexen Gestaltungsfunktionen wird in der modernen Organisationstheorie weithin bilateralen bzw. multilateralen Entscheidungs- und Kontrollmechanismen das Wort geredet. In diesen Modellen geht man von einer Vielzahl von Subsystemen aus, die als selbständige Entscheidungsträger rasch und spezifisch auf die auftretenden Umweltprobleme reagieren. Gleichzeitig halten sie sich gegenseitig in Schach und passen so ihre Zielsetzungen laufend einander an. Durch dieses Prinzip der „wechselseitigen Anpassung" („mutual adjustment") soll die Notwendigkeit einer zentralen Steuerung entfallen. Das Gesamtsystem werde von den Problemen der Untersysteme entlastet und das allgemeine Wohl stelle sich gleichsam von selbst ein[149]).

Was hier in neuer Terminologie erscheint, sind weithin die bekannten Argumente für eine dezentralisierte Organisation, die in der Tat in einer komplexen Welt besonderes Gewicht er-

---

[148]) Dazu *Wilhelm Kewenig*, Staatsrechtliche Probleme parlamentarischer Mitregierung am Beispiel der Arbeit der Bundestagsausschüsse, Bad Homburg v. d. H. 1970, S. 13 ff. und passim.

[149]) Vgl. *Ch. E. Lindblom*, The Intelligence of Democracy, S. 205 ff., 274 ff.; *Richard M. Cyert / James G. March*, Behavioural Theory of Organizational Objektives, in: M. Haire (Ed.), Modern Organization Theory, New York 1959, S. 76 ff.; *Jean Miller*, Die Rolle des Sachverständigen in der politischen Willensbildung und im Entscheidungsprozeß, Hamburg 1970, S. 26 ff. m. w. N.; eine entsprechende Argumentation findet sich bei *Adalbert Podlech*, Diskussionsbeitrag, VVDStRL 28 (1970), S. 263 f.

halten[150]). Allerdings werden sie hier mit der Vorstellung eines sich selbst steuernden Systems verbunden, eine deutliche Parallele zur pluralistischen Demokratietheorie. [Indessen wird man sich fragen müssen, ob der Einsicht in die mangelnde Steuerungsfähigkeit des hierarchischen Prinzips dadurch Rechnung getragen werden kann, daß man die zentrale Lenkung einfach ersatzlos streicht.] In dem Harmonieglauben dieser These wird das Machtproblem allzusehr vernachlässigt. Indessen läßt sich das Modell mit zentralen Koordinationsmechanismen kombinieren. Es bleibt das Verdienst dieser Lehre, die Notwendigkeit und Effektivität multilateraler Entscheidungs- und Kontrollformen herausgestellt zu haben. Sie werden in Zukunft noch größere Bedeutung erlangen.

b) Vielfältige Ansatzpunkte haben wir bereits in der Gegenwart in der Zusammenarbeit von Bund, Ländern, Gemeinden und gesellschaftlichen Kräften auf den verschiedensten Ebenen. Sie erfolgt in unterschiedlichen Formen, angefangen bei formlosen Beratungen und Abstimmungen über Anhörungs- und Zustimmungsrechte bis zu den institutionellen Verfestigungen in Kooperativorganisationen und Gemeinschaftseinrichtungen[151]). Das Planungsrecht bietet dafür eine Fülle an Beispielen[152]) [153]). Diese Formen werfen Probleme der Beleihung[154]),

---

[150]) Dazu *W. Brohm*, Strukturen der Wirtschaftsverwaltung, S. 248 ff., und unter Systemaspekten S. 285 f.

[151]) Dazu im einzelnen *H. J. Wolff*, Verwaltungsrecht, Bd. II, § 77 V, § 75 III b 3.

[152]) Vgl. z. B. die Abstimmungs-, Auskunfts- und Beratungspflichten der verschiedenen Planungsträger auf den verschiedenen Planungsebenen (Bauleitplanung, Regionalplanung, Landesplanung, Bundesraumordnung) nach §§ 1 IV, 4 V, 7, 8 und 10 BROG mit dem begrenzt wirksamen Widerspruchsrecht bestimmter Bundesbehörden gegen raumplanerische Maßnahmen der Länder in § 6 BROG, ferner §§ 44, 48, 49 und 52 BBahnG, §§ 31 II, 36 I BBauG oder die institutionellen Verfestigungen in kommunalen Arbeitsgemeinschaften, kommunalen Verwaltungsgemeinschaften, Zweckverbänden (vgl. etwa §§ 2 f., 27, 4 ff. GKG NW), Planungsverbänden (vgl. § 4 BBauG), regionalen Planungsgemeinschaften, Landesplanungsgemeinschaften (für die Erarbeitung von Gebietsentwicklungsplänen und Flächensicherungsplänen vgl. etwa § 7 LPG NW), oder Entwicklungsgesellschaften (z. B. die Entwicklungsgesellschaft Wulfen m. b. H. oder Sennestadt GmbH zur Planung und Entwicklung dieser Städte).

[153]) Weniger der wechselseitigen Anpassung als einer technisch bedingten Zentralisation dienen Gemeinschaftseinrichtungen oder Einrichtungen eines Landes unter Beteiligung anderer Länder, wie z. B. das ZDF, die Filmbewertungsstelle oder das Institut für Bautechnik.

[154]) Das ist auch dann der Fall, wenn gesellschaftliche Kräfte in körperschaftlicher oder anstaltlicher Organisationsform an der Ent-

der Mischverwaltung[155]) und der interkommunalen Zusammenarbeit[156]) auf. [Dabei ist zu beachten, daß sich diese Rechtsfragen nicht nur ergeben, wenn die Mitwirkungsformen rechtsverbindlichen Charakter haben, sondern auch dann, wenn sie „unverbindliche" Abstimmungen, Planungen oder Richtlinienbeschlüsse betreffen[157]). Denn auch dann handelt es sich um Formen der Mitentscheidung. Die Lage ist hier nicht wesentlich anders als bei der bereits erörterten Mitwirkung von Sachverständigen an behördlichen Entscheidungen.]

Die Staats- und Verwaltungspraxis hat sich weitgehend neben den Grundsätzen der Dogmatik entwickelt[158]). Soll sie nicht

---

scheidung beteiligt werden. So ist es etwa problematisch, gesellschaftlichen Kräften über die Körperschaftsform ein Satzungsrecht verleihen zu wollen. Dazu im einzelnen *W. Brohm*, Strukturen der Wirtschaftsverwaltung, S. 202 ff., S. 264 ff. und passim.

[155]) So wenn verschiedene Länder oder Bund und Länder bei der Entscheidung zusammenwirken. Dazu *Th. Maunz*, in: Maunz-Dürig-Herzog, Rdnr. 36 und 57 ff. zu Art. 83 GG; *Arnold Köttgen*, Der Einwand der Mischverwaltung und das Grundgesetz, DÖV 1955, S. 485 ff. (487 ff.); *Erich Gerner*, Zur Frage der „Mischverwaltung" zwischen Bund und Ländern, BayVBl. 1955, S. 193 ff. (194 ff.); *Füßlein*, Mischverwaltung oder Mitverwaltung?, DVBl. 1956, S. 1 ff.; *H. J. Wolff*, Verwaltungsrecht II, § 77 V a 2; *Richard Bartlsperger*, in: Bonner Kommentar, Rdnr. 51, 95 f. zu Art. 90 GG (Zweitbearbeitung 1969); *Hans Schneider*, Körperschaftliche Verbundverwaltung, AöR 83 (1958), S. 1 ff. (3 ff.); *ders.*, Verträge zwischen Gliedstaaten im Bundesstaat, VVDStRL 19 (1961), S. 1 ff. (22); *Walter Leisner*, Schwächung der Landesparlamente durch grundgesetzlichen Föderalismus, DÖV 1968, S. 389 ff. (391 f.); *Rolf Grawert*, Verwaltungsabkommen zwischen Bund und Ländern in der Bundesrepublik Deutschland, Berlin 1967, S. 206 ff.; *Gunter Kisker*, Kooperation im Bundesstaat, Tübingen 1971, S. 46 ff. (bes. S. 166 ff.). Zur Problematik bei der Bundesauftragsverwaltung vgl. *Willi Blümel*, Bundesstaatliche Aspekte der Verwaltungsvorschriften, AöR 93 (1968), S. 200 ff.

[156]) Ähnliche Bedenken wie gegen die „Mischverwaltung" werden auch gegenüber diesen Formen erhoben. Dazu *Klaus Stern — Günter Püttner*, Grundfragen zur Verwaltungsreform im Stadtumland, Berlin 1968, S. 22 und passim; *H. J. Wolff*, Verwaltungsrecht II, § 77 V.

[157]) Anders die h. M., z. B.: *Werner Weber*, Gegenwartsprobleme der interkommunalen Ordnung, in: W. Weber — H. A. Berkenhoff, Die Gemeinden im nachbarschaftlichen und bundesstaatlichen Spannungsfeld, Göttingen 1962, S. 1 ff. (8); *K. Stern — G. Püttner*, Grundfragen zur Verwaltungsreform, S. 35; *W. Blümel*, AöR 93 (1968), S. 200 ff. (225); ferner auch *Th. Maunz*, in: Maunz-Dürig-Herzog, Rdnr. 61 zu Art. 83 GG; *A. Köttgen*, DÖV 1955, S. 485 ff. (487); vgl. aber *W. Leisner*, DÖV 1968, S. 389 ff. (392 f.).

[158]) Rücksichten auf die Dogmatik in der Form, daß man, wie bei der Filmbewertungsstelle und dem Institut für Bautechnik, statt einer Gemeinschaftseinrichtung eine Institution bei einem Lande schafft, die dann für die anderen Länder mit tätig wird („Beteili-

völlig über die Dogmatik hinweggehen, so wird man sich in der Frage der verfassungsrechtlichen Zulässigkeit nicht auf ein „aut-aut“ versteifen können, sondern versuchen müssen, [wie es hier beim Vorbehalt des Gesetzes und dem staatlichen Aufsichtsrecht über selbständige Verwaltungsträger unternommen wurde,] mit größerer Flexibilität und in neuen Formen die heute noch gültigen Rechtsgedanken zur Wirksamkeit zu bringen.

[So wäre zu berücksichtigen, daß die Beschränkungen der Eigenständigkeit der Länder und der kommunalen Selbstverwaltungseinheiten durch entsprechende Mitwirkungsformen kompensiert werden. Grenzen dieser Kompensation wären etwa nach dem politischen Gewicht des kooperativ betreuten Gegenstandes, nach der Intensität der Bindung und nach dem bereits bestehenden Ausmaß der Beeinträchtigung zu bestimmen[159]). Die Probleme der parlamentarischen Verantwortlichkeit wiederum ließen sich etwa bei Zustimmungsformen über die stufenweise Betrachtung des Entscheidungsprozesses und bei institutionellen Verbindungen über die Möglichkeit ihrer jederzeitigen Aufkündigung lösen. Die Problematik ist zu komplex, als daß sie hier im einzelnen erörtert werden könnte. Es ging mir nur darum, auf die Notwendigkeit einer dogmatischen Typisierung und rechtlichen Steuerung der verschiedensten Formen multilateraler Entscheidungs- und Kontrollmechanismen hinzuweisen.]

3. Für die daneben weiterhin erforderliche zentrale Zielsetzung und Koordination kommt der Verfassung und der staatlichen Rechtsetzung wachsende Bedeutung zu[160]). Die Grundrechte und die allgemeinen Rechtsgrundsätze erfüllen in einer pluralisierten Verwaltung mit ihrer differenzierten Tätigkeit eine vereinheitlichende und bewahrende Funktion[161]). Kompe-

---

gungsverwaltung“), sind nur formale Scheinlösungen der eigentlichen Probleme. Mit der Einfügung der neuen Art. 91 a und 91 b sowie 104 a IV GG wird versucht, die Rechtslage wenigstens im Verhältnis zwischen Bund und Ländern der Entwicklung anzupassen.

[159]) Dazu *G. Kisker*, Kooperation im Bundesstaat, S. 144 ff., 165 ff.

[160]) Diese Funktion wird leicht bei der negativen Beurteilung von Erscheinungen wie die der Maßnahmegesetze übersehen; vgl. etwa *J. Esser*, Vorverständnis, S. 82 f.; im obigen Sinne *Otto Bachof*, Grundgesetz und Richtermacht, Tübingen 1959, S. 28 ff.; *F. Kübler*, Juristenausbildung im Zielkonflikt, S. 14.

[161]) Das zeigt sich bei allen Grundrechten. Eine größere Bedeutung wird man in diesem Zusammenhang in Zukunft auch Art. 3 GG zumessen müssen. Seine Anwendbarkeit im Vergleich verschiedener Verwaltungseinheiten miteinander ist noch nicht anerkannt. Die Pluralisierung der Verwaltung bedingt jedoch eine Pluralität

tenzregelungen reduzieren die Gefahr widersprüchlicher Maßnahmen. Planungsgesetze koordinieren die Aktivität der staatlichen Verwaltungen wie der gesellschaftlichen Kräfte.

Zur Durchsetzung dieses Rechts tritt neben die staatliche Aufsicht vor allem die staatliche Gerichtsbarkeit.

a) Insofern dienen die dargelegte Ausdehnung des subjektiven öffentlichen Rechts und die rechtliche Erfassung der einzelnen Entscheidungsstufen nicht nur dem Individualrechtsschutz, sondern sie erfüllen zugleich auch Systemfunktionen[162]).

Dabei gilt es zu beachten, daß Rechtsbeeinträchtigungen des einzelnen nicht nur durch ein aktives Handeln der Verwaltung, sondern auch durch ein Unterlassen ausgelöst werden können, etwa wenn die Verwaltung gegen die Verletzung von Schutzvorschriften nicht einschreitet oder dringende Planungen unterläßt. Strafanzeigen wegen Umweltverschmutzung gegen Unbekannt haben nur provokatorische Bedeutung. Bestehen aber gesetzliche Regelungen, die den Freiheitsraum des einzelnen ausgestalten oder diese Ausgestaltung durch die Verwaltung vorsehen, so ergeben sich hier Möglichkeiten, mit Hilfe der Verwaltungsgerichtsbarkeit die Verwaltung zum Handeln zu

---

von Gruppenordnungen und Verwaltungsübungen, die erhebliche Unterschiede in den Leistungen der öffentlichen Hand wie in den Belastungen des einzelnen in gleichartigen Lebenssituationen hervorrufen können. Solange die Verwaltungspraxis von der Vollzugsfunktion geprägt war und sich das Weisungsrecht der staatlichen Hierarchie voll auswirken konnte, beschränkten sich unterschiedliche Verwaltungspraktiken im wesentlichen auf unerhebliche Auslegungsverschiedenheiten im Einzelfall. Soweit die Ungleichheiten zwischen verschiedenen Selbstverwaltungseinheiten bestanden, waren sie mit spezifischen lokalen und statusbedingten Gegebenheiten zu erklären. Unter diesen Umständen ließ sich der Satz der Dogmatik aufrechterhalten, daß das Gleichbehandlungsgebot nur für die jeweilige Verwaltungsstelle gelte. Im egalisierenden Sozialstaat aber wird dieser Grundsatz in vieler Hinsicht zweifelhaft. Zwar wird man ihn nicht ganz aufgeben können, will man nicht den Pluralismus der Verwaltung für verfassungswidrig halten. Indessen ließe sich über Art. 3 GG ein Mindeststandard erarbeiten, der sich aus dem durchschnittlichen Verhalten der Behörden ergibt. Übermäßige Belastungen der einzelnen Verwaltungseinheiten könnten im Wege eines umfassenden Finanzausgleichs berücksichtigt werden. Dazu auch W. *Brohm*, Strukturen der Wirtschaftsverwaltung, S. 283 und passim.

[162]) Das ist gerade auch für die verschiedenen Planungsstufen von Bedeutung. — Weniger positiv wird diese Systemfunktion der Gerichtsbarkeit beurteilt von *Christian-Friedrich Menger*, Rechtsschutz im Bereich der Verwaltung. Versuch einer Bilanz, DÖV 1969, S. 153 ff. (160), der hierin eine Fehlentwicklung sieht. Vom Standpunkt einer Konzeption multilateraler Entscheidungs- und Kontrollmechanismen ist diese Ansicht nicht zu teilen.

veranlassen. Das Opportunitätsprinzip wird dadurch nicht beseitigt; es wird aber rechtlich beschränkt, und zwar nicht nur im allgemeinen Polizeirecht, wo es allmählich anerkannt ist[163]), sondern in allen Rechtsbereichen, etwa auch im Bauplanungsrecht.

b) Fraglich bleibt, ob die Koordination mit Hilfe der Gerichte allein dem Eigeninteresse des einzelnen überlassen werden kann. In seiner Abhängigkeit von der Verwaltung wird er sich allzuoft mit ihr zu arrangieren suchen. Hier ist jedoch zu berücksichtigen, daß auch private Interessenverbände die Beeinträchtigung der von ihnen verfolgten Zwecke als eigene Rechtsverletzung rügen können[164]). Das ist nicht nur der Fall, wenn die Tätigkeit der Vereinigung selbst in Frage steht — wie in der „Lumpensammler-Entscheidung" des Bundesverfassungsgerichts[165]) —, sondern auch dann, wenn die Vereinigung — wie bei den örtlichen Interessengemeinschaften — nach ihrem Zweck die Individualrechte aller ihrer Mitglieder „in Gemeinschaft" ausübt, [also als Sachwalterin für die gemeinsamen Individualrechte der hinter ihr stehenden Personen auftritt. Nach diesem Kriterium werden öffentlich-rechtliche Organisationen für grundrechtsfähig gehalten. Ebenso muß man Organisationen des Privatrechts in diesem Falle eine entsprechende Rechtsposition und ihre prozessuale Durchsetzungsmöglichkeit zubil-

---

[163]) Dazu *Volkmar Götz*, Allgemeines Polizei- und Ordnungsrecht, Göttingen 1970, S. 60 ff.; *Franz Mayer*, Das Opportunitätsprinzip in der Verwaltung, Berlin 1963; *Otto Bachof*, Anmerkung zum Urteil des BVerwG v. 18. 8. 1960, DVBl. 1961, S. 128 ff.

[164]) Das gilt auch dann, wenn sie keine juristischen Personen sind und Art. 19 III GG daher auf sie nicht unmittelbar zutrifft; vgl. etwa BVerfG v. 16. 10. 1968, BVerfGE 24, 236 (243).

[165]) Vgl. BVerfG v. 16. 10. 1968, BVerfGE 24, 236 („Aktion Rumpelkammer" der kath. Landjugend). — Auf diese Fälle beschränkt letztlich auch *Manfred Wolf*, Die Klagebefugnis der Verbände. Ausnahme oder allgemeines Prinzip?, Tübingen 1971, die Klagemöglichkeit der Verbände. *Wolf* will neben der Verfolgung individueller Rechte des Verbandes die Wahrnehmung von Gruppeninteressen nur zulassen, wenn der Gesetzgeber diese als selbständige schutzwürdige Rechte anerkannt habe, d. h. der Schutzzweck „gerade auf die vom Individuum abstrahierenden Merkmale des jeweiligen Interesses gerichtet" sei, und wenn der Gesetzgeber weiter die Verbände als Träger dieser Rechte vorgesehen habe (S. 36 ff., 42, 45, 47 ff. (51)). Indessen müssen Verbände nach ihrem Verbandszweck auch eine „gemeinschaftliche Rechtsverfolgung" von Individualrechten, z. B. der Ehre, durchführen können, wenn diese generalisierbar sind, wie etwa das Ansehen einer Gruppe bzw. Personengemeinschaft. Allerdings wird man in vielen Fällen dieser Art im Wege einer weiten Interpretation als Schutzgut des Gesetzes auch ein über das Individualinteresse hinausgehendes Interesse begründen und so dann zum selben Ergebnis kommen können.

ligen[166]). Der einzelne ist also nicht darauf angewiesen, generalisierbare Individualrechte allein zu verfolgen; er kann sich zu diesem Zwecke auch in Interessengemeinschaften zusammenschließen, und diese können in eigenem Namen diese Rechte geltend machen, so daß dem einzelnen das Prozeßrisiko nicht allein aufgebürdet wird und ihm der Schutz der Anonymität verbleibt. Einer Popularklage wird damit der Weg nicht geöffnet, weil die Organisationen keine Rechtsbeeinträchtigung von einzelnen Mitgliedern oder gar von Nichtmitgliedern verfolgen können, sondern immer nur die gemeinschaftlichen Anliegen aller Mitglieder[167]).] Die Rechtslage ist hier nicht wesentlich anders als im französischen Recht[168]).

Damit ist allerdings die Grenze erreicht, im Rahmen der Dogmatik die Gerichte zu System-Zwecken einzuschalten. Sie wäre überschritten, wollte man ein Klagerecht grundsätzlich auch den Inhabern von Hoheitskompetenzen zugestehen. Denn der allgemeine Gerichtsschutz ist nach unserem Recht an der Beeinträchtigung von Individualrechten orientiert. [Diese Konzeption kann man nicht mit der These umgehen, das einzelne Organ habe zwar keine eigenen Rechte, könne aber das Interesse der Gesamtorganisation am ordnungsgemäßen Funktionsablauf geltend machen[169]). Da sich die Kompetenzen im allge-

---

[166]) Dazu auch *G. Dürig*, in: Maunz-Dürig-Herzog, Rdnr. 36 und 46 zu Art. 19 III GG; für private Organisationen vgl. weiter Rdnr. 3 mit Bezugnahme auf Art. 9 I GG.

[167]) So wäre es verfehlt, etwa die Klage örtlicher Aktionsgemeinschaften gegen die in ihrem Bezirk geplanten raumordnerischen Neugestaltungen von vornherein für unzulässig zu halten. Anders wären Klagen zu beurteilen, die etwa der Bund der Steuerzahler im eigenen Namen gegen fehlerhafte Steuerbescheide erhöbe, die gegenüber einzelnen seiner Mitglieder ergangen sind. Ebenso wäre ein Rechtsmittel unzulässig, mit dem die Vereinigung Amnesty International die Rechte einzelner Inhaftierter verfolgen wollte.

[168]) Dazu *Michel Fromont*, Rechtsschutz gegenüber der Verwaltung in Deutschland, Frankreich und den europäischen Gemeinschaften, Köln 1967, S. 213 f. Danach hat in Frankreich z. B. der Interessenverband der Grundeigentümer oder Steuerpflichtigen eines Stadtviertels die Möglichkeit, gegen den Präfekten vorzugehen, der sich weigert, eine konzessionierte Verkehrsgesellschaft zur Beachtung ihrer Pflichten zu zwingen. Die „Société pour l'esthétique de la France" kann gegen Verwaltungsentscheidungen vorgehen, die ein Landschaftsbild beeinträchtigen. Allerdings darf eine Vereinigung nur diejenigen Interessen vertreten, zu deren Wahrnehmung sie errichtet worden ist, sonst kann sie sich nicht auf die besondere Lage ihrer Mitglieder berufen.

[169]) *Werner Hoppe*, Organstreitigkeiten vor den Verwaltungs- und Sozialgerichten, Siegburg 1970, bes. S. 175 m. Anm. 24, 185, 195 ff. (203), will über diese Konstruktion zu einer allgemeinen Klagemöglichkeit der Kompetenzinhaber gegen Beeinträchtigungen ihrer Kompetenz kommen. Er geht davon aus, daß der Begriff des sub-

meinen nicht über die Grundrechte zu subjektiven Rechten ausweiten lassen[170]), kann ein Klagerecht des Kompetenzinhabers nur dann angenommen werden, wenn ihm die Rechtsordnung die Kompetenz als quasi eigenes Recht etwa zur Erfüllung einer Kontrastrolle zugewiesen hat[171]).]

4. Die zentrale Lenkung muß sich, wie erwähnt, bei der planenden Gestaltung in der Regel auf Zielangaben und Planungsgrundsätze beschränken. Die koordinierende Funktion der Gerichte ist daher auf extreme Abweichungen beschränkt. Sie wirkt außerdem nur punktuell.

Bezieht man die geminderte staatliche Aufsicht in die Betrachtung mit ein, so kann man heute schon die Verwaltung nicht mehr als einen einheitlich gesteuerten Organismus im Sinne des Maschinenmodells ansehen. Vielmehr verbleibt den Subsystemen jener erhebliche Handlungsspielraum, den die modernen Organisationstheorien im Interesse der Flexibilität, Innovations- und Anpassungsfähigkeit für erforderlich halten. Indessen können sich daraus erhebliche Überschneidungen und

---

jektiv-öffentlichen Rechts eng mit dem Rechtssatzbegriff zusammenhänge. Da das Recht im Innenbereich der Verwaltung nicht wie im Außenbereich Rechts- und Interessensphären abgrenze, sondern eine zusammenordnende Funktion habe, könne es keine Individual- oder Partikularrechte der Organe geben. Intrapersonale Rechtsbeziehungen beständen überhaupt nur zwischen der juristischen Person als Rechtssubjekt nach innen und den Organen oder Organteilen als Pflichtsubjekten. Das Interesse der Gesamtorganisation als nach innen gerichtetes Ordnungsinteresse aber sei ein auf ein Rechtssubjekt bezogenes Individualinteresse. Es könne von jedem Organ geltend gemacht werden, das auf Grund der arbeitsteiligen Funktionsgliederung der Organisation von der Kompetenzverletzung mitbetroffen sei.

Dieser Argumentation steht m. E. vor allem entgegen, daß auch im Außenbereich das Recht nicht nur abgrenzende, sondern auch zusammenordnende Funktion hat (vgl. etwa schon *A. Haenel*, Gesetz, S. 82 ff.). Weiter führt diese Argumentation zur Aufhebung von objektivem und subjektivem Recht innerhalb des Kompetenzbereiches. Diese These müßte noch begründet werden, da hier eine ausdehnende Interpretation mit Hilfe der Grundrechte im allgemeinen nicht möglich ist.

[170]) Insbesondere kann hierzu nicht das allgemeine Grundrecht des Art. 2 I GG herangezogen werden, wie es im Außenbereich möglich ist. Ob spezielle Grundrechte im Einzelfall zum Zuge kommen können, etwa Art. 5 III GG für Theater in der Form nicht rechtsfähiger Anstalten, mag hier dahinstehen. Vgl. *Rolf Dünnwald*, Die Rechtsstellung des Theaterintendanten, Diss. jur., Köln 1964, S. 53; *Wolfgang Knies*, Schranken der Kunstfreiheit als verfassungsrechtliches Problem, München 1967, S. 202 ff.

[171]) Dazu *Gunter Kisker*, Insichprozeß und Einheit der Verwaltung, Baden-Baden 1968, bes. S. 36 ff. Zu eng *H. H. Rupp*, Grundfragen der heutigen Verwaltungsrechtslehre, S. 100.

Reibungen im Einzelfall ergeben. Ferner können die zentralen Zielsetzungen unbedachte Auswirkungen in der sozialen Umwelt zeitigen oder durch neue Präferenzen einer Änderung bedürfen.

Deshalb muß die Möglichkeit gewährleistet bleiben, mit Hilfe des Gesetzes notwendige zentrale Lenkungen durchzuführen oder Fehlabläufe zu korrigieren, [sei es, daß der Gesetzgeber einzelne Planungsträger auflöst[172]), sei es, daß er ihre Planungen im Rahmen der verfassungsrechtlichen Kompetenzen und Gewährleistungen an sich zieht oder stärker bindet.] Voraussetzung dafür ist, daß der Gesetzgeber frühzeitig mit den sich anbahnenden Konfliktsituationen konfrontiert wird. Daß dieser Innovations- und Rückkoppelungsprozeß auch im Rahmen des hierarchischen Modells gleichsam im Gegenstromverfahren möglich ist, habe ich eingangs bereits erwähnt[173]). Solange er auf einem langwierigen Dienstweg von Stufe zu Stufe mehr verwässert wird, wird er — wenn überhaupt — nur noch in geringer Konzentration beim Gesetzgeber angelangen. Deshalb müssen Formen gefunden werden, daß die mit der Sache befaßten Stellen und Gruppen direkt die Zielbestimmung und Koordination des Gesetzgebers anzuregen vermögen. Das wäre etwa über ein Gesetzespostulationsrecht der Subsysteme und der betroffenen Gruppen zu erreichen, wie ich es an anderer Stelle näher ausführen werde[174]). [Es geht hierbei darum, nicht nur den institutionalisierten Großorganisationen Einfluß auf die Gesetzgebung zu geben, sondern auch den nichtorganisierten Interessen bzw. ad hoc gebildeten Gruppen. Diese sind angesichts der starken Interdependenzen und Anpassungsbedürfnisse heute allerdings weniger denn je imstande, einen Gesetzentwurf selbst zu formulieren, wie es in den Volksbegehren herkömmlicher Art verlangt wurde und verlangt wird[175]). Daher muß es genügen, diesen Gruppen ab einem bestimmten Beteiligungsquorum, für das wiederum ab einer bestimmten Anzahl von Befürwortern über die Massenmedien geworben werden dürfte, die Möglichkeit zu eröffnen, über das Parlament der Ministerialbürokratie den Auftrag zur Ausarbeitung eines ih-

---

[172]) Sie bedürfen, auch wenn sie in privatrechtlicher Form organisiert sind, nach den obigen Ausführungen über die Beleihung einer gesetzlichen Grundlage.

[173]) Dazu auch *Rolf-Richard Grauhan*, Modelle politischer Verwaltungsführung, PVS 1969, S. 269 ff.

[174]) Das geschieht in einem Beitrag: „Sachverständige und Politik", in: Festschrift für E. Forsthoff, München 1972.

[175]) Vgl. z. B. Art. 73 III Weim. RV, Art. 69 ff. LV Bremen, Art. 71, 124 LV Hessen, Art. 68 LV NW, Art. 109 LV Rh.-Pf., Art. 74 LV Bayern; oder im Kommunalrecht § 21 GO BW.

ren Zielen entsprechenden Gesetzentwurfes zu erteilen.] Ein solches Gesetzespostulationsrecht hätte den Vorteil, daß die Bedürfnisse begrenzter Konfliktsituationen mit dem Anliegen der Gesamtheit abgestimmt werden könnten und die Letztentscheidung bei Regierung und Parlament verbliebe, aber öffentlich verantwortet werden müßte.

VI.

Ich habe versucht darzulegen, daß unsere verwaltungsrechtliche Dogmatik die durch die technischen und sozialen Interdependenzen verursachte Komplexität der Verwaltungsorganisation und ihrer Wirkungsweise nur noch bedingt zu meistern vermag.

Diese Komplexität [der Umwelt wie des Verwaltungssystems] erfordert eine stärkere Differenzierung der Dogmatik. Sie muß vor allem im Hinblick auf die Gestaltungsfunktion der Verwaltung zu tiefgreifenden Änderungen führen. Wichtiger als eine Einteilung [nach „Eingriffs-" und „Leistungsverwaltung"[176]) oder] nach den Verwaltungszwecken der Ordnungs- und Leistungsverwaltung[177]) scheinen mir für diese Differen-

---

[176]) Die Einteilung in Eingriffs- und Leistungsverwaltung kann nicht als systembildend angesehen werden. Einmal wird bei dem Begriff der Eingriffsverwaltung auf die Rechtsform des Handelns, bei dem Terminus Leistungsverwaltung aber auf den Zweck abgestellt. Zum zweiten sind Eingriff und Gewährung vertauschbar; so können dieselben Ziele der Wirtschaftslenkung durch eine entsprechende Steuergesetzgebung wie durch die Gewährung von Subventionen erreicht werden. Im übrigen hat die Unterscheidung im wesentlichen nur noch Bedeutung für den Vorbehalt des Gesetzes und ist auch hier, wie gezeigt, schon wegen der Breitenwirkung vieler Maßnahmen fragwürdig geworden. Entsprechendes gilt für die Abgrenzung von begünstigenden und belastenden Verwaltungsakten. Vgl. auch BVerwG v. 12. 7. 1968, BVerwGE 30, 132; dazu *Meinhard Schröder*, Grenzen der nachträglichen Abänderung belastender Verwaltungsakte, BVerwGE 30, 132, JuS 1970, S. 615 ff.

[177]) Dafür plädiert im Anschluß an *P. Badura*, Verwaltungsrecht im liberalen und im sozialen Rechtsstaat, S. 22 ff., etwa auch *Walter Schmidt*, Die Programmierung von Verwaltungsentscheidungen, AöR 96 (1971), S. 321 ff. (322 f.). — Indessen ist zweifelhaft, ob dieser Einteilung in Ordnungs- und Leistungsverwaltung eine über eine äußere Gliederung des Stoffes hinausgehende, systembildende Wirksamkeit zugemessen werden kann. Schließlich sind diese Zwecke weithin gegeneinander austauschbar und damit ununterscheidbar geworden. Die Subventionsverwaltung als Leistungsverwaltung verfolgt auch strukturpolitische Zwecke wie Fragen der Gefahrenabwehr, etwa bei Subventionen im Interesse des Umweltschutzes. Mit guten Gründen werden daher von den einen die herkömmlichen Ordnungsfunktionen als Leistungsverwaltung qualifiziert (so etwa *Erich Becker*, Verwaltung und Verwaltungsrechtsprechung, VVDStRL 14 (1956), S. 96 ff. (109 ff.)) und von den anderen

zierung die Gesichtspunkte der „Vollzugsfunktion“ und der „Gestaltungsfunktion“ zu sein. Beide sind sowohl für die Ordnungs- wie für die Leistungsverwaltung bedeutsam. Sie sind am Grad der rechtlichen Determiniertheit der Verwaltung orientiert, der allerdings durch die Aufgabenstellung mitbedingt ist. Beide Funktionen können auch nicht scharf voneinander abgegrenzt werden. Sie sind vielmehr lediglich Pole, zwischen denen die verschiedensten Abstufungen möglich sind. Das muß bei der Rechtskonkretisierung im Einzelfall wie bei Neutypisierungen beachtet werden. Insofern verfehlen feste begriffliche Formen in einer komplexen und sich beschleunigt verändernden Welt ihre Funktion. Es wird mehr denn je notwendig sein, den in der Dogmatik festgelegten Wertungen durch neue, flexiblere Formen zur Wirksamkeit zu verhelfen.

Der Begriff der Gestaltungsfunktion macht dabei deutlich, daß die Unterscheidung zwischen Legislative und Exekutive nicht nur im Rahmen des Gesetzgebungsverfahrens, sondern auch bei der Verwaltungstätigkeit problematisch geworden ist. Daher können hier auch die herkömmlichen rechtsstaatlichen Sicherungen nur noch eine begrenzte Wirkung entfalten. Aufgabe des Rechts ist es zu gewährleisten, daß die Zweckset-

---

die Gegenstände der Leistungsverwaltung als Ordnungsverwaltung deklariert (so etwa *Karl Heinrich Friauf*, Bemerkungen zur verfassungsrechtlichen Problematik des Subventionswesens, DVBl. 1966, S. 729 ff. (732, 736 f.)). Es wäre aber verfehlt, aus einer solchen Einordnung dogmatische Konsequenzen ziehen zu wollen, etwa damit den Vorbehalt des Gesetzes für das Subventionsrecht zu begründen (a. A. wohl *K. H. Friauf*, ebd., S. 736 f.). *Badura* verweist aaO. für seine These auf die Wirtschaftslenkung durch Steuern, die an Art. 12 GG gemessen werden müsse. Diesem Ergebnis ist zuzustimmen. Nur wäre dasselbe auch anzunehmen, wenn Steuern zum Zwecke der Ordnungsverwaltung, etwa des Umweltschutzes, auferlegt würden. Im übrigen ist das Beispiel wenig beweiskräftig, weil die Steuern, obwohl sie Belastungen sind, nach dem herkömmlichen rechtsstaatlichen Verständnis nicht an den Grundrechten gemessen werden. Die Frage wäre umgekehrt zu stellen, ob nicht auf die Deckung des staatlichen Finanzbedarfs prinzipiell die Grundrechte anwendbar sind. Hier mag dann der mit der Steuer verfolgte Zweck eine unterschiedliche Eingriffsintensität rechtfertigen. Insofern soll nicht bestritten werden, daß die verschiedenen Verwaltungszwecke für die Anwendung des einen oder anderen Rechtsgrundsatzes Bedeutung haben können. Rechtsstaat, Sozialstaat und Demokratie sind Grundprinzipien unseres gesamten Gemeinwesens, aber keine spezifischen der Verwaltung. Sie haben für die Verwaltung und ihre einzelnen Institutionen erhebliche Bedeutung, brauchen damit aber nicht für das Verwaltungsrecht und seine Dogmatik systembildend zu wirken. Hierfür läge es näher, auf die Unterscheidung der Staatsfunktionen zu rekurrieren. Dazu im folgenden.

zungen der Verwaltung nicht nur in technischer Hinsicht, sondern auch im Rahmen der Zielsetzungen der Verfassung, des Gesetzgebers und eines dauernden demokratischen Konsenses optimal erfolgt. Daß dies in weitem Maße noch durch eine Fortentwicklung der Dogmatik des geltenden Rechts erreicht werden kann, habe ich an einigen Beispielen zu zeigen versucht. Rechtspolitische Vorschläge habe ich mit Rücksicht auf die Themenstellung auf ein Minimum beschränkt[178]).

[178]) Zu der hier getroffenen Abgrenzung der Rechtsdogmatik von der Rechtspolitik vgl. im einzelnen oben I., insbes. Nr. 3.

Leitsätze des Mitberichterstatters über:

Die Dogmatik des Verwaltungsrechts vor den Gegenwartsaufgaben der Verwaltung

I.

1. Die verwaltungsrechtliche Dogmatik kann wie jede Rechtsdogmatik als ein innersystematisch erarbeitetes Gefüge juristischer Begriffe, Institutionen, Grundsätze und Regeln verstanden werden, die als Teil der Rechtsordnung Anerkennung und Befolgung für sich beanspruchen.

Die Dogmatik dient damit

- *der Entlastung bei der Rechtskonkretisierung, ohne ein Reflexionsverbot zu sein,*
- *der Rationalisierung, sofern man sich des Zweckcharakters ihrer Formen bewußt bleibt,*
- *der Einheit der Rechtsordnung als Aufgabe,*
- *der Systemflexibilität,*
- *der Kontrolle und autonomen Verbesserung der Selektionsleistung.*

2. Möglichkeit und Grenzen, die Rechtsdogmatik fortzuentwickeln, ergeben sich einerseits aus dem Wirklichkeitsbezug des Rechts und andererseits aus seiner Normativität. Sie gehen je nach der staatlichen Verfassung verschieden weit.

Die Rechtsdogmatik ist auch „Zukunftswissenschaft". Soll das Recht in einer sich beschleunigt verändernden Welt eine Leitfunktion behaupten, so darf die Dogmatik die Umweltveränderungen nicht nur im nachhinein berücksichtigen.

In ihrem Realitätsbezug ist die Dogmatik auf die sozialwissenschaftliche Forschung angewiesen. Sie hat jedoch ihren eigenständigen Charakter als normative Wissenschaft zu wahren.

3. Konfliktlösungen, die sich nicht mehr aus der positivierten Verfassungs- und Rechtsordnung entnehmen lassen, gehören zum Bereich der „Gesetzgebungswissenschaft", ein bislang vernachlässigtes Gebiet der Rechtswissenschaft, das aber von der Rechtsdogmatik zu scheiden ist.

II.

4. Im Mittelpunkt der herkömmlichen Verwaltungsrechtslehre steht der an der Eingriffshandlung entwickelte Begriff des Verwaltungsaktes als Äußerungsform der öffentlichen Gewalt. Schwerpunkte bilden die Fragen der Gesetzmäßigkeit der Verwaltung und des Individualrechtsschutzes. Damit steht die „Vollzugsfunktion" der Verwaltung im Vordergrund. Die „Gestaltungsfunktion", das Organisations- und das Verfahrensrecht werden als zweitrangig angesehen.

In dieser Ausrichtung hat die verwaltungsrechtliche Dogmatik einen individualistischen und punktuellen Grundzug. Es fehlt weithin die räumliche und zeitliche Dimension.

Feste und starre Rechtskategorien scheinen Abstufungen und Zwischenformen nicht zuzulassen.

5. Grund dieser Eigentümlichkeiten ist neben dem Einfluß des vom Naturrecht individualistisch geprägten Zivilrechtes die staatspolitische Konzeption des bürgerlichen Liberalismus und die geringere Komplexität der realen Gegebenheiten jener Zeit.

6. Das überkommene verwaltungsrechtliche Instrumentarium hat sich als elastisch genug erwiesen, um unter den veränderten rechts- und sozialstaatlichen Anforderungen auch der Leistungsverwaltung im Sinne der „Daseinsvorsorge" gerecht zu werden.

7. Durch die Veränderungen in der technischen und sozialen Welt und die Notwendigkeit staatlicher Sozialgestaltung erhält die Wirksamkeit der Verwaltung neue Möglichkeiten und andere Dimensionen. Die am einzelnen Vollzugsakt orientierte Dogmatik läßt sich vor allem auf die Gestaltungsfunktion der Verwaltung als Zwecksetzung im Rahmen gesetzlich zugewiesener (oder selbst gewählter) Aufgaben nur sehr bedingt übertragen.

Die Problematik der Gestaltungsfunktion wird bislang im Planungsrecht vornehmlich am Prinzip der Gesetzmäßigkeit und des Individualrechtsschutzes erörtert. Systemtheoretische und entscheidungstheoretische Fragen kommen dabei zu kurz.

Die Ausdifferenzierung der Verwaltung führt zu Änderungen ihrer organisatorischen und personellen Struktur. Sie zeigen sich in Verselbständigungstendenzen innerhalb der Verwaltungshierarchie, in der Zunahme faktisch und rechtlich selbständiger Sonderverwaltungen und in der Beteiligung gesellschaftlicher Kräfte. Diese „Pluralisierung der Verwaltung" wirft organisationsrechtliche Probleme der Zielbestimmung, Koordination und Kooperation auf.

III.

8. Für die Unterscheidung von öffentlichem Recht und Privatrecht ist heute weder die Handlungsform noch die Organisationsform entscheidend. Vielmehr muß darauf abgestellt werden, ob mit der Maßnahme der Verwaltung eine Hoheitskompetenz wahrgenommen wird. Auch fiskalische Hilfsgeschäfte und das Marktverhalten öffentlicher Unternehmen können daher unter die Maßstäbe des öffentlichen Rechts fallen.

9. Der Vorbehalt des Gesetzes gilt auch für mittelbar verursachte Rechtsbeeinträchtigungen insofern, als eine allgemeine Handlungsermächtigung für die Verwaltung vorhanden sein muß. Die Anforderungen des Art. 80 I 2 GG sind in einem strengen Sinne nur auf Ermächtigungen zu generell-abstrakten Verhaltensregelungen anwendbar. Für die Gestaltungsfunktionen der Verwaltung werden sie durch das Sozialstaatsprinzip modifiziert. Das Zusammenwirken von Verwaltung und Parlament bei der Gesetzgebung ist auf die Gesetzesverwirklichung zu erstrecken. Der durch die Zwecksetzung der Verwaltung bedingte Kompetenzverlust des Parlaments ist durch eine entsprechende „demokratische Rückkoppelung" auszugleichen. Diese kann bei abgrenzbaren Wirkungen unter Umständen auch durch die Mitwirkung der Betroffenen oder ihrer Repräsentanten kompensiert werden.

10. Die „Verletzung" subjektiver öffentlicher Rechte setzt keinen „Eingriffsakt", sondern allein eine durch eine hoheitliche Maßnahme verursachte „Rechtsbeeinträchtigung" voraus.

Die verfassungsrechtlich gebotene Ausweitung des subjektiven öffentlichen Rechts gilt auch für „Dritte". Auch sie sind gegen Beeinträchtigungen geschützt, die mit dem Recht, einschließlich der Kompetenz- und Verfahrensvorschriften wie der allgemeinen Rechtsgrundsätze, nicht übereinstimmen.

Die Ausdehnung des subjektiven öffentlichen Rechts bedeutet eine effektive Erweiterung des Gerichtsschutzes im wesentlichen nur bei der Vollzugsfunktion. Bei der Gestaltungsfunktion wirkt sie sich vor allem auf die Verfahrensbeteiligung aus.

11. In dem Maße, in dem die Zwecksetzung und die Breitenwirkung administrativen Handelns zunimmt, vermögen die an der punktuellen Verwaltungshandlung orientierten Handlungsmaßstäbe die Maßnahmen der Verwaltung nur noch bedingt zu determinieren. Das gilt auch für das Übermaßverbot (Transiti-

vität und Konsistenz der Wertskala, Informations- und Werterfassungskapazität, Systemaspekt). Ebenso vermag der Gleichheitsgrundsatz nur eine fragmentarische Kontrollfunktion zu entfalten.

12. Angesichts der weiten Handlungsspielräume der gestaltenden Verwaltung gewinnt die Einflußnahme der „Betroffenen" auf den Entscheidungsprozeß an Bedeutung. Die Notwendigkeit einer umfassenderen Verfahrensbeteiligung folgt aus dem Gebot effektiven Rechtsschutzes und der demokratischen Forderung nach Transparenz und permanentem Konsensstreben. Eine effektive Verfahrensbeteiligung setzt rechtlich gesicherte Einwirkungsmöglichkeiten auf den Inhalt der Entscheidung voraus. Diese lassen sich in begrenztem Umfange über die rechtliche Erfassung der einzelnen Stufen des Entscheidungsprozesses erreichen.

13. Die Unterscheidung zwischen Verwaltungsakt und Rechtsnorm ist begrifflich nur in den klassischen Fällen generell-abstrakter Verhaltensregelung und punktueller Verhaltenskorrektur durchzuführen. Als Kennzeichnung verschiedener Staatsfunktionen hat sie ihren Sinn verloren. Die gesetzlich festgelegten Unterschiede in den Voraussetzungen und Wirkungen sind für die Zwischenformen weiter zu relativieren. Beide Handlungsformen bedürfen der Abstufung in der Verbindlichkeit.

Angesichts der Notwendigkeit größerer Differenzierungen muß erwogen werden, den Begriff des Verwaltungsaktes auf einer höheren Abstraktionsebene zu bilden. Als „Entscheidung" bezeichnet er dann den verbindlichen Abschluß des Willensbildungs- und Informationsverarbeitungsprozesses der Verwaltung im Rahmen der Wahrnehmung ihrer Hoheitskompetenz, unabhängig davon, ob er eine Regelung gegenüber dem Bürger enthält oder nicht.

IV.

14. Im Interesse der Entscheidungsrationalität, der Verfahrensökonomie und eines effektiven Rechtsschutzes sind in einer pluralisierten Verwaltung bereits die abgrenzbaren Stufen des Entscheidungsprozesses als „Teilentscheidungen" rechtlich zu erfassen. Der Entscheidungsprozeß wird dadurch transparenter und die Beteiligung der Betroffenen auf die einzelnen Entscheidungsstufen vorverlegt.

15. Die Erkenntnis eines sich in Stufen vollziehenden Entscheidungsprozesses gibt dem Rechtsinstitut der Beleihung eine neue Dimension. Private, die in den Entscheidungsprozeß, sei es auch nur als Berater oder Sachverständige, eingeschaltet werden, bestimmen die Entscheidung mit. Der Gedanke der Beleihung ist daher auf sie entsprechend anzuwenden. Das gilt auch für die Gründung privatrechtlicher Organisationen der Verwaltung zur Entscheidungsvorbereitung.

V.

16. Die zentrale Steuerung nach dem hierarchischen Modell verliert besonders bei den Gestaltungsfunktionen der Verwaltung an Wirksamkeit. Die selbständige Ausübung von Hoheitskompetenzen setzt ein staatliches Aufsichtsrecht nicht begriffsnotwendig voraus. Für Tätigkeiten von größerer politischer Tragweite muß jedoch grundsätzlich die parlamentarische Verantwortlichkeit gewährleistet sein („politischer Kontrollbegriff"). Sie braucht nicht über ein Aufsichtsrecht der Verwaltung vermittelt zu werden, sondern kann auch in neuen Formen direkter parlamentarischer Kontrolle bestehen.

17. Die organisationssoziologischen Theorien sich selbst steuernder Systeme vernachlässigen zu sehr das Machtproblem. Multilaterale Entscheidungs- und Kontrollmechanismen vermögen eine zentrale Zielsetzung und Koordination nicht völlig zu ersetzen, sind aber in der Kombination damit notwendig und werden in Zukunft noch größere Bedeutung erlangen.

Die Staats- und Verwaltungspraxis hat verschiedenste Formen der Kooperation weitgehend neben der Dogmatik entwickelt. Neue Typisierungen, die in einer flexibleren Art den rechtlichen Problemen der Beleihung, der Mischverwaltung und der interkommunalen Zusammenarbeit gerecht werden, müssen im Interesse der Leitfunktion des Rechts erarbeitet werden.

18. Für die daneben notwendige zentrale Zielbestimmung und Koordination kommt der Verfassung und der staatlichen Rechtsetzung wachsende Bedeutung zu. In ihrer Durchsetzung wird die staatliche Aufsicht durch die Gerichtsbarkeit ergänzt. Insofern erfüllen die Ausdehnung des subjektiven öffentlichen Rechts und die rechtliche Erfassung der einzelnen Stufen des Entscheidungsprozesses auch Systemfunktionen.

Diesen Funktionen dient auch ein Klagerecht der Interessenverbände bei einer Beeinträchtigung der von ihnen verfolgten Zwecke, die auch in der Wahrnehmung der Individualrechte der Gesamtheit ihrer Mitglieder bestehen können. Dagegen läßt es die rechtliche Festlegung auf den Individualrechtsschutz nicht zu, prinzipiell auch den Inhabern von Hoheitskompetenzen eine Klagebefugnis für Verletzungen ihres Funktionsbereiches zuzubilligen. Diese besteht nur in besonderen Fällen.

19. Eine zentrale Zielbestimmung und Korrektur durch den Gesetzgeber ist auf den Rückkoppelungsprozeß und die Initiierung „von unten" angewiesen. Diese Möglichkeiten bestehen auch im Rahmen des hierarchischen Modells, sind aber bei dessen gegenwärtiger Ausgestaltung weniger effektiv. Eine wirksame Ergänzung wäre ein Gesetzespostulationsrecht der Subsysteme wie ad hoc gebildeter gesellschaftlicher Gruppen.

VI.

20. Die zunehmende Bedeutung der Gestaltungsfunktion der Verwaltung läßt die Grenze zwischen Gesetzgebung und Verwaltung, zwischen Zwecksetzung und Vollzug, zwischen Verfassungs- und Verwaltungsrecht auch im Bereich der Verwaltungstätigkeit verschwimmen. In der Ausbildung von Formen, Typen und Grundsätzen, die dieser Funktion nicht nur eine technische, sondern auch eine den Vorstellungen der rechts- und sozialstaatlichen Demokratie entsprechende Wirksamkeit verleihen, liegt die Hauptaufgabe der gegenwärtigen Verwaltungs- und Verwaltungsrechtswissenschaft.

Die Dogmatik des Verwaltungsrechts vor den Gegenwartsaufgaben der Verwaltung

3. Aussprache und Schlußworte

Ipsen: Gestern war ich aus Gründen familienrechtlicher Inkompatibilität arg gehemmt. Sie können sich vorstellen, wie mir schwer gefallen ist zu schweigen. Deswegen haben Sie bitte Verständnis, daß ich heute als Erster spreche — schon, um meine Statistik zu retten.

Zunächst eine Vorbemerkung, die mir wesentlich erscheint für die Zuordnung der beiden Referate zueinander: Herr *Bachof* hat in These 22 apodiktisch formuliert, ein „Neubau" der Dogmatik sei nicht geboten. Herr *Brohm* hat zu diesem Thema mit vielen Anregungen einen anderen Weg eingeschlagen. Ich bin geneigt, in entscheidenden Zügen Herrn *Brohm* zu folgen. Ich unterstreiche auch seinen Hinweis in der These 2, wonach eine Dogmatik eine zukunftswissenschaftliche Funktion und Aufgabe besitzt. Deswegen meine ich, wenn ein „Neubau" nicht geboten ist, dann aber — um im Bilde zu bleiben — Modernisierung, Sanierung und Einfügung in neue Funktionen und neue Aufgabenbewältigung. Deshalb würde ich die beiden Referate einander zuordnen mit der Formulierung: was der Korreferent angeregt hat im Verhältnis zu Herrn *Bachof*, ist nicht revolutionär, sondern evolutionär zu begreifen. Die Referate stehen zueinander im Verhältnis realistischer und aufgeklärter Kontinuität. Ich bin deshalb auch keineswegs der Meinung — im Gespräch fiel das Wort —, Herr *Brohm* habe schockierend gewirkt — auf mich jedenfalls nicht. Jedem das Seine! Insgesamt möchte ich zu vier Punkten sprechen.

Erstens zu der Diagnose der Gegenwartsaufgaben — *Bachof*-These 19. Ich bin mit ihm der Meinung, daß Planung, Lenkung und vergleichbare Begriffe solche heuristischer Natur sind. Ihr rechtlicher Aussagewert ist für das, was wir dogmatisch benötigen, gering, denn sie besitzen nicht hinreichende Konturen. Das habe ich leidvoll erfahren, als ich mich (Kaiser, Planung, Bd. I) darum bemühte, Fragestellungen zur Wirtschaftsplanung zu sammeln, weshalb sie dann eben auch nur Fragestellungen geblieben sind. Andererseits müssen wir diese Begriffe inhaltlich ausfüllen mit dem dogmatischen Ertrag aus dem Bestand „à la *Bachof*" unter Verwendung der vorhandenen und bewährten Rechtsfiguren, aber unter Abwandlung und Veränderung in der Schwerpunktbildung ihres funktionellen Einsatzes, z. B. des Verwaltungsaktes unter Öffnung hin zu vertraglichen Formen, zu Verständigungsformen. Ich verweise auf den schönen Aufsatz von Herrn *Kaiser* über industrielle Absprachen im öffentlichen Interesse (NJW 1971, S. 585), der uns solche Erscheinungen vor Augen geführt hat. Ich erinnere an die Aufsätze von Herrn *Krüger* über die Auflage im Deutschen Verwaltungsblatt, wo er uns gezeigt hat, welche Funktion die Auflage im modernen Wirtschaftslenkungsrecht hat. In dieser Weise sollten wir versuchen, bewährte Figuren anzupassen, einzufügen, um die Konturlosigkeit neuer Bereiche zu überwinden.

Damit komme ich zum zweiten Punkt, zum Verwaltungsakt. Herr *Bachof* — wahrscheinlich ist er Fotograf — hat das prächtige Bild gebraucht, der Verwaltungsakt sei eine Art Momentaufnahme. Das trifft den Nagel auf den Kopf. Herr *Brohm* hat sich in der Sache gleichartig geäußert, indem er von seinem punktuellen Grundzug sprach. Ich verweise auf *Bachof*-These 24 und die von Herrn *Brohm* unter Nr. 4. Herr *Brohm* hat hinzugefügt, der Verwaltungsakt entbehre des räumlichen und zeitlichen Bezuges und der entsprechenden Dimensionen. In der Tat: sie fehlen, wir benötigen sie aber, um verwaltungsrechtliche Beziehungen gehörig rechtlich auszufüllen. Eine kleine Nebenbemerkung zur These 23 von Herrn *Bachof*, der Verwaltungsakt sei in den Mittelpunkt unserer Dogmatik erst nach dem Kriege gerückt mit der Erneuerung und Intensivierung des Verwaltungsrechtsschutzes. Gewiß, in manchem mag das zutreffen, und die Impulse, die die Neuordnung der Verwaltungsgerichtsbarkeit der Rolle des Verwaltungsaktes gegeben hat, sind evident. Es hat aber schon vorher eine Zeit gegeben, in der der Verwaltungsakt nicht weniger dogmatisch im Mittelpunkt stand. Als ich promovierte, glaubte ich wissenschaftlich überhaupt nur hoffähig werden zu können, wenn ich mich mit dem Verwaltungsakt beschäftigte — deshalb der „Widerruf gültiger Verwaltungsakte“ von 1932. Als unsere Tagungen nach dem Kriege wieder begannen, habe ich in der Annahme, diese Periode sei dogmatisch überwunden, unserem Kollegen *Winkler* gegenüber gemeint, über den Verwaltungsakt, den man bei ihm Bescheid nennt, könne man sich eben auch nur noch in Österreich habilitieren. Das hat er mir nie verziehen. Mittelpunkt ist der Verwaltungsakt heute nicht mehr, er darf es nicht mehr sein. Deshalb unterstreiche ich nachdrücklich — für die Fortentwicklung halte ich das für ein Essentiale des *Bachof*-Referats, These 25 — seine Aufwertung des Rechtsverhältnisses, obwohl Herr *Bachof* es zu meinem Leidwesen unterlassen hat, mein Subventionsrechtsverhältnis und mein Planungsrechtsverhältnis zu zitieren. Aber meinen Plangewährleistungsanspruch hat er dann noch angebracht. Wir brauchen — das entspricht auch den Thesen 7 und 11 von Herrn *Brohm* — einen Kodex (auch ohne Kodifikation) von Rechtssätzen, die die Zivilisten die Lehre von den Leistungsstörungen nennen. Es ist nötig, die Dauerhaftigkeit und die Kontinuität einer Rechtsbeziehung des Verwaltungsrechts rechtlich zu charakterisieren. Hierzu kann ich anzeigen, daß in Hamburg Herr *Hoffmann-Riem* sich habilitandi causa mit den Rechtsverhältnissen des öffentlichen Rechts befaßt, wovon ich mir einiges verspreche. Soviel zu der Frage „Rechtsverhältnis" (These 25 von Herrn *Bachof*, Thesen 7 und 11 von Herrn *Brohm*).

Dritter Punkt: Verfahrensbeteiligungen im Entscheidungsprozeß (These 12 von Herrn *Brohm*). Inwieweit hier Beziehungen zu dem Gedanken prozessualer Art von Herrn *Häberle* von gestern bestehen, wird die Diskussion vielleicht noch ergeben. Ich erinnere daran, daß uns das Thema schon beschäftigt hat, als wir uns in unserer Vereinigung über den verwaltungsrechtlichen Plan unterhielten. Das geschah in Erlangen im Jahre 1959 im Anschluß an das Referat von Herrn *Imboden*, wo vergleichbare Gedankengänge, wie sie in der These 12 von Herrn *Brohm* entwickelt werden, bereits zur Verwaltungsplanung in der Diskussion erörtert worden sind. Dieses System der Verwaltungsbeteiligungen im Entscheidungsprozeß halte ich für wesentlich unter zwei Gesichtspunkten. Die Intention dieser Methode sehe ich einmal in ihrem rechtsstaatlichen, zum anderen in ihrem demokratischen Gehalt. Die beiden wichtigsten Zielvorstellungen unseres Verfassungsrechts würden sich in einer solchen Entwicklung unseres Verwaltungsganges unter dogmatischen Gesichtspunkten verwirklichen.

Das gibt die Anknüpfung, zum letzten Punkt überzugehen. Ihn zu erörtern, fühle ich mich erleichtert, weil Herr *Bachof* mir in der These 30 dazu eine Ermächtigungsgrundlage geliefert hat. Herr *Bachof* hat mit Recht unterstrichen, die Entwicklung des europäischen Gemeinschaftsrechts nötige zu gewissen dogmatischen Anpassungen. Der Weg dorthin führt zwangsläufig zu wechselseitigen dogmatischen Überprüfungen und Befruchtungen. Wir vergeben uns nichts, wenn wir an dieser Stelle einmal erwähnen, welchen Beitrag zu dieser Aufgabe deutsche Juristen in den Gemeinschaftseinrichtungen leisten. Ich will — als Stellvertreter für sie alle — nur einen Namen nennen: der seit Beginn der Integration in Luxemburg tätige deutsche Generalanwalt *Karl Roemer* hat mit seinen Schlußanträgen zu den Entscheidungen des Europäischen Gerichtshofs wesentliche Beiträge methodischer und sachlicher Art geliefert für das, was Herr *Bachof* in seiner These 30 „geboten" genannt hat. Diese Befruchtung wird stattfinden in einem ständigen Prozeß, der an Intensität zunimmt. Weil dem so ist und ich diesen Prozeß aufmerksam verfolge, erklärt sich auch, daß ich die Anregungen von Herrn *Brohm* nicht schockierend empfinde. Ich will dafür zum Schluß zwei Beispiele nennen: Herr *Brohm* hat in These 17 hingewiesen auf die Notwendigkeit einer multilateralen Entscheidungspraxis und entsprechender Kontrollmechanismen. Das sind Verfahrensregelungen, die das Gemeinschaftsrecht entwickelt hat, und zwar nicht nur im Widerspiel von Rat und Kommission, sondern auch unter Beteiligung anderer Einrichtungen und Organe. Ein zweites Beispiel: Herr *Brohm* hat in These 13 einer dogmatischen Sicht das Wort geredet, die die Unterscheidung des Verwaltungsaktes als des Einzelaktes von der Norm mindestens schrittweise überwindet und abschwächt. Das ist geschehen im Gemeinschaftsrecht, und zwar sicherlich unter französischem Einfluß (insofern ist die Definition des Verwaltungsaktes von Otto *Mayer* Band I Seite 93 — mit diesem Zitat pflege ich noch heute Studenten zu imponieren, hier scheint das keinen Eindruck zu machen — keineswegs französisch orientiert). Im Gemeinschaftsrecht ist auch jenes Kriterium wesentlich für die Differenzierung, das Herr *Brohm* in These 13 vorgeschlagen hat, nämlich in den Rechtsakten zu unterscheiden nach dem Maß der ihnen innewohnenden Verbindlichkeit, nicht aber nach der Individualwirksamkeit, der Einzelaktnatur und der Generalität. Art. 189 des EWG-Vertrages, von dem auch das Bundesverfassungsgericht schon Kenntnis genommen hat, sortiert sein Quintett der gemeinschaftsrechtlichen Rechtshandlungen säuberlich in den Absätzen II bis V nach dem Grade ihrer Verbindlichkeit.

Quaritsch: Ich möchte mit der Feststellung von Herrn *Bachof* beginnen, das Verwaltungsrecht sei im Vergleich zu anderen Rechtsgebieten dogmatisch weniger ausgeformt. Die dafür dargelegten Gründe sind plausibel. Vergleicht man indes die Lehrbücher des Verwaltungsrechts mit denen des Zivil- und Strafrechts, so muß jene Feststellung doch in Zweifel gezogen werden. Nach der Lektüre des dreibändigen Lehrbuchs von Hans Julius *Wolff* frage ich mich jedenfalls: wie dogmatischer soll es denn noch werden? Im Gegenteil: in die neueren Lehrbücher des Zivilrechts sind über die Generalklauseln sehr starke impressionistische Züge hineingelangt, deren das Lehrbuch von Hans Julius *Wolff* durchaus und nicht zu seinem Nachteil entbehrt. — Nach den Attacken auf Ernst *Forsthoff* ist eines hier festzuhalten: Allen anderen Gebieten unseres Rechts fehlt ein Lehrbuch von der Art des „*Forsthoff*", das die Institutionen in die Bedingtheiten des 19. und 20. Jahrhunderts hineinstellt und durch sie erklärt. Diese Funktion der Aufklärung mangelt den Lehrbüchern benachbarter Fächer mit dem Ergebnis, daß sich das, was sich seit einigen Jahren als „kritische Justiz" geriert, vorzüglich und nicht ganz zu Unrecht in den Bereichen des Zivil- und Strafrechts tummelt. Das war und ist im Verwaltungsrecht unmöglich, weil die historischen Bedingtheiten von Verwaltungsakt, Gesetzesvorbehalt usw. seit der ersten Auflage des „*Forsthoff*" hinreichend deutlich waren. Als kürzlich in einer politikwissenschaftlichen Zeitschrift ein Aufsatz über die „politische Funktion des Verwaltungsakts" erschien, so konnte das bei denjenigen, die in das Lehrbuch von Ernst *Forsthoff* hineingeblickt hatten, doch nur das große Gähnen auslösen; dergleichen war nun wirklich bekannt und brauchte nicht repetiert zu werden.

Herr *Brohm* hat in seinen ersten fünf Leitsätzen Erkenntnisse ausgebreitet, denen ich nur zustimmen kann. Zu seinem Referat im übrigen habe ich jedoch einige Fragen. Seine Darlegungen bewegen sich auf einem hohen Abstraktionsniveau und dort läßt sich leicht Verständigung erzielen — auf der Ebene der Praxis gibt es Schwierigkeiten. Zunächst: Was soll Leitsatz 8 besagen? Was bedeuten die Ausführungen zur Unterscheidung von öffentlichem und privatem Recht? Soll die Sentenz des Ulpian in Dig. 1.1.1.2. wiederbelebt werden? Handelt es sich hier um eine Reprise der Interessentheorie? Deren Problematik ist uns allen geläufig. Zweitens: Im Leitsatz 9 wird von einem Zusammenwirken von Verwaltung und Parlament bei der Gesetzgebung gesprochen. Das erscheint mir etwas zu unscharf. Ist schon das durch einen Regierungsentwurf ausgelöste parlamentarische Gesetzgebungsverfahren ein solches „Zusammenwirken"? Und was bedeutet in diesem Zusammenhang „Kompetenzverlust des Parlaments"? Diese Aussage bedarf der Begründung. Und inwiefern kann der angebliche Kompetenzverlust des Parlaments durch die Mitwirkung der Betroffenen oder deren Repräsentanten „kompensiert" werden? Ist das wirklich ein tauglicher Ersatz? Das Parlament, die politischen Parteien vertreten etwas anderes als die Betroffenen und deren Repräsentanten, die einen vertreten das Allgemeine, die anderen das Besondere. Das ist keine idealistisch-weltfremde Auffassung, sondern das Resultat praktischer Erfahrung aus der Beobachtung des politischen Lebens. Die führenden Parlamentarier sind nicht (mehr) Interessenvertreter; würden sie es sein, wären sie nicht mehr führend. — Die Leitsätze 12—15 sind getragen von einem ungemein sympathischen rechtsstaatlich-demokratischen Impetus. Auf dem Reflexionsniveau von Herrn *Brohm* erscheinen mir alle Leitsätze als zustimmungsfähig. Im Detail ergeben sich indes einige Fragen. So schlägt Herr *Brohm* vor, die „rechtliche Regelung" aus dem Begriff des Verwaltungsakts herauszunehmen. Otto *Mayer* definierte den Verwaltungsakt als einen obrigkeitlichen Ausspruch, der dem Bürger sagt, was für ihn rechtens sein soll. Unsere heutigen vier oder fünf Merkmale des Verwaltungsakts sind nur Übersetzungen in gefälligere Termini. Wird die „rechtliche Regelung" aus dem Begriff eliminiert, verliert der Verwaltungsakt seine herkömmliche Funktion. Der Verwaltungsakt wurde durch Otto *Mayer* und seine Nachfolger so bestimmt, daß der Rechtsschutz erst dann einsetzt, wenn der Bürger in seinen Rechten betroffen worden ist — eben dazu bedarf es einer „rechtlichen Regelung". Wer meint, der Bürger werde schon vorher „betroffen", müßte sich Gedanken darüber machen, ob ein anderes als das bisherige Verständnis der rechtlichen Regelung notwendig ist. Eine der wesentlichen Aufgaben der Rechtsordnung ist es, die Komplexität zu reduzieren (*Luhmann*). Die begriffliche Bestimmung des Verwaltungsakts, die damit verbundene ausschnittsartige Erfassung des Verwaltungshandelns, das den Bürger in seinen Rechten berührt, um es der Rechtskontrolle zugänglich zu machen, ist ein klassischer Fall der Reduktion von Komplexität. Hat diese Reduktion seit Otto *Mayer* wirklich ihre Aufgabe verfehlt? Die Rechtsprechung hat manche Beispiele verkrampft wirkender Ausdehnungen geliefert — Herr *Brohm* nannte als Beispiel die amtsärztlichen Gutachten —,um möglichst viele Fälle dem Begriff des Verwaltungsakts subsumieren zu können. Spätestens seit 1960 sind solche Ausdehnungen für den verwaltungsgerichtlichen Rechtsschutz überflüssig geworden. Wegen einer Fehlentwicklung — vielleicht verursacht durch *Schaeffers* Grundriß des Verwaltungsrechts — sollte nicht das Institut des Verwaltungsakts aus den Angeln gehoben werden. — Nach Leitsatz 15 sollen private Berater und Sachverständige, die am Entscheidungsprozeß der Verwaltung mitwirken, zu „Beliehenen" erhoben werden. Auf einen uns alle angehenden praktischen Fall angewendet: Gewohnheitsrecht und neuerdings auch Gesetz verpflichten die Fakultäten, Gutachten auswärtiger Gelehrter für das Berufungsverfahren einzuholen und dem Minister vorzulegen. Sind diese Gutachten, die von den also „Beliehenen", z. B. von unseren Kollegen *Scheuner*, *Ipsen* und *Kaiser*, erstattet werden, abgeschlossene Teilaspekte, Teilentscheidungen der Verwaltung, die aus rechtsstaatlich-demokratischen Gründen den Betroffenen, nämlich den Bewerbern, mitzuteilen sind und dann von diesen der verwaltungsgerichtlichen Kontrolle unterworfen werden können?

Zacher: Herr *Quaritsch*, meinen Sie nicht, daß das wieder im *Schaeffer* als Fehler dann stehen würde, wenn der Beliehene in diesem Punkt schon der Kontrolle unterstellt würde?

Quaritsch: Ob das im *Schaeffer* steht, weiß ich nicht. Jedenfalls ist auch auf den von Herrn *Brohm* in Leitsatz 14 erwähnten Gesichtspunkt der „Verfahrensökonomie" zurückzugreifen. Dieser Aspekt scheint mir hinter der Entscheidung des Bundesverfassungsgerichts zu stehen, daß Personalentscheidungen von Kollegialorganen einer Begründung nicht bedürfen — ein Segen für unsere Berufungsverfahren. Mit allgemeinen Leitsätzen ist hier nicht getan. Es muß vielmehr für jedes einzelne Gebiet des Verwaltungsrechts entschieden werden, ob unter rechtsstaatlichen, demokratischen und verfahrensökonomischen Gesichtspunkten die Transparenz der Verwaltung notwendig ist. — In Leitsatz 19 schlägt Herr *Brohm* vor, zur demokratischen Rückkoppelung den Gruppen oder auch nur ad hoc gebildeten Gruppen ein Gesetzespostulationsrecht einzuräumen. Das ist so sensationell nicht. Die Gewerkschaft ÖTV z. B. fordert, § 94 BBG dahin zu ändern, daß die Gesetzesinitiativen von Bundesregierung, Bundestag und Bundesrat etwa abweichende Normvorstellungen der Gewerkschaften einschließlich der maßgebenden Begründungen aufnehmen müssen und mit einer Stellungnahme der Initiatoren in das Gesetzgebungsverfahren einzubringen sind. Man kann diesen formalisierten Eingang für organisierte Interessen als praktisch ansehen; informell bekommen die Abgeordneten die Vorstellungen der Gewerkschaften ohnehin auf den Tisch. Aber das dürfte logischerweise nicht nur für Beamtengesetze gelten. Im Anhörungsverfahren zur Mehrwertsteuer sind mehr als ein halbes Hundert von Verbänden aufgetreten. Jedem Verband ein Gesetzespostulationsrecht einzuräumen, hieße die Bundesregierung bei Steuergesetzen z. B. verpflichten, ihre Vorlagen in mehreren Bänden einzubringen. Alles formell Eingebrachte hat einen moralischen und sehr bald einen rechtlichen Zwang zur Befassung und zur Widerlegung zur Folge. Unter dem Gesichtspunkt der Verfahrensökonomie ist ein solches Verfahren daher mißlich. Resumee: man kann die Dogmatik des Verwaltungsrechts nicht nur unter dem Blickwinkel des Anhörungsverfahrens in der Bauplanung betrachten.

Brohm: Die Punkte von Herrn *Quaritsch* sind so zahlreich, daß ich gleich einige herausgreifen möchte, von denen ich glaube, daß sie in der weiteren Diskussion vielleicht nicht mehr aufgegriffen werden, aber dennoch beantwortet werden sollten.

Was den Hinweis auf „Schaeffers Grundriß" anbelangt, Herr *Quaritsch*, so darf ich Sie darauf aufmerksam machen, daß ich mich in meinen Ausführungen auf Entscheidungen des Bundesverwaltungsgerichts in den letzten Bänden (der amtlichen Sammlung) bezogen habe. Daß das Bundesverwaltungsgericht sein Wissen aus diesen Grundrissen bezieht, möchte ich nicht annehmen. Ich persönlich bin der Meinung, daß wir einen Hauptteil unserer Vorlesungen dem Begriff des Verwaltungsaktes widmen, also der Frage, welche Handlungen Verwaltungsakte sind und welche nicht. Ich habe nur einmal zusammengestellt, was wir alles an Tathandlungen als Verwaltungsakte qualifizieren: z. B. den Schlag des Polizeibeamten auf den Störer in den Fällen des sofortigen Vollzugs, die Auskunft, das Armutszeugnis — d. h. die Ablehnung des Armutszeugnisses, nicht dagegen seine Ausstellung —, weiter die Stellungnahme der Filmbewertungsstelle, andere Bescheinigungen und schließlich die Namensnennung des Informanten. Gerade dazu hat das Bundesverwaltungsgericht in einem der letzten Bände ausführlich Stellung genommen. Danach ist die Namensnennung durch ein Einwohnermeldeamt kein Verwaltungsakt; sie ist es aber, wenn sie durch ein Verfassungsschutzamt erfolgt. Ich glaube also, die rationalisierende Funktion, die der Verwaltungsakt bei Otto *Mayer* hatte und die Sie ihm heute noch zusprechen, ist längst dahin. Sie retten nicht mehr viel, wenn Sie verlangen, daß wir mit dem überkommenen Verwaltungsaktsbegriff argumentieren sollten. Vielleicht wäre es doch sinnvoller hier auf globalere Lösungen zu kommen. Das zu dem Punkt „Reduktion von Komplexität" durch die, wie Sie sagten, scharfe Bestimmung des Verwaltungsaktes.

Nun zum Gesetzespostulationsrecht. Hier können Sie mir zu Recht vorhalten, daß ich meine Vorstellungen nicht näher ausgeführt habe. Das war aus zeitlichen Gründen nicht möglich. Ich muß hier auf eine spätere Publikation verweisen. Es geht mir kurz gesagt um folgendes: Ich glaube, wir können feststellen, daß allgemein in der Bevölkerung der Eindruck besteht, daß die Interessen bestimmter Gruppen im Parlament nicht mehr zur Sprache kommen. Das zeigen die zahlreichen Demonstrationen und andere Erscheinungen. Meine Vorstellung ist die, daß es möglich sein müßte, in das Parlament Interessen und Bedürfnisse ad hoc gebildeter Gruppen hineinzutragen.

Das bedeutet nicht, daß diese dazu einen fertigen Gesetzentwurf benötigten. Die Möglichkeiten, die wir früher mit Volksbegehren und Volksentscheid hatten (und im Landesverfassungsrecht und im Kommunalrecht auch heute noch kennen), kamen nicht oder nur sehr wenig zur Wirkung, weil sie einmal einen fertigen Gesetzentwurf verlangten, der bei der heutigen Komplexität der Verhältnisse von Außenstehenden kaum erstellt werden kann, und weil sie weiter ein sehr hohes Quorum von Beteiligungen voraussetzten, was oft nicht zu erreichen ist. Ich könnte mir aber vorstellen — angesichts der technischen Mittel, insbesondere der Medien, die uns heute zur Verfügung stehen —, daß eine Interessengruppe ab einem bestimmten Quorum an Unterschriften für einzelne Bedürfnisse der Bevölkerung im Parlament einen Gesetzgebungsauftrag an die Ministerialbürokratie einbringen kann, der etwa dem entspricht, was heute auch schon die Abgeordneten tun, wenn sie der Regierung einen Gesetzgebungsauftrag erteilen, indem sie um den Entwurf einer bestimmten Vorlage ersuchen. Dann kann die Ministerialbürokratie bzw. die Regierung, die m. E. die fachkundige Instanz dafür ist, diese Fragen überprüfen und eventuell durch einen entsprechenden Gesetzentwurf reagieren oder auch sagen: nein, so geht es nicht. Dann aber ist sie im Parlament zur Begründung dieser Ansicht verpflichtet, und auf diesen Begründungszwang kommt es mir sehr wesentlich an. Ich würde Ihnen also nicht zustimmen, daß diese Lösung verfahrensökonomisch sehr mißlich und deshalb abzulehnen sei. Ich glaube vielmehr, es würde der Repolitisierung unseres Parlamentes dienen, wenn wir und jene Interessengruppen auf diese Weise erfahren könnten, warum ein solches Gesetz nicht durchkommt und warum andere Maßnahmen getroffen werden. Die Verfahrensökonomie hat m. E. hinter dieses aus dem Demokratieprinzip abgeleitete Anliegen zurückzutreten.

Ich glaube, zu den anderen Punkten werden sich noch mehr Diskussionsbeiträge ergeben, so daß ich sie zurückstellen kann.

Bachof: Nur eine kurze Bemerkung zu dem ersten von Herrn *Brohm* angeschnittenen Punkt. Ich teile Herrn *Brohms* Ansicht, daß viele Maßnahmen, die das Bundesverwaltungsgericht heute noch als Verwaltungsakte anspricht, tatsächlich keine Verwaltungsakte sind, und zwar weder im ursprünglichen Sinne Otto *Mayers*, noch bei einer vernünftigen Interpretation der heuti-Gesetze. Das Bundesverwaltungsgericht ist erst auf dem Wege zu dieser Einsicht, wir müssen es darin unterstützen. Viele Probleme lassen sich mit dem Institut des Rechtsverhältnisses, und prozessual mit der einfachen Leistungsklage oder mit der

Feststellungsklage, ebenso gut oder besser bewältigen als mit dem überanstrengten Institut des Verwaltungsakts und der Anfechtungsklage. Was freilich das von Herrn *Brohm* angeführte Urteil zur Namensnennung betrifft, so scheint mir der methodische Ansatz gerade dieses Urteils manches für sich zu haben. Es wird dort nämlich scharf unterschieden zwischen einerseits solchen Auskunftsansprüchen, die sich ohne weiteres aus dem Gesetz ergeben und bei denen deshalb nichts zu „entscheiden" und zu „regeln" ist — hier benötigt man also keinen Verwaltungsakt —, und andererseits solchen Auskunftsersuchen, bei denen der Auskunftserteilung erst eine Entscheidung darüber vorangehen muß, *ob* die Auskunft zu erteilen oder ob sie zu verweigern ist (Beispiel: Auskünfte des Verfassungsschutzamtes). Ich will damit nicht sagen, daß ich das Urteil für zwingend halte, aber jedenfalls ist der entscheidende Unterschied zwischen einem vorhandenen oder einem fehlenden Regelungsbedürfnis richtig gesehen. Ob etwas zu regeln oder ob nichts zu regeln ist, das scheint mir in der Tat ein wesentlicher Ansatzpunkt für die Frage zu sein, wo wir den Verwaltungsakt noch brauchen und wo wir ihn ad acta legen können.

Oppermann: Drei Bemerkungen mehr affirmativ ergänzender Natur, die sich nicht mit dem Verwaltungsakt befassen, zu den beiden eminenten Referaten, die mir — im Gegensatz zu dem knisternden Antagonismus gestern — in einem glücklichen Ergänzungsverhältnis zueinander zu stehen schienen.

Als erstes sehr viel Zustimmung zu Herrn *Bachofs* Ehrenrettung unserer Vorfahren aus der konstitutionellen Monarchie von Otto *Mayer* bis Fritz *Fleiner*, das Reichsgericht von 1901 nicht zu vergessen. Persönlich habe ich vor einigen Jahren ganz dieselbe Erfahrung gemacht, als ich bei der Arbeit im Kulturverwaltungsrecht in einer Reihe von Lehrbüchern vom Ende des 19. Jahrhunderts und Anfang dieses Jahrhunderts gelesen habe. Da hat mich ebenfalls frappiert, welche Fülle von Aussagen sich hier im Kulturbereich zu dem finden, was wir heute die leistungsverwaltende oder sozialstaatliche Komponente nennen würden. Es steht unendlich viel darüber in Büchern, die über die Jahrzehnte nicht dieselbe Wirksamkeit entfaltet haben wie die beiden Stars Otto *Mayer* und *Laband* — wobei man bei Otto *Mayer* seinerseits das leistungsverwaltende Element durchaus entdecken kann, wie dies Herr *Bachof* gezeigt hat. Es steht eben unendlich viel in den Bibliotheken und wird einfach nicht mehr gelesen. Gewisse Vorurteile in dieser Richtung abzubauen, war sehr nützlich. Wahrscheinlich ist derjenige aus unserer Vereinigung, der in den letzten Jahren wohl am meisten in dieser älteren Literatur gearbeitet hat, nämlich Ernst Rudolf *Huber* mit seiner „Verfassungsgeschichte der Neuzeit", nicht ganz zufällig zu einer grundsätzlich ähnlichen Bewertung jener Epoche gekommen wie sie heute bei Herrn *Bachof* im Anfang seines Referates anklang.

Als Zweites mit Herrn *Bachof* Ziffer 14 und 28 und mit Herrn *Brohm* Ziffer 2 (und gegen *Luhmann*) dezidiert für ein „Hineinmischen" sozialwissenschaftlicher Erkenntnisse in die verwaltungsrechtliche Arbeit und gegen „reine" Lehren auf diesem Gebiet. Das gilt im besonderen Maße für das Organisationsrecht, wo man sich die Erkenntnisse der Organisationssoziologie in sehr viel stärkerem Maße zunutze machen sollte als es bisher gemeinhin geschieht. Wenn man etwa an das neuere Hochschulrecht denkt oder an den Entwurf des Betriebsverfassungsgesetzes und sich die Größe der verschiedenen Gremien näher ansieht, die dort geschaffen wurden bzw. geschaffen werden sollen und wenn man andererseits an ziemlich gesicherte Erkenntnisse der Organisationssoziologie denkt, nach denen Entscheidungsgremien maximal nicht mehr als 20 Personen, optimal 10—12 Personen umfassen sollen, ergibt sich aus solchem Theoriedefizit in der Gesetzgebungsarbeit beinahe automatisch das Plädoyer zugunsten der stärkeren Verwendung sozialwissenschaftlicher Erkenntnisse in der Verwaltungsrechtswissenschaft.

Als drittes und letztes zum Europarecht meine Überzeugung, daß es sich hier im Verhältnis zum innerstaatlichen Verwaltungsrecht um ein gegenseitiges Nehmen und Geben handelt, das im Grunde erst eingesetzt hat und von dem beide Seiten profitieren können. Das Europarecht ist sicherlich in mancher Hinsicht noch von der Differenziertheit unseres Verwaltungsrechtes — ich erinnere an die eben erfolgte Intervention von Herrn *Quaritsch* — ein gutes Stück entfernt. — Wenn man an ein Urteil denkt, wie das Leberpfennigurteil, in dem der Europäische Gerichtshof in einer souveränen Großzügigkeit über den Wortlaut des Art. 189 EWG-Vertrag hinweggegangen ist und aus Ihrem „Quintett", Herr *Ipsen*, des Art. 189 mittlerweile nur noch ein Quartett oder Terzett gemacht hat, indem Richtlinie und Entscheidung mehr oder weniger in die Verordnung mit „hineingebügelt" wurden, so könnte hier etwas mehr präzise Dogmatik innerstaatlicher Qualität nur gut tun. Auf der anderen Seite — wenn ich noch einmal auf gestern zurückkommen darf — werden zwar große „Grundrechtsfeste" in den europäischen Gemeinschaften nicht gefeiert. Man hat in diesem Bereich dafür manchmal, wenn man aus dem Staatsrecht ins Europarecht hinübertritt, das geradezu wohltätige Gefühl, daß auf europäischer Ebene anstelle gewisser Exzesse der deutschen

Beschäftigung mit den Grundrechten eine nüchternere Betrachtungsweise vorherrscht. Grundrechte werden freilich z. B. als allgemeine Rechtsgrundsätze in dem Maße allmählich entwikkelt, in dem reale Bedürfnisse bestehen. Man ist aber nicht gerade auf etwas aus, was *Herbert Krüger* einmal als die Suche nach dem „Grundrecht auf Grundrechtserfindung" bezeichnet hat.

Vogel: Hinsichtlich des ersten, was ich ausführen wollte, kann ich jetzt eigentlich nur noch dem zustimmen, was Herr *Oppermann* schon gesagt hat. In unserer verwaltungsrechtlichen Dogmengeschichte ist bislang, vor allem was das Verwaltungsrecht der konstitutionellen Monarchie anbetrifft, verschiedenes bei weitem zu grob gezeichnet worden. Wir müssen deshalb Herrn *Bachof* sehr dankbar dafür sein, daß er sein Referat mit einer Überprüfung mancher hartnäckig eingewurzelter Legenden begonnen hat. Falls jemand Sie deshalb, wie Sie es befürchtet haben, Herr *Bachof*, in die verfassungs- oder dogmengeschichtliche Rumpelkammer verweisen sollte, dann würde ich Sie sehr herzlich um die Erlaubnis bitten, in dieser Kammer neben Ihnen Platz nehmen zu dürfen. —

Damit darf ich mit dem Einverständnis des Herrn Diskussionsleiters zum nächsten Punkt unserer Diskussionsgliederung, zur Frage des verwaltungsrechtlichen *Systems* übergehen. Herr *Bachof* hat hierzu die Ansicht vertreten, daß gegenwärtig ein Neubau des verwaltungsrechtlichen Systems weder geboten noch auch nur möglich sei (These 22). Erlauben Sie mir dazu eine etwas ketzerisch klingende Frage: Haben wir denn eigentlich überhaupt schon ein verwaltungsrechtliches System? Daß wir eine verwaltungsrechtliche Dogmatik haben, hat Herr *Quaritsch* eben völlig zutreffend belegt; aber haben wir auch ein System, sei es ein „inneres", sei es nur ein „äußeres System"? Nehmen wir doch nur einmal die gröbste Gliederung, nach der wir auch heute noch unsere Vorlesungen und unsere Lehrbücher einzuteilen pflegen, die Gliederung in „allgemeines" und „besonderes" Verwaltungsrecht: wissen wir denn überhaupt schon, was das ist, „besonderes Verwaltungsrecht"? Ich darf nur daran erinnern, daß die Zuordnung solcher Gebiete wie des Beamten- oder des Gemeinderechts immer wieder geschwankt hat; sie ist m. E. bis heute nicht überzeugend geklärt. Vielleicht käme man überhaupt besser mit einer Dreiteilung an Stelle der bisherigen Zweiteilung weiter: der erste Teil würde die allgemeinen Grundsätze umfassen, der zweite das Recht der Verwaltungsorganisation und der Verwaltungsmittel, der dritte das Recht der Verwaltungstätigkeiten. Der mittlere Teil wäre dann „besonders“ im Verhältnis zu den allgemeinen Grundsätzen, „allgemein“ aber im Verhältnis zum Recht der Verwaltungstätigkeiten. Dieses dritte Gebiet könnte man dann seinerseits vielleicht nach Verwaltungszwecken einteilen und somit auch ihnen im System des Verwaltungsrechts einen systematischen Ort zuweisen.

Als *einen* derartigen Bereich von Verwaltungstätigkeiten hat Herr *Brohm* den Bereich der „gestaltenden Verwaltung“ genannt. Ich halte es für richtig, daß er in diesem Zusammenhang den zeitweilig beliebteren Ausdruck „planende Verwaltung“ vermieden hat. Planung ist im Prozeß der gestaltenden Verwaltung nur eine Phase: die Phase der Vorbereitung, allenfalls der Festlegung dessen, was jeweils geschehen soll. Demgegenüber ist der Planvollzug nicht mehr Planung; der zutreffende Oberbegriff hier ist deswegen der, den Herr *Brohm* verwendet hat. Herr *Brohm* hat nun gemeint, daß sich in diesem Bereich der „gestaltenden Verwaltung“ die Unterscheidung zwischen Norm und Verwaltungsakt relativiere, und das ist als Befund, würde ich meinen, auch durchaus zutreffend. Dennoch habe ich Bedenken, ob dieser verwaltungsrechts*theoretische* Befund auch zu einer entsprechenden Anpassung der Dogmatik nötigt, ob eine Definition des Verwaltungsakts auf einer höheren Abstraktionsebene, wie Herr *Brohm* sie verlangt hat, wirklich vertreten werden kann. Denn wir dürfen doch nicht verkennen, daß der Begriff des Verwaltungsakts neben seiner verfahrensrechtlichen Funktion, Ansatzpunkt für die verwaltungsrechtliche Anfechtungs- und Verpflichtungsklage sowie für das Widerspruchsverfahren zu sein, auch eine materiellrechtliche Funktion hat: der Verwaltungsakt schafft rechtliche Klarheit; sobald die Rechtsmittelfrist ungenutzt abgelaufen ist, kann seine Rechtmäßigkeit, außer in Extremfällen, vom betroffenen Bürger nicht mehr bestritten werden. Diese Klarstellung, ich habe darauf schon bei früherer Gelegenheit hingewiesen, ist im Großbetrieb der modernen Verwaltung unerläßlich; sie ist aber nur dann vertretbar, wenn der Adressat des betreffenden Akts im Zeitpunkt des Erlasses bereits feststeht, also Rechtsmittel einlegen kann — m. a. W. nur beim Einzelakt, nicht bei der Norm. Solange das materielle Verwaltungsrecht an jener Klarstellungsfunktion des Verwaltungsakts festhält, wird deshalb die Dogmatik des Verwaltungsrechts auch an der Unterscheidung zwischen Norm und Verwaltungsakt festhalten müssen.

Mit Recht hat Herr *Brohm* darauf hingewiesen, daß wir in Zukunft bei vielen Einzellösungen stärker als in unserer herkömmlichen Dogmatik werden differenzieren müssen, so etwa hinsichtlich der Grundsätze über die Rücknahme und den Widerruf von Verwaltungsakten. Hier hat man bislang wohl gelegentlich zu unterschiedliche Dinge über einen Leisten zu schlagen versucht. Unsere klassische Widerrufslehre, wie sie in den zwanziger Jahren entwickelt wurde, war, wenn man genauer zusieht, ja im wesentlichen am Vorstellungsbild der bau- und gewerberechtlichen Polizeierlaubnis ausgerichtet, die Rechtsprechung des Bundesverwaltungsgerichts und die neuere Widerrufslehre dagegen am Vorstellungsbild des Leistungsbescheides. Für den Bereich der Leistungsbescheide kommt jene Rechtsprechung in der Tat, wenn man einmal den Vorhang der generalisierenden „Abwägungsformel" durchstößt und auf die Einzelergebnisse schaut, zu angemessenen Lösungen; für den Bereich der Polizei- und der verwandten Erlaubnisse verdient dagegen m. E. nach wie vor die klassische Lehre den Vorzug. Was das Steuerrecht anbetrifft, haben schon die Klassiker, *Otto Mayer, Fritz Fleiner* usw. anerkannt, daß dort besondere Grundsätze gelten müßten. Wiederum andere Regeln gelten für rechtsgestaltende Akte. Was deshalb Herr *Brohm* zur Planfeststellung ausgeführt hat, fügt sich durchaus harmonisch in diese Vielfalt ein. Um so bedenklicher ist freilich die pauschalierende Regelung im Entwurf des Verwaltungsverfahrensgesetzes. Hier sollen Fragen gesetzlich geregelt werden, die in der Wissenschaft noch nicht genügend geklärt sind; wir werden, wenn wir dieses Gesetz erst haben, wohl gar nichts anderes machen können, als es, um den jeweils unterschiedlichen Situationen gerecht zu werden, von vornherein fortbildend, notfalls auch entgegen seinem Wortlaut auszulegen.

Ein letztes noch: Ich würde Herrn *Brohm* auch in dem beipflichten, was er in seinen Thesen 9 und 10 über die Ausdehnung des Gesetzesvorbehalts und des Eingriffsbegriffs auf mittelbare Rechtsbeeinträchtigungen ausgeführt hat. Ich würde hier jedoch noch einen Schritt weiter gehen; mir scheint, daß in diesen mittelbaren Beeinträchtigungen eine neue und für eine künftige Dogmatik des Verwaltungsrechtes notwendige Kategorie des Verwaltungshandelns steckt, die wir nur zögernd in den Griff zu nehmen wagen. Es ist doch so, daß die Verwaltung und auch der Gesetzgeber immer mehr dazu übergehen, bestimmte Folgen, die sie erreichen wollen, nicht einfach anzuordnen; sondern man setzt bestimmte Ursachen, von denen man dann aufgrund seiner empirischen Erfahrung erwarten kann, daß sie zu denjenigen Ergebnissen führen, die man „eigentlich" will. Das schlagendste Beispiel ist nach wie vor die Regulierung des Wechselkurses durch Interventionen der Bundesbank. Die Bundesbank trifft keine Anordnung, sondern sie kauft oder verkauft Devisen — und trotzdem schlägt die Wirkung dieser

Käufe und Verkäufe so durch wie die einer Anordnung. Diese „indirekte Determinierung“ durch Maßnahmen einer Verwaltungsbehörde ist zunächst ein Problem des Staatsrechts, insofern die Frage gestellt werden muß, ob nicht auch für sie eine gesetzliche Ermächtigung notwendig ist; dazu hat Herr *Brohm* das seine gesagt. Wir werden aber beispielsweise auch zu erörtern haben, wie es mit dem Rechtsschutz gegen solche Maßnahmen steht. Für eine Dogmatik der verwaltungsrechtlichen Handlungsformen ist hier noch ein weites und fruchtbares Feld.

Badura: Herr Vorsitzender, meine Herren! Der Vorstand hat den Referenten ein sehr grundsätzliches Thema gestellt, sie haben es grundsätzlich behandelt, also müssen wir auch grundsätzlich sprechen. Die *„Dogmatik des Verwaltungsrechts“* sollte behandelt werden. Dogmatik des Verwaltungsrechts — das ist einmal der Versuch, für die Erfassung des Rechtsstoffes eine Hilfestellung zu geben und in dem Sinn also die unablässige Produktion des Gesetzgebers systematisch evident zu halten. Das besondere Verwaltungsrecht entwickelt derartige Grundsätze, Begriffe und Institutionen. Aber darauf beschränkt sich, wie ich glaube, die Bedeutung der Dogmatik des Verwaltungsrechts nicht. Es ist offenbar gerade im Verwaltungsrecht — und das sieht man an der Gestaltung des allgemeinen Verwaltungsrechts — ein besonderes Bedürfnis dafür vorhanden, den gegebenen Rechtsstoff mit der Verfassung und mit den allgemeinen Grundsätzen der Gerechtigkeit und Billigkeit zu vermitteln. Diese Funktion, zwischen der Partikularität des Rechtsstoffes und dem Verfassungsrecht, der Gerechtigkeit und der Billigkeit eine Vermittlung herzustellen, kommt dem allgemeinen Verwaltungsrecht zu. Das allgemeine Verwaltungsrecht hat in der Ökonomie der öffentlich-rechtlichen Rechtsordnung deswegen eine besondere Funktion, die auch spezifisch rechtsstaatlichen Charakter haben kann und, wie gerade *Otto Mayer* zeigt, historisch besessen hat. Deswegen finde ich es erneut und immer wieder überraschend, wenn Begriffe wie „Daseinsvorsorge“ als „soziologische Begriffe“ bezeichnet werden, obwohl doch die Funktion dieser Begriffe gerade in der eben genannten Vermittlung besteht. Ich glaube, daß „Daseinsvorsorge“ genausowenig ein „soziologischer“ Begriff ist, wie etwa die von Herrn *Häberle* gestern genannten objektiven Dimensionen der Grundrechte einfach als „politisch“ bezeichnet und damit der juristischen Betrachtung entzogen werden können. *Rudolf Smend* hat für den Bereich des Staats- und Verwaltungsrechts deutlich gezeigt, welche Funktionen der Dogmatik zukommen können. Dabei ist die Dogmatik nicht beliebigen Einfällen ausgesetzt. Die Steuerung der durch sie erbrachten Leistungen geschieht durch die Verfassung und durch die Theorie von Verfassung und Verfassungsrecht. Diese besondere Verbindung von theoretischen Überlegungen, prinzipiellen Vorstellungen und juristischen Normen ist die Schwierigkeit, die das allgemeine Verwaltungsrecht nicht anders wie das allgemeine Staatsrecht trifft. Die Staatsaufgaben und die Verwaltungszwecke, die Fortsetzung der Staatsaufgaben im Verwaltungsrecht, spielen dabei eine besondere Rolle. Das Verfassungsrecht wird also in dem Sinne im Verwaltungsrecht „konkretisiert", daß diese Vermittlungsleistung erbracht wird, und nicht nur in dem Sinne, daß ein legaler Ableitungszusammenhang hergestellt oder überprüft wird.

Wenn wir die *Realität von damals* betrachten, besagt es wenig, daß die Zwecke des Verwaltungshandelns damals schon in vielfältiger Weise benannt und beschrieben worden sind, wie es Herr *Bachof* erneut geschildert hat. Es besagt auch wenig, daß der konstitutionelle Staat sich nicht auf Gefahrenabwehr und Besteuerung beschränkt hat. Daß das nicht so war, ist in dem letzten (vierten) Band von *Ernst Rudolf Hubers* Verfassungsgeschichte sehr deutlich gezeigt worden. Für die Frage der Dogmatik des Verwaltungsrechts aber ist es, wie ich glaube, wichtiger, daß die Verfassungsidee des liberalen Rechtsstaates diesen Erscheinungen und Beobachtungen einen ganz bestimmten Stellenwert zugewiesen hat, der sich von dem unterscheidet, der heute diesen Gesichtspunkten und Handlungsweisen der Verwaltung zukommt. Verkürzt gesagt, muß die Verfassungsidee des sozialen Rechtsstaates auch für das allgemeine Verwaltungsrecht eine ganz andere *systemleitende* Konsequenz haben, als die Verfassungsidee des liberalen Rechtsstaates. Herr *Bachof* hat unter IV und V sehr ausführlich gezeigt, daß dem in der Tat so ist, und damit, glaube ich, Behauptungen, die er an anderer Stelle seines Referats aufgestellt hat, praktisch widerlegt. Es würde auch wundern, wenn der Autor eines der Bücher, das zu der skizzierten Vermittlungsfunktion des allgemeinen Verwaltungsrechts einen der wichtigsten Beiträge geleistet hat, nämlich der Autor von „Verfassungsrecht, Verwaltungsrecht, Verfahrensrecht in der Rechtsprechung des Bundesverwaltungsgerichts", diese Funktion nicht berücksichtigt haben würde. Aber für damals gesprochen: Wenn man *Lorenz von Steins* Buch und *Otto Mayers* Buch vergleicht, fällt doch ohne weiteres auf, daß von den Prinzipien aus ganz unterschiedliche Einordnungen einzelner Beobachtungen und Begriffe stattfinden.

Es führt die *konstitutionelle Dogmatik* des Verwaltungsrechts weil sie sich am Rechts- und Machtzweck des Staates orientiert, in der Tat zu einer Zweckentleerung der Begriffe und Kategorien des Verwaltungsrechts, und zwar „Zweckentleerung" deswegen, weil Rechts- und Machtzweck des Staates nicht als Zweck, sondern als Wesen des Staates begriffen werden und dementsprechend gar nicht als Zweck in Erscheinung treten. Als Zweck erscheint dann nur das, was mit der Grundidee, dem Rechts- und Machtzweck des Staates, in Widerspruch tritt oder sich an ihrem Rande befindet, nämlich der Wohlfahrtszweck der Verwaltung, der eben in dem klassischen Verwaltungsrecht keine begriffs- und systemleitende Funktion besessen hat. Eine Verlegenheitskonstruktion wie das „schlicht hoheitliche" Verwaltungshandeln kann das sehr deutlich dokumentieren.

Für heute gesprochen, glaube ich nicht, daß die These, die Herr *Bachof* im letzten Satz von Nr. 4 aufgestellt hat, zutrifft, nämlich, daß bis heute nicht nur Rechtsprechung und Lehre, sondern auch die Gesetzgebung durch die Dogmatik des klassischen Verwaltungsrechts bestimmt werden. Das Korreferat von Herrn *Brohm* hat in vielfältigen Zusammenhängen auf diese Tatsache verwiesen und sie auch begründet. Ich brauche die Einzelheiten deshalb nicht in extenso zu wiederholen. Kurz nur folgendes. Das Problem von Norm und Vollzug muß sich natürlich heute anders stellen; denn der Begriff des Gesetzes wird anders definiert. Der Begriff des Verwaltungsaktes wird in vielfältiger Weise aufgefächert, wie Herr *Brohm* gezeigt hat. Der Verwaltungsakt mit Drittwirkung ist eine eigentümliche Rechtsfigur, die mit dem klassischen Begriff des Verwaltungsaktes nicht erfaßt werden kann. Der verwaltungsrechtliche Vertrag ist vorhin von Herrn *Ipsen* schon erwähnt worden. Um noch etwas hinzuzusetzen: Die öffentliche Anstalt als Begriff, wie sie *Otto Mayer* vorschwebte, ist heute mehr oder weniger zerfallen und gibt uns keine Leitung mehr, um Benutzungsverhältnisse oder sonstige Rechtsverhältnisse der Daseinsvorsorge zu erfassen.

Der *Begriff des Gesetzes* nimmt auch für die Dogmatik des Verwaltungsrechts eine Schlüsselstellung ein. Es ist deshalb, glaube ich, nicht möglich, ihn für das vorliegende Thema zu eliminieren, wie es Herr *Bachof* etwas vereinfachend unter These 6 getan hat, indem er auf die frühere Behandlung (Tagung in Würzburg, 1965) verweist. Denn das ganze Begriffssystem des Verwaltungsrechts ist ja notgedrungen bezogen auf eine bestimmte Vorstellung von dem, was das Gesetz ist. Dementsprechend ist auch der „Verwaltungsakt" *Otto Mayers* überhaupt nicht verständlich, wenn man ihn nicht mit dem damaligen rechtsstaatlichen Gesetzesbegriff im Zusammenhang sieht, worauf *Forsthoff* immer wieder hingewiesen hat. Der Einfluß von Demokratie und Sozialstaat — um diese beiden Prinzipien für eine Vielfalt von Erscheinungen zu verwenden — verändert den Begriff des Gesetzes, den Begriff des Gesetzesvorbehalts, aber eben auf diesem Wege auch die Kategorien und Begriffe des allgemeinen Verwaltungsrechts. Wenn Herr *Brohm* von „Gestaltung" spricht, die Zwecksetzung und Vollzug gewissermaßen umgreife, dann zeigt sich, daß eine Grundrelation des klassischen Verwaltungsrechts als überholt angesehen werden muß. Daß die Staatsaufgaben und Verwaltungszwecke von heute die Rechts- und Handlungsformen der Verwaltung verändern, hat Herr *Bachof* in These 25 selbst ausgedrückt, wenn er sagt, daß von einem bestimmten Ansatzpunkt aus sich Handlungsformen und Institute in jener Mannigfaltigkeit entwikkeln, „deren das Verwaltungsrecht bedarf, um allen Aufgaben der Verwaltung gerecht zu werden". In der Tat, dieser Zusammenhang besteht. Er drängt sich ohne weiteres auf in der Wirtschaftsverwaltung etwa und im Bildungswesen, das im klassischen Verwaltungsrecht praktisch überhaupt keinen Ort hat. Die Schule als eine „öffentliche Anstalt" mit „besonderem Gewaltverhältnis" ist absurd, von den heutigen Problemen des Bildungswesens aus betrachtet. Das Auftragswesen der öffentlichen Hand ist nicht einfach „fiskalische Hilfstätigkeit" der Verwaltung; denn durch sein Volumen und die Art und Weise, wie es verwendet wird, gehört es in die so nicht richtig greifbaren Grundzusammenhänge des Staats- und Verwaltungsrechts hinein. Regierung und Verwaltung müssen unterschieden werden und diese Unterscheidung führt zu Konsequenzen. Die Programmtätigkeit spielt in Verwaltung und Finanzwirtschaft, in Wirtschaftslenkung, Raumordnung und im Bildungswesen eine zunehmende Rolle, ohne daß immer gleich im klassischen Sinne rechtlich greifbare Verwaltungshandlungen oder Rechtsformen in Erscheinung treten. Die Strukturpolitik beispielsweise ist ein merkwürdiges Konglomerat von Interventionen, Steuervergünstigungen und anderen Mitteln der Verwirklichung der Staatsaufgaben.

Die Schlüsselstellung des Verwaltungsaktes — um damit zu schließen — beruhte bei *Otto Mayer* nicht auf praktischen Gründen oder Gründen der Gliederung, sondern sie beruhte auf einem bestimmten Axiom über die Funktion des Verwaltungsrechts und der Verwaltung im damaligen liberalen Verfassungsstaat. Sie ist also nicht nur eine Äußerlichkeit und nicht nur aus Gründen der Verwaltungsgerichtsbarkeit nach 1945 in den

Vordergrund getreten. Mit der Veränderung der Aufgaben des Staates und der Verwaltung mußte die methodische Veränderung eintreten, die den Verwaltungszwecken eine andere und neue Funktion für die von der Dogmatik des allgemeinen Verwaltungsrechts zu leistende Vermittlung einräumen mußte. Ein Neubau des verwaltungsrechtlichen Systems wird natürlich nicht die bewährten Grundlagen beseitigen, soweit sie unter den neuen Gesichtspunkten und unter dem neuen Verständnis der staatlichen Aufgaben der sozialen Gerechtigkeit erforderlich sind. Aber es ist eben, wie ich glaube, insofern ein Neubau, als der leitende Gedanke, das Axiom, von dem aus diese Dogmatik entwickelt werden muß und auch dauernd entwickelt wird, anders ist, und zwar prinzipiell anders als im klassischen Verwaltungsrecht.

König: Herr *Bachof* hat von den Kosten eines zu kurzen historischen Gedächtnisses gesprochen, und deswegen muß ich voraussetzen, daß ich selbst verkürze: Aber wenn die Vor-Urteile der Rechtsdogmatik diskutiert werden, sollte man auch über die Philosophie von der Einheit des juristischen Denkens sprechen. Denn wie wir wissen, besteht in der Jurisprudenz eine bestimmte Vorstellung von der Einheit von Theorie und Praxis, die — so meine ich — gerade für das Verwaltungsrecht und die Verwaltungsrechtslehre folgenreich ist. Wenn nun mal die Praxis im Rechtsleben das letzte Wort hat und wenn wir feststellen müssen, daß es der Theorie nur zu einem beschränkten Teil gelingt, die Praxis zu szientifizieren, muß man fragen: Welche Praxis ist denn für die Verwaltungsrechtslehre maßgeblich? Das ist unschwer festzustellen, schon in den Veröffentlichungen dieser Vereinigung nachzulesen, wo im Zusammenhang mit der Verfassungsinterpretation vom Konsens aller Vernünftig- und Gerecht-Denkenden die Rede ist und es danach heißt, daß zu den Vernünftig-Denkenden die Rechtslehrer und die Richter gehören. Es wird deutlich, daß Richter nicht soziologisch als Bezugsgruppe angesprochen werden, sondern methodologisch gemeint sind. Das muß Konsequenzen haben. Die richterliche Betrachtungsweise muß maßgeblich werden für die Rechtsdogmatik. Die Systemgrenze Verwaltung/Publikum muß spezifisch ins Blickfeld kommen; das Prozeßmoment muß eine spezifische Ausprägung erfahren usw. Prozeß wird zum Privileg des Richters. Die Verwaltung wird auf das Materielle beschränkt. Dabei — das zeigt die Rechtsvergleichung — ist das Prozeßmoment Bestandteil der Rechtskultur schlechthin, und ich bin befriedigt darüber, daß es hier eine Aufwertung für die Verwaltung erfährt. Ich halte diese

Aufwertung auch aus demokratietheoretischen Überlegungen — wie bereits angeklungen ist — für notwendig. Wir werden das Prozeßmoment noch brauchen, wenn sich im Leistungsstaat herausstellt, daß die individualisierte Zurechnung öffentlich-rechtlicher Güter, daß das subjektive öffentliche Recht nur begrenzt möglich ist.

Wenn ich hier für die Auseinandersetzung mit gewissen rechtsdogmatischen Vorurteilen plädiere, dann möchte ich mich auf das Referat von Herrn *Brohm* beziehen, dem es nach meiner Meinung gelungen ist, einen einschlägigen Ansatz zu demonstrieren. Ich bin auch gar nicht so sicher, ob eine andere aktuelle Variante, nämlich die kritisch-dialektische Theorie, vor der Verwaltungsrechtsdogmatik Halt machen wird. Meines Erachtens muß man gerüstet sein für solche Ansätze, und ich halte sie darüber hinaus für notwendig, zum Beispiel im Hinblick auf das Effizienzproblem. Sicher hat das Effizienzproblem vor allem eine ökonomische Dimension. Aber es begegnet uns auch im Haushaltsrecht, und es ist Aufgabe der Verwaltungsrechtsdogmatik, die entsprechende rechtliche Ordnungsleistung nachzuweisen, ohne damit der Ökonomie Konkurrenz machen zu müssen. Aber, Herr *Brohm,* wenn ich danach für weiterreichende Ansätze bin, so muß man doch auch die Konsequenzen solcher Versuche sehen. Diese Konsequenzen sind im Hinblick auf die Funktion der Rechtsdogmatik schon in anderen Diskussionsbeiträgen deutlich geworden. Man muß darauf achten, daß rechtsdogmatische Argumente auf spezifisch juristische Problemlösungen zugeschnitten sind, und der Verwaltungsakt hat sich eben als ein solches Argument im Zusammenhang mit pragmatischen Problemlösungsverfahren erwiesen. Ich habe Zweifel, wenn ich auf Ihre These 13 schaue, ob es möglich ist, den Entscheidungsbegriff rechtsdogmatisch einzusetzen. Ich meine, er liegt auf einer theoretischen Stufe über der Rechtsdogmatik. Insofern folge ich in einem anderen Punkt auch mehr Herrn *Bachof:* Ich bin sehr für eine Theorie der öffentlichen Aufgaben, bezweifle aber, wieweit sich eine solche Theorie unmittelbar in eine rechtsdogmatische Systematik umsetzen läßt.

Herr *Bachof,* ich möchte, indem ich für solche Differenzierungen spreche, mich nicht in einer Gegenposition zu Ihnen sehen. Ich sage, daß wir von verschiedenen Reflexionsebenen ausgehen müssen, und ich halte gerade Ihren Ausgangspunkt im Hinblick auf die Rechtsdogmatik für wichtig, weil er nämlich den spezifisch juristischen Argumentationszusammenhang aufrecht erhält. Ich bin dann jedoch grundsätzlich gegen Polarisierungen, wie sie in Gegenbegrifflichkeiten wie Dogmatik/

Zetetik oder auch im Vorwurf unreflektierter Aufnahme sozialwissenschaftlicher Erkenntnisse in die Rechtswissenschaft zum Ausdruck kommen können. Ich stimme Ihrer These 14 zu. Wir müssen einander zuarbeiten. Im Grunde genommen gelingt es uns heute immer besser, arbeitsteilige Verfahren durchzuführen. Es wird immer schwieriger, Arbeitsergebnisse zu integrieren, und das gilt wohl für die Verwaltungswissenschaften wie für die Verwaltungspraxis gleichermaßen.

Winkler: Zunächst ein Wort zu Herrn *Ipsen*. Ich kann sehr gut verstehen, daß Sie erbost waren, daß im Jahre 1956 jemand über den Verwaltungsakt schrieb, den Sie schon längst vorher „widerrufen" hatten. Aber das trennt uns nicht nur, das verbindet uns auch. Ich werde Ihnen daher auch in dieser Frage im Grundsätzlichen folgen und den Verwaltungsakt ausklammern.

Erlauben Sie mir nun, in Erinnerung an eine Begebenheit, die sich erst kürzlich ereignet hat, ein Wort an Herrn *Bachof*. Wie Sie, Herr *Bachof*, heute referiert haben, würden Positivisten österreichischer Provenienz auch sprechen. Ich hoffe, daß Sie das nicht als Kränkung empfinden. Ich habe kürzlich erst in Fünfkirchen in Ungarn über „Recht und Wirklichkeit" gesprochen und nachdem ich geendet hatte, sagte der dortige Dekan: So wie Kollege *Winkler* aus Wien jetzt über Sein und Sollen geredet hat, würden wir Marxisten auch über Sein und Sollen reden. Im Vergleich dazu, Herr *Bachof*, ist Ihre Einbeziehung in die Reihe der österreichischen Positivisten relativ weniger provokant.

In diesem Zusammenhang möchte ich gleich einen weiteren Punkt betonen. Es ist bereits eine gewisse Tradition, wenn auch eine immer wieder unterbrochene, daß ich mich genötigt sehe, mich in dieser Runde immer wieder zum einzelwissenschaftlichen Positivismus zu bekennen. Im Zusammenhang mit dem vorliegenden Thema muß ich es neuerdings tun. Man spricht von der Verwaltungs*rechts*dogmatik. Und Verwaltungs*rechts*dogmatik bedeutet eine bestimmte Art *wissenschaftlicher Pflege eines vorgegebenen rechtlichen Gegenstandes*. Dieser wird von uns nicht geschaffen; er wird von uns vorgefunden. Er wird von uns auch nicht eigentlich verbessert. Er wird von uns nicht in die Zukunft entwickelt: schon gar nicht unter dem Prätext „Verwaltungsrechtsdogmatik" mit der Denkweise der Verwaltungslehre und der Verwaltungspolitik.

Damit will ich zugleich eine Stellungnahme zu Herrn *Brohm* abgegeben haben. Weite Bereiche seines Referates fasse ich als Verwaltungs*lehre* und Verwaltungs*politik* auf. In dem Maße wie Herr *Brohm* die Zukunft der Verwaltungsrechtsdogmatik an die Wand malte, hat die Zukunft noch nicht begonnen. Im Gegenteil, in viel höherem Maße als Herr *Brohm* meint, dauert die Vergangenheit noch an, weil der Gegenstand „Verwaltungsrecht" relativ beständig ist.

Ich hoffe, daß man mir nicht böse ist, daß ich es nicht nur wage, mich als Positivisten vorzustellen, sondern auch noch *Hans Kelsen* zu zitieren: und zwar unverdächtigerweise, da doch jedermann weiß oder wissen kann, daß ich mich seit vielen Jahren in höchst kritischer Auseinandersetzung mit *Kelsen* befinde. *Kelsen* gibt im Vorwort zur Reinen Rechtslehre ein entscheidendes wissenschaftliches Bekenntnis ab. Er führt in der 1. Auflage aus — und zwar viel schärfer als in den Hauptproblemen — er wolle seine Lehre von der Theologie u. a. abheben. In der 2. Auflage sagt er, seine Reine Rechtslehre unterscheide sich wesensgemäß von der *Politik*. Dabei ist es ihm ein entscheidendes Anliegen, die Rechtslehre von der Politik auch als Wissenschaft zu unterscheiden. — Ich möchte auf die vielfachen Bedeutungsgehalte des Begriffs „Politik" hier nicht eingehen. Es sind derer zu viele und man kann hier das Begriffliche auch gar nicht abklären. — Dieses Anliegen *Kelsens* ist nach wie vor gültig. Und zwar, sofern man der Meinung ist, daß das positive Recht ein gegebener, unserer Erfahrung im großen und ganzen zugänglicher Gegenstand ist, den wir auf kritische, also wissenschaftliche Weise, in geordneter, also in systematischer Weise erfassen, erfahren, beschreiben und erklären können. So würde ich jedenfalls auch die Verwaltungsrechtsdogmatik verstehen.

Damit möchte ich zu einigen Aspekten kommen, die zum Teil in den Referaten beleuchtet worden und zum Teil in den Diskussionsbemerkungen angeklungen sind. Ich stelle mir vor, daß man das Verwaltungsrecht, die Verwaltungsrechtsordnung, als gegebenen Gegenstand, *auf zwei Ebenen begreifen* kann und muß: auf der *Verfassungsebene*, von der die Referenten gesprochen haben und die Herr *Badura* hervorgehoben hat, und auf der *einfachrechtlichen Ebene*. Diesen beiden Ebenen steht die Verwaltungswirklichkeit, das heißt das tatsächliche Verhalten der Verwaltung gegenüber. Dieses erweist sich dann als in Übereinstimmung oder im Gegensatz zur Verwaltungsrechtsordnung. So kann man das Verwaltungsrecht erfassen, beschreiben, erklären, systematisch darbieten und zu der tatsächlichen Verhaltenswirklichkeit der Verwaltung kontrastieren. Wenn man isoliert vorgeht, dann kann man natürlich Gefahr laufen, das Spannungsverhältnis, das zwischen Verfassungsordnung und einfachgesetzlicher Ordnung zwangsläufig gegeben ist, schlechthin als politisches Verhältnis zu verstehen, weil die Verfassung ein ständiges Postulat gegenüber der einfachgesetzlichen Ordnung ist, weil sie die Verwaltung regelt und die Verwaltung an die Verfassung bindet.

Ich kann mir gewiß vorstellen, daß man das Verwaltungsrecht durchaus allein von der Ebene des einfachen Gesetzes und was darunter noch an Normativem liegt, erklären und zur Wirksamkeit des Verwaltungsverhaltens sowie zu den normativen Postulaten der Verfassung kontrastieren kann. Man kann und soll aber auch — hier stimme ich mit Herrn *Badura* überein — die Verfassungspostulate in eine Verwaltungsrechtsdogmatik einschließen. Dann ist es unausbleiblich, festzustellen, ob die einfachen Gesetze mit der Verfassung im Einklang stehen. Man kann ferner feststellen, ob auch die soziale Wirklichkeit mit dieser oder mit jener rechtlichen Ebene im Einklang steht.

Wenn man so unterscheidet und das Verwaltungsrecht als einen gegebenen rechtlichen Gegenstand begreift, dann ist die gedankliche Konzeption davon die Verwaltungs*rechts*dogmatik. Sie ist nicht identisch mit dem Gegenstand. Sie ist vielmehr unser Denken über den Gegenstand, das einfachgesetzliche und auf sie gegründete normative Phänomene (Verordnung, Verwaltungsakt), wie verfassungsrechtliche genauso betrifft. Diese Unterscheidung von Erfahrungsobjekt und Erkenntnisobjekt habe ich sehr wohl bei Herrn *Bachof* gefunden, nicht aber bei Herrn *Brohm*.

Indem man fragt, was Verwaltungsrechtsdogmatik bedeutet, begibt man sich aber mit dem Denken auf eine weitere Ebene, die über dem Denken zum Gegenstand liegt, und analysiert dieses. Dabei fragt man sich vielleicht, ob dieses Denken gegenwartsbezogen, gegenstandsbezogen, vollständig, aktuell, modern, schön genug ist. Auch ästhetische Gesichtspunkte spielen in der Verwaltungsrechtdogmatik eine Rolle. Aus der Verbindung dieser beiden Denkebenen zeigt es sich deutlich, daß es Rechtsbegriffe und Wissenschaftsbegriffe gibt. Es ist eben nicht notwendigerweise so, daß ein Begriff, der nicht als Rechtsbegriff erkannt wird, ein soziologischer sein muß, er kann ein wissenschaftlicher Begriff sein. Damit gehört er einer anderen Ebene des Denkens an.

Nur wenn man die Fragestellung so auffaßt, kann man sinnvollerweise fragen, ob die heutige Verwaltungsrechtsdogmatik ihre Aufgabe erfüllt oder nicht. Das Recht ist dem Wandel unterworfen und die Verwaltungsrechtsdogmatik — sofern sie das Recht als einen gegebenen Gegenstand annimmt — muß dem Wandel des Rechts folgen. Das kann man feststellen. Natürlich leistet man damit nicht genug. Damit hat aber die Zukunft noch nicht genug begonnen, Herr *Brohm*. Den sogenannten modernen Aspekten des Verwaltungsrechts müßte die Verwaltungsrechtswissenschaft gewiß viel mehr Rechnung tragen, als sie es tatsächlich tut. Wenn man eine Sachverhaltsaufnahme von der österreichischen Warte aus vornimmt, muß man sagen, daß noch nicht genug getan wird. Warum? Weil jeder von uns sein Arbeitsgebiet, sein Hobbygebiet hat — sei es auch der Verwaltungsakt. Weil man ferner auch verpflichtet ist, im Lehrplan der Hochschule einen bestimmten Gegenstand darzubieten und von dorther vielleicht die utopische Vorstellung hegt, es könnte ein vollständiges, ja sogar in sich geschlossenes, rechtsdogmatisches System, bezogen auf das Verwaltungsrecht geben. Wer wird schon mit seiner Vorlesung wirklich fertig? Ich sage von vornherein, daß ich gar nicht fertig werden will. Außerdem ist es ja auch so, daß man, wenn man vom System des Verwaltungsrechtes spricht oder sich mit der Systematik befaßt und Verwaltungsrechtsdogmatik meint, immer das allgemeine Verwaltungsrecht vor Augen hat und gar nicht eigentlich immer auch die in den besonderen Gebieten des Verwaltungsrechtes enthaltenen allgemeinen Gedanken. Die mangelnde Einbindung bestimmter Teilgebiete des Verwaltungsrechtes in das rechtsdogmatische Denken über das allgemeine Verwaltungsrecht oder in ein allgemeines Konzept wird zu Recht kritisiert.

Auf der anderen Seite bestimmen aber sowohl die subjektive als auch die objektive Wichtigkeit der Forschungsgebiete die verschiedenen Systeme. Der eine schreibt über diese Lieblingsgebiete, der andere über jene. Es gibt schließlich die Freiheit zur wissenschaftlichen Schwerpunktbildung. Und letzten Endes arbeitet man vielfach lieber in höchst aktuellen Bereichen, weil man diese für wichtiger hält.

Der Jurist darf sich den Anforderungen der Gesellschaft nicht entziehen und soll es auch gar nicht. Daher ist die rechtspolitische Fragestellung die interessantere, als etwa der fehlerhafte Verwaltungsakt, die Rechtswidrigkeit, die Schadenshaftung u. a. und viel häufiger in der modernen „Dogmatik" anzutreffen. Im übrigen begeht man nur zu leicht den Fehler, die höheren Bildungsanforderungen an den akademischen Lehrer auch noch in die Verwaltungsrechtsdogmatik miteinzubezie- und mehr Methodik als Dogmatik zu pflegen. Man pflegt dann eigentlich nicht in puristischer Zurückhaltung und Bescheidenheit Rechtsdogmatik, sondern mehr Rechtstheorie, Erkenntnistheorie, Rechtsphilosophie, Staatslehre, Soziologie, Politik u. a. Das alles spielt eine große Rolle.

Meine Vorstellungen von der Verwaltungsrechtsdogmatik möchte ich aber in einer allgemeinen Sinnbedeutung kurz andeuten: Verwaltungsrechtsdogmatik verstehe ich als eine *systematische Erfassung* des gesamten einschlägigen Stoffes. Darüber hinaus gibt es aber noch eine wichtige weitere Frage dogmatischer Grundeinstellung. In dieser Frage, so muß ich mit Bedauern feststellen, hat mir Herr *König* leider die Originalität abgelaufen. Ich meine das Verwaltungsdenken zum Fall, bei dem man nicht lehrmäßig systematisiert und folgert, sondern vielmehr den mühseligen Weg, oft durch Hunderte von Vorschriften beschreiten, seien sie einfachgesetzlicher Art oder verfassungsrechtlicher Natur, um letztlich in einer systematischen und auf die innere Widerspruchsfreiheit abzielenden Sinnermittlung und Klärung herauszufinden, was für den konkreten Fall Rechtens ist. Wenn es zünftig gemacht wird, dann ist das auf Anlaß und Sachverhalt bezogene Denken selbstverständlich auch rechtsdogmatisches Denken. Dabei erscheint natürlich vieles von dem, was heute gesagt wurde, sehr wichtig.

Entscheidend bleibt die grundsätzliche Überlegung: Was ist der Gegenstand (Erfahrungsobjekt) und was ist die Gegenstandsauffassung (Erkenntnisobjekt). Eine Mehrschichtigkeit des Denkens auch in dieser Hinsicht ist unabweislich. Man kann ihr nicht entrinnen. Die volle Bewußtheit davon hindert daran, in einen Synkretismus zu verfallen, der wohl interessante Aspekte für einen Gegenstand vermitteln kann, nicht aber die rational zu begreifende Gegebenheit eines Gegenstandes. In diesem Sinn, würde ich sagen, hat weder die Vergangenheit aufgehört, noch die Zukunft begonnen. Denn darin zeigt sich die unveränderte Aufgabe der Rechtswissenschaft, die für das Verwaltungsrecht genauso Gültigkeit hat wie etwa für das Zivilrecht, für das Strafrecht u. a. Disziplinen.

Bullinger: Herr *Brohm* hat, glaube ich, das große Verdienst, daß er versucht hat, das Augenmerk der verwaltungsrechtlichen Dogmatik weniger auf die Rechtsform des Verwaltungshandelns als auf den *Entscheidungsprozeß* der Verwaltung zu lenken, der verwaltungsrechtlich bedeutsam ist, ob er schließlich zu einem privatrechtlichen oder öffentlich-rechtlichen Vertrag oder zu einem Verwaltungsakt führt. Damit wird zugleich, was Herr *Bachof* deutlicher gemacht hat als Herr *Brohm*, die Unterscheidung von öffentlichem Recht und Privatrecht für das Verwaltungshandeln weitgehend relativiert. Will man nämlich das Verwaltungsverfahren so gestalten, daß nach Möglichkeit Willkür vermieden wird, dann muß sich diese Überlegung auch auf Verfahren beziehen, die nicht zum Erlaß eines Verwaltungsaktes oder eines öffentlich-rechtlichen Vertrages, sondern zum Abschluß eines privatrechtlichen Vertrages führen. Deshalb ist das Verwaltungsverfahrensgesetz, das dem Musterentwurf folgend nunmehr vom Bunde erlassen werden soll, von vornherein antiquiert; denn was dort geregelt werden soll, ist eben nur das Verfahren, das mit einem Verwaltungsakt oder öffentlich-rechtlichen Vertrag enden soll, nicht dagegen das Verfahren, das einen privatrechtlichen Vertrag vorbereitet, z. B. die Vergabe eines öffentlichen Auftrags. Herr *Badura* hat schon hervorgehoben, daß dieses wichtige Gebiet der öffentlichen Aufträge vom Verwaltungsrecht nicht übergangen werden darf.

Gerade für die öffentlichen Aufträge, speziell die Forschungs- und Entwicklungsaufträge, aber auch für den Gesamtbereich der Planung ist etwas kennzeichnend, was Herr *Brohm* besonders herausgearbeitet hat, nämlich ein stufenförmiger Prozeß des Entscheidungsverfahrens. Welche rechtlichen Konsequenzen daraus gezogen werden können und müssen, zeigt anschaulich das Verfahrensrecht, das sich in den Vereinigten Staaten für Forschungs- und Entwicklungsaufträge der NASA entwickelt hat. In mehreren Verfahren wird jeweils ein zunächst abstrakt formuliertes Beschaffungsziel allmählich zu konkreten Zielen der Auftragsvergabe und zu Auftragsbeschreibungen verdichtet. In jeder Phase der Verdichtung wird das Ergebnis festgehalten, mit den Beteiligten erörtert und damit rechtsstaatlich wenigstens soweit kontrollierbar gemacht, wie es möglich ist. Ein derart abgestuftes Verfahren bietet sich auch für die Planung an. Die Planziele müssen fortschreitend zu konkreteren Planvorstellungen verdichtet, kundgetan und mit den Beteiligten erörtert werden, die damit am Entscheidungsprozeß teilnehmen und nicht darauf verwiesen werden, gegen die Endentscheidung vorzugehen. Ähnliches gilt auf dem Gebiet der Wirtschaftsaufsicht — ich hatte darüber früher einmal zu referieren. Nehmen Sie das Verfahren des Bundeskartellamts. Wenn das Kartellamt Begriffe wie „Mißbrauch" handhaben muß, dann kann sich das nicht so vollziehen, daß die Auslegung dieses Begriffs auf bestimmte Wirtschaftspraktiken sogleich in einen Verwaltungsakt umgesetzt und dieser Verwaltungsakt dann gerichtlich darauf kontrolliert wird, ob er den rechtlichen Maßstäben genügt. Das Kartellamt, das ist auch die feste Praxis, verdichtet vielmehr solche allgemeinen Formeln zunächst zu konkreteren Maßstäben und erörtert sie mit den Beteiligten. Damit wird das stufenförmige Verfahren, das Herr *Brohm* dargelegt hat, realisiert und rechtsstaatlich nutzbar gemacht.

Ich glaube also, daß das Referat von Herrn *Brohm* für die allgemeine verwaltungsrechtliche Dogmatik Wege aufgewiesen hat, die entscheidend weiterführen können.

Rupp: Meine sehr verehrten Herren! Erwarten Sie bitte nicht, daß ich mich hier mit meinem verehrten Lehrer *Bachof* anlege; andererseits ist es freilich nicht meine Art, mich in Verbeugungen vor meinem wissenschaftlichen Urgroßvater *Otto Mayer* oder vor von mir nicht minder verehrten Rechtslehrern wie *Hans Kelsen* oder *Adolf Merkl* zu erschöpfen. Ich stimme Herrn *Badura* und Herrn *Quaritsch* zu: Die These 8 Herrn *Bachofs* müßte wie folgt umformuliert werden:

„*Richtig* ist insbesondere die gängige Behauptung, die Dogmatik des deutschen Verwaltungsrechts entstamme einer Epoche des einseitig freiheitsverbürgenden (liberalen oder bürgerlichen) Rechtsstaates. Der deutsche Staat war *zwar* stets in erheblichem Umfang Wohlfahrtsstaat. Die auf Zurückdrängung wohlfahrtsstaatlicher Zwecke gerichtete Bewegung hatte zur Zeit *Otto Mayers zwar* längst ihren Höhepunkt überschritten und einer gegenläufigen Bewegung Platz gemacht, *aber diese neue Bewegung hatte noch keinen spürbaren Niederschlag in der verwaltungsrechtlichen Dogmatik gefunden.*" Das allein ist unser Thema und nicht etwa eine Sammlung literarischer Einsichten über die Bedeutung wohlfahrtsstaatlicher Aufgaben in der damaligen Zeit.

Zum zweiten bin ich ja gewohnt, als „Buhmann" aufgebaut und falsch zitiert zu werden, aber ich bin nachgerade diese Rolle leid: Es wird mir unterstellt, ich hätte der Regierung das Regieren bestritten. Das ist schlicht falsch. Ich habe gesagt, es seien immer noch Thesen im Umlauf, die allein der Regierung im organisatorischen Sinn das Regieren im Sinne des angelsächsischen government zuerkannt wissen möchten. Falsch ist auch, wenn mir unterstellt wird, ich lehnte das Verwaltungsermessen zugunsten der Theorie der eindeutigen Kognition ab. Was ich für verfehlt halte, ist gerade umgekehrt diese Scheidung und die auf dieser Scheidung beruhende deutsche Ermessens*lehre*. Wer sich die Mühe macht, meine einschlägigen Ausführungen nachzulesen, wird auch schnell feststellen, daß bei mir von einem totalen Gesetzesvorbehalt der Verwaltung nirgends die Rede ist, sondern daß ich zu Ergebnissen gekommen bin, die in jeder Tagung unserer Vereinigung von neuem bestätigt werden.

Zum dritten schließlich: Was mich besonders beschäftigt — und was das ganze Referat von Herrn *Brohm* durchzogen hat — ist die Frage: Wie kann der „Kompetenzverlust des Parlaments", von dem Sie, Herr *Brohm,* sprechen, ausgeglichen werden durch andere Verfahren demokratischer Aktivierung und Partizipation? Hier kann ich nur das, was bereits Herr *Quaritsch* gesagt hat, unterstützen: Führt wirklich eine Beteiligung der „Betroffenen" an Verwaltungsentscheidungen zu demokratischer Legitimation? Was hat eine solche Beteiligung mit „Transparenz" und mit demokratischem „Konsensstreben" zu tun? Inwiefern ist dies eine Kompensation für nicht vorhandene oder gar abzubauende parlamentarische oder aufsichtsbehördliche Kontrolle? In welchem Verhältnis stehen Beteiligung der Betroffenen an Verwaltungsentscheidungen und subjektive Rechte des einzelnen gegen die Verwaltung? Wandeln sich subjektive Rechte in dem von Herrn *Brohm* vorgestellten Modell nicht zu ständestaatsähnlichen Kompetenzen von bestimmten Gruppen um? Inwiefern ist konfliktstheoretisch der erhoffte demokratische Konsensus durch Beteiligung herstellbar, ja ist überhaupt Demokratie identisch mit Konsenserzielung? Wenn ja, was bedeuten dann subjektive Individualrechte im Sinne des heutigen Verständnisses?

Ich möchte zu diesem Bündel von Fragen kein Wort mehr sagen. Ich meine, das Referat Herrn *Brohms* verdient es, daß darüber nachgedacht wird, ob durch solche oder ähnliche Strategien der Verlust an Demokratie aufgefangen oder gar ausgeglichen werden kann. Ich persönlich teile die Skepsis von Herrn *Quaritsch.*

Thieme: Ich möchte zu einer Frage Stellung nehmen, und zwar zur Idee von Herrn *Brohm,* die Sozialwissenschaften für die verwaltungsrechtliche Dogmatik fruchtbar zu machen. Das scheint mir in der Tat ein Angebot zu sein, über das wir ernsthaft nachdenken müssen. Wenn wir unsere Aufgabe hier so ansehen, daß es darum geht, die verwaltungsrechtliche Dogmatik up-to-date zu halten, damit wir sie als ein juristisches Instrument immer zur Verfügung haben, das uns gerechte Entscheidungen im Einzelfall zwar nicht schon liefert, aber bei der Lieferung solcher Entscheidungen helfen kann, so stellt sich die Frage, woher wir das Koordinatensystem dafür nehmen. Sicherlich, die Verfassung, die Europäischen Gemeinschaften und ihr Recht sowie manches andere Gebiet wird dafür sehr in Betracht kommen. Aber das Neue, das uns Herr *Brohm* heute gezeigt hat, scheint mir zu sein, daß unter Umständen auch die Sozialwissenschaften Hilfe leisten können.

Dabei würde ich allerdings nicht so vorgehen wie es Herr *Winkler* in seiner Skizze getan hat, als er da unten, auf der untersten Ebene, irgendwo die Verwaltungswirklichkeit mit einem Strich hingemalt hat. So eindimensional ist das Problem Sozialwissenschaften und Verwaltungswirklichkeit nicht! Sicherlich ist eine Untersuchung, die empirisch vorgeht, ohne vorher die Dinge selbst zu befragen, und dann meint, aus irgendwelchen stückweisen Untersuchungen die soziale Wirklichkeit in den Griff zu bekommen, völlig nutzlos für uns. Aber es ist doch die Frage, ob das, was uns die Sozialwissenschaften heute mit ihrer Systemtheorie und ihrer Entscheidungstheorie vorgezeichnet haben, nicht mehr ist, und ob es, wenn es sich durchsetzt, zugleich auch soziale Relevanz hat, weil hier nämlich mit dem wissenschaftlichen System, das hier aufgebaut ist, Probleme gezeigt werden, die in der sozialen Wirklichkeit Bedeutung haben.

Ist das aber so, so kann das System, das uns von der sozialwissenschaftlichen Theorie angeboten wird, für die Rechtswissenschaften durchaus Nutzen liefern. Wenn ich mir die Begriffe so überlege, die gefallen sind, also „Input-Output", „Kosten-Nutzen", „Information", „Rückkoppelung", „System" usw., so möchte ich eigentlich, ohne das wegen der Zeitbegrenzung hier ausführen zu können, für jeden dieser Begriffe doch Beispiele anführen, die zeigen, daß wir in unserem Verwaltungssystem immer wieder vor Fragen stehen, wo wir gerade das, was da aufgezeigt wird, lösen müssen. Ich meine, wir können das heute sicher nicht irgendwie ausdiskutieren, aber ich halte es doch für ein wichtiges Forschungsvorhaben, sich einmal mit dieser Frage auseinanderzusetzen. Das wäre sicher des Schweißes der Edlen wert, mag eine solche Forschung auch längere Zeit dauern.

Dagtoglou: Herr Vorsitzender, meine Herren! Zwischen den gestrigen Referaten und den heutigen besteht, so würde ich glauben, ein bedeutender gemeinsamer Punkt. Alle Referenten haben versucht, die Grundrechts- und Verwaltungsrechtsdogmatik mit allen sie beide verbindenden Elementen in eine veränderte soziopolitische Landschaft einzufügen, ohne die Traditionsbande zu zerreißen und den bewährten Boden völlig zu verlassen. Auch und gerade Herr *Häberle* gestern und Herr *Brohm* heute haben, wenn auch in unterschiedlicher Weise, aber ebenso eindrucksvoll, ein Beispiel gegeben, wie man mit souveräner Art Neues sucht und versucht und dabei natürlich nicht nur verdientes Lob erhält, sondern auch Kritik in Kauf nimmt. Die heutigen Referenten haben uns auf die Interdependenzen zwischen der Verwaltungsrechtswissenschaft und den Sozialwissenschaften aufmerksam gemacht. Herr *Bachof* hat in Leitsatz 14 auf die Notwendigkeit der Wiedereinbeziehung sozialwissenschaftlicher Erkenntnisse in das Verwaltungsrecht hingewiesen und dabei den Vorwurf zurückgewiesen, ein Hineinmischen sozialwissenschaftlicher Erkenntnisse in die juristischen Auslegungs- und Entscheidungsverfahren widerspräche dem Sinn der Arbeitsteilung von Sozialwissenschaften und Entscheidungslogik. Es ist in der Tat merkwürdig, wie die Sozialwissenschaftler uns Staatsrechtlern einerseits vorwerfen, wir beachten die sozialwissenschaftlichen Erkenntnisse nicht; wenn wir es aber tun, dann verzeihen sie uns nicht und werfen uns vor, wir betreiben — so heißt es in einer Schrift — eine apokryphe Sozialwissenschaft, während wir uns auf die *Kelsensche* Argumentationsmethode zurückziehen müßten. (Ich darf mich dabei bei Herrn *Winkler* entschuldigen!) Damit allerdings die Verwaltungsrechtler die Erkenntnisse der Sozialwissenschaften berücksichtigen können, müssen sie sie zuerst verstehen. Dabei gibt es aber nicht selten erhebliche sprachliche Schwierigkeiten. Wenn manche Sozialwissenschaftler die Verwaltung als das Handlungssystem zur Reduzierung der Komplexität der Umwelt definieren und dabei ziemlich alles in eine neue Sprache übersetzen, so fragt man sich, ob die Komplexität der Umwelt nicht dadurch noch komplexer wird (von dem berechtigten Zweifel von Herrn *Badura* zum Komplexitätsbegriff ganz abzusehen). Freilich wird die Verständigung zwischen Sozialwissenschaftlern und Verwaltungsrechtlern nicht nur durch fachsprachliche und terminologische Unterschiede erschwert, sondern vor allem dadurch, daß viele Sozialwissenschaftler — ich darf auf das bereits in 2. Auflage erschienene und vielfach interessante Buch von *Frieder Naschold* „Organisation und Demokratie" hinweisen — die grundsätzliche Unterschiede zwischen Privatbetrieben und öffentlicher Verwaltung übersehen und dabei vergessen, daß wir trotz allem vom Establishment zum Management nicht so vollständig übergewechselt sind, sondern allenfalls zu einem managerial establishment — könnte man vielleicht sagen — allmählich übergehen. Viele Sozialwissenschaftler verkennen das Machtmoment — wie Herr *Brohm* zutreffend hervorgehoben hat. Deswegen finde ich seine Definition der Entscheidung im Leitsatz 13, so sehr sie dazu natürlich prädestiniert ist, kritisiert zu werden, sehr überlegungswert, zumal sie den neuen Entwicklungen der Rechtsprechung in ihrer originären Weise Rechnung trägt. Es gibt im übrigen zweifellos zahlreiche Zeichen für eine Krise oder jedenfalls Umformung des Verwaltungsaktes. Wenn die Rechtsangleichung im europäischen Raum nach dem EWG-Vertrag auch auf dem Gebiet des Verwaltungsrechts verwirklicht werden soll, so muß das wahrscheinlich vor dem britischen Beitritt geschehen, denn die junge britische Verwaltungswissenschaft kennt noch keinen allgemein anerkannten Begriff des Verwaltungsaktes!

Götz: Meine Bemerkung bezieht sich auf die Stellung und die Rolle der Verwaltungsaufgaben in der Systematik des Verwaltungsrechts. Herr *Bachof*, Sie betonen in Ihrer These Nr. 18 die Notwendigkeit einer zweck- und aufgabenorientierten Darstellung der Verwaltung, aber Sie sprechen dem Aufgabenkriterium doch die Eignung und den rechtlichen Aussagewert für das System des Verwaltungsrechtes ab. Dem in diesem Standpunkt meines Erachtens zutage tretenden Anliegen, für die Gesamtaufgaben der Verwaltung ein einheitliches begriffliches und institutionelles Instrumentarium zu erhalten, ist zuzustimmen. Aber ich glaube, daß es eine unbedingte Notwendigkeit ist, stärker sowohl die rechtliche Relevanz der Verwaltungsaufgaben als auch ihre Bedeutung für das System hervorzuheben. Ein systematischer Ansatz bei den Verwaltungsaufgaben würde uns besonders davor bewahren, die so beliebte Aufgliederung unseres Verwaltungsrechtes in die Eingriffs- und die Leistungsverwaltung unkritisch zu übernehmen. Diese Einteilung sieht unser Verwaltungsrecht — und dieses Denken ist wohl nach wie vor sehr herrschend — nur von den Rechtswirkungen auf den einzelnen Bürger, vom Eingriff in seine Rechte oder der Vermehrung seiner Rechte und damit vom Bürger her. Eine solche Betrachtungsweise ist einmal rechtsstaatlich notwendig, aber zum anderen auch unvollständig und ist insofern eine Verkürzung. Sie bedarf meines Erachtens einer Ergänzung durch eine Betrachtung von den Verwaltungsaufgaben und damit von der Verwaltung her. Dann entsteht ein anderes Bild, und dann wird man etwa auch sehen, daß der Eingriff nicht etwa eine Verwaltungsaufgabe ist, sondern nur Mittel zur Erfüllung von öffentlichen Aufgaben, die ihrerseits vorsorgenden, leistenden Charakter haben. Die Beispiele dafür wären zahllos. Die Akte auf dem Gebiet des Umweltschutzes könnte man ebenso nennen wie etwa die nachbarschützende Baurechtsnorm. Und umgekehrt sind die Leistungen — das ist bekannt — durchweg mit Belastungen verbunden, sei es desjenigen, der die Leistung erhält, sei es Belastung eines Dritten. Insgesamt möchte ich also nicht glauben, daß die Einbeziehung der Verwaltungsaufgaben in die Systematik des Verwaltungsrechts die Einheitlichkeit dieses Systems sprengt, sondern ich würde im Gegenteil meinen, daß diese Einbeziehung das System des Verwaltungsrechtes einheitlicher und ich meine auch, zutreffender hervortreten läßt.

Kisker: Eine kurze Bemerkung in Ergänzung der Hinweise von *Quaritsch* und *Rupp*. Es ist in der Tat auffällig, daß nicht nur in dem Referat von *Brohm* heute, sondern auch gestern in dem Referat von *Häberle* der Rolle der Gruppenmitwirkung in dem Bereich der — ich würde mal sagen — „Globalsteuerung" eine so außerordentliche Rolle zugesprochen wurde. *Brohm* ist an das Problem vom Gedanken der Kompensation für eine Ausschaltung des Parlaments her herangegangen. Bei *Häberle* stand — das ist gestern etwas zu kurz gekommen — die Idee der Gruppenmitwirkung wohl hinter seiner Formel vom status activus processualis. Er hat diese Formel ja in Erwiderung auf eine Bemerkung von *Schmitt Glaeser* sehr stark pluralistisch interpretiert. — Ich muß mich, soweit es um die Erreichbarkeit der von *Häberle* und *Brohm* angesprochenen Ziele geht, weitgehend den Zweifeln anschließen, die *Rupp* und *Quaritsch* vorgetragen haben. Nur noch ein wichtiger Gesichtspunkt: Ein Problem wird ja wohl immer sein, daß man sich, um mitwirken zu können, einer Gruppe anschließen muß. Das läuft auf eine Art von Zunftzwang heraus, was ja doch nun gerade unter dem von *Häberle* betonten Aspekt des Grundrechtsschutzes eine sehr problematische Konsequenz wäre. — Ich glaube freilich, ob es uns paßt oder nicht, daß wir uns intensiver mit der Gruppenmitwirkung beschäftigen müssen. Wir werden nicht darum herumkommen, eine Art von Dogmatik der Gruppenmitwirkung im öffentlichen Bereich zu entwickeln. Bislang ist — glaube ich — davon noch sehr wenig da. Ich darf mich insoweit, da dies ja nicht das zentrale Thema des heutigen Tages ist, mit ein paar Stichworten begnügen: Mir scheint beispielsweise, daß die Frage der Zusammensetzung von pluralistisch konzipierten Gremien so gut wie noch gar nicht genauer angesprochen worden ist. Bisher hat man immer geglaubt, das ginge auch so gut. Aber der Krach etwa jetzt im ZDF zeigt ja deutlich, daß es zu kriseln beginnt. Ferner darf ich im Anschluß an eine mir sehr interessant erscheinende Bemerkung von *Bachof* — die dann auch von *Quaritsch* aufgenommen wurde — darauf hinweisen, daß sich auch verwaltungsrechtlich ganz neuartige Probleme stellen. Stichwort: kein Begründungszwang. Es ist in der Tat unsinnig, von einem pluralistisch zusammengesetzten Gremium zu erwarten, daß es eine Begründung für seine Entscheidungen liefere. Die verschiedenen Beteiligten können höchst unterschiedliche Motive für ihr Votum gehabt haben. Aber wenn das der Fall ist, dann wird eine gerichtliche Kontrolle derartiger Maßnahmen außerordentlich erschwert. Das hat das Bundesverfassungsgericht in seinem höchst interessanten Beschluß zur Überprüfbarkeit der Entscheidung des hamburgischen Richterwahlausschusses sehr deutlich gemacht. — Mein Plädoyer also geht darauf hinaus, in die neu zu formulierende Verwaltungsrechtsdogmatik ein System der Gruppenmitwirkung sehr bewußt und sorgfältig hineinzuarbeiten.

Blümel: Einige Bemerkungen zu drei Einzelfragen der Fortentwicklung der Dogmatik.

Es ist meines Erachtens Herrn *Brohm* in eindrucksvoller Weise gelungen, den theoretischen Unterbau für die von ihm vorgeschlagene Ausweitung des Verwaltungsaktsbegriffs zu liefern. Ich beziehe mich insoweit auf Leitsatz 13. Ich stimme Herrn *Brohm*, jedenfalls für den Bereich der Planung, auch in den Folgerungen in Leitsatz 14 zu, vor allem hinsichtlich der rechtlichen Erfassung von vorangegangenen Teilentscheidungen und hinsichtlich der Beteiligung der unmittelbar Betroffenen an den einzelnen Entscheidungsstufen. Ich bin jedoch nach wie vor skeptisch — und hier unterscheide ich mich etwa von Herrn *Dagtoglou* —, ob unsere wiederholten Bemühungen in dieser Richtung, ob also unsere Bemühungen um eine Effektuierung des gerichtlichen Rechtsschutzes und um eine Vorverlegung des Rechtsschutzes in das Verwaltungsverfahren in Rechtsprechung und Gesetzgebung in absehbarer Zeit honoriert werden. Herr *Martens* hat gestern schon darauf hingewiesen, daß es offenbar nicht zur Pflicht von Bundesrichtern gehört, die Veröffentlichungen der Vereinigung zu lesen. Ganz ähnlich habe ich bei einer neueren Entscheidung des Bundesverfassungsgerichts den Eindruck, daß das Gericht die letzten 10 Jahre verschlafen hat. Ich beziehe mich hier auf den Beschluß vom 27. Juli 1971, der im nächsten Heft des Deutschen Verwaltungsblatts veröffentlicht wird*). Diese Entscheidung des Bundesverfassungsgerichts betrifft einen Normkontrollbeschluß des OVG Bremen in einem Verfahren nach § 47 der Verwaltungsgerichtsordnung. Das OVG Bremen hatte den Antrag nach § 47 als unzulässig abgewiesen, weil es sich nicht für befugt hielt, im Rahmen dieses Verfahrens den Bebauungsplan am Maßstab des Bundesrechts zu prüfen. In der Entscheidung des Bundesverfassungsgerichts finden sich nun recht merkwürdige Ausführungen. Das Gericht lehnt es ab, obwohl es dazu Anlaß gehabt hätte, den Begriff der öffentlichen Gewalt in Art. 19 Abs. 4 des Grundgesetzes zu definieren. Es läßt die Frage offen, ob unter diesen Begriff auch das materielle Gesetz fällt. Das Gericht zieht sich in der Rechtsschutzfrage auf die längst überholte These zurück, daß es im gesamten Bereich der Pla-

*) Vgl. DVBl. 71, 740 (u. Anm. v. *Umbach*)

nung auf den Vollzugsakt ankomme, daß also die Inzidentkontrolle genüge. Das Gericht geht so weit zu sagen, daß Art. 19 Abs. 4 des Grundgesetzes ein Verfahren etwa analog § 47 der Verwaltungsgerichtsordnung nicht fordere. Das Verfahren nach § 47 der Verwaltungsgerichtsordnung sei ein zusätzliches Verfahren, aber wo es gesetzlich nicht vorgesehen sei, habe der einzelne eben keine entsprechende Möglichkeit. Ich halte diese Entscheidung für äußerst unglücklich, vor allen Dingen nachdem doch einige Kollegen darauf hingewiesen haben, daß man beim Rechtsschutz gegen Planungsentscheidungen unmittelbar auf Art. 19 Abs. 4 des Grundgesetzes rekurrieren kann.

Ein zweites Beispiel, und das betrifft die Gesetzgebung: Herr *Bachof* hat zurecht auf die Problematik des Städtebauförderungsgesetzes hingewiesen. Wir haben heute eindrucksvoll demonstriert bekommen, wie wichtig die Beteiligung der Betroffenen an den einzelnen Stufen ist. Wenn Sie nun einmal das Städtebauförderungsgesetz in die Hand nehmen, dann werden Sie feststellen, daß die wichtigste Entscheidung die Festlegung des Sanierungsgebietes ist. Diese Festlegung geschieht in der Form der Satzung. Wie steht es hier mit der Beteiligung der unmittelbar Betroffenen, also etwa der Eigentümer? Sie haben noch nicht einmal das Beteiligungsrecht, wie es etwa in § 2 Abs. 6 des Bundesbaugesetzes vorgesehen ist. Welche Konsequenzen die Festlegung des Sanierungsgebietes hat, wissen Sie vielleicht. Das ganze Instrumentarium des Städtebauförderungsgesetzes steht nach der Festlegung den Gemeinden zur Verfügung. Aber dann ist für die Betroffenen der Zug bereits abgefahren. Ich warne davor, hier statt der aus rechtsstaatlichen Gründen notwendigen Anhörung bzw. Beteiligung der unmittelbar Betroffenen mit dem Schlagwort „Demokratisierung der Planung" zu operieren, das z. B. im Städtebaubericht 1970 der Bundesregierung auftaucht.

Ich bin der Meinung, daß diese „Demokratisierung" keinen Ersatz für einen effektiven Rechtsschutz der unmittelbar Betroffenen im Verfahren darstellt, denn wie Abstimmungen in demokratisierten Gremien vonstatten zu gehen pflegen, dafür gibt es inzwischen genug Beispiele. Ich warne also vor einer Institutionalisierung in diesem Bereich. Wo die Betroffenen wirklich in ihren Interessen vehement beeinträchtigt werden, da organisieren sie sich auch heute bereits, ohne daß es dafür der Institutionalisierung bedarf. Ich denke etwa an Großbauvorhaben wie den Flughafen München II. In solchen Fällen werden die Rechte der Betroffenen in wirksamer Weise verfochten. Soviel zu diesem Bereich.

Ein anderes Thema: Herr *Bachof* hat in Leitsatz 28 einige Bemerkungen zur Aufsicht gemacht. Er hat zutreffend darauf hingewiesen, daß hier noch vieles ungeklärt ist. Ich möchte nur die Frage aufwerfen, ob wir heute im Bereich der Staatsaufsicht noch von der ausschließlichen Geltung des Opportunitätsprinzips ausgehen können, oder ob es nicht vielleicht auch in Ausnahmefällen einen Rechtsanspruch des Betroffenen auf Einschreiten der Aufsichtsbehörden gibt. Denken Sie nur daran, daß gerade im Hochschulbereich einige Aufsichtsbehörden von ihren gesetzlich vorgesehenen Befugnissen überhaupt keinen Gebrauch machen, sondern den betroffenen Hochschullehrer auf den Rechtsweg verweisen. Der aber kann es sich vielleicht nicht leisten, von den allgemeinen Rechtsschutzmöglichkeiten Gebrauch zu machen, weil er anderweitigen Pressionen unterliegt.

Noch ein Einzelproblem, aber das nur ganz kurz: Herr *Brohm* hat mit Recht darauf hingewiesen, daß die Diskussion um die Mischverwaltung eigentlich erst beginnt. Ich habe dazu in meiner Berliner Antrittsvorlesung einiges ausgeführt. Ich bin der Meinung, daß unsere Dogmatik hier hinter der Staatspraxis etwa im Bereich der Planung zurückbleibt. Die ständig wiederholte These, daß die Mischverwaltung zwischen Bund und Ländern schlicht verfassungswidrig sei, läßt sich heute nicht mehr unbesehen vertreten.

Kopp: Obwohl ich ebenfalls an einer österreichischen Hochschule lehre, möchte ich doch dem Urteil von Herrn *Winkler* über den Vortrag von Herrn *Brohm* nicht vorbehaltlos zustimmen. Ich habe erhebliche Zweifel, ob es möglich ist, eine Rechtsdogmatik allein voraussetzungslos auf positiv-rechtlicher Grundlage zu entwickeln, und zwar deshalb, weil gerade hier das allgemeine Verwaltungsrecht doch ganz erheblich hereinspielt und im allgemeinen Verwaltungsrecht jeder Jurist in Verlegenheit ist, wenn er gefragt wird, wo steht das, worauf sie nun ihre Ausführungen stützen. Es sind einfach überkommene Theorien, Auffassungen usw., und es gilt doch letztlich immer das bessere Argument. Man muß sicher das geltende Recht dabei zugrunde legen, aber wo es uns verläßt, bleibt wohl nichts anderes übrig, als hier nach dem besseren Argument zu suchen. Insoweit möchte ich Herrn *Brohm* Recht geben, daß auch er auf der Ebene des geltenden Rechts argumentiert und hier versucht, eine Rechtsdogmatik des Verwaltungsrechts zu entwickeln. Trotzdem liegt mir persönlich die These von Herrn *Bachof* näher und ich möchte sie unterstützen, daß die Dogmatik des Verwaltungsrechts heute keinen grundlegenden Umbau erfordert, sondern allenfalls Ergänzungen und Fortentwicklungen. Ich darf vielleicht in diesem Zusammenhang auch darauf hinweisen, daß die Rechtsvergleichung uns zeigt, daß trotz ganz verschiedener Ausgangspunkte alle modernen Rechtsordnungen in dieselbe Richtung tendieren. Das ist besonders deshalb interessant, weil z. B. das anglo-amerikanische Rechtssystem und einige andere Rechtsordnungen von einem allgemeinen Klagensystem ausgehen, das im Zivilrecht entwickelt worden ist, also nicht von vornherein diese gewisse „Verengung" auf den Verwaltungsaktsbegriff gekannt haben. Ich glaube nicht, daß Herrn *Dagtoglou* hier zuzustimmen ist, daß das englische Recht hier eine Ausnahme macht. In der neueren Literatur und Rechtsprechung ist, soweit ich übersehen kann, der Verwaltungsakt auch hier in England in den Vordergrund getreten.

Wenn Sie mir verzeihen, daß ich nochmals auf den Verwaltungsaktsbegriff zurückkomme, der heute schon sehr strapaziert worden ist, so möchte ich gewisse Bedenken gegen die in These 13 von Herrn *Brohm* vorgeschlagene Ausweitung des Verwaltungsaktsbegriffs geltend machen. Es scheint mir wenig zweckmäßig, hier einen neuen weiteren Begriff, der auch Verordnungen mit umfaßt, zu entwickeln, wenn dann doch — wie es auch in These 13 heißt — wieder eine Differenzierung notwendig ist. Sicher gleichen sich Verwaltungsakt und Verordnung in mancher Hinsicht. Ich darf nur an das französische Recht und andere Rechtsordnungen erinnern, die hier auch bezüglich des Rechtsschutzes kaum Unterschiede kennen. Aber in Fragen der Bestandskraft usw. bestehen doch wesentliche Unterschiede. Auch bezüglich des Verfahrens ergeben sich gewisse Besonderheiten. Vor allem aber glaube ich, daß eine zu weit gehende Abstrahierung dem Begriff des Verwaltungsaktes seine praktische Bedeutung und Brauchbarkeit als Instrument der Dogmatik nimmt und ihn farblos und inhaltslos werden läßt. Daß der Rechtsschutz des Bürgers die vorgeschlagene Ausweitung nicht erfordert, ist, glaube ich, allgemeine Meinung. Ich darf in diesem Zusammenhang auch an die heute bereits erwähnte Feststellungsklage erinnern, die — hier komme ich auf das, was Herr *Blümel* bereits gesagt hat, zurück — durchaus geeignet ist, auch gegenüber Verordnungen den Rechtsschutz zu verwirklichen, den Art. 19 Abs. 4 GG gewährleistet. Man kann mit Hilfe der Feststellungsklage zwar nicht die Gültigkeit einer Verordnung feststellen lassen, wohl aber eine Klärung herbeiführen, welche Rechte und Pflichten oder welche Rechtsstellung insgesamt sich daraus in der konkreten Situation für den Bürger ergeben. Das mag nicht dieselbe Wirksamkeit haben wie eine Klage nach § 47 VwGO, aber für den Rechtsschutz der Betroffenen reicht es vollkommen aus.

Ich möchte mich weiter auch gegen den Gedanken wenden, daß Verwaltungsentscheidungen nur vorbereitender Natur unterschiedslos in den Begriff des Verwaltungsaktes hineingenommen werden sollten. Ich war selbst als Richter an den vorhin erwähnten Entscheidungen zu den Planungsmaßnahmen für den Flughafen München II beteiligt. Ich glaube, daß man dem Bürger in solchen Fällen gar keinen Gefallen tut, wenn man jede einzelne Vorentscheidung im Planungsverfahren, die der endgültigen Planfeststellung vorausgeht, als Verwaltungsakt ansieht. Denn der Verwaltungsakt ist ja ein zweischneidiges Schwert. Die Nichtanfechtung führt zur Unanfechtbarkeit, sobald die Anfechtungsfristen versäumt sind, und damit zur Bestandskraft. Sieht man auch alle vorbereitenden Maßnahmen als Verwaltungsakte an, so ist der Bürger gezwungen, wenn er diese Folge vermeiden will, jede einzelne dieser Maßnahmen anzugreifen und damit mehrere Prozesse nebeneinander zu führen, statt sich nur gegen den letzten, abschließenden Akt zu wenden. Andererseits ist auch zu bedenken, daß die Verwaltung bei der Erfüllung ihrer Aufgaben übermäßig, und wie ich meinen möchte, unnötig, gehemmt wird, wenn die Gerichte ständig in laufende Verfahren einzugreifen gezwungen sind, obwohl noch nicht einmal feststeht, daß die Kläger durch die schließlich ergehende Sachentscheidung überhaupt beschwert werden. Soweit wirklich ein Rechtsschutzbedürfnis besteht, reicht meines Erachtens die vorbeugende Unterlassungs- und Feststellungsklage aus. Sie richtet sich aber ebenfalls nicht gegen diese vorläufigen Akte ohne abschließenden Regelungscharakter, sondern allein gegen das allenfalls befürchtete Endergebnis, durch das der Bürger ja letztlich allein betroffen wird.

Besonders begrüßen möchte ich andererseits die starke Betonung der sog. Mitwirkungsrechte des Bürgers in beiden Referaten. Mitwirkungsrechte müssen heute in der Tat einen großen Teil dessen ausgleichen, was die Unbestimmtheit der gesetzlichen Ermächtigungen mehr oder wenger versündigt. Sie sind insofern zweifellos in gewissem Sinn ein Notbehelf. Aber sie sind andererseits doch nicht etwas ganz Neues, das bisher nicht bekannt war. Auch die Eingriffsverwaltung im herkömmlichen Sinn kennt ja diese Mitwirkungsrechte. Ich darf hier besonders auf die österreichischen Verfahrensgesetze hinweisen, die in ihren Grundgedanken zu einer Zeit entwickelt wurden, als die modernen Probleme, die wir heute zu sehen glauben, noch gar nicht in diesem Maße in den Blickpunkt des Interesses gerückt waren. Mitwirkungsrechte sind aber auch unter dem Gesichtspunkt des Rechtsschutzes gegen die bereits erwähnten Verwaltungsentscheidungen, die noch nicht endgültigen Charakter haben, im Planungsverfahren usw. heute von erheblicher Bedeutung, weil sie dem Bürger schon im Vorbereitungsstadium die Möglichkeit gegeben, seine Rechte und Interessen zu wahren und zu verhindern, daß abschließende Entscheidungen folgen, die ihn in seinen Rechten beeinträchtigen würden. Dasselbe gilt auch für Verordnungen. Ein bekannter amerikanischer Verwaltungsrechtler äußerte sich mir gegenüber erst vor einigen Wochen sehr erstaunt darüber, daß das deutsche Verwaltungsrecht für den Erlaß von Verordnungen kein geordnetes rechtsstaatliches Verfahren kennt, daß hier keine Anhörung der Betroffenen durchgeführt werden muß usw. Ich glaube, daß die Gesichtspunkte eines rechtsstaatlichen Verfahrens künftig auch beim Erlaß von Verordnungen stärker berücksichtigt werden müßten und ein allgemeines Verwaltungsverfahrensgesetz deshalb auch ähnliche Regelungen einführen sollte, wie sie heute in den Vereinigten Staaten, aber z. B. auch in Norwegen und zum Teil auch in Spanien für die Verordnungsgesetzgebung bestehen.

Eine letzte Anmerkung wäre — wenn Sie mir das noch erlauben — auch zur Abgrenzung des privaten und des öffentlichen Rechts zu machen. Ich glaube, man müßte die Begriffe etwas schärfer abgrenzen als dies in These 8 des zweiten Referates geschehen ist. Die Unterscheidung wird hier dahin umschrieben, daß es darauf ankommen soll, ob Hoheitskompetenzen wahrgenommen werden oder nicht. Die Frage der Hoheitskompetenzen indiziert aber grundsätzlich die Hoheitsverwaltung und umfaßt daher nicht ohne weiteres auch verwaltungsrechtliche Gleichordnungsverhältnisse, deren Zuordnung zum öffentlichen Recht jedoch nicht zweifelhaft sein kann. Die vorgeschlagene Definition ist daher schon aus diesem Grund meines Erachtens zu eng. Das entscheidende Kriterium für die Abgrenzung von privatem und öffentlichem Recht kann nur sein, ob der Verwaltungsträger oder in Ausnahmefällen auch Private Sonderrechte für sich beanspruchen — das würde etwa der französischen Theorie entsprechen — wie sie unter Ausschaltung des bürgerlichen Rechts nur das öffentliche Recht einräumt. Damit ist freilich die Abgrenzung letztlich immer weitgehend Sache des positiven Gesetzgebers, dessen Entscheidung es überlassen bleibt, ob er der Verwaltung für die Erfüllung bestimmter Aufgaben besondere rechtliche Möglichkeiten an die Hand geben will.

Frowein: Beiden Referaten war die starke Betonung des Verfahrens und der Organisation gemeinsam, in gewisser Abweichung der herkömmlichen Betrachtungsweise, und ich meine, das ist zu unterstreichen. Ich möchte mich einem Problem aus der Organisationssphäre zuwenden, nämlich der These 16 von Herrn *Brohm*, und hier einige Fragen stellen. Die erste Frage bezieht sich darauf, wieweit die Aufsicht in dem Rahmen der staatlichen Hierarchie hier wirklich abgeschafft oder vielleicht ersetzt werden kann. In These 17 deutet Herr *Brohm* an, daß der individuelle Rechtsschutz die staatliche Aufsicht ergänze. Kürzlich konnte man im Deutschen Verwaltungsblatt weitergehend lesen, daß die Aufsicht überhaupt unzulässig sei, wo Individualrechtsschutz bestehe. Herr *Brohm* will mit Sicherheit diese These nicht übernehmen, es scheint mir aber wichtig zu unterstreichen, welche Gefahren darin liegen, wenn man Aufsicht und Individualrechtsschutz miteinander vermengt. Nun meine Frage zum letzten Teil der These 16. Hiernach müsse für Tätigkeiten von größerer politischer Tragweite die parlamentarische Verantwortlichkeit gesichert werden. Wie sie aber gesichert wird, scheint mir hier noch nicht richtig geklärt zu sein. Interessanterweise scheint der Begriff der parlamentarischen Verantwortlichkeit hier nicht in der Weise benutzt zu werden, wie wir ihn wohl herkömmlich verwenden, nämlich der Verantwortung der Regierung gegenüber dem Parlament. Ich frage mich, ob nicht allein in diesem Zusammenhang der Begriff rechtlich aussagekräftig ist, weil nur in diesem Zusammenhang Sanktionen zur Verfügung stehen und der Ort der Verantwortung klargestellt werden kann. Wenn ich mir überlege, wie das Parlament sonst Verantwortung übernehmen könnte, so komme ich auf die vielfältigen Möglichkeiten der Einschaltung von Parlamentariern in Beiräten, die ja zunimmt, und ihre Interpretation als Wahrnehmung der parlamentarischen Verantwortlichkeit. Gegenüber dieser Tendenz habe ich erhebliche Zweifel. Schließlich scheint mir dahinter die Frage zu stehen, ob es demokratischen Konsens außerhalb des Parlaments überhaupt gibt. In Art. 28 II und 87 III ist er sicher für den echten Selbstverwaltungsbereich gewährleistet und festgelegt. Aber können wir ihn darüber hinaus durch Beteiligung der Betroffenen als verfassungsrechtlich genügend abgesichert ansehen?

Achterberg: Lassen Sie mich bitte zum Schluß der Aussprache den Blick auf ein Thema lenken, das heute noch nicht erörtert worden ist: Mir erscheint es als dringende Aufgabe der Verwaltungsrechtsdogmatik, einmal zu einer klaren Begriffsbildung der Verwaltung zu kommen. Solange wir nicht gewiß sind, was überhaupt Verwaltung ist, stehen wir auf schwankendem Boden. Die Subtraktionstheorie, nach der Verwaltung alles ist, was nicht zur Gesetzgebung und Rechtsprechung zählt, ermöglicht zum einen keine Definition, sondern nur eine Ausgrenzung, zum anderen nur eine höchst unsichere Ausgrenzung, da auch nicht gewiß ist, was man unter Gesetzgebung und Rechtsprechung zu verstehen hat. Welche logische Fehlschlüsse die Subtraktionstheorie nicht hindert, ergibt sich allein aus der vor einiger Zeit geführten Diskussion, ob der Wehrbeauftragte als vierte Staatsfunktion anzusehen ist. Bei Anwendung der Subtraktionstheorie ist es schlechterdings unmöglich, daß es eine solche gibt, weil der Kreis der Staatsfunktionen hiernach geschlossen ist. An der Ungesichertheit des Verwaltungsbegriffs nehmen im übrigen alle weiteren mit Attributen wie ordnende, leitende und lenkende versehene teil. Ich stimme Herrn *Bachof* darin zu, daß es sich dabei um heuristische Begriffe und keine Rechtsbegriffe handelt. Überdies handelt es sich nur um beschreibende und um keine definierenden Begriffe. Auch in einem anderen Punkt stimme ich Herrn *Bachof* zu: darin nämlich, daß er die Aufrechterhaltung des Begriffspaares Eingriffsverwaltung und Leistungsverwaltung nicht für sinnvoll hält. Aber wir kämen wohl noch einen Schritt darüber hinaus, wenn es uns gelänge, dereinst den Verwaltungsbegriff (positiv) zu definieren.

Ich möchte noch ganz kurz auf eine zweite Frage eingehen. Auch ich bin der Auffassung, daß die verfassunggestaltenden Grundentscheidungen — Herr *Bachof* hat die Abhängigkeit des Verwaltungsrechts vom Verfassungsrecht wieder ganz deutlich hervorgehoben — für eine starke Kompetenzausweitung des Parlaments im Bereich der rechtsetzenden und der nichtrechtsetzenden Kontrolle der Verwaltung sprechen — und zwar nicht nur, um einen Kompetenzverlust des Parlaments zu vermeiden — wie Sie, Herr *Brohm*, es ausgeführt haben —, denn man kann nur etwas verlieren, was man einmal hatte. Ich bin der Meinung, daß das Parlament überhaupt erst den Kompetenzzuwachs bekommen muß, den es bisher nicht hatte. So bin ich sicher im Ergebnis (wenn auch nicht in der Begründung) mit Herrn *Rupp* darin einig, daß der Gesetzesvorbehalt ausgeweitet werden muß, weil der von Art. 19 Abs. 4 GG intendierte lückenlose Rechtsschutz nach meiner Auffassung nur dann möglich ist, wenn Maßstäbe vorhanden sind, an denen das Verwaltungshandeln gemessen werden kann — und zwar durchgehend, also im Bereich der Leistungsverwaltung ebenso wie im Bereich der Eingriffsverwaltung. Demgemäß meine ich auch, daß der parlamentarische Einfluß im Bereich der Plangebung oder auch der Richtlinienkompetenzbestimmung, wo wir ihn bisher kaum haben, erweitert werden muß. Der von Herrn *Brohm* vorgeschlagene Weg der Übertragung von Kontrollaufgaben auf Ausschüsse scheint mir durchaus ein geeigneter Weg hierfür zu sein. Alles das hat erhebliche Auswirkungen auf das Verwaltungshandeln, und folgt man der Subtraktionstheorie vorläufig noch, so ergibt sich hieraus eine Reziprozität dergestalt, daß vom Umfang der parlamentarischen Kompetenzen der Aufgabenbereich der Verwaltung und damit zugleich der Verwaltungsbegriff mitbestimmt werden.

Brohm (Schlußwort): Meine Herren Kollegen! Es sind so viele Fragen aufgetaucht, daß es mir schwerfällt, zu allen — und gar noch ausführlich, wie Sie es vielleicht erwarten — Stellung zu nehmen. Lassen Sie mich auf einige Punkte eingehen, die mir besonders wichtig erscheinen. Vorausgehend möchte ich aber eines sagen: Ich hielt es für die Aufgabe des Referates, nicht einzelne Fragen der verwaltungsrechtlichen Dogmatik zu vertiefen oder gar abschließend zu lösen. Das scheint mir bei dem Umfang des Themas nicht möglich zu sein. Ich würde glauben, daß man über fast alle diese Fragen, die Herr *Bachof* und ich hier angeschnitten haben, eine spezielle Tagung abhalten könnte. Deshalb, scheint mir, kam es bei diesem Thema mehr darauf an, die uns heute gestellten Fragen einmal aufzuwerfen und im Zusammenhang darzustellen. Dabei hielt ich es für wichtig, darauf hinzuweisen, daß wir heute dadurch vor neuen Problemen stehen, daß erstens sich die Verwaltung außerordentlich stark ausdifferenziert hat, daß zweitens ihr Handeln eine viel breitere Wirkung besitzt als wir mit unserer Dogmatik bislang zu erfassen vermögen und schließlich, daß wir auch die zeitliche Dimension des Verwaltungshandelns nicht ganz in den Griff bekommen. Das waren eigentlich die Hauptprobleme, von denen ich ausgegangen bin.

Ich bin Herrn *Ipsen*, Herrn *Oppermann* und Herrn *Vogel* sehr dankbar für die ergänzenden Hinweise, daß einige meiner Thesen gerade im Hinblick auf die Angleichung an das Gemeinschaftsrecht von Bedeutung sind. Ich glaube, man könnte weiter noch darauf hinweisen, daß das ausgeweitete Klagerecht der Verbände, das ich hier vertreten habe, ja auch im französischen Recht bereits anerkannt ist.

Die Problematik, die in der Kritik angesprochen wurde, konzentrierte sich zunächst einmal auf die Frage: Sozialwissenschaften und Dogmatik. Das ist in der Tat eine sehr wichtige Frage, die nicht so leicht und auch nicht mit wenigen Sätzen beantwortet werden kann. Ich habe versucht, meine Position in meinen Ausführungen zu Leitsatz 3 anzudeuten. Ich glaubte, daß ich mit den Hinweisen auf die methodischen Arbeiten von *Kriele, Friedrich Müller, Esser* und anderen vielleicht doch zu erkennen gegeben habe, wo — wie ich meine — die Grenzen für die Einbeziehung der Sozialwissenschaften in die Dogmatik verlaufen. Es ist sehr schwierig, dem pauschal formulierten Einwand entgegenzutreten, ich hätte den Bereich der Dogmatik verlassen und hier „Sozialwissenschaft" betrieben. Ich war der Meinung, deutlich zum Ausdruck gebracht zu haben, wann ich rechtspolitische Vorschläge machte und wann ich innerhalb der der Dogmatik gesetzten Grenzen argumentierte. Wenn Herr *Winkler* vorhin meinte, daß die Dogmatik nicht fortentwickelt werden könne und Herrn *Bachof* in einem sehr positiven Sinne — dem ich mich, sofern er eine Anerkennung ausspricht, gerne anschließen möchte — als „Positivisten" apostrophierte, dann möchte ich betonen, daß Herr *Bachof* gerade den Folgenbeseitigungsanspruch entwickelt hat, eine, wie ich glaube, ganz wesentliche Fortführung unserer Dogmatik!

Nun zu dem Einwand gegen die Neuformulierung des Verwaltungsaktsbegriffes: Das ist ein Punkt, über den ich mir selbst noch nicht ganz im klaren bin. Ich habe bewußt den Leitsatz so formuliert, daß dieser Vorschlag erwogen werden sollte, und ich habe in meinem Vortrag den Konjunktiv gebraucht. Aber ich glaube, diese Neufassung ist in der Tat erwägenswert. Herr *König* meinte, die Rechtsdogmatik habe spezifische Problemlösungen mit dem Begriff des Verwaltungsaktes verbunden. Das ist völlig richtig. Ich meine aber, daß — wenn man gerade die dogmatische Entwicklung dieses Begriffes beobachtet, und wenn man berücksichtigt, daß der Verwaltungsakt keinen Konnex mehr hat zum Rechtsschutz, zur Regelung und zum subjektiven öffentlichen Recht — es dann sinnvoller ist zu erwägen, ob hier nicht der Verwaltungsakt auf einer höheren Abstraktionsebene angesiedelt werden sollte. Gerade die Klarstellungsfunktion des Verwaltungsaktes, die Herr *Vogel* herausstellte, scheint mir auf diese Weise erreichbar zu sein. Die Neuformulierung hätte natürlich noch weitere Vorteile; denn prozessual würden wir erreichen, daß fast immer Vorverfahren durchgeführt werden müßten. Ich glaube, es wäre schon unter funktionellrechtlichen Gesichtspunkten wichtig, daß wir nicht der Verwaltungsgerichtsbarkeit, sondern zunächst einmal der Verwaltung, die auf Grund ihrer sachlichen und personellen Ausstattung viel besser zu solchen Entscheidungen in der Lage ist, das Wort geben.

Dann kam der Einwand gegen die These des „stufenweisen Entscheidungsprozesses“. Ich meine, daß man gerade diesen Gedanken weiter verfolgen sollte. Es ist für die Verwaltung und ihre Effizienz keineswegs hinderlich, wenn sie bereits nach Abschluß bestimmter Verfahren Sicherheit erlangt, ob ihre Entscheidungen nun Bestand haben werden oder nicht. Für den Betroffenen ergibt sich daraus kein Nachteil, weil ja bekanntlich die Bestandskraft immer nur dann eintritt, wenn ihm der Verwaltungsakt vorher bekanntgegeben wurde. Was aus dieser Sicht eines sich in Stufen vollziehenden Entscheidungsprozesses weiter folgt, ist das Problembewußtsein für die Mitwirkung Privater bei diesem Entscheidungsprozeß. Hier möchte ich Herrn *Quaritsch* entschieden widersprechen. Ich glaube, wir dürfen das Problem nicht außer acht lassen. Außer den Beispielen, die ich in meinem Vortrag nannte, denke ich noch an ganz andere Fälle, etwa den, daß ganze Stadtplanungen heute durch private Institutionen durchgeführt werden und es den Gemeindeparlamenten dann gar nicht mehr möglich ist, solche Planungen irgendwie abzuändern. Wenn man aber berücksichtigt, daß solche Stadtplanungen nicht nur eine bauliche Anordnung darstellen, sondern daß sie politische Entscheidungen größten Ausmaßes beinhalten, etwa die Streuung der Siedlung, die gesellschaftliche Zusammensetzung der Bevölkerung durch Mischung der Gebäudearten usw., dann sollte man sich doch überlegen, ob sich diese Entwicklungen völlig außerhalb jeder öffentlichen Kontrolle vollziehen können. Ein anderes Beispiel wäre, daß die Gemeindeverwaltungen dazu übergehen, bei Stadtsanierungen die Aufgaben privatrechtlichen Gesellschaften, an denen sie nicht einmal beteiligt sind, zu übertragen, weil sie sich der Verantwortung und den Schwierigkeiten, die sich daraus ergeben, entziehen wollen.

Ein wichtiges Anliegen meiner Ausführungen war in der Tat — wie Herr *Rupp* hervorhob — die Frage: Wie kann man den Kompetenzverlust des Parlamentes ausgleichen? Ich glaube, daß das Parlament tatsächlich an Kompetenzen verloren hat und verliert. Das ist keine These, die ich hier neu vertrete; sie ist vielmehr vielfach und gerade auch auf der Würzburger Tagung über „Gesetz und Verwaltung“ oft hervorgehoben worden. Worauf es mir ankam war, darauf hinzuweisen, daß das Zusammenwirken von Regierung und Parlament sich in dem Moment auch in den verwaltungsrechtlichen Bereich hinein erstreckt, in dem die Verwaltung — und das wollte ich mit dem Begriff der Gestaltungsfunktion hervorheben — selbst Zwecksetzungen vornimmt. Inwieweit hier ein Ersatz durch die Mitwirkung von Betroffenen möglich ist, habe ich ausdrücklich als Frage aufgeworfen und auch in jedem Falle auf einen eng begrenzten Kreis der Betroffenen beschränkt. Ich habe Ihnen als Beispiel genannt — und das ist ja allmählich anerkannt — daß eine solche Kompensation durch eine Organisation mit körperschaftlicher Verfassung möglich ist, wobei vorausgesetzt werden muß, daß die körperschaftliche Verfassung auch von einem homogenen Verbandsvolk getragen wird. Wichtiger erschien mir eigentlich die Forderung, daß in allen diesen Fällen eine Rückbindung an das Parlament erfolgen muß. Das ist die Idee, die ich mit der „demokratischen Rückkoppelung" und auch mit dem Gesetzespostulationsrecht verfolge.

Herr *Frowein* hat die Frage gestellt, ob ich die Aufsicht abschaffen wolle. Das liegt mir sehr fern. Ich will die Aufsicht auch nicht mit dem Individualrechtsschutz vermengen, aber ich glaube, daß eine Ausweitung des Rechtsschutzes über die Verwaltungsgerichte in der Tat eine Ergänzung der staatlichen Aufsicht bewirkt. Im Schrifttum ist schon oft hervorgehoben worden, daß die staatliche Aufsicht heute nicht mehr wirkungsvoll ist. Dafür gibt es politische, dafür gibt es rechtliche, dafür gibt es, wie ich glaube, auch soziologische Gründe. Die Frage ist: Wie kann man eine parlamentarische Verantwortlichkeit — und das war der zweite Punkt, den Herr *Frowein* anschnitt — gewährleisten, wenn man weisungsunabhängige Stellen zuläßt? Herr *Frowein*, wir haben heute schon viele weisungsunabhängige Instanzen: die Bundesbank, die Rundfunkanstalten, ich würde aber auch nicht zögern, etwa die Bundesaufsichtsämter hier zu nennen; diese sind zwar formal weisungsabhängig, aber diese Weisungsabhängigkeit wirkt sich faktisch doch nicht aus. Es ist also m. E. unrealistisch zu sagen, wir hätten über das Aufsichtsrecht und die parlamentarische Verantwortlichkeit der Regierung eine effiziente Rückbindung an das Parlament. Man müßte vielleicht dem Gedanken, daß die Verwaltung sich mehr und mehr pluralisiert, auch dadurch Rechnung tragen, daß man sich um neue Formen parlamentarischer Kontrolle bemüht. Daß ich Ihnen hier keine endgültigen Formen vorschlagen konnte, liegt daran, daß dieses Problem nur einen kleinen Punkt meines umfassenden Themas ausmachte.

Zum Schluß noch zur Frage der Hoheitskompetenz. Herr *Quaritsch*, ich identifiziere diesen Begriff nicht mit dem öffentlichen Interesse, sondern ich gehe davon aus, daß es keine abstrakt vorgegebenen staatlichen oder gesellschaftlichen Funktionen gibt, sondern daß wir unsere öffentlich-rechtlichen Maßstäbe immer nur dann anwenden können, wenn sich aus der Verfassung oder sonst aus der Rechtsordnung die Entscheidung ergibt, daß die öffentlich-rechtlichen Maßstäbe für diese Sachverhalte zur Anwendung kommen sollen. Das ist das, was ich unter dem Begriff der Hoheitskompetenz im Vergleich zu den Privatkompetenzen darstellen wollte. Ich habe das nur kurz angedeutet, weil ich es in meiner Habilitationsschrift sehr ausführlich dargelegt habe.

Damit hätte ich sogar den umfangreichen Katalog von Herrn *Quaritsch* erledigt. Ich darf Sie vielleicht zum Schluß auf ein Wort von Arnold *Köttgen* hinweisen. Er sagte kurz vor seinem Ableben: „Am Anfang der wissenschaftlichen Arbeit steht immer noch die Monographie". Ich war in die Situation versetzt, am Anfang meiner wissenschaftlichen Arbeit eine umfassende und kritische Darstellung des gesamten verwaltungsrechtlichen Systems unter Einbeziehung sozialwissenschaftlicher Gesichtspunkte zu geben. Ich möchte daraus die Bitte an Sie ableiten: Nageln Sie mich in Zukunft nicht auf jede einzelne These fest, die ich hier vertreten habe. Meine Ausführungen waren vor allem als Anstöße für eine weitere Diskussion gedacht.

Bachof (Schlußwort): Meine Herren Kollegen! Auch ich kann aus der Fülle der Diskussionsbeiträge nur weniges herausgreifen; ich beschränke mich dabei im wesentlichen auf das, was mein Referat betraf.

Herr *Ipsen* hat gemeint, ich hätte zu apodiktisch die Notwendigkeit eines Neubaus der Dogmatik verneint. Dazu darf ich darauf hinweisen, daß meine These 22 nicht nur aus diesem einen inkriminierten Satz besteht: sie fährt fort, möglich und zugleich geboten sei eine andere Verteilung der Gewichte innerhalb des Systems, seine Befreiung von überholten und seine Erweiterung um neue, dem Sozialstaat adäquate Bestandteile; im Referat sprach ich von einem notwendigen Umbau des Systems. In der Sache sind wir also wohl kaum auseinander; der von Herrn *Ipsen* geforderten „Modernisierung" des Systems pflichte ich voll bei. — Herr *Ipsen* hat ferner der These 13 von Herrn *Brohm* (Relativierung der Unterscheidung von Verwaltungsakt und Norm) unter dem Gesichtspunkt zugestimmt, daß auch im Gemeinschaftsrecht unter französischem Einfluß nicht nach der individuellen oder generellen Wirksamkeit, sondern nach der Verbindlichkeit differenziert werde. Ich sehe noch nicht recht, wie man von diesem Ansatzpunkt aus, also von dem (an sich richtigen) Verständnis des Rechtsaktes als einer Entscheidung, als des verbindlichen Abschlusses eines Informationsverarbeitungsprozesses, differenzieren könnte. Norm und Verwaltungsakt sind gleichermaßen Abschluß eines Informationsverarbeitungsprozesses. Ich meine auch nicht, daß man die Unterscheidung von Norm und Verwaltungsakt aufgeben oder auch nur relativieren sollte. Für das Gros der Verwaltungshandlungen stimmt die Unterscheidung auch heute noch. Es ist die Aufgabe einer Systematisierung, idealtypische Kategorien zu bilden. Daß es Zwischenformen gibt, die sich solcher Einteilung entziehen, das wissen wir alle. Aber gerade darauf, daß das nicht genügend berücksichtigt wird, beruhen manche Fehlentscheidungen. Daß etwa die Bebauungspläne ebenso wie die Verkehrszeichen sich einer eindeutigen Einordnung in die eine oder andere Kategorie entziehen, steht außer Zweifel. Wenn der Gesetzgeber angeordnet hat, daß der Bebauungsplan als Satzung erlassen wird, so ist damit keineswegs gesagt — das wird oft verkannt —, daß der Plan wirklich eine Satzung im üblichen Sinne sei; vielmehr ist nur gesagt, daß er in gewisser Weise wie eine Satzung behandelt werden solle. Der Gesetzgeber hat damit eine Streitfrage der Rechtspraxis entschieden, aber er hat keine dogmatische Frage entschieden. Es ist nur einer dogmatischen Streitfrage der Boden entzogen worden, und auch das nur in einer ganz bestimmten Hinsicht. Das verkennt die Rechtsprechung, wenn sie aus der gesetzlichen Regelung folgert, der Bebauungsplan müsse nun in jeder Hinsicht als eine echte Norm behandelt werden. Das führt zu ganz widersinnigen Ergebnissen, z. B. hinsichtlich der Gültigkeit oder Nichtigkeit sowie der Heilbarkeit oder Unheilbarkeit von fehlerhaften Bebauungsplänen. Ich kann das hier nicht näher ausführen, aber die falschen Folgerungen der Rechtsprechung zeigen, wie weit wir hier noch einer Begriffsjurisprudenz verhaftet sind: Aus dem *Begriff* „Satzung“ werden Folgerungen gezogen, die durch den Sinn der betreffenden Regelung nicht intendiert sind, ja ihm geradezu zuwiderlaufen. Ähnlich ist es bei den Verkehrszeichen. Nachdem man sich nach langem Hin und Her nun entschlossen hat, sie als Verwaltungsakte i. S. des Rechtsschutzsystems anzusehen, meint man zu Unrecht, nun auch alle Konsequenzen ziehen zu müssen, die normalerweise aus einer Einordnung in die Kategorie Verwaltungsakt zu folgen pflegen. Ich meine demgegenüber: Solche idealtypischen Kategorien brauchen wir zwar; wir müssen uns aber immer bewußt bleiben, daß es mannigfache Zwischenformen gibt, bei denen die Kategorisierung nicht voll aufgeht. Die Entlastungsfunktion der Dogmatik, von der besonders Herr *Brohm* in seinem Referat gesprochen hat, kann also nur eine vorläufige sein. Wir müssen immer wieder auf die den dogmatischen Kategorien zugrunde liegenden Wertungen und Zwecke zurückgreifen, besonders dann, wenn etwas in die ideal-typisch konzipierten Schubladen nicht hineinpaßt.

Aber die Schubladen als solche können wir, meine ich, nicht entbehren.

Zu Herrn *Quaritsch:* Sie haben meine These angezweifelt, die Dogmatik des Verwaltungsrechts sei weniger durchgebildet als diejenige des Zivilrechts, und haben dazu auf das Lehrbuch von H. J. *Wolff* verwiesen. Nun wird sicher niemand die hervorragende dogmatische Leistung dieses Werks in Frage ziehen. Aber das, was dieses Lehrbuch dogmatisch geleistet hat, ist zum erheblichen Teil Sichtung und Ordnung, ist Ausformung und Verfeinerung vorhandener Institute und Begriffe, weniger dagegen die Entwicklung neuer. Letzteres kann auch wohl kaum das Anliegen eines Lehrbuchs sein. Was ich mit meiner Feststellung meinte, ist das Fehlen einer Vielfalt an Institutionen und Formen, wie sie das bürgerliche Recht kennt. Denken Sie nur an eine dogmatische Entdeckung und Entwicklung wie das faktische Vertragsverhältnis. Ähnliche Verhältnisse, z. B. durch Realakte der Verwaltung entstanden, haben wir in Hülle und Fülle auch im Verwaltungsrecht; sie harren aber noch der dogmatischen Erschließung. Ich glaube deshalb, an meiner Auffassung von der geringeren Durchbildung der verwaltungsrechtlichen Dogmatik festhalten zu sollen. — Es lag mir völlig fern, Herr *Quaritsch,* die große Leistung *Forsthoffs* zu verkennen, die darin besteht, uns erstmals die historische Bedingtheit vieler unserer Institutionen deutlich vor Augen geführt zu haben. Ich habe seinerzeit diese Leistung in meiner Besprechung der ersten Auflage des Lehrbuchs nachdrücklich hervorgehoben. Worum es mir heute ging, war nur, zu zeigen, daß und warum diese Bedingtheiten m. E. einen anderen Stellenwert haben, als *Forsthoff* ihn ihnen beimißt.

Herrn *Oppermann* bin ich dankbar für seinen nachdrücklichen Hinweis auf das Kulturverwaltungsrecht. Ich habe dieses Gebiet nur mit einem Satz erwähnen können, aber in der Tat waren die staatlichen Aktivitäten dort ähnlich wie im Bereich der sozialen Verwaltung.

Herr *Vogel* hat die Frage aufgeworfen, ob wir überhaupt ein „System" besitzen. Er hat dazu auf die fragwürdige Einteilung in allgemeines und besonderes Verwaltungsrecht hingewiesen. Damit hat er recht. Ich habe in einigen beim mündlichen Vortrag meines Referats aus Zeitnot unterschlagenen Sätzen die Frage gestellt, wohin z. B. die Subvention gehöre; sei sie ein Begriff des allgemeinen oder des besonderen Verwaltungsrechts? Die Einteilung in allgemeines und besonderes Verwaltungsrecht ist in der Tat eine sehr grobe und unvollkommene. Auch sie ist nur eine Einteilung des äußeren Systems; denn das innere System, die Sinneinheit der Prinzipien,

Grundsätze, Institute usw., wird von dieser Einteilung kaum berührt. Es ist ja interessant, daß auch im bürgerlichen Recht diese mehr äußere Einteilung in einen allgemeinen und einen besonderen Teil — obwohl sie sich dort sogar im Gesetz findet — von der Dogmatik mehr und mehr in Frage gestellt wird. Ob man freilich mit Herrn *Vogel* das Recht der Organisation und der Verwaltungsmittel als einen zwischen dem allgemeinen und dem besonderen Verwaltungsrecht liegenden dritten Bereich ansprechen kann, ist mir fraglich. Die Verwaltungszwecke haben ja nicht nur in diesem dritten Bereich, sondern im gesamten Verwaltungsrecht ihren legitimen Platz. — Auch die Unterscheidung von gestaltenden Akten und Vollzugsakten ist sicher richtig, aber ich würde auch das nur für heuristische Kategorien halten. Auch hier gibt es eine ganze Skala und Stufung von der totalen Gebundenheit reinen Vollzuges bis hin zur freiesten Gestaltung. Solche Unterscheidungen haben sicher einen wichtigen Erkenntniswert, aber eine scharfe Scheidung, die dogmatisch verwertbar wäre, ist hier kaum möglich.

Herr *Badura* hat in sehr grundsätzlicher Weise die Vermittlungsfunktion der Dogmatik zwischen der Verfassung und den Gerechtigkeitsprinzipien einerseits und der Partikularität des Rechtsstoffes andererseits betont. Insoweit volle Zustimmung. Aber ich sehe nicht, wieso dem die Kennzeichnung der Daseinsvorsorge als eines „soziologischen" Begriffs entgegensteht. Auch scheint mir, als wenn Herr *Badura* in solcher Kennzeichnung eine Abwertung erblicke. Das ist es in meiner Sicht nicht. Ich habe den juristischen Sinn solcher Begriffe und vor allem ihre kritische Funktion, die uns nötigt, die Rechtsbegriffe und Rechtsinstitute immer wieder neu zu durchdenken, ausdrücklich betont. — Für die Realität, meint Herr *Badura*, besage es wenig, daß schon im 19. Jahrhundert die Zwecke des Verwaltungshandelns gesehen worden seien; denn die Verfassungsidee des liberalen Rechtsstaates habe den Erscheinungen eben einen anderen Stellenwert gegeben, als es heute diejenige des sozialen Rechtsstaates tue. Darin stimme ich ihm, jedenfalls zum Teil, zu. Ich darf vielleicht, als eine gewisse Ergänzung zu meinem heutigen Bericht, auf mein früheres Referat über den sozialen Rechtsstaat verweisen. Ich habe dort — dies zu Herrn *Baduras* Hinweis auf den klassischen Gesetzesbegriff — betont, wie sehr dieser Begriff ein politischer war. Ich bin durchaus der Ansicht, daß wir den Gesetzesbegriff heute so nicht mehr verwenden können. Aber ich konnte auf diese Fragen nicht erneut eingehen, sonst hätte ich viel anderes streichen müssen.

Herr *König* hat in seinen Bemerkungen zur Einheit von Theorie und Praxis gemeint, für die Praxis sei letzten Endes die richterliche Denkweise maßgebend. In der Tat, das ist sie in erheblichem Umfange, aber keineswegs ausschließlich. Es scheint mir nun die Aufgabe gerade der Wissenschaft zu sein, dafür zu sorgen, daß jene Denkweise keinen Ausschließlichkeitscharakter erlangt. Die Praxis würde dabei Schaden nehmen. Für das wichtige Effizienzproblem z. B. ist in richterlichen Entscheidungen nur wenig Gespür zu finden. Auf solche Umstände müssen wir kritisch hinweisen. Unser Verwaltungsrecht ist zwar weitgehend ein judge made law, aber es darf nicht nur dazu werden. Ich war erschrocken, kürzlich aus der Feder des derzeitigen Präsidenten des Bundesverwaltungsgerichts eine Polemik gegen die Wissenschaftsgläubigkeit der deutschen Richter zu lesen, in der als Vorbild die (angebliche) angelsächsische Praxis empfohlen wurde, derzufolge die Professoren nur zu lehren hätten, wie die Richter Recht sprechen (vgl. DÖV 1971, 7). Ich meine demgegenüber, auf der Wechselwirkung von Theorie und Praxis, auf dem gegenseitigen Gedankenaustausch zwischen Wissenschaft, Rechtsprechung und Verwaltungserfahrung, darauf müssen wir bestehen.

Ich weiß nicht recht, ob ich meine Einbeziehung in die Reihe österreichischer Positivisten durch Herrn *Winkler* ausschließlich als Lob empfinden soll. Aus seinem Beitrag möchte ich nur zwei Dinge herausgreifen. Mich hat sehr gefreut, daß er auf die ästhetische Seite des Rechts solchen Nachdruck gelegt hat. Schon Erich *Kaufmann* hat sich einmal ähnlich geäußert; er hat gemeint, daß Otto *Mayers* Lehren sich nicht zuletzt deshalb so schnell durchgesetzt hätten, weil Otto *Mayer* neben und fast vor allen anderen Qualitäten diejenige eines Künstlers besessen habe. — Was das „Verwaltungsdenken zum Fall" betrifft: auf die Frage „Problem- oder Systemdenken" habe ich — leider — aus Zeitgründen nicht eingehen können. Unser Verwaltungsrecht ist weitgehend vom fallbezogenen Problemdenken geprägt und wird es auch bleiben müssen. Das macht es vor allem den Anwälten so unangenehm und unbequem; deshalb rufen gerade sie auch ständig nach einer Kodifizierung, in der Hoffnung, daß es dann künftig einen „Verwaltungsrechts-Palandt" geben werde, in dem sie nachblättern können, was die Gerichte zu diesem und jenem gesagt haben. Aber das Verwaltungsrecht mit seinem sich stets wandelnden Stoff wird sich nie in eine Kodifizierung umfassender Art einfangen lassen. Unser Recht ist und bleibt deswegen weitgehend ein Richterrecht. Ich habe versucht, jenem Mangel an „Nachschlagbarkeit" durch meine Rechtsprechungsberichte ein wenig abzuhelfen.

Daß ich mit Herrn *Bullingers* Relativierung des Unterschiedes von öffentlichem und Privatrecht voll einverstanden bin, dürfte aus meinem Bericht hervorgegangen sein. Das gilt vor allem für die in Herrn *Bullingers* Buch so eindringlich vorgetragene Einsicht, daß es ein Allgemeinrecht gibt, welches sich jener Einteilung von vornherein entzieht. Diese Einsicht muß aber erst durchgesetzt und die sich daraus ergebenden Folgerungen müssen erst erkannt werden. Das Bundesverwaltungsgericht hat zwar von Treu und Glauben zutreffend gesagt, hier handele es sich um einen Begriff nicht des öffentlichen und auch nicht des privaten, sondern des allgemeinen Rechts; daß es dann aber gefolgert hat, gerade deswegen (!) sei der Begriff nicht revisibel, zeigt, daß es die wahre Bedeutung jener Einsicht nicht erkannt hat.

Zu Herrn *Rupps* temperamentvollem Beitrag: Ich habe ihn gewiß nicht als Buhmann aufbauen wollen! Herr *Rupp* liebt temperamentvolle Äußerungen, und sie dürfen deshalb wohl auch temperamentvoll erwidert werden. Es tut mir leid, wenn er meint, ich hätte ihn ungenau zitiert. Ich habe seine Formulierung in „Das Bundesverfassungsgericht 1951—1971" jetzt nicht vor mir. Ich meine zu erinnern, daß sie etwa lautet: Der Regierung als Organisation komme die Funktion des Regierens nicht zu. Es mag sein, daß es zusätzlich heißt: Regieren „im Sinne des government"[1]). Ich würde der These aber auch mit diesem Zusatz widersprechen. Auch bei uns teilen sich Parlament und Regierung in diese Funktion, wie es etwa für den Bereich der Außenpolitik durch Art. 59 Abs. 2 GG (inzident anerkannte oder vorausgesetzte Prärogative der Regierung) deutlich wird.

Von Herrn *Götz* glaube ich mich nicht wesentlich zu unterscheiden. Ich habe betont, daß eine Ausrichtung des äußeren Systems an den Zwecken und Aufgaben der Verwaltung notwendig ist, und ich habe weiter darauf hingewiesen, daß dieses äußere System selbstverständlich auch das innere System beeinflußt. In Leitsatz 18 habe ich gesagt: „kann es beeinflussen"; ich hätte vielleicht besser gesagt: „soll es beeinflussen" oder „muß es beeinflussen." Gerade in solcher Beeinflussung kommt die kritische und didaktische Funktion einer Orientierung des äußeren Systems an Zwecken und Aufgaben zur Geltung.

Für Herrn *Kiskers* Hinweis auf das Urteil des Bundesverfassungsgerichts zum hamburgischen Richterwahlausschuß bin ich dankbar. Die fehlende Begründungsmöglichkeit bei den Entscheidungen pluralistisch zusammengesetzter Gremien ist ein weiteres Beispiel für die Notwendigkeit stärkerer Berücksichtigung der Verwaltungsorganisation; in dieselbe Richtung zielten

[1]) Vgl. dazu oben S. 195, N. 8

meine Ausführungen über Wahlgremien usw. — Herrn *Kiskers* Bemerkungen über eine „Dogmatik der Gruppenmitwirkung" sind ein Teilaspekt der von mehreren Diskussionsrednern erhobenen Forderung nach einer stärkeren Ausformung der Verfahrensbeteiligung. Hier unterscheide ich mich wohl von Herrn *Brohm* darin, daß ich zwar de lege ferenda alles unterschreiben kann, was er über die Notwendigkeit einer umfassenderen Verfahrensbeteiligung ausgeführt hat, aber manches davon doch mehr für eine Frage der Gesetzespolitik als der Dogmatik des geltenden Rechtes halte. Ich möchte freilich Herrn *Blümel* darin zustimmen, daß manche einschlägigen Probleme auch schon auf der Basis des geltenden Rechts dogmatisch gelöst werden können, etwa mit Hilfe des Grundsatzes des rechtlichen Gehörs. Wenn z. B. die Festsetzung der Sanierungsgebiete ohne Beteiligung der Betroffenen erfolgt, so kann man dem vielleicht beikommen, indem man das als Verstoß gegen jenen Grundsatz und damit gegen das Rechtsstaatsprinzip wertet und auf diese Weise dogmatisch in den Griff bekommt. Ob die darüber hinausgehenden, von Herrn *Brohm* aufgestellten Postulate schon als geltendes Recht begründbar sind, ist mir mindestens zweifelhaft.

Zum Schluß noch eine Bemerkung zu Herrn *Achterbergs* Forderung nach einer „klaren Begriffsbildung der Verwaltung". Das ist ja ein sehr altes Problem. Ich meine, nicht ohne Grund hat Herr Forsthoff davor resigniert und in seinem Lehrbuch gesagt, Verwaltung lasse sich nicht definieren, sondern nur beschreiben. Wenn man dennoch auf einer „Definition" bestehen will, so läßt sie sich angesichts der außerordentlichen Fülle und Mannigfaltigkeit der Vorgänge, die wir unter Verwaltung verstehen, nicht anders geben als mit der herkömmlichen Subtraktionsmethode. Diese ist natürlich ein höchst armseliger Behelf. Aber gerade das zeigt, daß wir in der Tat Verwaltung wohl nur beschreiben und nicht wirklich definieren können.

Damit darf ich schließen. Allen Diskussionsrednern für die zahlreichen Anregungen herzlichen Dank!

Zacher: Meine Herren, ich darf damit die wissenschaftliche Arbeit dieser Tagung zum Abschluß bringen. Erlauben Sie mir noch ein subjektives Wort, vielleicht sehen es viele von Ihnen anders. Ich selbst empfinde den Zustand der Dogmatik des Verwaltungsrechts oder empfand ihn bis heute in einem so großen Mißverhältnis zur Detailentwicklung des Verwaltungsrechts, zur Entwicklung der Verwaltungswirklichkeit und zur Entwicklung der rechtspolitischen Anforderungen an das Verwaltungsrecht, daß ich es quälend bezeichnen kann. Ich glaube, daß wir heute durch die beiden Referate und natürlich auch durch die Diskussion einen Schritt in dem Schließen dieser großen Lücke vorangekommen sind und dafür möchte ich den beiden Herren Referenten ganz besonders Dank sagen.

Verzeichnis der Redner

Verzeichnis der Mitglieder der Vereinigung der Deutschen Staatsrechtslehrer

Stand: Juni 1972

Ehrenpräsident auf Lebenszeit

Kaufmann, Dr. jur. Dr. jur. h. c. Dr. phil. h. c. Erich, o. Professor, 75 Karlsruhe 51, Erlenweg, 2, Appartement V/6-7, Tel. (0721) 8 10 15 21

Vorstand

1. *Hesse*, Dr. Konrad, o. Professor, 7802 Merzhausen, Schloßweg 29, Tel. (0761) 40 38 11
2. *Lerche*, Dr. Peter, o. Professor, 8035 Gauting b. München, Junkersstr. 13, Tel. (0811) 86 20 88
3. *Rupp*, Dr. Hans Heinrich, o. Professor, 65 Mainz-Bretzenheim, Am Marienpfad 29, Tel. (06131) 3 45 88

Mitglieder

1. *Abelein*, Dr. Manfred, o. Professor, 53 Bonn, Rheinweg 12, Tel. (02221) 2 56 92 (Universität Regensburg)
2. *Abendroth*, Dr. Wolfgang, Professor, 355 Marburg, Wilhelm-Roser-Str. 53, Tel. (06421) 50 77
3. *Achterberg*, Dr. Norbert, o. Professor, 4401 Roxel, Breslauer Str. 15, Tel. (025034) 74 22 (Universität Münster)
4. *Antoniolli*, Dr. Walter, o. Universitätsprofessor, A 2344 Maria Enzersdorf, Ottensteinstr. 35, Tel. (02236) 4 99 45 (Universität Wien)
5. *Armbruster*, Dr. Hubert, o. Professor, 65 Mainz, An der Allee 69, Tel. (06131) 2 59 50
6. *Baade*, Dr. Hans W., Professor of Law, University of Texas, 6002 Mountain Climb Drive, Austin/Texas, USA. 78 731, Tel. (512) 452-5071 und 471-5151
7. *Bachof*, Dr. Dr. h. c. Otto, o. Professor, 74 Tübingen, Auf dem Kreuz 3, Tel. (07122) 6 11 44

8. *Badura*, Dr. Peter, o. Professor, 8 München 13, Habsburgerstr. 2, Tel. (0811) 34 24 57

9. *Barfuß*, Dr. jur. Dr. rer. pol. Walter, Universitätsdozent, A 1010 Wien, Tegetthoffstr. 3, Tel. (0222) 52 68 41

10. *Bartlsperger*, Dr. Richard, o. Professor, 6901 Leutershausen, Johann-Sebastian-Bach-Str. 3, Tel. (06201) 5 11 33 (Universität Mannheim)

11. *Bäumlin*, Dr. Richard, o. Professor, CH 3073 Gümlingen b. Bern, Schubertweg 12, Tel. (031) 52 01 07

12. *Bayer*, Dr. Hermann-Wilfried, Wiss. Rat und Professor, 7413 Gomaringen, Schumannstr. 2, Tel. (07122) 71 25 60 (Universität Tübingen)

13. *Becker*, Dr. jur. Dr. phil. Erich, o. Professor, 672 Speyer, Philipp-Melanchthon-Str. 10, Tel. (06232) 34 39

14. *Berchtold*, Dr. Klaus, Universitätsdozent, A 1010 Wien, Köllnerhofgasse 5/43, Tel. (0222) 52 09 052

15. *Bernhardt*, Dr. Rudolf, o. Professor, 69 Heidelberg, Gustav-Kirchhoff-Str. 2 a, Tel. (06221) 4 36 99

16. *Bettermann*, Dr. Karl August, o. Professor. 2 Hamburg 63, Alte Landstraße 173, Tel. (0411) 5 26 20 64

17. *Bleckmann*, Dr. Albert, Privatdozent, 69 Heidelberg 1, Baden-Badener Straße 3, Tel. (06221) 3 31 96

18. *Blümel*, Dr. Willi, o. Professor, 4801 Großdornberg, Wulfsbreede 12, Tel. (0521) 72 01 91 (Universität Bielefeld)

19. *Blumenwitz*, Dr. Dieter, Privatdozent, Juristische Fakultät der Universität München, 8 München 22, Professor-Huber-Platz 2, Tel. (0811) 2180/742 (741)

20. *Böckenförde*, Dr. jur. Dr. phil. Ernst-Wolfgang, o. Professor, 48 Bielefeld, Graf-von-Stauffenberg-Str. 7, Tel. (0521) 7 25 04

21. *Böckstiegel*, Dr. Karl-Heinz, o. Professor, 404 Neuss, Thywissenstr. 27, Tel. (02101) 40 02 79

22. *Bogs*, Dr. Harald, Wiss. Oberrat, Privatdozent, 2 Hamburg 13, Schlüterstr. 28 (Rechtshaus), Tel. (0411) 4 41 97/30 40

23. *Böhmert*, Dr. Viktor, o. Professor, 23 Kiel, Graf-Spee-Straße 9, Tel. (0431) 4 77 77

24. *Brohm,* Dr. Winfried, o. Professor, 48 Bielefeld, Melanchthonstr. 45, Tel. (0521) 7 96 83

25. *Brunner,* Dr. Georg, o. Professor, 8702 Lengfeld über Würzburg, Sonnleite 3, Tel. (0931) 2 36 36

26. *Bülck,* Dr. Hartwig, o. Professor, 69 Heidelberg, Werrgasse 9, Tel. (06221) 2 46 70 (Hochschule Speyer)

27. *Bullinger,* Dr. Martin, o. Professor, 78 Freiburg/Br., Sundgauallee 46, Tel. (0761) 8 22 29

28. *Frhr. v. Campenhausen,* Dr. Axel, o. Professor, 8 München 19, Volpinistr. 54, Tel. (0811) 15 53 31

29. *Carstens,* Dr. Karl, o. Professor, 53 Bonn-Duisdorf, Edith-Stein-Anlage 3, Tel. (02221) 62 36 57

30. *Dagtoglou,* Dr. Prodromos, o. Professor, 8411 Hillohe 20, Post Deuerling, Tel. (09404) 88 19 (Universität Regensburg)

31. *Delbrück,* Dr. Jost, o. Professor, 34 Göttingen, Leuschnerweg 7, Tel. (0551) 2 14 45

32. *Denninger,* Dr. Erhard, Professor, 6374 Steinbach/Taunus, Rosserstr. 10, Tel. (06171) 7 17 78 (Universität Frankfurt/M.)

33. *Doehring,* Dr. Karl, o. Professor, 69 Heidelberg, Bergstr. 58, Tel. (06221) 4 58 80

34. *Drath,* Dr. Martin, Professor, 75 Karlsruhe, Dragonerstr. 9, Tel. (0721) 5 77 12 (Universität Darmstadt)

35. *Dreier,* Dr. Ralf, Wiss. Rat und Professor, 44 Münster/Westf., Wilhelmstr. 67, Tel. (0251) 20 16 06

36. *Dürig,* Dr. Günther, o. Professor, 74 Tübingen 9, Staufenstr. 9, Tel. (07122) 8 29 66

37. *Ehmke,* Dr. Horst, o. Professor, 534 Rhöndorf/Rhein, Konrad-Adenauer-Str. 19, Tel. (02224) 61 08

38. *Eichenberger,* Dr. Kurt, o. Professor, CH 4144 Arlesheim bei Basel, Bärenbrunnenweg 4, Tel. (061) 72 33 86

39. *Erichsen,* Dr. Hans-Uwe, o. Professor, 463 Bochum, Cranachstr. 24, Tel. (02321) 4 22 35

40. *Erler,* Dr. Georg, o. Professor, 34 Göttingen, Schlegelweg 11, Tel. (0551) 5 93 43

41. *Ermacora*, Dr. Felix, o. Universitätsprofessor, A 1010 Wien I, Karl-Lueger-Ring, Universität, Tel. (02222) 42 76 11

42. *Evers*, Dr. Hans-Ulrich, o. Universitätsprofessor, A 5020 Salzburg, Wolfsgartenweg 30, Tel. (00 43/62 22) 20 78 67

43. *Fleiner*, Dr. Thomas, o. Professor, CH 1723 Marly FR, Le Riedelet 9, Tel. (037) 46 12 61 (Universität Freiburg/Schweiz)

44. *Folz*, Dr. Hans-Ernst, Wiss. Rat und Professor, 66 Saarbrücken, Waldhausweg 8, Tel. (0681) 3 69 25

45. *Forsthoff*, Dr. Dr. h. c. Ernst, o. Professor, 69 Heidelberg-Schlierbach, Wolfsbrunnensteige 13, Tel. (06221) 2 67 83

46. *Friauf*, Dr. Karl Heinrich, o. Professor, 506 Bensberg-Frankenforst, Eichenhainallee 17, Tel. (02204) 6 19 84 (Universität Köln)

47. *Friesenhahn*, Dr. Dr. h. c. Ernst, o. Professor, 53 Bonn, Wegeler Str. 2, Tel. (02221) 65 75 38

48. *Fröhler*, Dr. Ludwig, o. Hochschulprofessor, A 4010 Linz-Urfahr, Altenberger Str. 39,

49. *Fromont*, Dr. Michel, Professor de droit public, F 21 Dijon, 35 Bd. François Pompon, Tel. (80) 32 68 35

50. *Frowein*, Dr. Jochen A., o. Professor, 4801 Hoberge-Uerentrup ü. Bielefeld, Wasserfuhr 1, Tel. (0521) 72 03 11

51. *Fuß*, Dr. Ernst-Werner, o. Professor, 8702 Zell am Main, Küsterbergstr. 8, Tel. (0931) 59 71 16 (Universität Würzburg)

52. *Gallwas*, Dr. Hans-Ullrich, Wiss. Rat und Professor, 8 München 23, Hans-Leipelt-Str. 16, Tel. (0811) 32 83 66

53. *Geck*, Dr. M. A. Wilhelm Karl, o. Professor, 667 St. Ingbert, Eichendorffstr. 18, Tel. (06894) 73 26 (Universität des Saarlandes)

54. *Gerber*, D. Dr. Hans, o. Professor, 78 Freiburg/Br., In der Röte 5, Tel. (0761) 5 33 06

55. *Glum*, Dr. Friedrich, o. Professor, 8 München 19, Südliche Auffahrtsallee 24, Tel. (0811) 6 34 56

56. *Görg*, Dr. Hubert, Professor, 5062 Hoffnungsthal-Ellersberg, Tel. (02205) 25 40

57. *Götz,* Dr. Volkmar, o. Professor, 34 Göttingen, Nikolausberger Weg 56, Tel. (0551) 4 31 19

58. *Grewe,* Dr. Wilhelm G., o. Professor, Deutsche Botschaft, CPO Box 955, Tokyo/Japan

59. *Gröll,* Dr. Florian, a. o. Universitätsprofessor, A 9020 Klagenfurt, Babenberger Str. 10

60. *Gygi,* Dr. Fritz, o. Professor, CH 3006 Bern, Beatusstr. 28, Tel. (031) 44 86 38

61. *Häberle,* Dr. Peter, Professor, 355 Marburg/Lahn, Universitätsstr. 6 (Savignyhaus), Tel. (06421) 31 25/31 28

62. *Häfelin,* Dr. Ulrich, o. Professor, CH 80 49 Zürich, Müseliweg 1, Tel. (051) 56 84 60

63. *Hahn,* Dr. Hugo J., o. Hochschulprofessor, A 4020 Linz/Donau, Bachlbergweg 77, Tel. 33 40 05

64. *Hamel,* Dr. Walter, Professor, 355 Marburg/Lahn, Calvinstr. 21, Tel. (06421) 28 62

65. *Heckel,* Dr. Martin, o. Professor, 74 Tübingen, Lieschingstr. 3, Tel. (07122) 6 14 27

66. *Hellbling,* Dr. Ernst C., o. Universitätsprofessor, A 1130 Wien 13, Volkgasse 12

67. *Henke,* Dr. Wilhelm, o. Professor, 8501 Rückersdorf, Strengenbergstr. 47, Tel. (09123) 27 85 (Universität Erlangen)

68. *Herzog,* Dr. Roman, o. Professor, 6904 Ziegelhausen ü. Heidelberg, Heinrich-Stoess-Str. 29 a, Tel. (06221) 5 06 00 (Hochschule Speyer)

69. *Hesse,* Dr. Konrad, o. Professor, 7802 Merzhausen ü. Freiburg/Br., Schloßweg 29, Tel. (0761) 40 38 11

70. *Hettlage,* Dr. Karl Maria, o. Professor, 532 Bad Godesberg, Friedrich-Ebert-Str. 83, Tel. (02229) 6 43 61

71. *Frhr. v. d. Heydte,* Dr. Friedrich August, o. Professor, 8702 Gerbrunn ü. Würzburg, Gieshügelstr. 45, Tel. (0931) 70 69 14

72. *Heyer,* Dr. Friedrich, o. Professor, 53 Bonn, Humboldtstr. 53, Tel. (02221) 3 73 64

73. *v. Hippel,* Dr. Ernst, o. Professor, 6531 Perscheid ü. Bingen, Tel. (06744) 5 20 (Universität Köln)

74. *Hoegner,* Dr. Wilhelm, Honorarprofessor, 8 München 9, Am Blumengarten 17, Tel. (0811) 43 42 41

75. *Hofmann,* Dr. Hasso, Universitätsdozent, 852 Erlangen, Gleiwitzer Str. 46, Tel. (09131) 3 18 96

76. *Hoffmann,* Dr. Gerhard, Professor, 355 Marburg/Lahn, Friedrichstr. 31, Tel. (06421) 6 32 74

77. *Hollerbach,* Dr. Alexander, o. Professor, 7801 Hugstetten ü. Freiburg/Br., Parkstr. 8, Tel. (07665) 22 51

78. *Hoppe,* Dr. Werner, o. Professor, 44 Münster/Westf., Von-Ossietzky-Str. 41, Tel. (0251) 4 60 66

79. *Huber,* Dr. Ernst Rudolf, o. Professor, 78 Freiburg-Zähringen, In der Röte 2, Tel. (0761) 5 37 13

80. *Huber,* Dr. Dr. h. c. Hans, o. Professor, CH 3074 Muri b. Bern, Mannenriedstr. 5, Tel. (Bern 031) 52 09 25

81. *Ipsen,* Dr. Hans-Peter, o. Professor, 3141 Raven ü. Lüneburg, Haus Opferberg, Tel. (04172) 670 (Universität Hamburg)

82. *Isensee,* Dr. Josef, o. Professor, 66 Saarbrücken 3, Am Staden 30, Tel. (0681) 6 58 97

83. *Jaenicke,* Dr. Günther, Professor, 6906 Leimen b. Heidelberg, Waldstr. 13, Tel. (06224) 35 71 (Universität Frankfurt/M.)

84. *Jahrreiss,* Dr. jur. Dr. h. c. Dr. h. c. Dr. h. c. LL. D. h. c. Hermann, o. Professor, 5 Köln 41, Nasse-Str. 30, Tel. (0221) 41 35 53

85. *Kafka,* Dr. Gustav E., o. Universitätsprofessor, A 8010 Graz, Albertstr. 8, Tel. 3 45 90

86. *Kaiser,* Dr. Joseph H., o. Professor, 7813 Staufen, Rothofweg, Tel. (07633) 57 28 (Universität Freiburg/Br.)

87. *Kaufmann,* Dr. jur. Dr. jur. h. c. Dr. phil. h. c. Erich, o. Professor, 75 Karlsruhe 51, Erlenweg 2, Appartement V/6-7, Tel. (0721) 810 15 21

88. *Kewenig,* Dr. Wilhelm, o. Professor, 23 Kiel, Schillerstr. 16, Tel. (0431) 5 58 29

89. *Kimminich,* Dr. Otto, o. Professor, 84 Regensburg, Killermannstr. 6, Tel. (0941) 2 41 75

90. *Kipp,* Dr. Heinrich, o. Universitätsprofessor, A 6080 Kurort Igls, Lanserstr. 61, Tel. (05222) 72 09 (Universität Innsbruck)

91. *Kisker,* Dr. Gunter, Professor, 6301 Leihgestern ü. Gießen, Albert-Schweitzer-Str. 3, Tel. (06403) 31 30

92. *Klecatsky,* Dr. Hans R., o. Universitätsprofessor, A 6020 Innsbruck, Reithmannstr. 20, Tel. (05222) 52 21 44

93. *Klein,* Dr. Friedrich, o. Professor, 44 Münster/Westf., Prinz-Eugen-Str. 12, Tel. (0251) 7 42 62

94. *Klein,* Dr. Hans-H., o. Professor, 34 Göttingen 23, Kalklage 22, Tel. (0551) 2 10 32

95. *Knemeyer,* Dr. Franz-Ludwig, o. Professor, 8706 Höchberg b. Würzburg, Martin-Wilhelm-Str. 25, Tel. (0931) 4 84 71

96. *Knies,* Dr. Wolfgang, o. Professor, 66 Saarbrücken 1, Sonnenweg 4, Tel. (0681) 5 41 80

97. *Knöpfle,* Dr. Franz, o. Professor, 672 Speyer, Freiherr-vom-Stein-Str. 2, Tel. (06232) 60 71

98. *Koja,* D. Dr. Friedrich, o. Universitätsprofessor, A 5020 Salzburg, Lederwaschgasse 22, Tel. (06222) 22 27 12

99. *König,* Dr. jur. Dr. rer. pol. Klaus, o. Professor, 672 Speyer, Alte Schwegenheimer Str. 17, Tel. (06232) 59 01

100. *Kopp,* Dr. Ferdinand O., o. Universitätsprofessor, 8033 Planegg b. München, Liesl-Karlstadt-Str. 24, Tel. (0811) 89 86 62 (Universität Graz)

101. *Korinek,* Dr. Karl, Universitätsdozent, A 1130 Wien, Geylinggasse 33/9, Tel. (02222) 820 58 55

102. *Kriele,* Dr. Martin, o. Professor, 509 Leverkusen-Wald, Richard-Wagner-Str. 10, Tel. (02172) 5 15 64 (Universität Köln)

103. *Kröger,* Dr. Klaus, Professor, 63 Gießen-Wieseck, Reichelsberg 6, Tel. (0641) 5 22 40

104. *Krüger,* Dr. Herbert, o. Professor, 2 Hamburg 52, Elbchaussee 184, Tel. (0411) 880 79 34

105. *Küchenhoff,* Dr. Erich, Wiss. Rat u. Professor, 44 Münster/Westf., Kanalstr. 403, Tel. (0251) 2 13 06

106. *Küchenhoff,* Dr. Günther, o. Professor, 87 Würzburg, Seinsheimer Str. 13, Tel. (0931) 7 83 34

107. *Laun,* Dr. jur. Dr. rer. pol. h. c. Rudolf, o. Professor, 207 Ahrensburg b. Hamburg, Voßberg 2, Tel. (04102) 5 02 81

108. *Leibholz,* Dr. jur. Dr. phil. Gerhard, o. Professor, 34 Göttingen, Herzberger Landstr. 57, Tel. (0551) 5 70 40

109. *Leisner,* Dr. Walter, o. Professor, 852 Erlangen, Kochstr. 2, Tel. (09131) 8 70 71 - 3 56

110. *Lerche,* Dr. Peter, o. Professor, 8035 Gauting b. München, Junkersstr. 13, Tel. (0811) 86 20 88

111. *Liermann,* D. Dr. Hans, o. Professor, 852 Erlangen, Am Meilwald 18, Tel. (091 31) 2 27 60

112. *Link,* Dr. Heinz-Christoph, o. Universitätsprofessor, A 1170 Wien, Dornbacher Str. 25, Tel. (0043 222) 46 89 42

113. *Lorenz,* Dr. Dieter, Universitätsdozent, 8 München 45, Eberwurzstr. 87, Tel. (0811) 3 13 68 07

114. *Mallmann,* Dr. Walter, Professor, 63 Gießen, Arndtstr. 14, Tel. (0641) 7 74 88

115. *Martens,* Dr. Wolfgang, o. Professor, 463 Bochum-Querenburg, Hustadtring 81 Nr. 309, Tel. (02321) 70 10 97

116. *Marti,* Dr. Hans, ao. Professor, CH 3000 Bern, Schwanengasse 9, Tel. (031) 22 16 83

117. *Maunz,* Dr. Theodor, o. Professor, 8092 Gräfelfing b. München, Hartnagelstr. 3, Tel. (0811) 85 16 30

118. *Maurer,* Dr. Hartmut, Professor, 3551 Wehrda, Freiherr-vom-Stein-Str. 20, Tel. (06421) 6 60 21 (Universität Marburg)

119. *Mayer,* Dr. Franz, o. Professor, 84 Regensburg, Maximilian-Aschenauerstr. 22, Tel. (0941) 5 42 17

120. *Mayer-Tasch,* Dr. Peter Cornelius, Wiss. Rat und Professor, 8919 Utting am Ammersee, zur Ludwigshöhe 7, Tel. (08806) 5 27, (Universität München)

121. *Meder,* Dr. Walter, o. Professor, 1 Berlin 33, Buchsweiler Str. 20, Tel. (0311) 76 02 89

122. *Meissner*, Dr. Boris, o. Professor, 5 Köln, Kleine Budengasse 1, Tel. (0221) 23 97 54

123. *Melichar*, Dr. Dr. h. c. Erwin, o. Universitätsprofessor, A 1010 Wien I, Schulerstr. 20, Tel. (02222) 52 88 83

124. *Menger*, Dr. Christian-Friedrich, o. Professor, 44. Münster/Westf., Vredenweg 14, Tel. (0251) 4 24 36

125. *Menzel*, Dr. Eberhard, o. Professor, 23 Kiel-Schulensee, Am See 8, Tel. (0431) 6 52 51

126. *Merten*, Dr. Dr. Detlef, Professor, 1 Berlin 28, Forstweg 74, Tel. (0311) 4 01 46 26

127. *Meyer*, Dr. Hans, Privatdozent, 53 Bonn, Alfred-Bucherer-Str. 20, Tel. (02221) 62 20 02

128. *Mosler*, Dr. jur. Dr. jur. h. c. Hermann, o. Professor, 69 Heidelberg, Mühltalstr. 117, Tel. (06221) 4 00 82

129. *Müller*, Dr. Friedrich, o. Professor, 69 Heidelberg, Gaisbergstr. 51, Tel. (06221) 2 53 91

130. *Müller*, Dr. Jörg P., o. Professor, CH 3032 Hinterkappelen, Kappelenring 42a, Tel. (031) 55 42 69 (Universität Bonn)

131. *Münch*, Dr. Fritz, apl. Prof., 69 Heidelberg, Zur Forstquelle 2, Tel. (06221) 3 35 99

132. *v. Münch*, Dr. Ingo, o. Professor, 432 Hattingen-Blankenstein, Wilhelmstr. 44, Tel. (02324) 65 05 (Universität Bochum)

133. *Mußgnug*, Dr. Reinhard, o. Professor, 1 Berlin 33, Bitterstr. 17, Tel. (0311) 8 32 71 87

134. *Naumann*, Dr. Richard, o. Professor a. D., Honorarprof., 314 Lüneburg, Wittenkamp 1, Tel. (04131) 4 47 15, (Universität Hamburg)

135. *Novak*, Dr. Richard, o. Universitätsprofessor, A 8020 Graz, Thadd.-Stammelstr. 8/4

136. *Obermayer*, Dr. Klaus, o. Professor, 852 Erlangen, Niendorfstr. 25, Tel. (09131) 8 76 06

137. *Oberndorfer*, Dr. Peter, Hochschuldozent, A 4020 Linz, Wolf-Huberstr. 2, Tel. (0437222) 34 96 94

138. *Oppermann*, Dr. Thomas, o. Professor, 74 Tübingen, Melanchthonstr. 24, Tel. (07122) 2 66 55

139. *Ossenbühl,* Dr. Fritz, o. Professor, 5309 Meckenheim, Bergstr. 15, Tel. (02225) 26 28 (Universität Bonn)

140. *Partsch,* Dr. Karl Josef, o. Professor, 53 Bonn, Lennéstr. 53 (Gartenhaus), Tel. (02221) 65 54 53

141. *Pernthaler,* Dr. Peter, o. Universitätsprofessor, A 6020 Innsbruck, Philippine-Welser-Str. 27, Tel. (05222) 93 22 83

142. *Pirson,* Dr. jur. Dr. theol. Dietrich, o. Professor, 5038 Rodenkirchen, (Bez. Köln), Moritz-von-Schwind-Str. 1, Tel. (0221) 30 24 98

143. *Podlech,* Dr. phil. Dr. jur. Adalbert, Universitätsdozent, 6902 Sandhausen, Am Forst 28, Tel. (06224) 34 82 (Universität Heidelberg)

144. *Püttner,* Dr. Günter, Professor, 6 Frankfurt 50 (Niederursel), Krautgartenweg 30, Tel. (0611) 58 26 55

145. *Quaritsch,* Dr. Helmut, o. Professor, 1 Berlin 41, Grunewaldstr. 27, Tel. (0311) 8 22 12 64 und 76 90 30 11 und 53 Bonn, Bundeshaus, Tel. (02221) 16 24 10/11

146. *Rauschning,* Dr. Dietrich, o. Professor, 34 Göttingen, Nonnenstieg 47, Tel. (dienstlich) (0551) 5 24 24 10

147. *Ridder,* Dr. Helmut, Professor, 6301 Biebertal I — Ortsteil Vetzberg, Krofdorfer Str. 43, Tel. (06409) 5 23 (Universität Gießen)

148. *Rill,* Dr. Heinz Peter, Universitätsdozent, 4 1200 Wien, Leystr. 20c/4, Tel. (0222) 3 38 52 65

149. *Ringhofer,* Dr. Kurt, o. Universitätsprofessor, A 5020 Salzburg, Anton-Behacker-Str. 9

150. *Roellecke,* Dr. Gerd, o. Professor, 7501 Wolfartsweier über Karlsruhe, Veilchenstr. 8, Tel. (0721) 4 51 81 (Universität Mannheim)

151. *Rudolf,* Dr. Walter, o. Professor, 463 Bochum 7, Nußbaumweg 25, Tel. (02321) 7 35 36 (Universität Mainz)

152. *Rüfner,* Dr. Wolfgang, o. Professor, 23 Kiel 14, Kieler Weg 110, Tel. (0431) 7 79 80

153. *Rühland,* Dr. Curt, o. Professor, 33 Braunschweig, Dürerstr. 26, Tel. (0531) 33 21 16

154. *Rumpf,* Dr. Helmut, Honorarprofessor, 53 Bonn-Bad Godesberg, Bismarckstr. 27, Tel. (02221) 6 81 48

155. *Rupp*, Dr. Hans Heinrich, o. Professor, 65 Mainz-Bretzenheim, Am Marienpfad 29, Tel. (06131) 3 45 88

156. *Saladin*, Dr. Peter, o. Professor, CH 3084 Wabern b. Bern, Looserstr. 6, Tel. (031) 54 36 01 (Universität Basel)

157. *Salzwedel*, Dr. Jürgen, o. Professor, 53 Bonn-Holzlar, Siebengebirgsstr. 11, Tel. (02221) 48 17 10

158. *Sattler*, Dr. Andreas, Wiss. Rat u. Professor, 34 Göttingen, Ludwig-Beck-Str. 11, Tel. (0551) 4 32 11

159. *Schack*, Dr. Friedrich, o. Professor, 8 München 19, Hubertusstr. 7, Tel. (0811) 13 17 69

160. *Schäffer*, Dr. Heinz, Universitätsdozent, A 1140 Wien, Linzer Str. 352/3/6, Tel. (0222) 9 41 88 34

161. *Scheuner*, Dr. Ulrich, o. Professor, 53 Bonn-Bad Godesberg, Beethovenstr. 77, Tel. (02221) 6 03 61 72 (dienstlich)

162. *Schick*, Dr. Walter, o. Professor, 85 Nürnberg, Karolinenstr. 51/III, Tel. (0911) 20 31 91—93

163. *Schindler*, Dr. Dietrich, o. Professor, CH 8702 Zollikon ZH, Alte Landstr. 44, Tel. (01) 65 41 40 (Universität Zürich)

164. *Schlaich*, Dr. Klaus, Universitätsdozent, 74 Tübingen 9, Weiherstr. 45, Tel. (07122) 2 75 25

165. *Schlochauer*, Dr. Hans-Jürgen, Professor, 6 Frankfurt/Main, Mertonstr. 17, Tel. (0611) 7 98 31 91

166. *Schmid*, Dr. Carlo, Professor, 53 Bonn, Adenauer-Allee 120, (Universität Frankfurt)

167. *Schmidt*, Dr. Reiner, Universitätsdozent, 8702 Gerbrunn über Würzburg, Rottendorfer Str. 8a, Tel. (0931) 70 73 65

168. *Schmidt*, Dr. Walter, Professor, 6 Frankfurt/Main, Senckenberganlage 31, Tel. (0611) 7 98 21 89

169. *Schmidt-Aßmann*, Dr. Eberhard, o. Professor, 463 Bochum, Ruhr-Universität, Gebäude GC, Buscheystraße, Tel. (02321) 71 52 75

170. *Schmitt-Glaeser*, Dr. Walter, Professor, 355 Marbach bei Marburg/Lahn, Höhenweg 54, Tel. (06421) 2 43 57

171. *Schneider*, Dr. Hans, o. Professor, 69 Heidelberg, Ludolf-Krehl-Str. 44, Tel. (06221) 4 03 81

172. *Schneider*, Dr. Peter, o. Professor, 65 Mainz, Goldenluftgasse 23/10, Tel. (06131) 2 32 73

173. *Schnorr*, Dr. Gerhard, o. Universitätsprofessor, A 6020 Innsbruck, Franz-Fischer-Str. 40, Tel. (05222) 23 63 94

174. *Schnur*, Dr. Roman, o. Professor, 672 Speyer, Richard-Wagner-Str. 1, Tel. (06232) 65 80 (Universität Tübingen)

175. *Scholler*, Dr. Heinrich, apl. Professor, 8 München 71, Zwengauer Weg 5, Tel. (0811) 79 64 24

176. *Scholz*, Dr. Rupert, o. Professor, 1 Berlin 33, Thielallee 52, Tel. (0311) 8 38 30 14

177. *Schwerdtfeger*, Dr. Gunther, Privatdozent, 2 Hamburg 67, Gussau 99, Tel. (0411) 6 03 87 91

178. *Scupin*, Dr. Hans Ulrich, o. Professor, 44 Münster/Westf., Robert-Koch-Str. 46, Tel. (0251) 49 07 09

179. *Seidl-Hohenveldern*, Dr. Ignaz, o. Professor, 5072 Schildgen b. Köln, Klutstein 31, Tel. (02202) 89 10

180. *Selmer*, Dr. Peter, Privatdozent, 6368 Bad Vilbel, Büdinger Str. 13, Tel. (06193) 61 43 (Universität Frankfurt)

181. *Siedentopf*, Dr. Heinrich, Professor, 6721 Gommersheim, Gartenstr. 200, Tel. (06327) 8 92 (Hochschule Speyer)

182. *v. Simson*, Dr. Werner, o. Professor, 78 Freiburg/Br., Luisenstr. 3, Tel. (0761) 3 58 63

183. *Smend*, D., Dr. jur., Dr. jur. h. c., Dr. rer. pol. h. c., Dr. rer. pol. h. c. Rudolf, o. Professor, 34 Göttingen, Am Goldgraben 13, Tel. (0551) 5 65 07

184. *Soell*, Dr. Hermann, o. Professor, 6904 Ziegelhausen über Heidelberg, Neurottweg 36, Tel. (06221) 5 08 31 (Universität Regensburg)

185. *Söhn*, Dr. Hartmut, Privatdozent, 8 München 23, Rheinstr. 39/VI, Tel. (0811) 33 55 48

186. *Spanner*, Dr. Hans, o. Professor, 8 München 90, Candidstr. 24/VII, Tel. (0811) 65 21 41

187. *Staff*, Dr. Ilse, Professorin, 6233 Kelkheim, Am Forum 4, Tel. (06195) 33 08 (Universität Frankfurt)

188. *Starck*, Dr. Christian, o. Professor, 34 Göttingen-Geismar, Unter den Linden 20, Tel. (0551) 7 13 44

189. *Steiger*, Dr. Heinhard, Wiss. Rat u. Professor, 44 Münster/ Westf., Mierendorffstr. 37, Tel. (0251) 7 32 46

190. *Stein*, Dr. Ekkehart, o. Professor, 7750 Konstanz, Jakob-Burckhardt-Str. 49, Tel. (07531) 6 32 57

191. *Steinberger*, Dr. Helmut, o. Professor, 68 Mannheim, Schloß West 140 Tel. (06221) 4 21 47 oder 3 69 54

192. *Stern*, Dr. Klaus, o. Professor, 5 Köln-Lindenthal, Gyrhofstr. 8c, Tel. (0221) 4 70 22 89

193. *Stödter*, Dr. Rolf, Professor, 2057 Wentorf b. Hamburg, Golfstr. 7, Tel. (0411) 7 20 26 46

194. *Thieme*, Dr. Werner, o. Professor, 2 Hamburg 63, Am Karpfenteich 58, Tel. (0411) 59 49 92

195. *Tomuschat*, Dr. Christian, Universitätsdozent, 69 Heidelberg, Gerbodoweg 11, Tel. (06221) 8 25 75

196. *Tsatsos*, Dr. Dimitris, o. Professor, 53 Bonn, Mittelpfad 150, Tel. (02221) 5 06 50 (Universität Regensburg)

197. *Uber*, Dr. Giesbert, o. Professor, 4403 Hiltrup Kr. Münster/Westf., Roseneck 5, Tel. (02501) 31 59 (Universität Münster)

198. *Ule*, Dr. Carl Hermann, o. Professor, 69 Heidelberg, Oberer Gaisbergweg 9, Tel. (06221) 2 78 32 (Hochschule Speyer)

199. *v. Unruh*, Dr. Georg Christoph, o. Professor, 2305 Fiel-Kitzeberg, Steenkamp 2, Tel. (0431) 23 14 59

200. *Vogel*, Dr. Klaus, o. Professor, 69 Heidelberg, Zeppelinstr. 39, Tel. (06221) 4 53 70

201. *Voigt*, Dr. Alfred, o. Professor, 852 Erlangen, Burgbergstr. 58, Tel. (09131) 8 82 99

202. *Wacke*, Dr. Gerhard, o. Professor, 2 Hamburg 52, Ordinger Weg 14, Tel. (0411) 82 64 37

203. *Wagener*, Dr. Frido, o. Professor, 4 Düsseldorf 11, Kaiser-Wilhelm-Ring 41, Tel. (0211) 57 12 47 (Hochschule Speyer)

204. *Wagner*, Dr. Heinz, o. Professor, 1 Berlin 33, Ihnestr. 24

205. *Walter*, D. Dr. Robert, o. Hochschulprofessor, A 1190 Wien 19, Iglaseegasse 72/1—2, Tel. (0222) 32 14 13

206. *Weber,* Dr. Werner, o. Professor, 34 Göttingen, Wackenroder Weg 1, Tel. (0551) 5 94 03

207. *Wehrhahn,* Dr. Herbert, o. Professor, 66 Saarbrücken 15, St.-Johannes-Stadtwald, Tel. (0681) 3 02 31 88

208. *Weides,* Dr. Peter, o. Professor, 5 Köln-Lindenthal 41, Albertus-Magnus-Platz 1, Tel. (0221) 47 01

209. *Wenger,* Dr. jur. Dr. phil. Karl, o. Universitätsprofessor, A 1130 Wien, Meytensgasse 18, Tel. (0043222) 8 22 72 44

210. *Wengler,* Dr. jur. Dr. rer. pol. Wilhelm, o. Professor, 1 Berlin 37, Werderstr. 15, Tel. (0311) 84 65 35

211. *Wertenbruch,* Dr. Wilhelm, o. Professor, 5353 Katzvey (Post Mechernich), An der Rodung 44, Tel. (02256) 3 18 (Universität Bochum)

212. *Wildhaber,* Dr. Luzius, o. Professor, CH 1700 Fribourg, Route de la Heitera 22, Tel. (037) 22 53 31

213. *Wimmer,* Dr. Norbert, Universitätsdozent, A 1060 Wien, Esterhazygasse 9a/23, Tel. (0222) 5 66 54 02

214. *Winkler,* Dr. Günther, o. Universitätsprofessor, A 1010 Wien I, Hafnersteig 5/I/7

215. *Wolff,* Dr. Hans J., o. Professor, 44 Münster/Westf., Görrestr. 26, Tel. (0251) 2 31 96

216. *Zacher,* Dr. Hans F., o. Professor, 6601 Scheidt/Saar, Im Flürchen 103, Tel. (0681) 81 42 87 (Universität München)

217. *Zieger,* Dr. Gottfried, Professor, 34 Göttingen, Leuschnerweg 10, Tel. (0551) 5 99 92

218. *Zippelius,* Dr. Reinhold, o. Professor, 852 Erlangen, Niendorfstr. 5, Tel. (09131) 5 80 53

219. *Zuleeg,* Dr. Manfred, Wiss. Rat u. Professor, 5 Köln 51, Novalisstr. 9, Tel. (0221) 38 83 43 (Universität Bonn)

Satzung

(Nach den Beschlüssen vom 21. Oktober 1949, 19. Oktober 1951, 14. Oktober 1954, 10. Oktober 1956, 13. Oktober 1960 5. Oktober 1962 und 1. Oktober 1971)

§ 1

Die Vereinigung der Deutschen Staatsrechtslehrer stellt sich die Aufgabe:

1. wissenschaftliche und Gesetzgebungsfragen aus dem Gebiete des öffentlichen Rechts durch Aussprache in Versammlungen der Mitglieder zu klären;
2. auf die ausreichende Berücksichtigung des öffentlichen Rechts im Hochschulunterricht und bei staatlichen und akademischen Prüfungen hinzuwirken;
3. in wichtigen Fällen zu Fragen des öffentlichen Rechts durch Eingaben an Regierungen oder Volksvertretungen oder durch öffentliche Kundgebungen Stellung zu nehmen.

§ 2

Mitglied der Vereinigung kann werden, wer auf dem Gebiet des Staatsrechts und mindestens eines weiteren öffentlichrechtlichen Fachs

a) seine Befähigung zu Forschung und Lehre durch hervorragende wissenschaftliche Leistung nachgewiesen hat, und
b) an einer deutschen oder deutschsprachigen Universität oder an der Hochschule für Verwaltungswissenschaften in Speyer als Forscher und Lehrer tätig ist*).

Das Aufnahmeverfahren wird durch schriftlichen Vorschlag von drei Mitgliedern der Vereinigung eingeleitet. Ist der Vorstand einstimmig der Auffassung, daß die Voraussetzungen für den Erwerb der Mitgliedschaft erfüllt sind, so verständigt er in einem Rundschreiben die Mitglieder von seiner Absicht, dem Vorgeschlagenen die Mitgliedschaft anzutragen. Erheben mindestens fünf Mitglieder binnen Monatsfrist gegen die Absicht des Vorstandes Einspruch oder beantragen sie mündliche Erörterung, so beschließt die Mitgliederversammlung über die Aufnahme. Die Mitgliederversammlung beschließt ferner, wenn sich im Vorstand Zweifel erheben, ob die Voraussetzungen der Mitgliedschaft erfüllt sind. Von jeder Neuaufnahme außerhalb einer Mitgliederversammlung sind die Mitglieder zu unterrichten.

§ 3

Eine Mitgliederversammlung soll regelmäßig einmal in jedem Jahre an einem vom Vorstand zu bestimmenden Orte stattfinden. In dringenden Fällen können außerordentliche Versammlungen einberufen werden. Die Tagesordnung wird durch den Vorstand bestimmt.

Auf jeder ordentlichen Mitgliederversammlung muß mindestens ein wissenschaftlicher Vortrag mit anschließender Aussprache gehalten werden.

§ 4

Der Vorstand der Vereinigung besteht aus einem Vorsitzenden und zwei Stellvertretern. Die Vorstandsmitglieder teilen die Geschäfte untereinander nach eigenem Ermessen. Der Vorstand wird am Schluß jeder ordentlichen Mitgliederversammlung neu gewählt.

Zur Vorbereitung der Mitgliederversammlung kann sich der Vorstand durch Zuwahl anderer Mitglieder verstärken. Auch ist Selbstergänzung zulässig, wenn ein Mitglied des Vorstandes in der Zeit zwischen zwei Mitgliederversammlungen ausscheidet.

§ 5

Zur Vorbereitung ihrer Beratungen kann die Mitgliederversammlung, in eiligen Fällen auch der Vorstand, besondere Ausschüsse bestellen.

§ 6

Über Eingaben in den Fällen des § 1 Ziffer 2 und 3 und über öffentliche Kundgebungen kann nach Vorbereitung durch den Vorstand oder einen Ausschuß im Wege schriftlicher Abstimmung der Mitglieder beschlossen werden. Ein solcher Beschluß bedarf der Zustimmung von zwei Dritteln der Mitgliederzahl; die Namen der Zustimmenden müssen unter das Schriftstück gesetzt werden.

§ 7

Der Mitgliederbeitrag wird von der Mitgliederversammlung festgesetzt. Der Vorstand kann den Beitrag aus Billigkeitsgründen erlassen.

---

*) Mit der oben abgedruckten, am 1. 10. 1971 in Regensburg beschlossenen Fassung des § 2 hat die Mitgliederversammlung den folgenden erläuternden Zusatz angenommen:
„Eine hervorragende wissenschaftliche Leistung im Sinne dieser Vorschrift ist eine den bisher üblichen Anforderungen an die Habilitation entsprechende Leistung."

Bei Fragen zur Produktsicherheit wenden Sie sich bitte an:
If you have any questions regarding product safety,
please contact:

Walter de Gruyter GmbH
Genthiner Straße 13
10785 Berlin
productsafety@degruyterbrill.com